■2025年度中学受験

品川女子学院中等部

3年間(＋3年間HP掲載)スーパー過去問

●収録内容一覧

入試問題と解説・解答の収録内容

2024年度　１回	算数・社会・理科・国語
2024年度　算数１教科	算数
2024年度　２回	算数・社会・理科・国語
2024年度 表現力・総合型	試験Ⅰ（読解・論述）・試験Ⅱ（４科目総合）（解答のみ）
2023年度　１回	算数・社会・理科・国語
2023年度　算数１教科	算数
2023年度　２回	算数・社会・理科・国語
2023年度 表現力・総合型	試験Ⅰ（読解・論述）・試験Ⅱ（４科目総合）（解答のみ）
2022年度　１回	算数・社会・理科・国語
2022年度　算数１教科	算数
2022年度　２回	算数・社会・理科・国語
2021～2019年度（HP掲載） 「カコ過去問」 （ユーザー名）koe （パスワード）w8ga5a1o	問題・解答用紙・解説解答DL **◇著作権の都合により国語と一部の問題を削除しております。** ◇一部解答のみ（解説なし）となります。 ◇９月下旬までに全校アップロード予定です。 ◇掲載期限以降は予告なく削除される場合があります。

～本書ご利用上の注意～　以下の点について，あらかじめご了承ください。

★別冊解答用紙は巻末にございます。本書に収録している試験の実物解答用紙は，弊社サイトの各校商品情報ページより，一部または全部をダウンロードできます。

★編集の都合上，学校実施のすべての試験を掲載していない場合がございます。

★当問題集のバックナンバーは，弊社には在庫がございません（ネット書店などに一部在庫あり）。

合格を勝ち取るための『スーパー過去問』の使い方

本書に掲載されている過去問をご覧になって，「難しそう」と感じたかもしれません。でも，多くの受験生が同じように感じているはずです。なぜなら，中学入試で出題される問題は，小学校で習う内容よりも高度なものが多く，たくさんの知識や解き方のコツを身につけることも必要だからです。ですから，初めて本書に取り組むさいには，点数を気にしすぎないようにしましょう。本番でしっかり点数を取れることが大事なのです。

過去問で重要なのは「まちがえること」です。自分の弱点を知るために，過去問に取り組むのです。当然，まちがえた問題をそのままにしておいては意味がありません。

本書には，長年にわたって中学入試にたずさわっているスタッフによるていねいな解説がついています。まちがえた問題はしっかりと解説を読み，できるようになるまで何度も解き直しをしてください。理解できていないと感じた分野については，参考書や資料集などを活用し，改めて整理しておきましょう。

このページも参考にしてみましょう！

◆どの年度から解こうかな　「入試問題と解説・解答の収録内容一覧」

本書のはじめには収録内容が掲載されていますので，収録年度や収録されている入試回などを確認できます。

※著作権上の都合によって掲載できない問題が収録されている場合は，最新年度の問題の前に，ピンク色の紙を差しこんでご案内しています。

◆学校の情報を知ろう!!「学校紹介ページ」

このページのあとに，各学校の基本情報などを掲載しています。問題を解くのに疲れたら息ぬきに読んで，志望校合格への気持ちを新たにし，再び過去問に挑戦してみるのもよいでしょう。なお，最新の情報につきましては，学校のホームページなどでご確認ください。

◆入試に向けてどんな対策をしよう？「出題傾向＆対策」

「学校紹介ページ」に続いて，「出題傾向＆対策」ページがあります。過去にどのような分野の問題が出題され，どのように対策すればよいかをアドバイスしていますので，参考にしてください。

◇別冊「入試問題解答用紙編」

本書の巻末には，ぬき取って使える別冊の解答用紙が収録してあります。解答用紙が非公表の場合などを除き，（注）が記載されたページの指定倍率にしたがって拡大コピーをとれば，実際の入試問題とほぼ同じ解答欄の大きさで，何度でも過去問に取り組むことができます。このように，入試本番に近い条件で練習できるのも，本書の強みです。また，データが公表されている学校は別冊の１ページ目に過去の「入試結果表」を掲載しています。合格に必要な得点の目安として活用してください。

本書がみなさんの志望校合格の助けとなることを，心より願っています。

株式会社　声の教育社　編集部

品川女子学院中等部

所在地	〒140-8707 東京都品川区北品川3-3-12
電　話	03-3474-4048
ホームページ	https://www.shinagawajoshigakuin.jp/
交通案内	京浜急行線「北品川駅」より徒歩2分 JR各線・京浜急行線「品川駅」高輪口(西口)より徒歩12分

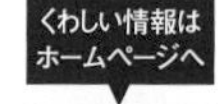
くわしい情報は
ホームページへ

トピックス

★2025年9月の完成を目標に，校舎の建て替えがすすめられている。
★複数回受験した場合,合否判定のさいに一律に1～5点程度考慮される(参考：昨年度)。

創立年 大正14年　｜　女子校　｜　高校募集 なし

応募状況

年度	募集数	応募数	受験数	合格数	倍率
2024	① 90名	322名	316名	120名	2.6倍
	算 20名	317名	302名	124名	2.4倍
	② 60名	475名	358名	115名	3.1倍
	表 30名	229名	201名	34名	5.9倍
2023	① 90名	329名	315名	122名	2.6倍
	算 20名	320名	301名	132名	2.3倍
	② 60名	506名	369名	118名	3.1倍
	表 30名	265名	224名	31名	7.2倍
2022	① 90名	256名	248名	106名	2.3倍
	算 20名	239名	218名	106名	2.1倍
	② 60名	408名	305名	119名	2.6倍
	表 30名	228名	173名	42名	4.1倍

2023年度の主な大学合格実績(現役生のみ)

＜国公立大学＞
一橋大，東京外国語大，千葉大，東京学芸大，お茶の水女子大，東京都立大
＜私立大学＞
慶應義塾大，早稲田大，上智大，東京理科大，明治大，青山学院大，立教大，中央大，法政大，学習院大，津田塾大，東京女子大，日本女子大，北里大

品川女子学院

本校の特色ある教育

「28プロジェクト」
～28歳になったときに，
社会で活躍している女性を育てます。～
28歳は，学んだことを社会に還元できるようになる頃でもあり，女性にとっては人生のライフ・ワークバランスを考える時期でもあります。このときに一生涯を視野に，しっかりとした足取りで未来に向かう人に育っていてほしいと思っています。そのため，自ら進路を選択し，自ら目標を設定できるようになる進路指導を実践します。また，多くの人と協力して夢を実現できるようになるために，コミュニケーション能力を育成していきます。

入試情報（参考：昨年度）

・試験日時：
第１回　2024年２月１日
算数１教科　2024年２月１日午後*
第２回　2024年２月２日
表現力・総合型　2024年２月４日
※算数１教科は，集合時刻を15時，16時の２グループに分けて実施。ご希望の集合時刻に応じて，当日の変更にも対応します。
・試験科目：
第１回，第２回　４科目(国算社理)
算数１教科　１科目(算)
表現力・総合型　４科目表現力・総合型(試験Ⅰ・Ⅱ)
※英検等の取得級やスコアに応じた加点があります(算数１教科はボーダーラインで考慮)。

編集部注─本書の内容は2024年3月現在のものであり，変更されている場合があります。正確な情報は，学校のホームページ等で必ずご確認ください。

出題傾向＆対策

◆基本データ(2024年度１回)

試験時間／満点	50分／100点
問題構成	・大問数…４題 計算１題(４問)／応用小問１題(10問)／応用問題２題 ・小問数…20問
解答形式	解答のみを書く設問と，考え方や式を書く設問がある。作図問題は見られない。
実際の問題用紙	Ｂ５サイズ，小冊子形式
実際の解答用紙	Ｂ４サイズ，両面印刷

◆出題傾向と内容

▶過去３年の出題率トップ３
１位：角度・面積・長さ13%　２位：四則計算・逆算９％　３位：構成・分割６％
▶今年の出題率トップ３
１位：角度・面積・長さ16%　２位：四則計算・逆算10%　３位：条件の整理６％

１題めは四則計算と逆算，２題めは特殊算などの１行問題と図形の問題が10問前後出題されています。出題の範囲ははば広く，整数の性質，割合，数列，約束記号，角度，おうぎ形をふくむ図形の面積，相当算，過不足算，つるかめ算，旅人算，周期算，推理算などが入れかわり顔を出しています。３題めからは小問を持った応用問題で，表やグラフから読み取るものと図形がよく出題されているのが特ちょうです。ほかに，図形の移動や回転，水の深さと体積，数の性質や条件の整理なども出されています。

◆対策～合格点を取るには？～

本校の算数は，基本が重視され，難問があまり見あたらない問題構成です。したがって，対策としては，計算力を確実なものにすることと，応用小問の攻略法を身につけ，実戦力を高めることがあげられます。計算力は毎日コツコツと問題練習をして身につけましょう。応用小問対策としては，類題研究が有効です。特に，約数と倍数，規則性，場合の数などは，たくさん問題にあたっておきましょう。なお，図形やグラフを使った問題などは考え方も書けるように，論理的に考える力，「題意」を明確につかむ力が特に必要です。多くの類題に取り組み，算数のセンスを身につけてください。

分野 ＼ 年度		2024			2023		
		1回	算1	2回	1回	算1	2回
計算	四則計算・逆算	◎	○	●	◎	○	◎
	計算のくふう	○			○	○	○
	単位の計算				○		
和と差	和差算・分配算	○					○
	消去算						
	つるかめ算	○	○		○	○	
	平均とのべ				○	○	○
	過不足算・差集め算	○		○		○	
	集まり		○				
	年齢算						
割合と比	割合と比	○	○	○			○
	正比例と反比例		○				
	還元算・相当算		○		○		
	比の性質	○	○		○		○
	倍数算						
	売買損益	○					
	濃度						
	仕事算			○			
	ニュートン算						
速さ	速さ						
	旅人算					○	
	通過算			○			
	流水算						
	時計算					○	
	速さと比	○	○		○	○	○
図形	角度・面積・長さ	◎	●	●	○	●	●
	辺の比と面積の比・相似		◎			○	
	体積・表面積				○	◎	
	水の深さと体積						
	展開図		○				
	構成・分割	○	○	○	○	◎	
	図形・点の移動			○		○	○
表とグラフ		○		○			
数の性質	約数と倍数	○	○		○	◎	○
	N進数						
	約束記号・文字式			○		○	
	整数・小数・分数の性質		●		○		◎
規則性	植木算						
	周期算		◎	○		○	
	数列	○	○			◎	○
	方陣算						
	図形と規則					○	
場合の数		○	○	○	○	◎	○
調べ・推理・条件の整理		○	○	◎	◎	○	○
その他							

※　○印はその分野の問題が１題，◎印は２題，●印は３題以上出題されたことをしめします。

社会 出題傾向＆対策

◆基本データ（2024年度１回）

試験時間／満点	理科と合わせて60分／60点
問題構成	・大問数…３題 ・小問数…25問
解答形式	記号選択と用語の記入（漢字指定のものもある）が大半だが，記述問題も数問出される。
実際の問題用紙	Ｂ５サイズ，小冊子形式
実際の解答用紙	Ｂ４サイズ

◆出題傾向と内容

地理・歴史・政治の各分野から，総合的な問題が出されているので，はば広い知識とすばやい判断力が合格のカギとなりそうです。各分野とも，単純に知識を暗記していればよいというものではなく，ほかの分野との関わりや国内外の時事をふまえたうえでないと答えられないものもあります。また，地図，写真，資料，グラフが数多く見受けられます。

●地理…日本の国土と自然，農林水産業，工業，交通や貿易，各地方の地勢と産業などが出題されています。また，雨温図や地形図の読み取りがよく問われています。

●歴史…世界に目を向ける本校の教育目標を反映し，日本とほかの国との関わりについての出題が多いのが特ちょうです。外交史や文化史など，テーマに沿ってはば広い知識が問われます。

●政治…日本国憲法や三権のしくみ，税，経済，選挙制度，国際関係などについて出題されています。特定の分野に特化しての出題が多いことが特ちょうです。

分野 ＼ 年度			2024		2023		2022	
			1回	2回	1回	2回	1回	2回
日本の地理	地図の見方		○	○	○	○	○	○
	国土・自然・気候			○	○	○	○	○
	資源					○	○	
	農林水産業		○	○	○	○	○	○
	工業		○	○	○		○	
	交通・通信・貿易			○		○	○	○
	人口・生活・文化		○	○	○		○	
	各地方の特色		○					
	地理総合				★	★	★	★
世界の地理				○				
日本の歴史	時代	原始～古代	○	○		○	○	○
		中世～近世	○	○	○	○	○	○
		近代～現代	○	○	○	○	○	○
	テーマ	政治・法律史						
		産業・経済史						
		文化・宗教史						
		外交・戦争史						
		歴史総合	★	★	★	★	★	★
世界の歴史								○
政治	憲法		★		○			○
	国会・内閣・裁判所		○	○	○	★		
	地方自治		○					
	経済		○	○	○		★	
	生活と福祉			○				
	国際関係・国際政治			○				★
	政治総合				★			
環境問題				○				
時事問題								
世界遺産							○	○
複数分野総合			★	★				

※　原始～古代…平安時代以前，中世～近世…鎌倉時代～江戸時代，近代～現代…明治時代以降
※　★印は大問の中心となる分野をしめします。

◆対策～合格点を取るには？～

はば広い知識が問われていますが，問題のレベルは標準的ですから，まず，基礎を固めることを心がけてください。教科書のほか，説明がていねいでやさしい標準的な参考書を選び，基本事項をしっかりと身につけましょう。

地理分野では，地図とグラフが欠かせません。つねにこれらを参照しながら，白地図作業帳を利用して地形と気候などの国土のようすをまとめ，そこから産業（もちろん統計表も使います）へと広げていってください。

歴史分野では，教科書や参考書を読むだけでなく，自分で年表を作って覚えると学習効果が上がります。できあがった年表は，各時代，各分野のまとめに活用できます。本校の歴史の問題にはさまざまな分野が取り上げられていますから，この作業はおおいに威力を発揮するはずです。

政治分野では，日本国憲法の基本的な内容と三権についてはひと通りおさえておいた方がよいでしょう。また，時事問題については，新聞やテレビ番組などでニュースを確認し，国の政治や経済の動き，世界各国の情勢などについて，ノートにまとめておきましょう。

理科　出題傾向＆対策

◆基本データ(2024年度1回)

試験時間／満点	社会と合わせて60分／60点
問題構成	・大問数…3題 ・小問数…16問
解答形式	記号選択と適語の記入のほかに，計算して数値を答えるものや記述問題もある。
実際の問題用紙	B5サイズ，小冊子形式
実際の解答用紙	B4サイズ

◆出題傾向と内容

3分の1程度が計算や語句の記入で，図やグラフ，写真なども多く取り上げられています。実験や身近な疑問をテーマにした未知のことがらに取り組ませる問題も出されるので，知識の暗記だけで対応するのは難しいでしょう。また，実験・観察での注意事項や器具のあつかい方に関する問題，環境問題なども多数出されています。

●**生命**…花芽をつける条件，肺のつくり，アユのなわばり，腕の曲げのばし，遺伝，食物連鎖などが出題されています。

●**物質**…もののとけ方と濃度，水の状態変化，ものの燃え方，水溶液や気体の性質などが取り上げられています。

●**エネルギー**…光の反射と屈折，ふりこの運動，浮力，電磁石，LEDと発電機，てこなどが出されています。

●**地球**…空気の移動と気温，地層と柱状図・岩石，流水のはたらきと地形，地球の形，星の動きと見え方などが取り上げられています。

分野＼年度		2024		2023		2022	
		1回	2回	1回	2回	1回	2回
生命	植物	★				★	
	動物			○			
	人体		★		★		
	生物と環境			★			★
	季節と生物						
	生命総合						
物質	物質のすがた				★		
	気体の性質	○				★	○
	水溶液の性質	★				○	
	ものの溶け方			★		○	
	金属の性質						
	ものの燃え方						★
	物質総合						
エネルギー	てこ・滑車・輪軸					★	
	ばねののび方						
	ふりこ・物体の運動		★				
	浮力と密度・圧力			★			
	光の進み方	★					
	ものの温まり方				○		
	音の伝わり方						
	電気回路				○		★
	磁石・電磁石				★		
	エネルギー総合						
地球	地球・月・太陽系	○			★		★
	星と星座	★					
	風・雲と天候		★				
	気温・地温・湿度		○				
	流水のはたらき・地層と岩石			★		★	
	火山・地震						
	地球総合						
実験器具			★	○			
観察							
環境問題							
時事問題							
複数分野総合							

※　★印は大問の中心となる分野をしめします。

◆対策〜合格点を取るには？〜

本校の理科は実験・観察をもとにした基本的な問題が大部分なので，細かい知識を覚えるよりも，教科書・参考書の内容をしっかり身につけることや，資料(グラフや表，実験や観察の結果)をもとにして考える訓練を積んでおくことが大切です。そのために，次のことを実行してみてはいかがでしょうか。①教科書や標準的な受験参考書を中心とした学習をする。難問はさけて基本的なことがらの理解に努めること。グラフや表の見方に慣れるだけでなく，その意味やそこからわかることなども確認しておく。②学校で行う実験や観察には積極的に参加し，目的，方法，経過，結果，実験器具の使用方法などをノートに整理する。わからないことがあれば，図鑑などで調べる。自分でできる範囲で実験・観察を行うのもよい。③科学ニュースにも目を向ける。新聞や雑誌の記事，テレビのニュース番組や科学番組などをできるだけ関心を持って見るようにして，はば広い知識を身につける。④ある程度の理解が得られたら，標準的でよくまとまったうすめの問題集で確認する。⑤「物質」「エネルギー」からは，濃度や力のつり合いなどの計算問題が出されやすいので，計算ミスをしないように日ごろからよく練習しておく。

出題傾向＆対策

◆基本データ(2024年度１回)

試験時間／満点	50分／100点
問題構成	・大問数…４題 文章読解題２題／知識問題２題 ・小問数…27問
解答形式	記号選択と文章中のことばの書きぬき，記述問題から構成されている。記述問題には，すべて字数制限がない。
実際の問題用紙	Ｂ５サイズ，小冊子形式
実際の解答用紙	Ｂ４サイズ，両面印刷

◆出題傾向と内容

▶近年の出典情報(著者名)
説明文：西任暁子　鈴木正彦　末光隆志
小　説：辻村深月　花里真希　涌井　学

●読解問題…小説・物語文から１題，説明文・論説文から１題というパターンがほとんどです。小説・物語文では，状況や動作・行動，登場人物の性格などの理解とからめ，心情や情景を問うものが多く出題されています。説明文・論説文では，論旨の展開・内容を正しく理解しているかどうかをためすものが中心です。さらに，指示語の内容，接続語などの補充，語句の意味などを問うものもあります。

●知識問題…漢字の書き取りのほか，熟語の知識，類義語・対義語，慣用句・ことわざなどが出されます。

◆対策～合格点を取るには？～

読解力を中心にことばの知識や漢字力もあわせ見るという点では，実にオーソドックスな問題ということができます。その中でも大きなウェートをしめるのは，長文の読解力です。したがって，読解の演習のさいには，以下の点に気をつけましょう。①「それ」や「これ」などの指示語は何を指しているのかを考える。②段落や場面の構成を考える。③筆者の主張や登場人物の性格，心情の変化などに注意する。④読めない漢字，意味のわからないことばが出てきたら，すぐに辞典で調べ，ノートにまとめる。

また，知識問題は，基本的なレベルの漢字・語句(四字熟語，慣用句・ことわざなど)の問題集を一冊仕上げるとよいでしょう。

分野		年度	2024		2023		2022	
			1回	2回	1回	2回	1回	2回
読解	文章の種類	説明文・論説文	★	★	★	★	★	★
		小説・物語・伝記	★	★	★	★	★	★
		随筆・紀行・日記						
		会話・戯曲						
		詩						
		短歌・俳句						
	内容の分類	主題・要旨		○				
		内容理解	○	○	○	○	○	○
		文脈・段落構成						
		指示語・接続語		○				
		その他						
知識	漢字	漢字の読み						
		漢字の書き取り	★	★	★	★	★	★
		部首・画数・筆順						
	語句	語句の意味						
		かなづかい						
		熟語	○	○	○	○	○	○
		慣用句・ことわざ	○	○	○	○	○	○
	文法	文の組み立て						
		品詞・用法						
		敬語						
	形式・技法							
	文学作品の知識							
	その他							
	知識総合		★	★	★	★	★	★
表現	作文							
	短文記述							
	その他							
放送問題								

※　★印は大問の中心となる分野をしめします。

2025 年度 中学受験用

品川女子学院中等部 3 年間スーパー過去問

をご購入の皆様へ

お詫び

本書、品川女子学院中等部の入試問題につきまして、誠に申し訳ございませんが、以下の問題は著作権上の都合により掲載することができません。設問と解答は掲載してございますので、ご必要とされる方は原典をご参照くださいますよう、お願い申し上げます。

記

2023 年度〈表現力・総合型試験〉試験Ⅰの文章

以上

株式会社　声の教育社　編集部

2024年度 品川女子学院中等部

【算　数】〈**第１回試験**〉（50分）〈満点：100点〉

注意　円周率は3.14とする。

1　次の問いに答えなさい。(1), (2)は計算の過程もかきなさい。

(1)　$\frac{2}{9} \div \left(5\frac{1}{3} - \frac{2}{3} \div \frac{1}{6}\right) \times 2$ を計算しなさい。

(2)　$\frac{9}{20} \div \left\{1.125 + \frac{7}{10} \times \left(1 + \square\right)\right\} = 0.225$ の □ にあてはまる数を答えなさい。

(3)　$(1.3 \times 4 + 4 \times 1.9 - 0.7 \times 4) \times 1.16$ を計算しなさい。

(4)　右の筆算においてA，B，C，D，Eにはそれぞれ同じ文字に同じ数字が入ります。Dに入る数字を答えなさい。

```
      1AB
  ×   1AB
  -------
      CC9
     ADE
    1AB
  -------
    161A9
```

2　次の □ にあてはまる数を答えなさい。

(1)　$\frac{1}{3}$：0.75：2を最も簡単な整数の比に直すと □：□：□ です。

(2)　色紙を何人かの友達にあげることにしました。１人に11枚ずつあげると６枚余り，１人に15枚ずつあげると６枚足りなくなります。色紙は □ 枚あります。

(3)　西町から東町まで，Ａさんは歩いて45分かかり，Ｂさんは自転車で12分かかります。このことから，Ａさんが1.6km進む間にＢさんは □ km進むといえます。

(4)　1925を196，252，294の最大公約数で割った余りは □ です。

(5)　Ａ店では，ある商品を250円で仕入れ，20％の利益を見こんで定価を決めました。利益は □ 円です。

(6)　１枚のコインを投げて，表が出れば８点加えて，裏が出れば５点減らすゲームをします。150点からはじめて，29回コインを投げると，187点になりました。表が出た回数は □ 回です。

(7)　Ａさん，Ｂさん，Ｃさんの３人が持っているお金の合計は10000円です。ＢさんはＡさんより500円多く持っていて，ＢさんはＣさんの３倍のお金を持っています。Ｂさんはお金を □ 円持っています。

(8)　右の図の立方体の辺にそって点Ａから点Ｇまで移動します。通る辺が３本となる道順は全部で □ 通りです。

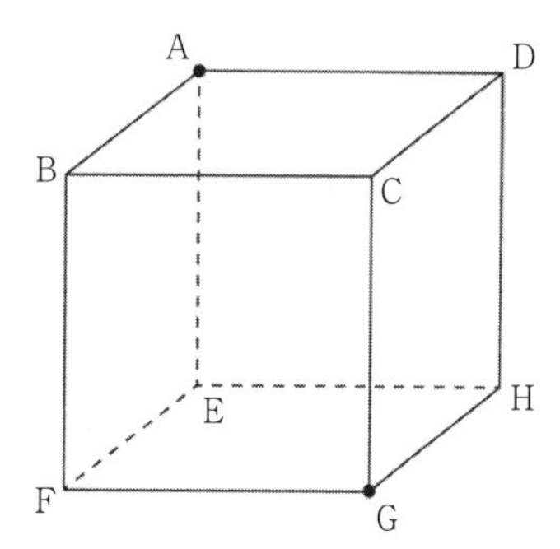

(9) 花子さんが通う小学校の２年生と６年生を対象に，インターネットを利用する際に最も使用する機器について調査しました。左下の円グラフは，２年生と６年生全体の，最も使用すると回答のあった機器の割合を表したものです。右下の帯グラフは，パソコン，タブレット，スマートフォンのそれぞれについて，最も使用すると回答した２年生と６年生の人数の割合を表したものです。６年生で，パソコンと回答したのは64人，タブレットと回答したのは25人でした。円グラフの x の角の大きさは［　　　］°です。

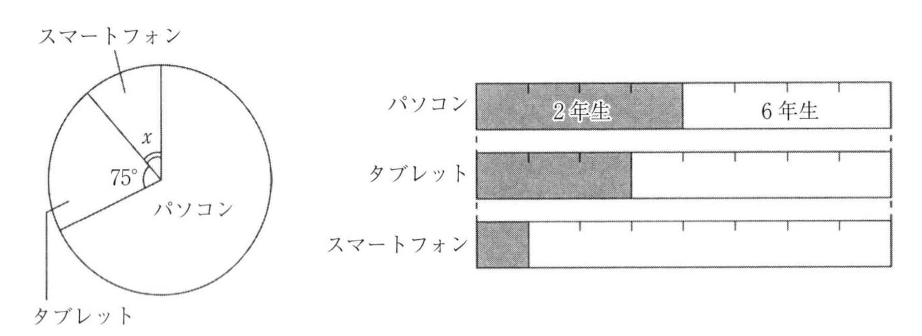

(10) 半径６cm の半円と１辺の長さが12cm の正三角形が下の図のように重なっています。斜線部分の面積の和は［　　　］cm^2 です。

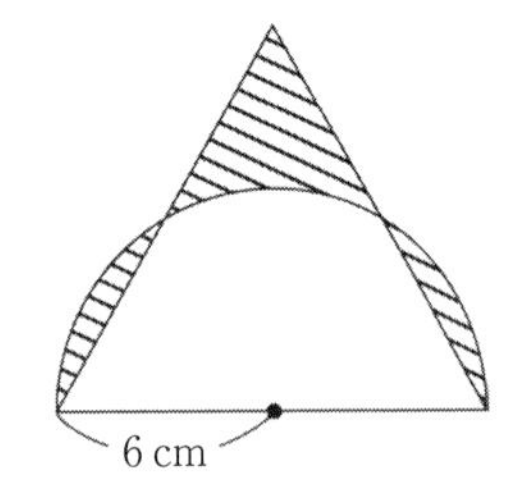

3　(3)については，解答用紙に途中の計算や考えた過程をかきなさい。

分数が書かれたカードをあるきまりにしたがって，右の図のように並べていきます。

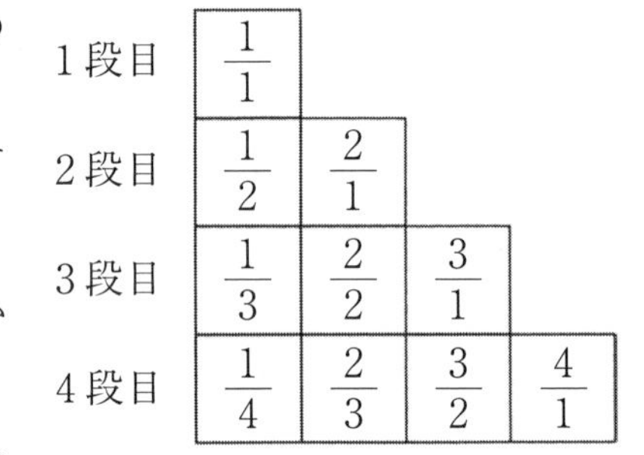

(1) 29段目の左から13番目のカードに書かれた分数は何ですか。

(2) $\frac{17}{32}$ が書かれたカードの上下左右の４枚のカードに書かれた分数の和はいくつですか。

(3) １段目から６段目までに並んでいるすべてのカードに書かれた分数の和はいくつですか。工夫して求めなさい。

4 (2)(3)については，解答用紙に途中の計算や考えた過程をかきなさい。

次の《**問題①**》と《**問題②**》について，AさんとBさんが一緒(しょ)に考えています。

《**問題①**》

図1のように，大きな正方形の内側に面積58cm²の小さな正方形をぴったりとくっつけました。図のaもbも整数のとき，aとbにあてはまる数をそれぞれ答えなさい。

ただし，aの方が小さい数とします。

《**問題②**》

図2の四角形のxとyにあてはまる数を答えなさい。

ただし，xもyも1より大きい整数で，xの方が小さい数とします。

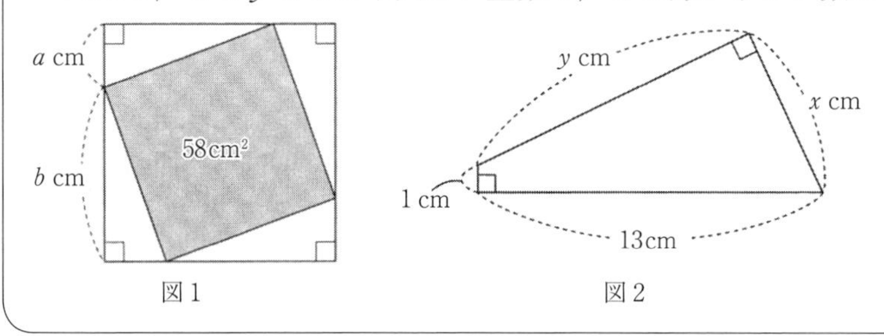

図1　図2

次のAさんとBさんの会話文を読んで，その後の問いに答えなさい。

A：何をやっているの？

B：おもしろそうな算数の問題があるから，解いてみてるんだ。

A：図1の大きな正方形はちょうど小さな正方形と直角三角形4つに分かれているね。

B：それに，4つの直角三角形は合同だね。

A：それなら，こういう風に図形を動かせるじゃない？

もとの黒い部分がさらに小さな正方形2つに分かれたよ。(図3)

これらの面積を合わせると58cm²だから，aが［ア］cm，bが［イ］cmだ！

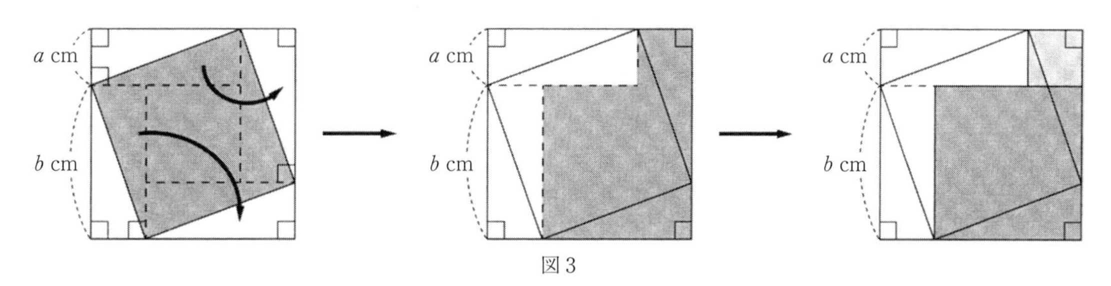

図3

B：内側の正方形の面積だけで外側の正方形の1辺の長さまでわかるなんてすごい！

《**問題②**》はどうやればいいのかな？

A：ひとまず，手がかりになりそうなことをいろいろやってみよう！

まずは，図2の四角形を4つ並べて大きな正方形を作ってみたよ。(図4)

B：それなら次はこんな風に線を引いてみたらどうかな？(図5)

大きな正方形にぴったりとくっついた正方形になったよ。

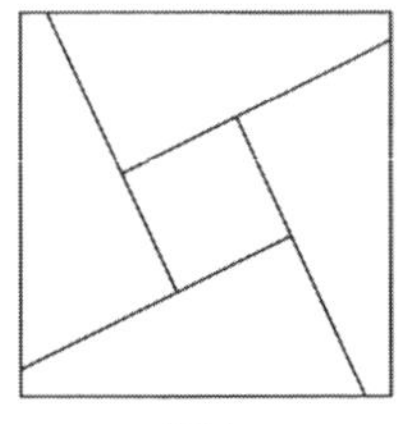
図４

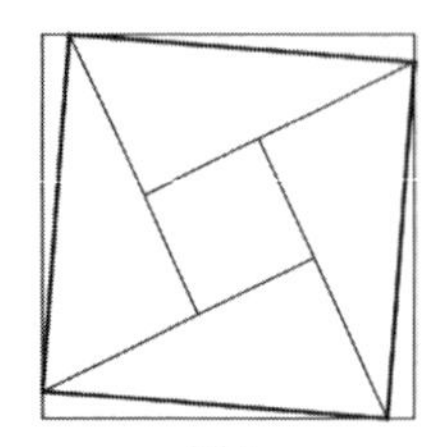
図５

A：すると，いま線を引いて作った正方形の面積は［ ウ ］cm^2だね。
《**問題①**》をヒントにしたらわかったよ。

B：よくみると，この正方形の内側には合同な直角三角形が４つあるね。
つぎは，ここだけ抜(ぬ)き出して考えてみようよ。
あ！ これらの４つの直角三角形を折り返すように外側に移動すると，《**問題①**》みたいに内側に正方形がぴったりとくっついた大きな正方形が作れるよ。（図６）

A：本当だ！ そしたら，図６の右側で内側にぴったりとくっついた正方形の面積はわかっているから，xは［ エ ］cm，yは［ オ ］cmだとわかるね！

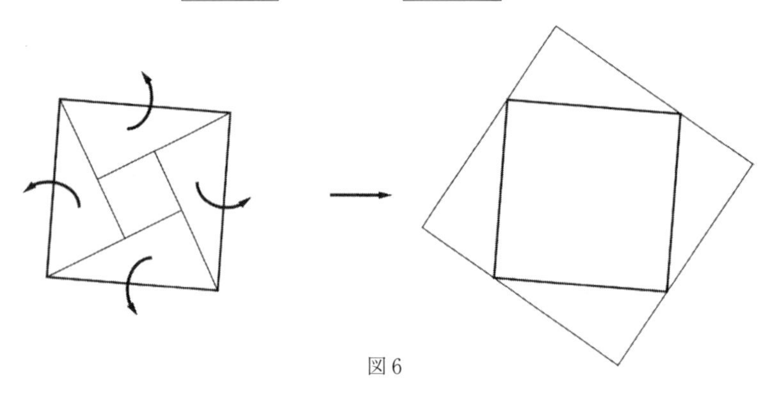
図６

(1) ［ア］，［イ］にあてはまる数を答えなさい。

(2) ［ウ］にあてはまる数を答えなさい。

(3) ［エ］，［オ］にあてはまる数を答えなさい。

【社　会】〈第１回試験〉（理科と合わせて60分）〈満点：60点〉

1　次の文章を読み，あとの問いに答えなさい。

人々は古くから，集まって暮らし，集落を形成してきました。集落には，村落と都市があります。村落では，おもに①農業・漁業などが行われるため，立地条件は自然環境に大きく左右されます。例えば，農業には多くの水が欠かせないため，②川のほとりに村落が形成されました。

都市には③工業や，商業といった産業が発達し，多くの人が集まっています。中には人口100万人を超す，④百万都市といわれるような大都市があります。

都市が発展し，都市間の⑤交通網が発達し続ける一方で，⑥都市と村落との経済面や交通面での格差の拡大が問題となっています。そのような中で急速に進む⑦通信網の発達が，格差解消のきっかけになると期待されています。

問１　下線部①に関連して，各問いに答えなさい。

(1)　日本各地で地域の特性に合わせた農業が行われています。大都市周辺で行われている農業を何といいますか。漢字で答えなさい。

(2)　次の表中ア～エは，東京都，愛知県，宮崎県，沖縄県のいずれかの産業別人口割合(2020年)を示しています。宮崎県にあてはまるものを，ア～エより一つ選び，記号で答えなさい。

	ア	イ	ウ	エ
第一次産業	3.9%	0.4%	1.9%	9.8%
第二次産業	14.4%	15.0%	32.4%	20.7%
第三次産業	81.7%	84.6%	65.7%	69.5%

（総務省統計局 webページより作成）

問２　下線部②に関連して，次の地形図を見て，各問いに答えなさい。

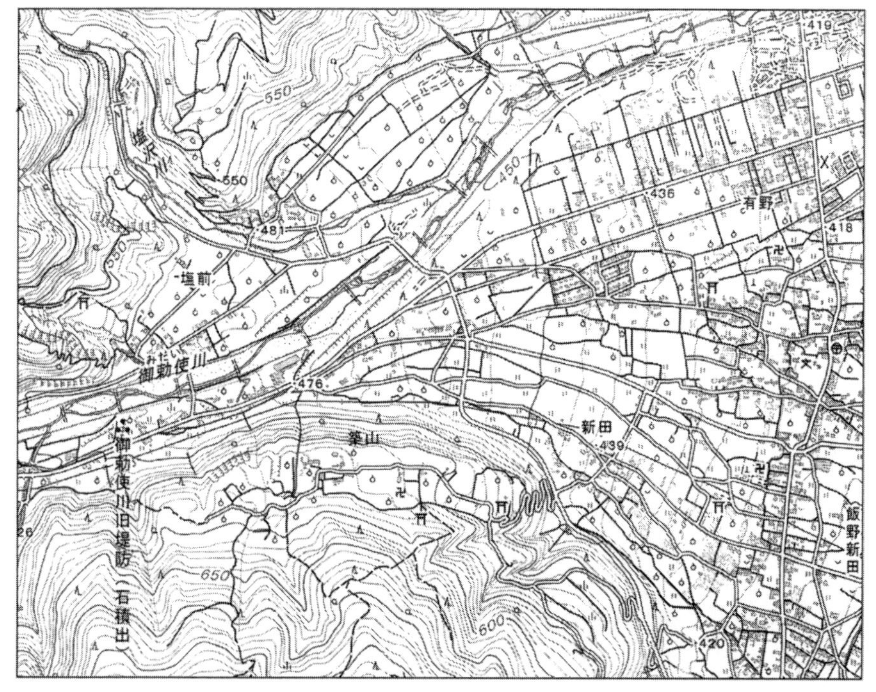

（国土地理院発行　25000分の１地形図『小笠原』一部修正）

(1)　この地形図は山梨県の一部を示したものです。この地形図中には，川が山間部から平地に流れ出た所に，水の流れによってつくられた傾斜(けいしゃ)のゆるやかな地形が広がっています。このような地形の名前を何といいますか。漢字で答えなさい。

(2)　この地形図に見られるように，山梨県には多くの果樹園があります。山梨県が日本一の生産量をほこるものを，次のア～エより一つ選び，記号で答えなさい。

ア．もも　　イ．さくらんぼ　　ウ．メロン　　エ．かき

問３　下線部③について，各問いに答えなさい。

(1)　次の地図中Ａ～Ｄの４つの都市では，共通の工業が発達しています。その工業を，下のア～エより一つ選び，記号で答えなさい。

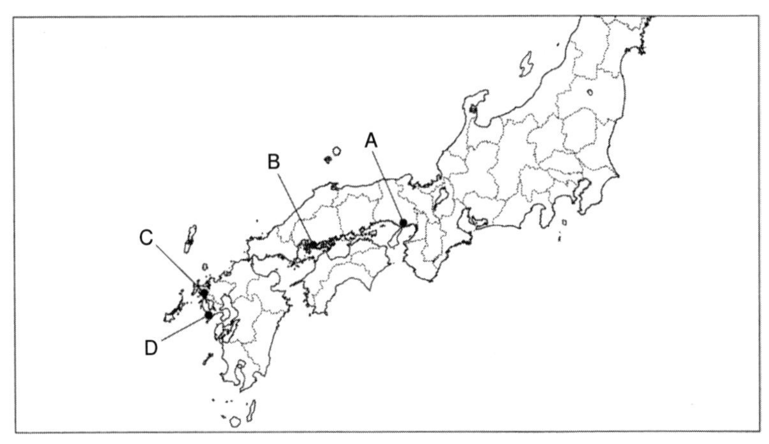

ア．自動車産業　　イ．造船業　　ウ．石油化学工業　　エ．製紙・パルプ工業

(2)　生産過程で，部品を作る工場と部品を組み立てる工場が分かれていることがあります。この２つの工場が遠く離(はな)れている場合と比べ，近くにある場合に考えられる長所を一つ答えなさい。

問４　下線部④に関連して，各問いに答えなさい。

⑴　次のＡ～Ｃは，それぞれ異なる百万都市について述べた文章です。下の地図中**ア～コ**より，あてはまるものを一つずつ選び，記号で答えなさい。

Ａ　明治時代に開拓使が置かれてから発展した計画都市である。中心部の道路は碁盤(ごばん)の目のように区画されている。

Ｂ　「杜(もり)の都」とよばれ，夏に行われる七夕祭りが知られている。

Ｃ　東京23区の次に人口が多い都市である。臨海部には再開発が進められている地区がある。

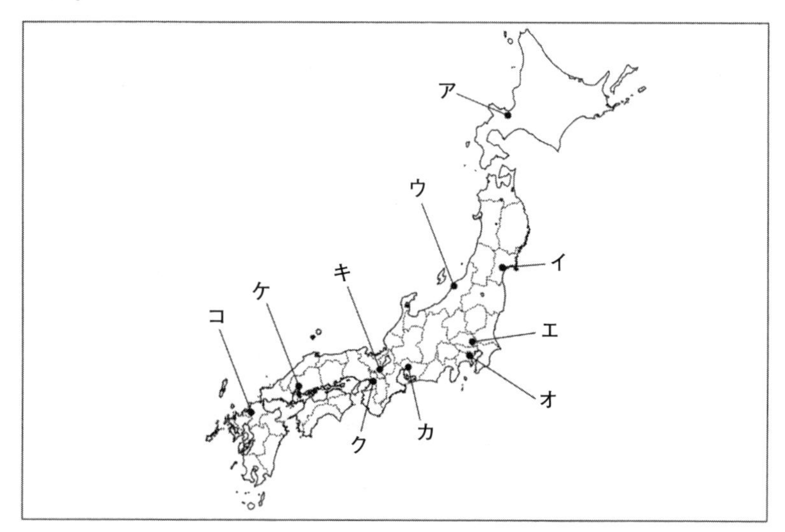

⑵　人口50万人以上で，都道府県なみの特別な権限を持ち，区が設置されている都市を政令指定都市といいます。これに**あてはまらないもの**を，次のア～エより一つ選び，記号で答えなさい。

ア．堺市　　イ．静岡市　　ウ．松山市　　エ．熊本市

問５　下線部⑤について，2030年頃(ごろ)リニア中央新幹線の一部が開通する予定です。通過する都道府県として**間違(まちが)っているもの**を，次のア～エより一つ選び，記号で答えなさい。

ア．山梨県　　イ．静岡県　　ウ．長野県　　エ．埼玉県

問６　下線部⑥に関連して，現在日本の国土面積の約６割が過疎地域となっています。過疎地域の地方公共団体が，人口を増やすために行っている政策を一つあげなさい。

問７　下線部⑦について，次の文Ｘ・Ｙの正誤の組み合わせとして正しいものを，下のア～エより一つ選び，記号で答えなさい。

Ｘ．現在，国内全ての飲食店で電子マネーを利用した決済をすることができる。

Ｙ．現在，固定電話よりも携帯(けいたい)電話の契約(けいやく)者数が多い。

ア．Ｘ：正　Ｙ：正　　イ．Ｘ：正　Ｙ：誤

ウ．Ｘ：誤　Ｙ：正　　エ．Ｘ：誤　Ｙ：誤

問８　都市によってさまざまな気候の違いが見られます。次のア～エは，盛岡市，新潟市，岡山市，高知市のいずれかの気温と降水量を示した図(雨温図)です。高知市のものを選び，記号で答えなさい。

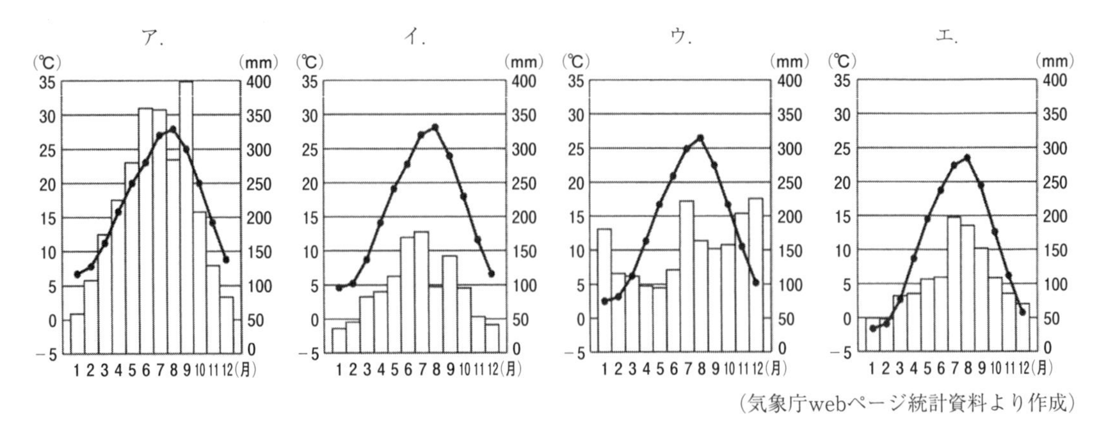

（気象庁webページ統計資料より作成）

問９　次の地形図は宮崎市の一部を示したものです。この地形図を見て，各問いに答えなさい。

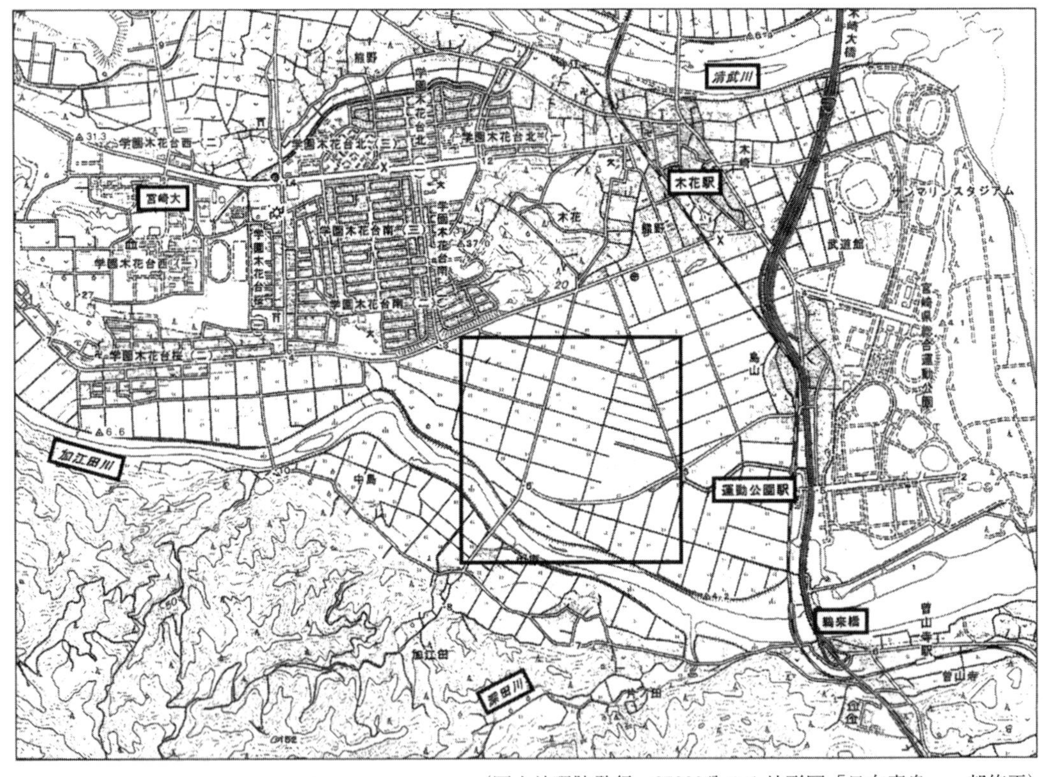

（国土地理院発行　25000分の１地形図「日向青島」一部修正）

(1)　地形図から読み取れることとして正しいものを，次のア～エより一つ選び，記号で答えなさい。

ア．「清武川（きよたけ）」の左岸には，荒（あ）れ地は見られない。

イ．南北に通っているJR線は３本の川を渡（わた）っている。

ウ．「宮崎大」と「加江田川（かえだ）」には，10m以上の標高差がある。

エ．「運動公園駅」の真東には税務署がある。

(2)　地形図中に太枠（わく）で描（か）いた正方形は，一辺が３cmずつあります。実際の面積は何km^2ですか。次のア～エより一つ選び，記号で答えなさい。

ア．$0.5625km^2$　　イ．$5.625km^2$　　ウ．$0.225km^2$　　エ．$2.25km^2$

(3)　Ａ子さんは宮崎市を訪れ，この地形図をもとに地域を調査しました。この地形図に関する次の文章の(Ａ)，(Ｂ)にあてはまる語句の組み合わせとして正しいものを，下のア～エより一つ選び，記号で答えなさい。

「木花(きばな)駅」周辺は，学校などのさまざまな建造物が見られるが，南部の「運動公園駅」周辺には(　Ａ　)が多く見られる。「鵜来(うくる)橋」を南へ渡ると(　Ｂ　)がある。

ア．Ａ：水田　Ｂ：図書館　　イ．Ａ：水田　Ｂ：老人ホーム
ウ．Ａ：畑　　Ｂ：図書館　　エ．Ａ：畑　　Ｂ：老人ホーム

2　歴史上のできごとで子どもに関連したものを取り上げた**Ａ**～**Ｈ**の文章を読み，問いに答えなさい。

Ａ．右の写真は，縄文時代の地層から出土したものです。うすくのばした粘土(ねんど)に２～３歳(さい)くらいの子どもの足を押(お)し当てて型をとったものです。他に手形を取ったものもあります。成長記録のようなものかもしれません。

(ColBase(http://colbase.nich.go.jp)より一部修正)

問１　**Ａ**に関連して，縄文時代に安産などの願いをこめてつくられた，土製の人形を何といいますか。漢字で答えなさい。

Ｂ．672年，天智天皇のあとつぎを巡(めぐ)って天皇の子と弟が争い，その結果弟が勝利しました。

問２　**Ｂ**について，この争いを何といいますか。

問３　**Ｂ**に関連して，右の地図中**ア**～**エ**は７世紀から８世紀にかけてつくられた都の位置を示したものです。それぞれの都の位置，名前，そこに都を移した天皇の組み合わせとして正しいものを，次の表中**ア**～**エ**より一つ選び，記号で答えなさい。

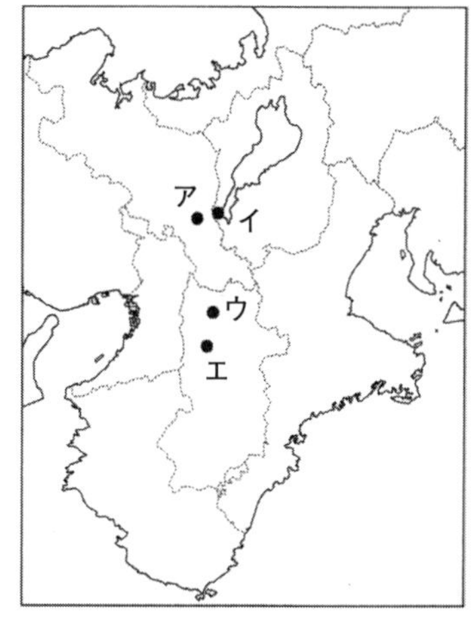

(地図中の点線は，現在の県境を示しています。)

都の位置	都の名前	天皇
ア	平安京	桓武天皇
イ	大津宮	元明天皇
ウ	藤原京	持統天皇
エ	平城京	天武天皇

Ｃ．９世紀から11世紀前半を中心に藤原氏の力が拡大しました。特に藤原道長は政治の実権をにぎるために，４人の娘(むすめ)を相次いで天皇に嫁(とつ)がせました。

問４　**Ｃ**に関連して，各問いに答えなさい。

(1)　９世紀に起きたできごととして正しいものを，次のア～エより一つ選び，記号で答えなさい。

ア．平将門が反乱を起こした。　　イ．菅原道真が遣唐使の停止を提言した。
ウ．白河上皇が院政を始めた。　　エ．法然が浄土宗をひらいた。

(2) 娘を天皇に嫁がせることが政治の実権をにぎることにつながるのはなぜですか。その理由を説明しなさい。

D．1185年，壇ノ浦の戦いで平氏は源氏に敗れ，幼い安徳天皇も祖母に抱(だ)かれ海へ身を投げました。

問5　Dのできごとの後に源頼朝は，各地を治めるために守護や地頭を置きました。守護と地頭の役割を述べた次の文X・Yについて，正誤の組み合わせとして正しいものを，下のア～エより一つ選び，記号で答えなさい。

X．国ごとに置かれた守護の仕事の一つに，年貢の取り立てがあった。

Y．承久の乱の後，地頭は上皇側についた貴族や武士の土地にも置かれた。

ア．X：正　Y：正　　イ．X：正　Y：誤

ウ．X：誤　Y：正　　エ．X：誤　Y：誤

E．室町時代に活やくした雪舟には，幼い頃(ころ)から絵の才能があったことを表す話が残っています。

雪舟は幼い頃より僧(そう)になる修行(しゅぎょう)をするため寺に預けられていましたが，あまり修行に熱心ではなく，あるとき怒(おこ)った住職によって寺の柱にくくりつけられてしまいました。夕方になって住職が本堂をのぞいてみると，雪舟の足もとに一匹(ぴき)の大きなねずみがいたので，住職はそれを追い払(はら)おうとしましたが，不思議なことにねずみはいっこうに動く気配がありません。それもそのはず，そのねずみは雪舟がこぼした涙(なみだ)を足の指につけ，床(ゆか)に描(えが)いたものだったのです。

問6　Eについて，各問いに答えなさい。

(1) 雪舟が描いた作品を，次のア～エより一つ選び，記号で答えなさい。

ア．

イ．

ウ．

エ．

（ColBase(http://colbase.nich.go.jp)，国立国会図書館ウェブサイトより一部改変）

(2)　雪舟が活やくした室町時代に起きたできごととして正しいものを，次のア～エより一つ選び，記号で答えなさい。

ア．天草四郎を指導者として島原・天草一揆が起きた。

イ．南北朝が合一された。

ウ．運慶・快慶らによって金剛力士像がつくられた。

エ．日宋貿易が行われた。

Ｆ．織田信長の妹が生んだ３人の娘のうち，長女は豊臣秀吉に，三女は徳川秀忠にそれぞれ嫁ぎました。

問７　Ｆに関連して，各問いに答えなさい。

(1)　豊臣秀吉が農民を統制するために行ったこととして正しいものを，次のア～エより一つ選び，記号で答えなさい。

ア．口分田を配り，税を徴収（ちょうしゅう）した。

イ．都市に出ていた農民を強制的に村へ帰らせた。

ウ．大仏をつくる名目で刀狩を行った。

エ．大名の妻子を江戸に住まわせた。

(2)　徳川秀忠は江戸幕府の第２代将軍です。この人物が将軍だった時代に次のような決まりが出されました。この決まりを何といいますか。漢字で答えなさい。

> 一　(大名は)学問と武芸にはげむこと。
> 一　許可なく城を修理したり，新しい城をつくったりしてはいけない。
> 一　勝手に結婚（けっこん）してはいけない。

Ｇ．江戸時代の俳人である小林一茶は，子どもの姿を俳句の中にたくさん描きました。

「雀（すずめ）の子　そこのけそこのけ　お馬が通る」

「雪とけて　村いっぱいの　子どもかな」

問８　Ｇについて，小林一茶が活やくした頃は化政文化とよばれる文化が栄え，人々は世の中を風刺（ふうし）したり，こっけいや皮肉を楽しみました。江戸時代の文化について，各問いに答えなさい。

(1)　次の歌は，ある改革を批判したものとされています。改革の内容として正しいものを，下のア～エより一つ選び，記号で答えなさい。

「白河の　清きに魚の　住みかねて　もとのにごりの　田沼恋（こい）しき」

ア．長崎での貿易を拡大して，幕府の財政を安定させようとした。

イ．大名に対し，米を納めさせる代わりに参勤交代をゆるめた。

ウ．物価を引き下げるため，株仲間を解散させた。

エ．幕府の学問所において，朱子学以外の学問を禁止した。

(2) 化政文化の頃にはやった「判じ絵」には，現在のなぞなぞのような要素も含まれています。下の4つの絵は江戸時代に整えられた五街道のうち，ある街道沿いの地名のいくつかを起点から順に並べたものです。例を参考にして，これらの地を通る街道の名前を，漢字で答えなさい。

(例)

城(しろ)から金(かね)
→しろかね(白金)

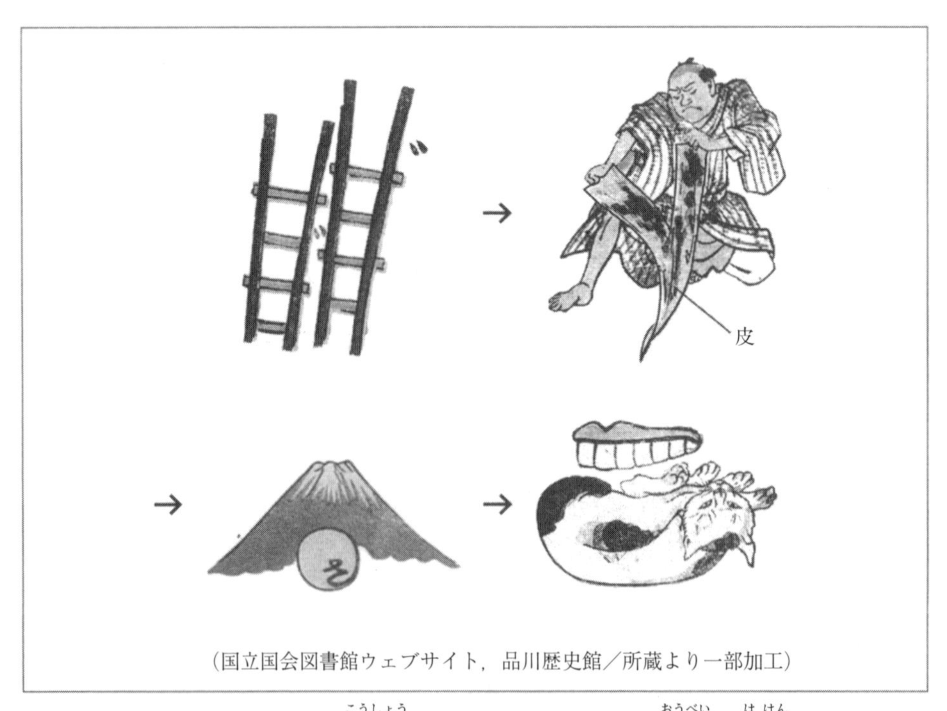

(国立国会図書館ウェブサイト，品川歴史館／所蔵より一部加工)

H．1871年，明治政府は，条約改正交渉(こうしょう)のために岩倉具視らを欧米(おうべい)に派遣(はけん)しました(岩倉使節団)。このとき5名の女子が，日本初の女子留学生としてアメリカに派遣されました。

問9　Hに関連して，各問いに答えなさい。

(1) このとき最年少でアメリカに渡(わた)った女性は，帰国後女子教育に尽力(じんりょく)しました。2024年から発行される5000円札のデザインに採用された，この人物の名前を漢字で答えなさい。

(2) 岩倉使節団の参加者は，帰国後欧米の政治や社会の仕組みをもとに，日本の近代化を進めました。明治時代に行われた近代化の例として**間違っているもの**を，次のア～エより一つ選び，記号で答えなさい。

ア．太陽暦が採用された。

イ．郵便制度が始まった。

ウ．鹿鳴館などの洋館が建てられた。

エ．地下鉄が開通した。

(3) 次のグラフは明治時代以降の中学校，高等女学校，実業学校の生徒数の推移を表したものです。このグラフからわかることとして正しいものを，下のア～エより一つ選び，記号で答えなさい。

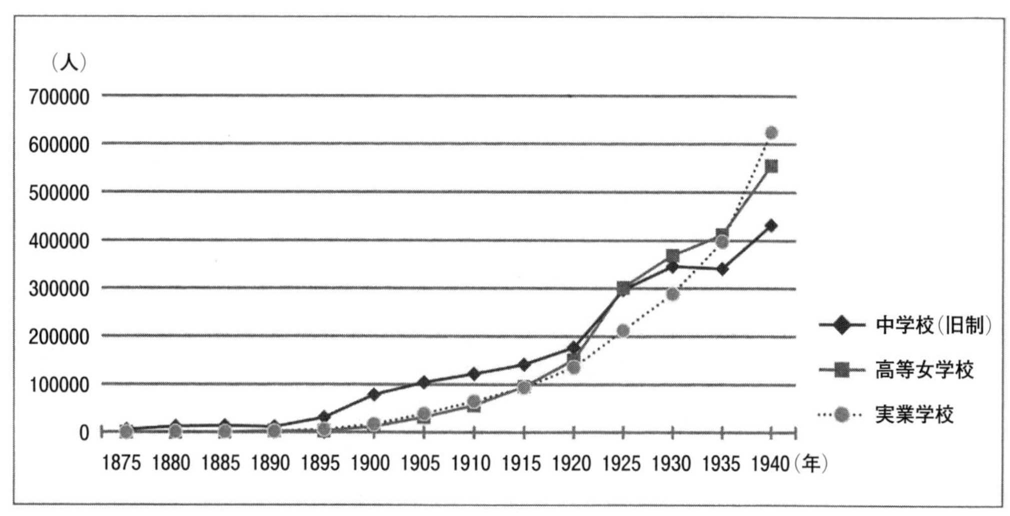

（文部科学省「学制百年史」より作成）

ア．護憲運動で桂内閣が三度目の総辞職をした頃，中学校の生徒数は高等女学校の生徒数の約半分であった。

イ．第一次世界大戦が終わる頃には，実業学校へ進む生徒数は日露戦争が終わった頃に比べて少なくなった。

ウ．普通選挙法が成立した頃，高等女学校の生徒数が中学校の生徒数にほぼ並んだ。

エ．満州事変が起こった頃，高等女学校の生徒数は中学校の生徒数よりも少なかった。

3 次の日本国憲法の条文を読み，あとの問いに答えなさい。

第３条 ①天皇の国事に関するすべての行為には，内閣の助言と承認を必要とし，内閣が，その責任を負う。

第25条 すべて国民は，（ A ）の生活を営む権利を有する。

第32条 ②何人も，裁判所において裁判を受ける権利を奪われない。

第41条 ③国会は，国権の最高機関であって，国の唯一の立法機関である。

第65条 ④行政権は，⑤内閣に属する。

第92条 地方公共団体の組織及び運営に関する事項は，⑥地方自治の本旨に基いて，法律でこれを定める。

問１ 条文中(A)にあてはまる言葉を，憲法の条文の表記通りに答えなさい。

問２ 下線部①に**あてはまらないもの**を，次のア～エより一つ選び，記号で答えなさい。

ア．法律を公布する。　　イ．国会を召集する。

ウ．衆議院を解散する。　　エ．最高裁判所の長官と裁判官を指名する。

問３ 下線部②について，第32条で保障されている権利は，次のア～エのうちどの権利に含まれますか，記号で答えなさい。

ア．自由権　　イ．社会権　　ウ．請求権　　エ．請願権

問４　下線部③に関連して，各問いに答えなさい。

(1)　日本の立法に関する説明として正しいものを，次のア～エより一つ選び，記号で答えなさい。

ア．法律案は，必ず衆議院で先に審議(しんぎ)・議決が行われる。

イ．法律案の議決が衆議院と参議院で異なる場合は，衆議院の議決がそのまま国会の議決とされる。

ウ．国会に法律案を提出できるのは，国会議員と裁判官のみである。

エ．委員会での法律案の審議期間中，公聴会を開催(かいさい)することができる。

(2)　参議院の選挙区選挙は，一つの都道府県を一つの選挙区としてきましたが，2016年の選挙から，島根県と鳥取県は合わせて一つの選挙区になりました。右の表は，2013年の参議院議員選挙の島根県と鳥取県と，当選人数が同じ熊本県における選挙区の有権者数を示したものです。この表を参考に，島根県と鳥取県が一つの選挙区となった理由を説明しなさい。

選挙区	有権者数	当選人数
島根県	587809人	１人
鳥取県	482192人	１人
熊本県	1484583人	１人

（総務省ホームページより作成）

問５　下線部④に関連して，子どもをとりまく社会問題を解決するために2023年４月に設置された行政機関を何といいますか。

問６　下線部⑤に関連して，右の表は，架空(かくう)の内閣不信任案可決から新内閣成立までの過程をまとめたものです。表中(Ｘ)にあてはまる日にちと(Ｙ)にあてはまる語句の組み合わせとして正しいものを，下のア～エより一つ選び，記号で答えなさい。

日にち	ことがら
６月１日	内閣不信任案可決
６月10日	衆議院の解散
（Ｘ）	衆議院議員総選挙投票日
８月10日	（Ｙ）召集

ア．Ｘ：７月15日　Ｙ：臨時国会

イ．Ｘ：７月15日　Ｙ：特別国会

ウ．Ｘ：７月22日　Ｙ：臨時国会

エ．Ｘ：７月22日　Ｙ：特別国会

問７　下線部⑥について，地方自治のしくみに関する記述として**間違っているもの**を，次のア～エより一つ選び，記号で答えなさい。

ア．地方議会は，首長に対する不信任決議権をもたない。

イ．地方公共団体の首長は，議会が議決した条例の拒否権をもつ。

ウ．市町村議会議員の被選挙権をもつのは，満25歳以上の男女である。

エ．都道府県知事を選出する選挙の選挙権をもつのは，満18歳以上の男女である。

【理　科】〈**第１回試験**〉（社会と合わせて60分）〈満点：60点〉

1　Ⅰ　**図１**は，ある日の午後８時に，東京のある場所で南の空に見えた星をスケッチしたものです。あとの問いに答えなさい。ただし，**図１**のＡ～Ｃの星は１等星です。

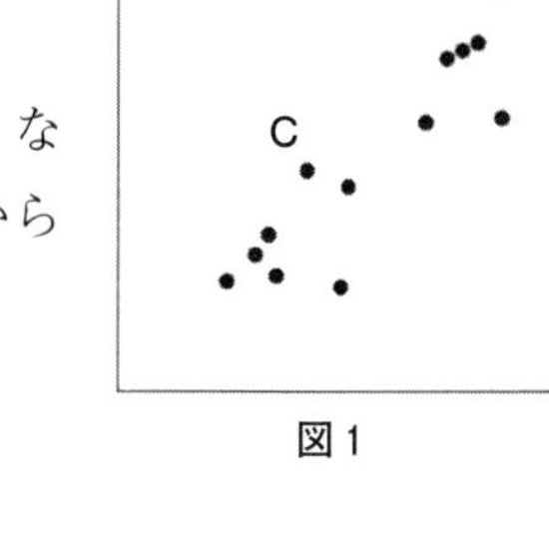

図１

(1)　星の明るさを示す等級が１等級上がると明るさは約2.5倍明るくなります。１等星は６等星の約何倍の明るさですか。次のア～エから１つ選び，記号で答えなさい。

ア．10倍　　イ．12.5倍　　ウ．100倍　　エ．1000倍

(2)　太陽などのように，自ら光を出す星を何といいますか。

(3)　**図１**について答えなさい。

①　Ｃの星の名前を答えなさい。

②　ABCの３つの星を結んでできる三角形を何というか答えなさい。

③　Ｂの星をふくむ星座は，しずむころにはどのように見えますか。もっとも適するものを次のア～オから１つ選び，記号で答えなさい。

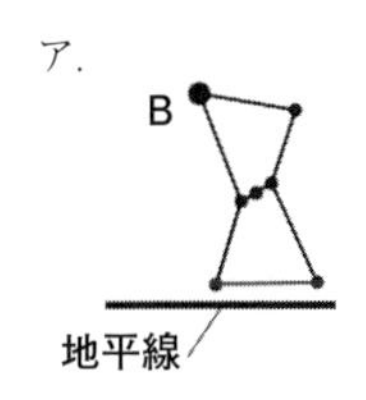

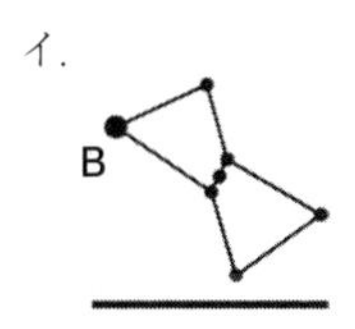

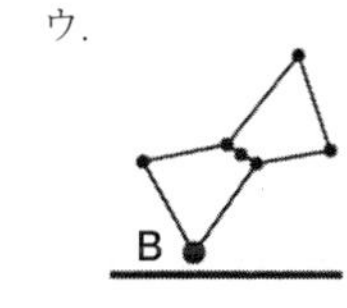

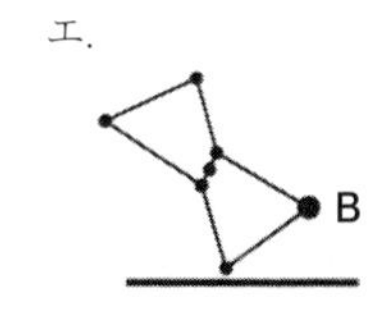

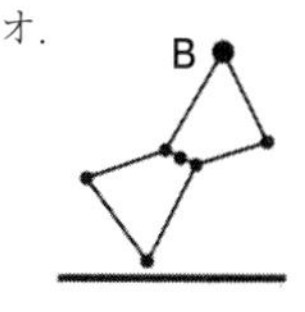

④　**図１**をスケッチした日の１か月前に，同じ方角の星を観察したとき，**図１**と同じ位置にそれぞれの星が見えた時刻は午後何時くらいだと考えられますか。

Ⅱ　光の性質について，次の問いに答えなさい。

(1)　次の文章中の(あ)，(い)にあてはまる語をそれぞれ答えなさい。

光が物体に当たってはね返ることを，光の（ あ ）といいます。光が空気から水のように異なる種類の物質へと進むと，その境界面で光が折れ曲がることがあります。これを，光の（ い ）といいます。

(2)　**図２**は，部屋を真上から見た様子であり，照明器具Ｌから出る光の一部が鏡に当たる様子を矢印で表しています。このとき，あとの問いに答えなさい。

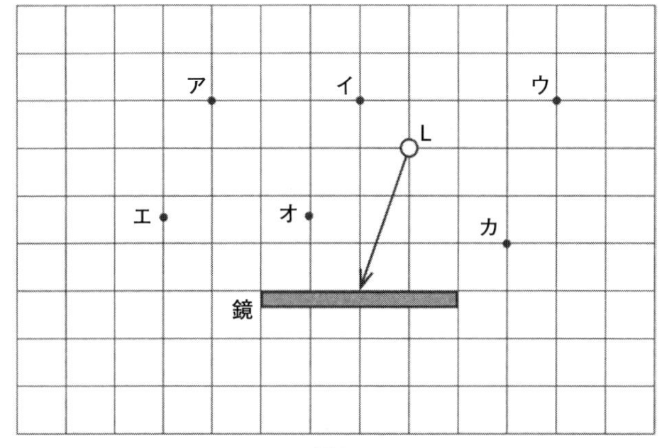

図２

① 矢印で示した光について，鏡に当たった後の道すじを解答用紙の図にかきなさい。

② 鏡に映った照明器具**L**を見ることができない位置を**図2**の**ア**～**カ**からすべて選び，記号で答えなさい。

(3) **図3**は，空気中を進む光がガラスを通過する様子を表しています。光の進み方としてもっとも適切なものを，**図3**の**ア**～**エ**から１つ選び，記号で答えなさい。

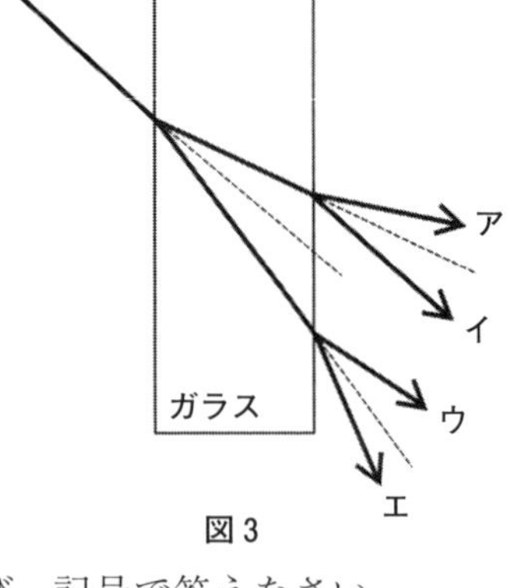

図３

(4) **図4**は，ものさしをななめにして水に半分ほど入れ，ななめ上から見たときの様子を表しています。ものさしの見え方としてもっとも適切なものを，**図4**のア～エから１つ選び，記号で答えなさい。

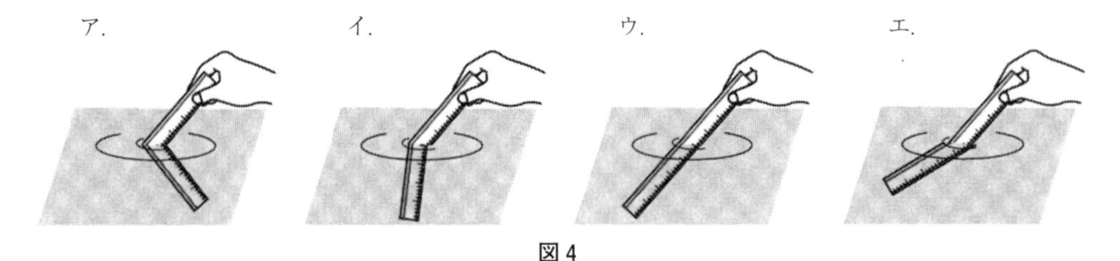

図４

2 炭酸水素ナトリウム(重そう)に酸性の物質を加えると，ある気体が発生します。このことを利用して，次の材料でラムネを作りました。あとの問いに答えなさい。

〔材料〕

・砂糖　・コーンスターチ　・炭酸水素ナトリウム(重そう)

・クエン酸(レモンやグレープフルーツにふくまれる酸性の物質)

作ったラムネを食べると口の中でシュワシュワと気体が出てきました。

(1) シュワシュワと出てきた気体が何かを調べるため，次の実験を行いました。

〔実験〕

ⅰ．水を入れた試験管にクエン酸をとかし，さらに炭酸水素ナトリウムを加えた。

ⅱ．発生した気体を水上置かん法で集めた。

ⅲ．ⅱで集めた気体にある水よう液を加えた。

① 集めた気体にある水よう液を加えると白くにごりました。この水よう液は何ですか。

② 水上置かん法で気体を集めるときの利点を１つ答えなさい。

③ 水上置かん法以外で，この気体を集める方法を答えなさい。

(2) ラムネを口に入れたとき，どれくらいの量の気体が発生するかを考えました。

水を入れた試験管にクエン酸９ｇをとかし，加える炭酸水素ナトリウムの重さを３ｇずつ増やしていくと，発生する気体の体積は表１のようになることが知られています。

表１

炭酸水素ナトリウムの重さ(g)	0	3	6	9	12	15	18
気体の体積(cm^3)	0	800	1600	2400	3200	3200	3200

① 表１の結果をグラフで表しなさい。ただし，横じくを炭酸水素ナトリウムの重さ(g)，縦じくを気体の体積(cm^3)とすること。

② 炭酸水素ナトリウムの重さを15ｇ，18ｇと増やしても，気体の体積が増えないのは，なぜだと考えられますか。

③ 18ｇのクエン酸と15ｇの炭酸水素ナトリウムを使ってラムネを40個作りました。１つのラムネを口に入れたときに発生する気体の体積は何cm^3になると考えられますか。

(3) ラムネを口に入れたときと同じしくみで気体が発生するのは，次のア～エのうちどれですか。すべて選び，記号で答えなさい。

ア．胃が痛かったので胃薬として重そうを飲むと，胃がふくらんだ。

イ．卵，砂糖，牛乳，小麦粉，重そうをまぜて焼き，ホットケーキをふくらませた。

ウ．コップにレモン果じゅう，水，重そうをまぜて，サイダーを作った。

エ．重そう，リンゴ酢を混ぜて入浴剤を作ってお湯に入れると泡が出てきた。

3 次の文章を読み，あとの問いに答えなさい。

植物の茎にできる，花の元になる芽を花芽といいます。植物の中には，光が当たらない夜の時間の長さが花芽をつくる条件になっているものがあります。

光が当たっているかどうかを，植物は 1 葉で感じます。一定の条件になると，葉では花芽をつくるための物質がつくられ，2 師管を通して植物全体に届けられます。その物質を芽になる部分が受け取ることにより，花芽がつくられます。また，花芽をつくるための物質は，少量で十分なはたらきをすることが知られています。

今，3 室内で人工的に夜(光を当てていない時)と昼(光を当てている時)をつくり，いろいろな条件で，ある植物を育てる実験を行ったところ，夜の長さがある条件になった場合だけ，花芽ができることがわかりました。

なお，夜と昼の長さ以外の条件はすべて同じ条件で育てました。

(1) 下線部１に関して，子葉が１まいと２まいの植物では葉のようすがちがいます。子葉が２まいの植物の葉を次のア，イから１つ選び，記号で答えなさい。

ア．

イ．

(2) (1)の植物を子葉の枚数を基準に分類した名しょうで答えなさい。

(3) 下線部２に関して，次の問いに答えなさい。

① あとのア～ウから(1)の植物の茎の断面図を１つ選び，記号で答えなさい。

② ①で選んだ図の師管のある師部の部分をすべて塗りつぶしなさい。選ばなかった２つの図には何も記入しないこと。

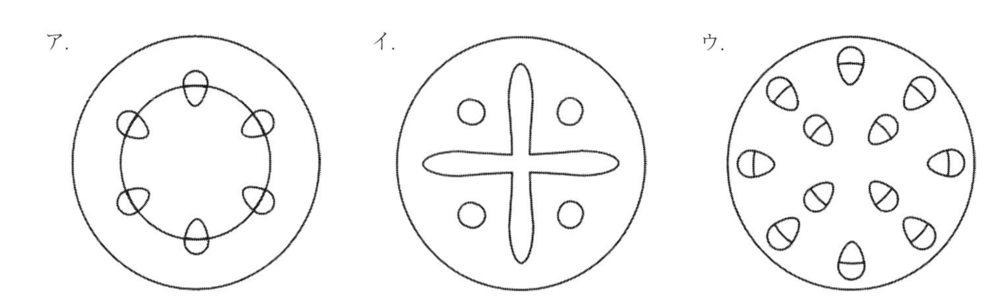

(4)　次の**図１**は下線部３の実験と結果を図で表したものです。○は花芽ができたもの，×は花芽ができなかったものを表しています。〔実験１〕～〔実験５〕はすべて，０時から始め，24時まで行い，花芽ができるのに十分な日数を同じ条件でくりかえしました。なお，１日(24時間)のうち，▒▒部分が夜，□部分が昼を示します。

これらの実験結果からわかることとして正しいものをあとのア～カから２つ選び，記号で答えなさい。

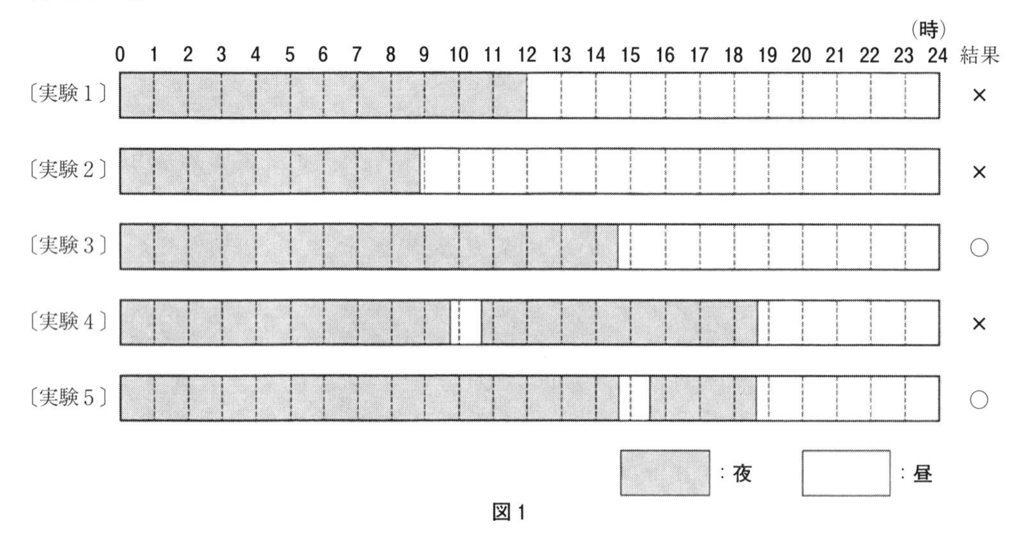

図１

ア．１日の中で，夜の長さが続けて14時間以上になったときに花芽ができる。
イ．１日の中で，夜の長さが14時間以下になったときに花芽ができる。
ウ．１日の中で，夜の長さが合計で14時間以上になったときに花芽ができる。
エ．１日の中で，夜の途中で光を当てて昼にすると花芽はできない。
オ．１日の中で，夜の途中で光を当てて昼にしても花芽ができることがある。
カ．１日の中で，夜の途中で光を当てて昼にすると花芽が必ずできる。

(5)　さらに，同じ種類の植物を使って次の**図２**の〔実験６〕，〔実験７〕を行いました。▒▒の部分のみ<u>(4)でわかった花芽ができる条件下におきました</u>。

〔実験６〕　枝分かれしていないこの植物を用いて次の１～３の実験を行い，花芽ができるかを調べた。

１　葉をすべて除去し，植物体全体を下線部の条件にした。
２　１枚の葉だけ，下線部の条件にした。
３　植物体全体を，下線部の条件にした。

〔結果〕

１は花芽ができなかった。２と３は茎の先たんに花芽ができた。

〔実験７〕 大きく２つに枝分かれしているこの植物を用いて次の４，５の実験を行った。

4　a のすべての葉を除去して a の茎を下線部の条件にした。

5　a 側の茎(→部分)の形成層から外側を取り除く処理をしてから a の茎を下線部の条件にした。

〔実験７〕の結果として最も適切なものを次のア～エから１つ選び，記号で答えなさい。

ア．４と５の両方の枝 b の先たんに花芽ができた。

イ．４の枝 b の先たんにのみ花芽ができた。

ウ．５の枝 b の先たんにのみ花芽ができた。

エ．４と５の両方とも枝 b には花芽ができなかった。

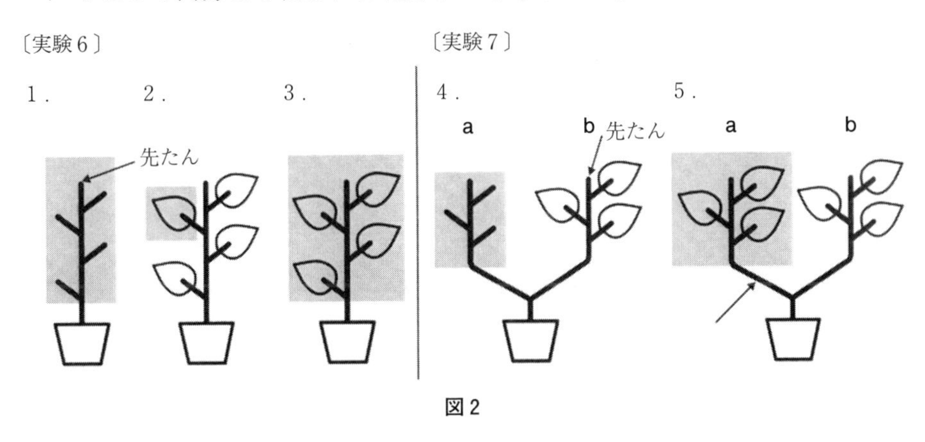

図２

(6)　(5)の答えを選んだ理由を具体的に答えなさい。

と思われますか。説明しなさい。

問２　――線②「前から疑問だった」と話す武藤の言葉を聞いて、円華はどのようなことに気づきましたか。最も適切と思われるものを次の中より一つ選び、記号で答えなさい。

ア、島に留学して長く島の生活を体験してきた武藤が、島の行事に対しても並々ならぬ興味を持っているのだということ。
イ、島留学生らしいおおらかな性格だと思っていた武藤が、実は些細なことを気にする神経質な性格であったということ。
ウ、島に留学しに来た武藤が、島の豊かな自然に深い関心を持っており、かなり鋭い観察力の持ち主であるということ。
エ、島に留学してもう三年目になる武藤だが、島の文化に関する知識については、意外にむらがあるのだということ。

問３　――線③「とても楽しかった」のはなぜですか。最も適切と思われるものを次の中より一つ選び、記号で答えなさい。

ア、武藤と小山が、円華に関心を持って特別扱いをしてくれていることがわかって嬉しかったから。
イ、武藤と小山と一緒に、何気ない話題で気楽におしゃべりする時間を持てたことが嬉しかったから。
ウ、留学生の武藤と小山が、学校外でも島での生活を楽しんでいるということを知って嬉しかったから。
エ、読書やテレビ視聴について武藤と小山がどんな好みなのかを知ることができたことが嬉しかったから。

問４　――線④「円華の方で観念する」とありますが、それはなぜですか。最も適切と思われるものを次の中より一つ選び、記号で答えなさい。

ア、島の情報網にかかれば、遅かれ早かれ母の耳にもいろいろな情報が入ると思ったから。
イ、母が円華の行動の変化にいち早く気づくと思っていたが、気づいてくれなかったから。
ウ、母が黙っている理由について確かめてみたいと思う気持ちが抑えきれなかったから。
エ、小さなことではあるが、母に話していなかったことに居心地の悪さを感じていたから。

問５　――線⑤「母とその話はしたくない」と思ったのはなぜですか。説明しなさい。

問６　――線⑥「黙っとってほしい」と言われたにもかかわらず、母が円華に電話があったことを話したのは、電話の内容を伝えることに加えて、どのようなことを伝えたいと思っていたからですか。説明しなさい。

問７　――線⑦「その母が、だけどそんなふうに言ってくれる」とありますが、この時円華は、母のどのような気持ちを感じ取っていますか。最も適切と思われるものを次の中より一つ選び、記号で答えなさい。

ア、現状を客観的に分析した言葉をかけることで、娘に冷静な判断を促そうとする母の気持ち。
イ、新しく男の子の友達ができたことを隠していた娘を明るくからかい、許そうとする母の気持ち。
ウ、苦しい状況の中でも前向きな言葉を口に出すことで、自分自身を慰めようとする母の気持ち。
エ、失ったものに目を向けるのではなく、娘が得たものを一緒に喜びたいと思っている母の気持ち。

問８　コロナ禍による苦境の中でも仕事を続ける大人たちの姿は、円華にどのようなことを教えてくれましたか。本文中から10字～12字でぬき出して書きなさい。

しい。

あまりの不意打ちに、涙が出そうになってあわてる。唇の裏で歯をしっかり噛み締めて母を見ると、前だけを見て運転していた母が初めて、円華を見た。

「本当はね、浦川先生からは、電話したこと、円華に⑥黙っとってほしいって言われた。でも、話しちゃった。ごめんね」

ん、と頷くのが精一杯だった。

母が言う。前に向き直りながら、だけど、強い口調で。

「お母さんも同じ考え。しばらくはそれもいい、なんてことない。円華には、うちのことで迷惑かけるけど、お母さんもあきらめたり、仕方ないなんて思いたくない。一緒に考えよう」

フロントガラスの向こうに、武藤と小山の自転車の背中が見えてくる。さっき別れたばかりなのに、男子、自転車、すごく速いなぁ、と感心していると、追い越す時、母がプッと軽いクラクションを鳴らした。

「円華、窓開けたら」

母の声に円華も頷いて窓を開け、二人に向けて顔を出す。

「またね！」

声に、マスクをした二人が自転車を漕ぎながら「おー」と手を振ってくれる。

二人の姿を、窓から顔を出して、見えなくなるまで目で追いかける。視界に武藤たちが見えなくなった頃、母が言った。

「あの子たち、最近仲良くなったと？」

「うん。私が部活行ってないの、気にしてくれたみたいで誘ってくれた」

「そう」

「声かけてくれて、新しく、友達になったの」

友達、という言葉を口にする時、胸がぎゅっとなった。

「そっか。コロナも悪いことばっかりじゃなかね」

穏やかな声で母が言う。

今、うちの旅館や島の観光業は大打撃を受けていて、そのせいで、母や父、祖父母がどんな気持ちでいるかを円華は知っている。⑦その母が、だけどそんなふうに言ってくれる。

仕事、というのが単純に、お金を得るためだけのものじゃないということも、円華は、緊急事態宣言が出されていたこの春の間に思い知っていた。宿泊のお客さんが少なくても、母も円華も、普段通り、ロビーに飾る花を用意する。従業員のみんなも使わない部屋の分も布団を干すし、大浴場の準備をきちんとする。コロナが奪ったのは、収入だけじゃない。日々、当たり前にしてきたはずの生活、日々の営みの価値や尊さがどんなものか、円華にもわかり始めている。

「うん」

円華は頷く。

今は胸がいっぱいで話せないけど、家に帰ったら、母に今日見た星の話をしよう。きっと家の近くでも星は見える。注4春の大曲線と大三角形の見つけ方が、今の円華にはもうわかる。

母たちにも教えてあげたい、と思った。

（辻村深月『この夏の星を見る』より）

注1　「ホームステイ」…留学生などが滞在地の家庭に寄宿して、家族の一員として生活すること。
注2　「小春」…吹奏楽部の友達。
注3　「ヨーコちゃん」…吹奏楽部顧問である浦川先生のあだ名。
注4　「春の大曲線と大三角形」…春の星座探しの目印になる明るい星を結んでできる形。

問1　――線①「円華が提案」したのは、どのような意図からだった

すみません！」と声をかけたので驚いた。武藤と小山が、礼儀正しく「いいえ！」と振り返り、「佐々野さん、じゃあ、また」と自転車で行ってしまう。
「あ、うん。また！」
車のライトを背に受けて走り去る二人に向けて、急いで返事をする。母の車に乗り込み、シートベルトを締めながらお礼を言う。
「お母さん、ありがとう」
「あの子たち、クラスメート？」
「ひとりはそう。二人とも留学の子で、前から天文台によく来てるんだって」
「そう。じゃ、二人ともうちの近くの寮に住んどるの？」
「眼鏡の子の方はそう。もうひとりは、島の漁師の家に注１ホームステイしてる」
「ああ、じゃあ、野球がうまい子やろ。ホームステイを選んだ子がいるって聞いたことがある」
島の情報網はさすがだ。感心しつつも、母が相変わらず何も聞かないので、④円華の方で観念する。
「注２小春たちと一緒だと、思ってた？」
別に言わなくていい――と思いつつも、つい聞いてしまったのは円華の中でも母に話したい気持ちが燻っていたからだと、口に出したことで気づいた。本当は、ずっと話したかった。
返ってくる母の声は、しかし、のんびりしていた。
「ううん。でも、そうか。今日は一緒じゃなかったんだ」
「うん」
母が車を出す。エンジン音がしてすぐにラジオを止め、車内が静かになった。街灯がほとんどない道に向け、車がゆっくりと発進する。そのタイミングで、母がふいに言った。

「実は昨日ね、浦川先生から電話があったと」
「え！」
「円華、部活、休むことにしたんだってね」
返事ができなかった。咄嗟に思ったのは、⑤母とその話はしたくない、ということだ。
うちは家が旅館で、県外のお客さんも来るし、落ち着くまで自粛しようかな、と思って――だから、しばらく部活は休みたい――そう先生に言ってしまったのは円華だけど、そのことで母に謝られたりするのは違う、と思っていた。そんなふうになるのは、ものすごく嫌だ。
母が、ズバリと聞く。
「嘘ついたやろ。お母さんたちも、しばらくはそれもいいんじゃないかって言いよるって」
「――ごめん」
気まずくて、唇を嚙む。その先を聞くのが怖かったけれど、尋ねる。
「先生、なんて言ってた？」
「『円華さんに、よくないって言ってもいいですか』って聞かれた」
「え？」
「円華さんや、お母さんがいいと言っても、私はよくないと思う。『しばらくはそれもいい』なんてことはない、高校三年生の一年は今年しかないから、部活に戻ってきてほしい、あきらめないでほしいって言いよった」
不意打ちだった。
注３ヨーコちゃん！　と胸いっぱいに呼びかける。
あの静かな表情の下に、そんな熱い思いがあるなんてまったく想像できなくて――でも、母の今の言葉が、しっかりと、ヨーコちゃんの声で再現できる。
しばらくはそれもいい、なんてことはない。――あきらめないでほ

ら厳しい視線を向けられるようになってしまう。円華も吹奏楽部への出席を自粛することにした。そんな時、同じ高校の三年生で島留学三年目の武藤柊と小山友悟から、山の上にある天文台の観測会に誘われた。円華は初めて天体望遠鏡を使って星を観察し、深く感動した。次の文章を読み、あとの問いに答えなさい。（ぬき出しと字数が決められている問題は、すべて「、」「。」記号などを字数にふくみます。）

円華が言う。
「お母さんがまた車で迎えに来てくれるはずだから。だから、武藤くんたち、先に帰っていいよ」
「いやー、それはさすがに」
意外なことに、小山の方がそう言う。「なあ」、「うん」と二人が顔を見合わせるのを見て、どうやら、女子をひとり残して行けない、と思ってくれたのだとわかる。
「迎えに来るまで、オレたちも一緒に待つよ」
小山が言ってくれて、「じゃあ」と①円華が提案する。
「山を下りるところまで、私も一緒に歩いていい？　お母さんには、山の下の神社のところに来てもらうように電話する」
今から電話すれば、それがちょうどいい気がした。武藤と小山が「わかった」と答える。
自転車を押す武藤と小山とともに、山を下り始める。円華も、まだこの二人と一緒にいたい気持ちになっていた。名残惜しい、というか。
「なあ、この山ってなんでこんなにきれいなの？」
山道の途中、武藤が聞いた。二人の自転車のライトの丸く淡い光が、曲がりくねった道の先をぼんやりと照らしている。
「きれいって？」
「他の山と違うじゃん。全体がこんもり、芝生の緑って感じで、これ、自然とこんなきれいになるのって、②前から疑問だった」
「あー、それは山焼きするから」
円華が答えると、小山が「え、山焼き？」と驚いたようにこちらを見る。その様子に、円華は、あ、知らないのか、と思う。
「三年に一度くらい、山を斜面から頂上へ向けて焼くの。そこからまた、こういうきれいな緑の芝生が生えてくるんだけど」
「ええっ、山を焼くって、相当すごいんじゃないの？」
「うん。結構壮観だよ。山焼きの様子がよく見えるカフェとかもあって、前の時はお母さんやお母さんの友達と一緒に見たなぁ」
「へえー、マジ、すげえな」
「うん。次の時には、武藤くんや小山くんにも見てほしい」
天文台にはあんなに詳しくて、館長たちとものすごく親しいのに、彼らにも意外と知らないことがあるんだなぁ、と思うとおもしろかった。
そこからは、三人で、ポツポツとただとりとめのない話をした。学校のこと、休校中どんな過ごし方をしていたか、最近読んだ本や、見たテレビ番組のこと。そう深い話をしたわけではなかったが、軽くそういうことが話せる、ということそのものが、③とても楽しかった。
山道が終わり、視界が開けた道に出てすぐの神社の前にライトをつけた母の軽自動車がすでに待っていた。ラジオを聞いているのか、微かに音が洩れている。
武藤と小山の姿を見て、今度こそ何か言われるだろうな——と覚悟しながら車の前まで行くと、男子二人が、運転席の母に向けて無言でペコッと頭を下げた。そのまま、自転車に跨がる。
武藤たちのお辞儀を受けた母が、特に驚いた様子も見せずに会釈を返す。それどころか、わざわざ窓を開けて、二人に「送ってもらって

かり合える関係は、どちらから始めてもいいのですから。

（西任暁子『誰が聞いてもわかりやすい話し方』より）

注１　「呈する」…相手にさしだす。示す。

問１　――線①「相手を見ることはとても大切」なのはなぜですか。理由として最も適切と思われるものを次の中より一つ選び、記号で答えなさい。

ア、原稿や資料を見ずに話すことができる、伝える力のある人物だと相手に思わせられるから。

イ、覚えたことを思い出そうと斜め上を向いている話し手は、集中していないように見えるから。

ウ、聞き手と目を合わせて話すことで、伝えようとする気持ちや丁寧さを相手が感じられるから。

エ、目を合わせて会話のように話すと、相手の気持ちが想像できるので緊張がおさまるから。

問２　――線②「文の終わり」の役割として最も適切と思われるものを次の中より一つ選び、記号で答えなさい。

ア、他人事ではない印象を与える。

イ、話に集中している姿勢を示す。

ウ、肯定や否定の決め手となる。

エ、原稿から目線をはなしやすくする。

問３　――線③「さらに本音を打ち明けてもらいやすい」のはなぜですか。その理由を説明しなさい。

問４　――線④「見えないカベ」とはどのようなものですか。最も適切と思われるものを次の中より一つ選び、記号で答えなさい。

ア、相手の「聞く耳」を止める原因になっているもの。

イ、相手に「聞く耳」をもたれていないという自覚。

ウ、相手と目が合わないと自分が気付いていないこと。

エ、相手を見ないままで話し続けている自分の姿勢。

問５　――線⑤「自分が話している時に、相手から疑問や反論を投げかけられることは避けたい」のはなぜですか。その理由を説明しなさい。

問６　――線⑥「自分を見直すいいチャンス」とは、どのようなことですか。最も適切と思われるものを次の中より一つ選び、記号で答えなさい。

ア、間違った考えを信じている自分にとって本当のことを知るための大切なきっかけだということ。

イ、自分の考えが正しいか間違っているかについて、あらためて考え直すよいきっかけだということ。

ウ、本当のことを知りたいのか間違った考えを信じ続けたいのか、自分を見つめ直す好機だということ。

エ、自分と同じ考えの人たちとだけではなく異なる考えの人ともわかり合えるようになる機会だということ。

問７　[⑦]に入る語句として最も適切と思われるものを次の中より一つ選び、記号で答えなさい。

ア、心配と恐怖　　イ、正義感と義務感

ウ、責任感と愛情　　エ、危機意識と不信

問８　――線⑧「自分がいいと思うこと」と同じ内容の言葉を本文中より11字でぬき出して答えなさい。

問９　――線⑨「相手をわかろうとし」とありますが、「相手をわかろうとする」とはどのようにすることですか。説明しなさい。

四

高校３年生の佐々野円華の家は、長崎県の五島列島で曽祖父の代から旅館を営んでいる。コロナ緊急事態宣言以降も島外からの宿泊客を受け入れていたことで、円華の家族は島内の人々か

とは避けたいかもしれませんが、恐れることはありません。一人ひとり育ってきた環境も価値観も違えば、疑問や反論が生まれるのは自然なことだからです。

ある考えを「正しい」と思う人もいれば、「間違っている」と思う人もいます。「わかる」人と「わからない」人がいるのも当たり前。何も悪いことではありません。

それなのになぜ私たちは、自分の考えに同意してもらえないことを恐れるのでしょうか？

それは、「自分自身」と「自分の考え」を一体化して捉えているからです。考えていることを自分そのもののように感じているので、考えを否定されると自分を否定されたように感じるのです。

そこで、考えと自分を分けて捉えるようにしましょう。そうすれば、考えを否定されても、自分自身を否定されたわけではないことに気づきます。

そもそも、考えは変わるものです。ある時正しいと思ったことを、あとから間違っていたと気づくことはよくあります。

もし自分の信じている考えが間違っていたら、本当のことを知りたいと思いませんか？　それとも間違った考えを信じ続けていたいでしょうか。

自分の考えに反論された時は、⑥自分を見直すいいチャンスなのです。

◇ぶつかるからこそ、わかり合える

自分と異なる意見を恐れていると、話が「かみ合わない」、相手と「わかり合えない」といった状態が変わることはありません。本音は語らず表面的に付き合ったり、自分と同じ考えの人を求めて、渡り鳥のように付き合う人を変えていく。そんな人間関係を求めている人はいないでしょう。

「わかり合える」とは、同じ意見になることではありません。意見が異なる人と対話をし、お互いになぜそう考えるのかを理解して受け入れ合うことが「わかり合える」なのです。

あるテレビ番組で、「わかり合えない」美容院が取り上げられていました。経営者があちこちに監視カメラを設置し、従業員の行動に目を光らせていたため、両者の関係がぎくしゃくしているのです。しかしその経営者が幼い頃に母親を失ったあと、妹や弟を守るために「自分がしっかり目を配っていなければいけない」と考えるようになった事実が明かされます。監視カメラを設置したのは、強い［　⑦　］からだったのです。

誰もが、⑧自分がいいと思うことをやっています。でも、その「いいこと」は人それぞれ。まわりからは理解できないような言動も、本人はそれがいいと思っている、あるいは他に方法を知らなくてそれがいいと信じているのです。

その美容院の経営者は、「なぜそんなに従業員を監視するのか」「そんなに従業員を信用できないのか」と言われるまで、自分はいいことをしていると信じていました。そして、監視カメラ以外にも従業員を見守る方法があると知ると、カメラを外すことにしたのです。

誰かとわかり合えない時、相手を責めたり関係を断ち切ったりすることは簡単です。でも、それってさびしいことですよね。

誰もが、自分をわかってほしいと願っています。正確に言うと、自分が信じている正しさを認めてほしいのです。

それならまずは自分から、⑨相手をわかろうとしてみませんか。**わ**

合わせたいのです。
　皇室の方は、原稿を見ながらお話しされることが多いのですが、文の終わりには顔を上げて聞き手にしっかりと目線を合わせられます。伝えようとするお気持ちや丁寧さが伝わってきます。
　もし原稿に目線を戻した時に、どこを話せばいいのかわからなくなってしまう場合は、話している箇所を指先で示しながら話を進めるといいでしょう。

　原稿がない場合は、一人ずつ目を見て話してみてください。人前でする話は、「一方的に伝えるもの」と思われがちですが、相手と会話をするように話すと不思議なほどうまくいきます。大勢の人の前に立つと、それだけで緊張してどこを見ればいいのかわからなくなりますが、一度に目を合わせられるのは一人だけ。三人の目を同時に見ることはできません。ですから、ふだんの会話をするように一人に目を合わせて話をしたら、また違う人に目を合わせて今度はその人と話す。そうやって、一人ずつ会話をするように話していけば、聞き手の数が多くても自然な感じで話せて、緊張もおさまるでしょう。また聞き手の様子を見ながら話しているので、「この説明で伝わっているかな?」「ペースは速くないかな?」と相手の気持ちを自然に想像できます。
「話し上手な人」というと、立て板に水のように次から次へとスラスラ言葉が出てくるイメージがあるかもしれませんが、その人が話すのをよーく見てみてください。
　話し上手な人ほど、相手をよく見ながら会話をするように話しているはずです。

〈話している途中で相手の態度が変わったら……〉

相手をよく見ながら話すようになると、相手が話についてこれなくなった時にわかるようになります。
　相手のそんな様子に気づいたら、相手が感じていることを口に出せるきっかけをつくってみてください。
「ここまでの話でわかりにくかったところはありますか?」
「今の話を聞いて、どこか引っ掛かるところはありましたか?」
　あるいは、相手が疑問や反論を持っている、という前提で次のように尋ねると、③さらに本音を打ち明けてもらいやすいでしょう。
「ここまでの話で、わかりにくかったところを教えていただけませんか?」
「今の話を聞いて、引っ掛かっているのはどんなところですか?」
　このように尋ねると、相手は「わかりにくいところや引っ掛かっているところがある」と自分から切り出さなくてもいいので、思っていることを正直に話しやすくなります。
　話の途中でわからないことがあっても、自分からはなかなか言いづらいものです。疑問を注1呈すると、相手の伝え方が不十分だと指摘しているように感じるからです。その時、聞き手は「聞く耳」を止めていますから、そのまま話をしても、伝わりにくいでしょう。相手が話を聞けなくなったら、できるだけ早くその理由を伝えてもらって、④見えないカベを取り払えるといいですね。
　⑤自分が話している時に、相手から疑問や反論を投げかけられるこ

2024年度 品川女子学院中等部

【国　語】〈第一回試験〉（五〇分）〈満点：一〇〇点〉

一　次の⑴～⑸の――線部を漢字に直しなさい。

⑴　キボの大きい事業。
⑵　短所を長所でオギナっている。
⑶　小学校の教育カテイを終える。
⑷　スイスはエイセイ中立国である。
⑸　私の努力はトロウではなかった。

二　**次の⑴～⑸の問いに答えなさい。ただし⑴～⑶はひらがなでもよいが、⑷⑸は漢字で答えること。**

⑴　下の意味となるように、空欄（くうらん）に生物の名前を入れて慣用句を完成させなさい。
「彼（かれ）は先輩（せんぱい）の前だと、借りてきた□のようだ」…いつもと違（ちが）って、おとなしくしている様子。

⑵　下の意味となるように、空欄に体の部位を入れて慣用句を完成させなさい。
「すばらしい演技に、人々は□を巻いた」…とてもおどろいたり、感心したりする。

⑶　下の意味となるように、空欄に語を入れてことわざを完成させなさい。
「渡（わた）りに□」…ちょうどよく、とても都合のよいことが起きること。

⑷　――部の語句の対義語（反対の意味の語）を漢字2字で答えなさい。
売り上げが倍増した。

⑸　次の文章の空欄に漢字を入れて四字熟語を完成させなさい。
コンクールの応募（おうぼ）作品は、□□混淆（こんこう）だ。

三　**次の文章を読み、あとの問いに答えなさい。（ぬき出しと字数が決められている問題は、すべて「、」「。」記号などを字数にふくみます。）**

◇原稿（げんこう）を読んでいても「相手を見る」には

少人数の会話だけでなく、大勢の前で話すプレゼンテーションでも①相手を見ることはとても大切です。

プレゼンでは、スクリーンに映す資料を手元のパソコン画面で見ながら話すことが多いでしょう。その時、相手に語りかけるのではなく資料を読むように下を向いて話せば、伝わる力は小さくなってしまいます。「自分に話しかけられている」と感じられない聞き手は、他人事のように思えて話に集中できないからです。

原稿や資料は必ずしも覚えなくても構いません。覚えたことを思い出しながら話そうとすれば、頭の中の原稿を読むような話し方になります。その場合、目線は斜（なな）め上を向くでしょう。どちらにしても、相手を見ることができません。

大切なのは、相手に語りかけることです。原稿が必要な場合は読んでも構いませんが、②文の終わりで目線を上げるようにしてください。特に日本語は、文の終わりで肯定（こうてい）か否定かが決まります。「私は、〇〇だと思います」なのか「思いません」なのかは、文末で決まりますね。文の終わりの言葉はメッセージ性が強くなるので、聞き手と目を

2024年度
品川女子学院中等部　▶解説と解答

算　数　＜第１回試験＞（50分）＜満点：100点＞

解　答

1 (1) $\frac{1}{3}$　(2) $\frac{1}{4}$　(3) 11.6　(4) 5　**2** (1) 4 ：9 ：24　(2) 39枚　(3) 6 km　(4) 7　(5) 50円　(6) 14回　(7) 4500円　(8) 6 通り　(9) 45度　(10) 18.84cm^2　**3** (1) $\frac{13}{17}$　(2) $2\frac{4}{31}$　(3) $34\frac{1}{10}$　**4** (1) ア　3 cm　イ　7 cm　(2) 170cm^2　(3) エ　7 cm　オ　11cm

解　説

1 **四則計算，逆算，計算のくふう，条件の整理**

(1) $\frac{2}{9}\div\left(5\frac{1}{3}-\frac{2}{3}\div\frac{1}{6}\right)\times 2=\frac{2}{9}\div\left(5\frac{1}{3}-\frac{2}{3}\times 6\right)\times 2=\frac{2}{9}\div\left(5\frac{1}{3}-4\right)\times 2=\frac{2}{9}\div 1\frac{1}{3}\times 2=\frac{2}{9}\div\frac{4}{3}\times 2=\frac{2}{9}\times\frac{3}{4}\times 2=\frac{1}{3}$

(2) $\frac{9}{20}\div\left\{1.125+\frac{7}{10}\times(1+\square)\right\}=0.225$より，$1.125+\frac{7}{10}\times(1+\square)=\frac{9}{20}\div 0.225=0.45\div 0.225=2$，$\frac{7}{10}\times(1+\square)=2-1.125=0.875=\frac{7}{8}$，$1+\square=\frac{7}{8}\div\frac{7}{10}=\frac{7}{8}\times\frac{10}{7}=\frac{5}{4}$　よって，$\square=\frac{5}{4}-1=\frac{1}{4}$

(3) $A\times C+B\times C=(A+B)\times C$，$A\times C-B\times C=(A-B)\times C$となることを利用すると，$(1.3\times 4+4\times 1.9-0.7\times 4)\times 1.16=\{(1.3+1.9-0.7)\times 4\}\times 1.16=\{(3.2-0.7)\times 4\}\times 1.16=(2.5\times 4)\times 1.16=10\times 1.16=11.6$

(4) $1AB\times 1AB$の一の位の数は９なので，Bは３か７である。また，$120\times 120=14400$，$130\times 130=16900$であり，$1AB\times 1AB=161A9$は14400と16900の間の数なので，Aは２とわかる。すると，$1AB$は123か127である。$1AB$が123のとき，$123\times 123=15129$より，$161A9$にならない。一方，$1AB$が127のとき，右の図のようになるので，Dに入る数字は５とわかる。

```
      1 2 7
  ×   1 2 7
  ---------
      8 8 9
    2 5 4
  1 2 7
  ---------
  1 6 1 2 9
```

2 **比の性質，過不足算，速さと比，約数と倍数，売買損益，つるかめ算，分配算，場合の数，グラフ，割合と比，面積**

(1) $\frac{1}{3}:0.75:2=\frac{1}{3}:\frac{3}{4}:2=\frac{4}{12}:\frac{9}{12}:\frac{24}{12}=4:9:24$となる。

(2) 右の図１より，１人にあげる枚数の差が，15－11＝４(枚)で，必要な枚数の差が，６＋６＝12(枚)になるので，人数は，12÷４＝３(人)である。よって，色紙の枚数は，11×３＋６＝39(枚)とわかる。

図１

	11枚，…，11枚	→	６枚余る
	15枚，…，15枚	→	６枚不足
差	４枚，…，４枚	→	12枚

(3) ＡさんとＢさんが西町から東町まで進んだ道のりは同じなので，ＡさんとＢさんの速さの比は，$\frac{1}{45}:\frac{1}{12}=\frac{4}{180}:\frac{15}{180}=4:15$である。同じ時間進むとき，(速さの比)＝(道のりの比)となるので，Ａさんが1.6km進む間にＢさんが進む道のりは，$1.6\times\frac{15}{4}=6$ (km)と求められる。

⑷　右の図２より，196と252と294の最大公約数は，$2\times7=14$である。よって，1925を14で割った余りを求めればよいので，$1925\div14=137$余り７より，７とわかる。

図２

2)	196	252	294
7)	98	126	147
	14	18	21

⑸　250円の20％が利益なので，20％＝0.2より，利益は，$250\times0.2=50$(円)である。

⑹　すべて裏が出たとすると，点数は，$150-5\times29=5$(点)となり，実際の点数との差は，$187-5=182$(点)である。１回裏が出るかわりに表が出たとすると，$5+8=13$(点)ずつ点数が増えるので，表が出た回数は，$182\div13=14$(回)と求められる。

⑺　右の図３より，Aさんが実際より500円多く持っていたとすると，３人の所持金の合計は，③×２＋①＝⑦となり，その金額は，$10000+500=10500$(円)になる。したがって，①＝$10500\div7=1500$(円)なので，Bさんの所持金は，③＝$1500\times3=4500$(円)と求められる。

図３
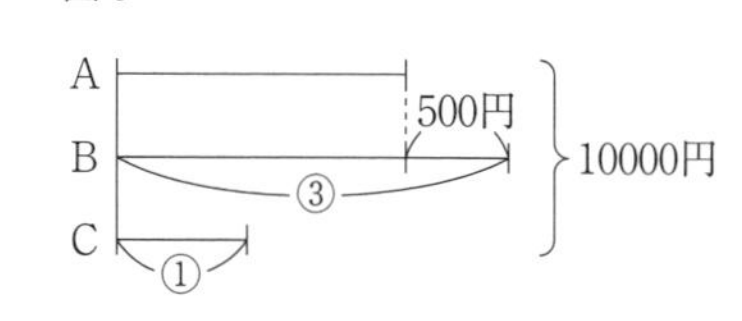

⑻　問題文中の図で，まずAからB，D，Eに移動する。AからBに移動する場合，通る辺が３本でGまで移動する道順は，右の図４のように２通りある。AからD，Eに移動する場合もそれぞれ２通りずつあるので，道順は全部で，$2\times3=6$(通り)と求められる。

図４
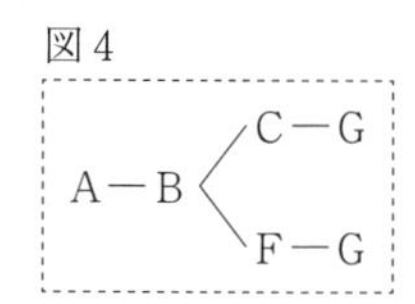

⑼　問題文中の帯グラフより，パソコンと回答した人数は２年生と６年生で同じなので，パソコンと回答した２年生は64人である。さらに，タブレットと回答した２年生と６年生の比は，３：５なので，タブレットと回答した２年生は，$25\div5\times3=15$(人)とわかる。そこで，パソコンと回答した合計人数は，$64\times2=128$(人)，タブレットと回答した合計人数は，$15+25=40$(人)となる。すると，問題文中の円グラフで75度にあたるのが40人であり，パソコンと回答した128人は，円グラフで，$75\times\frac{128}{40}=240$(度)にあたるから，$x$の角の大きさは，$360-(75+240)=45$(度)となる。

⑽　右の図５で，OAとOBはどちらも半円の半径だから，三角形AOBは二等辺三角形である。また，角OBAの大きさは60度なので，角OABの大きさも60度となり，三角形AOBは正三角形とわかる。同様に考えると，図５で４つに分けた三角形はすべて１辺６cmの正三角形だから，斜線(しゃせん)部分を集めると，半径６cmで中心角60度のおうぎ形になる。よって，その面積は，$6\times6\times3.14\times\frac{60}{360}=18.84$(cm²)と求められる。

図５
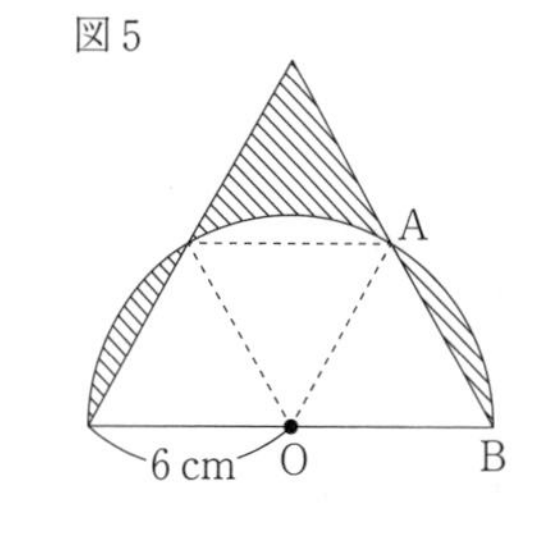

3　数列

⑴　29段目の左から13番目のカードに書かれた分数の分子は13である。また，分子と分母の和は，１段目では２，２段目では３，３段目では４のように，N段目では，$N+1$となっている。すると，29段目の分数の分子と分母の和は，$29+1=30$なので，13番目の分数の分母は，$30-13=17$とわかる。よって，その分数は$\frac{13}{17}$と求められる。

⑵　問題文中の図より，カードに書かれる分数は，右に１つ進むと分子は１増え，分母は１減る。また，下に１つ進むと，分子は変わらないが，分母は１増える。よって，$\frac{17}{32}$の上下左右の４枚のカードに書かれる分数は右の図１のようになるので，それら４枚に書かれた分数の和は，$\frac{17}{31}+\frac{18}{31}+\frac{16}{33}+\frac{17}{33}=\frac{35}{31}+$

図１

	$\frac{17}{31}$	
$\frac{16}{33}$	$\frac{17}{32}$	$\frac{18}{31}$
	$\frac{17}{33}$	

$\frac{33}{33}=1\frac{4}{31}+1=2\frac{4}{31}$と求められる。

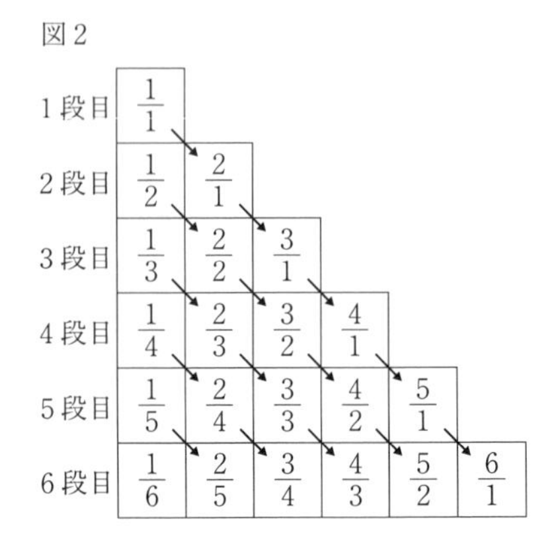

⑶　右の図２で矢印の向きに，ななめに和を求めるとそれぞれの和は，$\frac{1}{1}+\frac{2}{1}+\frac{3}{1}+\frac{4}{1}+\frac{5}{1}+\frac{6}{1}=1+2+3+4+5+6=21$，$\frac{1}{2}+\frac{2}{2}+\frac{3}{2}+\frac{4}{2}+\frac{5}{2}=\frac{15}{2}=7\frac{1}{2}$，$\frac{1}{3}+\frac{2}{3}+\frac{3}{3}+\frac{4}{3}=\frac{10}{3}=3\frac{1}{3}$，$\frac{1}{4}+\frac{2}{4}+\frac{3}{4}=\frac{6}{4}=1\frac{1}{2}$，$\frac{1}{5}+\frac{2}{5}=\frac{3}{5}$，$\frac{1}{6}$となる。よって，１段目から６段目までのすべての分数の和は，$21+7\frac{1}{2}+3\frac{1}{3}+1\frac{1}{2}+\frac{3}{5}+\frac{1}{6}=34\frac{1}{10}$と求められる。

4　平面図形―構成，長さ，面積

⑴　問題文中の図３より，$a\times a+b\times b=58(\text{cm}^2)$である。$a$と$b$は整数なので，和が58となる２つの平方数(同じ整数を２個かけあわせた数)をさがすと，$1\times1=1$，$2\times2=4$，$3\times3=9$，$4\times4=16$，$5\times5=25$，$6\times6=36$，$7\times7=49$より，$3\times3+7\times7=9+49=58$とわかる。$a$は$b$より小さいので，$a$の長さは３cm(…ア)，$b$の長さは７cm(…イ)と求められる。

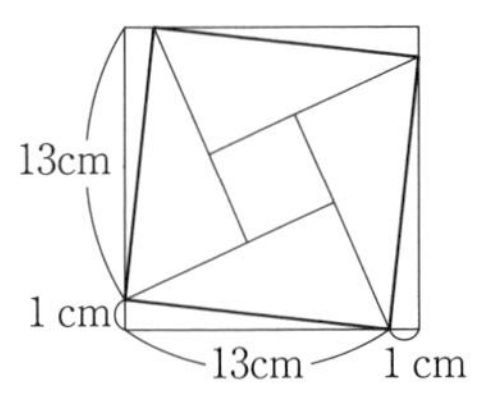

⑵　右の図①で，１辺の長さが，$13+1=14$(cm)の正方形全体から合同な直角三角形４個を取り除くと太線の正方形となる。よって，ウは，$14\times14-(1\times13\div2\times4)=196-26=170(\text{cm}^2)$と求められる。

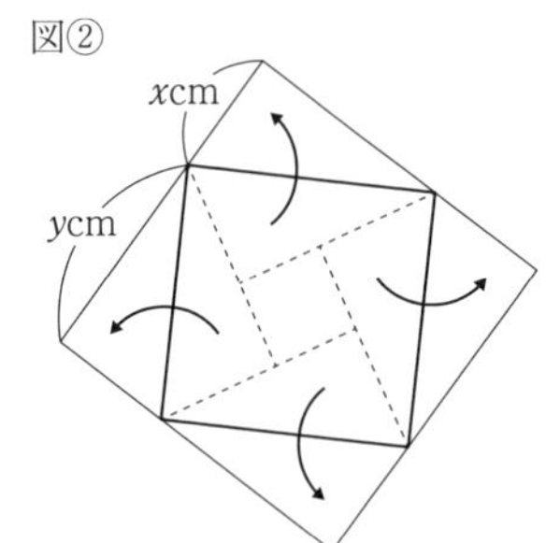

⑶　問題文中の図６に長さを書き加えると右の図②となる。図②で太線の正方形の面積は，⑵より170cm²であり，問題文中の図３と同様に考えると，$x\times x+y\times y=170$とわかる。xとyは１より大きい整数なので，和が170となる平方数をさがすと，$7\times7+11\times11=49+121=170$とわかる。$x$は$y$より小さいので，$x$の長さは７cm(…エ)，$y$の長さは11cm(…オ)と求められる。

社　会　<第１回試験>（理科と合わせて60分）<満点：60点>

解　答

1　**問１**　⑴　近郊農業　⑵　エ　**問２**　⑴　扇状地　⑵　ア　**問３**　⑴　イ　⑵　(例)　輸送費をおさえることができる。　**問４**　⑴　**A**　ア　**B**　イ　**C**　オ　⑵　ウ　**問５**　エ　**問６**　(例)　移住者を増やすため，補助金制度を設けている。　**問７**　ウ　**問８**　ア　**問９**　⑴　ウ　⑵　ア　⑶　イ　**2**　**問１**　土偶　**問２**　壬申の乱　**問３**　ア　**問４**　⑴　イ　⑵　(例)　娘と天皇との間に生まれた子が天皇となったときに，摂政・関白として政治を行うことができるから。　**問５**　ウ　**問６**　⑴　ア　⑵　イ　**問７**　⑴　ウ　⑵　武家諸法度　**問８**　⑴　エ　⑵　東海道　**問９**　⑴　津田梅子　⑵　エ　⑶　ウ　**3**　**問１**　健康で文化的な最低限度　**問２**　エ　**問３**　ウ　**問４**　⑴　エ　⑵　(例)　議員一人あたりの有権者数に差があったため，一票の価値が同じくらいになるように調整したから。　**問５**　こども家庭庁　**問６**　イ　**問７**　ア

解　説

1　日本の都市や産業，地形図の読み取りについての問題

問１　(1)　大都市や大消費地の近くで，都市に住む人々のために，野菜，くだもの，花，たまごなどをつくる農業を近郊農業といい，作物の鮮度を保ったまま大都市に出荷し，輸送費をおさえることができる。　(2)　宮崎県は畜産業と農業がさかんで，農業産出額は北海道，鹿児島県，茨城県に次いで第４位である(2021年)。また，肉用若鶏の飼養羽数，豚の飼育頭数(2023年)，ピーマンの収穫量(2022年)，マンゴー(2020年)の収穫量が第２位となっている。よって，第一次産業の割合が他よりも多いエとなる。なお，アは沖縄県，イは東京都，ウは愛知県の産業別人口割合。

問２　(1)　河川中流部の流れが急に遅くなったために土砂が積もってできた，扇のように広がったなだらかな傾斜地を扇状地という。ここにはつぶの大きい土砂が多いため，水持ちが悪く稲作に適さないので，かつては桑畑，現在は果樹園として利用されることが多い。　(2)　山梨県が日本一の生産量をほこるのは，もも(ア…○)，ぶどうである。なお，さくらんぼの生産量第１位は山形県(イ…×)，メロンの生産量第１位は茨城県(ウ…×)，かきの生産量第１位は和歌山県(エ…×)である(2022年)。

問３　(1)　Ａの神戸市(兵庫県)，Ｂの呉市(広島県)，Ｃの佐世保市(長崎県)，Ｄの長崎市は，造船業が発達している。　(2)　工場どうしが近い場所にあると，輸送費が安くすみ，輸送のための時間が短縮され，天候や災害によって工場間を移動できなくなる危険性を減らすことができる。

問４　(1)　**Ａ**　碁盤の目のように区画された都市は，札幌市(北海道)や京都市などが有名で，明治時代に蝦夷地から北海道と改められ，屯田兵によって開拓が進められた札幌市(ア)と判断できる。　**Ｂ**　町全体が緑に包まれていたことから，宮城県仙台市(イ)は「杜の都」とよばれている。　**Ｃ**　神奈川県横浜市(オ)は，東京23区の次に多い375.4万人の人口を有している(2023年)。なお，ウは新潟市，エはさいたま市，カは名古屋市(愛知県)，キは京都市，クは大阪市，ケは広島市，コは福岡市を指している。　(2)　愛媛県の県庁所在地である松山市は，人口が50万人以上であるが，政令指定都市にはなっていない(ウ…×)。

問５　リニア中央新幹線は，2027年以降に品川(東京)－名古屋間が開業予定で，この区間では東京都，神奈川県，山梨県，静岡県，長野県，岐阜県，愛知県を通る予定である。

問６　解答例のほか，住宅の無償または低額の貸し出し，移住体験や産業体験の実施，移住に関する窓口の設置などがあげられる。

問７　日本では1996年に電子マネーが登場し，2001年にSuicaにも採用されるようになると急速に広まったが，全ての飲食店で決済できるわけではない(Ｘ…誤)。2000年代に固定電話の契約数を携帯電話の契約数が上回り，2021年の固定電話の契約数は5188万件，携帯電話の契約数は20292万件である(Ｙ…正)。

問８　高知市は，夏に太平洋側から南東の季節風が吹くため蒸し暑く，冬でも比較的温暖である。また，梅雨や台風の影響で６～９月に雨が多く，９月の降水量は約400mmである。よって，アとなる。なお，イは岡山市，ウは新潟市，エは盛岡市(岩手県)の雨温図である。

問９　(1)　「宮崎大」は北西(左上)にある三角点(△)より標高は約30m，「加江田川」の標高は約6.6mであるので，10m以上の標高差がある(ウ…○)。なお，「清武川」の左岸(北側)には荒れ地(ılı)が見られる(ア…×)。JR線(━━)は，「清武川」と「加江田川」の２本の川をわたっている

(イ…×)。「運動公園駅」の真東(右)に税務署(◇)はない(エ…×)。　(2)　地形図上の長さの実際の距離は，(地形図上の長さ)×(縮尺の分母)で求められる。この地形図の縮尺は25000分の１なので，地形図上で約３cmの長さの実際の距離は，３×25000＝75000(cm)＝750(m)＝0.75(km)となる。よって，実際の面積は，0.75×0.75＝0.5625(km^2)である。　(3)「運動公園駅」の周囲には田(||)が多く見られ，「鵜来橋」を南(下)へわたると老人ホーム(⌂)がある。なお，畑の地図記号は(∨)，図書館の地図記号は(□)である。

2　子どもに関連した歴史上の出来事についての問題

問１　土偶は，縄文時代に多産や安産，えものや収穫が豊かであることなどを祈るさいに用いられたと考えられている土製の人形である。

問２　672年，天智天皇のあとつぎをめぐって，天智天皇の弟である大海人皇子と天智天皇の子である大友皇子との間で壬申の乱が起こった。大海人皇子はこの戦いに勝利して天武天皇となり，天皇中心の強力な国づくりを目指した。

問３　地図中のアは794年に桓武天皇が都を移した平安京である。なお，イは667年に天智天皇が都とした大津宮，ウは710年に元明天皇が都とした平城京，エは694年に持統天皇が都とした藤原京である。

問４　(1)　894年，菅原道真は遣唐大使に任命されると，国力がおとろえた唐(中国)に多くの危険をおかしてまで使節を派遣する必要はない，と遣唐使の停止を提言した(イ…○)。なお，平将門の乱は935年(ア…×)，院政の開始は1086年(ウ…×)，浄土宗の開祖である法然は12～13世紀に活躍した(エ…×)。　(2)　藤原氏は，自分の娘を天皇のきさきにしてその間に生まれた皇子を天皇の位につけ，天皇の母方の親戚となって権力をにぎった。また，天皇が幼いときは摂政，成人してからは関白となり，それ以外の重要な官職も親族で独占した。

問５　年貢の取り立てを仕事としていたのは地頭である(Ｘ…誤)。1221年に後鳥羽上皇が承久の乱で鎌倉幕府に負けると，幕府は上皇に味方した貴族や武士の土地3000カ所あまりを取り上げ，それを幕府側について戦った御家人に恩賞として与え，その土地の地頭に任命した(Ｙ…正)。

問６　(1)　アは16世紀初めに雪舟が描いた『天橋立図』である。雪舟は，室町時代に禅宗の寺である京都の相国寺で絵を学んだあと，明(中国)にわたって絵の修行を重ね，墨の濃淡を利用して自然の情景を描く水墨画を大成した。なお，イは葛飾北斎，ウは狩野永徳，エは藤原隆能(と言い伝えられている)が描いた作品である。　(2)　1392年，室町幕府の第３代将軍足利義満は南朝の後亀山天皇を説得し，60年にわたって分裂していた朝廷を北朝で統一した(イ…○)。なお，島原・天草一揆は江戸時代(ア…×)，金剛力士像の制作は鎌倉時代(ウ…×)，日宋貿易は平安時代である(エ…×)。

問７　(1)　豊臣秀吉は，方広寺の大仏を造立するという名目で，百姓が刀・弓やその他の武具類を持つことを禁止するという刀狩令を1588年に発した(ウ…○)。なお，班田収授は飛鳥～平安時代に実施された(ア…×)。人返しの法は水野忠邦(イ…×)，参勤交代は徳川家光が行ったことである(エ…×)。　(2)　武家諸法度は，大名を統制するために，1615年に江戸幕府の第２代将軍徳川秀忠によって制定された決まりで，原則として将軍の代替わりの度に更新された。これに違反した大名は，遠くの領地に移されたり，領地を取りあげられたりするなど，きびしく処罰された。

問８　(1)　この歌は，松平定信が白河藩主(福島県)から老中となり行った寛政の改革の統制がきびしかったことを皮肉った狂歌である。定信は，湯島に昌平坂学問所を建て，ここで朱子学以外の学問を教えることを禁止した(エ…○)。なお，長崎貿易を拡大したのは新井白石(ア…×)，上米の制を実施したのは徳川吉宗(イ…×)，株仲間を解散したのは水野忠邦である(ウ…×)。　(2)　2本のはしごに濁点がついていることから「日本橋」→皮をさいていることから「川崎」→富士山と輪になった「さ」から「藤沢」，歯と逆さまになった猫から「箱根」である。よって，この４つの宿場を通る東海道となる。

問９　(1)　津田梅子は，最初の女子留学生の一人として岩倉遣欧使節団に同行し，６歳でアメリカにわたった。帰国後，日本の女性の地位向上を目指して教師となり，再びアメリカへ留学してもどると，後の津田塾大学となる女子英学塾を設立し，女性の高等教育に力をつくした。　(2)　地下鉄の開通は1927(昭和２)年のことで，上野ー浅草間を結んだ(エ…×)。　(3)　普通選挙法が成立した1925年，高等女学校の生徒(─■─)と中学校の生徒(─◆─)は約300000人で並んだ(ウ…○)。なお，第一次護憲運動が起こった1913年に中学校の生徒数は高等女学校の生徒数より多く(ア…×)，第一次世界大戦が終戦を迎えた1918年ごろには実業学校へ進む生徒(…●…)数は，日露戦争が終戦を迎えた1905年の数より多く(イ…×)，満州事変が起こった1931年に高等女学校の生徒数は中学校の生徒数より多い(エ…×)。

3　日本国憲法についての問題

問１　日本国憲法第25条１項では，「すべて国民は，健康で文化的な最低限度の生活を営む権利を有する」と生存権について定められており，この権利を保障するため，２項で国に社会保障の向上や増進が義務づけられている。

問２　日本国憲法第６条と第７条では，天皇の国事行為の内容が規定されている。最高裁判所の長官を任命するのは天皇であるが，指名するのは内閣である(エ…×)。また，最高裁判所の裁判官は内閣によって任命される。

問３　請求権は，基本的人権を確保するために定められた権利で，国や地方公共団体に損害の救済や公務員をやめさせることなどを要求する請願権(第16条)，国家賠償請求権(第17条)，裁判を受ける権利(第32条)，刑事補償請求権(第40条)が保障されている。

問４　(1)　公聴会は，利害関係のある人や専門家などから意見を聞く制度である。本会議の前に行われる委員会で，予算を審議するときや重要な議案のときには必ず開かれる(エ…○)。なお，法律案は先に衆議院に提出しても参議院に提出しても構わない(ア…×)。衆議院で出席議員の３分の２以上の賛成で再可決されれば法律となる(イ…×)。法律案を提出できるのは国会議員と内閣である(ウ…×)。　(2)　島根県の有権者数も鳥取県の有権者数も熊本県の有権者数より少なく，両県を合計しても1070001人で，熊本県一県の有権者数より少ない。議員一人あたりの有権者数に大きな差があり，一票の価値に約３倍の違いが出ているため，島根県と鳥取県を合わせて１つの選挙区(合区)とすることで，その差を少なくすることが図られた。

問５　こども家庭庁は，内閣府の外局として2023年４月１日に発足した行政機関で，子どもの権利が守られ，子どもの健やかな成長が保障されるように，子どもに関わる政策の実行を担当している。

問６　日本国憲法第54条には，内閣不信任案が可決され，衆議院が解散された場合，解散の日から40日以内に衆議院議員総選挙が行われ，その日から30日以内に特別国会(Ｙ)が召集されるとある。よって，Ｘは衆議院が解散された６月10日から40日以内の７月15日となる。

問７　地方議会は，予算の審議と決定，決算の承認，その地方公共団体に適用される条例の制定・改廃などを行い，首長に対する権限として不信任決議権を持っている(ア…×)。

理　科　<第１回試験>（社会と合わせて60分）<満点：60点>

解　答

1　Ⅰ　(1)　ウ　(2)　こう星　(3)　①　シリウス　②　冬の大三角　③　オ　④　午後10時頃　Ⅱ　(1)　**あ**　反射　**い**　くっ折　(2)　①　解説の図Ⅰを参照のこと。　②　ウ，エ，カ　(3)　イ　(4)　エ　**2**　(1)　①　石灰水　②　(例)　純すいな気体を集めることができる。　③　下方置かん法　(2)　①　解説の図を参照のこと。　②　(例)　反応できるクエン酸がなくなったため。　③　100cm^3　(3)　ア，ウ，エ　**3**　(1)　イ　(2)　双子葉類　(3)　①　ア　②　解説の図を参照のこと。　(4)　ア，オ　(5)　エ　(6)　(例)　４は夜の長さを連続14時間以上にした部分に葉がなく，花芽をつくる物質がつくられないから。５は師管がなくなったので，花芽をつくる物質がａの枝からｂの枝に移動しないから。

解　説

1　星の見え方，光の性質についての問題

Ⅰ　(1)　2.5×2.5×2.5×2.5×2.5＝97.65625より，１等星は６等星より約100倍明るい。

(2)　太陽や星座をつくる星のように，自ら光を出す星をこう星という。

(3)　①，②　Ａはこいぬ座のプロキオン，Ｂはオリオン座のベテルギウス，Ｃはおおいぬ座のシリウスで，この３つの星を結んでできる三角形を冬の大三角という。　③　オリオン座の真ん中あたりにある３つ並んだ星を結んだ直線は，西の空に見えるころには地平線とほぼ平行になる。また，星座をつくる星の位置関係は変わらないので，オが選べる。　④　星は東から西に，１か月に，360÷12＝30(度)，１時間に，360÷24＝15(度)動いて見える。したがって，１か月前に同じ方角の星を観察すると，図１と同じ位置にそれぞれの星が見えた時刻は，午後８時から，30÷15＝２(時間後)の午後10時頃(ごろ)とわかる。

Ⅱ　(1)　光が鏡などの物体に当たったとき，物体の表面ではね返ることを光の反射という。また，光が異なる種類の物質へ進むとき，その境界面で折れ曲がることを光のくっ折という。

(2)　①　鏡の光が反射するところで，鏡の面に垂直に引いた線と，入ってくる光の間との角を入射角といい，反射する光の間との角を反射角という。このとき，入射角と反射角は等しくなる。よって，図２のように照明器具から出た光の鏡に当たった後の道すじは，下の図Ⅰのようになる。

②　照明器具Ｌから出た光が鏡の右はし，左はしのそれぞれで反射した後の光の道すじは下の図Ⅱのようになる。このとき，図Ⅱのかげをつけた部分にある位置では照明器具Ｌを見ることができる。

図Ⅰ

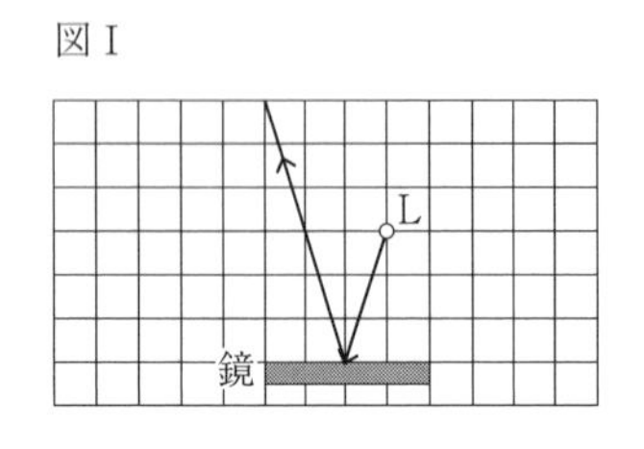

図Ⅱ

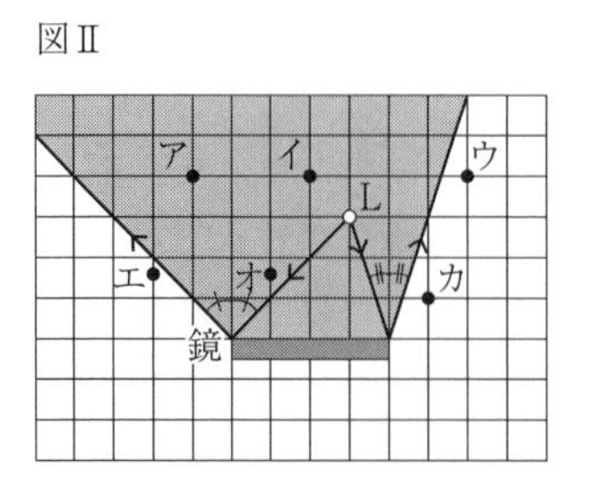

図Ⅲ

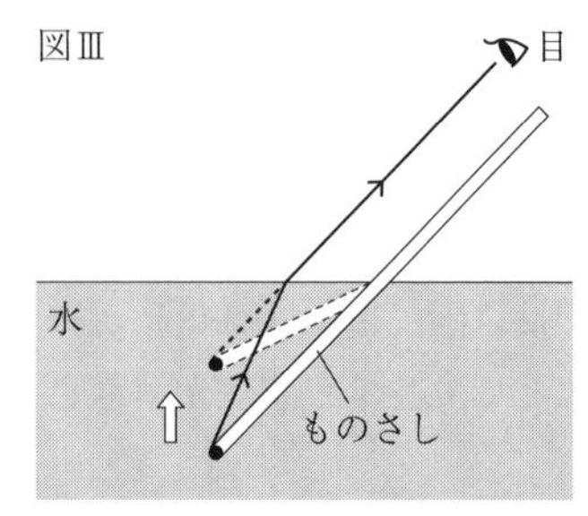

(3) 光が空気中からガラス中に入るときは境界面から遠ざかるようにくっ折し，ガラス中から空気中に出るときは境界面に近づくようにくっ折する。また，ガラス中に入る光とガラス中から出る光は平行になるので，イが選べる。

(4) 水中にあるものさしの先たんから出た光の道すじは上の図Ⅲのようになる。目には光が届いた先にものさしの先たんがあるように見えるので，ななめ上から見ると，エのようにものさしが折れ曲がって見える。

2 炭酸水素ナトリウムと酸性の水よう液の反応についての問題

(1) ① クエン酸のような酸性の水よう液に炭酸水素ナトリウム(重そう)を加えると，気体の二酸化炭素が発生する。二酸化炭素に石灰水を加えると，水にとけにくい炭酸カルシウムができるので，石灰水が白くにごる。　② 水上置かん法は気体を水と置きかえて集めるため，空気などが混ざりにくくなり，純すいな気体を集めることができる。また，集めた気体の量が目で見てわかりやすいという利点もある。　③ 二酸化炭素は空気より重いので，下方置かん法でも集めることができる。

(2) ① 縦じくの５目もり分を1000cm³とし，表１のそれぞれの値に対応する点を方眼上に●でとって直線で結ぶと，右のグラフのようになる。　② グラフより，クエン酸９ｇと過不足なく反応する炭酸水素ナトリウムの重さは12ｇとわかる。したがって，それ以上炭酸水素ナトリウムを加えても，クエン酸がなくなっているため，炭酸水素ナトリウムはとけ残り，発生する気体の体積は増えない。　③ グラフより，クエン酸９ｇと炭酸水素ナトリウム12ｇが過不足なく反応して二酸化炭素が3200cm³発生する。炭酸水素ナトリウム15ｇと過不足なく反応するクエン酸は，$9\times\frac{15}{12}=11.25$(ｇ)だから，炭酸水素ナトリウム15ｇが全て反応し，二酸化炭素が，$3200\times\frac{15}{12}=4000$(cm³)発生する。これより，１つのラムネから発生する気体の体積は，$4000\div40=100$(cm³)と求められる。

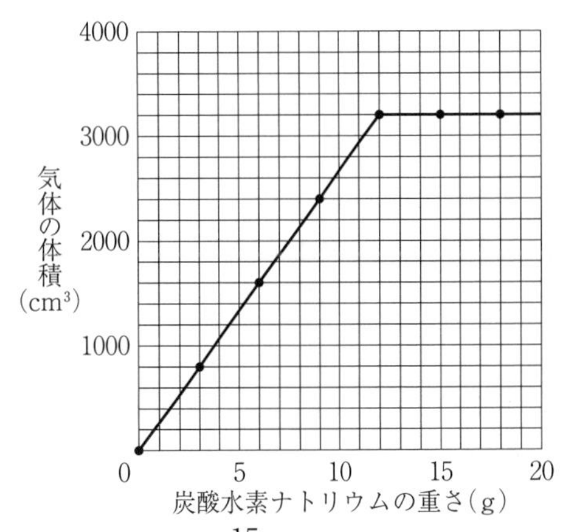

(3) 重そうと酸性の水よう液の反応を選べばよい。胃液，レモン果じゅう，リンゴ酢はいずれも酸性の水よう液である。なお，ホットケーキがふくらむのは，重そうが熱で分解して，二酸化炭素が発生するからである。

3 植物のつくりと花芽をつける条件についての問題

(1) 葉脈は，子葉が１まいの植物ではアのように平行に，子葉が２まいの植物ではイのようにあみ目状になっている。

(2) 子葉が１まいの植物を単子葉類，２まいの植物を双子葉類という。

(3) 光合成でつくられたでんぷんなどの養分が通る管を師管，根から吸収した水などが通る管を道管といい，師管と道管が集まった部分を維管束という。双子葉類の茎では維管束がアのように輪の形に並び，師管は維管束の表皮側にある。したがって，双子葉類の師管のある師部を塗りつぶすと，右の図のようになる。なお，イは根の断面図，ウは単子葉類の茎の断面図である。

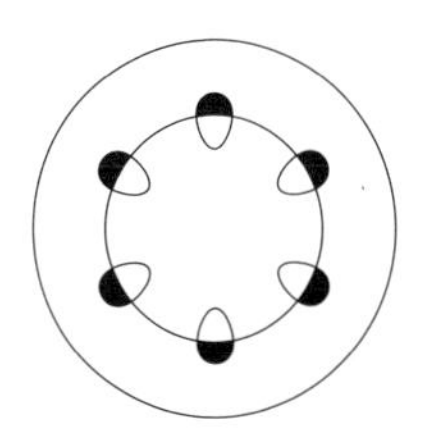

(4)　実験１，実験２，実験４では花芽ができず，実験３，実験５で花芽ができていることから，１日の中で，夜の長さが続けて14時間以上になったときに花芽ができるとわかる。また，実験５より，１日の中で，夜の途中(とちゅう)で光を当てて昼にしても，連続した夜の長さが14時間以上であれば花芽ができている。

(5)，(6)　実験６から，茎(枝)のみを花芽がつくられる条件にしても，花芽がつくられないことがわかる。すると，実験７の４では，かげのついたところに花芽をつくるための物質ができる葉がないから，４の枝ｂの先たんに花芽はできない。次に，実験７の５で，茎の形成層から外側を取り除くと，師管が除かれる。このため，枝ａでできた花芽をつくる物質は枝ｂに移動できないので，５の枝ｂの先たんにも花芽はできない。

国語　<第１回試験>（50分）<満点：100点>

解答

一　下記を参照のこと。　二　(1)　猫(ねこ)　(2)　舌(した)　(3)　船(舟，ふね)　(4)　半減　(5)　玉石　三　**問１**　ウ　**問２**　ウ　**問３**　(例)　疑問や反論があると自分から切り出すのは，相手の伝え方がよくないと言うようで言いづらいが，疑問や反論がある前提であれば正直に話しやすくなるから。　**問４**　ア　**問５**　(例)「自分自身」と「自分の考え」を同じものと捉えていて，考えを否定されると自分を否定されたように感じてしまうから。　**問６**　イ　**問７**　ウ　**問８**　自分が信じている正しさ　**問９**　(例)　異なる意見を持つ相手と対話をして，同じ意見になろうとするのではなく，なぜそう考えるのかを理解して受け入れようとすること。　四　**問１**　(例)　自分の帰り道を心配してくれる武藤と小山の気持ちを尊重し，また，この二人とすぐに別れてしまうのが名残惜しくてもう少し一緒にいたいという自分の気持ちもかなえる意図。　**問２**　エ　**問３**　イ　**問４**　エ　**問５**　(例)　旅館という家業が原因で円華が部活動に参加しづらくなって休部したのだと母が解釈し，責任を感じて円華に謝るのはおかしいし，もしそうなったら嫌だと思ったから。　**問６**　(例)　母も浦川先生と同意見で，自粛して休部するのはよくないし，あきらめずに続けてほしいと考えており，円華が悩んでいるなら一緒に考えたいと思っているということ。　**問７**　エ　**問８**　日々の営みの価値や尊さ

●漢字の書き取り

一　(1)　規模　(2)　補　(3)　課程　(4)　永世　(5)　徒労

解説

一　漢字の書き取り

(1)　ものごとの構造や内容の大きさ。　(2)　音読みは「ホ」で，「補充」などの熟語がある。
(3)「教育課程」は，学校教育の目標や目的を達成するために，児童や生徒の発達段階に応じてつくられた計画のこと。　(4)「永世中立国」は，永久に他国の戦争に関係せず，中立と独立を守ることが国際的に保障されている国。　(5)　無駄(むだ)な苦労をすること。

二　慣用句・ことわざの完成，対義語の知識，四字熟語の完成

⑴ 「借りてきた猫」は，ふだんと違って非常におとなしくしているさま。　⑵ 「舌を巻く」は，“驚きや恐れ，感動で言葉が出ない”という意味。　⑶ 「渡りに船」は，何かをしようと思っているときに必要な物や条件が都合よくそろうこと。　⑷ 「倍増」は，二倍に増えること。対義語は，“半分に減ること”という意味の「半減」。　⑸ 「玉石混淆」は，良いものと悪いもの，優れたものと劣ったものが入り混じっている状態。

三　出典：西任暁子『誰が聞いてもわかりやすい話し方』。言いたいことを相手に伝え，よりわかり合える人間関係を築くためにはどうしたらよいかなどについて説明されている。

問１　筆者は，大勢の前で発表したり話したりするとき，手元の資料を読むように下を向いて話すと「伝わる力は小さくなって」しまうと述べている。しかし，「大切なのは，相手に語りかけること」であり，その理由は，原稿を見ながら話す場合でも「皇室の方」が話されるときのように，文の終わりに顔を上げて「聞き手にしっかりと目線」を合わせると，「伝えようとするお気持ちや丁寧さ」が相手に伝わるからだ，と続けているので，ウが選べる。

問２　同じ段落に，「日本語は，文の終わりで肯定か否定かが決ま」るとあるので，ウが合う。

問３　後の部分で筆者は，話を聞いていて「途中でわからないことがあっても，自分からはなかなか言いづらいもの」だとしている。「疑問を呈すると，相手の伝え方が不十分だと指摘しているよう」で，話し手の機嫌を損ねるのではないかとためらわれるが，話し手のほうから「引っ掛かっているのはどんなところですか？」などと，“聞き手が疑問や反論を持っている，という前提”で質問されると，「自分から切り出さなくてもいいので，思っていることを正直に話しやすく」なるのである。

問４　筆者は，話に「わかりにくいところや引っ掛かっているところがある」と，聞き手は「聞く耳」を止めてしまうために，それ以降の話が伝わりにくくなってしまう，と説明している。聞く耳を止める原因を作っている「疑問や反論」の内容を，「見えないカベ」と表現していると考えられるので，アがふさわしい。

問５　続く部分で筆者は，「なぜ私たちは，自分の考えに同意してもらえないことを恐れるのでしょうか？」と問いかけている。そして，その理由を，私たちが「『自分自身』と『自分の考え』を一体化して捉えて」おり，「考えていることを自分そのもののように感じている」ために，「考えを否定されると自分を否定されたように感じる」からだと説明しているので，この部分をまとめる。

問６　筆者は二つ前の段落で，“私たちが正しいと思っていたことについて，あとから間違っていたと気づくことはよくある”と述べている。そのうえで，ほかの人に「自分の考え」を否定されたり反論されたりしたときこそ，自分の考えが間違っているかどうか見つめ直すよい機会であり，それが「本当のこと」や正しいことを知るきっかけになると考えているので，イがふさわしい。

問７　美容院の経営者が店のあちこちに監視カメラを設置したのは，従業員への不信感や恐怖心からではなく，幼いころに母親を失い，「妹や弟を守る」ために「自分がしっかり目を配っていなければいけない」と考えていた事実が背景にあったからだと書かれている。“家族同様に大切な従業員を守らなければ”という，経営者としての「責任感と愛情」が動機だったと想像できるので，ウが合う。

問８　問７でみた美容院経営者と同様に，「自分はいいことをしている」と信じていても，まわりからは理解されず，批判されることがある。人が信じる「いいこと」はそれぞれ異なるが，誰もが

「自分がいいと思うこと」をやっていて，誰もが「自分をわかってほしいと願ってい」る。つまり，“自分が「いい」「正しい」と信じていることを，ほかの人に理解してほしい”と思っていると考えられるので，最後のほうにある「自分が信じている正しさ」が，「自分がいいと思うこと」と同義だといえる。

問９　最後の項，「◇ぶつかるからこそ，わかり合える」の初めの部分に注目する。「自分と異なる意見を恐れ」て，「同じ考えの人」とだけ付き合っていても，誰かと本当にわかり合うことはできない。「わかり合」うために必要なのは，「意見が異なる人と対話をし，お互いになぜそう考えるのかを理解して受け入れ合うこと」であって，相手と「同じ意見になること」ではない，と筆者は述べている。よって，この部分をまとめるとよい。

四　出典：辻村深月『この夏の星を見る』。長崎県五島列島に住む高校三年生の円華は，人々がコロナウイルスの感染対策を取るなか，実家の旅館が他県から来た客を泊めていることで友人とうまくいかなくなり，吹奏楽部を休部することにした。島留学している武藤と小山に誘われて参加した天文台の観測会の帰り道，車で迎えに来た母と部活動について話し合う。

問１　円華の提案は，武藤と小山が「山を下りるところ」まで「一緒に歩いて」いくというものだった。この提案は，小山たちの「女子をひとり残して行けない」という思いをくみ取ることにもなるし，「まだこの二人と一緒にいたい」「名残惜しい」という自分の気持ちも満たされることになるので，これらの内容をまとめる。

問２　山焼きに関する三人の会話の直後にある，円華の感想に注目する。島留学三年目で「天文台にはあんなに詳しくて，館長たちともものすごく」親しくしている武藤たちが，島民は皆知っているであろう山焼きを知らなかったことについて，円華は「彼らにも意外と知らないことがあるんだなぁ」と興味深く感じている。よって，エがふさわしい。

問３　同じ文の「軽くそういうことが話せる」の内容を読み取る。円華は，三人で「最近読んだ本や，見たテレビ番組のこと」など，「ただとりとめのない話」を気楽にかわした時間が楽しかったと考えられるので，イが選べる。

問４　「観念する」は，あきらめて状況を受け入れること。円華は，武藤と小山の姿を見た母に「今度こそ何か言われるだろうな」と覚悟している。このことから，二人の男子と一緒だと，円華が母には言わずに出かけたことが読み取れる。しかし，「母が相変わらず何も聞かない」ために気まずさを感じていた円華は，友人の小春たちではなく武藤や小山と出かけたことを自分から話そうと腹をくくったのである。よって，エが合う。

問５　直後で，円華が，「家が旅館で，県外のお客さんも来る」から部活を「自粛」すると顧問の浦川先生に言ってしまったようすが描かれている。そのことを知って責任を感じた母から「謝られたりするのは違う，と思っていた」し，「そんなふうになるのは，ものすごく嫌」だったので，円華は母と休部についての話はしたくなかったのである。これらの内容をまとめて書くとよい。

問６　浦川先生は，電話で母に「高校三年生の一年は今年しかないから，部活に戻ってきてほしい，あきらめないでほしい」と言った。電話したことは黙っておいてほしいと言われた母があえて話したのは，部活を続けたいという円華の気持ちを知っているからであり，自分も浦川先生と同じ考えで，家業のことで円華に迷惑をかけてしまうが「あきらめたり，仕方ないなんて思いたくない」から「一緒に考えよう」と伝えるためだったのである。

問７　コロナによって「旅館や島の観光業は大打撃」を受け，つらい思いをしている母が，円華に新しい友だちができたと知り，「コロナも悪いことばっかりじゃなかね」と言ってくれた。自分が奪われたものだけに気をとられるのではなく，娘が得たものにも目を向けて，ともに喜びたいという母の気持ちを，円華はその言葉から感じたと考えられる。

問８　ぼう線⑦の直後の段落に，宿泊客が減っても，母や円華や従業員たちはこれまでと同様に「ロビーに飾る花を用意」したり，「使わない部屋の分」の布団を干したり，「大浴場の準備をきちんと」したりしているが，コロナは収入だけではなく，このような「当たり前にしてきたはずの生活」をも奪おうとしていた。円華は，コロナによる苦境の中で，仕事が「お金を得るためだけのもの」ではないことを知るとともに，「日々の営みの価値や尊さ」を理解し始めたのである。

2024年度

品川女子学院中等部

【算　数】〈算数１教科試験〉（60分）〈満点：100点〉

（注意）円周率は3.14とする。

次の□にあてはまる数，記号，語句を答えなさい。ただし，**19**は問題の指示に従って答えなさい。

1　240円の３割は□円の２割５分と等しい金額となります。

2　$A \times B = 120$，$B \times C = 160$，$C \times A = 300$ であるとき，$A =$□です。

3　縦の長さが４cm，横の長さが x cm の長方形の面積を y cm^2 とします。x と y の関係を表したグラフは，下の(ア)～(オ)のうち□です。

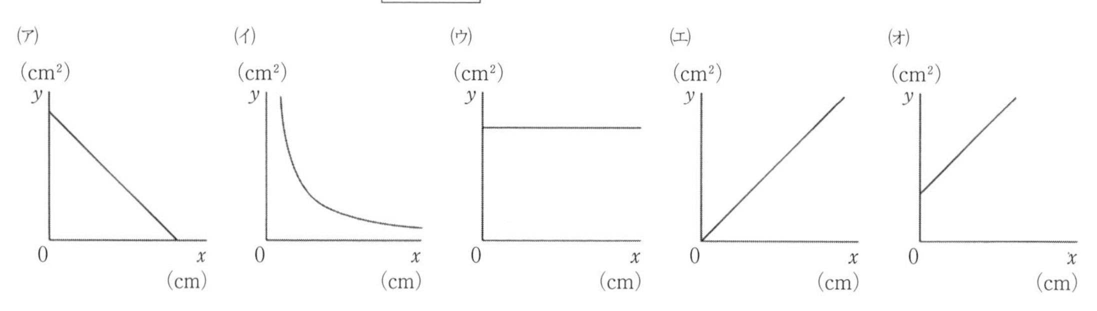

4　ある年の５月５日は金曜日です。この年の10月10日は□曜日です。

5　ある仕事を完成させるのに，Ａさんは18日，Ｂさんは24日，Ｃさんは36日かかります。この仕事を３人でいっしょに行うと完成させるのに□日かかります。

6　右の図は，体積が540cm^{3}の直方体の展開図です。【あ】の色を塗った部分の面積が108cm^2，【い】の色を塗った部分の面積が45cm^{2}のとき，x の長さは□cm です。

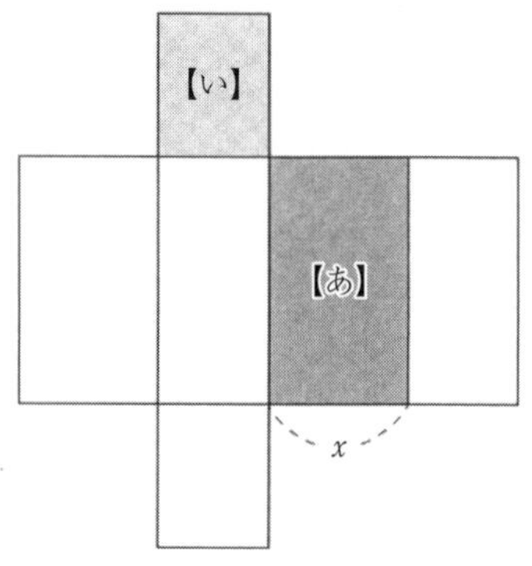

7　６人の子どもがＡ，Ｂ２つの部屋に分かれて入ります。どちらの部屋にも少なくとも１人は入るものとすると，入り方は全部で□通りあります。

8　縮尺が25000分の１の地図上で面積が８cm^{2}の池があります。この池の実際の面積は□km^{2}です。

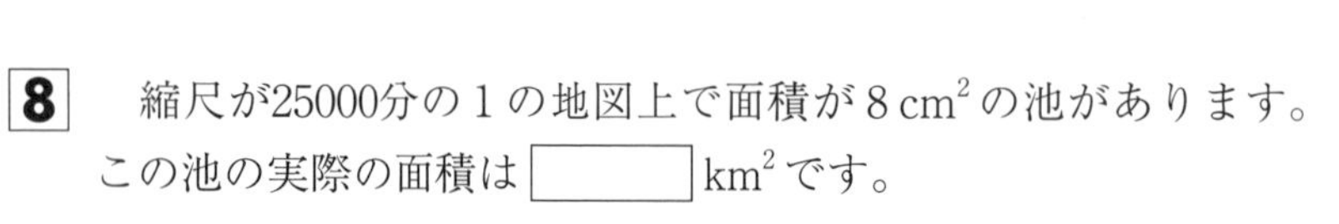

9　ある日の日の出の時刻は６時59分で日の入りの時刻は16時44分でした。日の出から日の入りまでを昼，それ以外を夜とするとき，この日の昼の長さと夜の長さをいちばん簡単な整数の比で表すと［　　］：［　　］です。

10　$0.25\times\left(6-1\frac{3}{4}\right)-\left\{4\frac{1}{2}\div 8-\left(\boxed{}-0.75\div 4\right)\right\}=\frac{3}{4}$

11　ある中学校の１年生のうち，全体の $\frac{5}{8}$ は音楽が好きで，全体の $\frac{7}{12}$ は美術が好きです。また，両方好きな人は97人で，両方嫌(きら)いな人は42人います。全員が必ず好きか嫌いかのどちらかを答えたとすると，中学１年生は全体で［　　］人です。

12　家から18km先にある公園に，兄弟が自転車で一定の速さで向かいました。先に弟が出発し，兄は５分後に出発し同じ道を使って追いかけました。兄は弟を家から［　　］kmのところで追い抜(ぬ)き，公園へは弟より４分早く着きます。

13　右の図は，半径４cmの半円と縦４cm，横８cmの長方形をあわせた図形です。点Mは半円の弧(こ)のちょうど真ん中の点で，点Oは半円の中心です。色をつけた部分の面積は［　　］cm^2です。

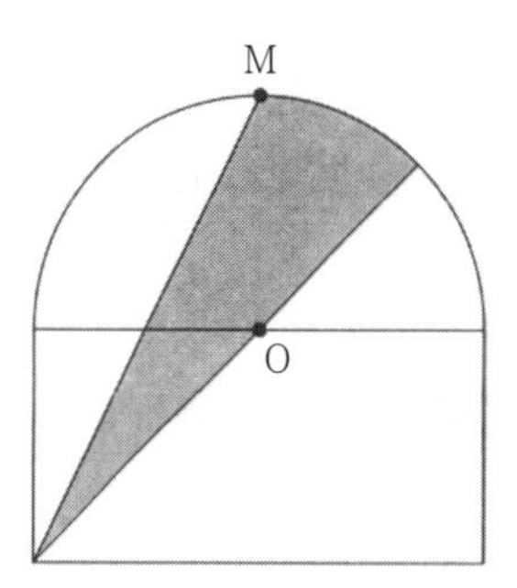

14　ツルとカメとカブトムシがあわせて30匹(ぴき)いて，足の本数の合計は114本です。カメとカブトムシが同じ数だけいるとき，ツルは［　　］匹います。

15　１，４，９，……のように，同じ整数を２回かけてできる数を平方数といいます。７で割ったら２あまり，８で割ったら１あまり，９で割ったら１あまる平方数のうちいちばん小さい数は［　　］です。

16　149，218，333を２以上のある整数［　　］で割ると，あまりはすべて同じになります。

17　右の図の三角形ABCで，角Aは68°，BD＝BE，CE＝CFです。このとき角 x の大きさは［　　］°です。

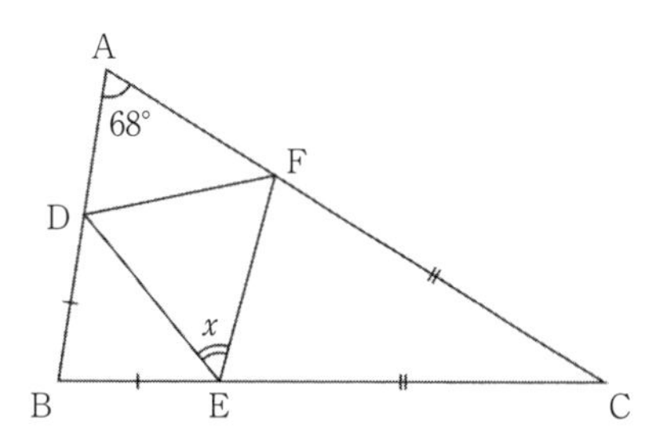

18　小数第１位を四捨五入して３になる数 a と小数第２位を四捨五入して3.0になる数 b の和 $a+b$ は［　　］以上［　　］未満です。

19　下の式の５つの□に１～５の数字をそれぞれ１回ずつ入れて式を完成させなさい。

$$\frac{\square}{\square\square}+\frac{\square}{\square 6}=\frac{139}{400}$$

20　ある決まりにしたがって，以下のように，数が並んでいます。

$1,\ \frac{1}{4},\ \frac{2}{9},\ \frac{3}{16},\ \frac{1}{5},\ \frac{2}{9},\ \frac{13}{49},\ \frac{21}{64},\ \frac{34}{81},\ \frac{11}{20},\ \frac{89}{121},$ □

21　xは４を54個かけた数で，yは７を87個かけた数です。このとき，$x\times y$を計算すると一の位の数字は□です。

22　右の図のように中心が同じである大小２つの円があります。正方形は２つの円の両方に接しています。大きい方の円の半径が２cmのとき，色をつけた部分の面積の和は□cm^2です。

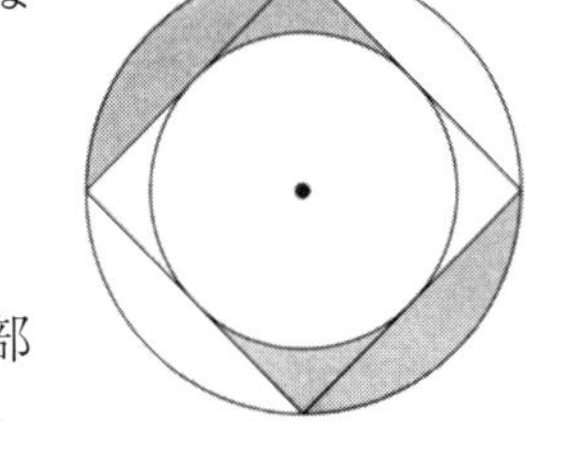

23　ある大きな長方形の画用紙に１本の直線を引くと，長方形は２個の部分に分かれます。さらにもう１本の直線を引くと２本の直線によって，長方形は最大で４個の部分に分かれます。このようにして５本の直線を引くと，長方形は最大で□個の部分に分かれます。

24　平らな地面に，高さ２ｍの電灯と，１辺が１ｍの立方体の箱があります。

(1)　図１のように，立方体の箱を，１つの辺が電灯にくっつくように置きます。このとき，地面にできる影(かげ)の面積は□m^2です。

(2)　図２のように立方体の箱を，電灯から離(はな)して置きます。これを真上から見た図が図３になります。このとき，地面にできる影の面積は□m^2です。

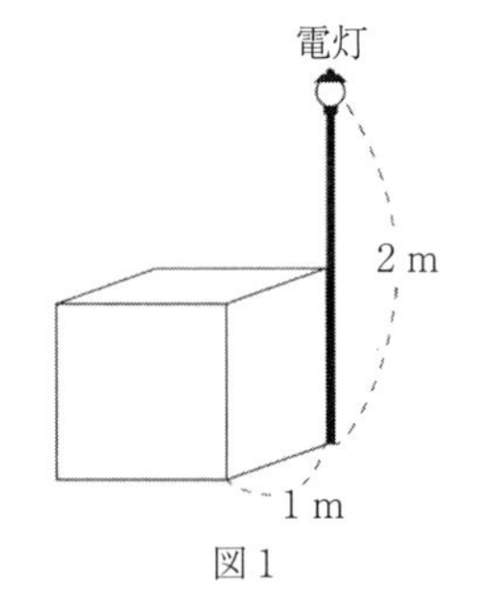

図１

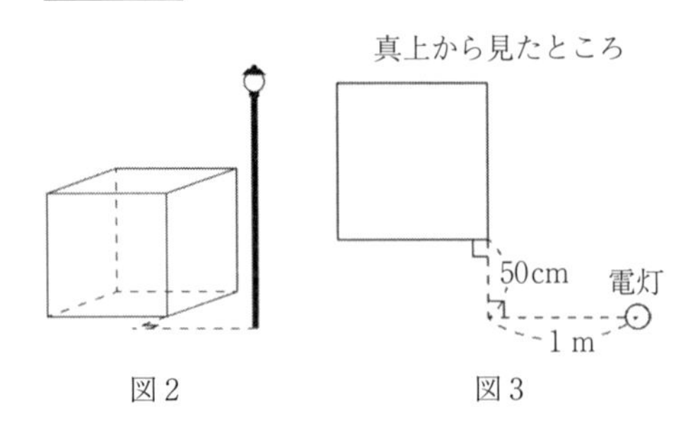

図２　　図３

2024年度 品川女子学院中等部 ▶解説と解答

算　数　<算数１教科試験>（60分）<満点：100点>

解　答

1　288円　2　15　3　(エ)　4　火曜日　5　8日　6　9 cm　7　62通り　8　$\frac{1}{2}$km²　9　13：19　10　$\frac{7}{16}$　11　264人　12　10km　13　14.28cm²　14　12匹　15　289　16　23　17　56度　18　5.45以上6.55未満　19　$\frac{4}{25}+\frac{3}{16}$　20　1　21　8　22　3.14cm²　23　16個　24　(1)　3 m²　(2)　5.25m²

解　説

1　相当算

240円の３割は，240×0.3＝72(円)である。よって，□×0.25＝72(円)と表すことができるから，□＝72÷0.25＝288(円)とわかる。

2　計算のくふう

$(A\times B)\times(C\times A)\div(B\times C)$を計算すると，$\frac{A\times B\times C\times A}{B\times C}=A\times A$となる。よって，$A\times A=120\times300\div160=225$とわかる。また，225＝15×15なので，$A=15$と求められる。

3　正比例と反比例

xとyの関係を式で表すと，$y=4\times x$となる。よって，xとyの関係は正比例だから，グラフは(エ)のように「０」の点を通る直線になる。

4　周期算

５月５日から10月10日までの日数は，(31－５＋１)＋30＋31＋31＋30＋10＝159(日)である。また，１週間は７日なので，159÷７＝22あまり５より，これは22週間と５日とわかる。最後の５日の曜日は｛金，土，日，月，火｝だから，10月10日は火曜日である。

5　仕事算

仕事全体の量を，18と24と36の最小公倍数の72とすると，Ａさんが１日にする仕事の量は，72÷18＝４，Ｂさんが１日にする仕事の量は，72÷24＝３，Ｃさんが１日にする仕事の量は，72÷36＝２となる。よって，３人ですると１日に，４＋３＋２＝９の仕事ができるので，完成させるのにかかる日数は，72÷９＝８(日)と求められる。

6　立体図形―展開図

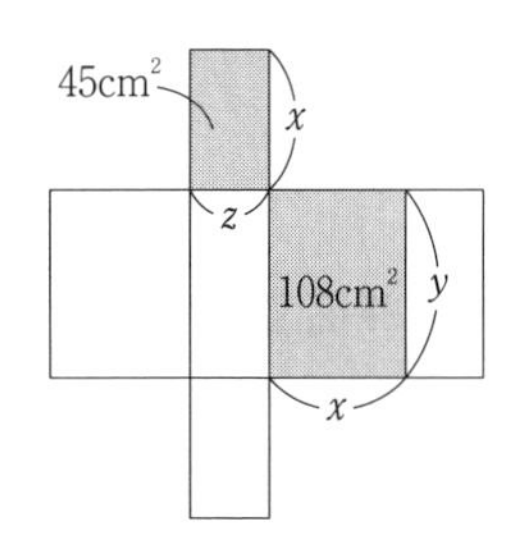

直方体の３つの辺の長さをx，y，zとすると右の図のようになるから，$x\times y=108$(cm²)（…ア），$x\times z=45$(cm²)（…イ）とわかる。また，この展開図を組み立てた直方体の体積が540cm³なので，$x\times y\times z=540$(cm³)（…ウ）である。よって，ウの式をアの式で割ると，$z=540\div108=5$(cm)とわかる。さらに，これをイの式にあてはめると，

x＝45÷５＝９(cm)と求められる。

7 場合の数

６人の子どもがそれぞれＡまたはＢの部屋に入るから，６人の子どもの入り方は全部で，２×２×２×２×２×２＝64(通り)ある。ただし，この中には６人全員がＡに入る場合と６人全員がＢに入る場合が含(ふく)まれているので，これらを除くと，64－２＝62(通り)と求められる。

8 相似，単位の計算

実際の面積は地図上の面積の(25000×25000)倍になる。また，１km²は１辺の長さが１km(＝1000m＝100000cm)の正方形の面積だから，１km²＝(100000×100000)cm²となる。よって，この池の実際の面積は，$8\times\frac{25000\times25000}{100000\times100000}=8\times\frac{25\times25}{100\times100}=8\times\frac{1\times1}{4\times4}=\frac{1}{2}$(km²)と求められる。

9 単位の計算

日の出から日の入りまでの時間(昼の長さ)は，16時44分－６時59分＝15時104分－６時59分＝９時間45分＝$9\frac{45}{60}$時間＝$9\frac{3}{4}$時間である。また，１日は24時間なので，この日の夜の長さは，$24-9\frac{3}{4}=14\frac{1}{4}$(時間)とわかる。よって，この日の昼と夜の長さの比は，$9\frac{3}{4}:14\frac{1}{4}=\frac{39}{4}:\frac{57}{4}=39:57=13:19$と求められる。

10 逆算

$0.25\times\left(6-1\frac{3}{4}\right)=\frac{1}{4}\times\left(\frac{24}{4}-\frac{7}{4}\right)=\frac{1}{4}\times\frac{17}{4}=\frac{17}{16}$，$4\frac{1}{2}\div8=\frac{9}{2}\times\frac{1}{8}=\frac{9}{16}$，$0.75\div4=\frac{3}{4}\times\frac{1}{4}=\frac{3}{16}$より，$\frac{17}{16}-\left\{\frac{9}{16}-\left(\square-\frac{3}{16}\right)\right\}=\frac{3}{4}$，$\frac{9}{16}-\left(\square-\frac{3}{16}\right)=\frac{17}{16}-\frac{3}{4}=\frac{17}{16}-\frac{12}{16}=\frac{5}{16}$，$\square-\frac{3}{16}=\frac{9}{16}-\frac{5}{16}=\frac{4}{16}=\frac{1}{4}$　よって，$\square=\frac{1}{4}+\frac{3}{16}=\frac{4}{16}+\frac{3}{16}=\frac{7}{16}$

11 集まり，相当算

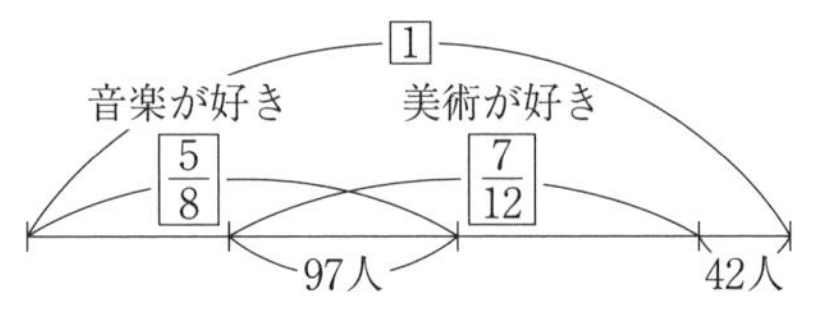

全体の人数を[1]として図に表すと，右の図のようになる。図より，$\boxed{\frac{5}{8}}+\boxed{\frac{7}{12}}-97+42=\boxed{\frac{29}{24}}-55$(人)が[1]にあたるので，$\boxed{\frac{29}{24}}-\boxed{1}=\boxed{\frac{5}{24}}$が55人とわかる。よって，全体の人数は，$55\div\frac{5}{24}=264$(人)と求められる。

12 速さ

２人の進行のようすをグラフに表すと，下の図１のようになる。図１のグラフで，かげをつけた２つの三角形は相似である。また，相似比は５：４だから，アとイの比も５：４になる。よって，兄が弟を追い抜(ぬ)いたのは家から，$18\times\frac{5}{5+4}=10$(km)のところとわかる。

図１

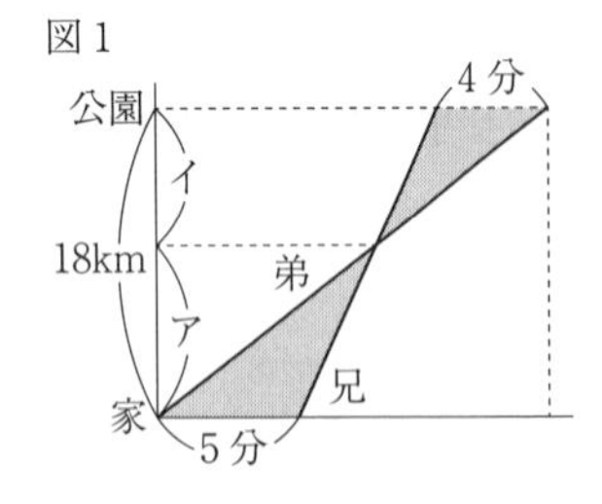

図２

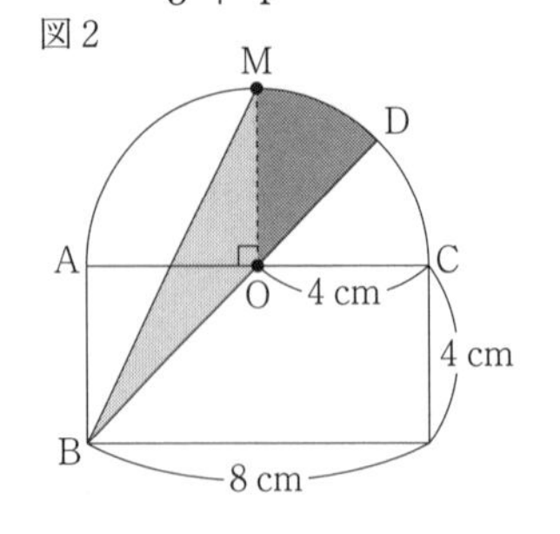

図３

カメとカブトムシ（５本）	あわせて
ツル　（２本）	30匹で114本

13 平面図形―面積

上の図２のように，三角形BOMとおうぎ形ODMに分けて求める。OM＝４cm，AO＝４cmなので，三角形BOMの面積は，４×４÷２＝８(cm²)となる。また，三角形ABOは直角二等辺三角形だから，角AOBの大きさは45度であり，角CODの大きさも45度とわかる。すると，角MODの大きさは，90－45＝45(度)になるので，おうぎ形ODMの面積は，$4\times4\times3.14\times\frac{45}{360}=6.28(\text{cm}^2)$と求められる。よって，色をつけた部分の面積は，８＋6.28＝14.28(cm^2)である。

14 つるかめ算

ツルには２本，カメには４本，カブトムシには６本の足がある。よって，カメとカブトムシが同じ数だけいるとき，カメとカブトムシの１匹あたりの平均の足の本数は，（４＋６）÷２＝５(本)になるから，上の図３のようにまとめることができる。カメとカブトムシがあわせて30匹いたとすると，足の本数は，５×30＝150(本)となり，実際よりも，150－114＝36(本)多くなる。また，カメとカブトムシをツルと交換すると，１匹あたり，５－２＝３(本)ずつ足の本数が少なくなるので，ツルの数は，36÷３＝12(匹)と求められる。

15 整数の性質

８で割っても９で割っても１あまるから，この２つに共通する数は，８と９の最小公倍数である72で割ると１あまる数とわかる。よって，１に次々と72を加えてできる数なので，１，73，145，217，289，…となる。このうち７で割ると２あまる一番小さい数は289であり，これは平方数である(289＝17×17)。したがって，条件に合う一番小さい数は289である。

16 整数の性質

あまりを□として図に表すと，下の図１のようになる。また，ある整数をXとすると，太線部分はすべてXの倍数になるから，アとイの部分もXの倍数になる。さらに，ア＝218－149＝69，イ＝333－218＝115なので，Xは69と115の公約数とわかる。ここで，69＝３×23，115＝５×23より，69と115の最大公約数は23だから，Xは23の約数のうち２以上の数になる。つまり，ある整数は23である。

図１

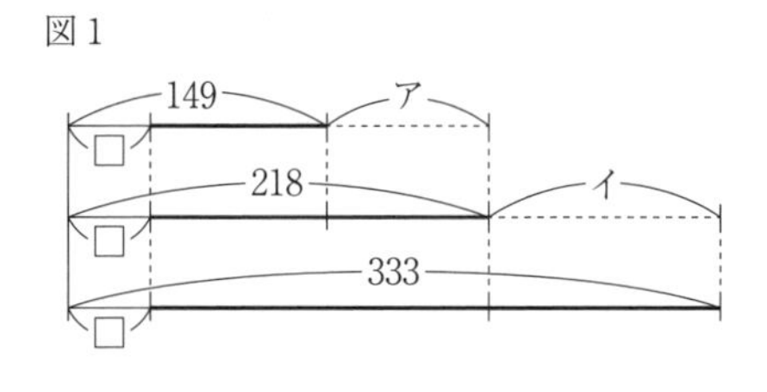

図２

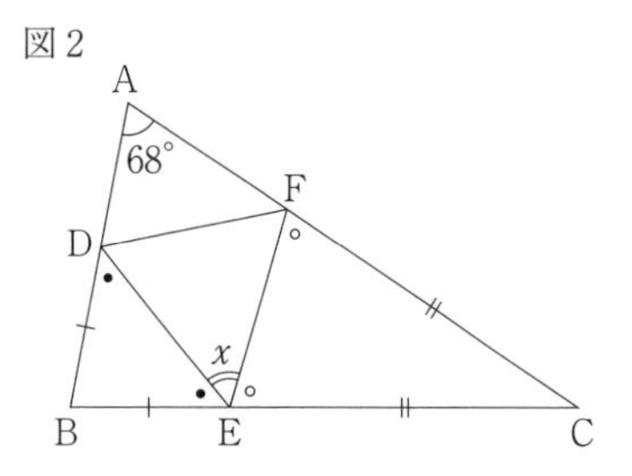

17 平面図形―角度

上の図２で，三角形BEDと三角形CFEは二等辺三角形なので，同じ印をつけた角の大きさはそれぞれ等しくなる。また，三角形BEDと三角形CFEの内角の和をあわせると，180×２＝360(度)になるが，そのうち角Bと角Cの大きさの和は，180－68＝112(度)だから，●２個と○２個の大きさの和は，360－112＝248(度)とわかる。よって，●１個と○１個の大きさの和は，248÷２＝124(度)なので，角xの大きさは，180－124＝56(度)と求められる。

18 およその数

小数第１位を四捨五入して３になる数(a)は2.5以上3.5未満である。また，小数第２位を四捨五入して3.0になる数(b)は2.95以上3.05未満である。よって，aとbの和は，2.5＋2.95＝5.45(以上)，3.5＋3.05＝6.55(未満)とわかる。

19 素数の性質

400を素数の積で表すと，$400=2\times2\times2\times2\times5\times5$となるから，分母は，$2\times2\times2\times2=16$と，$5\times5=25$と予想できる。そこで，$\dfrac{A}{25}+\dfrac{B}{16}=\dfrac{139}{400}$として等号の両側を400倍すると，$16\times A+25\times B=139$となる。ここで，$A$と$B$に残りの３と４をあてはめると，$16\times4+25\times3=139$となるので，$A=4$，$B=3$とわかる。よって，$\dfrac{4}{25}+\dfrac{3}{16}=\dfrac{139}{400}$となる。

20 数列

問題文中の数列は，右のような分数の列を約分したものであり，分母は平方数を小さい順に並べたもの，分子はとなり合う２つの数の和が次の数になるように並べたものである。よって，最後の数は，$\dfrac{55+89}{12\times12}=\dfrac{144}{144}=1$とわかる。

$\dfrac{1}{1}$，$\dfrac{1}{4}$，$\dfrac{2}{9}$，$\dfrac{3}{16}$，$\dfrac{5}{25}$，$\dfrac{8}{36}$，$\dfrac{13}{49}$，$\dfrac{21}{64}$，$\dfrac{34}{81}$，$\dfrac{55}{100}$，$\dfrac{89}{121}$，□

21 周期算

一の位の数だけを計算すると，４をかけた数は，$\underline{4}$，$4\times4=1\underline{6}$，$6\times4=2\underline{4}$，$4\times4=1\underline{6}$，…となる。よって，４を奇数(きすう)個かけたときは４，偶数(ぐうすう)個かけたときは６になるから，４を54個かけた数(x)の一の位は６とわかる。また，７をかけた数は，$\underline{7}$，$7\times7=4\underline{9}$，$9\times7=6\underline{3}$，$3\times7=2\underline{1}$，$1\times7=\underline{7}$，…となる。このとき，{7，9，3，1} の４個がくり返されるので，$87\div4=21$あまり３より，７を87個かけた数(y)の一の位は３とわかる。したがって，$x\times y$の一の位は，$6\times3=18$より，８と求められる。

22 平面図形―面積

下の図１の矢印のように色をつけた部分を移動すると，下の図２のようになるから，大きい方の半円の面積から小さい方の半円の面積をひいて求めることができる。はじめに，大きい方の半円の面積は，$2\times2\times3.14\div2=2\times3.14$(cm^2)となる。また，小さい方の半円の半径を□cmとすると，１辺の長さが□cmの正方形の対角線の長さが２cmなので，$□\times□=2\times2\div2=2$ (cm^2)とわかる。よって，小さい方の半円の面積は，$□\times□\times3.14\div2=2\times3.14\div2=1\times3.14$(cm^2)だから，色をつけた部分の面積は，$2\times3.14-1\times3.14=3.14$(cm^2)と求められる。

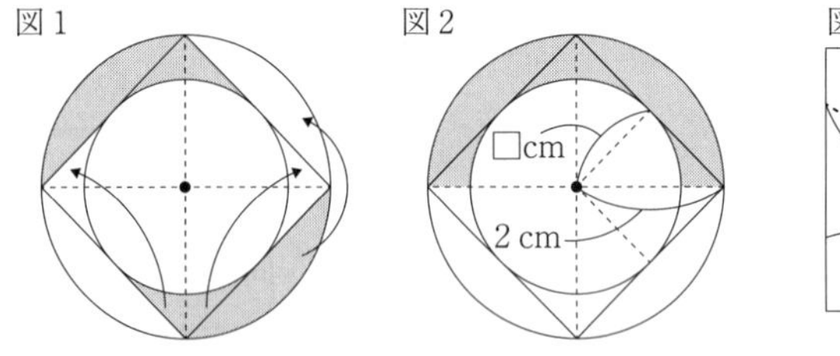

図１　図２

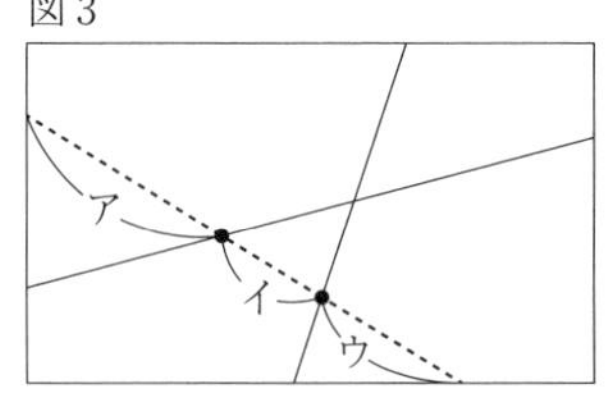

図３

23 図形と規則

上の図３のように，３本目の直線(点線)を引く場合を考える。このとき，３本目の直線はすでに引かれている２本の直線と２点で交わるので，３本目の直線はア，イ，ウの３つに分かれる。すると，長方形のア，イ，ウを含む部分がそれぞれ２つに分かれるから，３個増えて，$4+3=7$(個)の部分に分かれる。同様に考えると，４本目の直線を引くと４個増え，５本目の直線を引くと５個増えるので，５本の直線を引いたときは最大で，$7+4+5=16$(個)の部分に分かれる。

24 立体図形―相似

(1)　真横から見ると下の図①のようになる。図①で，三角形ABCと三角形DBEは相似であり，相似比は，AC：DE＝２：１だから，BE：EC＝１：(２－１)＝１：１とわかる。よって，BE＝１ｍなので，真上から見ると下の図②のようになり，影（かげ）の面積は，２×２－１×１＝３(m²)と求められる。

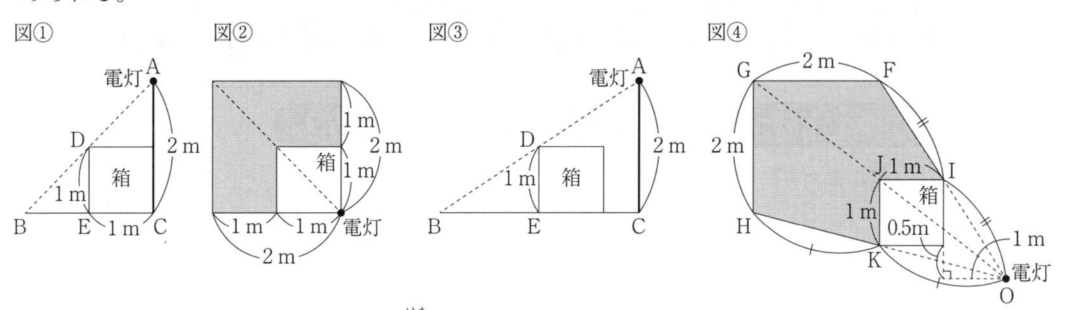

⑵　上の図③のように電灯が箱から離（はな）れた位置にあっても，図①と同様に，BE：EC＝１：１となる。よって，真上から見ると上の図④のようになることがわかる。図④の三角形OJKで，JKを底辺としたときの高さは，１＋１＝２(m)だから，台形JGHKの高さも２ｍであり，台形JGHKの面積は，(１＋２)×２÷２＝３(m²)とわかる。また，三角形OIJで，IJを底辺としたときの高さは，１＋0.5＝1.5(m)なので，台形IFGJの高さも1.5mであり，台形IFGJの面積は，(１＋２)×1.5÷２＝2.25(m²)と求められる。したがって，影の面積は，３＋2.25＝5.25(m²)である。

Dr.福井の
入試に勝つ！ 脳とからだのウルトラ科学

勉強が楽しいと，記憶力も成績もアップする！

みんなは勉強が好き？　それとも嫌い？——たぶん「好きだ」と答える人はあまりいないだろうね。「好きじゃないけど，やらなければいけないから，いちおう勉強してます」という人が多いんじゃないかな。

だけど，これじゃダメなんだ。ウソでもいいから「勉強は楽しい」と思いながらやった方がいい。なぜなら，そう考えることによって記憶力がアップするのだから。

脳の中にはいろいろな種類のホルモンが出されているが，どのホルモンが出されるかによって脳の働きや気持ちが変わってしまうんだ。たとえば，楽しいことをやっているときは，ベーターエンドルフィンという物質が出され，記憶力がアップする。逆に，イヤだと思っているときには，ノルアドレナリンという物質が出され，記憶力がダウンしてしまう。

要するに，イヤイヤ勉強するよりも，楽しんで勉強したほうが，より多くの知識を身につけることができて，結果，成績も上がるというわけだ。そうすれば，さらに勉強が楽しくなっていって，もっと成績も上がっていくようになる。

でも，そうは言うものの，「勉強が楽しい」と思うのは難しいかもしれない。楽しいと思える部分は人それぞれだから，一筋縄に言うことはできないけど，たとえば，楽しいと思える教科・単元をつくることから始めてみてはどうだろう。初めは覚えることも多くて苦しいときもあると思うが，テストで成果が少しでも現れたら，楽しいと思えるきっかけになる。また，「勉強は楽しい」と思いこむのも一策。勉強が楽しくて仕方ない自分をイメージするだけでもちがうはずだ。

Dr.福井（福井一成）…医学博士。開成中・高から東大・文Ⅱに入学後，再受験して翌年東大・理Ⅲに合格。同大医学部卒。さまざまな勉強法や脳科学に関する著書多数。

2024年度 品川女子学院中等部

【算　数】〈第２回試験〉（50分）〈満点：100点〉

（注意）　円周率は3.14とする。

1　次の問いに答えなさい。(1)，(2)は計算の過程もかきなさい。

(1)　$\frac{3}{14}\times\left\{\left(1\frac{2}{5}+0.4\right)\div 1\frac{1}{5}-\frac{1}{3}\right\}+\frac{2}{3}$ を計算しなさい。

(2)　$\left(56-\square\times 1\frac{1}{2}\right)\div(2-0.1\times 4)=20$ の $\square$ にあてはまる数を答えなさい。

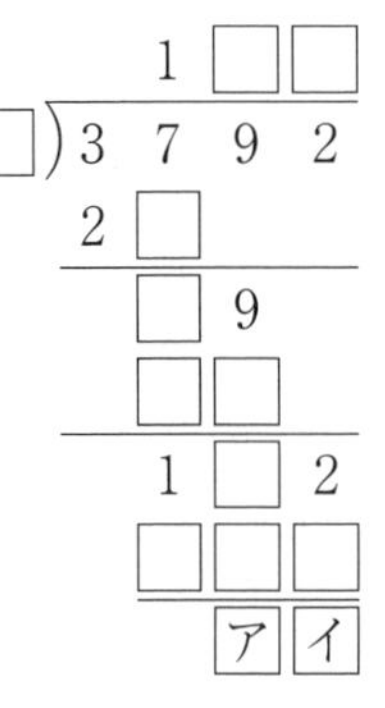

(3)　$\frac{1}{13\times 15\times 1}+\frac{1}{13\times 15\times 2}+\frac{1}{13\times 15\times 4}+\frac{1}{13\times 15\times 8}=\frac{1}{13\times\square}$

の $\square$ にあてはまる数を答えなさい。

(4)　□に０から９までのいずれかの数字を入れて，右の筆算を完成させたとき，ア，イに入る数字を答えなさい。

2　次の □ にあてはまる数，言葉を答えなさい。

(1)　半径が □ cm の円の面積は530.66cm^2 です。

(2)　【　】は中にある数の整数部分を表します。例えば，【4.3】＝４，$\left【\frac{【4.3】}{3}\right】$＝１です。このとき $\left【\frac{【4.1\times 5】}{3}\right】-\frac{8}{【7\div 3】}=\square$ です。

(3)　□ 個のおはじきを何人かに配ります。１人５個ずつ配ると18個余り，１人６個ずつ配ると12個足りなくなります。

(4)　右の図の点Ｏは円の中心です。三角形 ABC の頂点は円Ｏの円周上にあります。このとき，x の角の大きさは □° です。

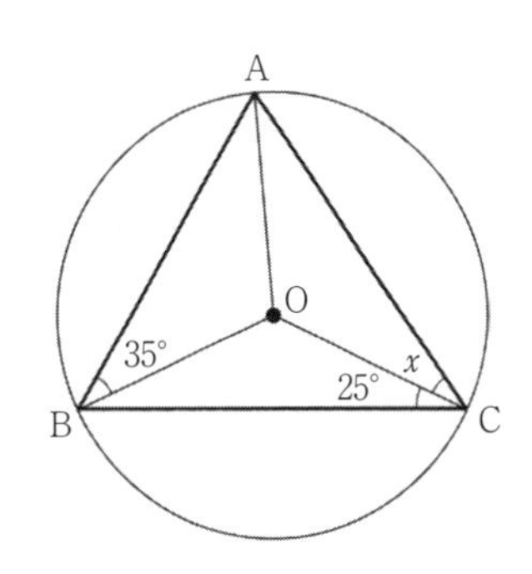

(5)　下の立体は立方体です。•は辺 AB，GH を３等分する点を表しています。３点Ｆ，Ｐ，Ｓを全て通るような平面で立方体を切断しました。

切断面の形を最もふさわしい名前で答えると □ です。

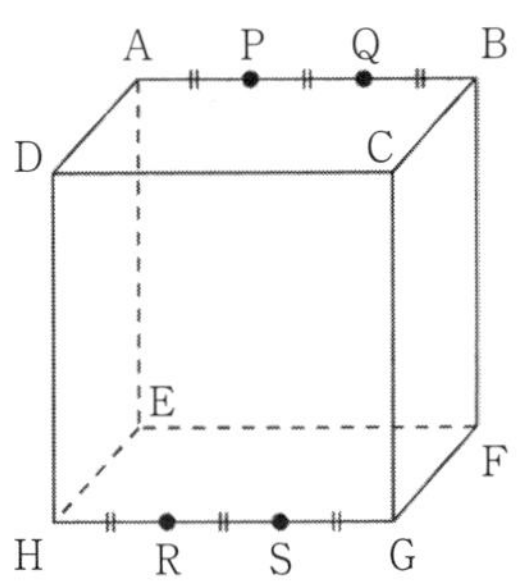

(6)　Ａさん，Ｂさん，Ｃさん，Ｄさんが横一列に並びます。ＢさんとＣさんが隣(とな)り合う並び方は　　　　通りあります。

(7)　２つの商品Ａ，Ｂがあります。今もっている金額で，Ａならちょうど30個，Ｂならちょうど20個買うことができます。今もっている金額でＡとＢのどちらも同じ個数を買うとちょうど　　　　個ずつ買うことができます。

(8)　$\frac{22}{7}$を小数で表したとき，小数第１位から小数第100位までの数字をすべて足し合わせると　　　　です。

(9)　長さ90mの電車が一定の速さで走っています。この電車が，長さ1400mの鉄橋を渡(わた)った後，何mか先にある長さ2100mのトンネルを通ります。鉄橋を渡り始めてから電車の先頭がトンネルに入るまで２分50秒かかり，鉄橋を渡り終えてから電車の最後尾(び)がトンネルを出るまで３分40秒かかりました。鉄橋からトンネルまでの間の道のりは　　　　mです。

(10)　右の図は１辺10cmの正方形です。斜(しゃ)線部分の面積は　　　　cm²です。

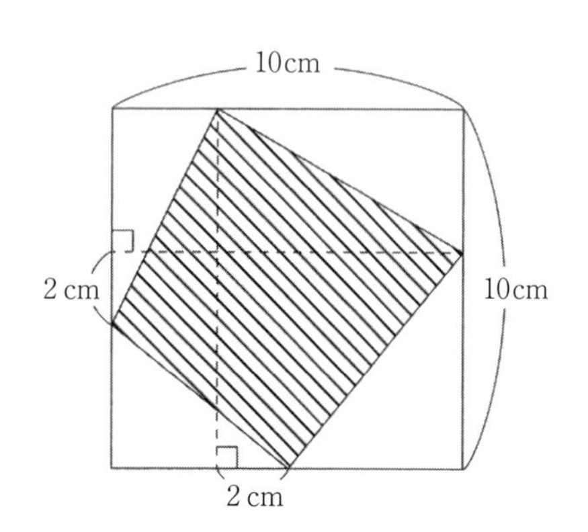

3　解答用紙に途(と)中の計算や考えた過程をかきなさい。

下の［図１］のように，１辺が３cmの正方形ABCDと１辺が５cmの正方形EFGHがあります。

［図２］は正方形ABCDが矢印の方向に一定の速さで動くとき，２つの正方形が重なり始めてからの時間と重なっている部分の面積を表したグラフです。

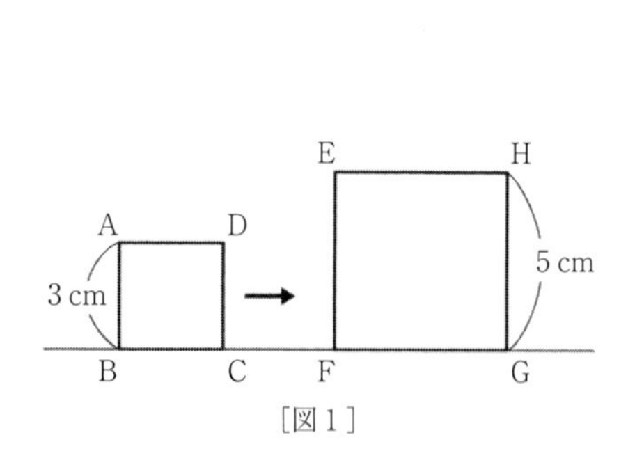

［図１］

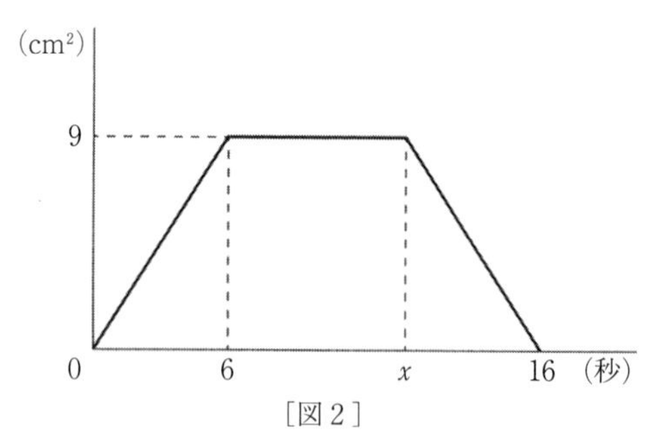

［図２］

(1)　正方形ABCDは秒速何cmで動いていますか。

(2)　［図２］のxにあてはまる数はいくつですか。

(3)　重なっている部分の面積が２回目に７cm²となるのは重なり始めてから何秒後ですか。

4 (2)(3)については，解答用紙に途中の計算や考えた過程をかきなさい。

Ａさんのクラスには37人の生徒がいます。次の会話文を読んで，その後の問いに答えなさい。

先　生：みなさん，配った紙に自分の誕生日を書いてください。

生徒Ａ：生まれた年も書きますか？

先　生：生まれた年は書かなくてよいです。

　生まれた月と生まれた日がわかるように書いて，書けたら誰(だれ)にも見えないように裏返してください。

　全員，裏返しましたね。

　さて，生まれた月は気にせず，生まれた日にだけ注目すると『同じ日を書いた生徒が２人以上いる日が１つはある』と断言できます!!

　紙を表にして，みんなで確かめてみてください。

生徒Ｂ：本当かなぁ。

生徒Ｃ：あー，私と同じ日にちの人がいました。

先　生：ほら，言ったとおり，同じ日にちの人がいましたね。

生徒Ｄ：えー，どうしてですか？　先生は全員の誕生日を覚えていたんですか。

先　生：さすがに，37人全員の誕生日は覚えていませんよ…

　これの理由は，(ア)＿＿＿＿＿＿＿＿＿＿からです。

生徒Ｅ：なるほど！

　そうすると，『同じ月を書いた生徒が２人以上いる月も１つはある』と断言できませんか。

先　生：よいところに気がつきましたね。

　このクラスには，生まれた月が同じ生徒が必ずいることになりますが，しっかり考えると，(a)『同じ月を書いた生徒が［　　］人以上いるという月が１つはある』と言えますね。

先　生：さらに，みなさんが書いてない生まれた日の曜日についても考えると，(b)全部で［　　］人以上の人を集めてくれば，必ずその中に，生まれた月と曜日が同じ人がいると言えることになりますね。

(1)　下線部分(a)の［　　］にあてはまる最も大きい整数を答えなさい。

(2)　下線部分(b)の［　　］にあてはまる最も小さい整数を答えなさい。

(3)　下線部分(ア)にあてはまる理由を，簡潔な文章で答えなさい。

【社　会】〈第２回試験〉（理科と合わせて60分）〈満点：60点〉

1　伝統工芸品に関する次の文章を読み，あとの問いに答えなさい。

伝統工芸品とは，古くから受けつがれてきた技術を用いて，主要な部分を手作業で製造する工芸品のことです。織物，陶磁器（とうじき），漆器（しっき），木工品，和紙，仏具，人形などの工芸品は，日用品として私たちの生活に密着し，暮らしを豊かにしてくれます。日本各地には，およそ1300種類の伝統工芸品があります。伝統工芸品の中には（　あ　）省の大臣の指定を受けた「伝統的工芸品」とよばれるものもあり，2022年11月の時点で240品目が指定されています。①岩手県の（　い　）や②石川県の（　う　），③佐賀県の伊万里（いまり）・有田焼，④岐阜県の美濃（みの）和紙，京都府の（　え　），（　お　）県の備前焼，⑤福岡県の博多人形などが知られています。

時代の変化にともない，⑥伝統工芸品の需要（じゅよう）は減少する一方です。また，農業などの第一次産業の比率は低下し続けており，原材料を手に入れるのが困難なこと，職人の高齢化や後継者（こうけいしゃ）不足などの課題もかかえています。

問１　(あ)にあてはまる省の名前を漢字で答えなさい。

問２　(い)(う)(え)にあてはまる伝統的工芸品の組み合わせとして正しいものを，次のア～エより一つ選び，記号で答えなさい。

ア．い：輪島塗　　う：南部鉄器　え：西陣織
イ．い：南部鉄器　う：西陣織　　え：輪島塗
ウ．い：南部鉄器　う：輪島塗　　え：西陣織
エ．い：西陣織　　う：輪島塗　　え：南部鉄器

問３　(お)にあてはまる県の形として正しいものを，次のア～エより一つ選び，記号で答えなさい。それぞれの県の縮尺は異なります。

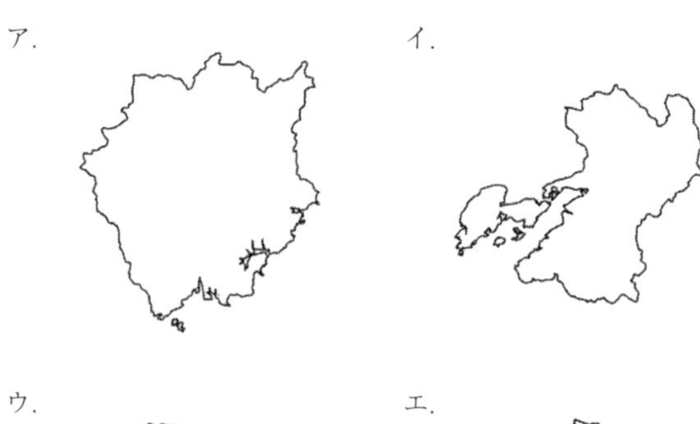

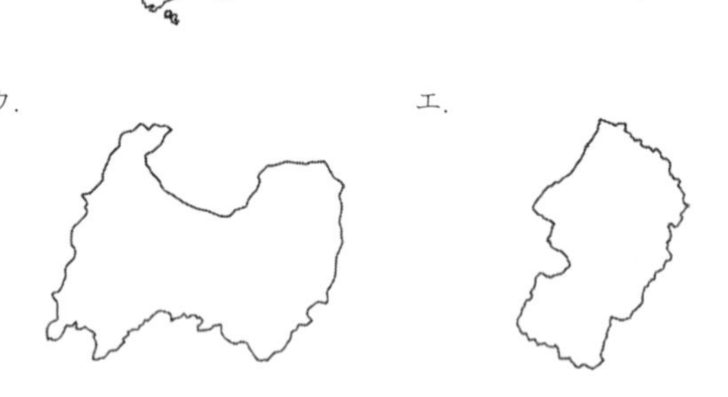

問４　下線部①の説明として**あてはまらないもの**を次のア～エより一つ選び，記号で答えなさい。

ア．県庁所在地の盛岡市は，アメリカの新聞で「2023年に行くべき52か所」の一つに選ばれた。
イ．やませによる冷害で，稲が被害（ひがい）を受けることがある。
ウ．沿岸部のほぼ全域でわかめの養しょくが行われている。
エ．豚（ぶた）の飼育頭数は，2022年に全国で２番目に多かった。

問５　下線部②に関連して，各問いに答えなさい。

⑴　石川県をはじめとする北陸地方や東北地方で，伝統工芸品が多くつくられた理由を，気候の特ちょうを含(ふく)めて説明しなさい。

⑵　石川県輪島市の地形図を見て，各問いに答えなさい。

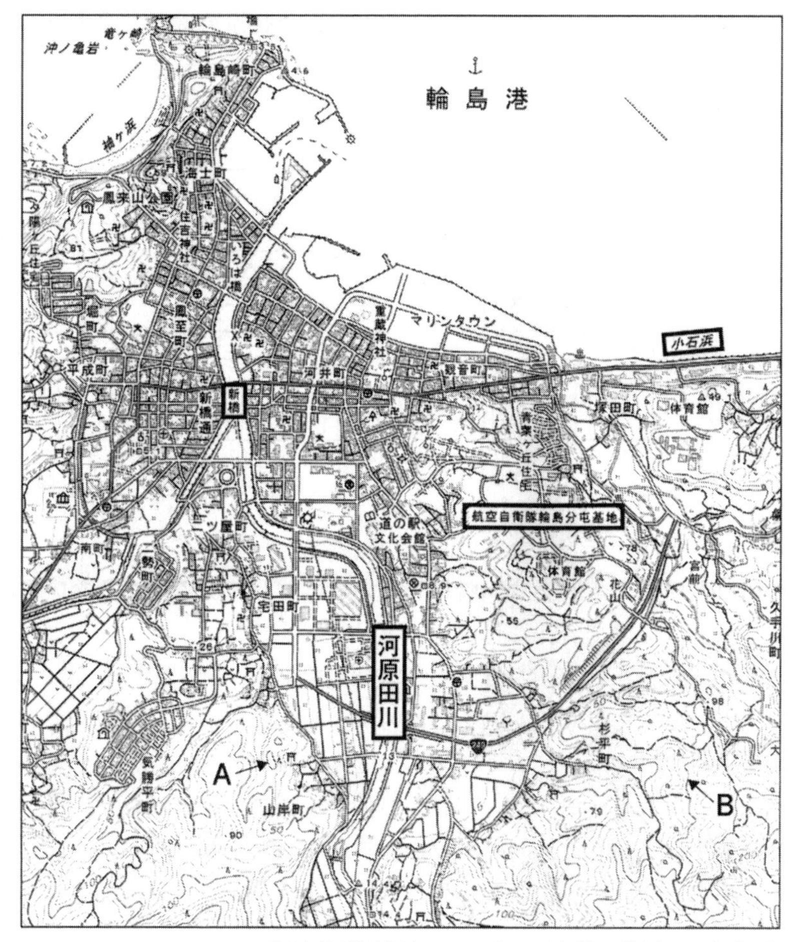

（国土地理院発行　25000分の１地形図「輪島」一部修正）
縮尺をかえてあります。

(i)　地形図から読み取れることとして正しいものを，次のア～エより一つ選び，記号で答えなさい。

ア．「河原田川(かわらだがわ)」の新橋より下流域には警察署がある。

イ．市役所から見て「航空自衛隊輪島分屯(ぶんとん)基地」は，北西の方角にあたる。

ウ．海沿いには灯台が見られる。

エ．「小石浜(こいしはま)」には，砂浜海岸が広がる。

(ii)　地図中のＡとＢの地点の標高差は何ｍですか。

(iii)　次のア～エのうち，石川県で最も漁獲(ぎょかく)量の多い魚介(ぎょかい)類を一つ選び，記号で答えなさい。

ア．ぶり　　イ．かつお　　ウ．たらばがに　　エ．すけとうだら

問6　下線部③に関連して，各問いに答えなさい。

(1)　佐賀県では，これまで困難とされたいちごなどの農作物の鉄道輸送の実験を，2023年2月に行いました。このように，トラックなどの自動車による貨物輸送を，環境への負担が少ない鉄道や船の輸送へと転換(てんかん)することを何といいますか。

(2)　次のグラフは，根室市，鳥取市，高松市，佐賀市のいずれかの気温と降水量を示したグラフ(雨温図)です。佐賀市のものをア～エより一つ選び，記号で答えなさい。

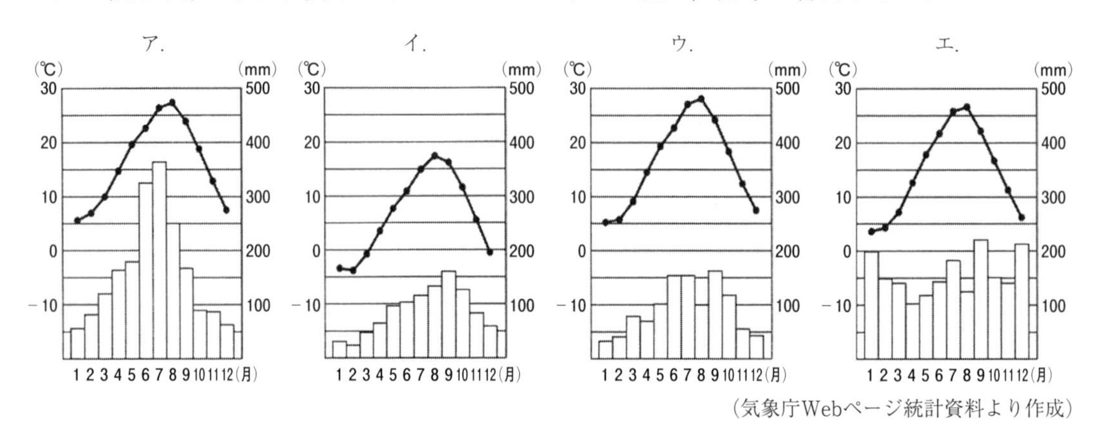

(気象庁Webページ統計資料より作成)

問7　下線部④に関連して，各問いに答えなさい。

(1)　岐阜県は7つの県と隣接(りんせつ)しています。隣接している県として**あてはまらないもの**を，次のア～エより一つ選び，記号で答えなさい。

ア．福井県　　イ．三重県　　ウ．滋賀県　　エ．山梨県

(2)　美濃和紙の原料としてあてはまるものを，次のア～エより一つ選び，記号で答えなさい。

ア．くわ　　イ．いぐさ　　ウ．こうぞ　　エ．てんさい

(3)　和紙は古くから親しまれていますが，現在一般(いっぱん)的に流通している紙の多くは，木材チップを原料とした洋紙です。現在，木材チップを原料とする洋紙の生産がさかんな都市として**あてはまらないもの**を，次の地図中**ア～エ**より一つ選び，記号で答えなさい。

問８　下線部⑤に関連して，次のグラフは，日本の工業地帯と工業地域の総生産額と工業別生産額の割合(2020年)を示したものです。福岡県北九州市を中心とした工業地域を示したグラフを，ア～エより一つ選び，記号で答えなさい。

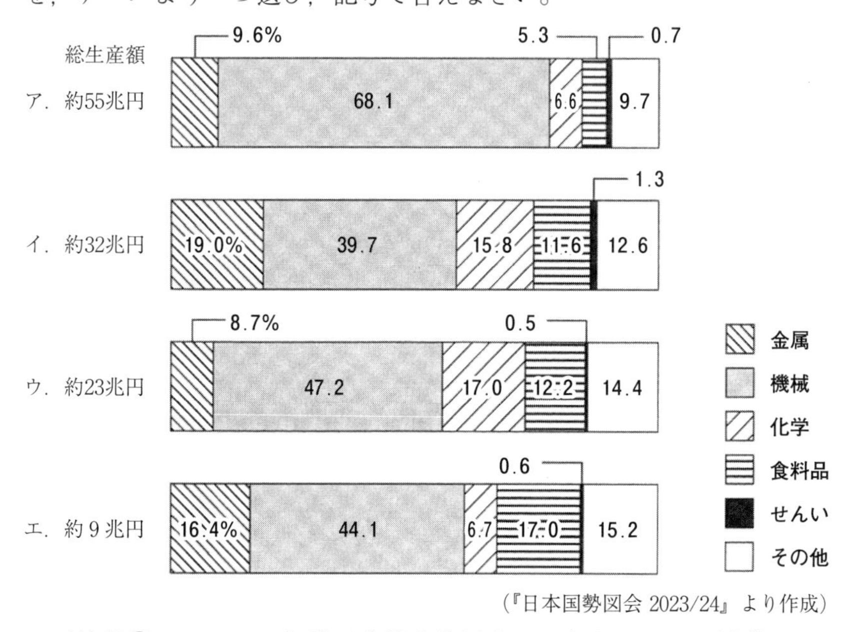

(『日本国勢図会 2023/24』より作成)

問９　下線部⑥について，伝統工芸品を使用することがエシカル消費につながる行動だと学校で学んだ品子さんは，インターネットから調べたことや，実際に伝統工芸品をつくっている工房を取材し，その内容をメモにまとめました。伝統工芸品を購入して使用することがエシカル消費につながる理由を，次のメモを参考に伝統工芸品やその材料を例にあげて，説明しなさい。

インターネットで調べたメモ
○エシカル消費とは
・材料は環境に配慮したものを使う。
・何度も修理でき，長く使うことができるものを使う。
○廃棄されたビニール傘の多くは，処理しきれずに土に埋められている。

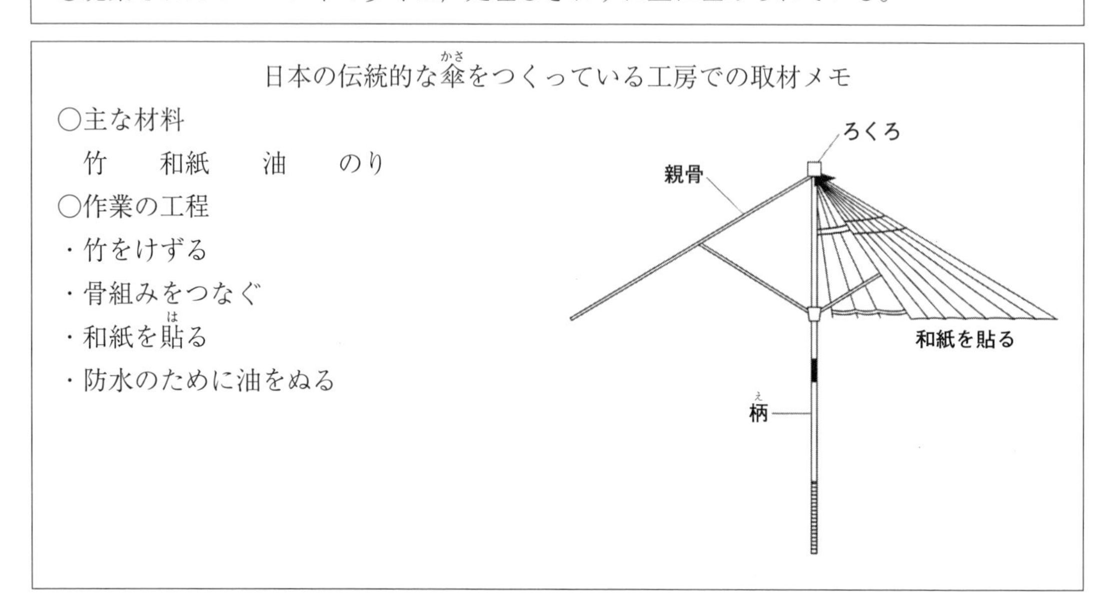

日本の伝統的な傘をつくっている工房での取材メモ
○主な材料
　竹　　和紙　　油　　のり
○作業の工程
・竹をけずる
・骨組みをつなぐ
・和紙を貼る
・防水のために油をぬる

2　日本と外国との交流に関する問いに答えなさい。

問１　次の資料は，３世紀に書かれた中国(魏)の歴史書の一部で，日本(倭)の国々と中国との外交のようすを読み取ることができます。これをもとに各問いに答えなさい。

漢の時代には，倭の100余りの国が貢ぎ物をもった使節を送って来ていたが，今では30ほどの国が使節を送って来ている。
……その国はもともとは男子を王としていたが，その後国内が乱れたので一人の女子を王とした。名を卑弥呼といい，まじないによって人々を治めた。

(1)　資料中の下線部の国の名前を漢字で答えなさい。

(2)　この資料が書かれた３世紀は，日本の歴史の中では弥生時代とよばれます。弥生時代の日本のようすを説明した文として**間違っているもの**を，次のア～エより一つ選び，記号で答えなさい。

ア．豊作などを祈るための祭りに，青銅器が用いられた。
イ．木のすきやくわで田を耕し，田げたをはいて田植えをした。
ウ．収穫された稲は，千歯こきを使って脱穀した。
エ．稲作が広まると，人びとの間に貧富の差が生まれた。

問２　次の資料は，中国と対等な外交を結ぶことを目的に607年に日本から派遣された使節が，当時の中国の皇帝に渡した手紙の一部です。このとき使節の代表をつとめた人物の名前を漢字で答えなさい。

日が昇るところの天子が，書を日の沈むところの天子にお届けします。お変わりありませんか。……

問３　古代の日本は遣唐使を通じて中国と交渉していました。第１回遣唐使が派遣されたのは630年で，その後約260年の間に十数回派遣されました。これに関する各問いに答えなさい。

(1)　次の地図は，遣唐使船のおもな航路を表したものです。遣唐使たちの航海は，はじめは北路を利用して比較的安全に中国に渡り，帰ってくることができたといわれています。しかし，８世紀の初め以降，遣唐使船の航路は危険の多い南路に変更されました。なぜ南路に変わったのか，当時の日本の外交関係を含めて説明しなさい。

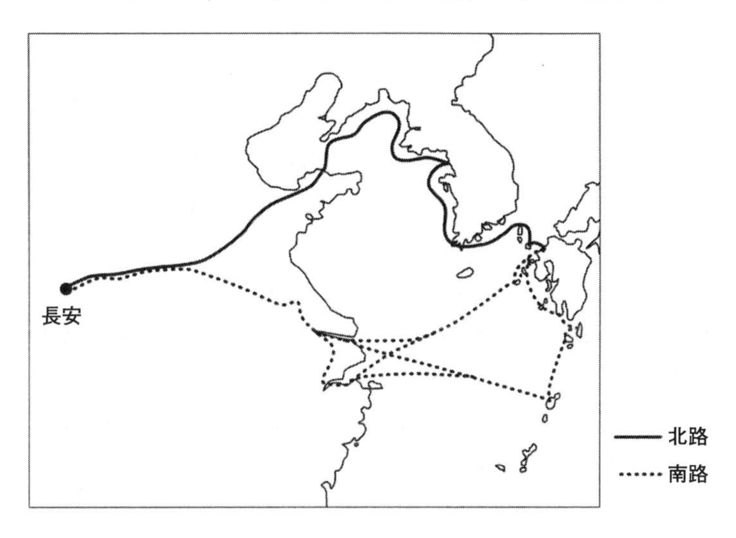

(2)　遣唐使が派遣されていた時期に，日本で栄えた文化について述べた次のア～ウの文を，年代の古いものから順に並べかえ，記号で答えなさい。

ア．聖武天皇の死後，五絃の琵琶のような天皇の宝物や日用品が正倉院に収められた。

イ．高松塚古墳の壁画に，中国風の衣装を身につけた女性が描かれた。

ウ．唐に留学した最澄が，比叡山延暦寺で天台宗を開いた。

問４　13世紀には，モンゴル人がアジアからヨーロッパにいたる広大な地域を支配し，日本にもモンゴルに従うようにとたびたび使いを送ってきました。日本はこの要求をしりぞけたので，モンゴルの襲来を受けました。次の絵は，このときの戦いを描いたものです。モンゴルの襲来について説明した文として正しいものを，次のア～エより一つ選び，記号で答えなさい。

ア．日本への遠征を指示したモンゴルの君主は，チンギス＝ハンである。

イ．モンゴル軍は，集団戦法を用いて日本軍を攻撃した。

ウ．この絵は，モンゴル軍による２度目の襲来を描いたものである。

エ．モンゴル軍を退却させることに成功した鎌倉幕府は，協力したすべての御家人に新しく土地を与えた。

ColBase(https://colbase.nich.go.jp/)より一部改変

問５　14世紀頃，朝鮮半島や中国沿岸部で日本人を中心とする海賊による略奪がさかんに行われ，外交問題となりました。この海賊は何とよばれますか。漢字で答えなさい。

問６　16世紀になると，ヨーロッパの人々が日本を訪れるようになり，交流が深まりました。この時期にヨーロッパから日本にもたらされたものとして**間違っているもの**を，次のア～エより一つ選び，記号で答えなさい。

ア．めがね　　イ．地球儀　　ウ．鉄砲　　エ．三味線

問７　17世紀に入ると，江戸幕府はキリスト教の拡大を恐れて外国船の来航をつぎつぎに禁止しました。オランダは，江戸幕府がヨーロッパの国として，唯一来航を認めた国でした。これに関する各問いに答えなさい。

(1)　オランダの商館が置かれた場所の名前を漢字で答えなさい。また，その場所を次の絵の**ア～エ**より一つ選び，記号で答えなさい。

(2)　幕府は，オランダ船の入港を認めるかわりに，「オランダ風説書」とよばれる報告書の提出を義務づけていました。なぜ幕府が報告書を提出させたのか説明しなさい。

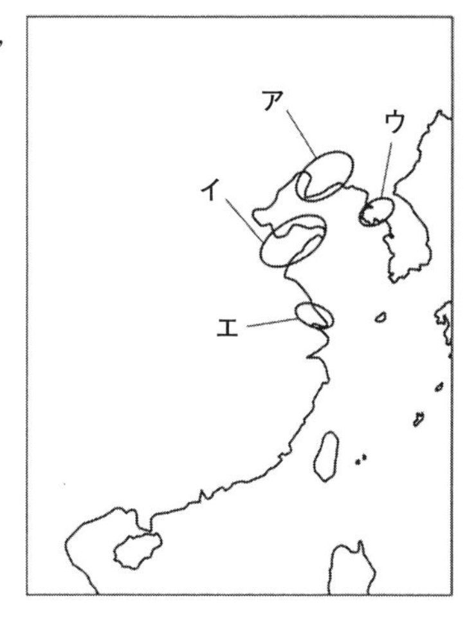

問８　19世紀末には，朝鮮半島で起こった農民反乱をきっかけに，日本と中国(清)の間で戦争が起こりました。これに関する各問いに答えなさい。

(1)　この戦争の講和条約で獲得(かくとく)した遼東半島の位置として正しいものを，右の地図中**ア**～**エ**より一つ選び，記号で答えなさい。

(2)　次の絵は，この戦争の後の1897年に，フランスの画家ビゴーが描いたもので，「列強クラブの仲間入り」という題がついています。この絵を読み取った説明文Ｘ～Ｚのうち正しいものはどれですか。それを過不足なく含むものを，下のア～キより一つ選び，記号で答えなさい。

(横浜開港資料館蔵　一部修正)

Ｘ．日本を列強に紹介(しょうかい)している**A**の国は，イギリスである。

Ｙ．トランプは朝鮮半島を表し，日本は韓国併合を認めるように求めている。

Ｚ．欧米(おうべい)風の衣服を着こなし外交マナーを身につけた日本の姿に，列強の国ぐにがとまどっているようすを描いている。

ア．Ｘ・Ｙ　　イ．Ｘ・Ｚ　　ウ．Ｙ・Ｚ　　エ．Ｘのみ
オ．Ｙのみ　　カ．Ｚのみ　　キ．すべて正しい

問９　1930年代に入ると日本は中国や東南アジアへの影響(えいきょう)力を拡大しようとして，国際社会の中で孤立(こりつ)していきました。次のア～ウのできごとは，日本の孤立化が進んだ1930年代から1940年代の初めまでのできごとを示しています。これらを年代の古いものから順に並べかえ，記号で答えなさい。

ア．日本の国際連盟脱退　　イ．日独伊三国同盟の結成　　ウ．盧溝橋事件

問10　日本が中国や東南アジアへの影響力の拡大を図った目的の一つに，資源の確保があります。これに関連して，次のグラフは，日本の軍需(ぐんじゅ)物資の国別輸入割合(1940年)を示したものです。グラフ中**X**にあてはまる国名を答えなさい。

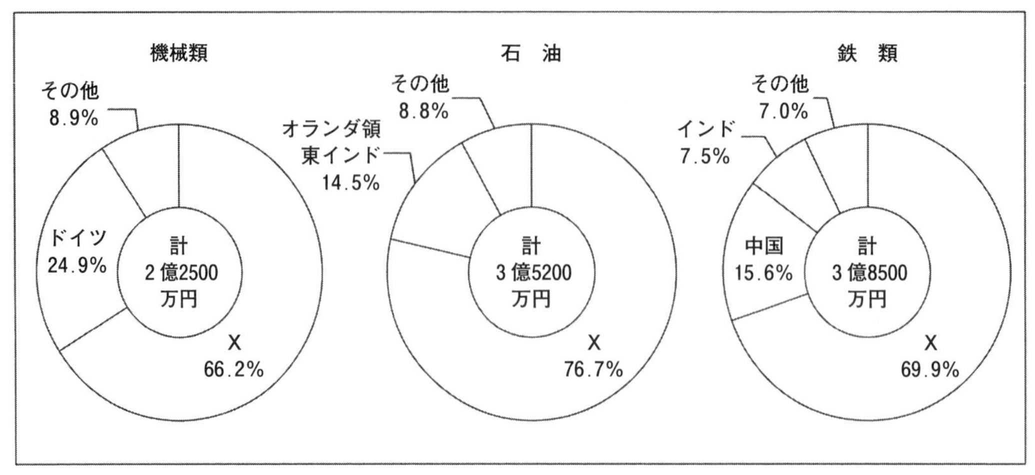

(遠山茂樹ら著『昭和史(新版)』岩波新書より作成)

問11　次の資料は，日本が締結(ていけつ)したある条約の一部を抜粋(ばっすい)したものです。これをもとに各問いに答えなさい。

> 第一条〔戦争の終結〕　日本国と各連合国との間の戦争状態は，…(中略)…この条約が…(中略)…効力を生ずる日に終了(しゅうりょう)する。
> 第二条〔領域〕　日本国は，朝鮮の独立を承認して，済州島(さいしゅうとう)，巨文島(きょぶんとう)，および鬱陵島(うつりょうとう)をふくむ朝鮮…(中略)…台湾および澎湖(ほうこ)諸島…(中略)…千島列島並びに…(中略)…樺太の一部…(中略)…に対するすべての権利，権原(けんげん)および請求権を放棄する。
> 第六条〔占領(せんりょう)〕　…占領軍は，この条約の効力発生ののち(90日以内)…(中略)…日本国から撤退(てったい)しなければならない。
> 　(注)　権原　ある権利・行為(こうい)を法的に正当化する根拠(こんきょ)。権利の原因。

(1)　この条約の名前を答えなさい。

(2)　この条約が結ばれるよりも前に始まった戦争を，次のア～エより一つ選び，記号で答えなさい。

ア．イラク戦争　　イ．ベトナム戦争　　ウ．朝鮮戦争　　エ．湾岸戦争

3　次の会話文を読み，あとの問いに答えなさい。

恵美：2023年のＧ７サミットで，各国の首脳が広島の平和記念公園で原爆慰霊碑(いれいひ)に献花(けんか)したのは，歴史的だったね。

母　：今回は①ロシアとウクライナが戦争中だから，平和について考えるいい機会になったね。

恵美：そのほかに，どんなことが話し合われたの。

母　：②国際経済，AIの運用，それから③ジェンダー平等についてなどいろいろなことが話し合われたそうだよ。

恵美：国際経済やAIのことについては，どんな結論が出たの。

母　：特定の国に資源を依存(いそん)しないことや，AIを利用する際のルール作りを進めることで合意したよ。

恵美：④平和な世界をつくるためにたくさんの国によっていろいろな問題が話し合われている

んだね。

問１　下線部①に関連して，各問いに答えなさい。

(1)　ウクライナの位置を，右の地図中**ア～エ**より一つ選び，記号で答えなさい。

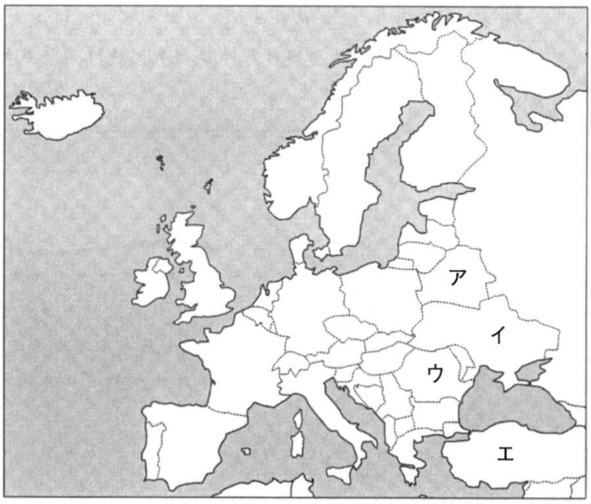

(2)　ウクライナが，軍事同盟であるNATO(北大西洋条約機構)に加盟するかどうかが問題になっています。NATOについて述べた文として正しいものを，次のア～エより一つ選び，記号で答えなさい。

ア．フィンランドはNATOに加盟している。

イ．NATOは冷戦中に，ヨーロッパ諸国がアメリカとソ連に対抗するために結成した。

ウ．イギリスは国民投票の結果，NATOからの脱退を決定し，現在は加盟していない。

エ．NATOは，EUの管理下に置かれた組織である。

(3)　戦争によって，多くの難民が発生することがあります。難民問題に取り組み，難民支援を行っている組織の略称を，次のア～エより一つ選び，記号で答えなさい。

ア．UNCTAD　　イ．FAO　　ウ．UNEP　　エ．UNHCR

問2　下線部②について，2023年10月現在，日本からアメリカへ旅行する場合，2019年と比べて費用が多くかかるようになっています。その理由の組み合わせとして正しいものを，次の**資料Ⅰ**と**資料Ⅱ**を参考にして，下のア～エより一つ選び，記号で答えなさい。

資料Ⅰ　アメリカドル／円の為替レートの推移

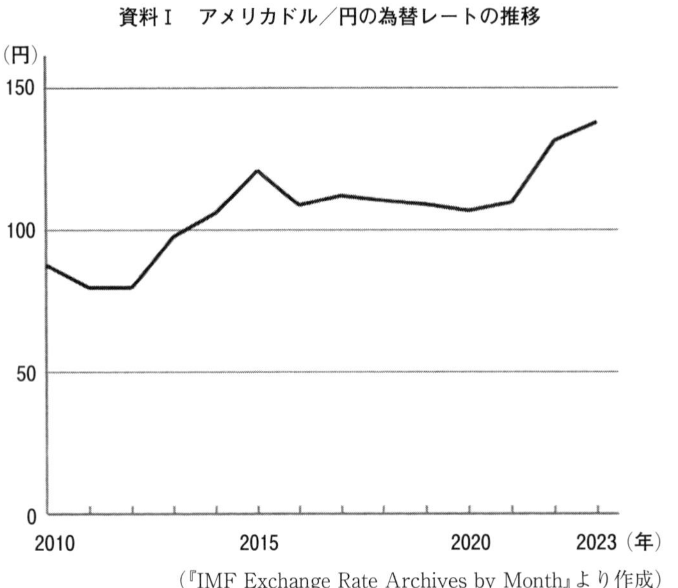

（『IMF Exchange Rate Archives by Month』より作成）

資料Ⅰ　（注）　2010年から2022年は一年の平均，2023年は1月から10月までの平均

資料Ⅱ　（注）　消費者物価指数…消費者が日常的に購入している商品の平均的な価格動向を示すもの

資料Ⅱ

米消費者物価3.7%上昇

9月 伸び一服、予想は上回る

【ワシントン＝飛田臨太郎】米労働省が12日発表した9月の消費者物価指数（CPI）は前年同月比の上昇率が3・7%となり、8月と同じ水準だった。市場予想の3・6%は上回った。

（『日本経済新聞』2023年10月13日付）

A．2019年と比べて，為替相場が円安であるため。

B．2019年と比べて，為替相場が円高であるため。

C．アメリカでインフレーションが起きているため。

D．アメリカでデフレーションが起きているため。

ア．AとC　　イ．AとD　　ウ．BとC　　エ．BとD

問3　下線部③に関連して，各問いに答えなさい。

(1)　1979年に国連総会で採択(さいたく)された女子差別撤廃条約を批准(ひじゅん)するために，1985年に日本で制定された法律の名前を漢字で答えなさい。

(2)　ジェンダー平等とは，「ひとりひとりの人間が性別にかかわらず，平等に責任や権利を分かち合い，あらゆる物事を一緒に決めることができる」ことを意味しています。各国における男女格差を測るものとして，ジェンダーギャップ指数があります。ジェンダーギャップ指数の国際比較(ひかく)において，日本は，146か国中125位でした(2023年)。次のページのグラフを見て，日本のジェンダー平等を妨(さまた)げていると考えられる状況(じょうきょう)を，他国と比較して説明しなさい。

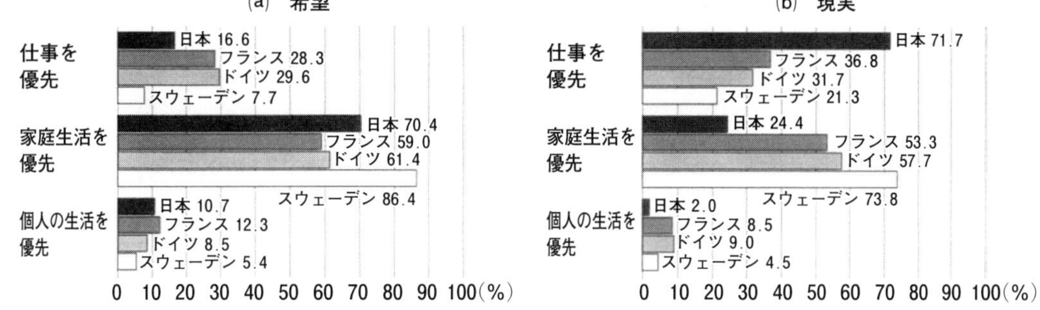

（前田正子・安藤道人著『母の壁　子育てを追いつめる重荷の正体』岩波書店より作成）

問４　下線部④について，各国は核兵器の廃絶（はいぜつ）に向けて取り組み，数々の条約を締結してきました。1968年に結ばれたNPTの内容として正しいものを，次のア～エより一つ選び，記号で答えなさい。

ア．核爆発をともなうすべての核実験を禁止する。

イ．核兵器をもっている国が，核兵器を使用することを禁止する。

ウ．核兵器をもっている国が，もっていない国に核兵器をゆずりわたすことを禁止する。

エ．製造後，30年を経過した核兵器を廃棄する。

【理　科】〈第２回試験〉（社会と合わせて60分）〈満点：60点〉

1　Ⅰ　次の文章を読み，あとの問いに答えなさい。

私たちがはく息とまわりの空気はどのようにちがうかを調べるために，次の実験を行いました。

〔実験１〕

方法：ポリエチレンのふくろを２つ用意し，１つのポリエチレンのふくろには息をふきこみ，もう１つのふくろにはまわりの空気を入れ，それぞれのふくろの様子を調べた。

結果：息をふきこんだふくろの内側には水てきがついていた。

〔実験２〕

方法：〔実験１〕と同様にポリエチレンのふくろを２つ用意し，１つのポリエチレンのふくろには息をふきこみ，もう１つのふくろにはまわりの空気を入れ，両方のふくろに石灰水を加え，よくふった。

結果：息をふきこんだふくろに入れた石灰水は，（　あ　）。

(1)〔実験１〕の結果から，はく息には何がふくまれるとわかりますか。

(2)〔実験２〕の(あ)について，あてはまる言葉を答えなさい。

(3)〔実験２〕の結果から，はく息には何がふくまれるとわかりますか。

このように，はく息とまわりの空気にちがいがあるのは，肺で気体の交かんがされているためです。次の図はヒトの肺とその一部を示したものです。

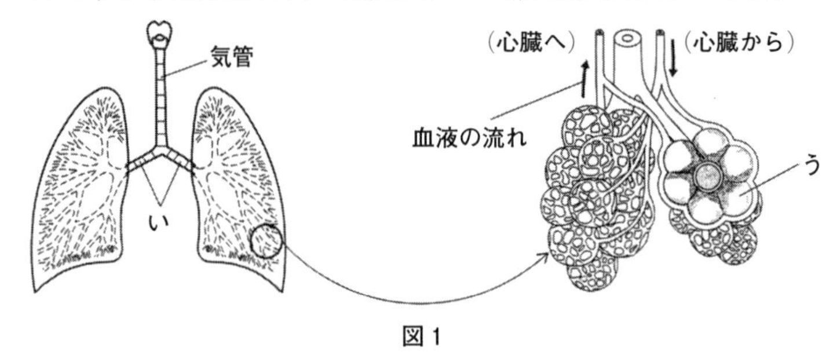

図１

(4) **図１**の**い**，**う**をそれぞれ何というか答えなさい。

(5) **図１**の**う**は，肺にある無数の小さなふくろです。このようなつくりは，ヒトが呼吸するうえでどのようにつごうがよいでしょうか。もっとも適するものを次のア～エから１つ選び，記号で答えなさい。

ア．吸収する気体と放出する気体とを分けることができる。

イ．肺の体積が大きくなり，より多くの空気を吸うことができる。

ウ．肺の表面積が大きくなり，気体の交かんの効率が良くなる。

エ．肺がじょうぶになり，より強く空気を吸うことができる。

Ⅱ　球状の金属**X**の重さと体積をそれぞれ調べる実験を行いました。あとの問いに答えなさい。

〔実験１〕　重さを調べる実験

手順１．電子てんびんを水平な場所に置き，電源を入れた。

手順２．(　**A**　)表示になっていることを確認した。

手順３．ゴム製のシートを**図２**のように置いた。

手順４．その上に金属**X**を置いて重さを測定したところ，50ｇであった。

金属Ｘ
ゴム製シート
電子てんびん

図２

(1)　電子てんびんでは，さまざまな単位で重さを測定することができます。そのため調べたい単位に設定して

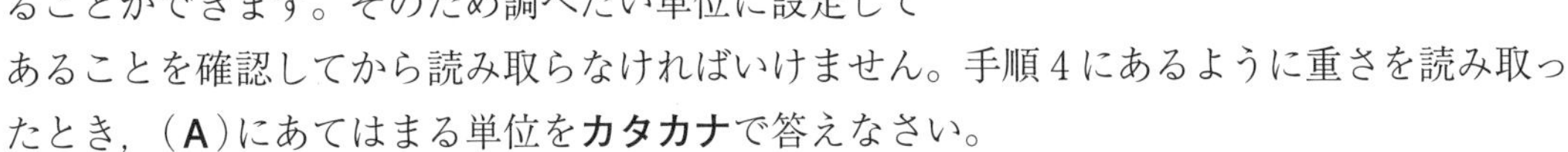

あることを確認してから読み取らなければいけません。手順４にあるように重さを読み取ったとき，(**A**)にあてはまる単位を**カタカナ**で答えなさい。

(2)　〔実験１〕の手順の中で，「ゼロ点調整ボタンをおした。」という手順がぬけています。上の手順１～４のうち，どの手順の後に行うのが正しいですか。１つ選び数字で答えなさい。なおゼロ点調整ボタンとは，表示されている値を０にするボタンです。

(3)　手順３について，なぜ今回ゴム製のシートを置いたのですか。もっとも適切な理由を次のア～エから１つ選び，記号で答えなさい。

ア．電子てんびんがよごれないようにするため。

イ．金属が転がらないようにするため。

ウ．軽いものからのせないといけないため。

エ．重さに差が出ないようにするため。

〔実験２〕　体積を調べる実験

手順１．(　**B**　)に水を20mL入れた。

手順２．そこに金属**X**を入れたところ，**図３**のように液面が変化した。

糸
(　B　)
50
40
30
20
10
30
20
液面拡大

図３

(4)　**図３**の(**B**)には，よう液の体積をはかるときに使う器具があてはまります。この器具の名前は何ですか。**カタカナ**で答えなさい。

(5)　金属**X**の体積は何mLですか。

(6)　水を40mLはかりたいと思い，**図４**にある器具(　**C**　)に40mLの目盛りぴったりにはかりとりました。その水を器具(　**B**　)に全て移し替えたところ，その量は**図４**のようになりました。これは器具(　**C**　)の目盛りがおおよそで書かれたものであり，ぴったり合わせたつもりでも誤差が生じてしまうからです。ではこのとき，何％の誤差が生じましたか。整数で答えなさい。ただし誤差とは，はかりたい値からどのくらいずれているかであり，10mLはかりたいときに11mLとなってしまったとき10％の誤差が生じたといいます。

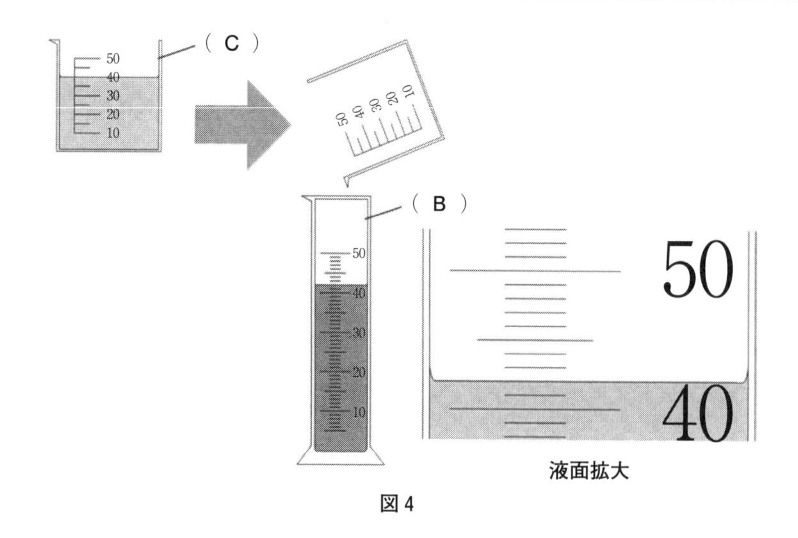

図４

2　おもりと軽い糸を使ってふりこをつくり，以下のような実験を行いました。あとの問いに答えなさい。

〔実験１〕

図１のように糸がたるまないようにおもりを**ア**の位置に持ち上げ，静かに手をはなした。

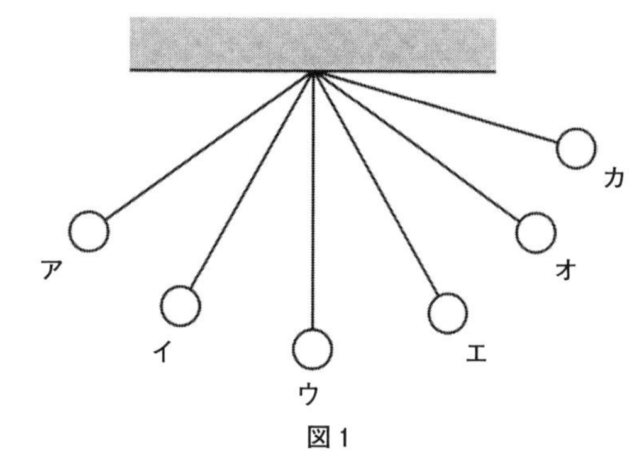

図１

(1)　手をはなした後，ふりこはどの位置まで動きますか。**図１**の**イ**〜**カ**から１つ選び，記号で答えなさい。

(2)　手をはなした後，ふりこの速さが最も速くなるのはふりこがどの位置の時ですか。**図１**の**イ**〜**カ**から１つ選び，記号で答えなさい。

〔実験２〕

図２のように糸がたるまないようにおもりを持ち上げ，ふりこが往復する時間を測定した。ふりこの長さをいろいろと変えて，同様の実験をそれぞれ10回行い，測定した時間の平均をまとめたのが表１である。

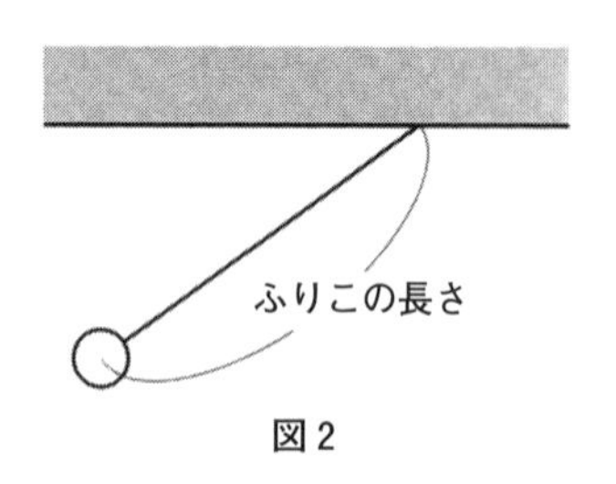

図２

表１

ふりこの長さ(cm)	往復時間(秒)
1	0.2
4	0.4
9	0.6
16	0.8
25	②
①	1.4
100	2.0

(3)　表１の空らん①，②に入る数字をそれぞれ答えなさい。

(4)　〔実験２〕の結果を横じくをふりこの長さ，縦じくを往復する時間としてグラフにしました。正しいものを次のア〜エから１つ選び，記号で答えなさい。

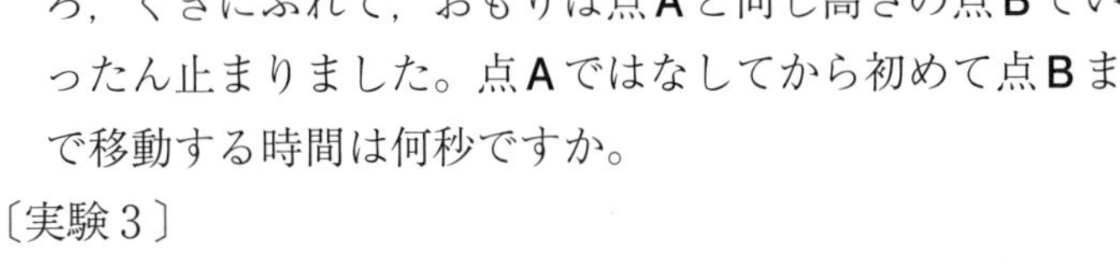

(5) **図3**のように，おもりを点**A**から静かにはなしたところ，くぎにふれて，おもりは点**A**と同じ高さの点**B**でいったん止まりました。点**A**ではなしてから初めて点**B**まで移動する時間は何秒ですか。

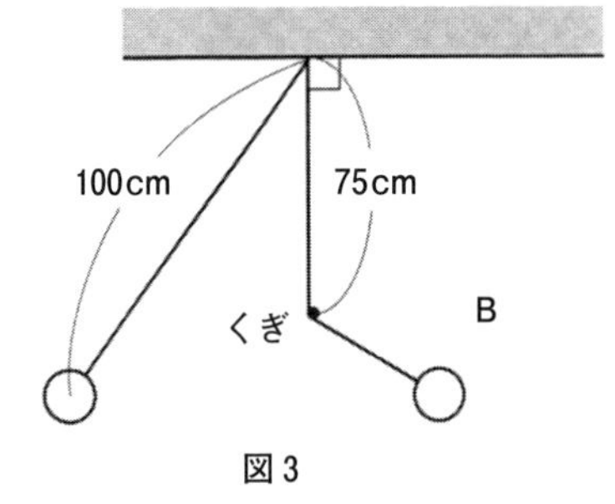

図3

〔実験3〕

図4のように，おもりを持ち上げてから静かに手をはなし，床の上で止まっている木へんにあてた。おもりの重さやはじめのおもりの高さを変えて，おもりが木へんにあたる速さや木へんが止まるまでの距離を測定した。それぞれ10回測定を行い，その平均をまとめたところ表2のようになった。

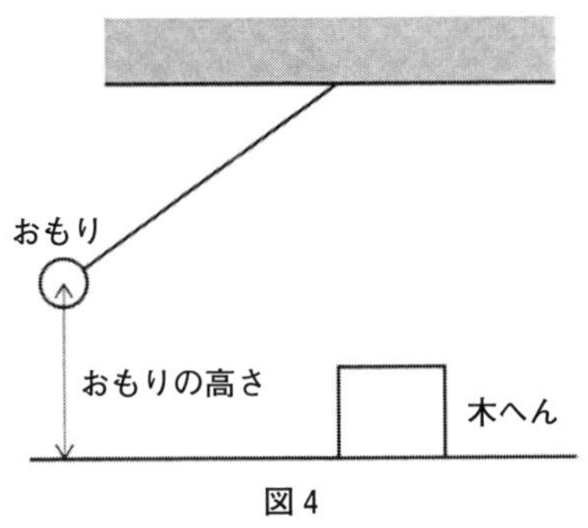

図4

表2

おもりの重さ(g)	おもりの高さ(cm)	おもりが木へんにあたる速さ(cm/秒)	木へんの移動距離(cm)
100	5	100	10
100	20	200	40
100	45	300	90
200	5	100	20
200	20	200	③
200	45	300	180
300	5	100	30
300	20	200	120
300	45	300	④

(6) 表2の空らん③，④に入る数字をそれぞれ答えなさい。

(7) 〔実験3〕の結果から言えることとして適切なものを次のア～スから全て選び，記号で答えなさい。

ア. おもりの重さが同じとき，おもりが木へんにあたる速さはおもりの高さに比例する。
イ. おもりの重さが同じとき，おもりが木へんにあたる速さはおもりの高さに反比例する。
ウ. おもりの重さが同じとき，おもりが木へんにあたる速さはおもりの高さに比例も反比例もしない。
エ. おもりの高さが同じとき，おもりが木へんにあたる速さはおもりの重さに比例する。
オ. おもりの高さが同じとき，おもりが木へんにあたる速さはおもりの重さに反比例する。
カ. おもりの高さが同じとき，おもりが木へんにあたる速さはおもりの重さに比例も反比例もしない。
キ. おもりが木へんにあたる速さが同じとき，木へんの移動距離はおもりの重さに比例する。
ク. おもりが木へんにあたる速さが同じとき，木へんの移動距離はおもりの重さに反比例する。
ケ. おもりが木へんにあたる速さが同じとき，木へんの移動距離はおもりの重さに比例も反比例もしない。

コ．おもりの重さが同じとき，木へんの移動距離はおもりが木へんにあたる速さに比例する。
サ．おもりの重さが同じとき，木へんの移動距離は『おもりが木へんにあたる速さ×おもりが木へんにあたる速さ』に比例する。
シ．おもりの重さが同じとき，木へんの移動距離はおもりが木へんにあたる速さに反比例する。
ス．おもりの重さが同じとき，木へんの移動距離はおもりが木へんにあたる速さに比例も反比例もしない。

3 砂と水の温まり方のちがいを調べるため，**図１**のように砂または水を入れた容器を用意し，それぞれを同じ条件になるように白熱電球で温め，２分ごとに温度を測定したところ，表１のような結果が得られました。

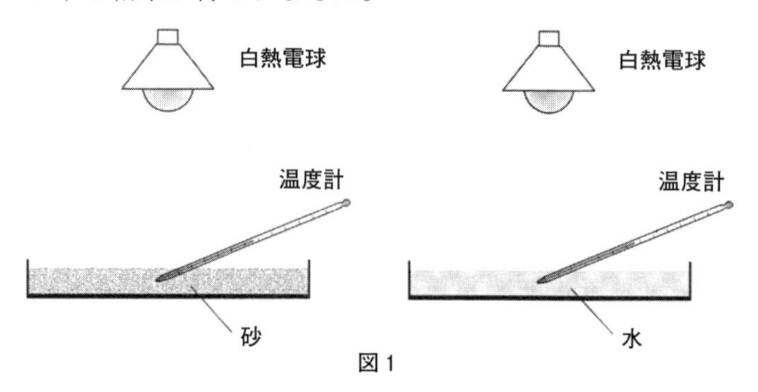

図１

表１　実験結果

時間(分)	0	2	4	6	8	10
砂の温度(℃)	24.6	33.1	35.3	37.9	39.7	42.4
水の温度(℃)	23.5	25.5	27.0	27.7	28.7	29.0

(1)　砂と水の温まり方のちがいについて，表１の実験結果からわかることを簡単に説明しなさい。

図２のように，この装置をとう明な容器に入れて上から光を当ててしばらく置き，真ん中に火のついた線香を入れてけむりの動き方を調べました。

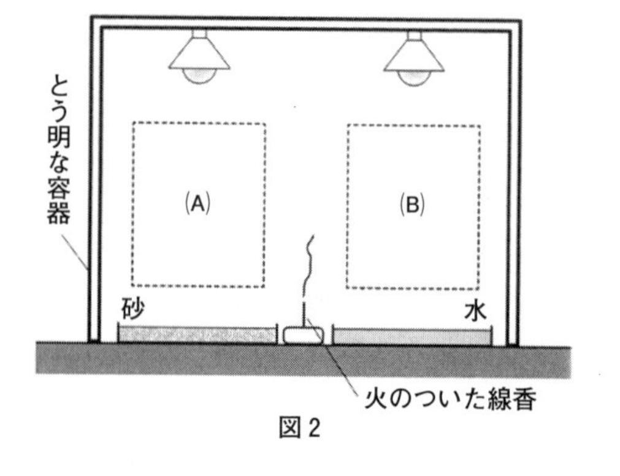

図２

(2)　(A)砂の上にあるけむり，(B)水の上にあるけむりはどのように動きますか。次のア～エから適当なものを１つ選び，記号で答えなさい。
ア．(A)も(B)も上から下へ動く。
イ．(A)も(B)も下から上へ動く。
ウ．(A)は上から下へ動き，(B)は下から上へ動く。
エ．(A)は下から上へ動き，(B)は上から下へ動く。

(3)　空気は，たくさんあるこいところからうすいところへ向かって流れます。(2)の結果として，砂や水の表面にある空気は，どのように流れますか。次のア～ウから適当なものを１つ選び，記号で答えなさい。
ア．砂の表面から水の表面に向かう。
イ．水の表面から砂の表面に向かう。
ウ．表面では空気の流れはない。

砂を陸地，水を海とすると，地表面の空気の動き方を考えることができます。この場合，地表面付近に空気がたくさんあるこいところが高気圧，地表面の空気がうすいところが低気圧と考えられます。

日本は，ユーラシア大陸と太平洋の間にあります。夏の晴れた日に，北半球にある日本付近には太陽から強い光が当たり，陸も海もあたためられます。

図３

(4) 夏の代表的な天気図を次のア～エから１つ選び，記号で答えなさい。また，選んだ理由を海と陸の地表面付近にある空気のあたたまりやすさのちがいに注目して説明しなさい。

ア．

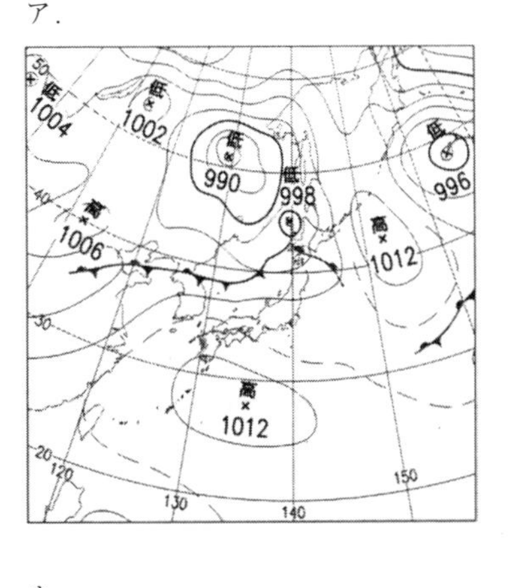

イ．

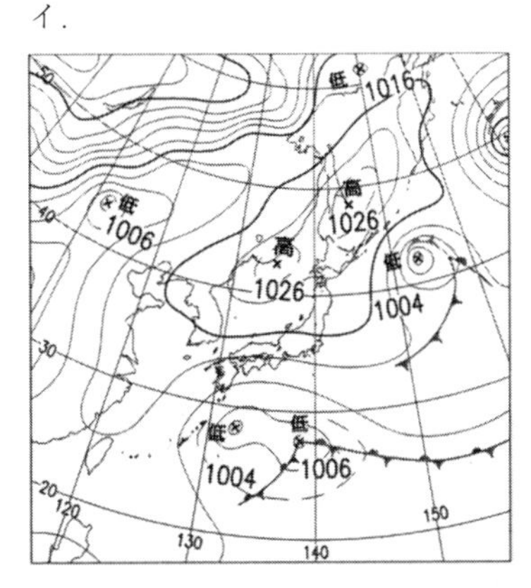

ウ．

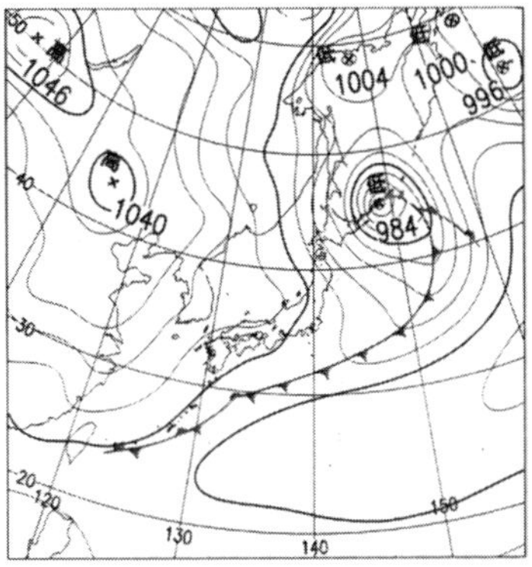

エ．

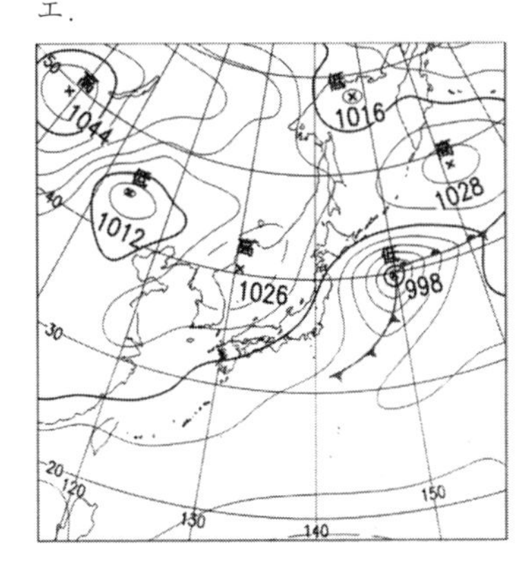

(5) 夏，日本には南東の方向からの季節風がふきます。夏の晴れた日に，この向きから風がふく理由を，次の言葉を全て使って説明しなさい。

「ユーラシア大陸」「太平洋」「高気圧」「低気圧」

夏は，気圧配置によっては太平洋側よりも日本海側の方が気温が上がることがあります。これは，しめった空気よりもかわいた空気の方が温度が変わりやすいことが原因です。

しめった空気が山をのぼるとき，海ばつが100m変わると0.6℃気温が変化し，かわいた空気は海ばつが100m変わると１℃気温が変化するとします。

(6) 太平洋側のある地点Ａ(海ばつ０ｍ)で30℃だったかわいた空気が2500mの山を越え，日本海側のある地点Ｂ(海ばつ０ｍ)にかわいた風が吹くとします。山をのぼるとき，海ばつ1000m地点で雲ができはじめてしめった空気となり，山を越えると雲が消えてかわいた空気になるとして，次の問いに答えなさい。

① 山頂での気温は何℃ですか。

② 日本海側のある地点Ｂでの気温は何℃ですか。

(7) この現象は何と呼ばれていますか。

エ、「ぼく」がソーシャルスキルを適切に使い、状況を正しく判断して危険な行動を取らないこと。

問6 ═線A「涙」、═線B「涙」の違いについて、80字程度で説明しなさい。

問7 ──線⑥「お母さんの声は、涙声だった」とありますが、それはなぜだと考えられますか。その理由として最も適切と思われるものを次の中より一つ選び、記号で答えなさい。

ア、朔弥を大事に思っていたからこそ取ってきた自分の言動が、逆に追いつめる形になっていたことを痛感するも、それをきっかけに本心を伝えることができたから。

イ、これまでまったく自分の気持ちを表現することがなかった朔弥が、ようやく心を開いて本音で話をしてきてくれたことで本当の親子の絆が生まれたと実感したから。

ウ、朔弥を大切にする気持ちは思い込みに過ぎず、実際は朔弥の社会的な成長を妨げていたのは自分であったことに気づき、ソーシャルスキルの大切さを、身をもって知ったから。

エ、今まで伏せていた本当の思いを伝えることで、晴れやかな表情になった朔弥を目の当たりにし、自分の育て方が間違っていなかったことがわかり、安心したから。

問8 ──線⑦「変な感じ」にあてはまらないものを次の中より一つ選び、記号で答えなさい。

ア、お母さんに本音を打ち明けてしまったことを、気恥ずかしく思っている。

イ、お母さんを悪気なく傷つけてしまったので、後味の悪さを感じている。

ウ、お母さんとどんな風に話せばよいかわからず、ぎこちなさを覚えている。

エ、お母さんの心の内にあった言葉を聞いたことで、照れくさくなっている。

「これ、照れ隠しだからね。言い慣れないこと言ったから、恥ずかしくなったのよ。くさくても、大事に思ってるから。くさいから生きる価値がないなんて言いださないでよ。」

そういう⑥お母さんの声は、涙声だった。

お母さんは、靴を脱ぐと、

「ああ、疲れた。おなかすいたわ。ちょっと早いけど、お昼にしよう。お昼作りたくなくて、のり弁買ってきたから。」

と言って、ダイニングに行ってしまった。

ぼくは、リビングルームにお母さんが買ってきた水を運んだあと、手を洗いに洗面所に行って、ついでに顔も洗った。

それから、テーブルに着いて、二人でなにも言わずに黙々とのり弁を食べた。

味のしみた、ちくわの磯辺揚げがおいしい。

お弁当を家で食べることなんてないから、なんか変な感じ。お母さんとの距離感も⑦変な感じ。

テーブルから窓の外がよく見えた。いよいよ大雨だ。さっきテレビでレポートしてた海の近くみたいに、雨が斜めに降っている。物置は飛んでいかないと思うけど、トウモロコシはだいじょうぶかな。

心配になるけど、今は畑に行けないのだから仕方がない。明日、畑に行って、できることをしよう。

(花里真希『ハーベスト』より)

注1 「平林先生」…園芸部の先生。「西森君」「アズサ」も園芸部に所属している。

注2 「いぼ結び」…竹垣などを作るときに用いる園芸用の結び方。結べるようになるには、ある程度の熟練を要する。

問1 ——線①「今は畑の様子を見に行く人の気持ちがよくわかる」とありますが、どのような気持ちがわかるようになったと考えられますか。最も適切と思われるものを次の中より一つ選び、記号で答えなさい。

ア、台風にかこつけて自分のしてしまった失敗をごまかしてしまおうとする、ずるい気持ち。

イ、台風が来ると自分の良くない面がたくさん見えてきてしまい、不安になってしまう気持ち。

ウ、台風の中で大切に育てた畑の作物が心配でいてもたってもいられず、落ち着かない気持ち。

エ、台風の後に畑の荒れ具合を見てしまうと落胆が大きいため、事前に見ておきたいという気持ち。

問2 ——線②「こういう時」とはどのような時ですか。説明しなさい。

問3 ——線③「やっぱり、今から行って、結びなおしてこよう」とありますが、このときの「ぼく」の心情に近いものとして、最も適切と思われるものを次の中より一つ選び、記号で答えなさい。

ア、期待感　イ、孤独感　ウ、緊張感　エ、責任感

問4 ——線④「お母さんは、ぼくのことを信用してないんだよね」とありますが、「ぼく」がそのように思うのはなぜですか。説明しなさい。

問5 ——線⑤「自分の思うとおり」とはどのようなことですか。最も適切と思われるものを次の中より一つ選び、記号で答えなさい。

ア、「ぼく」が他人の忠告を快く受け入れて、決して言い返したり反抗したりはしないこと。

イ、「ぼく」が他人と積極的かつ堂々とコミュニケーションを取り、好ましい交友関係を持つ息子になること。

ウ、「ぼく」が今までどおり頭が良くて心優しい、お母さんの理想の息子のままでいること。

Ａ涙(なみだ)がじわっとあふれてきた。
「ちょっと、なんで泣くのよ。」
「ぼくは……。」
「え？」
「生きる価値があるの？」
「なに、急に。当たり前でしょ。」
「ぼくは、ごみなんじゃないの？」
「ごみ？」
「お母さん、ぼくのこと、うざいと思ってるでしょ。ぼくはお母さんにとって、ごみなんじゃない？」
「は？　なんで、お母さんが朔弥のことをうざいと思うのよ。朔弥は、頭いいし、優(やさ)しいし、いいところいっぱいあるのに。」
「お母さん、いつも、そんなんじゃだめだって言うじゃん。」
「だめなんて言ってないでしょ？」
「言ったよ！　ソーシャルスキルがないとだめなんだって！　だから、ソーシャルスキルのないぼくは、この世の中じゃやってけない、ごみみたいなもので、生きる価値がないんじゃないの？　きっとトウモロコシの方が価値があるよ。みんなで、大事に育ててるし、食べたらおいしいんだから。」
「そんなわけないでしょ！」
お母さんに肩(かた)をぐいっとつかまれ、ぼくはよろけそうになった。
「やめてよ！」
お母さんの手を払(はら)いのけ、ドアを開けようとしたら、お母さんが後ろから抱(だ)き着いてきた。
「離(はな)せ！」
体をよじって逃(のが)れようとしたけど、お母さんは、くっついたまま離れない。
「離すわけないでしょ。あのね、朔弥、お母さんは、ソーシャルスキルがあった方が、世の中生きやすいだろうと思ったから、ソーシャルスキルを身につけなさいって言ったの。ソーシャルスキルがない朔弥は生きる価値がないなんて言ってない。」
目をつむったら涙がこぼれた。
「ぼくは生きててもいいの？」
ドアに向かったまま、お母さんに聞いた。
「ソーシャルスキルが低くたって、なんだって、生きてていいに決まってるじゃない。そんな当たり前のこと、言わなくたって、わかってると思ってたわよ。」
お母さんが、ぼくに抱き着いたまま答える。
「口に出して言わないとわからないよ。」
ぼくがそう言ったら、お母さんは、
「まさか、朔弥にそんなこと言われるとは思わなかったわ。」
と言った。
「でも、そうだね。いいよ、言うよ。朔弥は、ごみなんかじゃない。お母さんの一番の宝物だよ。お母さんは、朔弥のことが一番大事。朔弥がいなくなったら、お母さん、悲しいよ。ソーシャルスキルが低くても、なんでもいいから、生きていてほしい。だから、こんな台風の最中に、朔弥を外になんて出さない。」
そう言われて、うれしいというより、ほっとした。そしたら、もっとＢ涙が出てきた。
「わかった。もう出ていかないから離して。」
「あー、暑い。」
お母さんが、ぼくの体から離れた。
「それにくさい。中学生男子、くさいわ。」
そうかな。確かにいっぱい汗(あせ)はかいたけど。

ていた。
「お帰り、遅かったね。」
お母さんが、水のペットボトルを玄関に引き入れて、靴を脱ぐ。
「うん、大変だったんだから。モールに行ったら水が売り切れてて、駅の東側のスーパーまで行ったのよ。そしたら、事故があったみたいで、すごい渋滞でさ。ほら、水運ぶの手伝って。」
「お母さん、ぼく、ちょっと、畑に行ってくるよ。」
お母さんが、靴を脱ぐのをやめてぼくを見た。
「畑って、学校？」
「うん。」
「今、出てくなんてだめよ。」
「どうして？」
「危ないからに決まってるでしょ。すごい風なのよ。なにが飛んでくるかわからないじゃない。」
「でも、ぼく、ちゃんとひもを結ばなかったかもしれないんだ。そのせいでトウモロコシが倒れたら、オクラも枝豆も全滅しちゃうよ。」
「だめ。家にいなさい。警報が解除されても、しばらくは外に出たらだめだからね。川が増水してたりして危ないんだから。行くなら明日にして。」
お母さんのその言い方が、ぼくの気持ちは関係ないって感じで、無性に腹が立った。
「お母さんは、どうしていつも、ぼくのやろうとすることに文句を言うの？　ぼくはだいじょうぶなのに。」
「いつも文句なんて言ってないでしょ。だいたい、なんの根拠があって、だいじょうぶって言ってるのよ。」
「④お母さんは、ぼくのことを信用してないんだよね。」
「信用してないんじゃなくて、心配してるんでしょ。あなたはまだ子どもなんだから。お母さんには、あなたを守る義務があるの。」
「お母さんは、心配なんてしてない。全部⑤自分の思うとおりにしたいんだ。」
「そんなことない。」
「そんなことあるよ。お母さんは、お母さんの思う理想の息子っていうのがあって、ぼくをそれに近づけようとしてるじゃない。」
「なによ、その理想の息子って。」
「家でダラダラしてないで、喜んでサマーキャンプに参加して、ソーシャルスキルがあって、面接官の前でも親戚の前でも、はきはきと大きな声でしゃべって、お母さんの気に入るような、さわやかな優等生の友だちがいっぱいいるような子じゃないの？」
お母さんが黙った。
「お母さんがうるさく言ったって、ぼくはお母さんの思うような立派な息子になれないんだから、ほっといてよ。」
ぼくがドアノブに手をかけると、お母さんが、ぼくの手首をつかんで言った。
「あのね、朔弥が、毎朝、早起きして畑に行って、野菜や花を育ててるのは知ってるよ。でも、台風が来てるんだから。台風なんて、朔弥一人でどうにかできるものじゃないでしょ。危ないから家にいなさい。」
「でも、ひもを結びなおしたら、トウモロコシは倒れないかもしれないじゃないか。」
「そうかもしれないけど、それは朔弥の命を危険にさらしてまですることじゃないでしょ。」
なんだよ、ぼくの命を危険にさらすって、そんなに大げさなことじゃない。大体、ぼくの命なんて、大したことないじゃないか。
ぼくなんか……。

「気をつけて帰りなさい。家に帰ったら、外に出るんじゃないぞ。台風が来てるのに畑の様子を見に行って、そのまま行方不明になってしまう人のニュースを聞いたことあるだろう。そんなことになったら大変だから、台風が完全に通りすぎるまで畑には来るなよ。」

以前は、そういうニュースを聞いた時、どうして台風の中、出ていっちゃうんだろうと思ってたけど、①今は畑の様子を見に行く人の気持ちがよくわかる。

帰り道は向かい風で、自転車が全然進まなかった。ぼくは、自転車をこぐのをあきらめ、途中から自転車を降りて押して帰った。

やっとのことでうちに帰ると、十時になっていた。

「ただいま。」

返事がない。電気もついていない。お母さん、いないのかな。

電気をつけてダイニングに行くと、テーブルの上に、「水と食料を買いに行ってきます」と書き置きがあった。防災バッグの中に乾パンが入っていたと思うけど、あれじゃ足りないんだろうか。

ぼくは、キッチンに手を洗いに行って、ついでになにか食べるものがないか探した。朝早くから畑仕事をすると、おなかがすいて仕方がない。

菓子パンをつかんでリビングに行き、テレビをつける。

台風の直撃を受けそうな地域の海岸沿いで、レポーターが斜めになりながら、必死に叫んでいたけど、なにを言ってるのか、全然わからなかった。

画面が変わると、田んぼが映った。強烈な風が、稲を水面にたたきつけている。あの稲は、ちゃんと元に戻るんだろうか。

その映像を見て、ぼくたちの畑は、だいじょうぶなんだろうかと心配になった。とくに、ぼくが支柱に結んだひも。ほどけないといいけど。ヤングコーンとオクラは食べたけど、トウモロコシは食べてないんだから、どうか倒れないでほしい。

テレビを見始めて、結構な時間が経つのに、お母さんは、なかなか帰ってこない。水は重いから、車で買いに行ったと思うんだけど、どこまで行ったんだろう。

窓の外を見ると、公園の木がしなっていた。空が暗い。いつ雨が降り出してもおかしくない。マンションが、ゴオオッと不気味な音を立てて揺れたような気がした。このマンションは、そんなに古くないと思うし、地震対策とかもちゃんとやってあるだろうから、台風で倒れるってことはないと思うけど、ちょっとこわくなる。

お母さん、いつも家にいてうるさいのに、②こういう時にかぎっていないんだから。なんかあったら、ぼく一人で、どうしたらいいんだろう。

そういえば、アズサはいつも一人だって言ってた。今も家で一人なんだろうか。心細いだろうな。

それよりも、支柱に結んだひもが気になる。いい加減に結んだつもりはないけど、百パーセント注2いぼ結びです、と自信を持って言えない。もしかしたら、ほどけてしまうかもしれない。もし、トウモロコシが倒れたら、たぶん、その下にある枝豆もだめになってしまうだろう。ぼくのいい加減な作業のために、みんなで一生懸命育てた野菜がだめになったら大変だ。③やっぱり、今から行って、結びなおしてこよう。

ぼくは、急いで玄関に向かった。

自転車と家の鍵を手に取り、ドアノブに手をかけようとしたら、その前にドアが開いた。

「うわあっ。もう、なに、朔弥、なんで玄関にいるの？　びっくりさせないでよ。」

お母さんが、驚いて手に持っていたエコバッグを落としそうになっ

理由として最も適切と思われるものを次の中より一つ選び、記号で答えなさい。

ア、マツやスギの花の構造は単なる交配器官だけだったから。

イ、受粉のために大量の花粉を作り出さなくてはならないから。

ウ、花粉を運ぶ効率の良い方法として昆虫を誘惑するため。

エ、蜜の在りかを宣伝し昆虫の好む香りを発散させるため。

問4　――線④「エネルギー効率が悪い」と、筆者が考えるのはなぜだと思いますか。理由として最も適切と思われるものを次の中より一つ選び、記号で答えなさい。

ア、スギやマツは大量の花粉を作って風に運ばせるが、それらがすべて受粉して芽が出るとは限らないから。

イ、スギ林全体から出るおびただしい花粉の量によって、現代では花粉症の大きな原因になってしまっているから。

ウ、大量の花粉を一度に作るのはスギやマツにとっても大変な負担で、このままでは絶滅してしまうから。

エ、花粉を風に乗せて運ぶ以外に、スギやマツはエネルギーをおさえて花粉を運ぶ方法をあみ出せるはずだから。

問5　――線⑤「最初の被子植物の花の形は平たい皿やお椀のような形」だったのはなぜですか。説明しなさい。

問6　――線⑥「大きな変化」とありますが、それはどのようなことですか。説明しなさい。

問7　――線⑦「花弁の一部が融合して、立体になったものが登場」とありますが、その登場に合わせて昆虫はどのように対応していきましたか、説明しなさい。

問8　⑧に入る語句として最も適切と思われるものを次の中より一つ選び、記号で答えなさい。

ア、双方向に　イ、一進一退に　ウ、内向的に　エ、一直線上に

問9　本文全体の内容に合うものとして最も適切と思われるものを次の中より一つ選び、記号で答えなさい。

ア、花の進化は昆虫を利用して花粉を運んでもらうためのものであり、ただ美しく進化した他の植物の進化の過程とは理由が異なっている。

イ、昆虫には様々な能力と種類があり、それを利用するために植物は大量の花粉を作りだして生存をはかるなどして自身を進化させてきた。

ウ、昆虫と植物は、恐竜が滅亡したため、お互いが生き残れるように共生関係を保ちながら、過酷な環境のなかを進化し続けてきた。

エ、花が昆虫の能力に合わせて進化し、昆虫もまた自分に合う花に合わせて進化したように、花と昆虫はお互いが影響を与え合っている。

四

幼いころから人と話すことが苦手な中学一年生の黒田朔弥は、母親から「ソーシャルスキル（社会の中で生活していく能力）」を身につけるようにと日々言われている。次の場面は朔弥が入部した園芸部で、午後から上陸するという季節外れの台風に備えて、畑の台風対策を終わらせた後の場面である。次の文章を読み、あとの問いに答えなさい。（ぬき出しと字数が決められている問題は、すべて「、」「。」記号などを字数にふくみます。）

風で飛ばされそうなものは全部物置の中にしまって、鍵をかけて作業を終了した。

帰る際、注1平林先生が、ぼくと西森くんに注意した。

たとえばリンドウやホタルブクロは、奥行きのある注5釣り鐘状の花を作り、昆虫を花の奥にまで侵入させるように仕向けました。そうすると、昆虫は奥底にある花の蜜を得るために必死になって潜りこむので、植物としては昆虫の背や腹に花粉を沢山付けることができます。同様に、アサガオやツツジはロート(漏斗)状の形を取りました。

さらにハナショウブやスミレは、蜜のある在りかを示す蜜標も用意しました。これらの花は、人が口を開けたときの喉の形に似ているので、「喉状花」といいます。レンゲやエンドウなどのマメ科の花は喉状花と似ていますが、上方の花びらが旗に似ていることから「旗状花」と呼ばれています。また、花の形を細長い筒状にして管のようにしたものも現れました。これを「筒状花」といいます。筒状花の典型的な花というと、キク科の花があります。筒状の花のうち、特に長い筒状突起のものを距といい、スミレやランなどに見られます。これらの花を訪れる昆虫は、細長い筒のなかに体を入れることはできません。そこで、口の形を長くして(口吻を作って)、筒のなかに口吻だけを入れられるようにしました。

花も昆虫も相手を選ぶ

こうなると、昆虫のほうも全ての花に対応できず、自分に合った花の形のものを選ぶようになります。立体型の花では、距の奥に届く口吻の長い昆虫しか対応できず、口吻の短いハエやハナアブは蜜を吸うことはできません。また、ランなどの花では左右注6相称型になり、横向きに咲くものが現れます。このような花では、ハナバチなどの送粉者の体をすっぽりと花のなかに入れさせて、花粉が体の一定の場所に付くようにしました。

花が進化する過程では、原始的な花が［⑧］進化して形を変えていったのではなく、様々な方向に放射状に進化した花の形が、色々な形態や特徴を持つ昆虫に出会って、より繁殖力を増したものが生き残り、進化していったと考えられています。花の形が多様になり、昆虫の種類も増えると、花はお気に入りの昆虫を選び、一対一の特別な関係を結ぶようになっていきます。

(鈴木正彦・末光隆志『「利他」の生物学』より)

注1　「利他的」…自分を犠牲にして他人の幸福・利益のために尽くすさま。
注2　「風媒花」…花粉を運ぶ方法として風に運ばせる花。またそのように進化した花。
注3　「交配」…生物の雌雄を受精または受粉させること。
注4　「前翅」「後翅」…昆虫の二対の翅のうち、前方の一対が「前翅」、まえばね。後方の一対が「後翅」、うしろばね。
注5　「釣り鐘」…つり下げて木の棒でついて鳴らす鐘。特にお寺の鐘をいう。
注6　「相称」…その左右または上下が同形であること。シンメトリー。対称。

問1　――線①「Ｗｉｎ‐Ｗｉｎの関係」とはどのような意味だと思われますか。最も適切と思われるものを次の中より一つ選び、記号で答えなさい。
ア、自分に都合の良い利益を得ることができる関係。
イ、自分と相手の双方が利益を得られる関係。
ウ、相手が利益を得られるように自分が手助けをする関係。
エ、相手の利益を自分の利益だと思える関係。

問2　――線②「動ける者を利用すること」とは、具体的にどのようなことですか。「〜こと。」に続くように本文中より15字程度でぬき出しなさい。

問3　――線③「葉の先端が形態的に変化した」のは、なぜですか。

一万三〇〇〇個の花粉を作るといわれていますから、スギ林全体から出る花粉の数はおびただしい数です。

そのように大量の花粉を作るのに、負担はないのでしょうか。実のところ、風に乗せる方法は植物にとっても大変で、④エネルギー効率が悪いやり方です。そこで、植物はもっと効率良く花粉を運ぶ方法はないかと考え、利用したのが昆虫です。そして、昆虫を誘惑するために甘い蜜を用意し、「ここにおいしい蜜があるよ」と宣伝するため、今、私たちが目にする色鮮やかな花を作り、おまけに昆虫に好まれる香りまで発散させるようになったのです。

花の形は昆虫次第

私たちが一般に「花」と呼ぶ器官を持つ被子植物がこの世に現れたのは、一億三〇〇〇年ほど前の白亜紀のことです。花は骨などと違って繊細なので、その化石は見つからないだろうといわれていましたが、予想を覆して、一九八一年にスウェーデン南部の白亜紀の地層から花の形を保存している化石が発見されました。昆虫と花の共生関係が生じたのは、この白亜紀以降と考えられています。

白亜紀の末期には、恐竜が滅亡しています。恐竜が滅亡するのに伴い、多くの小動物が活発な進化をはじめ、昆虫も多くの種が進化してきました。そのころ、被子植物が現れてきたのですが、⑤最初の被子植物の花の形は平たい皿やお椀のような形で、昆虫が舞い降りて停まれるような構造でした。大きなビルの屋上にヘリコプターが舞い降りるヘリポートがあることがありますが、似たような形状です。

最初の花はどうしてそのような形をとったのでしょうか。そのころの被子植物は、甲虫類に花粉の運搬をゆだねていました。甲虫は、昆虫の進化のなかではチョウやハチよりも早く出現した昆虫です。甲虫が出現した当時、他の昆虫はまだあまりいませんでした。甲虫というと、カブトムシやクワガタムシなどを思い浮かべますが、ご存じのように、カブトムシはあまり遠くまで飛ぶことができません。甲虫は注4前翅が硬くなって体を保護しており、注4後翅だけで飛ぶので、遠くには飛べないのです。しかも、降りるときはストーンと落ちるように着地します。

甲虫が相手ならば、花も甲虫が降りやすい構造を取る必要があります。そこで、上向きで大きく平たいヘリポートみたいな形を作ったわけです。このような花の形を「重合型」といいます。現在見られるこのタイプの花は、モクレンの仲間でコブシやホオノキ、タイサンボクの花があります。蜜や花粉を食べにくる甲虫としては、ハナムグリが知られています。カブトムシはというと、実際は花に来ることはなく、もっぱらクヌギの樹液を吸っているようです。

昆虫が進化して、チョウやハチ、他にもハエやハナアブなどが現れはじめると、花は⑥大きな変化を見せます。花にとって、甲虫はハチなどにくらべて記憶力も悪く、訪れてくれることも少ないという不満がありました。そこで、ミツバチなどもっと賢い昆虫が現れてくると、それらを利用するようになります。ミツバチには、8の字ダンスなどで花の蜜の在りかを仲間に教える高度なコミュニケーション能力があり、しかも飛行距離が格段に長いので、花にとって大きなメリットを持っています。昆虫が進化し、様々なタイプの昆虫が現れるにしたがって、花もそれに合わせるように進化して、次々と形を変えていきました。

重合型の花では、花弁の数は一定ではありませんでしたが、進化した花は花弁の数を一定にした「定数型」となります。この形は、花弁を作るエネルギーを節約できるのが利点です。さらに蜜という究極の餌を作り、昆虫を惹きつけるように進化しました。平面だった花の形も、⑦花弁の一部が融合して、立体になったものが登場してきます。

2024年度 品川女子学院中等部

【国　語】〈第二回試験〉（五〇分）〈満点：一〇〇点〉

一 次の(1)～(5)の――線部を漢字に直しなさい。

(1) つきっきりで妹のカンビョウをする。
(2) 手を合わせてオガんだ。
(3) 悪い友だちとのつきあいをセイサンする。
(4) 事態をシュウシュウする。
(5) 学校のエンカクを調べる。

二 次の(1)～(5)の問いに答えなさい。ただし(1)～(3)はひらがなでもよいが、(4)(5)は漢字で答えること。

(1) 下の意味となるように、空欄に生物の名前を入れて慣用句を完成させなさい。
「彼の活躍は、飛ぶ□を落とす勢いだ」…とても勢いがある様子。

(2) 下の意味となるように、空欄に体の部位を入れて慣用句を完成させなさい。
「慣れない仕事に□を焼く」…処置や対応が分からず困ること。

(3) 下の意味となるように、空欄に語を入れてことわざを完成させなさい。
「□を現す」…多くの人の中で、一段と優れた才能を発揮すること。

(4) ――部の語句の対義語（反対の意味の語）を漢字２字で答えなさい。
単純な仕掛けだ。

(5) 次の文の空欄に漢字を入れて四字熟語を完成させなさい。
クラス全員が□□同体となって行事に取り組んだ。

三 次の文章を読み、あとの問いに答えなさい。（ぬき出しと字数が決められている問題は、すべて「、」「。」記号などを字数にふくみます。）

春になると、あちこちの里や野原で、チョウやハチが花と戯れているのが見られます。競うように咲き誇る花のなかをチョウが舞い、ハチが飛びかう情景は春そのものです。チョウやハチだけではなく、多くの昆虫は花ととても仲が良いように見えます。もちろん、チョウやハチは花の蜜を吸うために、花は花粉を運んでもらうために、という各々の目的があるのですが、お互いに①Ｗｉｎ－Ｗｉｎの関係に見えます。でも、本当にそうでしょうか。ここでは、利己的とも注１利他的とも言いがたい、植物と昆虫の共生関係を見てみましょう。

地面から動けない植物にとって、②動ける者を利用することには様々なメリットがあります。数ある動物のなかでも、特に昆虫との関係は重要です。植物がいつから昆虫を利用してきたかは定かではありませんが、昆虫を利用して花粉を運んでもらうように進化してきたことは間違いありません。花は、③葉の先端が形態的に変化したものです。最初の花は、風によって花粉を飛ばすマツやスギなどの裸子植物を中心にした注２風媒花でした。その構造はというと、花弁（花びら）もなく、単なる雄しべと雌しべによる注３交配器官だけだったのです。

スギ花粉というと、花粉症を思い浮かべる人も多いでしょう。マツやスギは大量の花粉を作って風に乗せて飛ばさなければ受粉できないので、花粉症の大きな原因となっています。スギの一つの花でさえ

2024年度

品川女子学院中等部 ▶解説と解答

算 数 ＜第２回試験＞（50分）＜満点：100点＞

解 答

1 (1) $\frac{11}{12}$ (2) 16 (3) 8 (4) ア 1 イ 2 **2** (1) 13cm (2) 2 (3) 168個 (4) 30度 (5) 平行四辺形 (6) 12通り (7) 12個 (8) 447 (9) 980m (10) 52cm^2 **3** (1) 秒速0.5cm (2) 10 (3) $11\frac{1}{3}$秒後 **4** (1) 4 (2) 85 (3) (例) クラスの人数の方が１つの月の最大の日数である31より大きい

解 説

1 四則計算，逆算，条件の整理

(1) $\frac{3}{14}\times\left\{\left(1\frac{2}{5}+0.4\right)\div1\frac{1}{5}-\frac{1}{3}\right\}+\frac{2}{3}=\frac{3}{14}\times\left\{\left(1\frac{2}{5}+\frac{2}{5}\right)\div\frac{6}{5}-\frac{1}{3}\right\}+\frac{2}{3}=\frac{3}{14}\times\left(1\frac{4}{5}\times\frac{5}{6}-\frac{1}{3}\right)+\frac{2}{3}=\frac{3}{14}\times\left(\frac{9}{5}\times\frac{5}{6}-\frac{1}{3}\right)+\frac{2}{3}=\frac{3}{14}\times\left(\frac{9}{6}-\frac{2}{6}\right)+\frac{2}{3}=\frac{3}{14}\times\frac{7}{6}+\frac{2}{3}=\frac{1}{4}+\frac{2}{3}=\frac{3}{12}+\frac{8}{12}=\frac{11}{12}$

(2) $\left(56-□\times1\frac{1}{2}\right)\div(2-0.1\times4)=20$より，$\left(56-□\times1\frac{1}{2}\right)\div(2-0.4)=20$，$\left(56-□\times1\frac{1}{2}\right)\div1.6=20$，$56-□\times1\frac{1}{2}=20\times1.6=32$，$□\times1\frac{1}{2}=56-32=24$ よって，$□=24\div1\frac{1}{2}=24\div\frac{3}{2}=24\times\frac{2}{3}=16$

(3) $\frac{1}{13\times15\times1}+\frac{1}{13\times15\times2}+\frac{1}{13\times15\times4}+\frac{1}{13\times15\times8}=\frac{8}{13\times15\times1\times8}+\frac{4}{13\times15\times2\times4}+\frac{2}{13\times15\times4\times2}+\frac{1}{13\times15\times8}=\frac{8+4+2+1}{13\times15\times8}=\frac{15}{13\times15\times8}=\frac{1}{13\times8}$ よって，$□=8$

(4) 問題文中の筆算で，37－(割る数)は１けたの数なので，3792を割る数は28か29である。28で割ると右の図１となる。一方，29で割ると右の図２となり，問題文中の筆算のようにならない。よって，割る数は28だから，図１より，アは１，イは２とわかる。

図１

```
      1 3 5
 2 8)3 7 9 2
     2 8
       9 9
       8 4
       1 5 2
       1 4 0
         1 2
```

図２

```
      1 3 0
 2 9)3 7 9 2
     2 9
       8 9
       8 7
         2 2
```

2 長さ，約束記号，過不足算，角度，立体図形の分割，場合の数，割合と比，周期算，通過算，面積

(1) 半径が□cmの円の面積は，□×□×3.14＝530.66(cm^2)なので，□×□＝530.66÷3.14＝169となる。よって，13×13＝169より，□＝13(cm)とわかる。

(2) 【4.1×５】＝【20.5】＝20より，$\left【\frac{【4.1\times5】}{3}\right】=\left【\frac{20}{3}\right】=\left【6\frac{2}{3}\right】=6$である。また，$【7\div3】=\left【2\frac{1}{3}\right】=2$より，$\frac{8}{【7\div3】}=\frac{8}{2}=4$となる。よって，$\left【\frac{【4.1\times5】}{3}\right】-\frac{8}{【7\div3】}=6-4=2$とわかる。

(3) 右の図１より，１人に配る個数の差が，６－５＝１(個)で，必要な個数の合計の差が，18＋12＝30(個)になるので，人数は，30÷１＝30(人)とわかる。よって，おはじきの個数は，５×30＋18＝168(個)と求められる。

図１

	５個，…，５個 → 18個余る
	６個，…，６個 → 12個不足
差	１個，…，１個 → 30個

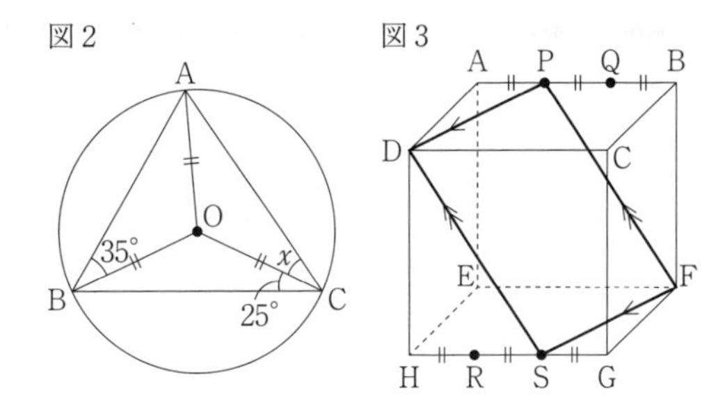

⑷　右の図２で三角形ABO，三角形OBC，三角形AOCはすべて二等辺三角形である。すると，角BAO，角OBC，角OACの大きさは，それぞれ35度，25度，x度であり，三角形ABCの内角の和は180度だから，xの角の大きさは，{180－(35×２＋25×２)}÷２＝30(度)と求められる。

⑸　２つの平行な面を１つの平面で切断すると，切り口の線は平行になる。よって，立方体を３点F，P，Sを通る平面で切断すると，面ADCBにできる切り口の線はFSと平行になり，面DHGCにできる切り口の線はPFと平行になるから，切断面は，右上の図３の太線のように平行四辺形となる。

⑹　BさんとCさんを合わせて１人と考えると，Aさん，[BC]さん，Dさんの３人の並び方は，３×２×１＝６(通り)ある。BさんとCさんの並び方は，[BC]と[CB]の２通りなので，全部で，６×２＝12(通り)ある。

⑺　今もっている金額を，30と20の最小公倍数である60円とすると，１個あたりの金額は，Aが，60÷30＝２(円)，Bが，60÷20＝３(円)であり，AとBを１個ずつ買うときの金額の合計は，２＋３＝５(円)となる。よって，AとBを，60÷５＝12(個)ずつ買うことができる。

⑻　22÷７＝3.1428571428…なので，$\frac{22}{7}$を小数で表すと，小数点以下に，{１，４，２，８，５，７}の６個の数字がくり返し並ぶ。よって，小数第100位の数字は，100÷６＝16あまり４より，数字６個の周期を16回くり返した後の４番目の数字なので，８である。１周期の数字の和は，１＋４＋２＋８＋５＋７＝27なので，小数第１位から第100位までの数字の和は，27×16＋１＋４＋２＋８＝432＋15＝447と求められる。

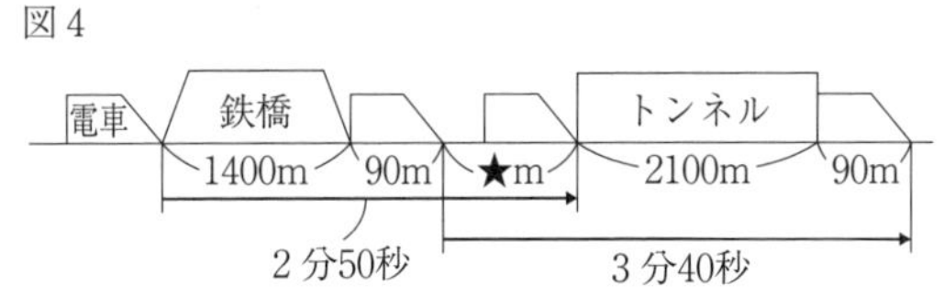

⑼　右の図４で電車の先頭は２分50秒で，1400＋90＋★＝1490＋★(m)進み，３分40秒で，★＋2100＋90＝2190＋★(m)進む。よって，３分40秒－２分50秒＝50(秒)で，2190－1490＝700(m)進むので，電車の速さは秒速，700÷50＝14(m)とわかる。したがって，電車が，２分50秒＝170秒で進む道のりは，14×170＝2380(m)なので，鉄橋からトンネルまでの間の道のりは，2380－1400＝980(m)と求められる。

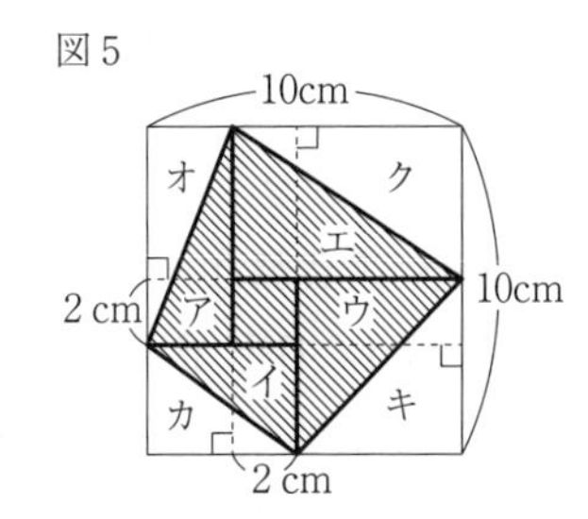

⑽　右の図５のように斜線(しゃせん)部分を，三角形ア，イ，ウ，エと正方形に分ける。三角形アとオ，三角形イとカ，三角形ウとキ，三角形エとクはそれぞれ合同なので，面積が等しい。また，正方形の面積は，２×２＝４(cm²)なので，三角形ア，イ，ウ，エの面積の和は，(10×10－４)÷２＝48(cm²)とわかる。よって，斜線部分の面積は，48＋４＝52(cm²)となる。

3　グラフ—図形の移動，面積

⑴　問題文中の［図２］のグラフより，２つの正方形が重なり始めてから６秒後に下の図①のようになる。よって，頂点Cは６秒間で３cm動くので，正方形ABCDが動く速さは秒速，３÷６＝0.5(cm)とわかる。

⑵　x 秒後に２つの正方形は下の図②のようになり，x 秒間で頂点Ｃは５cm動くとわかる。⑴より，頂点Ｃは１秒間に0.5cm動くので，$x=5\div0.5=10$(秒)と求められる。

⑶　重なっている部分の面積が２回目に７cm^2となるのは，下の図③のときである。図③で★の長さは，$7\div3=2\frac{1}{3}$(cm)なので，GC$=3-2\frac{1}{3}=\frac{2}{3}$(cm)となり，図③のようになるのは，図②の，$\frac{2}{3}\div0.5=1\frac{1}{3}$(秒後)とわかる。⑵より，図②のようになるのは10秒後なので，２回目に７cm^2となるのは，$10+1\frac{1}{3}=11\frac{1}{3}$(秒後)と求められる。

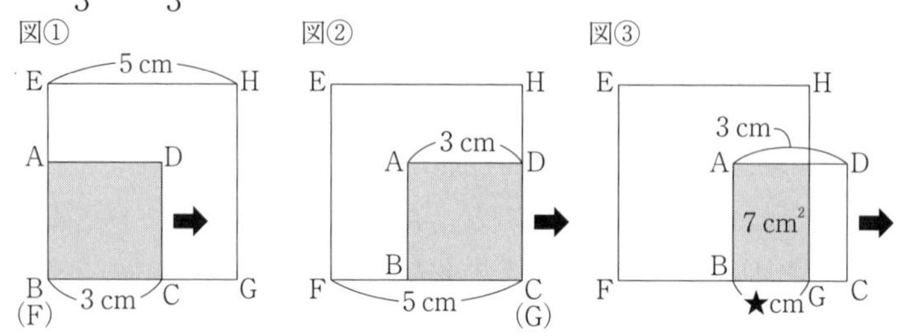

4 条件の整理

⑴　もし，生徒数が12人の場合，全員異なる月を書くことができるので，生徒が，12＋１＝13(人)以上いると，同じ月を書いた生徒が２人以上いる月は少なくとも１つある。同様に考えると，生徒数が36人の場合，36÷12＝３(人)ずつ同じ月を書くことができるが，生徒が，36＋１＝37(人)いるとき，同じ月を書いた生徒が４人以上いる月は少なくとも１つあるとわかる。よって，□にあてはまる最も大きい整数は４である。

⑵　月は12通り，曜日は７通りあるので，月と曜日の組み合わせは，12×７＝84(通り)ある。すると，84＋１＝85(人)以上の人を集めると，生まれた月と曜日が同じ人は必ずいるとわかる。よって，□にあてはまる最も小さい整数は85である。

⑶　１つの月の最大の日数は31なので，日にちを表す数は最も多い場合で31通りある。しかし，クラスの人数は31人より多い37人であるから，同じ日にちの人が必ずいる。

社　会　<第２回試験>（理科と合わせて60分）<満点：60点>

解　答

1　**問１**　経済産業　**問２**　ウ　**問３**　ア　**問４**　エ　**問５**　⑴　(例)　雪が多く降り，外に出ることができない期間が長いから。　⑵　(i)　ウ　(ii)　50　(iii)　ア　**問６**　⑴　モーダルシフト　⑵　ア　**問７**　⑴　エ　⑵　ウ　⑶　ア　**問８**　エ　**問９**　(例)　伝統的工芸品は，傘の骨に竹を使うなど自然の材料を使っており，修理して長く使えるから。
2　**問１**　⑴　邪馬台国　⑵　ウ　**問２**　小野妹子　**問３**　⑴　(例)　新羅との関係が悪化したため。　⑵　イ→ア→ウ　**問４**　イ　**問５**　倭寇　**問６**　エ　**問７**　⑴　出島，イ　⑵　(例)　外国船の来航を制限する中でも，海外で起こった出来事の情報を得るため。　**問８**　⑴　ア　⑵　エ　**問９**　ア→ウ→イ　**問10**　アメリカ合衆国　**問11**　⑴　サンフランシスコ平和条約　⑵　ウ　**3**　**問１**　⑴　イ　⑵　ア　⑶　エ　**問２**　ア　**問３**　⑴　男女雇用機会均等法　⑵　(例)　日本の男性は，仕事より家庭を優先したいと考え

ているが，仕事を優先する人の割合が高いので，男女の役割が分かれてしまっている。　**問４**　ウ

解　説

１ 伝統的工芸品や地形図の読み取りについての問題

問１　伝統的工芸品は，第二次世界大戦後に急速に衰退した伝統工業を守り育てていくために制定された「伝統的工芸品産業の振興に関する法律」にもとづき，経済産業大臣が指定するものである。

問２　南部鉄器は岩手県，輪島塗は石川県，西陣織は京都府の伝統的工芸品である。

問３　備前焼は，岡山県備前市を産地とし，焼くときのかまの中の色や状態によって焼き物の色や表面が変化することを特徴とする焼き物で，1982年に伝統的工芸品に指定された。なお，イは熊本県，ウは富山県，エは山形県の形を表している。

問４　岩手県は畜産がさかんであるが，2022年の豚の飼育頭数は，１位が鹿児島県，２位が宮崎県，３位が北海道，４位が群馬県，５位が千葉県である(エ…×)。なお，岩手県の飼養頭(羽)数は肉用若鶏が３位，乳用牛が４位，肉用牛が５位である。

問５　(1)　北陸地方や東北地方は積雪が多く，冬の間は農業や屋外での作業ができないため，副業として漆器・織物・焼き物・和紙などの生産がさかんになり，それが伝統工業へと発展した。

(2)　(i)「輪島港」の文字の左下に位置する(☼)の地図記号は，灯台を表している(ウ…○)。なお，「新橋」より下流域に交番(✕)はあるが，警察署(⊗)は見られない(ア…×)。「航空自衛隊輪島分屯基地」は，市役所(◎)の東(右)にある(イ…×)。「小石浜」には，防波堤等を表す地図記号(﹏﹏)が見られる(エ…×)。　(ii)　25000分の１の縮尺の地形図上では，等高線の主曲線(細い線)は10mごと，計曲線(太い線)は50mごとに引かれている。Ａの標高は50m，Ｂの標高は100mであるので，標高差は50mと求められる。　(iii)　11～２月に能登半島沖の大型定置網で獲れたぶりは「天然能登寒ぶり」と呼ばれ，石川県のぶりは全国的にも人気となっている。

問６　(1)　輸送手段をトラックなどの自動車から鉄道や船に切りかえる動きをモーダルシフトという。近年，二酸化炭素を多く排出する自動車での輸送量が増加しているため，自動車での輸送量をおさえ，自動車に比べて二酸化炭素の排出量が少ない鉄道や船による輸送量を増やし，環境の保全を図ることが目指されている。　(2)　佐賀市は，比較的温暖な気候で降水量が多く，６月と７月の降水量がともに300mmをこえている。なお，イは根室市(北海道)，ウは高松市(香川県)，エは鳥取市の雨温図である。

問７　(1)　岐阜県は海に面していない内陸県で，上から時計回りに富山県，長野県，愛知県，三重県，滋賀県，福井県，石川県に隣接している。　(2)　美濃和紙は，こうぞを原料として美濃国(岐阜県)で1300年以上前からつくられていた和紙で，1985年に国から伝統的工芸品に指定された。また，2014年には本美濃紙が，細川紙，石州半紙とともに「和紙：日本の手漉和紙技術」として，ユネスコの無形文化遺産に登録された。　(3)　洋紙の生産がさかんな県は，静岡県，愛媛県，埼玉県，愛知県，大阪府などで，それぞれ富士市(イ)，四国中央市(エ)，草加市，尾張旭市(ウ)，大阪市に製紙工場がある。

問８　北九州工業地域は，現在の福岡県北九州市に八幡製鉄所が建設されたことをきっかけに発達した工業地域であるが，現在は生産額が大きく減少している。また，金属工業よりも機械工業の生産額の方が多く，食料品工業の占める割合が比較的大きい。なお，アは中京工業地帯，イは阪神工

業地帯，ウは京浜工業地帯のグラフである。

問9　「取材メモ」より，伝統的工芸品は，竹や和紙などの自然の材料を使っている。したがって，何度も修理して長く使うことができ，廃棄したとしても燃やして灰にすることができるので，環境に配慮したものを使っているといえる。

2　**日本と外国との交流の歴史についての問題**

問1　(1)　中国の歴史書である『魏志』倭人伝によると，3世紀の倭国では大きな争乱が続いたので，国々が話し合い，邪馬台国の女王卑弥呼を立てて王とした。卑弥呼は30あまりの小国を従え，まじないによって人々を治めた。　(2)　弥生時代に稲作が行われるようになると，田を耕すための木製のすきやくわ，水田に入るための田げた，しろかきのためのえぶり，稲の穂を刈り取るための石包丁が使われた。千歯こきは江戸時代に用いられた脱穀をするための用具である(ウ…×)。

問2　小野妹子は，聖徳太子の命令により，607年と608年に遣隋使として隋(中国)に派遣され，太子の手紙を，中国の皇帝である煬帝にわたした。

問3　(1)　遣唐使は，朝鮮半島を経由する北路で唐(中国)にわたっていたが，朝鮮半島を統一した新羅との関係が悪化したため，8世紀以降は東シナ海を横断する南路を使うようになり，航海にはより多くの危険がともなうことになった。　(2)　アは奈良時代の天平文化(聖武天皇，正倉院)，イは飛鳥時代後期の白鳳文化(高松塚古墳の壁画)，ウは平安時代初期の文化(最澄が天台宗を開く)のことなので，年代の古い順に，イ→ア→ウとなる。

問4　13世紀にモンゴル軍が二度にわたって日本に攻めてきたことを元寇という。このとき，モンゴル軍は，集団戦法や「てつはう」という火薬を爆発させる武器を用いた(イ…○)。なお，モンゴルの君主はフビライ＝ハン(ア…×)，1度目の襲来である1274年の文永の役を描いたもの(ウ…×)，全ての御家人に新しい土地を与えることができず，幕府への不満が高まった(エ…×)。

問5　14世紀から16世紀にかけて朝鮮半島や中国大陸の沿岸を荒らし回り，密貿易や略奪などを行った集団を倭寇という。日本の対馬・壱岐・松浦(いずれも長崎県)地方の住民が中心であったが，中国人が多いときもあった。

問6　室町時代に明(中国)から琉球に伝わった三絃が三線となった後，日本に伝わって三味線となり，浄瑠璃の伴奏に使われ，地歌・長唄・民謡でも用いられるようになった。

問7　(1)　出島は，もともとポルトガル人を管理する目的でつくられた長崎港内の扇形の埋立地で，1641年にオランダ商館が移された。しかし，その不自由さから，オランダ人たちには「国立の牢獄」と呼ばれていた。　(2)　江戸幕府は，鎖国下においても特別に長崎での貿易を認められたオランダの商館長に対し，海外の様子やニュースを記した『オランダ風説書』を提出させ，海外で起こった出来事の情報を入手していた。

問8　(1)　朝鮮半島南部の農民たちが起こした反乱の鎮圧を朝鮮政府が清(中国)にたのむと，日本も対抗して軍隊を派遣し，1894年7月に朝鮮半島の豊島沖で日清両軍がぶつかった。これによって始まった日清戦争は，日本軍が優勢なまま戦いを進め，翌1895年日本の勝利に終わって下関条約が結ばれ，遼東半島(ア)・台湾・澎湖諸島を獲得した。　(2)　この絵は，ロシア，ドイツ，フランスがトランプをしているところに，イギリス(A)の紹介で日本が仲間入りした様子が描かれている(X…○)。トランプは中国を表し(Y…×)，日本は洋服に下駄をはくというちぐはぐな格好をしている(Z…×)。

問9　アは1933年(国際連盟の脱退)，イは1940年(日独伊三国同盟の結成)，ウは1937年(盧溝橋事件)のことなので，年代の古い順に，ア→ウ→イとなる。

問10　1940年まで，日本は石油，鉄類，機械類などの資源や軍需物資をアメリカ合衆国(アメリカ)からの輸入に依存していた。しかし，中国での日本の力が拡大することをおそれたアメリカは，1940年に日本と結んでいた通商航海条約を破棄した。そのため，資源を確保しようとした日本は東南アジアに進出した。

問11　(1)　1951年，第二次世界大戦の講和条約であるサンフランシスコ平和条約が結ばれ，日本は朝鮮の独立を認めること，台湾，千島列島，樺太の南半分などを放棄すること，沖縄，奄美諸島，小笠原諸島は引き続きアメリカの施政下に置かれることなどが決められた。　(2)　1950年，北朝鮮は武力で朝鮮半島を統一しようと，境界線(北緯38度線)をこえて南下し，大韓民国(韓国)との間で朝鮮戦争が始まった。なお，アのアメリカなどが戦ったイラク戦争は2003年，イのベトナム戦争でアメリカが爆撃を始めたのは1965年，エの湾岸戦争は1991年の出来事である。

3 国際社会についての問題

問1　(1)　ウクライナは黒海の北，ロシアの南西に位置している(イ…○)。北でベラルーシ(ア)，西でポーランドとスロバキア，南西でハンガリー，ルーマニア(ウ)，モルドバと接している。なお，エはトルコを指している。　(2)　フィンランドは，中立の立場をつらぬいていたが，ロシアのウクライナ侵攻を受けてNATOへ加盟することを決め，2023年4月に正式に加盟した(ア…○)。なお，NATOはソ連と東ヨーロッパの国々に対抗するために結成した(イ…×)。イギリスは現在もNATOに加盟している(ウ…×)。NATOはEUの管理下に置かれていない(エ…×)。　(3)　UNHCR(国連難民高等弁務官事務所)は，紛争や迫害によって故郷を追われた難民を保護し，自由な帰国や他国への定住を助ける国際連合の専門機関で，本部はスイスのジュネーブに置かれている。なお，アは国連貿易開発会議，イは国連食糧農業機関，ウは国連環境計画の略称である。

問2　資料Ⅰより，2019年の為替レートは1ドル＝約110円であったが，2023年は1ドル＝約140円になっている。ドルに対して円の価値が下がっていることを，円安という(A…○)。資料Ⅱより，アメリカの消費者物価指数は3.7％上昇しているので，物価が上がり続けるインフレーションが起きている(C…○)。

問3　(1)　1979年に国連総会で女子差別撤廃条約が採択されると，この条約を批准するために，働く場所における男女の不平等をなくすことを目的とし，採用や昇進において女性差別を禁止する男女雇用機会均等法が1985年に制定された。　(2)　(a)を見ると，日本の男性の多くがドイツやスウェーデンの男性と同じように，家庭生活を優先したいという希望を持っているが，(b)を見ると，家庭生活を優先している男性が73.8％いるスウェーデンに対し，日本の男性の71.7％は仕事を優先しているのが現実である。これにより，家庭における男性の役割が小さく，男女が平等に責任を負っていないことが推測できる。

問4　NPT(核拡散防止条約)は，核兵器を持つ国を増やさないために1968年に国際連合で採択された条約で，核兵器を持つ国(アメリカ・ソ連・イギリス・フランス・中国)が核兵器を持たない国に核兵器をゆずりわたすことや，核兵器を持たない国が核兵器を開発することが禁止された(ウ…○)。

理　科　＜第２回試験＞（社会と合わせて60分）＜満点：60点＞

解　答

1 Ⅰ (1) 水　(2) 白くにごった　(3) 二酸化炭素　(4) い　気管支　う　肺胞　(5) ウ　Ⅱ (1) グラム　(2) ３　(3) イ　(4) メスシリンダー　(5) ７mL　(6) ５％　2 (1) オ　(2) ウ　(3) ① 49　② 1.0　(4) ウ　(5) 0.75秒　(6) ③ 80　④ 270　(7) ウ，カ，キ，サ，ス　3 (1) （例）砂の方が水よりも温まりやすい。　(2) エ　(3) イ　(4) ア／**理由**…（例）陸の表面にある空気は温められやすいため上昇し，海の表面にある空気は温められにくいため下降する。したがって陸に低気圧，海に高気圧が位置するから。　(5) （例）太平洋には空気がたくさんある高気圧，ユーラシア大陸には空気のうすい低気圧があり，空気のこいところからうすいところへ風がふくから。　(6) ① 11℃　② 36℃　(7) フェーン(現象)

解　説

1 肺のつくり，実験器具についての問題

Ⅰ (1) 息をふきこんだふくろの内側についた水てきは，はく息にふくまれていた水蒸気が冷やされて水になったものと考えられる。

(2), (3) はく息には空気とくらべて二酸化炭素が多くふくまれている。このため，息をふきこんだふくろに石灰水を加えると，石灰水が白くにごる。

(4) 口や鼻から取り入れられた空気は気管から「い」の気管支を通り，無数にある小さなふくろ状のつくりをした「う」の肺胞(ほう)へ送られる。なお，肺胞では血液中に酸素が取りこまれ，血液中の二酸化炭素が肺胞へ出される。

(5) 肺胞が無数にあることによって肺の表面積が大きくなり，空気とふれる面積が大きくなるので，酸素と二酸化炭素の交かんを効率よく行うことができる。

Ⅱ (1) 手順４に「50ｇであった」とあるから，電子てんびんの単位はグラムに設定されているとわかる。

(2) 金属Ｘの重さを調べる実験なので，測定結果にゴム製のシートの重さがふくまれないようにする必要がある。よって，手順３でゴム製のシートを置いた後にゼロ点調整ボタンをおせばよい。

(3) 金属Ｘは球状だから電子てんびんの上で転がってしまう。このことを防ぐため，ゴム製のシートを置いたと考えられる。

(4) 液体の体積をはかるときに使う，柱状の器具をメスシリンダーという。

(5) 図３より，金属Ｘを入れたときの水面の高さが27.0mLと読み取れるので，金属Ｘの体積は，27.0－20＝７(mL)とわかる。

(6) 器具Ｃではかり取った水の実際の体積は，図４のメスシリンダーの水面の高さから42.0mLとわかる。よって，はかりたい体積(40mL)とは，42.0－40＝２(mL)の差がある。したがって，このときの誤差は，２÷40×100＝５(％)と求められる。

2 ふりこの運動についての問題

(1) 手をはなした後，おもりは手をはなした高さと同じ高さまでふれる。

(2)　ふりこの速さが最も速くなるのは，ふりこの位置が最も低いところである。

(3)　①　表１より，ふりこの長さを１cmから４cmに，４÷１＝４（＝２×２）（倍）にすると，ふりこの往復時間は，0.4÷0.2＝２（倍）になり，ふりこの長さを１cmから９cmに，９÷１＝９（＝３×３）（倍）にすると，往復時間は，0.6÷0.2＝３（倍）になるとわかる。これより，ふりこの長さを１cmから①の長さにしたとき，ふりこの往復時間が，1.4÷0.2＝７（倍）になっているので，①の長さは，１×７×７＝49(cm)となる。　②　ふりこの長さを１cmから25cmに，25÷１＝25(＝５×５）（倍）にしたとき，ふりこの往復時間は５倍になるから，②の時間は，0.2×５＝1.0(秒)とわかる。

(4)　ふりこの長さが長くなるにつれて，往復時間の増え方が小さくなるので，ウが選べる。

(5)　左半分は長さが100cmのふりこ，右半分は長さが，100−75＝25(cm)のふりこと考えられる。よって，ふりこが点Ａから点Ｂまで移動するのにかかる時間は，$2.0\times\frac{1}{4}+1.0\times\frac{1}{4}=0.75$(秒)と求められる。

(6)　③　表２で，おもりの高さが５cmのときに注目する。おもりが木へんにあたる速さはいずれも100cm/秒で同じだが，木へんの重さが，200÷100＝２（倍），300÷100＝３（倍）になると，木へんの移動距離(きょり)は，20÷10＝２（倍），30÷10＝３（倍）になっている。これより，おもりの重さが200ｇでおもりの高さが20cmのときの木へんの移動距離は，おもりの重さが100ｇでおもりの高さが20cmのときの木へんの移動距離の２倍になるから，③の長さは，40×２＝80(cm)となる。　④　おもりの重さが300ｇでおもりの高さが45cmのときの木へんの移動距離は，おもりの重さが100ｇでおもりの高さが45cmのときの木へんの移動距離の３倍になるので，④の長さは，90×３＝270(cm)とわかる。

(7)　ア～ウ　おもりの重さが100ｇのときに注目すると，おもりが木へんにあたる速さは，おもりの高さが５cmのとき100cm/秒，20cmのとき200cm/秒，45cmのとき300cm/秒になっているから，おもりが木へんにあたる速さはおもりの高さに比例も反比例もしていない。　エ～カ　おもりの高さが５cmのとき，おもりが木へんにあたる速さは，おもりの重さが100ｇ，200ｇ，300ｇのときにいずれも100cm/秒となっている。　キ～ケ　おもりが木へんにあたる速さが100cm/秒のときの木へんの移動距離は，おもりの重さが100ｇのとき10cm，200ｇのとき20cm，300ｇのとき30cmになっているから，おもりの重さと比例している。　コ～ス　おもりの重さが100ｇのときの木へんの移動距離は，おもりが木へんにあたる速さが100cm/秒のときが10cm，200cm/秒のときが40cm，300cm/秒のときが90cmになっている。したがって，おもりが木へんにあたる速さが，200÷100＝２（倍）になると，木へんの移動距離は，40÷10＝４（＝２×２）（倍）に，速さが，300÷100＝３（倍）になると，木片の移動距離は，90÷10＝９（＝３×３）（倍）に変化するといえる。

3　空気の移動や気温の変化についての問題

(1)　表１より，時間ごとの温度が砂の方が水より高く，その差は少しずつ大きくなっているので，砂の方が水より温まりやすいとわかる。

(2)　砂の方が水より温まりやすいから，砂の表面の空気の温度の方が水の表面の空気の温度より高くなる。このとき，砂の上の空気は軽くなって上昇(じょうしょう)し，水の上の空気は重くなって下降するので，線香のけむりは，(A)では下から上へ動き，(B)では上から下へ動く。

(3)　(2)より，砂の表面の空気はうすくなり，水の表面の空気はこくなる。したがって，水の表面から砂の表面へ向かう空気の流れができる。

(4)　(1)より，陸の方が海より温まりやすいので，陸(ユーラシア大陸)の表面にある空気は温められて上昇し，海(太平洋)の表面にある空気は温められにくいため下降する。このため，陸に低気圧，海に高気圧ができるので，夏の代表的な天気図としてアが選べる。

(5)　(4)で述べたように，夏は日本の北西にあるユーラシア大陸上に低気圧，日本の南東にある太平洋上に高気圧ができやすくなる。風は空気のこい高気圧からうすい低気圧へ向かってふくから，夏の日本付近では太平洋からユーラシア大陸に向かって南東の季節風がふく。

(6)　①　かわいた空気が1000m上昇すると空気の温度は，$1\times\frac{1000}{100}=10$(℃)下がり，雲ができてしめった空気が，$2500-1000=1500$(m)上昇すると空気の温度は，$0.6\times\frac{1500}{100}=9$(℃)下がる。よって，山頂での気温は，$30-(10+9)=11$(℃)になる。　②　かわいた空気が山頂から地点Bまで2500m下降すると空気の温度は，$1\times\frac{2500}{100}=25$(℃)上がるので，地点Bでの気温は，$11+25=36$(℃)と求められる。

(7)　空気が山を越えてふき降り，ふき降りたふもとで気温が高くなる現象をフェーン現象と呼ぶ。

国　語　＜第２回試験＞（50分）＜満点：100点＞

解　答

一　下記を参照のこと。　二　(1)　鳥(とり)　(2)　手(て)　(3)　頭角(とうかく)　(4)　複雑　(5)　一心　三　**問１**　イ　**問２**　昆虫を利用して花粉を運んでもらう(こと。)　**問３**　ウ　**問４**　ア　**問５**　(例)　その頃の被子植物は甲虫類に花粉の運搬をゆだねており，甲虫はあまり遠くには飛べず，しかも降りるときは落ちるように着地するため，花も甲虫が降りやすい構造を取る必要があったから。　**問６**　(例)　甲虫よりもっと賢い高度な能力を持った様々なタイプの昆虫が現れてきたので，昆虫を利用するために，花も合わせて進化して，次々と形を変えていったということ。　**問７**　(例)　花の奥底にある蜜を得るために潜りこんだり，口の形を長くして筒の中に口吻を入れたりして，自分に合った形の花を選ぶようになっていった。　**問８**　エ　**問９**　エ　四　**問１**　ウ　**問２**　(例)　台風が近づき，「ぼく」がひとりで心細い時。　**問３**　エ　**問４**　(例)　お母さんの理想から離れている自分の気持ちはくみとってもらえず，いつもやろうとすることに文句を言ってくると感じているから。　**問５**　イ　**問６**　(例)　Aは自分のことを生きる価値のない存在だと思い苦しくて流した涙で，Bはお母さんにとって自分が一番大事な存在だと知り，安心して流した涙という違い。　**問７**　ア　**問８**　イ

●漢字の書き取り

一　(1)　看病　(2)　拝　(3)　清算　(4)　収拾　(5)　沿革

解　説

一　漢字の書き取り

(1)　病人などに付き添(そ)って世話をすること。　(2)　音読みは「ハイ」で，「拝礼」などの熟語がある。　(3)　それまで積み上げてきた関係を解消したり整理したりすること。　(4)　乱れた状

態を収めて，元のようにすること。　⑸　物事の移り変わり。

二　慣用句の完成，対義語の知識，四字熟語の完成

⑴「飛ぶ鳥を落とす勢い」は，権力などが盛んなさま。　⑵「手を焼く」は，うまく処理や対応ができなくて困ること。　⑶「頭角を現す」は，優れた才能や技量を発揮して，目立つようになること。　⑷「単純」は，物事が簡単でこみ入っていないこと。対義語は，“物事がこみ入っている”という意味の「複雑」。　⑸「一心同体」は，複数の人が心も体も一つになったように強く結びつくこと。

三　出典：鈴木正彦・末光隆志『「利他」の生物学』。共生関係にある植物と昆虫が，互いに相手を利用しながら形を変えつつ進化してきたことについて説明されている。

問１　英語の「win」には，“勝つ”“得る”などの意味がある。「Win-Win の関係」は，自分と相手の両方に利益がある関係のことを表す。

問２　植物は「地面から動けない」ので，動いて移動することのできる動物を利用することで「メリット」を得てきた。その中でも，昆虫との関係は特に重要で，植物は「昆虫を利用して花粉を運んでもらうように進化してきた」と考えられている。

問３　大量の花粉をつくり，風に乗せて遠くに運ぶのは大変なので，植物は昆虫を利用するようになった。「昆虫を誘惑するため」に「甘い蜜」を用意し，「色鮮やかな花」をつくって，「昆虫に好まれる香りまで発散させ」たりするような形態になったことが，ぼう線③の二段落後で説明されている。

問４　せっかく大量の花粉をつくっても，風に運ばれた花粉の全てが「受粉」できるわけではないので，「エネルギー効率」はよくないといえる。

問５　白亜紀の末期に被子植物の花粉を運んでいた甲虫類は，「前翅が硬くなって体を保護」しているため，「後翅だけ」で飛んでおり，遠くには飛べなかった。そして，「降りるときはストーンと落ちるように着地」していたため，甲虫を相手にしていた被子植物は，花の形を「甲虫が降りやすい構造」にする必要があった。そのため，「平たい皿やお椀のような形」だったと説明されている。

問６　甲虫は「記憶力」が悪く，訪れることが少ないなどの欠点があった。その後，チョウやハチやハエのように，様々なタイプの「賢い昆虫」が進化によって現れてくると，「花もそれに合わせるように進化して，次々と形を変えて」いったのである。

問７　「奥行きのある釣り鐘状の花」をつくるリンドウなどに寄ってくる昆虫は，奥底にある蜜を得るため「花の奥にまで侵入」できるようになった。また，筒状花であるキク科の花に寄ってくる昆虫は，口の形を長くして「筒のなかに口吻だけを入れられるよう」になった。こうして昆虫も，植物の進化にともない自分に合った形の花を選ぶようになっていったことが説明されている。

問８　「花の形」は，「様々な方向に放射状に進化」し，「色々な形態や特徴を持つ昆虫」に出会い，「繁殖力を増したもの」だけが生き残り，進化してきた。つまり，原始的な花が，決められた道すじで，一様に変化して現在の花になったわけではないので，エが合う。

問９　甲虫を利用していた時代の植物は甲虫に合わせて進化し，「賢い昆虫」を利用していた時代の植物はそれぞれの昆虫の能力に合わせて進化した。その一方で，昆虫もまた自分が接触する花に合わせて進化をとげてきた。つまり，花と昆虫は互いに影響を与え合ってきたので，エの内容が合う。

四 **出典：花里真希『ハーベスト』。**台風が近づいているために帰宅を指示された園芸部員の朔弥(ぼく)は，畑の作物のことを心配しつつ，母の帰りを待つ。

問１　帰宅した朔弥は，「強烈な風」に稲が水面にたたきつけられるようすをテレビで見て，「みんなで一生懸命育てた野菜」のことが心配でたまらなくなっている。大切に育てた畑の作物を心配する気持ちがわかるようになったのである。

問２　少し後に，「いつも一人」で家にいるアズサのことを「心細いだろうな」と，朔弥が心配していることが書かれている。いつもは「家にいてうるさい」母だが，台風が近づいてきて一人で「心細い」「時にかぎっていないんだから」と，朔弥が思っていることがわかる。

問３　朔弥は，自分が「支柱に結んだひも」に自信が持てないでいる。自分の「いい加減な作業」のせいで，みんなで育てた大切な「野菜がだめになったら大変だ」という責任感から，結び直してくることを思い立ったと考えられる。

問４　「ぼくはお母さんの思うような立派な息子になれない」という発言から，母が理想としている息子に自分は近づけていないと感じている朔弥の心情が読みとれる。朔弥の思いを理解しようとせず，「やろうとすること」にいつも「文句」を言う母に不満を感じているので，母から信用されていないように思っていることがわかる。

問５　朔弥は，自ら進んで「サマーキャンプに参加」し，「ソーシャルスキル」があり，面接官や親戚の前で「はきはきと大きな声」で話す子どもが，母の「思うとおり」の理想の息子だと思っている。

問６　Ａは朔弥が，母の理想からはほど遠い自分の気持ちなどくみ取ってもらえないことにやるせなさを感じ，「ぼくの命なんて，大したことない」と思う苦しさから流した涙である。しかし，Ｂは母から「朔弥のことが一番大事」「朔弥がいなくなったら，お母さん，悲しいよ」などと聞かされ，自分が母にとってかけがえのない存在だと知り，安心して流した涙である。

問７　母は，自分には朔弥を「守る義務」があり，朔弥自身のためを思って「ソーシャルスキル」を身につけさせようとしてきたが，そのことが朔弥を追いつめている原因だと知った。しかし，朔弥から気持ちの苦しさをうったえられたことがきっかけで，自分の本当の思いを伝えられたので，気持ちがたかぶり，涙声になったのだと考えられる。

問８　母は，本心を伝えられたことに喜びを感じてはいるが，朔弥のことを「くさいわ」などと言い，照れかくしをしている。一方の朔弥も，自分の本当の気持ちを打ち明けたことや，母が涙ながらに本心を聞かせてくれたことに，きまり悪さや照れくささを感じていると考えられるので，アとエはあてはまる。また，互いに本心を言い合った後に「お弁当を家で食べる」という普段とは違う状況の中で，何をどのように話してよいかわからず，二人は黙々とのり弁を食べているため，ウも合う。朔弥は，母と自分が本当の気持ちを伝えられたことに喜びを感じているので，イの内容は正しくない。

2024年度 品川女子学院中等部

＊【試験Ⅰ】は国語ですので、最後に掲載してあります。

【試験Ⅱ】〈表現力・総合型試験〉（70分）〈満点：120点〉

1 次の□にあてはまる数を答えなさい。

(1) $\frac{1}{20}+\frac{1}{30}+\frac{1}{42}=$ □

(2) Ａ地点から11.4kmはなれたＢ地点まで行くのに、途中までは自転車で時速15kmで進み、残りの道のりを時速6kmで歩いたところ、ちょうど1時間かかりました。歩いた道のりは□kmです。

(3) 右の図の三角形ＡＣＤはＡＣ＝ＡＤの二等辺三角形で、ＡＢ、ＢＣ、ＣＤの長さは等しいです。

このとき、角アの大きさは□°です。

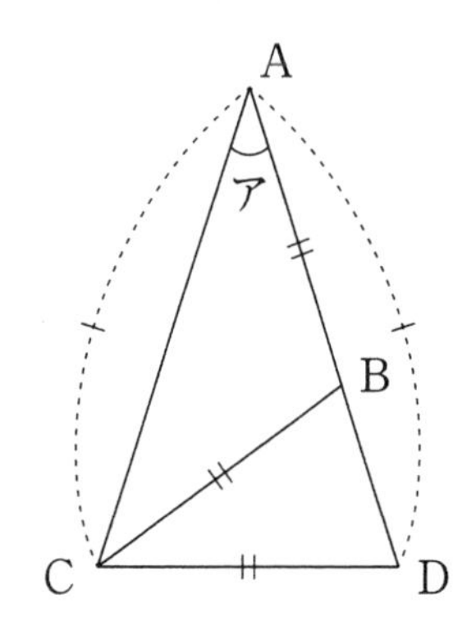

(4) 下の図の色をつけた図形を直線 ℓ のまわりに1回転させてできる立体の体積は□cm^3 です。ただし円周率は3.14とします。

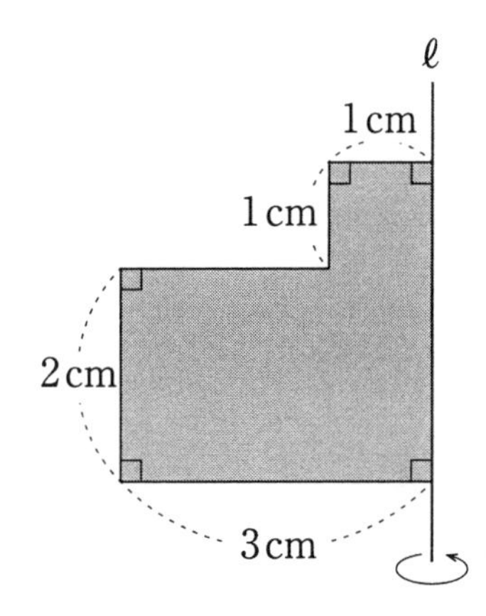

2 解答用紙に途中の計算や考えた過程をかきなさい。

花子さんはお父さんとショッピングセンターに車で買い物にいくことになりました。駐車場（ちゅうしゃじょう）はショッピングセンターの中にありますが（駐車場Ａとします）、その周辺にも２か所あり（駐車場Ｂ、駐車場Ｃとします）、次のようにそれぞれ料金が異なります。

駐車場 A
30 分あたり 400 円
ただし当ショッピングセンターでお買い物をされた方には１回分の駐車料金が 500 円割引になるクーポンをさしあげます

駐車場 B
20 分あたり 250 円
最大料金 2000 円

駐車場 C
10 分あたり 100 円

ただし駐車場Ｂの「最大料金」とは、20分あたり250円で料金を加算していき、2000円に達して以降はそれ以上料金は上がらずに2000円のまま、という意味です。

花子さんとお父さんは駐車場を３時間利用して、ショッピングセンターで買い物をします。

(1)　駐車場Ａを利用し、もらったクーポンを使うとすると、駐車料金はいくらになりますか。

(2)　駐車料金が一番安くすむのはどの駐車場ですか。

3 次の文章を読んで、あとの問いに答えなさい。

子：お父さん、最近おみそ汁(しる)やスープに体温計みたいな機械を差し込(こ)んでいるけど、何をしているの？　おみそ汁やスープの温度を測っているの？

父：いや、これは体温計ではなく、塩分計だよ。おみそ汁やスープの塩分濃度(のうど)を測定しているんだ。お父さんは健康診断(しんだん)で高血圧と言われて、塩分を取りすぎないようにしているんだ。

子：そうなんだね。塩分の取りすぎと高血圧ってどう関係するのかな？　そもそも血圧が高いって何だろう？

父：血圧というのは簡単に説明すると、心臓が送り出した血液が血管を押す力のことで、これが日常的に一定以上の大きさになることを高血圧というんだ。原因はいろいろあるけれど、その一つが<u>血液中の塩分が増えてしまった結果、血液の量が変化するため</u>と言われているんだ。

子：うん。でもどうして塩分を取りすぎると血液の量が変化するの？

父：これは浸透(しんとう)という現象が原因なんだ。簡単な実験をしてみようか。

> 実験　半透膜(はんとうまく)で底をおおった装置を用意し、半透膜の上側に食塩水を入れ、下側が水の中にひたるようにして、食塩水の高さが時間とともにどう変化するかを観察した。（図１）
> ※半透膜：水だけが通れて水に溶(と)けているものは通れない膜
> ※装置は動かないように固定しています

子：え、食塩水の高さが上がってる！　すごい。どうして？

父：水が半透膜を通って食塩水の中に入ったから上がったんだ。このように半透膜を液体が通っていくことを浸透というんだ。

子：そんなことが起こるんだね。浸透についてもう少し知りたい！

父：それではもう少し条件を変えて浸透について実験してみようか。

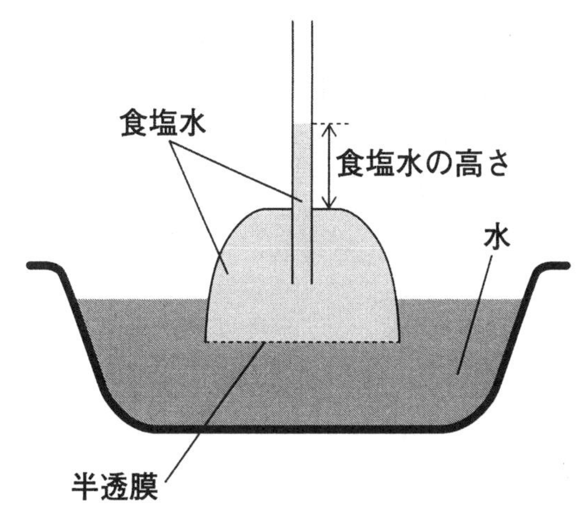

図１

(1)　半透膜の上側の液体、下側にひたした液体を変えて同じような実験を行い、食塩水の高さの変化を調べた。

	条件１	条件２	条件３	条件４
半透膜の上側の液体	１％食塩水	２％食塩水	１％食塩水	２％食塩水
下側にひたした液体	水	１％食塩水	１％食塩水	水
食塩水の高さ	上がった	上がった	変わらなかった	条件１より上がった

浸透について、実験から分かることの説明としてまちがっているものをア～エから１つ選び、記号で答えなさい。

ア．濃(こ)さの異なる水よう液の間で浸透は起こる。

イ．濃さが同じ水よう液の間で浸透は起こらない。

ウ．濃い水よう液の方に水は浸透する。

エ．３％の食塩水を上側に、５％の食塩水を下側に入れると水面の位置は上がると予想される。

子：浸透っておもしろいね。もしかして、血液の量の変化も浸透のため？

父：簡単に言うと、血管に半透膜のような性質があるので、血液中の塩分量が増えると［　　A　　］から血圧が高くなるそうだよ。これだけが理由ではないけれどね。

(2)　［　　A　　］にあてはまる文をア～エから１つ選び、記号で答えなさい。

ア．血液から出て行く水分が多くなるため、血液の量が減る

イ．血液から出て行く水分が多くなるため、血液の量が増える

ウ．血液に入ってくる水分が多くなるため、血液の量が減る

エ．血液に入ってくる水分が多くなるため、血液の量が増える

子：人体って不思議だね。

父：そうだね。逆に塩分不足になると脱水症状（だっすいしょうじょう）が出たりするので、取りすぎも取らなさすぎも気をつけないと健康を損（そこ）なうので気をつけようね。

子：そういえばキュウリに塩をかけると水が出てくるのも浸透が関係するの？

父：そうだよ。他にもいろいろなところで浸透が起こっているね。例えば、ことわざで『元気を失って、しおれていることのたとえ』を［　B　］と言うけれど、これも浸透によって起こる現象だね。

(3)　［　B　］にあてはまることわざを答えなさい。

子：そういえば、塩分濃度って何？

父：塩分濃度は簡単に言うとおみそ汁やスープに溶けている食塩の重さを全体の重さで割って求めた濃さのことだよ。それに100をかけて単位を％にしてあらわすのがふつうかな。

子：そうなんだね。簡単に測れるなんて便利だね！　どうやって測っているの？

父：食塩水は電気を通すのだけど、電気の通りやすさが食塩水中の食塩の割合によって変わるんだ。この電気の通りやすさを測定し、それをもとに塩分濃度を教えてくれているんだ。

子：そんな関係があるんだね。塩分濃度２％くらいってどれくらいしょっぱいのかな？

父：おいしいと感じるおみそ汁の塩分濃度は0.8～１％くらいって言うけれど、どうだろうね。試してみる？

(4)　塩分濃度１％のみそ汁を使って、塩分濃度を約２倍にしたい。その方法として正しいものをア～エから１つ選び、記号で答えなさい。

ア．みそ汁の重さと同じ重さのみそを加える。

イ．みそ汁の重さの２倍の重さのみそを加える。

ウ．みそ汁をにつめて、もとの重さの$\frac{1}{2}$倍にする。

エ．みそ汁の重さと同じ重さの水を加える。

(5)　みそは、原料や味・色によって分類することができます。このうち、塩分濃度と関わりのある味による分類は「辛口（からくち）みそ」「甘口（あまくち）みそ」「甘みそ」となり、**図2**はそれぞれのみその主な産地を示しています。辛口みそが分布している地域では、なぜ塩分量の高いみそを使い続けているのか、気候に関連づけて、考えられる理由を説明しなさい。

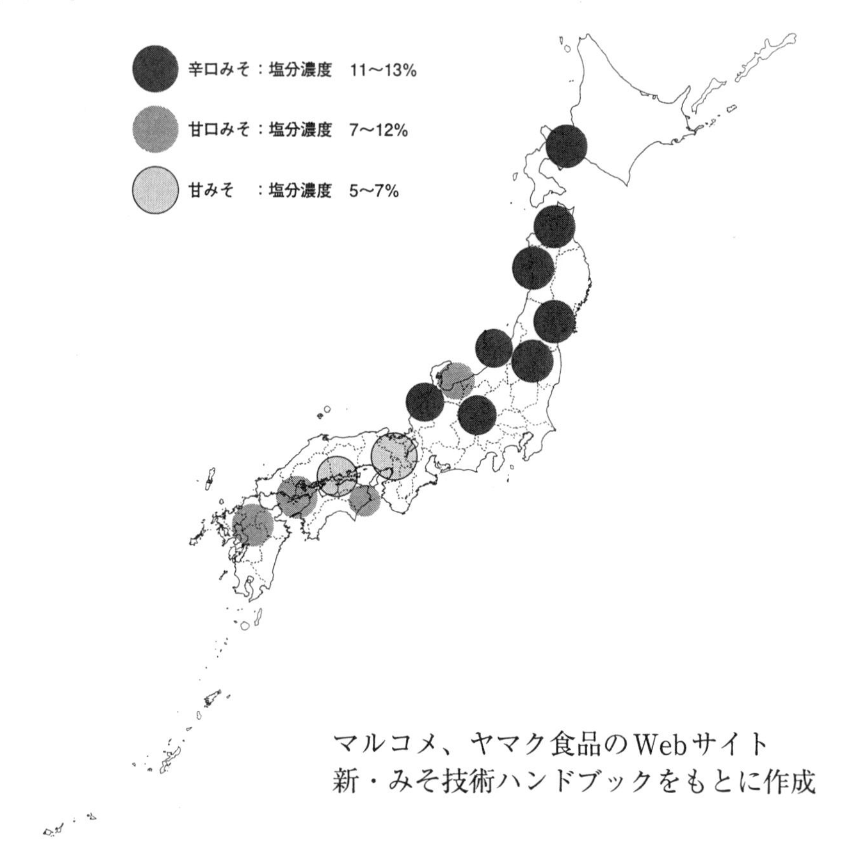

図2

(6)　**図３**は、みそに含まれる食塩の量が年ごとにどのように変化してきたかを示しています。また、2020年からは**図４**のように、食品について「食塩相当量」だけではなく、「たんぱく質」や「脂質」の量の表示が、食品表示法の改正によって義務づけられました。これらは、人々のどのような考え方の変化を反映していると考えられますか。**図３**と**図４**を見て説明しなさい。

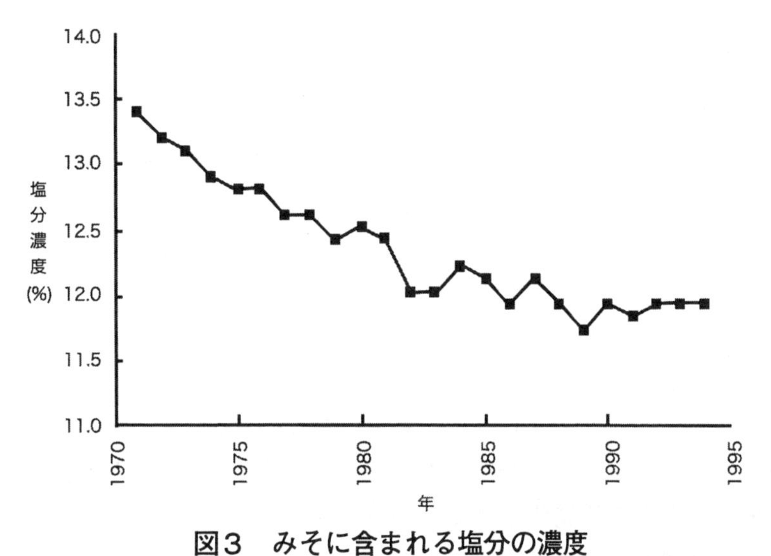

図３　みそに含まれる塩分の濃度

本藤智著「味噌の食塩と品質特性」をもとに作成

栄養成分表示	
1袋（30g当たり）	
エネルギー	75 kcal
たんぱく質	3.9 g
脂質	1.1 g
炭水化物	17.3 g
食塩相当量	4.8 g

図４

4 しのぶさんとひろこさんは、夏休みの宿題として美術館見学のレポートを書くため、上野にある国立西洋美術館へやってきました。その帰り道での2人の会話を読んで、あとの問いに答えなさい。

しのぶさん：この美術館に展示されている絵画も素晴（すば）らしかったけれど、世界文化遺産に登録されているということもあって、建物も素晴らしかったね。

ひろこさん：①法隆寺や東大寺のような古い建物には見えないのに、どうして世界文化遺産に指定されたの。

しのぶさん：案内によれば、ル・コルビュジエという有名な建築家さんが設計した建物の1つとして世界遺産に登録されたみたい。そして、その向かいにある東京文化会館というコンサートホールは、コルビュジエの弟子（でし）である前川國男（くにお）という人が設計した建物なんだって。

ひろこさん：師匠（ししょう）と弟子の作品が並んでいるって、なんだかすごいね。確かに、雰囲気（ふんいき）が似ているような気がするね。

しのぶさん：2つの建物の共通点の1つとして、1階部分にピロティと呼（よ）ばれる柱だけで構成された吹き抜けの空間があって、②見通しをよくしたり、人が自由に行き来して交流を活発化させるというコンセプトでつくられているみたいよ。

ひろこさん：上野動物園の隣（となり）にある東京都美術館も、前川國男の設計と書いてあるわ。統一感があるように、③どこに何を設置するかということは、しっかりと考えられているのかもしれないね。

しのぶさん：そろそろ④上野駅から電車で帰らないと、家に着くのがすっかり遅（おそ）くなってしまうね。そう言えば、ここから東側を見るのは初めてだけれど、東側ってこんなに低くなっていて、見晴らしが良かったのね。

ひろこさん：確か、⑤関東大震災の後、このあたりで当時の皇太子さまが被害状況（ひがいじょうきょう）を視察に訪（おとず）れていたということを、総合学習で習ったことを覚えているわ。

しのぶさん：確かに、ここからだと被害が大きかった地域を一望できそうね。

注）コンセプト：ある企画（きかく）で、全体を通してつらぬく基本的な考え方のこと

(1) 下線部①のような世界遺産について、最初につくられた年代順になるように、ア～エを並べかえなさい。

ア．姫路城　　イ．平等院鳳凰堂　　ウ．富岡製糸場　　エ．法隆寺

(2)　下線部②の目的でつくられている施設は、私たちが生活している中でもたくさんあります。例えば鉄道の駅であれば、鉄道を利用する人も利用しない人も関係なく行き来することができ、人々の交流が活発になります。

同じように、品川女子学院の校舎でも下線部②のようにつくられている部分があります。写真の部分を使って、学校内に限らず、広く人々の交流を活発にするためには、どのように活用することができるでしょうか。考えられることの例を挙げなさい。

(3)　下線部③に関連して、もし右の絵のような百葉箱を設置することになった場合、どこに設置するのが適切ですか。候補になっている場所を撮影した写真とその説明ア～エから１つ選び、さらにその場所を選んだ理由を２つ答えなさい。

ア

コンクリートがしきつめられた場所
(西から東を向いて撮影)

イ

芝生が広がる場所
(南から北を向いて撮影)

ウ

くぼんでいる場所
(南から北を向いて撮影)

エ

滝の目の前
(北から南を向いて撮影)

(4) 下線部④のような鉄道の駅について、次の写真は、ＪＲのある駅の車いす用乗降口（ホーム上）に描(か)かれているものです（一部加工）。

　　　　には、この設備についての説明文が書いてあります。次の文の（　Ａ　）と（　Ｂ　）にあてはまることばを考えて書きなさい。

ホームと列車の（　Ａ　）を（　Ｂ　）しています

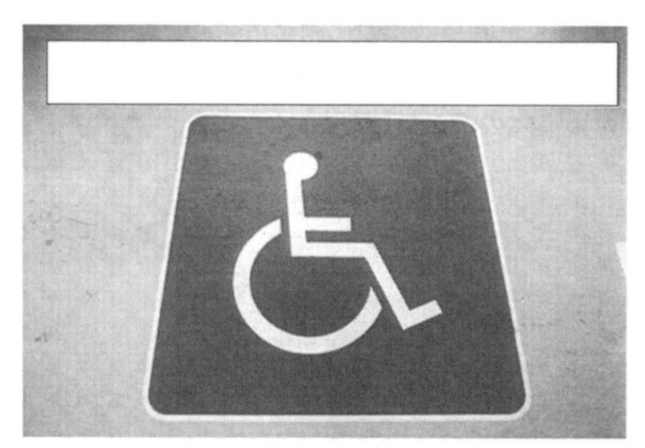

障害者が利用できる建築物・施設を示す国際シンボルマーク

(5) 下線部⑤の当時の皇太子は後に天皇となりました。その天皇はだれですか。漢字で答えなさい。

5 私たちの身の回りで、ものとものをくっつけるときには磁石がよく使われます。もっともよく使われる磁石は「フェライト磁石」と呼ばれるもので、人工的に生産されていますが、人類が最初に発見した磁石は「磁鉄鉱」と呼ばれる、鉄を含む天然の岩石でした。磁鉄鉱はマグマが冷えて固まるときにできるため、①火山の多い日本でも各所で採掘(さいくつ)されてきました。

磁石とは別に、電気も身の回りでよく使われます。磁石と電気には強いつながりがあります。導線に電気を流すと、電流に対して決まった向きに磁力が発生することが知られています。電流によって発生する磁力を強めるものが「②コイル」で、導線をくり返し巻き付けることで、発生する磁力を高められます。発生した磁力の向きは、電気を流したコイルのまわりに③方位磁石を置く実験で確かめることができます。例えば、コイルのまわりに方位磁石を置いて電流を流すと、方位磁石の向きは**図1**のようになります。

磁力には方位磁石の向きを変える力があります。磁力は目に見えませんが、磁石のまわりに砂鉄を置くと見ることができます。このようにして見えた磁力を、N極からS極へ向かって伸(の)びる「磁力線」として描くことができます(**図2**)。

④地球も棒磁石のように磁力をもち、この磁力によって、地球上の多くの地域では方位磁石のN極が北極を向きます。

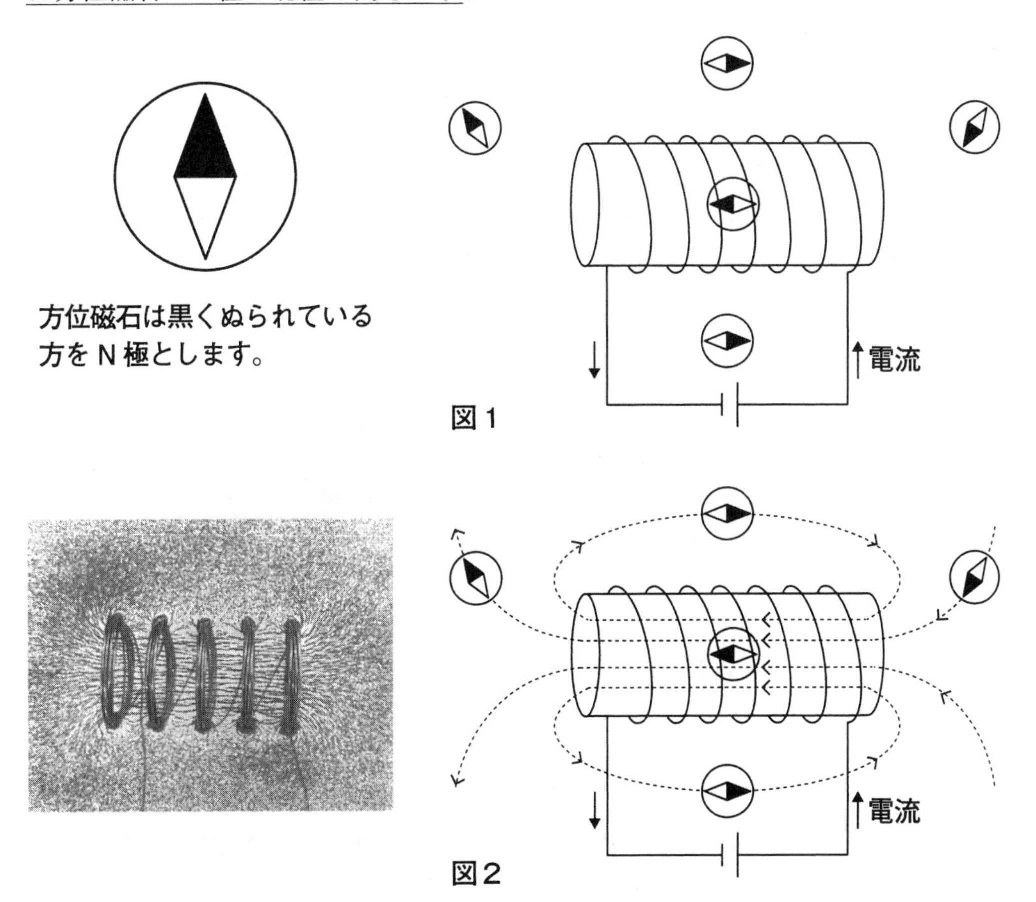
方位磁石は黒くぬられている方をN極とします。
電流
図1
電流
図2

(1)　下線部①について、火山がある地域の一部では、地熱発電が行われているところがあります。主な地熱発電所・風力発電所・原子力発電所を示した下の地図中のア～ウの中から、地熱発電所の場所を示したものを１つ選び、記号で答えなさい。

電気事業便覧 2022 より

(2)　下線部①の火山が噴火すると、遠くはなれた場所にも大きな被害をもたらすことがあります。江戸時代の中頃にあたる 1783 年には、江戸から 100 km 以上はなれた浅間山が噴火しましたが、その後およそ５年にわたって江戸に暮らす人々の生活にも被害をあたえました。具体的にどのような被害があったのか、下の絵を参考にして考えられることを説明しなさい。

内閣府中央防災会議資料より

(3)　下線部②の原理を応用した乗り物として、リニアモーターカーがあります。リニア中央新幹線が開通すると、東京と名古屋を短時間で結ぶことができるようになります。以下の図は、東京からそれぞれの都市へ鉄道で移動するためにかかる時間を線の長さで示したものです。1960年の図と、2030年頃に北海道新幹線が札幌まで延伸(えんしん)し、リニア中央新幹線が開通した場合の図をもとに、2024年1月時点での図として正しいものを**ア～ウ**から1つ選び、記号で答えなさい。

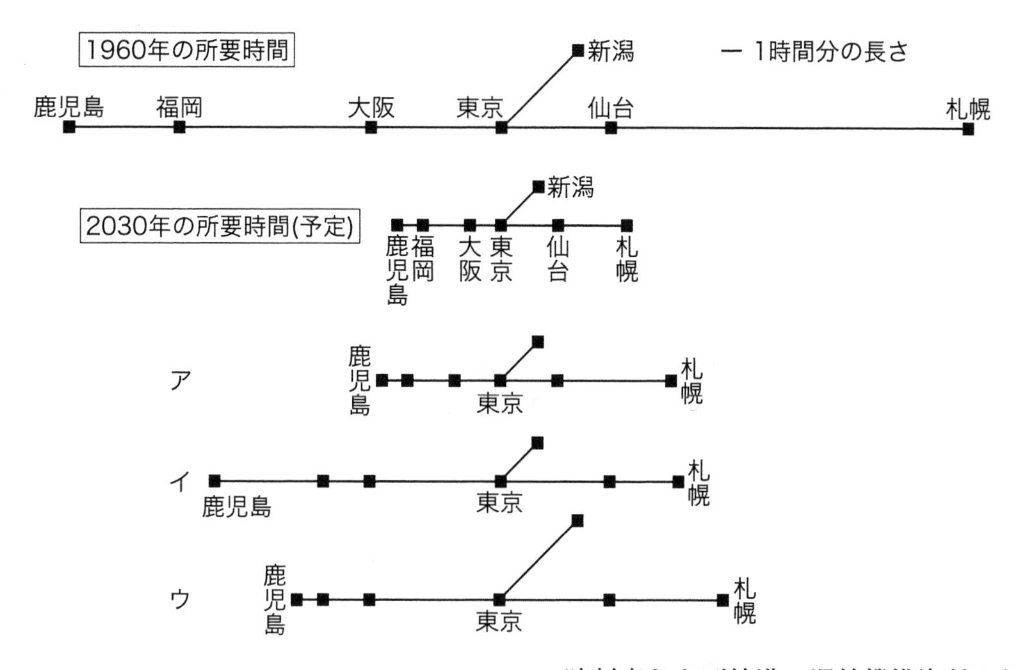

時刻表および鉄道・運輸機構資料より

(4)　下線部③について、方位磁石が決まった方角を向くことから、「道に迷わないように決まった向きを示し導く」という意味で使われる言葉があります。次の(　　)に適切な方角を入れ、この言葉を完成させなさい。

指（　　）する

(5)　下線部④のように、地球の中心には大きな棒磁石がうまっていると考えることができ、この性質を「地磁気」といいます。地磁気は、地球の内部にある核という層によってうまれているという説があります。核は電気を帯びていて地球の内部で回転しており、回転方向と同じ向きに電気が流れています。この電気の流れがコイルのようにはたらき、地磁気がうまれていると考えられています。

(ⅰ)　解答用紙にある棒磁石のまわりに、磁力線を描きなさい。

(ⅱ)　現在の地球に大きな棒磁石がうまっていると考えたときの説明として正しいものをア～エから１つ選び、記号で答えなさい。

ア．北半球では北極が磁石のＮ極だが、南半球では南極がＮ極となる。
イ．北半球では北極が磁石のＳ極だが、南半球では南極がＳ極となる。
ウ．北極が磁石のＮ極で、南極が磁石のＳ極となる。
エ．北極が磁石のＳ極で、南極が磁石のＮ極となる。

(ⅲ)　現在の地球では、核がどのような向きに回転していると考えられますか。正しいものをア～エから１つ選び、記号で答えなさい。

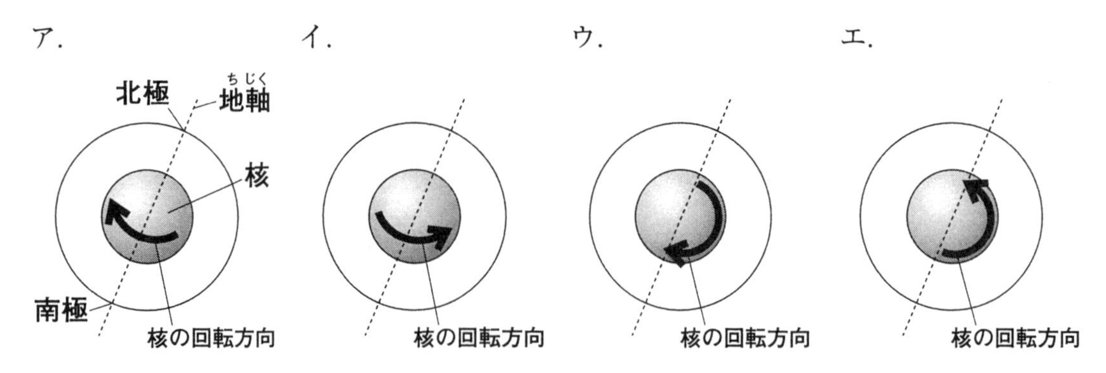

(6)　私たち人間は、光や音とはちがって磁気をあまり感じません。しかし一部の鳥は磁気を感じていて、それが行動に影響していることが知られています。この鳥として適切なものを、ア～エから１つ選び記号で答えなさい。

ア．ペンギンなどの水中を泳ぐ鳥
イ．ニワトリやダチョウなどの飛べない鳥
ウ．ツバメやハクチョウなどの渡り鳥
エ．インコやオウムなどの人の言葉を覚える鳥

(7)　磁気は私たちにとって身近なところでも活用されています。磁気を利用して情報を記録するものとして、電車の「きっぷ」が挙げられます。きっぷには、どのような情報が記録されているでしょうか。考えられることを3つ答えなさい。

(8)　現在の定期券はICチップが入ったICカードが使われていることが多くなっています。ICカードにはコイルが入っていて、電気によって磁気が発生しているカードリーダーに近づくと、磁気を受けたICカードのコイルに電流が発生して、ICチップに電気が流れることで、それまで記録されていた情報を書きかえることができます。このようなICカードが導入されたことで、社会はどう変わったでしょうか。考えられることを説明しなさい。

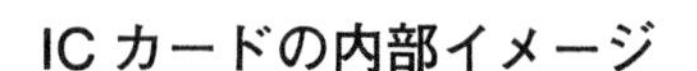

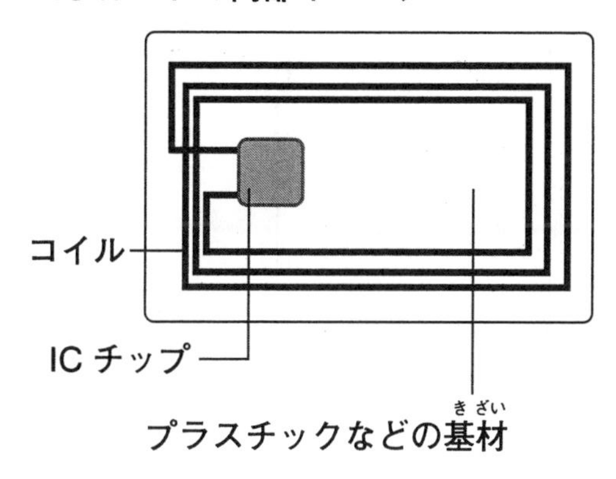

ICカードの断面イメージ

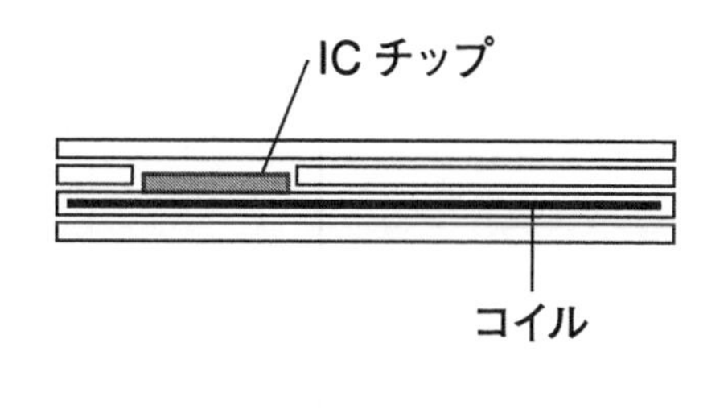

〈問4下書き欄(らん)　必要な人は使ってください〉

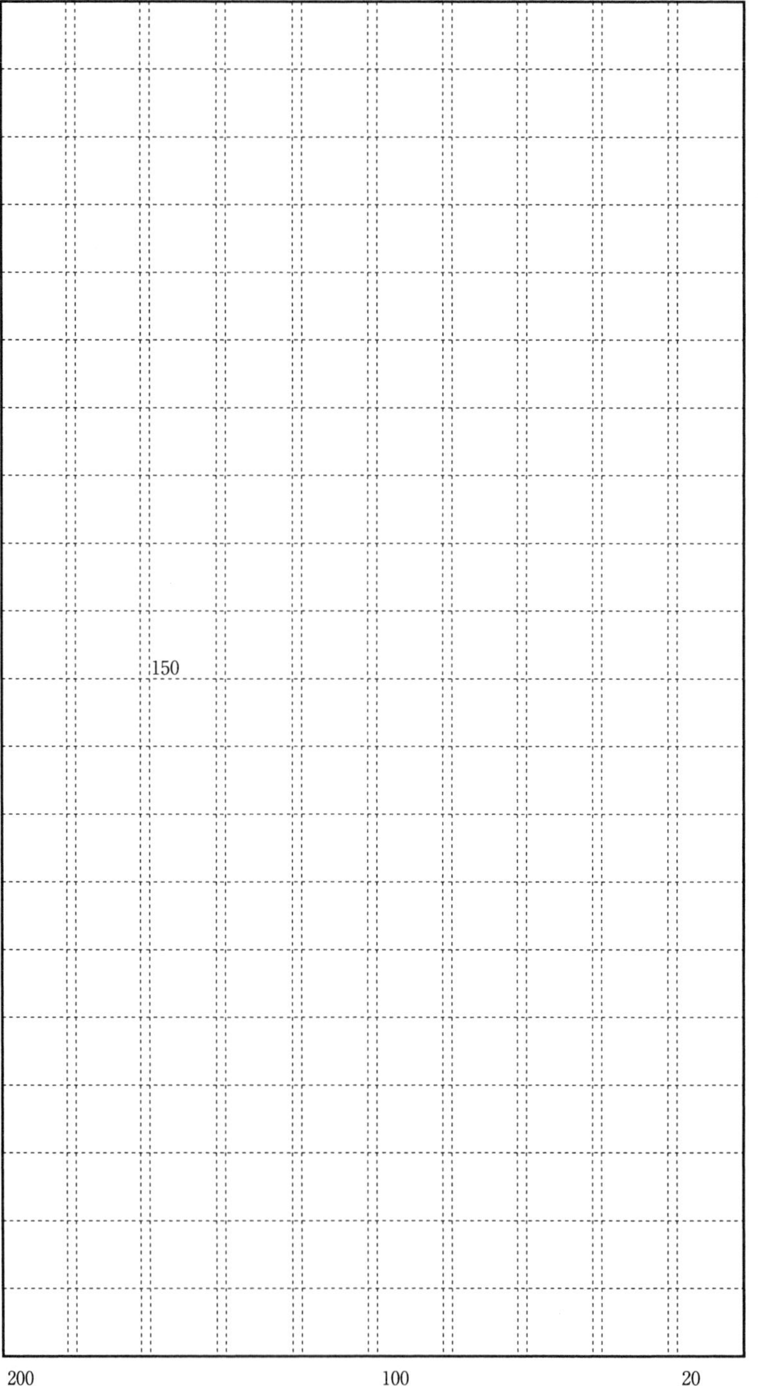

問４　環境保護のための有効な手段をテーマにクラスで行ったディベートで、品川花子さんのグループが「レジ袋は有料のものも含めて全て廃止すべきである」という主張をしました。根拠は「レジ袋はプラスチックゴミになり、海に放出されることで魚や亀の誤食につながるから」というものでした。左に示す図をもとに、この主張に反論する立場で、品川さんのグループを説得する文章を書きなさい（レジ袋は、図中のポリ袋に含まれます）。ただし、以下の条件に合うように作文すること。

【条件】

１、原稿用紙の使い方にしたがうこと。

２、１５０～２００字以内で書くこと。

３、反論の論点を明確にすること。

４、段落は１～２つにすること。

【図】

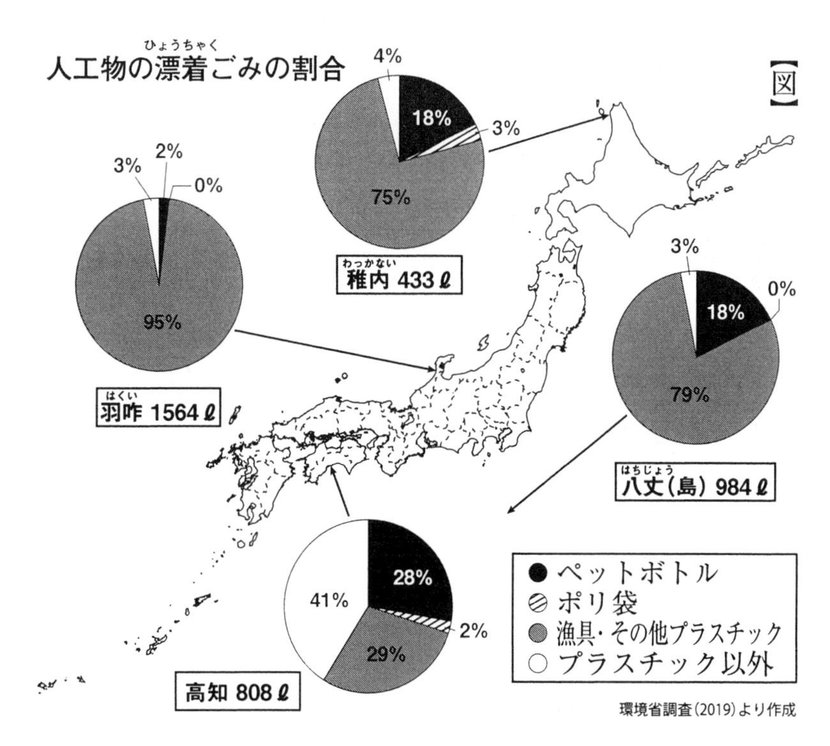

問1　——線①「『化学反応』」とはどのようなことの例えか。具体的に説明しなさい。

問2　——線②「ディベート」とあるが、「レジ袋(ぶくろ)の有料化は必要だったか」というテーマでディベートを行う場合、必要ではなかったという立場で議論を進めるにはどのような主張をすれば良いか。**適切でない**ものを次より一つ選び、記号で答えなさい。

ア、レジ袋をもらわなくなった結果、多くの家庭でゴミ袋を別に買うことになり、支出が増えた。
イ、レジで袋が必要か確認することになるため、並ぶ時間が長くなって効率が悪くなった。
ウ、エコバッグの持参を忘れた際、手で持つ荷物が多くて父が大変そうだった。
エ、レジ袋の廃止によって、企業(きぎょう)が宣伝できる場所が少なくなった。

問3　本文中の空欄(くうらん)Aに入れるのに最もふさわしいものを次より選び、記号で答えなさい。

ア、この背景にはやはり原子力発電は危険な面が非常に大きいという意見もあるため、このままできる限り他の発電方法で電力をまかない、原子力発電には頼らないようにし続けるべきであると思います
イ、ただ、火力発電は国際情勢によって急激な価格変動が起こりやすいこと、CO_2の排出量が多いこと、そして有限な資源であるから、このまま使い続けていれば、いずれなくなるときがやってくるという問題が浮かび上がります
ウ、加えて、日本はヨーロッパ各国と比較しても国土が狭(せま)いという点からも、ヨーロッパ各国と同じ方法での発電を増やしていくのではなく、ドイツのように脱原発に踏み切るべきだと考えられます
エ、しかし火力発電はCO_2をより多く排出してしまいます。したがって、長い間同じ割合を維持し続けられている地熱発電を有効活用し、火力発電に代わるような発電方法としていくことが大切になってきます

【図】

電源別発受電電力量の推移

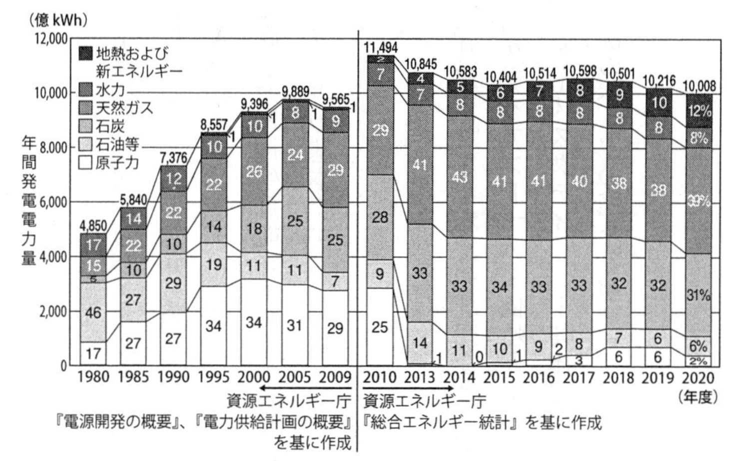

(注)石油等にはLPG、その他ガスおよび青質混合物を含む
四捨五入の関係で合計値が合わない場合がある
グラフ内の数値は構成比(%)

出典：資源エネルギー庁『エネルギー白書 2022』より作成

「2021年の電源別発電量のうち、火力発電の占める割合は72・9％で、火力発電のなかでの化学燃料が占める割合は、液化天然ガス41・2％、石炭47・2％、石油2.0％と、実に全体の90・4％にものぼっています」(関西電力グループ)。

「原子力発電の激減により、このように化石燃料による火力発電に頼らざるを得なくなっているわけです。

「　A　」

「そう考えれば、原子力発電には発電時にCO_2を排出しないこと、さらには燃料費が変動してもコストに与える影響は小さいというメリットがあります。エネルギー供給の安定性と経済性を維持するための対策としては、原子力発電に頼ることは悪いことではないはずです」

ディベートなので、再生可能エネルギーの将来的な展望を中心に論じてもいいと思います。さらには、ドイツの試みが失敗した場合には隣国フランスから原子力で作った電気を買う余地があること(セーフティネット)など、現実的な議論を深めていくべきでしょう。

最終的に原子力と再生可能エネルギーの共存という仮説が有力になるかもしれません。可能性をデータに基づいて論ずるのが仮説の立て方の基本です。

(竹内薫『AI時代を生き抜くための仮説脳』より)

注1　「具現化」……考えや理想などを実際の形やものにして実現すること。
注2　「クライアント」……依頼人や顧客。　注3　「プレゼン」……プレゼンテーションのこと。
注4　「ケーススタディ」……具体的な事例について検討し、一般的な法則を導き出すこと。
注5　次のページの図を参照。

たとえば、自分が立てた仮説を上司に説明したり、あるいはクライアント[注2]に向けてプレゼン[注3]をしたりする場面もあると思います。こうした、**相手を説得する場面において大事なのは、科学的根拠に基づいた過去の数字や統計データを活用しながら仮説を補強していく**ということです。

たとえば、日本のエネルギー問題を議論するとしましょう。

エネルギー資源の乏しい日本は、そのほとんどを海外からの輸入に頼っています。そんな日本が抱えるエネルギー問題の一つとして、化石燃料への依存の高さが挙げられます。

化石燃料の価格は国際的な政治や経済的要因によって変動していくので、化石燃料への依存度が増すと、それらの多くを輸入に頼っている私たち日本人は、価格変動の影響をまともに受けてしまいます。

最近では、２０２２年2月のロシアによるウクライナ侵攻によって原油や天然ガスの価格が急騰しました。日本では、燃料価格が高くなると、そのまま電気代やガス代、ガソリン代の値上げへとつながるため、「電気代やガス代、ガソリン代が高騰して家計が圧迫された」という人も多いのではないでしょうか。

では、ここからケーススタディ[注4]です。

こうしたエネルギー問題をどう解決するのか。チームで自由に意見を出し合ってみてください。

「原子力発電に頼ってみればどうか」

たとえば、このような仮説を立てたとします。すると、きっと誰かが次のような反対意見を出すのではないでしょうか。

「原子力発電はリスクが大きい。ドイツも脱原発に踏み切ったではないか」

こうした意見が出るのは、やはり福島の原発事故があったからでしょう。ただ、これは仮説ではなく、あくまでも感情論です。そこで、「原子力発電に頼ってみればどうか」という仮説を、こんな感じで補強してみてはいかがでしょうか。

「まず、２０００年代には35～25%程度で推移していた原子力発電の割合が、２０１１年の福島の原発事故を受けて激減しました。２０１２年度以降は０～６％程度の極めて低い値になり、２０２１年度でも7%です」(電源調査統計[注5]などから環境エネルギー政策研究所作成の資料による)

こうした、**違う立場の人たちが集まって仮説を立てていくことで相対的な仮説がどんどん生まれていき、その検証を繰り返すことで仮説がどんどん補強されていきます。**

これは、化学の世界における①「化学反応」に似ています。

化学の世界では、同じ物質を混ぜ合わせているだけでは当然ながら新たな化学反応は起きません。化学反応を起こすためには別の物質を混ぜることが必要になります。

さらには、**チームで立てた仮説をより具現化[注1]するための方法として、「仮説のディベート」を用いて仮説を補強していくことが効果的でしょう。**

②ディベートとは、ある主題について異なる立場に分かれ議論することですが、この仮説のディベートで重要なのは、年齢や肩書き、キャリアなどは関係なく全員が対等な立場でおこなうというルールを決めておくことです。このようなルールのもとで仮説を検証していくことで究極の仮説に近づくことができます。

なぜ、このようなルールで仮説を立てていくことが重要になってくるのでしょうか。よくあるケースですが、「イエス」をいうばかりの人を集めた上司に忖度するようなチームでは、たとえ間違った仮説を立ててしまってもそのまま十分な検証もせずに進んでしまい、結果として失敗してしまうことが多いからです。

やはり、**仮説の補強には反対意見をいってくれる人がいることが必要です。**ときには社長の意見にも「ノー」といえる人から、思わぬ仮説が生まれるかもしれません。

仮説を補強するための科学的根拠を持つ

「自分が立てた仮説がすぐに却下されてしまう」

チームで仮説を立てるとき、このような悩みを抱えている人も少なくないようです。いくら素晴らしい仮説を立てても、それをしっかりと相手に伝えたり、仮説を共有できなければ、意味がありません。

2024年度

品川女子学院中等部

【試験Ⅰ】〈表現力・総合型試験〉(五〇分)〈満点：四〇点〉

次の文章は、「仮説」というものを中心にして、筆者が問題解決に向けた考え方や伝え方などについて述べたものです。文章を読み、あとの問いに答えなさい。(字数が決められている問題は、すべて「、」「。」記号などを字数にふくみます。)

違(ちが)う立場の人間が集まって仮説を立てていく

いよいよ最後の章では、仮説をより補強するための「チームコミュニケーション」について解説していきます。

個人の力で有力な仮説を構築していくのは、実際はとても難しいことなのかもしれません。なぜなら、それができるような人こそが、世間でいう大きなことを成し遂(な)(と)げた「成功者」と呼ばれているような人だからです。

私は**もし個人で有力な仮説が立てられないということであれば、チームをつくって有力な仮説へ近づけていくことが有効な方法だと考えています。**

そこで、チームで仮説を立てていくうえで大事なポイントとして、まず挙げたいのが「**違う立場の人たちが集まって仮説を立てる**」ということです。

チームで仮説を立てる場合、同じ地位やキャリア、同じ思考パターンの人だけで集まって議論をしていても、結局は同じような仮説しか生まれず、究極の仮説に到達(とうたつ)することは、なかなかできません。

そこで、たとえば役員会のなかに新入社員を入れてみる、あるいは男性ばかりのチームに女性を入れてみるといった状(じょう)況(きょう)をつくり出すことで、いつもと違う驚(おどろ)きの発想やアイデアが出てくるはずです。

2024年度
品川女子学院中等部 ▶解　答

※　編集上の都合により，表現力・総合型試験の解説は省略させていただきました。

試験Ⅰ　＜表現力・総合型試験＞（50分）＜満点：40点＞

解　答

問１　(例)　化学反応を起こすために別の物質が必要なように，ちがう立場の人たちが集まることでいつもとちがうおどろきの発想やアイデアが出てくること。　**問２**　エ
問３　イ　**問４**　(例)　右記を参照のこと。

問４　(例)
「環境保護のためにレジ袋を全て廃止するべきである」という意見に反対です。人工物の漂着ごみの割合の図によるとポリ袋の割合はわずかであり、レジ袋の廃止は、環境保護のための有効な手段とは言えないからです。魚や亀の誤食につながる可能性があり、かつ複数の地域で多く漂着している漁具などを自然に優しい素材にする取り組みをした方が、目的が達成されると思います。

試験Ⅱ　＜表現力・総合型試験＞（70分）＜満点：120点＞

解　答

1 (1)　$\frac{3}{28}$　(2)　2.4km　(3)　36度　(4)　59.66cm^3　**2** (1)　1900円　(2)　C
3 (1)　エ　(2)　エ　(3)　青菜に塩　(4)　ウ　(5)　(例)　ごう雪地域では，冬の食料不足に備え，長く保存できる塩分量の高いみその方が好まれたから。　(6)　(例)　健康志向により，塩分量や栄養成分を気にする人が増えた。　**4** (1)　エ→イ→ア→ウ　(2)　(例)　だれでも参加することができるフリーマーケットをひらく。　(3)　**写真**…イ　**理由**…(例)　風通しがよいから。／直射日光が当たらないから。　(4)　**A**　すき間　**B**　せまく　(5)　昭和天皇　**5** (1)　イ　(2)　(例)　たくさんの火山灰が降り積もり，農作物が育たなくなった。　(3)　ア　(4)　南
(5)　(i)　(例)　右の図　(ii)　エ　(iii)　ア　(6)　ウ　(7)

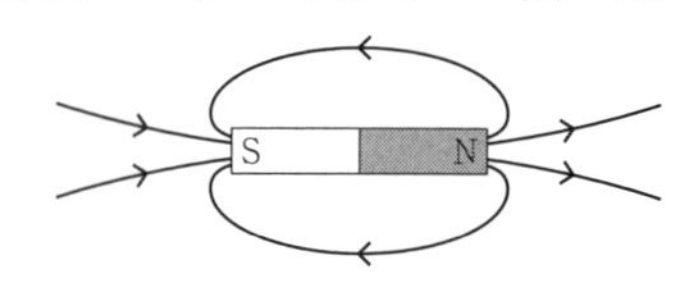

(例)　乗った駅／金額／買った日時　　(8)　(例)　キャッシュレス決済が可能になったことで，コンビニなどでも使えるようになり，便利になった。

Memo

2023年度 品川女子学院中等部

【算　数】〈**第１回試験**〉(50分)〈満点：100点〉

注意　円周率は3.14とする。

1　次の問いに答えなさい。(1)，(2)は計算の過程もかきなさい。

(1)　$2\frac{1}{3}\times\left\{3\frac{1}{7}\div\left(0.75+\frac{1}{6}\right)-2\right\}-1\frac{1}{3}$ を計算しなさい。

(2)　$\left\{\left(\frac{1}{3}+\frac{1}{15}\times\boxed{}\right)\times\frac{1}{4}-\frac{1}{10}\right\}\div1\frac{5}{6}=\frac{1}{55}$ の □ にあてはまる数を答えなさい。

(3)　1.57×24＋53×1.57＋1.57×23を計算しなさい。

(4)　□ に０から９までのいずれかの数字を入れて，右の筆算を完成させたとき，ア，イ，ウに入る数字を答えなさい。

$$
\begin{array}{r}
3\,\square\,5\\
\times\quad 3\,4\\
\hline
1\,4\,\square\,0\\
1\,\boxed{ア}\,9\,\square\\
\hline
\boxed{イ}\,2\,\boxed{ウ}\,1\,0
\end{array}
$$

2　次の □ にあてはまる数を答えなさい。

(1)　３つのコップにそれぞれ，0.3L，150mL，２dLの水が入っています。３つのコップに入っている水を合わせると，□mLになります。

(2)　ツルとカメが合わせて24匹(ひき)いて，足の本数の合計は70本です。このとき，カメは □ 匹います。

(3)　Ａさんは国語と算数の試験を受けました。２科目の平均は77点で，国語の点数は算数の点数より12点高かったです。国語の点数は □ 点です。

(4)　右の図で，角 x の大きさは □°です。ただし，同じ印のついた角の大きさは等しいものとします。

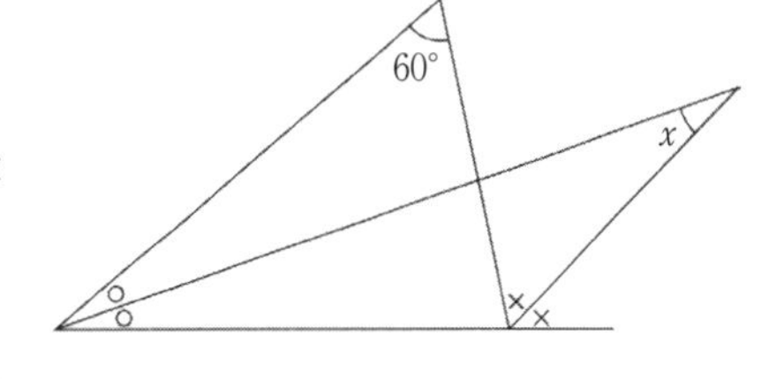

(5)　Ａさんはおこづかいを □ 円もらいました。昨日はそのうちの $\frac{7}{12}$ を使い，今日は昨日の残りの $\frac{2}{3}$ を使ったところ，手元に残ったお金は650円になりました。

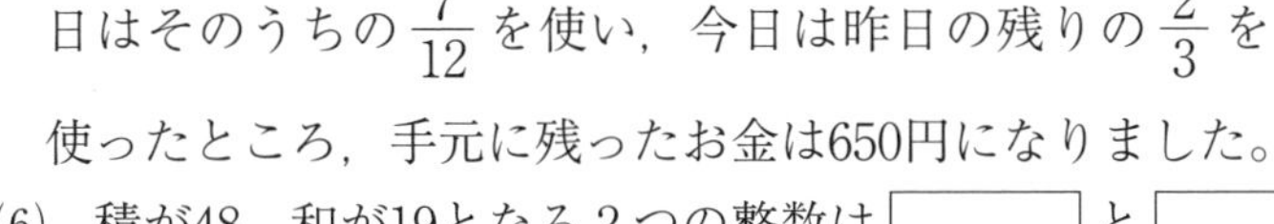

(6)　積が48，和が19となる２つの整数は □ と □ です。

(7)　２桁(けた)の整数のうち，約数の個数が奇(き)数個となるような整数は全部で □ 個あります。

(8)　ＡさんとＢさんがあるゲームで５回対戦します。勝ち負けは１回ごとに必ず決まり，引き分けはありません。Ａさんが続けて負けることなく３勝２敗となるのは □ 通りあります。

(9)　Ａさんは，いつもは家から学校まで分速72ｍの速さで歩きます。昨日は分速80ｍの速さで歩いたので，学校に着くまでにかかる時間がいつもより３分短くなりました。今日は分速60ｍの速さで歩いたので，学校に着くまでにかかる時間がいつもより □ 分長くなりました。

(10)　Ａさんの所持金の２倍はＢさんの所持金より150円多く，Ｂさんの所持金の２倍はＡさんの所持金の３倍と等しいです。Ａさんの所持金は □ 円です。

3 解答用紙に途中の計算や考えた過程をかきなさい。

下の図は，１辺の長さが６cm の立方体の８個の頂点のそれぞれから，１辺の長さが２cm の立方体を切り取ってできた立体です。

(1) この立体の体積は何cm^3ですか。

(2) この立体の表面積は何cm^2ですか。

(3) この立体の辺の長さの合計は何cm ですか。

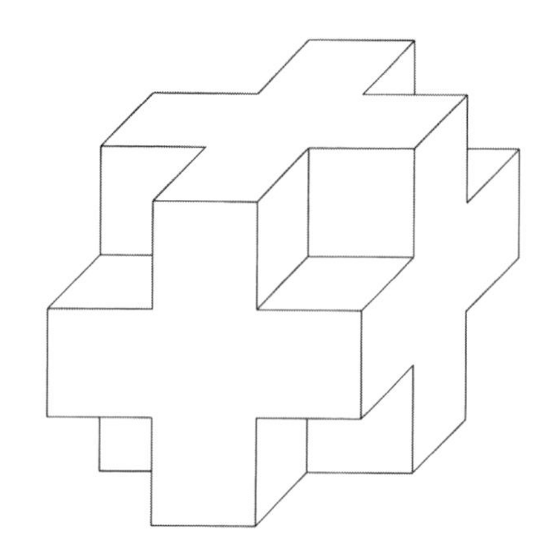

4 (3)については，解答用紙に途中の計算や考えた過程をかきなさい。

２，３，５などのように，１とその数自身のほかに約数がない整数のことを素数といいます。

また，ある素数について各位の数字を逆に並べると別の素数になるものをエマープといいます。例えば，107という素数について，各位の数字を逆に並べてできる701も素数になるので107と701はエマープです。一方，313という素数は，各位の数字を逆に並べても，もとの数と同じ数なのでエマープではありません。

以下，十の位の数字をA，一の位の数字をBとする２桁の素数ABについて，ABとBAがともにエマープであるときのみを考えます。

(1) 考えられる２桁の素数ABのうち，最も小さいものはいくつですか。

(2) １から９までの数字のうち，各位の数字AにもBにも使われないものはどれですか。すべて答えなさい。

(3) ２桁の素数ABとBAの差が最も大きくなるとき，ABとBAはいくつですか。

【社　会】〈第１回試験〉（理科と合わせて60分）〈満点：60点〉

1　次の文章を読み，あとの問いに答えなさい。

日本は①地震(じしん)や②火山の噴火(ふんか)などの自然災害にたびたびみまわれる，災害大国である。しかし，自然からの恩恵(おんけい)も受けており，日本各地に温泉地がある。温泉には，③火山の働きを直接利用したものや，地下の深さによって温度が上昇(じょうしょう)する性質を利用したものなどがある。「日本三名泉」とよばれる温泉地には諸説あるが，④兵庫県の有馬温泉(ありまおんせん)，⑤岐阜県の下呂(げろ)温泉，群馬県の草津温泉をさすことが多い。他にも，８世紀までその起源をさかのぼる⑥静岡県の熱海温泉や，源泉総数が日本一の⑦大分県の別府温泉などがある。

また，温泉地のお土産(みやげ)といえば，温泉まんじゅうが定番である。今では全国各地の温泉地で作られているが，初めて商品として販売(はんばい)したのは，群馬県の店である。

日本の温泉は⑧外国人観光客からも人気がある。今後も，歴史ある温泉文化は継承(けいしょう)されていくだろう。

問１　下線部①について，次の文章を読み，各問いに答えなさい。

> 地震には，二つの（　Ａ　）が衝突(しょうとつ)する部分で発生するものなどがある。（　Ａ　）は，地球の表面をおおっている岩の板である。近い将来，静岡県沖から九州沖にかけて続く，（　Ｂ　）を震源とする大地震が発生する可能性が考えられている。

(1)　(Ａ)にあてはまる語句を答えなさい。

(2)　(Ｂ)に入る語句を，次のア～エより一つ選び，記号で答えなさい。

ア．日本海溝　　イ．伊豆・小笠原海溝　　ウ．南海トラフ　　エ．南西諸島海溝

問２　下線部②について，各問いに答えなさい。

(1)　現在活発に活動している火山や，一万年ほど前から今までに噴火したことのある火山を何といいますか。漢字で答えなさい。

(2)　火山の噴火について述べた文として**間違(まちが)っているもの**を，次のア～エより一つ選び，記号で答えなさい。

ア．高温の火山灰やガスなどが一つになって，山の斜面(しゃめん)を流れ下る火砕流(かさいりゅう)が生じることがある。

イ．江戸時代に浅間山が噴火した際，火山灰が降ったことにより，数か月間気温が上がった。

ウ．火山灰が雨水をふくみ，川のように流れることがある。

エ．20世紀末に起きた長崎県の雲仙岳の噴火は，大きな被害(ひがい)を出した。

問３　下線部③について，次の**図Ⅰ中ア～エ**の温泉地の中に，一つだけ成り立ちが異なるものがあります。**図Ⅱ**を参考にして記号で答えなさい。

図Ⅰ

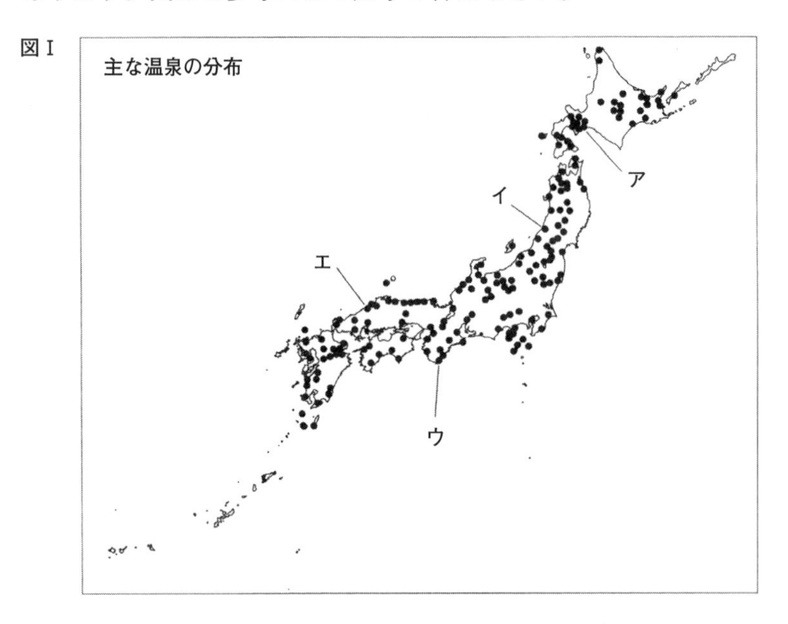

図Ⅱ

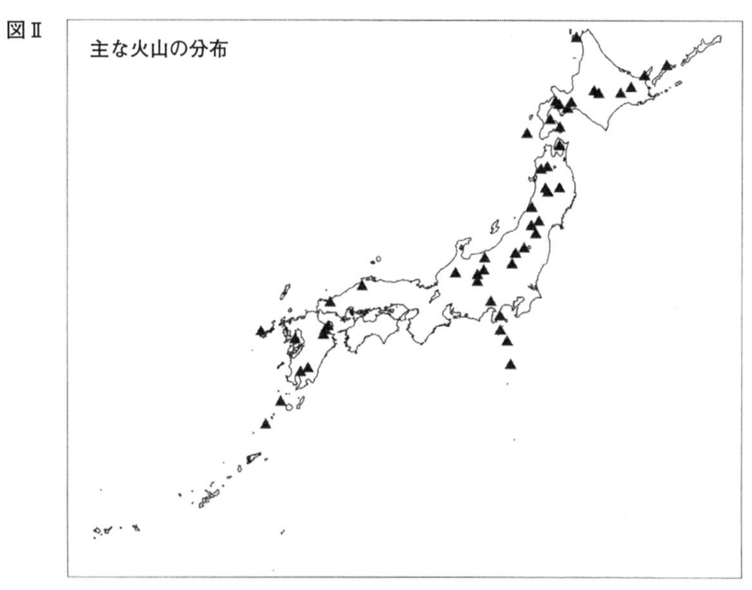

問４　下線部④に関連して，次のグラフが示している農作物を，下のア～エより一つ選び，記号で答えなさい。

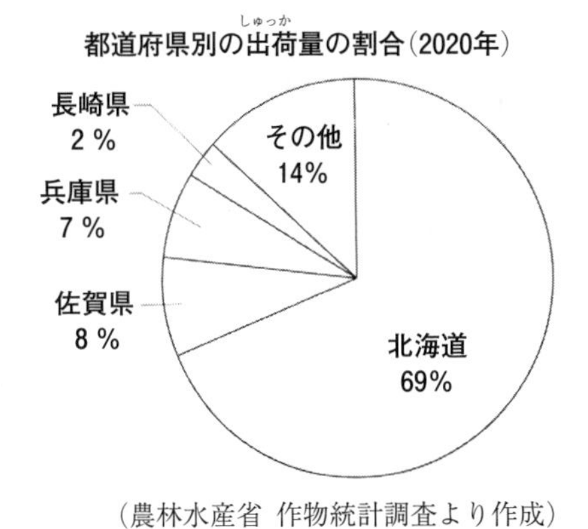

(農林水産省 作物統計調査より作成)

ア．たまねぎ　　イ．じゃがいも　　ウ．とうもろこし　　エ．かぼちゃ

問５　下線部⑤について，次の地形図は，岐阜県と愛知県にまたがる地域のものです。この地形図を見て，各問いに答えなさい。

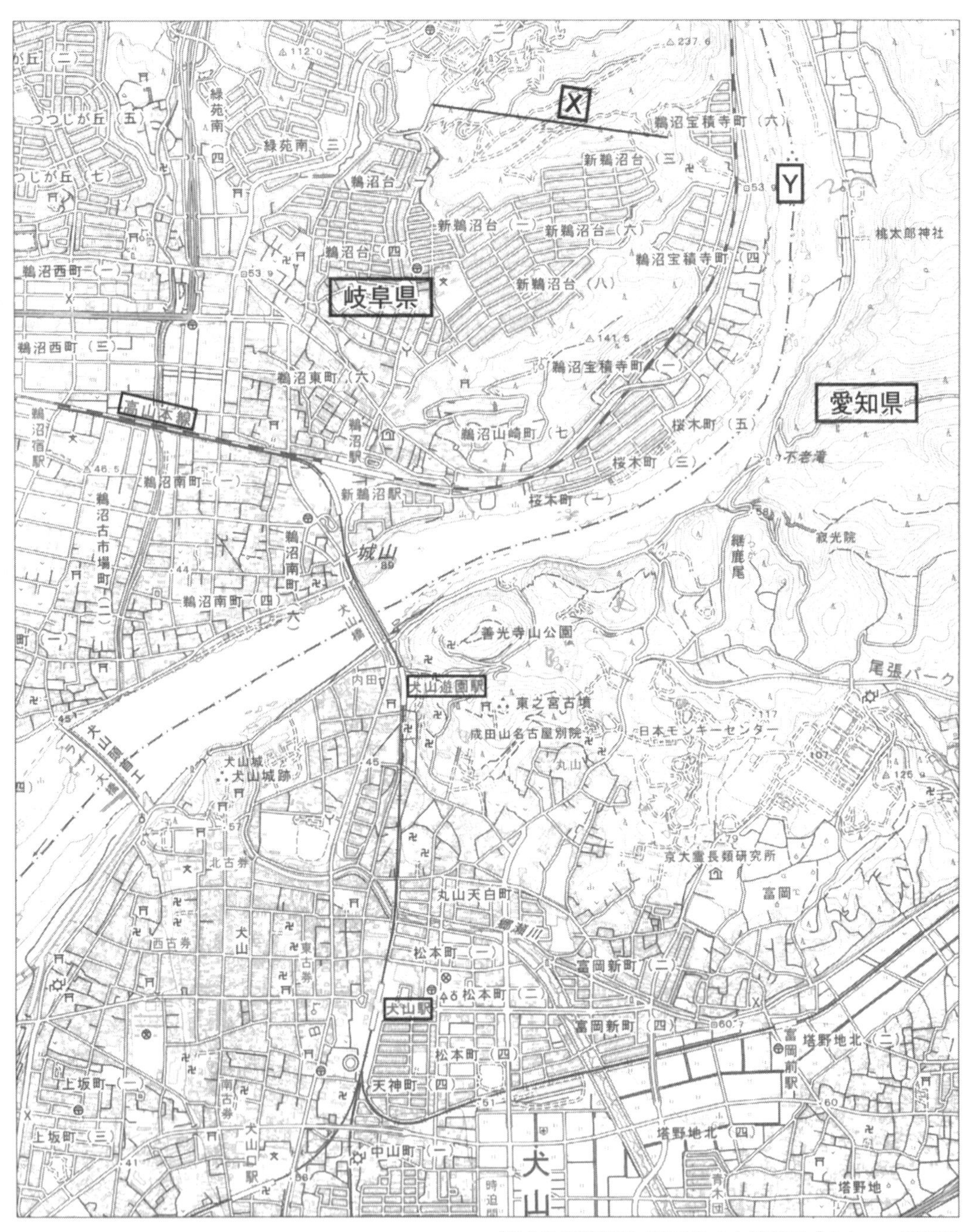

（国土地理院発行 25000分の１地形図『犬山』一部修正）

(1)　地形図中の直線**X**の長さは，3.5センチメートルです。実際の距離（きょり）は何メートルですか。

(2)　地形図中**Y**の川の名前を，次のア～エより一つ選び，記号で答えなさい。

ア．大井川　　イ．天竜川　　ウ．淀川　　エ．木曽川

(3)　地形図から読み取れることを述べた文として**間違っているもの**を，次のア～エより一つ選び，記号で答えなさい。

ア．JR 高山本線の車窓から，水田が見える区間がある。

イ．地形図中Ｙの川は，南西から北東に向かって流れている。

ウ．犬山駅から犬山遊園駅に電車で向かう途中，右手に寺院を見ることができる。

エ．犬山駅周辺には，市役所や裁判所，警察署などがある。

(4) 岐阜県を流れる川では，次の写真のように漁師が鳥を操って，あゆなどをとる伝統的な漁法をみることができます。この漁法を何といいますか。

問６　下線部⑥について，各問いに答えなさい。

(1) 次のア～エは，静岡市，輪島市，今治市，鹿児島市のいずれかの気温と降水量のグラフ(雨温図)です。静岡市のものを選び，記号で答えなさい。

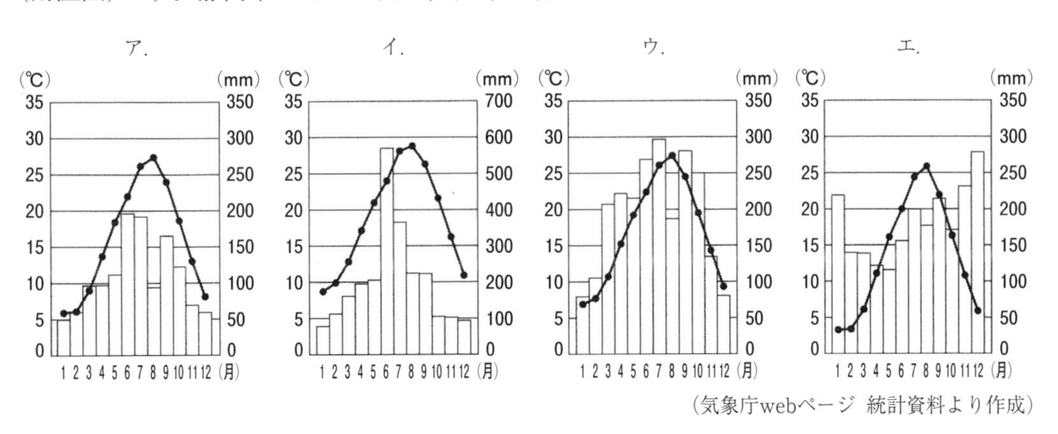

(気象庁webページ 統計資料より作成)

(2) 静岡県には，焼津や沼津などの漁港があり，水産業がさかんです。静岡県で水揚げされる水産物の中で，最も量が少ないと考えられるものを，次のア～エより一つ選び，記号で答えなさい。

ア．マグロ　　イ．エビ　　ウ．カツオ　　エ．昆布

問７　下線部⑦について，大分県の沿岸部では，石油化学工業や鉄鋼業が行われています。これらの工業が，沿岸部で行われている理由を説明しなさい。

問８　下線部⑧について，各問いに答えなさい。

(1) 現代は外国人観光客が日本に来る場合，渡航手段は飛行機が主流となっています。次の図法の地図は，飛行機の運行などに使われているもので，地図の中心からの距離と方位が正しく描かれています。東京を中心に描いたこの地図について述べた文として正しいもの

を，下のア～エより一つ選び，記号で答えなさい。

ア．地点Ａの緯度は，北緯90度である。

イ．大陸Ｂは南アメリカ大陸である。

ウ．オーストラリア大陸の面積は，正しく描かれている。

エ．東京から地点Ｃを見ると，およそ北西に位置している。

⑵　日本を訪れる外国人は，2019年に過去最多の約3188万人に達し，交通機関や宿泊施設（しせつ），飲食店などは大きな利益を得ていました。外国からやって来る観光客のことを何といいますか。次のア～エより一つ選び，記号で答えなさい。

ア．インターン　　イ．インバウンド　　ウ．インターハイ　　エ．インクルーシブ

2　武士が活やくした時代について，問いに答えなさい。

問１　平安時代の武士について，各問いに答えなさい。

⑴　平将門と同時期に瀬戸内地方で乱を起こした人物を，漢字で答えなさい。

⑵　平将門が乱を起こすよりも前のできごとを，次のア～エより一つ選び，記号で答えなさい。

ア．天皇の位を譲（ゆず）った白河上皇が，初めて院政を行った。

イ．奥州藤原氏が，三代にわたって平泉を中心に栄えた。

ウ．坂上田村麻呂が，東北地方の蝦夷を従わせた。

エ．藤原道長が摂政に任じられた。

⑶　大きな武士団の頭（かしら）を何といいますか。漢字で答えなさい。

問２　次の図は，鎌倉幕府と室町幕府のしくみを示したものです。これを見て，各問いに答えなさい。

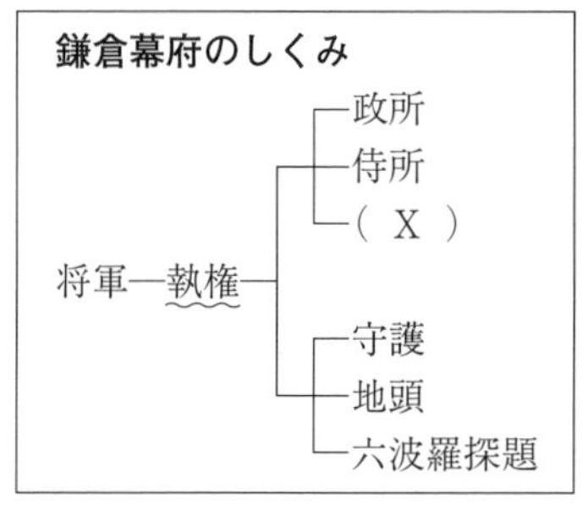

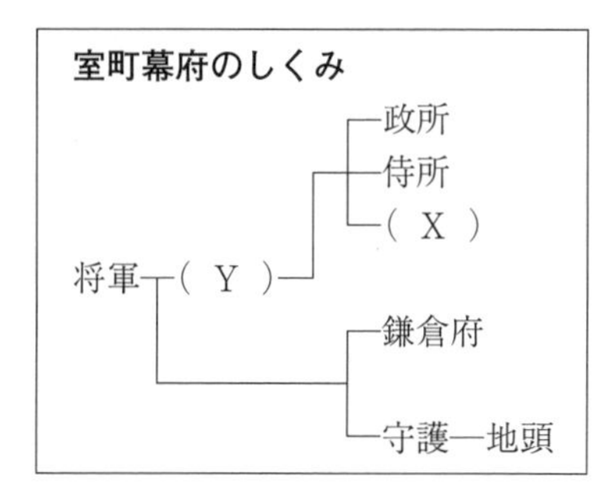

(1) 図中の(X)(Y)にあてはまる語句を，それぞれ漢字で答えなさい。

(2) 図中の波線部について，第2代執権のときのできごととして正しいものを，次のア～エより一つ選び，記号で答えなさい。

ア．永仁の徳政令が出された。

イ．守護・地頭を置くことが，はじめて認められた。

ウ．平治の乱が起こった。

エ．承久の乱が起こった。

問3 鎌倉時代における「御恩」とは何ですか。次の語句を用いて説明しなさい。

将軍　　御家人

問4 次の史料は鎌倉時代のものです。この史料から読み取れることとして正しいものを，下のア～エより一つ選び，記号で答えなさい。

(史料)
下野国寒河郡ならびに阿志土郷について，小山朝光の母を地頭に任命する。

ア．母親は，娘には自分の実家の姓を名乗らせていた。

イ．女性でも土地の管理をしていた。

ウ．女性は結婚しても夫とともに住まず，子どもとともに実家で生活した。

エ．女性がよんだ漢詩は，『古今和歌集』に多数収録された。

問5 戦国大名が，自分の国を支配するためにつくったきまりを何といいますか。漢字で答えなさい。

問6 太政大臣になった人物を，次のア～エより一つ選び，記号で答えなさい。

ア．今川義元　　イ．明智光秀

ウ．織田信長　　エ．豊臣秀吉

問7 姫路城が現在のような姿になったのは，江戸時代の初期です。このころの城には，戦国時代が始まったころの城とは異なる工夫が見られます。右の写真は，姫路城の城壁の一部を写したものです。この写真を見て，敵とどのように戦うことを想定していたのか，説明しなさい。

問8 江戸時代の武士に関連して，各問いに答え

なさい。

(1) 次のグラフは，江戸時代に関するあることがらを，将軍ごとにまとめたものです。あてはまることがらを下のア～エより一つ選び，記号で答えなさい。

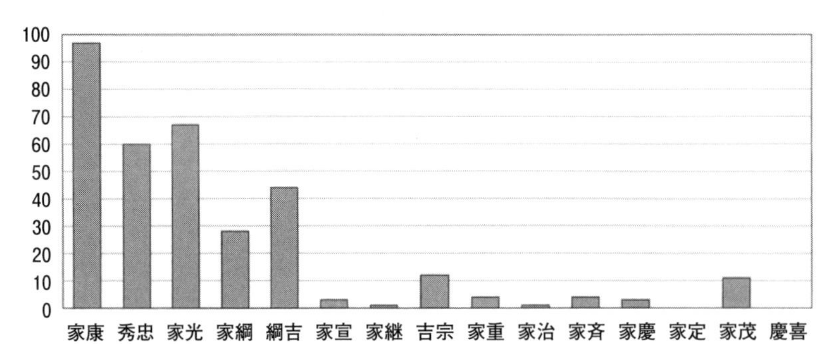

（注） 家康時代の数値については1600年から1605年のものである。
（吉川弘文館 藤野保著『新訂幕藩体制史の研究』より作成）

ア．大名による反乱の数　　イ．領地を取りあげられた大名の数
ウ．百姓一揆の数　　エ．外国に行った日本船の数

(2) 次のア～ウの政策を，時代の古い順に並べかえ，記号で答えなさい。
ア．大名に対して，幕府に米を納めさせる代わりに，参勤交代をゆるめた。
イ．物価を下げるために，株仲間を解散させた。
ウ．金銀の海外への流出を防ぐため，長崎での貿易を制限した。

(3) 18世紀後半から19世紀にかけて，ロシアやイギリスなどの船が日本近海に現れるようになりました。それに対して幕府が1825年に出した法令は何ですか。

(4) 農民や町人であっても，優れた人物は武士の身分が許されたり，幕府の仕事を任されたりすることがありました。そのような人物と，その人物の業績の組み合わせとして**間違っているもの**を，次のア～エより一つ選び，記号で答えなさい。
ア．伊能忠敬：日本各地の沿岸を測量し，精密な日本地図をつくった。
イ．三井高利：「現金かけ値なし」という方法で，呉服商(ごふくしょう)として財産をきずいた。
ウ．間宮林蔵：樺太を調査し，樺太が島であることを確認した。
エ．歌川広重：金や銀を下地にしたあざやかな水墨画を，江戸城の天守閣内部に描(えが)いた。

問９ 1877年に起きた士族の反乱の指導者と同じ藩の出身者を，次のア～エより一つ選び，記号で答えなさい。
ア．大久保利通　　イ．坂本龍馬　　ウ．岩倉具視　　エ．木戸孝允

3 次の問いに答えなさい。

問１ 次の表Ⅰ・Ⅱは，それぞれ2022年度の国の通常の活動にともなう一般(いっぱん)会計の歳入(さいにゅう)（収入）と歳出（支出）の，当初の計画を項目別(こうもくべつ)に表したものです。これについて，各問いに答えなさい。

表Ⅰ　2022年度 一般会計 歳入

項目	割合	金額
①所得税	18.9%	20.4兆円
法人税	12.4%	13.3兆円
②消費税	20.0%	21.6兆円
公債金(こうさいきん)	34.3%	36.9兆円
その他	14.3%	15.4兆円

（財務省資料より作成）

表Ⅱ　2022年度 一般会計 歳出

項目	割合	金額
（Ａ）	33.7%	36.3兆円
公共事業関係費	5.6%	6.1兆円
（Ｂ）	5.0%	5.4兆円
防衛関係費	5.0%	5.4兆円
新型コロナ対策予備費	4.6%	5.0兆円
（Ｃ）	14.8%	15.9兆円
国債費	22.6%	24.3兆円
その他	8.6%	9.3兆円

（財務省資料より作成）

(1)　１年間の歳入と歳出について，項目別にふり分けた計画を何といいますか。漢字で答えなさい。

(2)　下線部①について説明した文として**間違っているもの**を，次のア～エより一つ選び，記号で答えなさい。

ア．効率的に税を徴収(ちょうしゅう)するために，会社員などは所得税が引かれた後の給料を受けとるしくみがとられている。

イ．税を負担する能力に応じて税率を変えるしくみがとられている。

ウ．税金を負担する人と納める人が異なる税であり，税を納めるという意識が薄(うす)れることが問題視されている。

エ．農家や商店などの自営業者の所得を正確にとらえることはむずかしいため，公平な負担には課題がある。

(3)　下線部②には，「軽減税率」というしくみが用いられています。軽減税率が適用される商品として正しいものを，次のア～エより一つ選び，記号で答えなさい。

ア．持ち帰り弁当　　イ．文房具(ぶんぼうぐ)　　ウ．本　　エ．市販(しはん)の薬

(4)　下線部②は，1989(平成元)年に導入されて以来，３回にわたって増税されています。消費税導入と増税の理由について説明した文として正しいものを，次のア～エより一つ選び，記号で答えなさい。

ア．不安定な国際情勢に対し，防衛関係費を増大させる必要があるため。

イ．国際社会の求めに応じて，発展途上国への支援(しえん)を充実(じゅうじつ)させるため。

ウ．地球環境の変化にともなって増大する自然災害への対策にあてるため。

エ．少子高齢化にともなう税収減と支出増加に対応するため。

(5)　表Ⅱ中の(Ａ)～(Ｃ)とこれに関する次の説明文ⅰ～ⅲの組み合わせとして正しいものを，下のア～カより一つ選び，記号で答えなさい。

ⅰ．教育や科学技術の発展のための経費

ⅱ．収入の少ない地方公共団体に対して，国から割り当てられる経費

ⅲ．年金，医療(いりょう)，介護，子ども・子育て等のための支出

ア．Ａ―ⅰ　Ｂ―ⅱ　Ｃ―ⅲ　　イ．Ａ―ⅰ　Ｂ―ⅲ　Ｃ―ⅱ

ウ．Ａ―ⅱ　Ｂ―ⅰ　Ｃ―ⅲ　　エ．Ａ―ⅱ　Ｂ―ⅲ　Ｃ―ⅰ

オ．Ａ―ⅲ　Ｂ―ⅰ　Ｃ―ⅱ　　カ．Ａ―ⅲ　Ｂ―ⅱ　Ｃ―ⅰ

問２　次のグラフは，1975(昭和50)年度以降の日本の歳出と税収を表したものです。グラフから読み取れることとして**間違っているもの**を，下のア～エより一つ選び，記号で答えなさい。

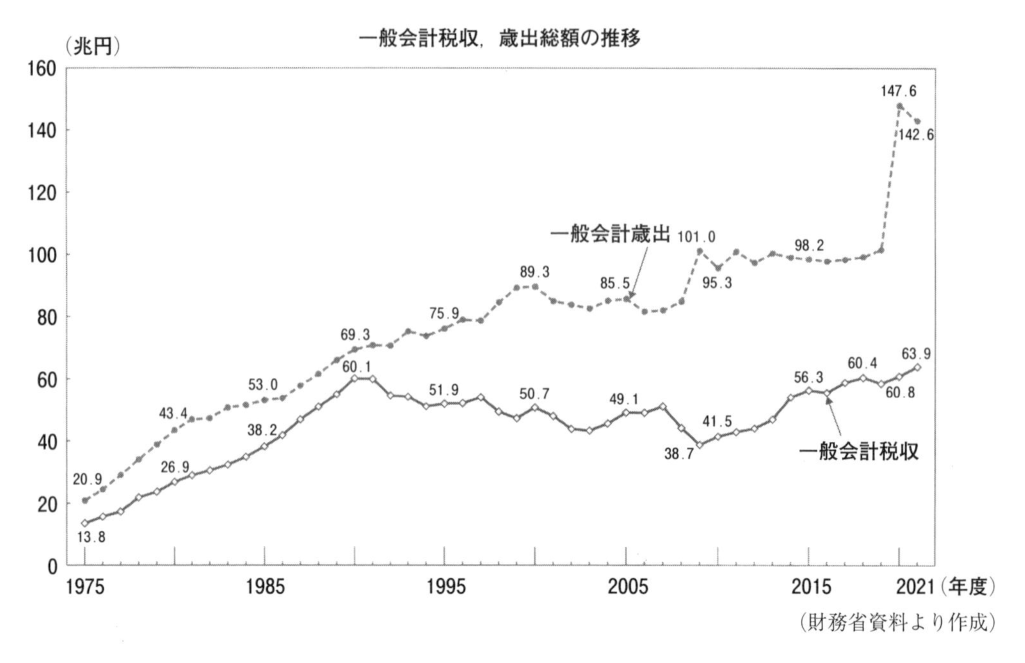

(財務省資料より作成)

ア．税収が歳出を上回ったことはない。

イ．バブル景気の時期は財政赤字の幅が小さい。

ウ．2000年度以降で税収が最少になったのは，東日本大震災が起こった年度である。

エ．新型コロナウイルスにより緊急事態宣言が出されて以降，歳出は100兆円をこえている。

問３　日本国憲法第30条に定められている「納税の義務」は，「子どもに普通教育を受けさせる義務」や「勤労の義務」と並んで，国民の三大義務の一つです。日本国憲法には，政府がむやみに税を課すことを制限する内容がふくまれています。次の二つの条文を参考にして，政府がむやみに課税することをどのようにして防いでいるか説明しなさい。

> (日本国憲法)
> 第41条　国会は，国権の最高機関であって，国の唯一の立法機関である。
> 第84条　あらたに租税を課し，又は現行の租税を変更するには，法律又は法律の定める条件によることを必要とする。

【理　科】〈第１回試験〉（社会と合わせて60分）〈満点：60点〉

1　Ⅰ　食塩を水にとかす実験をしました。食塩は10℃のとき，50ｇの水に最大18ｇとかすことができます。次の問いに答えなさい。

(1)　10℃の水50ｇに10ｇの食塩を少しずつ入れながら，よく混ぜてとかしました。この食塩水をしばらくたってから調べたときの食塩水の濃（こ）さについてあてはまるものを，次のア～ウから１つ選び，記号で答えなさい。

ア．下の方が濃い　　イ．どこも同じ　　ウ．上の方が濃い

(2)　ある濃さの食塩水20ｇを水でうすめて$\frac{1}{5}$の濃さにするとき，何ｇの水が必要ですか。

(3)　10℃の水100ｇに食塩をスプーンすり切り１杯（ぱい）（５ｇ）ずつ入れてとかすことをくり返しました。

①　５杯入れたときの食塩水の濃さは何％ですか。

②　とけ残りがでるのは，何杯目の食塩を入れたときですか。

③　②の水よう液を**図１**のようにろ過しましたが，この方法にはまちがっているところが２つあります。正しくろ過するためにはどうしたらよいですか。２つ答えなさい。

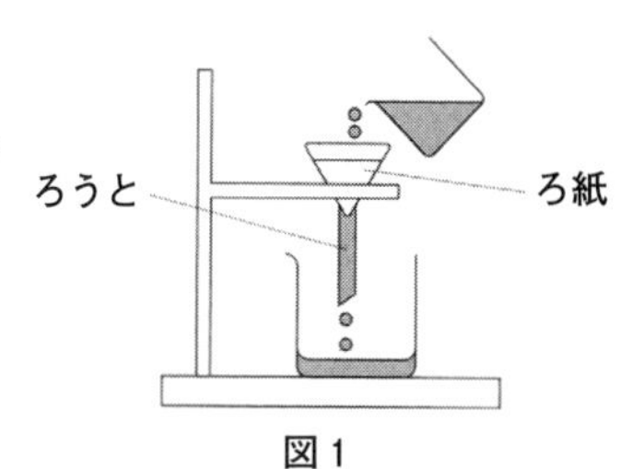

図１

④　③で，ろ紙の上にとけきれなかった食塩が残っていました。

ろ紙を開いたとき，食塩がついているのは，ろ紙のどの部分ですか。正しいものを，次のア～エから１つ選び，記号で答えなさい。ただし，点線はろ紙を折ったときの折り目を表しています。

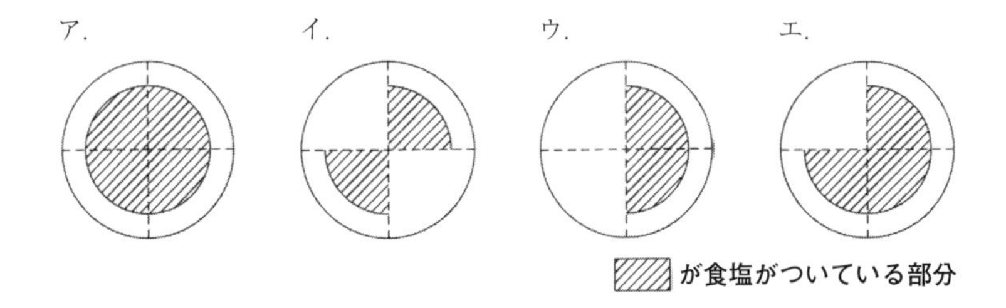

Ⅱ　品子さんはある山で見られる４カ所のがけ(**図２** A，B，C，D各地点)を**図３**のように観察し，地層の積み重なり方を**図４**のように記録しました。**図４**の地層の厚さはその地点の地面を０ｍとして各層の地面からの位置と厚さをしめしています。**図２**は各地点の地面の高さが標高何ｍの高さにあるのかを示しています。これらの図を見てあとの問いに答えなさい。ただし，この地域の地層は水平に堆積(たい)しているものとし，また断層やしゅう曲は見られないものとします。

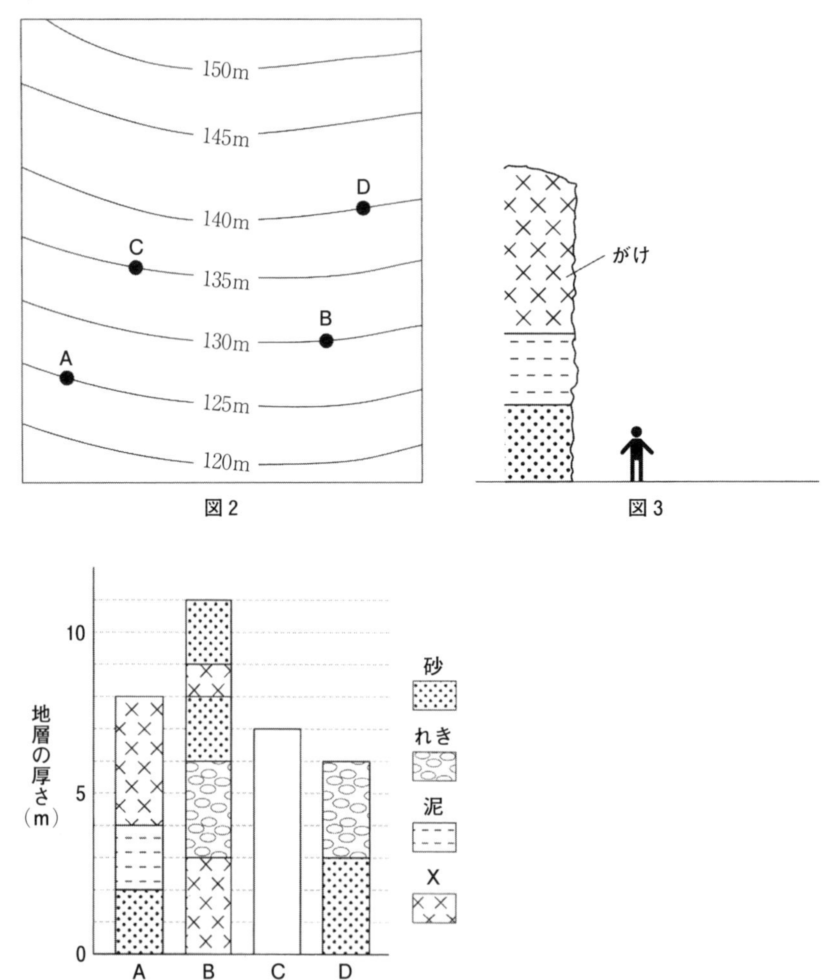

図２　図３

図４

(1)　地層をつくる，砂，れき，泥(どろ)のうち，もっとも大きなつぶはどれですか。

(2)　A地点で地面から７ｍの高さで見られる層は標高何ｍの高さにありますか。

(3)　**図４**の**X**の層はこの付近で過去に火山の噴(ふん)火が起こったときに火山灰が降り積もって出来た層です。この層をつくる岩石の名しょうを次のア～エから１つ選び，記号で答えなさい。

ア．安山岩　　イ．げん武岩　　ウ．ぎょう灰岩　　エ．石灰岩

(4)　**X**の層の厚さより，この周辺地域で火山灰は何ｍ降り積もったと考えられますか。

(5)　**B**地点で地面から11ｍの高さで見られる地層は，**C**地点で地面から何ｍの高さで見られる地層と同じですか。

(6)　**C**地点の層の図として正しいものを，次のア～エから１つ選び，記号で答えなさい。

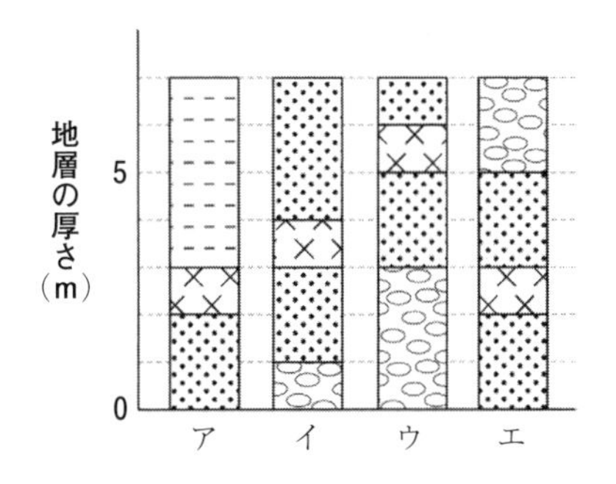

2　アルキメデスの原理により，液体中の物体は，その物体が押しのけた液体の重さに等しい大きさで，上向きの力を受けます。液体から受けるこの力を浮力(ふりょく)といいます。

体積が$30cm^3$で重さが100ｇのおもりＡと体積が$50cm^3$で重さが100ｇのおもりＢを用いて，重さが100ｇのとうめいな容器に300ｇの水を入れて，浮力について次の〔実験１〕～〔実験４〕を行いました。次の問いに答えなさい。ただし，実験で使用した糸はすべて細くて重さや体積が無視でき，また水$1cm^3$の重さは１ｇとします。

〔実験１〕

図１のように，おもりＡを，糸を用いてばねばかりにつるして，水がはいったとうめいな容器の中に容器にふれないようにいれました。おもりＡは完全に水の中に沈(しず)み，容器の底につかずに静止しました。

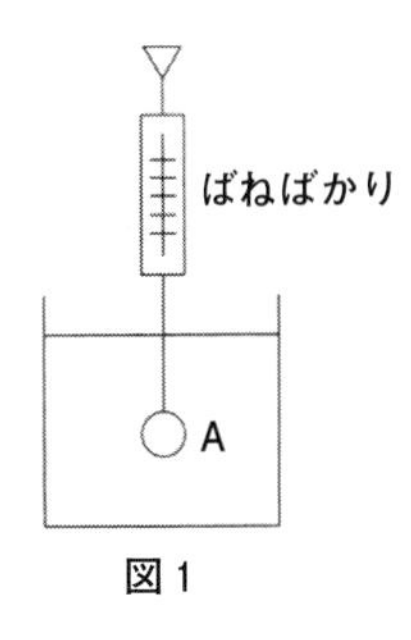

図１

(1)　**図１**において，おもりＡが押しのけている水の体積は何cm^3ですか。

(2)　**図１**において，おもりＡが押しのけている水の重さは何ｇですか。

(3)　**図１**において，ばねばかりの示す値は何ｇですか。

〔実験２〕

次に，**図２**のように，水をいれたとうめいな容器を台ばかりにのせ，その水の中に糸を用いてばねばかりにつるしたおもりＢを容器にふれないようにいれたところ，おもりＢは完全に水の中に沈み，容器の底につかずに静止しました。

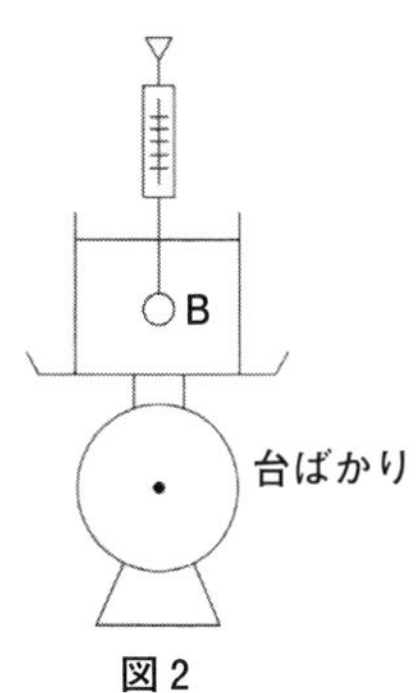

図２

(4)　**図２**において，ばねばかりの示す値は何ｇですか。

(5)　**図２**において，台ばかりの示す値は何ｇですか。

〔実験３〕

次に，**図３**のように水をいれたとうめいな容器を台ばかりにのせ，その水の中におもりＡとおもりＢを糸でつないで容器にふれないようにいれたところ，どちらのおもりも完全に水の中に沈み，容器の底につかないで静止しました。

(6)　**図３**において，台ばかりの示す値は何ｇですか。

〔実験４〕

さらに**図３**において，おもりＡとおもりＢをつなぐ糸を切るとおもりＢのみが容器の底に落下して静止しました。（**図４**）

(7)　**図４**において，おもりＢにはたらく浮力は何ｇですか。

(8)　**図４**において，台ばかりの示す値は何ｇですか。

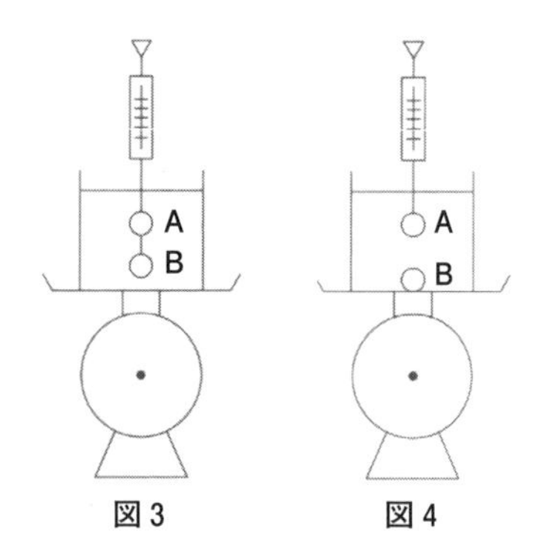

図３　　図４

3　次の文章を読み，あとの問いに答えなさい。

アユは，秋に川をくだり，中流から下流の小石がたくさんあるところで(あ)<u>卵をうみます</u>。

卵は15日～30日前後でふ化します。生まれたばかりのアユには泳ぐ力がほとんどなく，川の流れにのり，海へ向かいます。

冬の間，海で過ごし，成長したアユは川をのぼりはじめます。中流までのぼってきたアユは，岩や石についたコケを食べて大きくなります。

成長したアユにはエサを確保するため(い)＊１<u>なわばり</u>をつくるもの，なわばりをつくれず群れて生活するものがいます。自分のなわばりを守るために，なわばりに入ってくる他のアユをこうげきします。ふつう，なわばりをつくるものはエサが十分にとれるので，群れで生活するものより，大きく成長することができます。

また，なわばりの大きさや，なわばりをつくるアユの数は，いろいろな条件により変化することが知られています。

＊１　なわばり：食料などの確保を目的とした空間。アユの場合は**図１**の点線のようになわばりをつくり，自分のなわばり内に入ってくるアユをこうげきする。

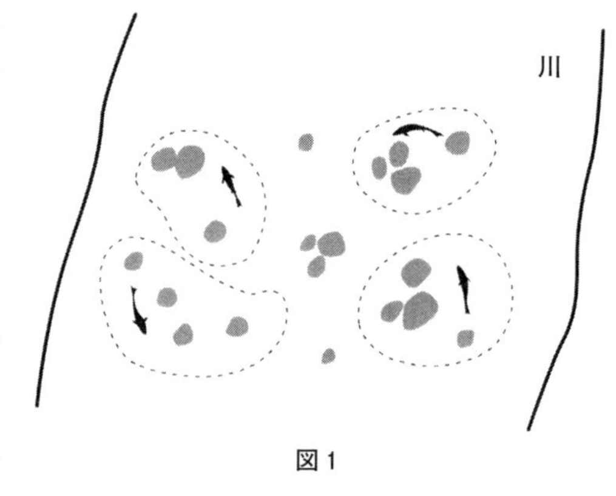

図１

(1)　アユはおもにどの器官で呼吸をするか答えなさい。

(2)　ヒトの心臓のつくりは２心房（ぼう）２心室ですが，アユの心臓のつくりはどのようになっていますか。ヒトの例にならって答えなさい。

(3)　動物は精子と卵が受精をしてできた受精卵が成長して生まれますが，受精の方法には(ア)体外受精と(イ)体内受精の２種類があります。

①　アユの受精方法はどちらですか。(ア)，(イ)の記号で答えなさい。

②　アユと同じ受精方法の動物を次のア～オからすべて選び，記号で答えなさい。

ア．カエル　　イ．ウナギ　　ウ．トカゲ　　エ．ヘビ　　オ．ニワトリ

(4)　下線部(あ)について，体外受精と体内受精を行う動物を比べると１回に産む卵や子の数が大きく異なります。それは，産んだ卵(子)のうち，どの程度が＊2生理的じゅ命まで生きることができるかということに大きく関わっています。右の**図２**は1000個の卵または1000匹の子のうち生理的じゅ命までの各時期にどれだけ生き残っているかをあらわした「生存曲線」と呼ばれるグラフです。なお，このような動物の種類ごとに生き残り数を比かくする場合，縦じくは均等な目盛りではなく，上に行けば行くほど，同じ幅のあらわす数が大きくなる目盛りを使います。

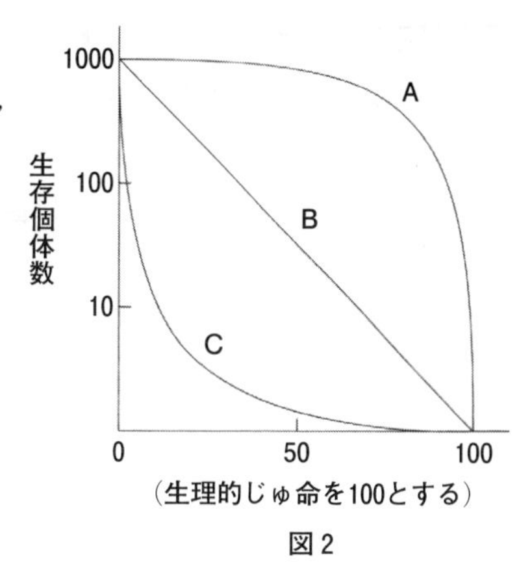

図２

また，横じくは生理的じゅ命の異なる動物を比かくするため，生理的じゅ命まで生きた場合を100としてあらわします。(例：生理的じゅ命が１年の生き物が半年生きたら横軸の50，１年生きたら横じくの100まで生きたことになります)

＊2　生理的じゅ命：その動物が病気や食べられたりすることなく，最大限生きた場合の期間

アユの生存曲線が**C**の形に近いとすると，**A**，**B**，**C**の生存曲線の動物の組み合わせとしてもっとも適したものはどれですか。次のア～カから１つ選び，記号で答えなさい。

ア．**A**：ライオン　**B**：ウグイス　**C**：カレイ
イ．**A**：カレイ　**B**：ライオン　**C**：ウグイス
ウ．**A**：ウグイス　**B**：カレイ　**C**：ライオン
エ．**A**：ライオン　**B**：トカゲ　**C**：ミツバチ
オ．**A**：トカゲ　**B**：ミツバチ　**C**：カレイ
カ．**A**：ミツバチ　**B**：ライオン　**C**：トカゲ

(5)　下線部(い)について，なわばりは大きいほど，エサを多く確保できることになり利益がありますが，同時になわばりが大きいほど，なわばりに入ってくるアユが増え，なわばりを守るために，そのアユを追い出すのにこうげきをする労力を使います。そのため(　①　)から(　②　)を引いた値がもっとも大きくなる場合がアユにとって最適な大きさのなわばりとなります。

(①)，(②)にあてはまる語句を次のア，イからそれぞれ１つ選び，記号で答えなさい。また，**図３**において最適な大きさのなわばりを示す矢印を，ウ～カから１つ選び，記号で答えなさい。

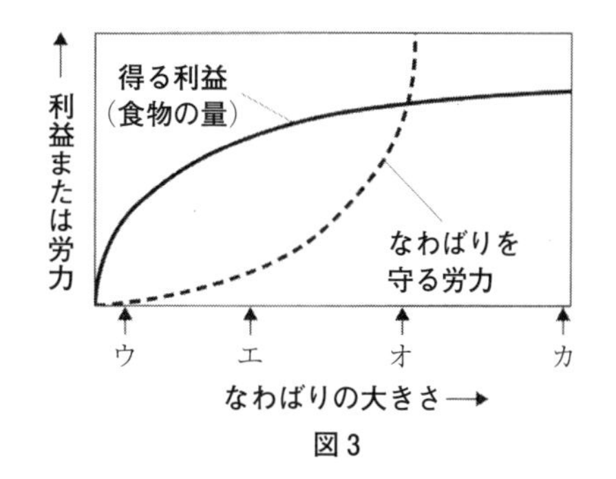

図３

ア．利益　　イ．労力

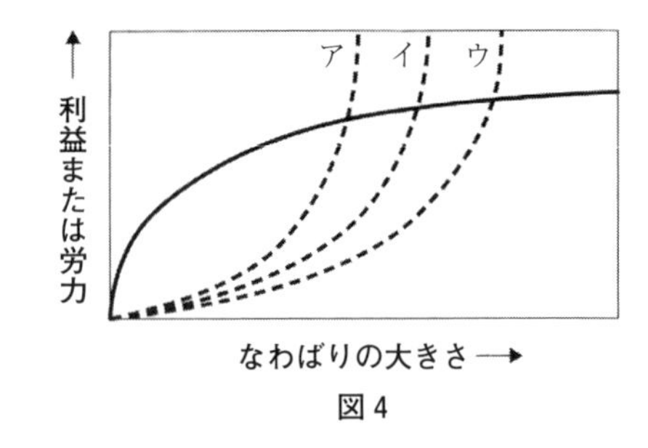

図４

(6)　**図３**で示された時点より一定の面積あたりのアユの数が多くなった場合，なわばりを守る労力を示す曲線はどうなりますか。**図４**のア～ウから１つ選び，記号で答えなさい。ただし，イは**図３**の労力を示す曲線と変わらないものとします。

(7)　アユは一定の面積あたりの数が多くなりすぎると，なわばりをもつアユの割合はとても低くなることが知られています。その理由を「利益」「労力」という語句を必ず使い35字以内で答えなさい。

の時の審査員の様子を「ぼく」はどのように感じていますか。最も適切と思われるものを次の中より一つ選び、記号で答えなさい。

ア、無所属の「ぼく」のマジックの未熟さをせせら笑っている。
イ、無所属の「ぼく」が大会に参加したことに怒っている。
ウ、無所属の「ぼく」を受け入れる観客にあきれている。
エ、無所属の「ぼく」のマジックの腕に感心している。

問4　本文中の［④］にあてはまる語句としてふさわしいのはどれですか。最も適切と思われるものを次の中より一つ選び、記号で答えなさい。

ア、あわれんで　　イ、へつらって
ウ、強がって　　エ、見下して

問5　――線⑤「華々しい世界の中で、ぼくはひとりだった」とありますが、この時の「ぼく」の気持ちを説明しなさい。

問6　――線⑥「学校って何のためにあんの？」とリー坊が言ったのはなぜですか。最も適切と思われるものを次の中より一つ選び、記号で答えなさい。

ア、学校ではまじめに正しく生きるように教えられるにも関わらず、いざ社会に出ると正しいことが必ず通じるわけでないから。
イ、学校では社会は正しいものだと教えられるにも関わらず、いざ社会に出るとさまざまな悪事がはびこっているから。
ウ、学校は社会に出たら困らないようにするところであるのに、いざ社会に出ると学校で学んだことはひとつも役に立たないから。
エ、学校は社会をよりよくするための勉強をするところであるのに、いざ社会に出ると学校で学んだことをみんな忘れてしまうから。

問7　――線⑦「咲ちゃんが海を見ている」とありますが、この時の咲ちゃんの様子として最も適切と思われるものを次の中より一つ選び、記号で答えなさい。

ア、たった一度の失敗でプロの道をあきらめかけている「ぼく」が情けないので、見ないふりをしている。
イ、自分の本当の目標を失っている「ぼく」を見ているとつらくなり、直視できないでいる。
ウ、初心を忘れてマジシャンとしての名声ばかりを追い求めている「ぼく」を嫌悪し、顔も見たくないと思っている。
エ、「ぼく」の腕前を認めようとしないマジックの世界に腹が立つので、海を眺めて冷静になろうとしている。

問8　――線⑧「気づかされた」とありますが、どんなことに気づいたのですか。具体的に説明しなさい。

問9　――線⑨「幻滅した世界」とありますが、「ぼく」が幻滅した様子がわかる続きの2文を本文中よりぬき出し、最初の5字を答えなさい。

「なんで『プロにならなきゃいけない』の？　大樹って、だれかと約束したからマジックのプロになるわけ？」

ちがう。そうじゃない。そうじゃなかったはずだ。

「大樹さ、前に言ってたよね。『プロのマジシャンを名乗りたいんじゃない。プロになればもっと大きなマジックができるからプロになりたいんだ』って。あのとき、わたしは大樹をすごいなって思った。あのときの大樹はすごく格好よかった」

顔をそらされた。

「けどいまの大樹は嫌だ。見たくない」

⑦咲ちゃんが海を見ている。いや、海に顔を向けている。目尻が光っていた。ぬぐおうとしない。

思い出した。そうだ。ぼくはプロになりたいわけじゃないんだ。井の頭公園のピエロが見せてくれた虹色の世界を、ぼくの手で創り出してみたいだけなんだ。ぼくが「マジックしかない」と思うのは、マジックが好きだからだ。心の底から大好きで、それが絶対に揺らがないと、それだけは信じられるからだ。

現実に打ちのめされて、本当の願いを見えなくしていたのはぼくじゃないか。

「大樹がしたいことはなんなの？　わたしはそれが聞きたい」

ぼくがぼくの目を、にごらせていたんだ。

⑧気づかされた。

いたくない場所にいる必要なんてないのだ。

⑨幻滅した世界にすがりついて、自分の心まで汚す必要なんてどこにもない。

母は言っていた。「世界を目指せ」って。

だから決めた。

口に出して言える。

「おれ、アメリカに行く」

（涌井　学『マジックに出会って　ぼくは生まれた　野生のマジシャンＨＡＲＡ物語』より）

注１　「咲ちゃん」…「ぼく」の中学校の同級生。
注２　「浪曲」…浪花節のこと。日本の伝統的な語り芸。
注３　「ＢＧＭ」…バックグラウンドミュージック。舞台などの背景に流す音楽のこと。
注４　「ファンファーレ」…祝典や儀礼で用いられるはなやかな曲。
注５　「リー坊」…「ぼく」の中学校の同級生。

問１　――線①「手にすくったお湯でほっぺたをパシパシ叩いていた」とありますが、この時の「ぼく」の様子を説明したものとして最も適切と思われるものを次の中より一つ選び、記号で答えなさい。

ア、お湯につかっているうちに緊張がとけ、大会で自分が優勝する姿を想像できるようになってきたので本番に向けて気合いを入れている。

イ、本番について考えているうちに楽しくなり、大会に優勝したら女の子にモテるかもしれないという不純な想像をしている自分をしかっている。

ウ、大会で優勝する自分をイメージして気合いが入ってきたが、あまり気負ってはいけないと思い直し自分を落ち着かせている。

エ、咲ちゃんの言葉のおかげで失っていた自信を取り戻すことができ、大会で絶対に優勝しなくてはいけないと決意している。

問２　――線②「体が震えてきた」のはなぜですか。考えられる理由を答えなさい。

問３　――線③「あごに手をふれてうなっている」とありますが、こ

「大樹が目指すのはここじゃあない。世界だよ」

七里御浜海岸の砂を波が洗っている。

「だめだった」

そう伝えたら、砂浜に座ったまま咲ちゃんは無言で泣き出して、注5リー坊は怒りくるった。立ち上がって地団駄ふんで、海に向かって「あー！」と何度もさけんでいた。

リー坊の足が丸い小石を踏んでいる。ザクッザクッと踏みつけている。

「納得いかねえー！　みんな、『まっとうに生きろ』とか『道徳性を持て』とか言うくせに、いざ外に出てみたらこういう闇が待ち構えてるのおかしくねえ⁉　何それ！　⑥学校って何のためにあんの？　社会に出たときに困らないようにするためじゃねえの？」

リー坊の肩の向こうに獅子岩が見えている。ほえる獅子のような形をした、天然記念物にもなっている巨大な岩だ。その獅子と同じように口を開いて、リー坊が海に向かってほえている。

「あーもう！　こんなん引きこもりたくなるわ！　納得いかねえー！」

ハアハア肩で息をしてからぼくらのところにもどってきた。ぼくのとなりにストンと腰を下ろす。

鼻をぐしぐしいわせていた。

「くやしいなあ……。おれがもっと頭とかよくて権力も持ってたら、そいつらコテンパンにしてやれたのかなぁ」

ありがとう。怒ってくれて。

これから自分が進む道を見極めたくて大会に出場し、ぼくは道を見失って帰ってきた。

一気に何も見えなくなってしまった。完全に迷子だ。どこへ向かえばいいのか、何をすればいいのかまったくわからなくなった。

リー坊にたずねてみた。

「あのさ……、リー坊はどうするつもりなの？　中学卒業したら」

まだ鼻をずるずるいわせている。

「……たぶん、高校に行く」

「なんで？」

「答えが出ないんだよ。考えてると『わー』ってなるの！　ていうか大樹こそどうすんだよ！　マジシャンの道がそんなドロドロだって知って、それでもマジシャンなんかになりたいのか？　お前それでもいいのか？」

迷いがないと言ったらうそになる。大会でのできごとはそれくらいにショックだった。いままでキラキラ輝いて見えていたものが一気にぜんぶくすんでしまった。魔法のような虹色の世界がヘドロの底に沈んでいるみたいで何もかもが嫌になった。

だけど、ぼくにはマジックしかないのだ。勉強も運動もかなぐり捨てて、これまでずっとマジックだけをしてきた。いまさら止めることなんてできない。マジックがだめならぼくは終わるのだ。マジックを続けるためなら、たとえどんなに汚い世界にだって飛びこまなきゃならない。これが現実なんだ。これがきっと、大人になるってことなんだ。

吐き出そうとする言葉に心がピリピリした。口がうまく回らない。

「……それでもおれは、プロにならなきゃいけないんだ。いままでおれを支えてくれた、家族やみんなに恩返ししなきゃいけないから……」

咲ちゃんにあっさり言われた。

「なんで？」

口が開いたまま固まった。そんなふうに問い返されると思っていなかったから。

きもなく、出身地だけを告げられた出場者なんてぼくだけだった。要するにみんなから、「だれだこいつ」と思われたのだ。

でも、そんなこと気にしていられない。注3 BGMが鳴り出した。

ぼくはステージの中央に向かって歩き出す。

観客席に母の姿が見えた。気丈な母が手を組んで祈るようにしてぼくを見ていた。

口の中で母に告げた。

大丈夫。落ち着いてるよ。いまのぼくの全力を、完全に出し切ってみせるから。

〈持ち時間は九分間です。では、原大樹さん、はじめてください〉

九分後。観客は沸き返っていた。拍手はやまなかった。審査員の何人かが、③あごに手をふれてうなっているのが見えた。舞台袖に立つ次の出場予定者が顔を真っ白にしていた。

やりとげた。いまできることを、ちゃんとやり切ることができた。

観客に頭を下げて舞台袖に引く。母が顔を真っ赤にして拍手していた。ぼくは胸を高鳴らせていた。かなり手ごたえがあった。練習してきたことの八割近くが出せたんじゃないかと思う。実力の八割が出せれば上出来だ。他の出場者の舞台を見ても、自分のステージが劣っているとはとても思えなかった。観客や審査員の受けだって上々だ。

だけど、翌日の表彰式で、ぼくは絶望していた。

優勝できなかったからじゃない。

いないことにされていたからだ。

表彰式をふくめて、大会の間に、原大樹という名前は一度も呼ばれなかった。

昨日、ステージを終えた後、ひかえ室で出場者のひとりにこう言われた。

「君は入賞できないよ」

ぼくのステージは成功だった。お客さんは大いに沸いていつまでも拍手が鳴りやまなかったし、ぼく自身も大きな手ごたえを感じていた。だからこそ、この人は［ ④ ］そんなことを言うんだとそのときは考えた。だけど、有名マジッククラブに所属しているその出場者は続けてこう言った。

「はじめから決まってる。この大会じゃ、無所属の人は優勝も入賞もできないんだ」

注4 ファンファーレが鳴り響き紙吹雪が舞っていた。ステージの上で入賞者が金色の楯を受け取っている。みんな笑顔だ。キラキラ顔が輝いている。

⑤華々しい世界の中で、ぼくはひとりだった。

はじめての大会だった。希望に胸をふくらませて挑んだ初の公式大会で、ぼくは知りたくないことを知ってしまった。

マジックの腕があればマジシャンになれるわけではないのだ。

師匠のいない、ひとりきりのぼくに道は与えられていない。

ぼくのあこがれた世界は、はっきりとぼくに、「来るな」と言った。

吐くかと思った。

大好きだったマジックの世界にも、闇はあったのだ。

十津川村に帰るバスの中で、母とぼくはずっと無言だった。母を傷つけたくなくて詳しくは話さなかったけど、ぼくの態度と運営委員の冷たい視線から察したのかもしれなかった。

二時間も無言の時間がすぎた後、窓に映る母の口がゆっくりと開いた。

そして母は、ぼくにこう言ったんだ。

ゃん）が銭湯代わりにやってくるようなとても小さな公衆浴場だ。

百円でお湯につかれるこの温泉はぼくにとっての書斎（しょさい）だ。本は読まないけどいろいろ考える。お湯につかって考えるとなぜか頭が整理されるからだ。たぶんぼくにとって、この温泉通いはちょっとした儀式（ぎしき）なんだと思う。

明日に迫（せま）ったマジック大会のステージの様子をイメージした。会場で必要以上に緊張（きんちょう）しないためだ。日本中からマジック愛好家がやってくる。演技の内容は出場者に任されているから自由だけど、自由だからこそ大いに悩（なや）ましかった。ぼくが得意なのはトランプのカードを使ったカードマジックだ。おそらくカードマジックの技術ならだれにも引けを取らないと思っている。だけどカードマジックにはステージの上での派手さがない。じゃあどうするか。ステージで見ばえするマジックが必要だ。それにカードマジックを組みこむんだ。

想像していたら、しだいに緊張がお湯に溶（と）けていって、なんだかだんだん楽しくなってきた。注1咲（さき）ちゃんの言葉を思い出していた。

「大樹のマジックかなりすごいよ。自信持っていいと思う」

ちょっとにやけてしまう。もしかしたら優勝とかしてしまうかもしれない。そしたらもしかして、女の子にもモテたりするかも。

「うっし」

①手にすくったお湯でほっぺたをパシパシ叩（たた）いていたら、湯気の向こうで知らないじいちゃんが「ううー」と注2浪曲（ろうきょく）みたいなうなり声を上げた。うなり声の続きみたいにぼくに言う。

「あかんよう。そんなに気合い入れちゃあ」

「え……？」

「あんたがこれから何をするのかおっちゃんは知らんけど、人間、持ってるもん以上のものは出せへんのやし、気合いなんぞ入れんでよろしい。自然に、自然に」

「……はあ」

「気負いこむとなんもできんようになる。おっちゃんはそれで何度も失敗した。はは」

なんとも適当な感じにそんなことを言うんだ。

温泉に来ると、なぜかいつもこの人がいる。

いったいだれなんだろう、この人。

夜行バスに揺（ゆ）られ朝になると、そこはビルの建ち並ぶ街だった。でっかいビルを見上げ、フロアの案内板に自分の出場する大会名を見つけたとたんに緊張した。千人は入る巨大（きょだい）な会場だ。ここでぼくは、はじめてマジックの腕（うで）を審査（しんさ）されるんだ。プロの目で、いまのぼくの力を評価されるのだ。

自信がないわけじゃなかった。だけど、楽屋に入って大勢の出場者を目にしたらなぜか②体が震（ふる）えてきた。

次々と出場者が呼び出されて、審査員の待つ会場に向かっていく。

完全に夢だったはずのものが、具体的な目標に変わりつつあるのをぼくは感じていた。この大会で優勝すれば名が売れる。名が売れれば仕事が来る。仕事が来るようになればプロを名乗れる。もう、「趣味（しゅみ）だから」とか、「しろうとなんで」とか言えなくなる。むき出しの実力主義の世界に、これからぼくは放り出されるんだ。

それが怖（こわ）いのかもしれなかった。

アナウンスで呼び出された。

〈十津川村、原大樹さん。会場へどうぞ〉

〈次は、奈良県十津川村より、原大樹さんです〉

会場がざわつくのがわかった。みんなとちがってぼくには所属しているマジッククラブや師匠（ししょう）であるマジシャンの名前がない。何の肩書（かたが）

壁に解明することは不可能」であるにも関わらず、犯人を認定して罰を与えようとするのはなぜですか。本文中より10字以内でぬき出して答えなさい。

問4　――線④「刑事事件の裁判」において、タイムマシンを持たない人間は、どのようなことをよりどころとして判断を下していますか。具体的に説明しなさい。

問5　――線⑤「科学者たちは試行錯誤の途中だ」とありますが、このような科学者たちの過去の努力の集積を、筆者はどのようなことばで表現していますか。本文中より8字以内でぬき出して答えなさい。

問6　――線⑥「完璧じゃなくても、なんかしなくちゃならない」のはなぜですか。最も適切と思われるものを次の中より一つ選び、記号で答えなさい。

ア、完璧な対策でなくても、現在の研究成果を実際に試してみない限り、その効果について検証することはできないから。

イ、完璧な対策でなくても、新たな研究成果が活用される機会はあるということが示されれば、研究意欲向上につながるから。

ウ、完璧な対策でなくても、未来にならないとわからない結果を恐れるよりは、最初の一歩を踏み出すことに意義があるから。

エ、完璧な対策でなくても、今、何か対策しなければ未来は確実にわるくなるのであり、全く何もやらないよりはましだから。

問7　――線⑦「オリンピックで、フェアプレーの末残念ながら敗れてしまった選手」を、科学者の場合にあてはめると、どのような科学者に相当すると筆者は述べていますか。説明しなさい。

問8　――線⑧「僕らの甘え」とありますが、人間と自然の関係における「甘え」とはどのようなことを指していますか。「甘え」が生じる原因もふまえて説明しなさい。

問9　――線⑨「取り返しのつかない結果」を避けるためには、どのようなことをすべきだと筆者は考えていますか。適切と思われるものを次の中よりすべて選び、記号で答えなさい。

ア、迷ったあげく何もしないよりは、まずは自分ができる環境保護活動を実行してみること。

イ、日頃から自然をよく観察し、その変化を察知するための感覚を研ぎ澄ませておくこと。

ウ、環境問題が大問題になってしまう前に兆候に気づいて速やかに適切な対策を講じること。

エ、環境問題には、気づいた時にはもう手遅れだったという事例が多いことを認識しておくこと。

オ、自然保護を最優先にする信念を持ち、政治家や大企業などに対してもひるまず対抗すること。

四

奈良県の山奥にある村・十津川村に住む「ぼく」（原大樹）はマジシャンを目指している。マジシャンを目指すきっかけとなったのは、幼いころに東京の井の頭公園でピエロがシャボン玉を宝石に変えるマジックをするのを目の前で見たことだった。「ぼく」のマジックは地元では評判となり、やがて中学三年生になった「ぼく」は都会で行われるマジック大会に出場することになる。次の文章を読み、あとの問いに答えなさい。（ぬき出しと字数が決められている問題は、すべて「、」「。」記号などを字数にふくみます。）

何か大きなイベントを前にしたときや、決めなきゃならないことがあるとき、ぼくは近所の温泉に行くことにしている。温泉っていっても源泉があるっていうだけで、周辺住民（おもにじいちゃんとばあち

しかし、自説を補強しようと研究結果を注4捏造したら、それは手続的正義の喪失である。それをやってしまった科学者は、その世界から大きなペナルティを受けるだろう。⑦オリンピックで、フェアプレーの末残念ながら敗れてしまった選手は、ねぎらいの拍手を受けるだろう。ところが、勝利しても注5ドーピングをした選手は大きな非難を受けるだろう。科学者の仕事も似たようなものであり、「勝つために手段を選ばない」というのは間違いで、「正しい手続きで研究する」のが大事なのである。結果はあとからついてくる。

注6 **タイムラグ**

⑧僕らの甘えが、結果的に⑨取り返しのつかない結果をもたらす。その原因はタイムラグかもしれない。あの人はいつもニコニコしていて何を言っても怒らないね、なんて思うことがある。しかしそれに甘えすぎて、わがままを言いすぎて、結果的にその人の限界を超えるようなストレスを与えてしまっていた。その結果ブチ切れられてしまい、もう関係性はもとに戻らない。人間関係ではよくある話だ。後悔してももう戻らない。僕らは犠牲を払うことで学んでいくのだろう。

同じようなことは、人間と自然の関係性でもよく生じる。自然は大きくて、そこに生息する生物もまたスケールが大きい。大木は個体が大きいし、小さな生物たちも、数が多いのでスケールが大きい。そんな自然を相手にするとき僕らは、少々相手のことを雑に扱っても大丈夫だろう、なんて考えがちである。ところがある日、取り返しのつかないことが分かってから、僕らはことの重大さに気づくのである。むかし、北米大陸に大量に生息していたリョコウバト。大群で飛び回るその姿を見て、彼らが将来絶滅する恐れを感じていた人なんていなかったかもしれない。しかし、過剰なハンティングと生息地の減少によって、彼らはいとも簡単に絶滅してしまった。大丈夫だろうと思って気を抜いていたら、気づいたときには取り返しがつかなくなっている。これがタイムラグの恐ろしさだ。

このような問題を回避するために、僕らは感覚を研ぎ澄ませておきたい。環境問題が大問題になる前にほんのわずかな兆候に気づき、対策すること。環境問題は、誰でもわかるくらいに問題が顕著になったときは、もう止めるのが難しかったりする。これは覚えておきたいことだ。

（伊勢武史『２０５０年の地球を予測する
――科学でわかる環境の未来』より）

注1 「ポリシー」…行動するときの原則。方針、方策。
注2 「試行錯誤」…さまざまな試みをくり返し、失敗を重ねながら目的に近づいていくこと。
注3 「コンセンサス」…意見の一致。合意。
注4 「捏造」…事実でないことを事実のようにこしらえること。
注5 「ドーピング」…スポーツ選手が運動能力を高めるために禁止薬物を使用すること。
注6 「タイムラグ」…関連し合う二つの現象の間に生ずる時間のずれ。

問1 ［①］に入る言葉として最も適切と思われるものを次の中より一つ選び、記号で答えなさい。
ア、不思議な効果　イ、劇的な効果
ウ、逆の効果　エ、相乗効果

問2 ――線②「動く前にじっくり考えなければならない」とありますが、筆者は「じっくり考え」るためにどのような準備が必要だと述べていますか。「こと。」に続くように本文中より20字以内でぬき出し、最初と最後の4字を答えなさい。

問3 ――線③「警察官や裁判官にとって、誰が事件の真犯人かを完

手続的正義と実体的正義

タイムマシンを持たない人間が、重大な判断を迫られることがある。未来を予測する環境問題でもそうだし、事件の犯人を認定して罰を与えることもそうだ。タイムマシンは存在しないので、③警察官や裁判官にとって、誰が事件の真犯人かを完璧に解明することは不可能だ。それでも刑事事件の裁判で、可能性の高い者を認定し罰しなければ、社会の秩序は守れない。そこで、裁判の正当な手続きを決め、その過程を経ていればその処罰は正当なものとみなすという社会の合意（法律）ができた。これを**手続的正義**という。実際に誰が犯人かという真実が**実体的正義**だが、それは神のみぞ知るもの、あるいはタイムマシンが開発されたら分かるものである。神のお告げやタイムマシンの開発を待っていられない僕らが、社会秩序の維持のために使うのが手続的正義である。

科学の世界も同じ。タイムマシンを持たない人間は、温暖化がどのようになるか、未来を完璧に予測することは不可能だ。それでもいま、何か対策しなければ未来は確実にわるくなる。完璧な予測ができない以上、完璧な対策は不可能。それでも、やらないよりはましなのだ。見切り発車的な気持ちわるさは否めないけれど……。

④刑事事件の裁判とはちがって、温暖化予測の手続きは、まだ定まっていない。⑤科学者たちは注2試行錯誤の途中だ。一例として、intercomparison（相互比較）というやり方が普及してきた。これは、独立した複数の研究グループがあるお題に沿って未来予測を行い、その結果を比較するというもの。多くのグループが似たような結果を出すならば、その予測は比較的信頼できるとみなす。当然ながらこれは、完璧な手段ではない。きっと間違っていることも多いだろう。温暖化の議論が始まって数十年、むかし言ってたことは、合ってたことも間違ってたこともある。間違いを直して、より良いやり方にしていかなければならない。これからもそうだろう。二〇五〇年には、いまよりましな注3コンセンサスの取り方が採用されてることを望む。

⑥完璧じゃなくても、なんかしなくちゃならない。これを忘れてはならない。二〇五〇年の人にどう評価されるか、二〇二一年の僕はよく考える。僕が発想して、研究して、立証できたかに思えた理論、実は間違いだった、なんてことは二〇五〇年にはいろいろ判明しているだろう。僕は、それ自体を恥ずかしいとは思わない。科学とは試行錯誤の繰り返し。砂でできた巨人の肩のうえに立つ。科学者は集団としていろいろ試行錯誤する。僕もその、砂粒のひとつだ。

二〇五〇年、僕が恥じるとしたら、科学の正当な手続きを踏んでないと指摘されること。逆に、科学の正当な手続きを踏んでいたら、科学者は悩むことも心配することもなく、自分の研究を堂々と発表すればよい。ちなみに科学の正当な手続きを踏んでいることは、現代では査読（peer review）というプロセスで確認されている。ちゃんとした査読が行われているなら手続的正義が得られる。その論文が実体的正義を持っているかどうかは、後世にならないとわからない。

科学者は、しばしば対立する仮説をめぐって熱い議論を行う。ある科学者は地球で最初の生命は「三七億年前」と言い、別の人は「三九億年前」と言う。このふたつの説は両立しえないので、どちらかは間違いだ。科学者は自説を確立するためにいろいろな証拠を調べていき、やがてどちらかが正しいという結論に至る。そんなとき、間違ったほうの説からは、実体的正義が失われる。しかしそれでも、その説を唱えていた科学者が個人攻撃を受けることはない。手続的正義を保っていたからだ。手続的正義を持った複数の学説が議論を重ね、実体的正義に近づいていく。科学とはそうやって発展していくものだ。

2023年度

品川女子学院中等部

【国　語】〈**第一回試験**〉（五〇分）〈満点：一〇〇点〉

一　**次の(1)～(5)の――線部を漢字に直しなさい。**

(1)　手をセイケツにする。
(2)　水槽（すいそう）で熱帯魚をカう。
(3)　今日発売するシュウカン誌。
(4)　その作家は賞をジタイした。
(5)　選手のフンキを促（うなが）す。

二　**次の(1)～(5)の問いに答えなさい。ただし(1)(2)はひらがなでもよいが、(3)～(5)は漢字で答えること。**

(1)　下の意味となるように、空欄（くうらん）に生物の名前を入れてことわざを完成させなさい。
「□で鯛（たい）を釣（つ）る」…少しのものによって、多くの得をすること。

(2)　〰〰線部が下の意味となるように、空欄に体の部位を入れて慣用句を完成させなさい。
結果にこだわらず全力でやると□をくくった。…決心した。覚悟（かくご）をした。

(3)　下の意味となるように、空欄に漢字を入れてことわざを完成させなさい。
「□羽の矢が立つ」…多くの中から特に選び出されること。

(4)　〰〰線部の語の対義語を漢字２字で答えなさい。
消費者の声を聞く。

(5)　次の文の空欄に漢字を入れて四字熟語を完成させなさい。
友だちは勉強も運動もできて性格がよく、完全□□な人間に見える。

三　**次の文章を読み、あとの問いに答えなさい。（ぬき出しと字数が決められている問題は、すべて「、」「。」記号などを字数にふくみます。）**

環境（かんきょう）問題を解決しようと思って、僕（ぼく）らは［①］を生んでしまうこともある。たとえば、車に乗って行う自然保護活動は、二酸化炭素を排出（はいしゅつ）するがゆえにトータルで考えると環境に悪影響（えいきょう）を与（あた）えている可能性があるのだ。そんな活動をするくらいなら、家で寝（ね）てたほうがましなのかもしれない。単なる自己満足ではダメで、僕らは行動のプラスとマイナスを総合して、総合的にプラスになるように動かなければならない。なので、②動く前にじっくり考えなければならない。若いみなさん、あせって自然保護活動に参加するよりも、まずはじっくり腰（こし）を据（す）えて勉強してから、自分のすべき活動を考えても遅（おそ）くはない。

僕自身、大学に行く前に考えてたこと、やってたことは、たいてい間（ま）違（ちが）いだったと後になって気づいた。環境問題に関しては、「行動する な、その前に学んで考えろ」というアドバイスをおくりたい。自分一人の人生なら、「あれこれ悩（なや）む前に行動しろ」という注1ポリシーでやってきて、自分はそれを気に入っているけど、環境保全はあなたひとりの自己満足のためにやるもんじゃない。だから、行動の前に考えることが重要なんだ。だから、しっかりと基礎（きそ）知識を身に着け、批判的思考ができるようになってから環境保全活動に取り組むことをお勧（すす）めしたい。

2023年度

品川女子学院中等部　▶解説と解答

算　数　＜第１回試験＞（50分）＜満点：100点＞

解　答

1 (1) 2　(2) 3　(3) 157　(4) ア 0　イ 1　ウ 4　2 (1) 650mL
(2) 11匹　(3) 83点　(4) 30度　(5) 4680円　(6) 3と16　(7) 6個　(8) 6通り
(9) 6分　(10) 300円　3 (1) 152cm^3　(2) 216cm^2　(3) 168cm　4 (1) 13
(2) 2，4，5，6，8　(3) 17と71

解　説

1 四則計算，逆算，計算のくふう，条件の整理

(1) $2\frac{1}{3}\times\left\{3\frac{1}{7}\div\left(0.75+\frac{1}{6}\right)-2\right\}-1\frac{1}{3}=2\frac{1}{3}\times\left\{3\frac{1}{7}\div\left(\frac{3}{4}+\frac{1}{6}\right)-2\right\}-1\frac{1}{3}=2\frac{1}{3}\times\left\{3\frac{1}{7}\div\left(\frac{9}{12}+\frac{2}{12}\right)-2\right\}-1\frac{1}{3}=2\frac{1}{3}\times\left(\frac{22}{7}\div\frac{11}{12}-2\right)-1\frac{1}{3}=2\frac{1}{3}\times\left(\frac{22}{7}\times\frac{12}{11}-2\right)-1\frac{1}{3}=2\frac{1}{3}\times\left(\frac{24}{7}-2\right)-1\frac{1}{3}=2\frac{1}{3}\times\left(\frac{24}{7}-\frac{14}{7}\right)-1\frac{1}{3}=\frac{7}{3}\times\frac{10}{7}-1\frac{1}{3}=\frac{10}{3}-\frac{4}{3}=\frac{6}{3}=2$

(2) $\left\{\left(\frac{1}{3}+\frac{1}{15}\times\square\right)\times\frac{1}{4}-\frac{1}{10}\right\}\div1\frac{5}{6}=\frac{1}{55}$より，$\left(\frac{1}{3}+\frac{1}{15}\times\square\right)\times\frac{1}{4}-\frac{1}{10}=\frac{1}{55}\times1\frac{5}{6}=\frac{1}{55}\times\frac{11}{6}=\frac{1}{30}$，$\left(\frac{1}{3}+\frac{1}{15}\times\square\right)\times\frac{1}{4}=\frac{1}{30}+\frac{1}{10}=\frac{1}{30}+\frac{3}{30}=\frac{4}{30}=\frac{2}{15}$，$\frac{1}{3}+\frac{1}{15}\times\square=\frac{2}{15}\div\frac{1}{4}=\frac{2}{15}\times\frac{4}{1}=\frac{8}{15}$，$\frac{1}{15}\times\square=\frac{8}{15}-\frac{1}{3}=\frac{8}{15}-\frac{5}{15}=\frac{3}{15}=\frac{1}{5}$　よって，$\square=\frac{1}{5}\div\frac{1}{15}=\frac{1}{5}\times\frac{15}{1}=3$

(3) $A\times B+A\times C=A\times(B+C)$となることを利用すると，1.57×24＋53×1.57＋1.57×23＝1.57×(24＋53＋23)＝1.57×100＝157

(4) 右の図で，3■5×４＝14▲0である。3■5と４の積の上２桁(けた)(千の位と百の位)が14となるのは，355×４＝1420か，365×４＝1460のときなので，■は５か６とわかる。また，右の図で，3■5×３＝1ア9●である。■が５の場合，355×３＝1065となり，十の位が９にならないが，■が６の場合，365×３＝1095となるので，■＝６，アは０とわかる。よって，365×34＝12410より，イは１，ウは４と求められる。

```
      3■5
  ×    34
     14▲0
    1ア9●
    イ2ウ10
```

2 単位の計算，つるかめ算，平均とのべ，角度，相当算，調べ，約数と倍数，場合の数，速さと比，比の性質

(1) １L＝1000mLより，0.3L＝300mLである。また，１dL＝100mLより，２dL＝200mLとなる。よって，水は合わせて，300mL＋150mL＋200mL＝650mLある。

(2) 24匹(ひき)すべてがツルだとすると，足の本数の合計は，２×24＝48(本)となり，実際よりも，70－48＝22(本)少ない。そこで，ツルを減らして，かわりにカメを増やすと，足の本数の合計は，１匹につき，４－２＝２(本)ずつ多くなる。よって，カメは，22÷２＝11(匹)とわかる。

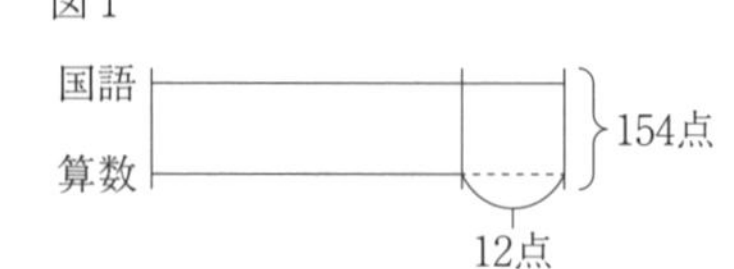

(3) 国語と算数の合計点は，77×２＝154(点)なので，２科目

の点数の関係は，上の図１のようになる。図１より，国語の点数は，(154＋12)÷２＝83(点)と求められる。

⑷　右の図２で，三角形ABCにおいて，内角と外角の関係より，角ACEの大きさ(×２個分)は，角BACと角ABCの大きさ(○２個分)の和と等しい。すると，(角ACE)－(角ABC)＝60(度)となり，×２個分の角度から○２個分の角度を引くと60度とわかる。同様に，三角形DBCにおいて，内角と外角の関係より，×１個分の角度から○１個分の角度を引くと角xの大きさになる。よって，角xの大きさは，60÷２＝30(度)と求められる。

図２

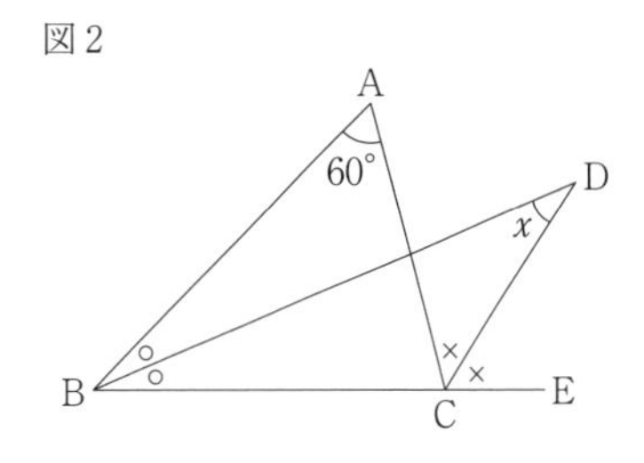

⑸　右の図３で，$\boxed{1}-\boxed{\frac{2}{3}}=\boxed{\frac{1}{3}}$が650円なので，$\boxed{1}=650\div\frac{1}{3}=$1950(円)となる。すると，①$-\left(\frac{7}{12}\right)=\left(\frac{5}{12}\right)$が1950円だから，もらったおこづかいである①の金額は，$1950\div\frac{5}{12}=4680$(円)と求められる。

図３

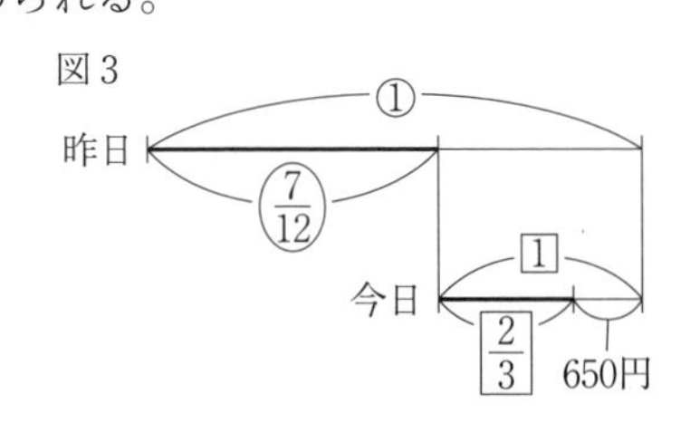

⑹　積が48となる２つの整数は，１×48，２×24，３×16，４×12，６×８であり，このうち，和が19となるのは，３と16だけとわかる。

⑺　１×１＝１，２×２＝４，３×３＝９，４×４＝16のように，同じ整数２個をかけてできる数を平方数という。また，整数を２個の整数の積で表すとき，その２個の整数はどちらももとの整数の約数となる。平方数を右の図４のように２個の整数の積で表すと，同じ整数をかけ合わせたものが１組できるから，約数の個数は奇数(きすう)個となる。そこで，２桁の平方数を調べると，４×４＝16，５×５＝25，６×６＝36，７×７＝49，８×８＝64，９×９＝81の６個とわかる。

図４

16＝１×16
　　２×８
　　４×４

⑻　Aさんは，続けて負けることなく２敗するとき，Aさんが何回目の対戦で負けるのかを×で表すと，右の図５のようになる。よって，全部で６通りとわかる。

図５

１回	２回	３回	４回	５回
×		×		
×			×	
×				×
	×		×	
	×			×
		×		×

⑼　いつもの速さと昨日の速さの比は，分速72m：分速80m＝９：10である。道のりが等しいとき，速さの比とかかる時間の比は逆比となるので，いつもかかる時間と，昨日かかった時間の比は，$\frac{1}{9}:\frac{1}{10}=10:9$となる。この差が３分なので，比の，10－９＝１にあたる時間が３分とわかる。すると，いつも分速72mで歩くときにかかる時間は，３×10＝30(分)だから，家から学校までの道のりは，72×30＝2160(m)と求められる。この道のりを分速60mで歩くと，2160÷60＝36(分)かかるので，いつもより，36－30＝６(分)長くかかる。

⑽　Aの所持金の３倍とBの所持金の２倍が等しいので，AとBの所持金の比は，$\frac{1}{3}:\frac{1}{2}=2:3$と求められる。そこで，AとBの所持金を，それぞれ②，③とすると，②×２＝④が，③よりも150円多いから，④－③＝①が150円とわかる。よって，Aの所持金は，150×２＝300(円)と求められる。

3 立体図形―体積，表面積，構成，分割

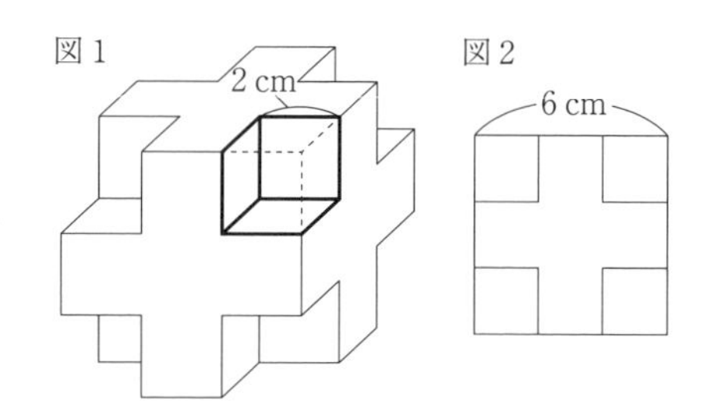

⑴　問題文中の立体は，１辺６cmの立方体から，右の図１のように，１辺２cmの立方体を８個切り取った立体なので，体積は，６×６×６－２×２×２×８＝152 (cm^3)である。

⑵　図１の立体を，前後，左右，上下の，どの６方向から見ても，右の図２のような正方形に見える。よって，表面積は，６×６×６＝216 (cm^2)となる。

⑶　１辺６cmの立方体の辺の長さの合計は，６×12＝72(cm)である。この立方体のそれぞれの頂点から，１辺２cmの立方体を１個ずつ切り取るごとに，図１の点線３本分の，２×３＝６(cm)短くなり，太線９本分の，２×９＝18(cm)長くなるので，辺の長さの合計は，18－６＝12(cm)長くなる。したがって，８個の立方体を切り取るので，図１の立体の辺の長さの合計は，72＋12×８＝168(cm)と求められる。

4 整数の性質

⑴　２桁の素数は，小さい方から，11，13，…である。11の数字を逆にして並べると11となり，もとと同じ数になるので，エマープではない。次に，13の数字を逆にして並べると31となり，これは素数である。よって，最も小さいものは13とわかる。

⑵　２桁の素数は必ず奇数なので，一の位の数字Bは偶数(ぐうすう)でない。また，エマープであるとき，AとBをいれかえた２桁の数も素数なので，十の位の数字Aも偶数ではない。よって，２，４，６，８は，AにもBにも使われない。さらに，一の位の数が５である２桁の整数は，５で割り切れるので素数ではない。よって，Bは５でなく，またAとBをいれかえた数も素数なので，Aも５ではない。ほかの数字１，３，７，９には，右の表のように，それぞれの数字を使ったエマープとなる素数がある。よって，AにもBにも使われないのは，２，４，５，６，８である。

AB	*BA*	*BA*－*AB*
13	31	18
17	71	54
37	73	36
79	97	18

⑶　１，３，７，９の数字の中から異なる２つを使ってできる２桁の整数のうち，91は７で割り切れ，93は３で割り切れるから，これらは素数ではない。よって，考えられるABとBAの組は表で示した４通りである。したがって，表より，ABとBAの差が最も大きいのは，17と71のときとわかる。

社　会　<第１回試験>（理科と合わせて60分）<満点：60点>

解　答

1 **問１** ⑴　プレート　⑵　ウ　**問２** ⑴　活火山　⑵　イ　**問３**　ウ　**問４**　ア
問５ ⑴　875(メートル)　⑵　エ　⑶　イ　⑷　うかい　**問６** ⑴　ウ　⑵　エ
問７　(例)　石油や鉄鉱石などの原料の輸入に適しているため。　**問８** ⑴　ア　⑵　イ

2 **問１** ⑴　藤原純友　⑵　ウ　⑶　棟梁　**問２** ⑴　X　問注所　Y　管領　⑵　エ　**問３**　(例)　将軍が御家人の領地を保障することや，新たに領地を与えること。　**問４**　イ　**問５**　分国法　**問６**　エ　**問７**　(例)　壁にあけられた穴から，鉄砲や弓矢で敵を攻

撃すること。　**問８**　(1)　イ　(2)　ウ→ア→イ　(3)　異国船(外国船)打払令　(4)　エ
問９　ア　③ **問１**　(1)　予算　(2)　ウ　(3)　ア　(4)　エ　(5)　オ　**問２**　ウ
問３　(例)　憲法では，国会のみが課税法を制定できると定められているため，政府が独自に課税することはできない。

解　説

1 地震や火山の噴火，温泉文化についての問題

問１　(1)　地震には大きく分けて，プレート型(海溝型)地震と直下型(内陸型)地震の２つがある。プレートとは，地球の表面をおおう岩盤のことで，プレートが接するところにひずみができ，そのひずみを解消しようとして地震が起こる。2011年の東日本大震災がプレート型地震の代表である。一方，1995年の阪神・淡路大震災は，活断層による直下型地震にあたる。　(2)　南海トラフは紀伊半島南東沖から四国の南の海底にある溝(舟状海盆)で，フィリピン海プレートとユーラシアプレートの境界面にあたり，近い将来，ここを震源とする大地震が起こると予測されている。なお，アの日本海溝は太平洋プレートが北アメリカプレートに，イの伊豆・小笠原海溝は太平洋プレートがフィリピン海プレートに，エの南西諸島海溝は南海トラフから南西にのびる海溝でフィリピン海プレートがユーラシアプレートに沈みこむプレート境界にあたる。

問２　(1)　活火山は，おおむね過去１万年以内に噴火した火山および現在活発に活動している火山のことで，日本列島には111の活火山がある。　(2)　火山が噴火したとき，その噴煙や火山灰が空をおおい日光をさえぎることから，地表の気温は上がるのではなく下がると考えられる。

問３　図Ⅰと図Ⅱを照合したとき，ア・イ・エの温泉は火山地帯にあるが，ウの温泉は火山地帯にはない。火山活動が活発なところでは，地下のマグマだまり付近の地下水が熱せられて温泉がわきだす。火山と温泉は密接な関係にあるが，なかにはウのように非火山性温泉もある。

問４　たまねぎの収穫量は北海道が全国第１位で，以下，佐賀・兵庫・長崎の各県が続く。なお，イのじゃがいも，ウのとうもろこし，エのかぼちゃの収穫量も北海道が全国第１位で，イ・エは鹿児島県が２位，ウは千葉・茨城の関東の県が続く。統計資料は『日本国勢図会』2022／23年版などによる(以下同じ)。

問５　(1)　地形図上の長さの実際の距離は，(地形図上の長さ)×(地形図の縮尺の分母)で求められる。地形図の縮尺は25000分の１なので，地図上の3.5cmの実際の距離は，3.5×25000＝87500(cm)＝875(m)になる。　(2)　木曽川(全長229km)は長野県から岐阜・愛知・三重県を流れ，伊勢湾(太平洋)に注ぐ川で，揖斐(いび)川・長良川とともに「木曽三川」を形成する。なお，アの大井川は静岡県，イの天竜川は長野・静岡県，ウの淀川は滋賀県・京都・大阪府を流れる川。　(3)　地形図で，Ⓨのある西岸の標高が53.9m，「ライン大橋」北岸の標高が45mを示しているので，木曽川は北東から南西へ向かって流れている。　(4)　「木曽三川」のうち，長良川では伝統的なうかいによるあゆ漁がさかんである。写真のように，夜間にかがり火を焚(た)いた小舟を出して行うあゆ漁は，夏の風物詩になっており，多くの観光客が訪れる。

問６　(1)　静岡市と鹿児島市は太平洋側の気候に属するのでイかウにあてはまる。冬の気温が高く，６月の降水量が多いイには鹿児島市があてはまるので，静岡市はウとなる。なお，アは瀬戸内の気候に属する今治市(愛媛県)，エは日本海側の気候に属する輪島市(石川県)の雨温図。　(2)　昆布

類は海水温が低い北日本が主産地で，北海道と岩手・宮城県の３つの道県で漁獲量のほとんどを占める。

問７　大分県の別府湾南岸には大分臨海工業地域が形成され，鉄鋼・石油化学コンビナートが造成されている。大分県に限らず，製鉄所や石油化学工場が臨海部に立地するのは，鉄鉱石や石油などの原料のほとんどを水運を利用して輸入しているため，その輸入に適しているからである。

問８　⑴　地図は東京を中心とした正距方位図法でつくられたもので，東京からの距離と方位が正しい。地点Ａは北緯90度の北極点を示している。なお，イの大陸Ｂはアフリカ大陸。ウのオーストラリア大陸の面積はこの地図では正しく示されていない。エの地点Ｃは南アメリカ大陸にあり，東京から北東の方位になる。　⑵　外国から日本に観光目的で訪れる外国人を，「インバウンド」という。2019年はその数が3000万人を突破したが，その後，新型コロナウィルス感染症拡大にともない，激減している。なお，アのインターンは資格を得るための実習訓練や職業体験，ウのインターハイは全国高等学校総合体育大会，エのインクルーシブは障がいの有無にかかわらずすべての人を受け入れる社会政策の理念のこと。

2　武士が活やくした時代についての問題

問１　⑴　10世紀前半，平将門が関東で反乱を起こすと，同じころに瀬戸内では藤原純友が反乱を起こした。これらは起きたときの元号からあわせて承平・天慶の乱とよばれる(939～41年)。
⑵　アの院政の開始は1086年，イの奥州藤原氏の繁栄は11～12世紀，ウの坂上田村麻呂が活やくしたのは８～９世紀，エの藤原道長が摂政になったのは1016年である。　⑶　地方で台頭した武士たちは，地方に下った天皇の子孫を棟梁としてまとまり，武士団を形成した。中でも，桓武天皇の子孫を棟梁とする平氏と清和天皇の子孫を棟梁とする源氏が有力であった。

問２　⑴　Ｘ　鎌倉幕府において，訴訟や裁判を行う役所として鎌倉に問注所が置かれた。　Ｙ　室町幕府において，将軍を補佐するのは管領で，有力守護大名の細川・斯波・畠山の三氏が交代で就任した(三管領)。　⑵　鎌倉幕府の第２代執権は北条義時で，このとき承久の乱(1221年)が起こった。これは源氏の将軍が３代で途絶えたのをきっかけに，後鳥羽上皇が政治の実権を幕府から朝廷に取り戻そうとして起こした反乱で，上皇は義時追討の命令を発した。しかし，幕府軍に敗れ，上皇は隠岐島(島根県)に流された。なお，アの永仁の徳政令は1297年，イの守護・地頭を設置することを許されたのは1185年，ウの平治の乱は1159年。

問３　鎌倉時代の武家社会は御恩と奉公の主従関係で成り立っていた。幕府(将軍)が御家人の先祖伝来の領地を保障し，手柄があれば新たに領地を与えることを御恩，御家人が幕府(将軍)の命令・軍役に従い，緊急事態に命をかけて戦うことを奉公といった。

問４　(史料)に「…母を地頭に任命する」とあり，鎌倉時代には女性にも領地の相続権が認められていた。地頭とは，荘園などの地方の領地を支配する役職のことである。

問５　戦国時代，戦国大名は領国支配を強化するために，分国法とよばれる支配する地域にだけ通用するきまりをつくった。伊達氏の「塵芥集」，今川氏の「今川仮名目録」，武田氏の「甲州法度之次第(信玄家法)」などがよく知られる。

問６　豊臣秀吉は朝廷の権威を借りて全国統一事業を進め，1585年に関白，翌86年には太政大臣に就任した。太政大臣は朝廷における行政の最高責任者で，武士としては秀吉のほか，平清盛・足利義満・徳川家康も就任している。

問７　写真は，近世城郭の壁に見られる狭間(さま)で，鉄砲や弓矢を射かけて敵を攻撃するための穴である。使用する武器の使い勝手などにより，円形・三角形・四角形にくりぬいてある。

問８　(1)　資料のグラフを見ると，家康から家光までの３代に数が多いことがわかる。これは江戸幕府が大名を統制するために定めた武家諸法度などの法令違反で，改易(かいえき)(お家とりつぶし)された大名の数を表している。　(2)　アの上米の制が実施されたのは第８代将軍の徳川吉宗が行った享保の改革，イの株仲間を解散させたのは老中の水野忠邦が行った天保の改革，ウの長崎における貿易を制限したのは老中の新井白石が行った正徳の治のときである。よって，時期の古い順にウ→ア→イとなる。　(3)　18世紀後半以降，日本近海に外国船が出没するようになると，幕府は1825年に異国船(外国船)打払令を発し，外国船を見つけたら砲撃して追い払うよう大名に命じた。　(4)　歌川広重は江戸時代後半の化政文化を代表する浮世絵師で，代表作に「東海道五十三次」がある。

問９　1877年に発生したのは西南戦争で，薩摩藩(鹿児島県)出身の西郷隆盛が，鹿児島県の不平士族らに推されて起こした反乱である。大久保利通も隆盛と同じ藩の出身であるが，反乱をしずめる政府側の中心人物となっている。なお，イの坂本龍馬は土佐藩(高知県)，ウの岩倉具視は公家で京都，エの木戸孝允は長州藩(山口県)の出身。

3　国家予算についての問題

問１　(1)　予算は国の１年間の活動にかかわる歳入と歳出についての計画で，内閣が作成して国会に提出し，国会が決めることになっている。　(2)　表Ⅰの所得税は，個人の収入にかかる直接税(税を負担する人と税を納める人が同じ税)である。税の負担者と納入者が異なるのは間接税で，消費税などがこれにあたる。　(3)　表Ⅰの消費税は，2019年10月に税率がこれまでの８％から10％に引き上げられた。しかし，飲料や食料品などは軽減税率の対象となり，８％にすえ置かれた。ただし，店内で消費する飲食物は10％の税率になる。　(4)　消費税導入の理由は，社会保障制度の拡充にあり，その後の増税は少子高齢化への対応を迫られたものである。　(5)　Ａは最も大きな支出なので社会保障関係費，Ｃは国債費の次に大きいので地方交付税交付金，残ったＢが文教および科学振興費となる。

問２　2000年度以降で税収が最も少なかったのは，前年に発生した世界的な金融危機であるリーマン・ショックの影響で38.7兆円だった2009年である。なお，イについて，バブル景気は1980年代後半から1991年にかけて，エについて，緊急事態宣言が出されたのは2020年のことである。

問３　日本国憲法第84条には，新たな租税の導入や現行の租税の変更には，「法律又は法律の定める条件による」とある。そして，第41条に国会は「唯一(ゆいいつ)の立法機関である」としている。つまり，課税には法律が必要だが，法律を制定できるのは国会だけなので，内閣が勝手に課税することはできないということである。

理　科　＜第１回試験＞（社会と合わせて60分）＜満点：60点＞

解　答

1　Ⅰ　(1)　イ　(2)　80ｇ　(3)　①　20％　②　８杯目　③　(例)　ガラス棒を使って水よう液を入れる。／ろうとの先の長いほうをビーカーにつける。　④　ウ　Ⅱ　(1)　れき　(2)　132ｍ　(3)　ウ　(4)　５ｍ　(5)　６ｍ　(6)　イ　**2**　(1)　30cm^3　(2)　30ｇ

(3)　70g　(4)　50g　(5)　450g　(6)　480g　(7)　50g　(8)　530g　**3** (1)　えら　(2)　１心房１心室　(3)　①　(ア)　②　ア，イ　(4)　ア　(5)　①　ア　②　イ　**矢印**　エ　(6)　ア　(7)　(例)　なわばりを守る労力が，得られる利益より大きくなるアユが多くなるから。

解説

1 もののとけ方，地層についての問題

Ⅰ　(1)　ものを水にとかしてできた液を水よう液という。水よう液の濃さは，どこも同じになる。

(2)　食塩水の濃さを$\frac{1}{5}$にするには，水を加えたあとの食塩水の重さが，もとの５倍の，20×５＝100(g)になるように水を加えればよい。したがって，100－20＝80(g)の水が必要となる。

(3)　①　スプーン５杯では，５×５＝25(g)の食塩を100gの水にとかすことになる。よって，食塩水の濃さは，$\frac{25}{100+25}$×100＝20(%)になる。　②　10℃の水100gにとかすことができる食塩の重さは最大で，18×$\frac{100}{50}$＝36(g)である。したがって，36÷５＝７あまり１より，スプーン，７＋１＝８(杯目)の食塩を入れたとき，とけ残りがでる。　③　ろ過を行うとき，液はガラス棒を伝わらせてそそぐ。また，ろ過した液がはねないように，ろうとの先の長いほうをビーカーの壁につける。　④　ろ紙は右下の図のように折ってろうとへ密着させる。ろ紙を開いたとき，とけきれなかった食塩は，食塩水を注いだ内側の部分に残るので，ろ紙を開いたとき，食塩がついている部分はウのように半円になる。

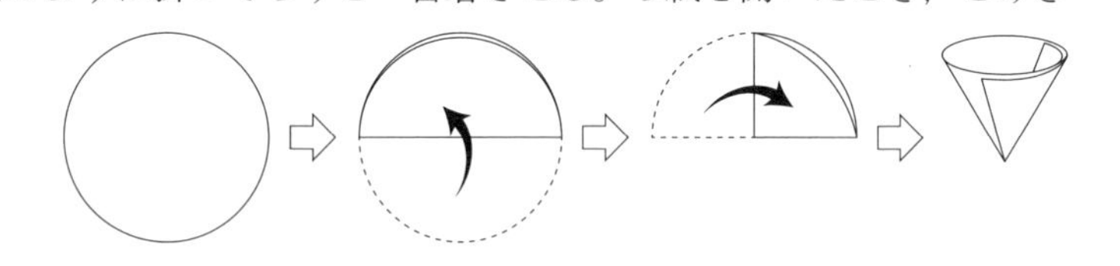

Ⅱ　(1)　つぶの直径が$\frac{1}{16}$mm以下のものを泥，$\frac{1}{16}$～２mmまでのものを砂，２mm以上のものをれきという。

(2)　Ａ地点の標高は125mだから，Ａ地点で地面から７mの高さに見られる層の標高は，125＋７＝132(m)になる。

(3)　火山灰が降り積もって出来た岩石をぎょう灰岩という。なお，安山岩，げん武岩はマグマが地表や地表近くで急に冷え固まって出来た火山岩，石灰岩はサンゴなどの生物の死がいなどが海底で堆積して出来た堆積岩である。

(4)　地点Ａのぎょう灰岩の下面の標高は，125＋４＝129(m)，地点Ｂの下側のぎょう灰岩の上面の標高は，130＋３＝133(m)なので，下側のぎょう灰岩は，133－129＝４(m)降り積もっている。また，Ｂ地点の上側には厚さ１mのぎょう灰岩の層が見られる。よって，合わせて，４＋１＝５(m)の火山灰が積もったと考えられる。

(5)　Ｂ地点の標高は130mだから，Ｂ地点で地面から11mの高さで見られる地層の標高は，130＋11＝141(m)となる。ここで，Ｃ地点の標高は135mなので，Ｃ地点で地面から，141－135＝６(m)の高さで見られる層と同じになる。

(6)　Ｃ地点の地層の厚さは７mだから，標高135mのＣ地点には，Ｂ地点で，地上から，135－130＝５(m)から11mで見られる地層が積もり，その上にＤ地点の下から，135＋７－141＝１(m)分の地層が積もっている。

2 浮力についての問題

⑴　おもりＡの体積は30cm³なので，おもりＡが押しのけている水の体積も30cm³となる。

⑵　水１cm³の重さは１ｇだから，おもりＡが押しのけている水の重さは，１×30＝30(ｇ)とわかる。

⑶　おもりＡは，おもりＡが押しのけた水の重さに等しい大きさで，上向きの浮力を受ける。よって，ばねばかりの示す値は，100－30＝70(ｇ)となる。

⑷　おもりＢの体積は50cm³で，おもりＢが押しのけた水の重さは，１×50＝50(ｇ)だから，おもりＢが受ける浮力の大きさは50ｇになる。したがって，ばねばかりの示す値は，100－50＝50(ｇ)である。

⑸　容器や容器の中に入っている水，おもりＢの重さの合計は，100＋300＋100＝500(ｇ)になる。これらを台ばかりとばねばかりで支えているので，台ばかりの示す値は，500－50＝450(ｇ)となる。

⑹　容器や容器の中に入っている水，おもりＡ，おもりＢの重さの合計は，100＋300＋100＋100＝600(ｇ)，ばねばかりが示す値は，70＋50＝120(ｇ)となる。よって，台ばかりの示す値は，600－120＝480(ｇ)である。

⑺　おもりＢにはたらく浮力の大きさは，おもりＢが容器の底についていても変わらないので，50ｇとなる。

⑻　容器や容器の中に入っている水，おもりＡ，おもりＢの重さの合計は600ｇで，ばねばかりＡが示す値は70ｇだから，台ばかりの示す値は，600－70＝530(ｇ)と求められる。

3 アユのなわばりについての問題

⑴　アユなどの魚類はえらで呼吸を行う。

⑵　アユの心臓は１心房１心室である。なお，えらから取りこまれた酸素を多く含む血液は，心臓を通らずに直接全身へ送られる。

⑶　①　アユなどの魚類は体外受精を行う。　②　体外受精をするのは魚類のほかに両生類がある。カエルは両生類，ウナギは魚類，トカゲ，ヘビはは虫類，ニワトリは鳥類である。

⑷　子のときに親などの世話を受けることができるライオンやミツバチは，生理的じゅ命まで生きられるものが多く，Ａの曲線があてはまる。一方，カレイは親が子の世話をしないため，大部分が生理的じゅ命まで生き残れないと考えられるので，Ｃの曲線となる。なお，ウグイスなどの鳥類，トカゲなどのは虫類はＢのような生存曲線になるものが多い。

⑸　利益に対して労力が少ないときが，最適な大きさのなわばりといえる。図３で，(得る利益)－(なわばりを守る労力)が最も大きくなるなわばりの大きさは，エのときと読み取れる。

⑹　一定の面積あたりのアユの数が多くなると，小さななわばりでも，なわばりに入ってくるアユが増え，なわばりを守る労力が図３のときよりも大きくなると考えられる。よって，アが選べる。

⑺　一定の面積あたりのアユの数が多くなっていくと，なわばりを守る労力が大きくなり，アユにとって最適ななわばりの大きさは小さくなっていくことがわかる。すると，一定の面積あたりのアユの数が多くなりすぎたときには，なわばりを守る労力が得られる利益よりも大きくなり，なわばりを持つ利点がなくなってしまう。そのため，なわばりを持つアユの割合がとても低くなると考えられる。

国　語　＜第１回試験＞（50分）＜満点：100点＞

解　答

一　下記を参照のこと。　二　(1)　海老（えび）　(2)　腹（はら）　(3)　白　(4)　生産　(5)　無欠　三　**問１**　ウ　**問２**　基礎知識～ができる（こと。）　**問３**　社会秩序の維持のため　**問４**　（例）　真犯人の可能性が高い者を認定して罰するための正当な裁判手続きを決め，その過程を経ていればその処罰は正当なものとみなすという社会の合意をつくり，それを手続的正義とすること。　**問５**　砂でできた巨人　**問６**　エ　**問７**　（例）　科学の正当な手続きを踏んだ学説を発表し，複数の学説をめぐって相互に議論や検証を重ねて実体的正義に近づくために試行錯誤した結果，間違った説を唱えていたことが判明した科学者。　**問８**　（例）　自然は大きくて，そこに生息する生物もスケールが大きいので，人間が少々雑に扱っても大丈夫だろうと考えがちであること。　**問９**　イ，ウ，エ　四　**問１**　ア　**問２**　（例）　言いわけのきかない実力主義の世界に放り込まれる怖さを予感したから。　**問３**　エ　**問４**　ウ　**問５**　（例）　マジックが大好きだったのに師匠がいなければ大会で入賞できない現実を知り，孤独を感じて絶望している。　**問６**　ア　**問７**　イ　**問８**　（例）　プロになることではなく，大きなマジックができるようになることが自分の本当の願いであるから，無理をしてまでプロになる必要はないのだということ。　**問９**　いままでキ

●漢字の書き取り

一　(1)　清潔　(2)　飼　(3)　週刊　(4)　辞退　(5)　奮起

解　説

一　漢字の書き取り

(1)　よごれがなく，きれいなようす。　(2)　音読みは「シ」で，「飼育」などの熟語がある。　(3)　雑誌や新聞を一週間ごとに発行すること。　(4)　すすめられたことや立場を断ること。　(5)　勇気や元気を奮い起こすこと。

二　ことわざ・慣用句の完成，対義語，四字熟語の完成

(1)　「海老で鯛を釣る」は，“少しの元手や労力で大きな利益を得る”という意味。　(2)　「腹をくくる」は，“覚悟を決める”という意味。　(3)　「白羽の矢が立つ」は，“たくさんの人の中から選ばれる”という意味。　(4)　“使ってなくす”という意味の「消費」の対義語は，“作り出す”という意味の「生産」である。　(5)　「完全無欠」は，欠点や不足が全くなく，完璧であるようす。

三　出典は伊勢武史の『2050年の地球を予測する―科学でわかる環境の未来』による。

環境問題に対して，今何か対策しなくてはならないこと，そのために科学者たちは試行錯誤を繰り返し，正当な手続きを踏んで研究していることが説明されている。

問１　直後に例として，自然保護活動を車に乗って行う場合，二酸化炭素を排出しているので目的とは反対に「環境に悪影響を与えている可能性がある」ことがあげられている。よって，「逆の効果」があてはまる。

問２　同じ段落の続く部分にあるように，筆者は，「行動の前に考えることが重要」だとした後で，

「だから，しっかりと基礎知識を身に着け，批判的思考ができるようになってから環境保全活動に取り組むことをお勧めしたい」と述べているので，ここからぬき出せる。

問３　ぼう線③の直後の文に，「それでも～可能性の高い者を認定し罰しなければ，社会の秩序は守れない」とある。社会の秩序を守るために，「手続的正義」というものが認められているのである。同じ段落の最後に「社会秩序の維持のため」とまとめられている。

問４　「刑事事件の裁判」について説明されている，ぼう線③の段落に注目する。タイムマシンで過去にもどることはできないので，「実際に誰が犯人かという」「実体的正義」は解明できない。そこで，犯人の可能性が高い者を認定し罰するために「裁判の正当な手続きを決め，その過程を経ていればその処罰は正当なものとみなすという社会の合意」をつくり，それを「手続的正義」とすることで判断を下しているのである。

問５　ぼう線⑤の次の段落に「科学とは試行錯誤の繰り返し」であると述べられ，試行錯誤する科学者の一人である筆者が「砂粒のひとつ」，その集積が「砂でできた巨人」にたとえられている。

問６　ぼう線⑥の二つ前の段落に注目する。「温暖化がどのようになるか，未来を完璧に予測することは不可能だ」が，「それでもいま，何か対策しなければ未来は確実にわるくなる」ので，完璧でなくても「やらないよりはまし」だと述べられている。

問７　オリンピック選手が「フェアプレー」をすることは，科学者にあてはめると「正しい手続きで研究する」ことにあたる。また，オリンピック選手が敗れてしまうことは，科学者の発表した説が間違っていることにあたる。「正しい手続き」については，ぼう線⑥の次の段落でくわしく説明されている。したがって，「科学の正当な手続きを踏んで自分の研究を発表したが，調査や議論を重ねた結果，説が間違っているとわかった科学者」のようにまとめられる。

問８　ぼう線⑧の次の段落に注目する。「人間と自然の関係性」における「甘え」とは，「自然は大きくて，そこに生息する生物もまたスケールが大きい」ので，そのような自然を相手にするとき「少々相手のことを雑に扱っても大丈夫だろう」と考えてしまうことである。

問９　最後の段落に注目する。自然に対する人間の甘えが取り返しのつかない結果を生むことを避けるために，「感覚を研ぎ澄ませておきたい」とある。「環境問題が大問題になる前にほんのわずかな兆候に気づき，対策すること」が必要なのであり，「環境問題は，誰でもわかるくらいに問題が顕著になったときは，もう止めるのが難しし」いと覚えておくほうがよいのである。よって，イ，ウ，エがふさわしい。

四　出典は涌井学の『マジックに出会って　ぼくは生まれた　野生のマジシャンHARA物語』による。「ぼく」（大樹）は自信を持ってマジックの大会に出場し，ステージを成功させたが，入賞できなかった。その理由を知った「ぼく」は絶望する。

問１　「ぼく」がお湯につかって明日のマジック大会のようすを想像しているうちに，「しだいに緊張がお湯に溶けていって，なんだかだんだん楽しくなってきた」とあることをおさえる。さらに，咲ちゃんの言葉を思い出して自信がわいてきている。リラックスしつつ，大会に向けてやる気も出てきているところなので，アが合う。

問２　ぼう線②の直前に「なぜか」とあるので，「ぼく」自身なぜ体が震えるのかそのときはわかっていなかったのだと考えられる。そして後から，「むき出しの実力主義の世界に，これからぼくは放り出されるんだ。／それが怖いのかもしれなかった」と考えている。「ぼく」はこれまでとは違う世界に足を踏み入れることを実感し，怖くて震えたのである。

問３　続く部分で，「ぼく」がステージを終え，「かなり手ごたえがあった」，「観客や審査員の受けだって上々だ」と感じていることから，エがふさわしい。

問４　「ぼく」は自分のステージに手ごたえを感じ，観客の反応のよさも実感していた。だから，「君は入賞できないよ」という言葉の意味がわからず，その出場者が「ぼく」に対する強がりで言っているものと考えたのである。

問５　前日に出場者のひとりに言われたように，師匠のいない「ぼく」は入賞できなかった。「ぼく」は，マジックが大好きで希望に胸をふくらませて大会に出たのに，マジックの世界に入れてもらえず，孤独と絶望を感じていると想像できる。

問６　ぼう線⑥をふくむリー坊の言葉に注目する。学校では「まっとうに生きろ」とか「道徳性を持て」と教えられるのに，社会では今回「ぼく」が体験したようなそれと反対のことがまかり通っているのはおかしいと感じて納得がいかず，リー坊は怒っているのである。

問７　咲ちゃんは「いまの大樹は嫌だ。見たくない」と言って，顔をそらしている。前に「ぼく」がプロのマジシャンを名乗りたいわけではなく，「もっと大きなマジックができるからプロになりたい」と言うのを聞いてすごいと思っていた咲ちゃんは，マジックの世界の闇を知り，それでも「プロにならなきゃいけない」と考える「ぼく」の気持ちが，以前と変わってしまったようで悲しいのだと考えられる。

問８　咲ちゃんの言葉を聞いて，「ぼく」は自分のマジックに対する気持ちを思い出している。そして，自分にとって何が大切なのかを思い出した「ぼく」は，現実を知って幻滅した世界に入っていく必要はないのだということにも気づいたのである。

問９　大会に出ることによって，大好きであこがれていたマジックの世界に闇があることを知り，「ぼく」は一気に幻滅したのだが，「ぼく」がリー坊と話している場面に，「いままでキラキラ輝いて見えていたものが一気にぜんぶくすんでしまった〜何もかもが嫌になった」と，大会でのできごとでショックを受けた「ぼく」のようすが書かれている。

2023年度 品川女子学院中等部

【算　数】〈算数１教科試験〉（60分）〈満点：100点〉

（注意）円周率は3.14とする。

次の□にあてはまる数を答えなさい。

1　３を2023個かけあわせてできる数の一の位の数字は□です。

2　12時からお弁当を食べ始めました。その後，時計の長針と短針の作る角が初めて110°になったとき，お弁当を食べ終わりました。食べ終わった時刻は12時□分です。

3　あるお店では，容器と中身をそれぞれ選ぶことのできるクッキーの詰(つ)め合わせを販(はん)売しています。容器は５種類の中から１つ選び，クッキーは８種類の中から２つを選びます。同じ種類のクッキーを選ばないとすると，詰め合わせは全部で□通り作ることができます。

4　右の図で直角三角形 ABC と直角三角形 DEF は合同です。図の斜(しゃ)線部分の面積が$50cm^2$になるとき，図のxの長さは□cm です。

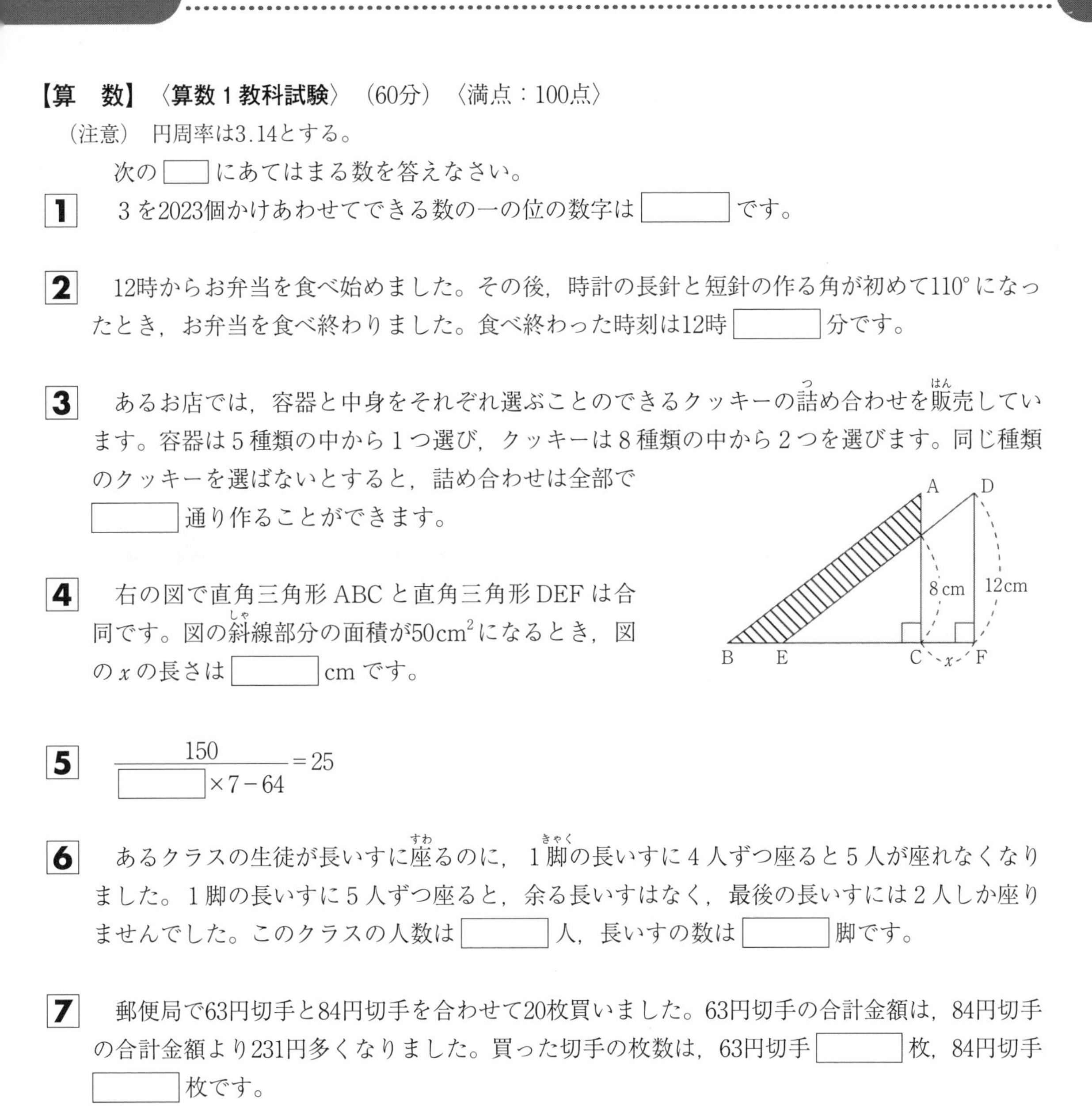

5　$\dfrac{150}{\square \times 7 - 64} = 25$

6　あるクラスの生徒が長いすに座(すわ)るのに，１脚(きゃく)の長いすに４人ずつ座ると５人が座れなくなりました。１脚の長いすに５人ずつ座ると，余る長いすはなく，最後の長いすには２人しか座りませんでした。このクラスの人数は□人，長いすの数は□脚です。

7　郵便局で63円切手と84円切手を合わせて20枚買いました。63円切手の合計金額は，84円切手の合計金額より231円多くなりました。買った切手の枚数は，63円切手□枚，84円切手□枚です。

8　下の図は，それぞれの六角形の６つの数の合計が40になるように，１から14までの数を一度ずつ使って並べたものです。A，B，Cの数を小さい順に並べるとC，B，Aとなるとき，Aの数は［　　　］です。

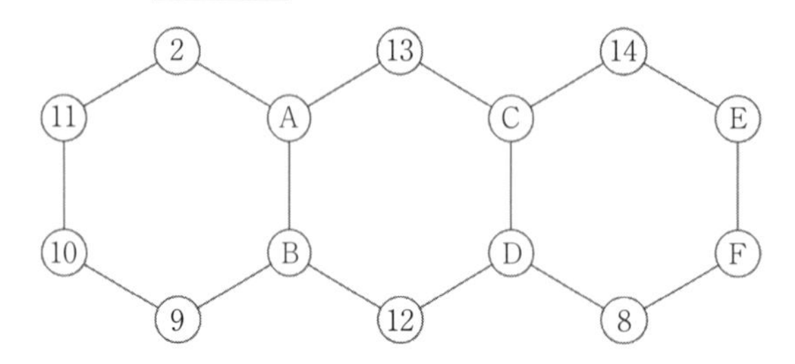

9　１以上99以下のすべての奇(き)数の和は，１＋３＋５＋７＋９＋……＋99＝［　　　］です。

10　A◎B＝(A×2＋B)÷4とします。このとき，［　　　］◎$\frac{2}{3}=\frac{11}{30}$となります。

11　$\frac{4}{21}\times\frac{54}{55}+\frac{2}{7}\div1\frac{1}{54}+\frac{54}{55}\div2\frac{4}{5}=$［　　　］

12　右の図のように，白石の周りに黒石を並べ，さらにその周りに白石を並べ…と交互(ご)に繰(く)り返し，正方形を作っていきます。一番外側に64個の白石を並べて正方形ができたとき，その１つ内側に並ぶ黒石は［　　　］個あります。

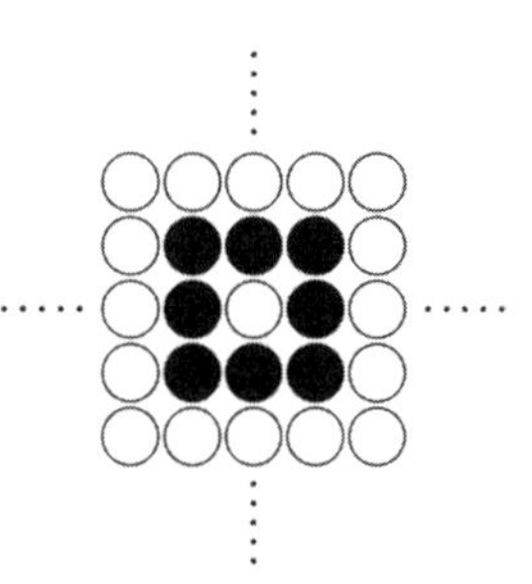

13　男子12人が順番に１人ずつうさぎ小屋の当番をします。女子10人が順番に１人ずつ花の水やり当番をします。それぞれ当番は，１日ごとに交代し月曜日から金曜日まで祝日も休むことなく行います。9月１日に当番になった男子と女子の組が再び同じ組で当番をするのは［　　　］月［　　　］日です。

14　１辺17cmの立方体を１つの平面で斜(なな)めに切断して，下の図のような立体を作りました。この立体の体積は［　　　］cm^3です。

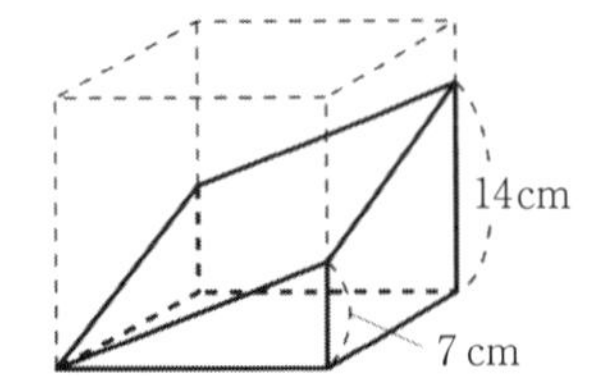

15　右の図のように半径２cmの13個の円をぴったりつけて，12個の円の中心を直線で結んだとき，色をつけた部分の面積は［　　　］cm^2です。

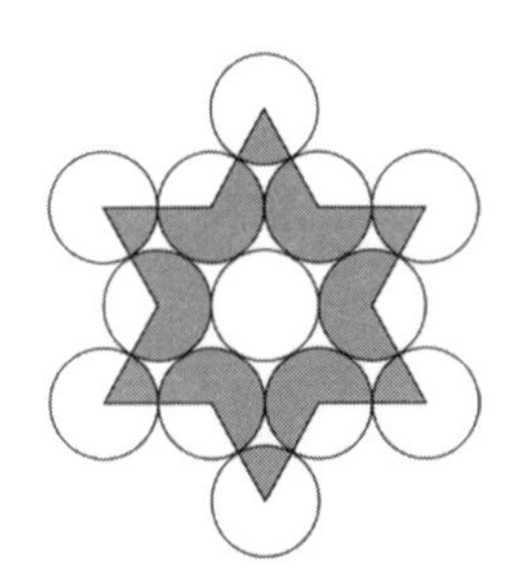

16　春子，夏子，秋子の３人が，それぞれ分速80m，60m，40mで進みます。春子と夏子はＰ地点からＱ地点に向かって，秋子はＱ地点からＰ地点に向かって３人同時に出発しました。このとき，春子と秋子が出会ってから３分後に夏子と秋子が出会いました。
Ｐ地点とＱ地点の間の道のりは［　　　］mです。

17　右の図の印のついた角の大きさの和は［　　　］°です。

18　３で割ると１あまる整数が小さい順に200個並んでいます。
１，４，７，10，13，……
この中に７の倍数は［　　　］個あります。

19　40人の生徒が全部で３問の問題がある小テストを受けました。１問目は２点，２問目は３点，３問目は５点の10点満点で採点したところ，平均点は4.8点でした。平均点が低かったので，２問目の配点は変えずに，１問目を５点，３問目を２点に変えて採点し直したところ，平均点は6.75点になりました。１問目を正解した人は３問目を正解した人より［　　　］人多いです。

20　右の図の斜線部分の正六角形の面積は，一番外側の正六角形の面積の［　　　］倍です。

21　半径12cm の円周上に点Ｐがあります。２点Ａ，Ｂは図のⓐの角が１秒間に５°ずつ，ⓘの角が１秒間に２°ずつ大きくなるように，点Ｐを同時に出発してともに反時計回りに円周上を動いています。
最初に２点Ａ，Ｂが最もはなれたとき，点Ｂは点Ｐを出発してから［　　　］cm 動いています。

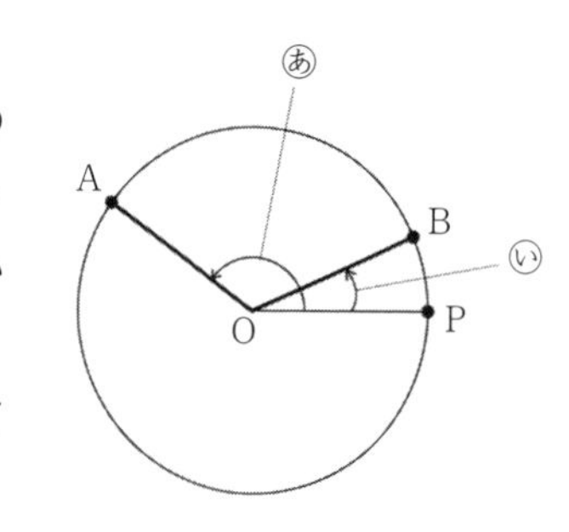

22　次の分数はある規則に従って並んでいます。
$\frac{2}{3}$，$\frac{2}{5}$，$\frac{12}{35}$，$\frac{20}{63}$，［　　　］，$\frac{42}{143}$，$\frac{56}{195}$

23　Ａ，Ｂ，Ｃの３人は，同じ道を通って地点Ｐから地点Ｑまで一定の速さで進みます。Ａは午前10時に，Ｂはその18分後に，Ｃはさらにその４分後に出発しました。Ｃは出発してから28分後にＢに追いつき，Ｂは出発してから54分後にＡに追いつきました。Ｃが地点Ｑに午前11時25分に着くとすると，Ａは地点Ｑに午前11時［　　　］分に着きます。

24　右の図のような道があります。ＳからＧまで一番短い道のりで進むとき，［　　　］通りの行き方があります。

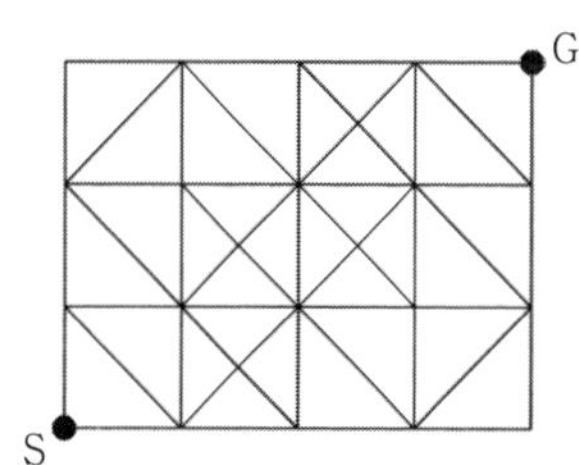

25　下の図は，底面の円の半径が 6 cm，高さが 6 cm の円柱を 1 つの平面で切断してできた小さい方の立体で，切断面は正方形になっています。

この立体の切断面も含(ふく)む側面の面積は［　　　］cm^2 です。

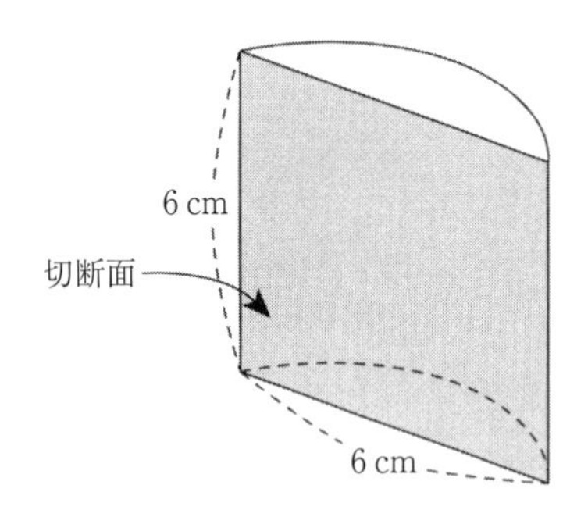

2023年度 品川女子学院中等部 ▶解説と解答

算　数 ＜算数１教科試験＞（60分）＜満点：100点＞

解　答

1 7　2 20分　3 140通り　4 5 cm　5 10　6 37人，8脚
7 **63円切手**…13枚，**84円切手**…７枚　8 5　9 2500　10 $\frac{2}{5}$　11 $\frac{9}{11}$
12 56個　13 11月24日　14 2023cm^3　15 62.8cm^2　16 1800m
17 1080度　18 29個　19 26人　20 $\frac{1}{9}$倍　21 25.12cm　22 $\frac{10}{33}$
23 36分　24 ５通り　25 73.68cm^2

解　説

1 周期算

３，３×３＝９，９×３＝27，27×３＝81，81×３＝243，…のように，３を何個かかけあわせてできる数の一の位の数字は，{3，9，7，1} の４個がくり返される。よって，３を2023個かけあわせてできる数の一の位の数字は，2023÷４＝505あまり３より，７とわかる。

2 時計算

右の図のように，12時ちょうどから長針が短針よりも110度多く動いた時刻を求める。長針は１分間に，360÷60＝６(度)動き，短針は１分間に，360÷12÷60＝0.5(度)動くから，長針は短針よりも１分間に，６－0.5＝5.5(度)多く動く。よって，長針が短針よりも110度多く動くのにかかる時間は，110÷5.5＝20(分)なので，右の図の時刻は12時20分である。

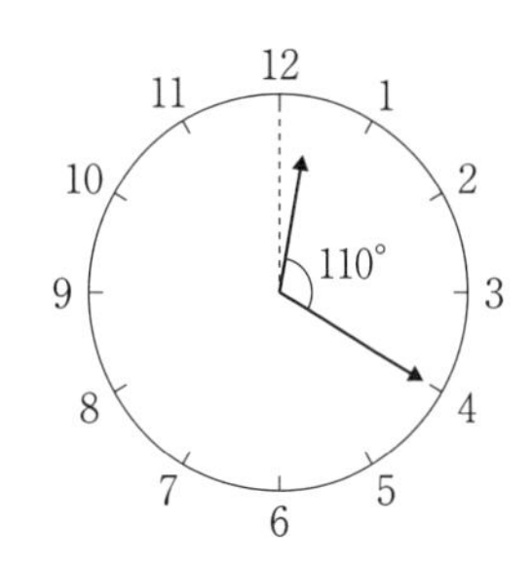

3 場合の数

容器の選び方は５通りある。どの場合も，クッキーの選び方は，$\frac{8\times7}{2\times1}$＝28(通り)あるから，詰め合わせは全部で，５×28＝140(通り)作ることができる。

4 平面図形―面積

右の図で，三角形ABCと三角形DEFの面積は等しいから，両方から共通部分の三角形GECを取り除くと，残った部分の面積も等しくなる。よって，台形GCFDの面積は50cm^2なので，（８＋12）×x÷２＝50(cm^2)と表すことができる。したがって，x＝50×２÷20＝５(cm)と求められる。

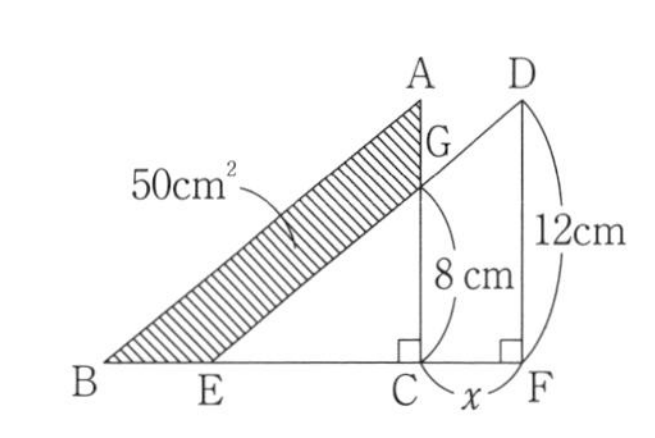

5 逆算

分母の計算結果を△とすると，$\frac{150}{△}$＝25より，△＝150÷25＝６とわかる。よって，□×７－64＝６より，□×７＝６＋64＝70，□＝70÷７＝10と求められる。

6 差集め算

１脚に４人ずつ座ると５人が座れなくなり，１脚に５人ずつ座ると，５－２＝３(人)分の空席ができる。つまり，４人ずつ座る場合と５人ずつ座る場合を比べると，座ることができる人数の差は，５＋３＝８(人)になる。これは，５－４＝１(人)の差が長いすの数だけ集まったものだから，長いすの数は，８÷１＝８(脚)とわかる。よって，クラスの人数は，４×８＋５＝37(人)と求めることができる。

7 つるかめ算

63円切手だけを20枚買ったとすると，63円切手の合計金額は，63×20＝1260(円)，84円切手の合計金額は０円になるから，合計金額の差は1260円になる。この状態から63円切手と84円切手を１枚ずつ交換すると，63円切手の合計金額は63円減り，84円切手の合計金額は84円増えるので，合計金額の差は，63＋84＝147(円)縮まる。よって，1260－231＝1029(円)縮めるためには，1029÷147＝７(枚)ずつ交換すればよいから，買った枚数は，63円切手が，20－７＝13(枚)，84円切手が７枚とわかる。

8 条件の整理

AとBの和は，40－(２＋11＋10＋９)＝８，CとDの和は，40－(８＋13＋12)＝７，EとFの和は，40－(７＋14＋８)＝11とわかる。また，残っている数は｛1，3，4，5，6，7｝だから，右のアとイの２つの場合が考えられる。このうち，$C<B<A$となるのはイの場合であり，$A=5$とわかる。

	ア	イ
AとB	1，7	3，5
CとD	3，4	1，6
EとF	5，6	4，7

9 数列

１から99までの奇数の個数は，(99＋１)÷２＝50(個)である。よって，１＋３＋…＋99＝(１＋99)×50÷２＝2500とわかる。なお，１から連続する奇数の和は，(個数)×(個数)で求めることができるから，50×50＝2500と求めることもできる。

10 約束記号，逆算

約束にしたがって式に表すと，$\left(\square\times2+\dfrac{2}{3}\right)\div4=\dfrac{11}{30}$となる。よって，$\square\times2+\dfrac{2}{3}=\dfrac{11}{30}\times4=\dfrac{22}{15}$，$\square\times2=\dfrac{22}{15}-\dfrac{2}{3}=\dfrac{4}{5}$，$\square=\dfrac{4}{5}\div2=\dfrac{2}{5}$と求められる。

11 計算のくふう

$A\times C+B\times C=(A+B)\times C$となることを利用すると，$\dfrac{4}{21}\times\dfrac{54}{55}+\dfrac{2}{7}\div1\dfrac{1}{54}+\dfrac{54}{55}\div2\dfrac{4}{5}=\dfrac{4}{21}\times\dfrac{54}{55}+\dfrac{2}{7}\div\dfrac{55}{54}+\dfrac{54}{55}\div\dfrac{14}{5}=\dfrac{4}{21}\times\dfrac{54}{55}+\dfrac{2}{7}\times\dfrac{54}{55}+\dfrac{54}{55}\times\dfrac{5}{14}=\left(\dfrac{4}{21}+\dfrac{2}{7}+\dfrac{5}{14}\right)\times\dfrac{54}{55}=\left(\dfrac{8}{42}+\dfrac{12}{42}+\dfrac{15}{42}\right)\times\dfrac{54}{55}=\dfrac{35}{42}\times\dfrac{54}{55}=\dfrac{9}{11}$

12 方陣算

一番外側の白石を右の図のように区切ると，１つの区切りの中の白石の個数は，64÷４＝16(個)になる。よって，１つ内側の黒石の１辺の個数は，16－１＝15(個)だから，この黒石も白石と同じように区切ると，１つの区切りの中の黒石の個数は，15－１＝14(個)になる。したがって，この黒石の個数は，14×４＝56(個)である。

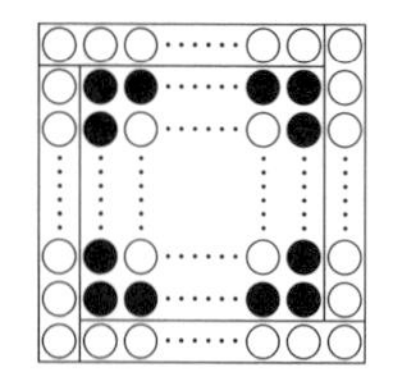

13 周期算

12と10の最小公倍数は60だから，男子と女子がそれぞれ60回当番をした次の日に，最初と同じ状態にもどる。つまり，９月１日と同じ当番になるのは，９月１日からかぞえて，60＋１＝61(回目)

の当番の日である。また，１週間に５回当番をするので，61÷５＝12(週間)あまり１(回)より，これは９月１日からかぞえて，７×12＋１＝85(日目)とわかる。さらに，９月は30日まで，10月は31日まであるから，85－(30＋31)＝24より，これは11月24日と求められる。

14 立体図形―体積

この立体を向きを変えて２つ組み合わせると，下の図１のような直方体になる。この直方体の体積は，17×17×14＝4046(cm^3)だから，もとの立体の体積は，4046÷２＝2023(cm^3)である。

15 平面図形―面積

下の図２のように円の中心どうしを結ぶと正三角形ができるから，色をつけた部分は半径が２cmで中心角が60度のおうぎ形に分けることができる。また，太線部分１か所にはこのおうぎ形が５個集まっているから，このおうぎ形の個数は全部で，５×６＝30(個)とわかる。よって，色をつけた部分の面積は，$2\times2\times3.14\times\frac{60}{360}\times30=20\times3.14=62.8$($cm^2$)と求められる。

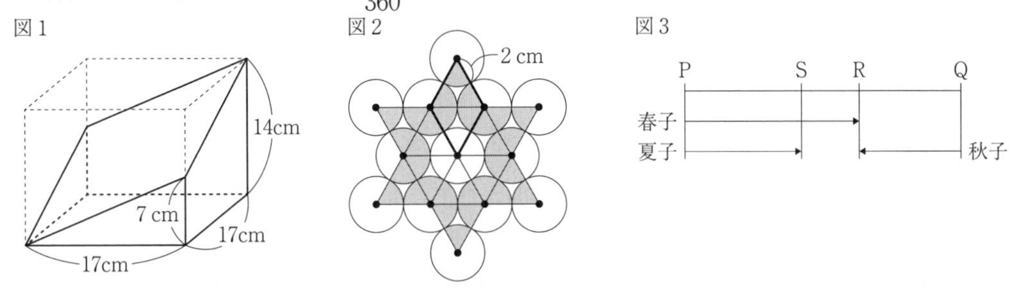

16 旅人算

春子と秋子が出会った地点をR，そのとき夏子がいた地点をSとすると，春子と秋子が出会うまでのようすは上の図３のようになる。この３分後に夏子と秋子が出会うから，SR間の道のりは，(60＋40)×３＝300(m)とわかる。また，春子と夏子の速さの差は分速，80－60＝20(m)なので，春子と夏子が進んだ道のりの差が300mになるまでの時間は，300÷20＝15(分)である。つまり，図３のようになるのは出発してから15分後である。よって，PQ間の道のりは，春子と秋子が15分で進んだ道のりの和になるので，(80＋40)×15＝1800(m)と求められる。

17 平面図形―角度

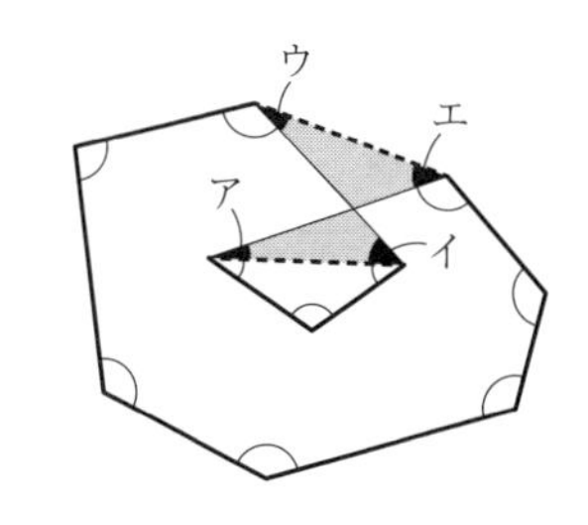

右の図の色をつけた２つの三角形で，向かい合う２つの角の大きさは等しいから，アとイの角の大きさの和と，ウとエの角の大きさの和は等しくなる。よって，問題文中の図で印のついた角の大きさの和は，「太線で囲んだ七角形の内角の和」と，「太線で囲んだ三角形の内角の和」の合計になる。また，N角形の内角の和は，180×(N－２)で求められるので，七角形の内角の和は，180×(７－２)＝900(度)である。したがって，印のついた角の大きさの和は，900＋180＝1080(度)と求められる。

18 数列

３で割ると１あまる整数の中で，最も小さい７の倍数は７である。また，３で割ると１あまる整数は３ごとにあらわれ，７の倍数は７ごとにあらわれるから，両方に共通する数は３と７の最小公倍数である21ごとにあらわれる。よって，両方に共通する数は，７＋21×□(□は整数)と表すことができる。次に，３で割ると１あまる整数の最後(200個目)の数は，１＋３×(200－１)＝598なので，(598－７)÷21＝28あまり３より，□に入る最大の整数は28とわかる。したがって，□には0～28の29個の整数が入るから，７の倍数は全部で29個ある。

19 平均とのべ，差集め算

１問目と３問目の正解者数の差を□人とすると，配点を変える前と変えた後のようすは下の図１のようになる。配点を変えることによって平均点が，6.75－4.8＝1.95(点)上がったから，40人の合計点は，1.95×40＝78(点)上がったことになる。また，図１で点線部分の合計点は変わらないので，□人分の合計点の差が78点とわかる。さらに，この部分の１人分の差は，５－２＝３(点)だから，□＝78÷３＝26(人)と求められる。

図１

			□人
(変える前)	１問目	２点，２点，…，２点	２点，…，２点
	３問目	５点，５点，…，５点	
(変えた後)	１問目	５点，５点，…，５点	５点，…，５点
	３問目	２点，２点，…，２点	

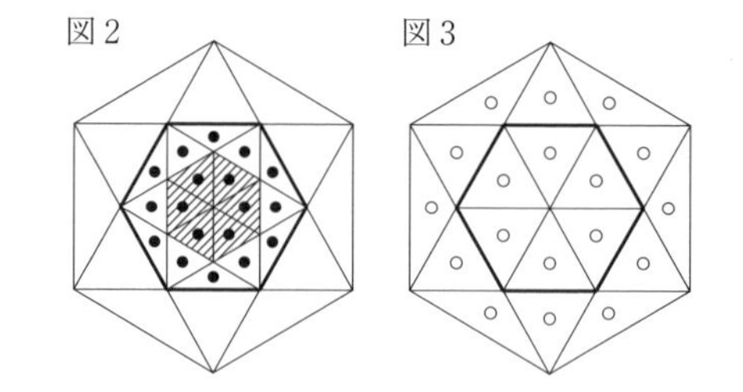

20 平面図形―面積

上の図２で，斜線(しゃせん)部分の正六角形，太線で囲んだ正六角形，一番外側の正六角形をそれぞれ㋐，㋑，㋒とする。図２で●印をつけた三角形の面積は等しく，㋐の中の●の数は６個，㋑の中の●の数は，６＋12＝18(個)だから，㋑の面積は㋐の面積の，18÷６＝３(倍)とわかる。同様に，上の図３で○印をつけた三角形の面積は等しく，㋑の中の○の数は６個，㋒の中の○の数は18個なので，㋒の面積は㋑の面積の３倍となる。よって，㋒の面積は㋐の面積の，３×３＝９(倍)だから，㋐の面積は㋒の面積の$\frac{1}{9}$倍である。

21 平面図形―図形上の点の移動，長さ

２点Ａ，Ｂが最もはなれるのは，ＡとＢを結ぶ直線が円の直径になるときである。つまり，角AOBの大きさが180度になるときだから，ＡとＢが動いた角の大きさの差が180度になるときである。よって，１回目は動き始めてから，180÷(５－２)＝60(秒後)とわかる。このときまでにＢが動いた角の大きさは，２×60＝120(度)なので，Ｂが動いた長さは，$12\times2\times3.14\times\frac{120}{360}=8\times3.14$＝25.12(cm)と求められる。

22 数列

$\frac{2}{3}=\frac{1\times2}{1\times3}$，$\frac{2}{5}=\frac{2\times3}{3\times5}$，$\frac{12}{35}=\frac{3\times4}{5\times7}$，$\frac{20}{63}=\frac{4\times5}{7\times9}$より，この分数の分子は連続する整数を順番に２個ずつかけ，分母は連続する奇数を順番に２個ずつかけたものである(約分できるときは約分する)。よって，５番目の分数は，$\frac{5\times6}{9\times11}=\frac{30}{99}=\frac{10}{33}$である。

23 速さと比

ＡとＢ，ＢとＣの関係を図に表すと，右の図１のようになる。Ａが，18＋54＝72(分)で進む道のりをＢは54分で進むから，72：54＝４：３より，ＡとＢの速さの比は，$\frac{1}{4}:\frac{1}{3}$＝３：４とわかる。同様に，Ｂが，４＋28＝32(分)で進む道のりをＣは28分で進むので，32：28＝８：７より，ＢとＣの速さの比は，$\frac{1}{8}:\frac{1}{7}$＝

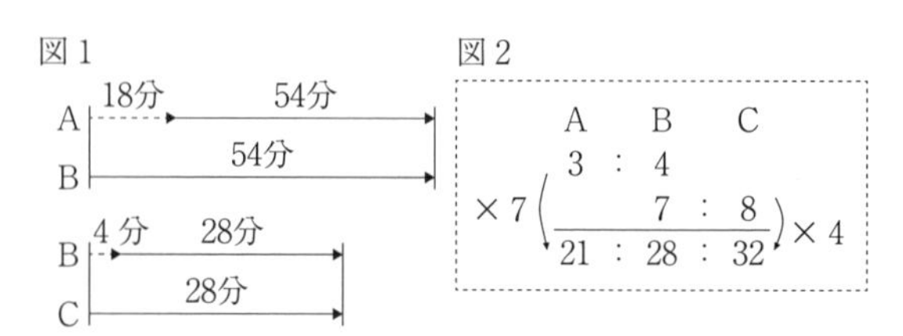

７：８となる。よって，上の図２のように比をそろえると，ＡとＣの速さの比は21：32とわかるから，ＡとＣが同じ道のりを進むのにかかる時間の比は，$\frac{1}{21}:\frac{1}{32}$＝32：21となる。また，Ｃが地点Ｐを出発した時刻は，10時＋18分＋４分＝10時22分なので，ＣがPQ間にかかる時間は，11時25分－10時22分＝１時間３分＝63分である。したがって，ＡがPQ間にかかる時間は，$63\times\frac{32}{21}$＝96(分)だから，Ａが地点Ｑに着く時刻は，10時＋96分＝10時＋１時間36分＝11時36分と求められる。

24 場合の数

一番短い道のりで進むためには，右上に進む道をできるだけ多く使う方がよい。よって，下の図１～図３の太線のように進む場合が考えられる。図１の場合はＳからＡまで進む方法が２通り，図２の場合はＢからＧまで進む方法が２通りあるから，全部で，２＋２＋１＝５(通り)となる。

図１
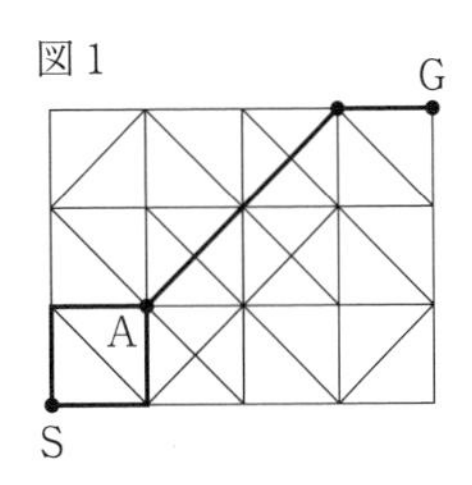

図２
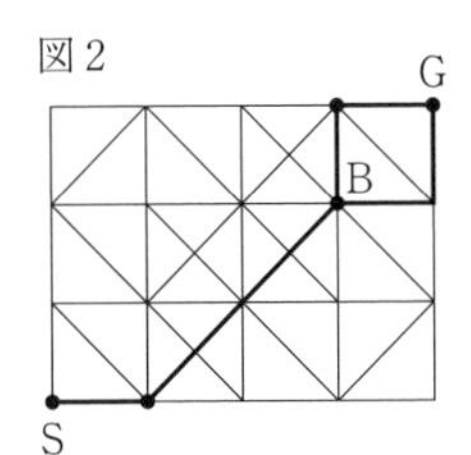

図３
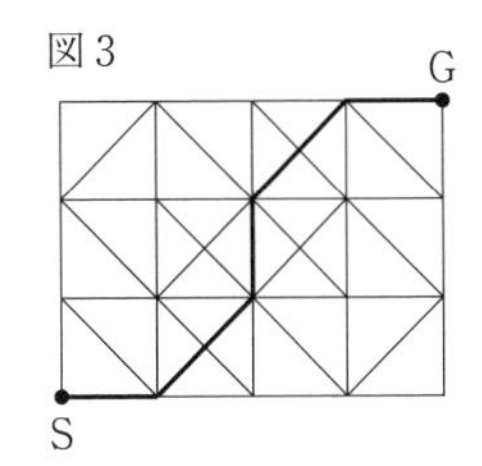

図４
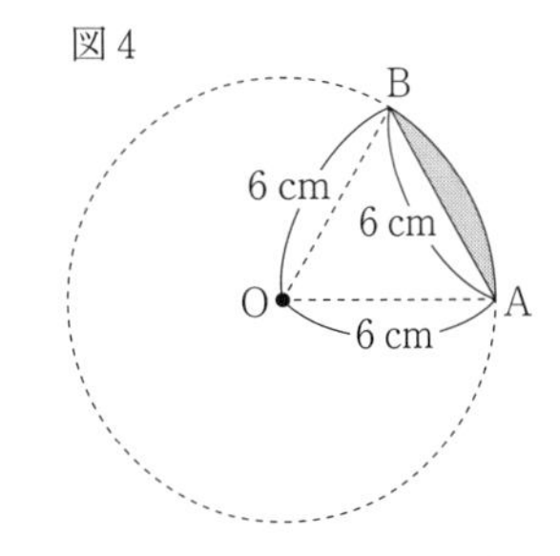

25 立体図形─表面積

この立体を真上から見ると，上の図４の色をつけた部分になる(点Ｏはもとの円柱の底面の円の中心)。図４で三角形OABは正三角形だから，角AOBの大きさは60度であり，弧(こ)ABの長さは，$6\times2\times3.14\times\frac{60}{360}$＝6.28(cm)とわかる。よって，かげをつけた部分のまわりの長さは，6.28＋6＝12.28(cm)なので，この立体の側面積は，12.28×６＝73.68(cm^2)と求められる。

2023年度 品川女子学院中等部

【算　数】〈第２回試験〉（50分）〈満点：100点〉

（注意）円周率は3.14とする。

1 次の問いに答えなさい。(1)，(2)は計算の過程もかきなさい。

(1) $3\frac{1}{2}-\left(2-\frac{3}{4}\right)\div\frac{5}{8}+2\frac{1}{2}$を計算しなさい。

(2) $7.8-\left\{2\frac{1}{10}+1\frac{1}{5}\times\left(\square+1\frac{1}{2}\right)\right\}=3$の□にあてはまる数を答えなさい。

(3) $43\times47+43\times13-28\times47-28\times13$を計算しなさい。

(4) □に０から９までのいずれかの数字を入れて，右の筆算を完成させたとき，ア，イ，ウに入る数字を答えなさい。

```
      2 7 6
  ×     □ □
  ─────────
    □ □ □ □
    ア □ □
  ─────────
    イ 7 ウ 8
```

2 次の□にあてはまる数を答えなさい。

(1) １辺が□cmの正方形の面積は169cm^2です。

(2) ある美術館の入館料は，大人２人とこども２人合わせて4400円で，こども１人の入館料は大人の入館料より600円安いです。こども１人の入館料は□円です。

(3) 右の図は立方体です。ABとACでつくられる角をxとするとき，角xの大きさは□°です。

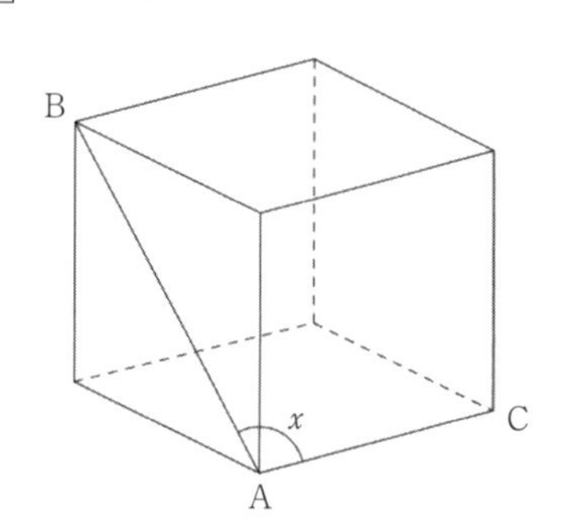

(4) 水が入っている水そうがあります。長さの差が40cmである２本の棒を水そうの底に届くまでまっすぐに立てたところ，短い棒の$\frac{3}{4}$，長い棒の$\frac{4}{7}$だけ水に浸(つ)かりました。このとき水そうに入っている水の深さは□cmです。

(5) 次の数はある規則に従って並んでいます。

７，10，13，16，19，22，……

最初の数から20番目の数までの和は□です。

(6) 西町から東町まで，Ａさんは歩いて45分かかり，Ｂさんは自転車で12分かかります。Ａさんが1.6km進む間にＢさんは□km進むことができます。

(7) 10円玉３枚，50円玉１枚，100円玉２枚を使っておつりがないように支払(はら)える金額は全部で□通りです。

(8) 花子さんがこれまで□回受けたテストの点数の平均点は82点でした。次に受けるテストで100点を取ることができれば，平均点は85点になります。

(9) $\frac{1}{56}$，$\frac{2}{56}$，$\frac{3}{56}$，……，$\frac{56}{56}$までの56個の分数のうち約分できるものは□個あります。

(10) 下の図のように長方形の中に半円があります。

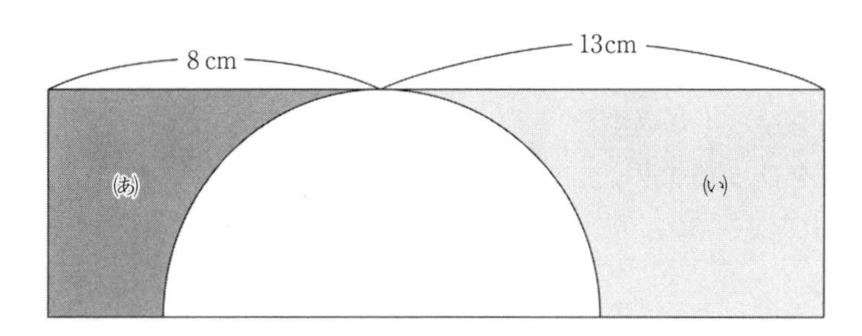

色をつけた部分(あ)の面積が色をつけた部分(い)の面積より30cm²小さいとき，(あ)の面積は［　　　］cm²です。

3 解答用紙に途中の計算や考えた過程をかきなさい。

円と正方形が直線Ｌの上にあります。正方形の対角線と円の直径は長さが等しく，正方形の対角線のうち１本は直線Ｌと垂直です。また，［図１］［図２］の斜線部分は円と正方形の重なった部分を表します。

(1) ［図１］の斜線部分の面積は６cm²で，正方形の面積の24％です。正方形の１辺の長さは何cmですか。

［図１］

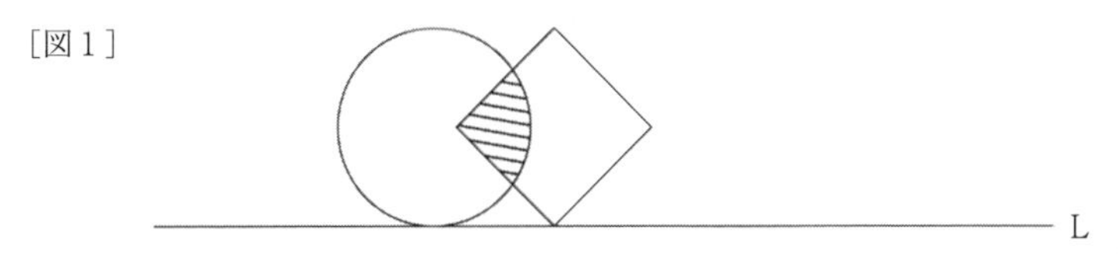

(2) 次に正方形の対角線と円の直径を８cmにしました。［図２］において，円周の太線部分を(ア)，円周の太線以外を(イ)とします。(ア)と(イ)の長さの比が１：３になったとき，正方形の斜線部分ではない部分の面積は何cm²ですか。

［図２］

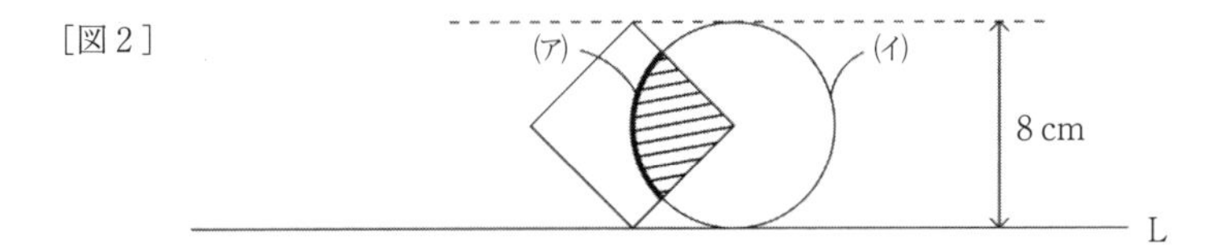

(3) 正方形の対角線と円の直径を８cmにしたまま，円が直線Ｌ上を転がりながら動くとします。このとき円と正方形の重なった部分の面積が円の面積の70％を超えることはありますか。あるかないかを選び，その理由を計算をもとに説明しなさい。

4 (2)(3)について，解答用紙に途中の計算や考えた過程をかきなさい。

片面が黒色，もう片面が白色の平らな石が100個あります。それらの石の両面にはそれぞれ１から100までの同じ数が１つずつ書かれています。

いま，それら100個の石をすべて白色の面を表にして並べることを１回目の【操作】とし，その後，何回目かを表す数と同じ数の倍数が書かれた石をひっくり返す【操作】を次のように50回目まで行いました。なお，「ひっくり返す」とは，石の表と裏を逆にすることを表します。

【操作】

１回目：すべての石を白色の面が表になるように並べる。

２回目：２の倍数が書かれた石をひっくり返す。

３回目：３の倍数が書かれた石をひっくり返す。

４回目：４の倍数が書かれた石をひっくり返す。

⋮

⋮

50回目：50の倍数が書かれた石をひっくり返す。

(1)　１から10までの数が書かれた石のうち，白色の面が表になっている石に書かれた数はどれですか。すべて答えなさい。

(2)　81と書かれた石は，何回ひっくり返されましたか。

(3)　100個の石のうち，白色の面が表になっている石の個数は何個ですか。

【社　会】〈第２回試験〉（理科と合わせて60分）〈満点：60点〉

1　日本の諸産業における「自給」と，これにまつわる諸問題について，問いに答えなさい。

問１　次のグラフ（食料自給率，2018年度）からわかるように，現在，日本の食料自給率は，40％を下まわっています。これを見て，各問いに答えなさい。

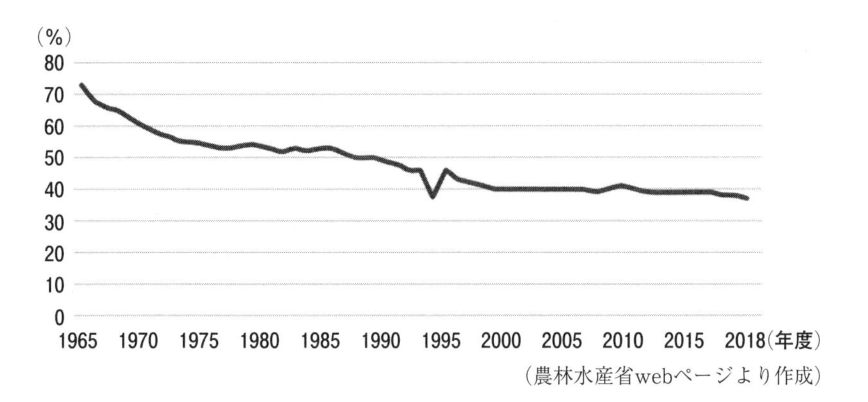

（農林水産省webページより作成）

⑴　食料自給率が50％を下まわる農産物の種類を，次のア～エより一つ選び，記号で答えなさい。

ア．豆類　　イ．米　　ウ．野菜　　エ．いも類

⑵　食料自給率は，グラフからわかるように，1965年以降，低下傾向にあります。食料自給率が低下した理由として**間違っているもの**を，次のア～エより一つ選び，記号で答えなさい。

ア．高度経済成長により都市化が進み，農業を離れる人が増えたため。

イ．高齢化が進み，農家では後継者が不足しているため。

ウ．公害問題が深刻となり，土壌の汚染が全国的に進んでいるため。

エ．貿易の自由化が進み，外国から安い農産物が輸入されるようになったため。

問２　次のグラフは，都道府県ごとの食料自給率（2018年度）を表したものです。このグラフの説明として**間違っているもの**を，下のア～エより一つ選び，記号で答えなさい。

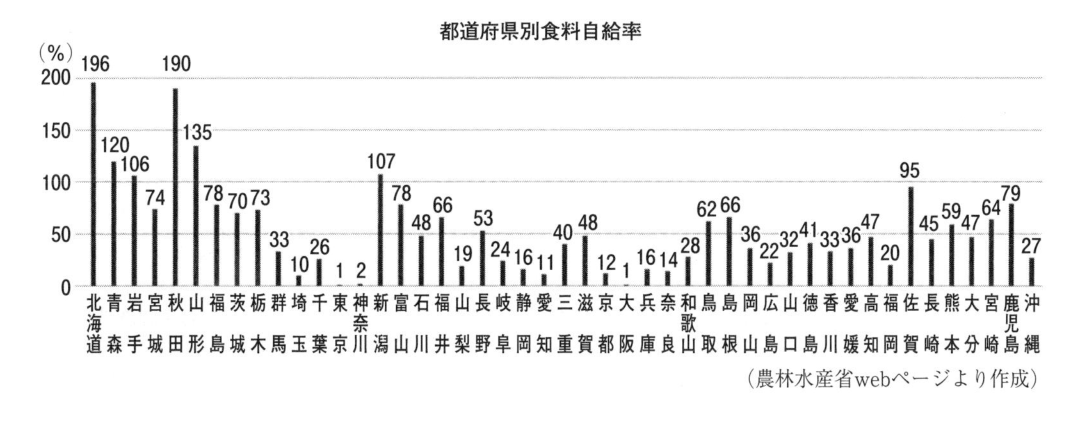

（農林水産省webページより作成）

ア．食料自給率が80％を上まわっている道県は，すべて米の生産量の上位10道県に入っている。

イ．人口上位５都府県は，食料自給率の下位５都府県である。

ウ．肉用牛の生産量(飼育頭数)上位３県は，食料自給率が50％を上まわっている。

エ．日本の食料自給率を上まわっている都道府県の方が多い。

問３　2022年，工業用や農業用の水の自給が困難となるような，大規模な水もれ事故が起きた，愛知県にある用水の名前を漢字で答えなさい。

問４　食料自給率の低さを考える指標の一つに「バーチャル・ウォーター(仮想水)」があります。農畜産物の生産には，大量の水を必要とします。「バーチャル・ウォーター」とは，食料を輸入している国において，もしその輸入食料を生産するとしたら，どの程度の水が必要かを推定したものです。右の表を参考にしながら，バーチャル・ウォーターを減らす取り組みとして，**あてはまらないと考えられるもの**を，下のア～エより一つ選び，記号で答えなさい。

	100ｇ生産するのに必要な水の量
米	370Ｌ
小麦粉	210Ｌ
牛肉	2060Ｌ
豚肉	590Ｌ
鶏肉	450Ｌ

(東京大学生産技術研究所の沖大幹教授等のグループが試算した結果による)

ア．消費者は，地産地消を実践する。

イ．生産者は，フードマイレージを大きくすることに努めて食品を販売する。

ウ．生産者・消費者ともにフードロスの削減に努める。

エ．消費者は，肉類を食べる量を減らす。

問５　農業を盛んにするための取り組みとして「６次産業化」があります。６次産業の６とは，第１次産業の１，第２次産業の２，第３次産業の３をかけ合わせたもののことです(1×2×3=6)。農業を６次産業化するとはどういうことですか，次の言葉をすべて用いて説明しなさい。

農家　　自分　　農作物

問６　日本のエネルギーに必要な地下資源(鉱産資源)の自給率は１％以下で，ほとんどを輸入に頼っています。次の**Ａ**～**Ｃ**のグラフは，原油・液化天然ガス・石炭のいずれかの輸入先の割合を示したものです(2020年度)。正しい組み合わせのものを，下のア～カより一つ選び，記号で答えなさい。

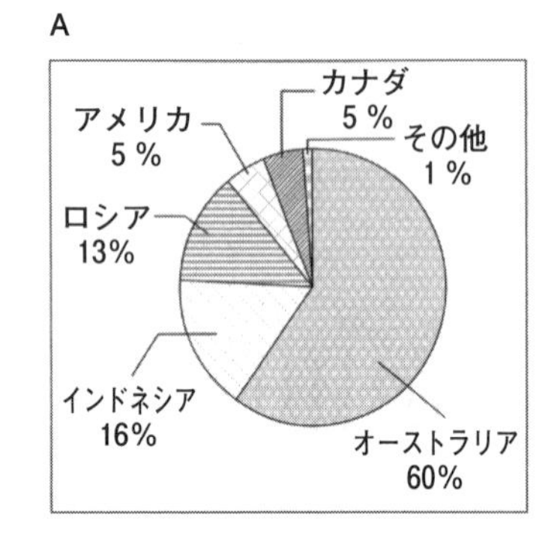

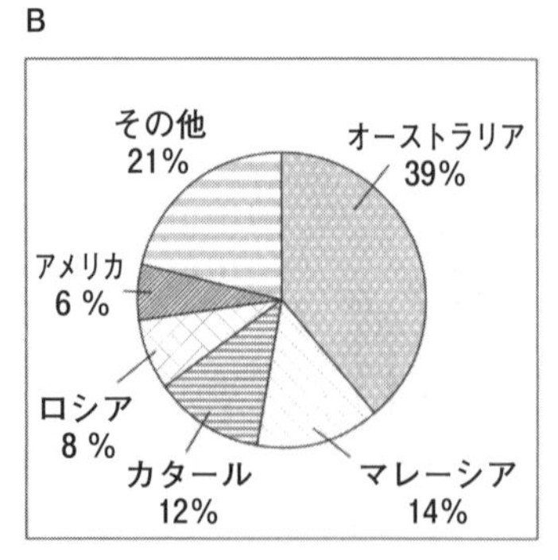

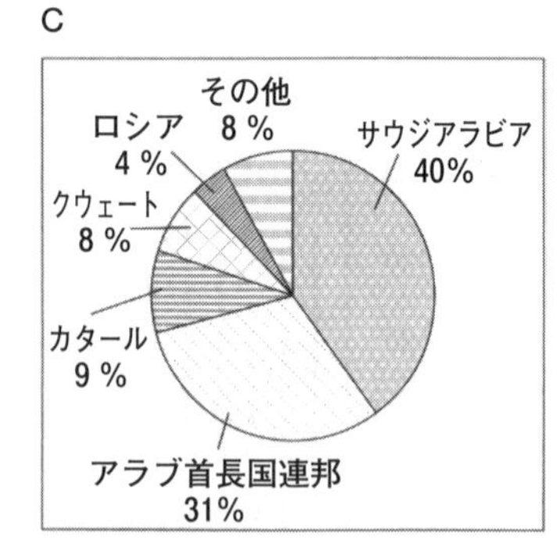

(『データブック オブ・ザ・ワールド 2022』より作成)

ア．**Ａ**―原油　**Ｂ**―液化天然ガス　**Ｃ**―石炭

イ．**Ａ**―原油　**Ｂ**―石炭　**Ｃ**―液化天然ガス

ウ．**Ａ**―液化天然ガス　**Ｂ**―原油　**Ｃ**―石炭

エ．A—液化天然ガス　B—石炭　C—原油
オ．A—石炭　B—原油　C—液化天然ガス
カ．A—石炭　B—液化天然ガス　C—原油

問７　日本のエネルギー自給率は12.1％(2019年度)です。今後，自給率を高めるためには，どのようなエネルギー政策をすすめればよいのかを，具体的なエネルギーの名前をあげて説明しなさい。

問８　次の文の(あ)にあてはまる語句を，漢字で答えなさい。
　日本の地下資源の自給率はきわめて低いが，セメントの主な原料となる(　あ　)の自給率は，ほぼ100％である。

問９　食用魚介類(ぎょかいるい)の自給率は55％前後ですが，漁獲量(ぎょかくりょう)や消費量は減少傾向が続いています。食用魚介類の自給について，各問いに答えなさい。

(1)　次の文の(い)にあてはまる語句を，漢字で答えなさい。
　2021年，北海道東部の太平洋沿岸で，植物プランクトンを原因とする(　い　)の発生によりウニやサケが大量に死滅(しめつ)し，大きな被害(ひがい)をもたらした。

(2)　次の２つのグラフから読み取れることとして，**間違っているもの**を，下のア～エより一つ選び，記号で答えなさい。

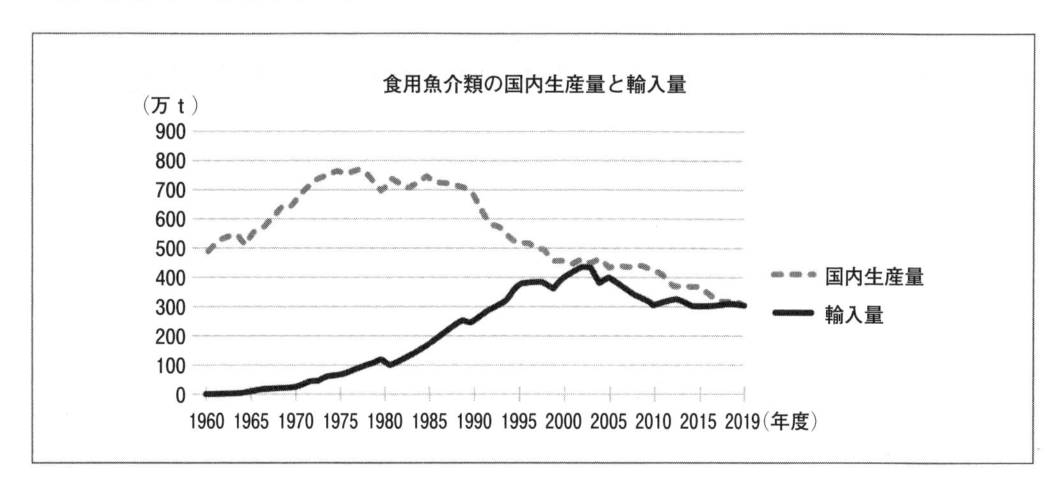

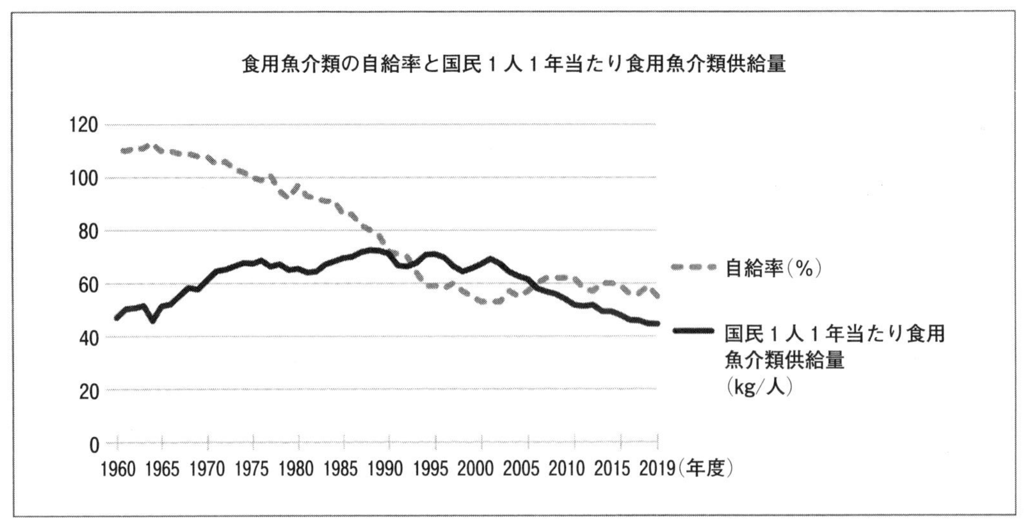

（農林水産省『令和２年度水産白書』より作成）

ア．かつて，日本の食用魚介類の自給率は100％を超えていた。

イ．自給率が最も低かったのは，1990年代前半である。

ウ．国民１人１年当たりの食用魚介類供給量は，2000年以降，減少傾向にある。

エ．国内生産量が最も多かったのは，1970年代半ばである。

(3)　水産物の中でも自給率が高いイカは，近年，不漁が続き，自給率の低下が心配されています。イカの水揚げ量で全国上位の港があり，また，東北新幹線の駅もある，青森県の市名を漢字で答えなさい。

(4)　函館は，「イカのまち」ともいわれ，イカ漁やイカめしで有名ですが，近年，水揚げ量が激減しています。次の地形図は，函館の一部です。地形図から読み取れることとして**間違っているもの**を，下のア～エより一つ選び，記号で答えなさい。

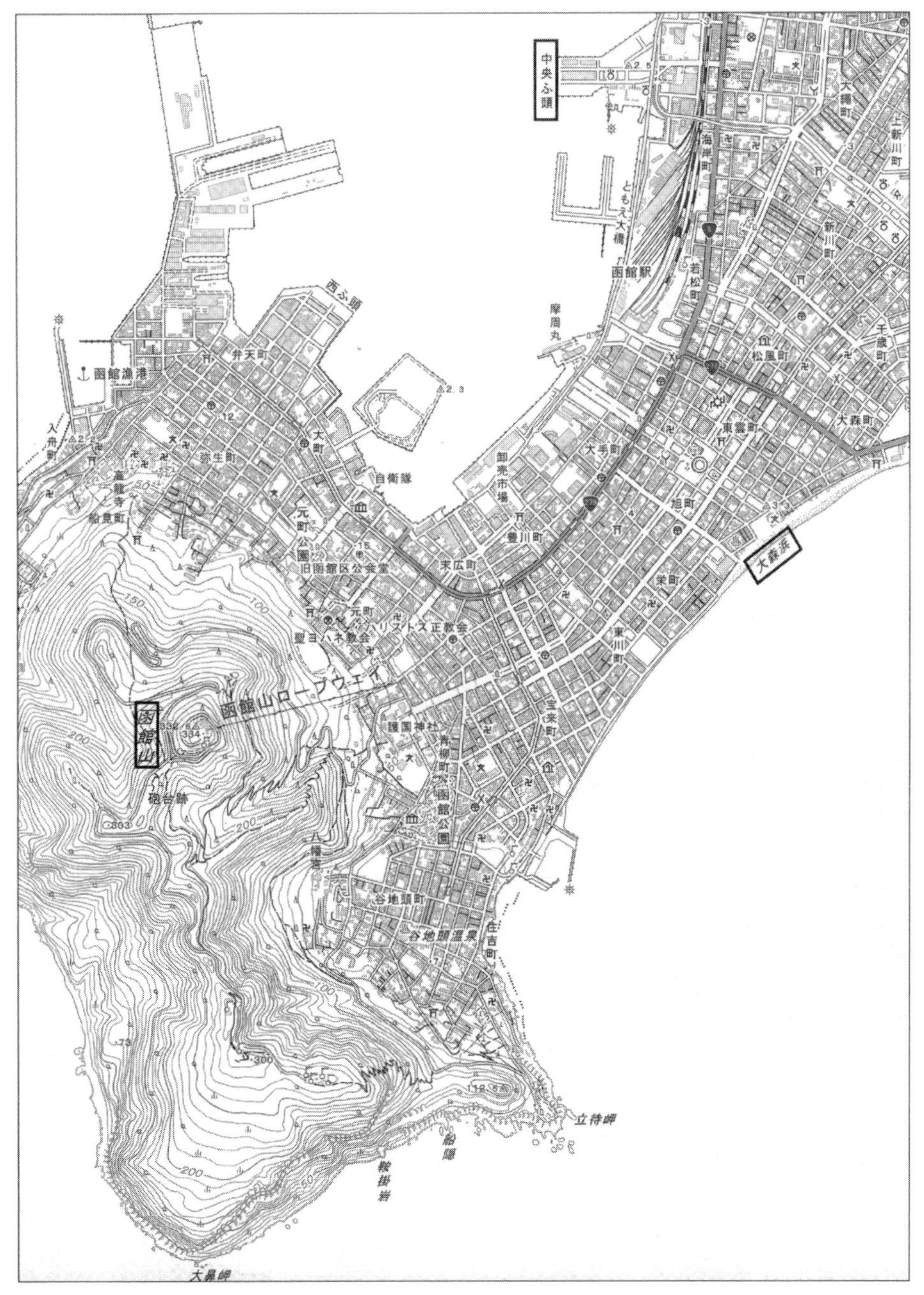

(国土地理院発行25000分の１地形図『函館』を83％に縮小，一部修正，加筆)

ア．北側の湾の周辺には，埋(う)め立て地が多く見られる。

イ．函館山は，ロープウェイがある斜面(しゃめん)より，北側の斜面の方が傾斜(けいしゃ)が急である。

ウ．国道が合流している地点の南に市役所がある。

エ．大森浜の近くにある小・中学校より，中央ふ頭の方が標高が低い。

問10　日本の国土の約３分の２は，森林が占(し)めています。しかし，市場に出回る木材のうち，国産のものは少なく，近年，自給率は約40％です。木材の自給について，各問いに答えなさい。

(1)　次のグラフは，日本の木材の国内生産量と輸入量の変化を表したものです。このグラフから読み取れることとして正しいものを，下のア～エより一つ選び，記号で答えなさい。

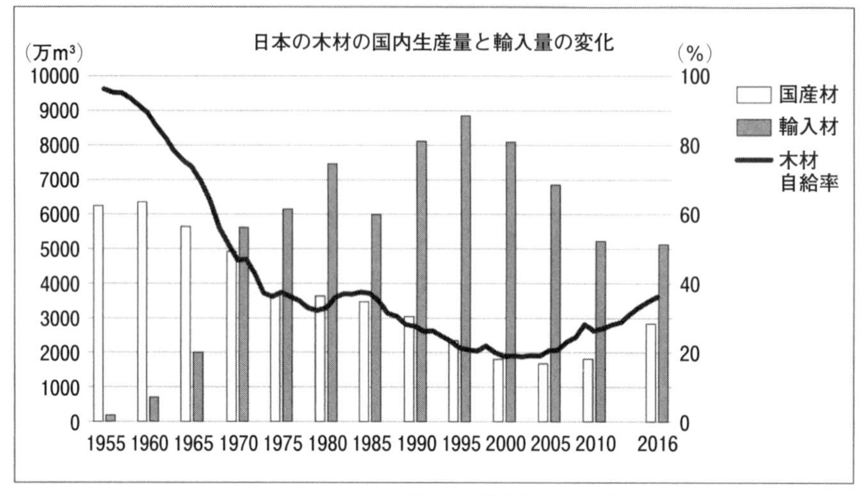

（林野庁『平成29年版 森林・林業白書』より作成）

ア．1970年代と80年代の国産材の供給量は，輸入材の半分以下である。
イ．輸入材の供給量は，一貫（いっかん）して増え続けている。
ウ．木材の自給率は，近年，回復傾向が見られる。
エ．1960年代に，輸入材の供給量が国産材をはじめて上まわった。

(2)　木材の自給率が低い理由の一つとして，林業従事者数の減少があります。この問題への取り組みとして国が2003年から行っている，新たに林業に就（つ）きたい人を支援（しえん）するしくみを何といいますか。次のア～エより一つ選び，記号で答えなさい。

ア．森の雇用（こよう）事業　　イ．フクロウの雇用事業
ウ．里山の雇用事業　　エ．緑の雇用事業

2　次の文章を読み，あとの問いに答えなさい。

町を散歩していると，さまざまな石碑（せきひ）や石像を見かけます。石碑の文章を読んだり，石像を見たりすると，その土地が昔どんな場所だったか，また，その場所で歴史上どんな事件が起こったのかを知ることができます。

問１　右の写真は，東京都文京区弥生町にある石碑です。この石碑について，各問いに答えなさい。

(1)　この石碑がある近辺で見つかった土器の特ちょうを述べた次の説明文Ｘ～Ｚについて，正誤の組み合わせとして正しいものを，下のア～カより一つ選び，記号で答えなさい。

Ｘ．縄目（なわめ）の文様（もんよう）がつけられている。
Ｙ．固くてこわれにくく，色さい豊かなものが多い。

Ｚ．のぼりがまを用いてつくられた。

ア．Ｘ―正　Ｙ―正　Ｚ―誤　　イ．Ｘ―正　Ｙ―正　Ｚ―正
ウ．Ｘ―正　Ｙ―誤　Ｚ―正　　エ．Ｘ―誤　Ｙ―誤　Ｚ―正
オ．Ｘ―誤　Ｙ―正　Ｚ―正　　カ．Ｘ―誤　Ｙ―誤　Ｚ―誤

(2)　次の地図は，弥生時代の特ちょうがある遺跡の分布を示したものです。北海道に遺跡が分布していない理由を説明しなさい。

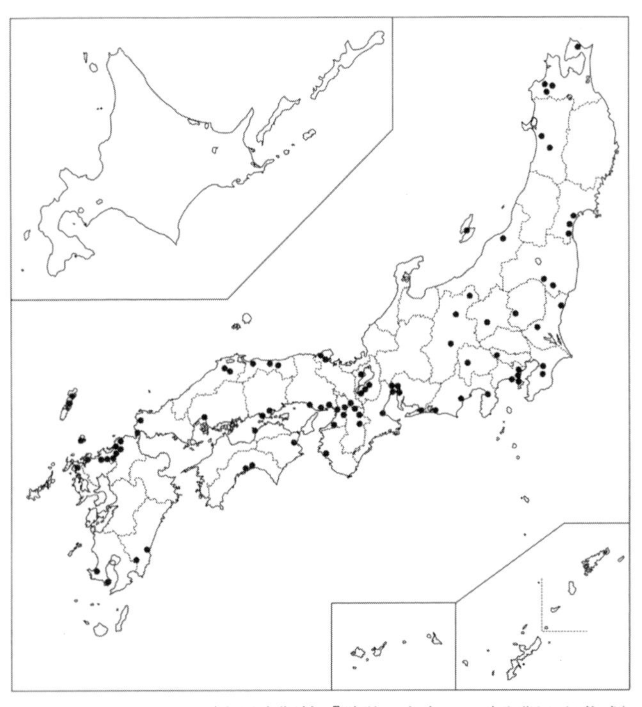

（山川出版社『詳説日本史Ｂ』改訂版より作成）

問２　右の写真は，大阪府堺市の古墳の近くにある注意書きです。この注意書きには，堺市に古墳があることが書かれています。古墳が多くつくられていた時代について，各問いに答えなさい。

(1)　古墳が多くつくられていた時代の説明として正しいものを，次のア～エより一つ選び，記号で答えなさい。

ア．大王を中心としたヤマト政権が，現在の青森県から沖縄県にかけての地域を支配するようになっていた。

イ．ヤマト政権は朝鮮半島のすぐれた技術や鉄を求めて，半島南部の伽耶諸国(加羅)との結びつきを強めていた。

ウ．ヤマト政権の５人の王たちは，中国にたびたび使いを送って，朝鮮半島北部の支配権を認めてもらおうとした。

エ．豪族たちは，それぞれ軍団とよばれる軍事制度を整え，大王はその軍団の功績に応じて位階をあたえ，中央や地方の政治に参加させていた。

(2) 次の地図は，現存する古墳の数を都道府県別に示したものです。この地図から読み取れることとして正しいものを，下のア～エより一つ選び，記号で答えなさい。(埼玉県のみ消滅した古墳の数も含まれる)

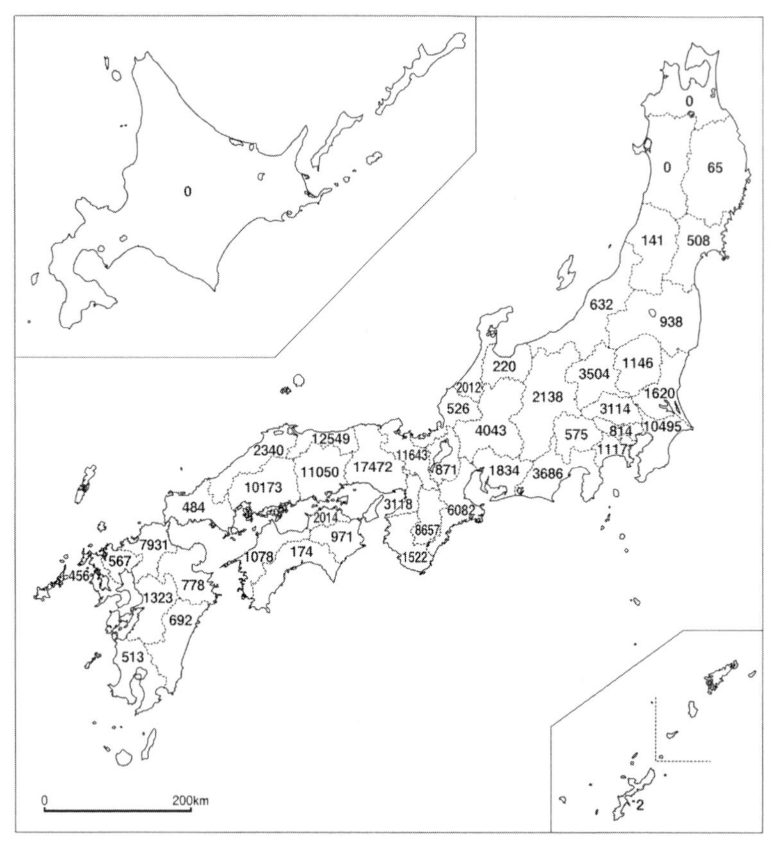

(文化庁「令和３年度 周知の埋蔵文化財包蔵地数」より作成)

ア．四国の中で一番多く古墳が現存しているのは，現在の香川県である。

イ．宮城県より北には古墳は現存していない。

ウ．近畿地方で最も多く古墳が現存しているのは，奈良県である。

エ．九州地方で現存する古墳が最も少ないのは，鹿児島県である。

問3　次の写真は，奈良県橿原(かしはら)市にある石碑です。この写真を見て，各問いに答えなさい。

(1)　この場所にあった都が完成したときの天皇の名前を，漢字で答えなさい。

(2)　この場所に都が置かれた，7世紀後半のできごととして正しいものを，次のア～エより一つ選び，記号で答えなさい。

ア．はじめて仏教が朝鮮半島から伝えられた。

イ．日本は，朝鮮半島で唐と新羅の連合軍と戦った。

ウ．大宝律令が制定された。

エ．小野妹子が遣隋使として，中国につかわされた。

問4　次の2枚の写真は，現在の山口県にある寺院の写真と，その寺院に置かれている説明書きです。これらの写真を見て，各問いに答えなさい。

写真Ⅰ

写真Ⅱ

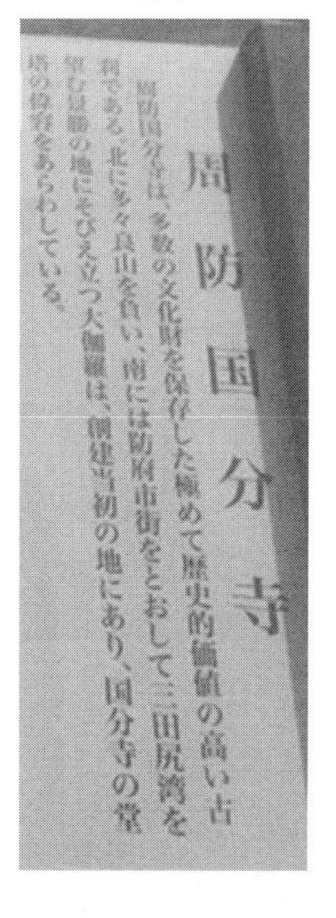

周防国分寺
周防国分寺は、多数の文化財を保存した極めて歴史的価値の高い古
刹である。北に多々良山を負い、南には防府市街をとおして三田尻湾を
望む景勝の地にそびえ立つ大伽藍は、創建当初の地にあり、国分寺の堂
塔の位置をあらわしている。

⑴　奈良時代に，この寺院を建てるように命じた人物を漢字で答えなさい。

⑵　奈良時代について述べた，次の説明文Ｘ～Ｚについて，正誤の組み合わせとして正しいものを，下のア～カより一つ選び，記号で答えなさい。

Ｘ．朝廷が口分田不足を補うために，三世一身法を定めた。

Ｙ．大寺院から多くの僧兵が朝廷におしかけて，寺の要求をつきつけた。

Ｚ．鑑真が来日し，僧の制度を整え，唐招提寺を建てた。

ア．Ｘ―正　Ｙ―正　Ｚ―誤　　イ．Ｘ―正　Ｙ―誤　Ｚ―誤

ウ．Ｘ―正　Ｙ―誤　Ｚ―正　　エ．Ｘ―誤　Ｙ―誤　Ｚ―正

オ．Ｘ―誤　Ｙ―正　Ｚ―正　　カ．Ｘ―誤　Ｙ―正　Ｚ―誤

問５　右の写真は，平安時代に遣唐使の停止を提案した人物がまつられている，大阪府豊中市の神社です。この神社に関連して，各問いに答えなさい。

⑴　この神社にまつられている人物を，漢字で答えなさい。

⑵　この神社にまつられている人物が活やくした時代に栄えた，国風文化の説明として**間違っているもの**を，次のア～エより一つ選び，記号で答えなさい。

ア．かな文字がつくられ，和歌や物語・日記・随(ずい)筆(ひつ)などの文学が発達した。

イ．貴族の住まいのつくりは，寝殿造とよばれた。

ウ．屋敷(やしき)内のびょうぶなどに，日本の風物を題材とした大和絵が描(えが)かれた。

エ．東大寺南大門の金剛力士像など，力強い写実的な作品がつくられた。

問６　次の写真は，山口県下関市にある石碑です。この石碑に書かれている戦いが起こるより前のできごととして**間違っているもの**を，下のア～エより一つ選び，記号で答えなさい。

ア．平清盛は武士で初めて太政大臣となり，政治の実権をにぎった。

イ．平清盛は港を整え，日宋貿易をさかんにして，大きな利益をあげた。

ウ．源頼朝が征夷大将軍に任じられた。

エ．源頼朝の弟の源義経は，一ノ谷の戦いや屋島の戦いで平氏を打ち破った。

問7　右の写真は，山梨県身延町(みのぶちょう)にある石碑です。この石碑に書かれている人物が説いた仏教の教えとして正しいものを，下のア～エより一つ選び，記号で答えなさい。

ア．「南無阿弥陀仏」ととなえれば，極楽浄土(ごくらくじょうど)に往生できると説いた。

イ．悪人こそ阿弥陀仏に救われる対象であると説いた。

ウ．ひたすらに座禅(ざぜん)をすることで，さとりを開くことができると説いた。

エ．法華経(ほけきょう)が正しいと説き，「南無妙法蓮華経」の題目をとなえれば救われると説いた。

問8　次の写真は，埼玉県草加市にある人物の像です。この人物は徳川綱吉が将軍だったころ，東北に旅立ちました。この人物と同じ時代に活やくした人物として**あてはまらないもの**を，下のア～エより一つ選び，記号で答えなさい。

ア．狩野永徳　　イ．井原西鶴　　ウ．菱川師宣　　エ．近松門左衛門

問９　次の資料は，東京都中央区にある碑文（ひぶん）です。この碑文は，明治時代の銀座のことを記しています。また，錦絵は，同じころの銀座のようすを描いたものです。この碑文と錦絵から**読み取ることができないもの**を，下のア～エより一つ選び，記号で答えなさい。

> 煉瓦（れんが）銀座の碑
>
> 明治五年二月二十六日（西暦一八七二年）
>
> 　銀座は全焼して，築地（つきじ）方面まで燃え広がった。燃えてしまった戸数は四千ともいわれている。東京府知事由利公正（ゆりきみまさ）は，被害（ひがい）にあった銀座全域に，燃えない材料での建物の再建を計画し，政府が国費で煉瓦づくりの二階建てアーケード式洋風建築を完成させた。
>
> 　銀座通り商店街は煉瓦通りからはじまった。
>
> （文は，簡単な現代語に直してあります。）

ア．この錦絵が描かれたのは，明治五年以降である。

イ．文明開化が進み，自動車や，洋服を着た人を見ることができる。

ウ．ほとんどの建物は，火事の対策として煉瓦でつくられている。

エ．明治政府が，国費で銀座の建物を整備した。

問10　次の写真は，品川女子学院の校歌を写したものです。校歌を作詞した人物は，歌人として活やくしました。この人物は，ある戦争に行く弟を思ってうたった詩で有名です。弟が行った戦争と，もっとも関係の深いものを，下のア～エより一つ選び，記号で答えなさい。

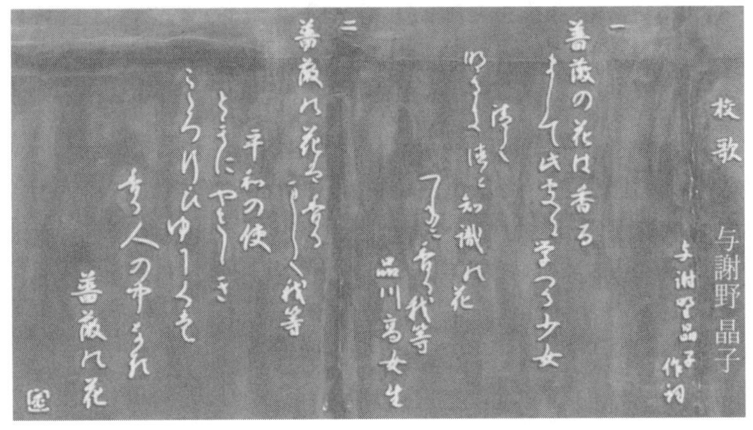

注意：活字は読みやすく，写真にくわえたものです。

ア．甲午農民戦争がおこった。

イ．日本は，イギリスと日英同盟を結んだ。

ウ．日本は，中国に二十一か条の要求をつきつけた。

エ．陸奥宗光がイギリスと交渉（こうしょう）して領事裁判権の撤廃（てっぱい）に成功した。

問11　右の写真は，東京都豊島区の東池袋中央公園にある石碑です。この石碑は，第二次世界大戦後に行われた極東国際軍事裁判関連の施設（しせつ）の跡地（あとち）に建てられています。この裁判が行われていたころに，すすめられていた民主化政策について**間違っているもの**を，次のア～エより一つ選び，記号で答えなさい。

ア．戦争を指導していた軍人や政治家は，公的な職から追放された。

イ．国民の自由をうばってきた治安維持法などの法律が廃止（はいし）された。

ウ．三井・三菱・安田などの財閥の解体が命じられた。

エ．25歳（さい）以上の男女に参政権が認められた。

3　次の会話文を読み，あとの問いに答えなさい。

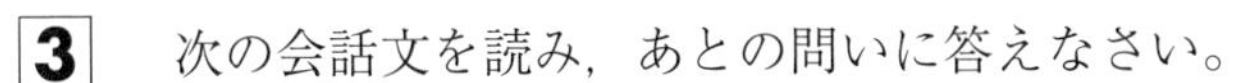

のぞみ：①最高裁判所の②裁判官の「国民審査」って何かな。

父　：最高裁判所の裁判官がふさわしいかどうかを，有権者が投票により審査する制度のことだよ。最高裁判所の裁判官は，任命されてから初めての（　あ　）のときと，前回の審査から10年経（た）った後の最初の（　あ　）のときに審査がある。最高裁判所の裁判官は，最終的に，③法律が憲法に違反（いはん）していないかを判断するんだ。そのような強い力を持っているからこそ，ふさわしくない人がいないかを国民がチェックするんだよ。

のぞみ：誰（だれ）が最高裁判所の裁判官を任命しているの。

父　：最高裁判所の長官以外の裁判官を任命するのは内閣の役割だ。

のぞみ：これまでに国民審査でやめさせられた人はいるの。

父　：これまで国民審査でやめさせられた裁判官はいない。審査方法を変える案もあるけど，まずは今ある制度に関心を持って投票にのぞみたいね。ところで，のぞみは，誕生日がきたら，その後に行われる（　あ　）では選挙の投票と国民審査をすることになるね。

のぞみ：そうだね。とても楽しみだな。それから，④裁判員になる可能性もあるよね。いつ通知が来てもいいように，しっかりと準備しておかなきゃ。

問１　会話文中の(あ)にあてはまる語句を，次のア～エより一つ選び，記号で答えなさい。

ア．衆議院議員総選挙　　イ．参議院議員選挙

ウ．統一地方選挙　　エ．憲法改正の国民投票

問２　下線部①に関連して，日本では三審制をとっており，原則として最高裁判所が第三審にあたります。裁判の判決に不服がある場合，第二審から第三審に訴(うった)え出ることを何といいますか。漢字で答えなさい。

問３　下線部②に関連して，各問いに答えなさい。

(1)　憲法に示されている，裁判官が判決を下す基準として**間違っているもの**を，次のア～エより一つ選び，記号で答えなさい。

ア．法律　　イ．良心　　ウ．憲法　　エ．他の裁判官の意見

(2)　不適任だと訴えられた裁判で，訴えられた裁判官がやめさせられることがあります。この裁判を何といいますか。漢字で答えなさい。

問４　下線部③は，違憲立法審査権とよばれるものです。この権限について，各問いに答えなさい。

(1)　この権限について正しく述べているものを，次のア～エより一つ選び，記号で答えなさい。

ア．法律が制定されるごとに，判断が行われる。

イ．今まで法律が憲法違反とされたことはない。

ウ．この判断は，具体的な事件の裁判の中で行われる。

エ．裁判所のうち，最高裁判所のみがもつ権限である。

(2)　この権限がある理由を説明しなさい。

問５　下線部④について，裁判員制度の説明として**間違っているもの**を，次のア～エより一つ選び，記号で答えなさい。

ア．対象となるのは，重大な刑事事件である。

イ．裁判員になることができるのは，成人の国民である。

ウ．裁判員が有罪か無罪かを決め，裁判官が刑罰(けいばつ)の内容を決める。

エ．裁判員になる人は，抽選(ちゅうせん)で決められる。

【理　科】〈**第２回試験**〉（社会と合わせて60分）〈満点：60点〉

1　Ⅰ　**図１**のように，電磁石の近くに方位磁針を置くと，針が動いて図のような向きで止まりました。あとの問いに答えなさい。

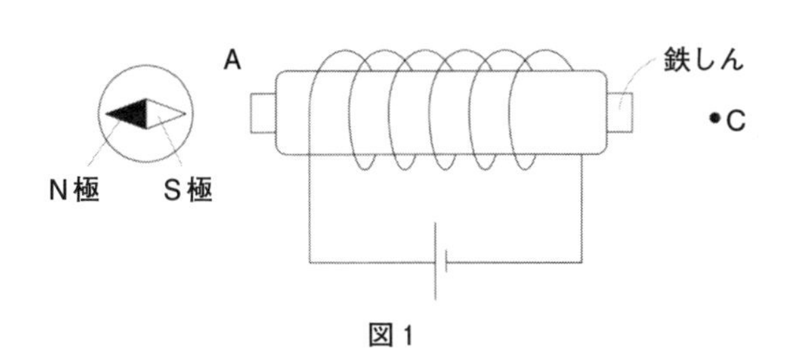

図１

(1)　この電磁石の**A**側は何極になったと考えられますか。

(2)　方位磁針を点**B**，**C**の位置に置くと，針はどの向きで止まりますか。それぞれ次のア～エから選び，記号で答えなさい。

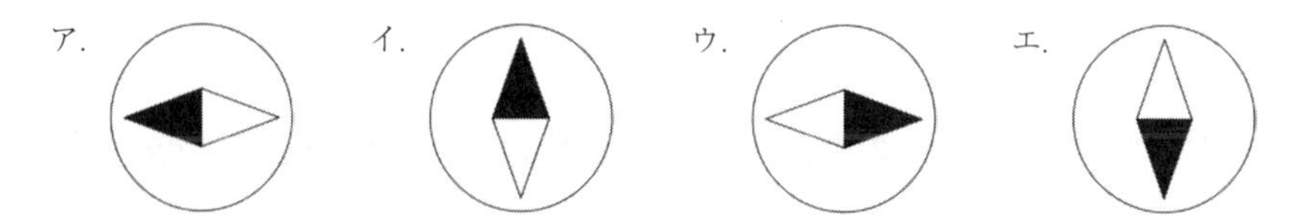

図２のア～オのように，電磁石が引きつけるクリップの数を調べ，電磁石の強さを比べました。ただし，電池や鉄しんなどの材料はすべて同じものを使っています。

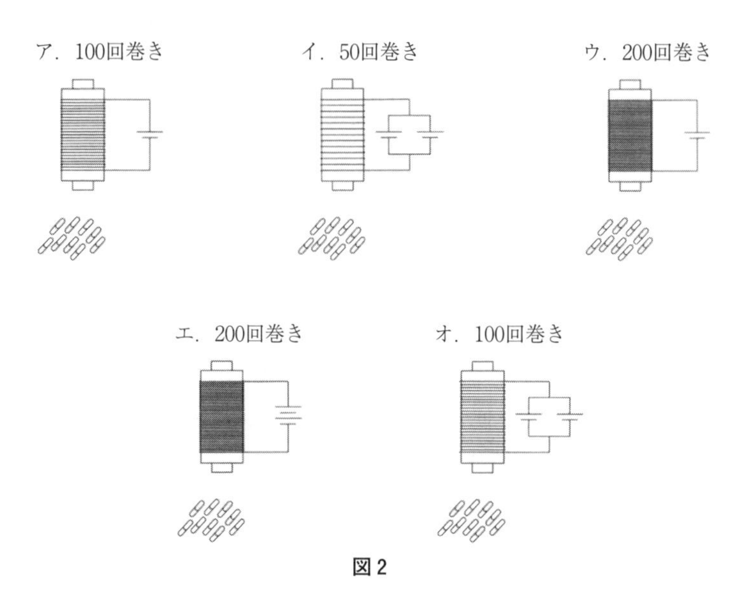

図２

(3)　もっとも多くのクリップを引きつける電磁石はどれですか。**図２**のア～オから１つ選び，記号で答えなさい。

(4)　引きつけられるクリップの数が，ほぼ同じになると考えられる電磁石はどれとどれですか。**図２**のア～オから選び，記号で答えなさい。

(5)　電磁石の強さと電流の大きさの関係を調べるには，ア～オのどの２つの結果を比べればよいですか。**図２**のア～オから選び，記号で答えなさい。

Ⅱ　**図３**は肩の骨を背中から見た図です。次の文章について，あとの問いに答えなさい。

よく動かす手足の骨について，骨と骨のつながっている部分を（ あ ）といい，骨と筋肉は筋肉の両端にある（ い ）によってつながっている。

ひじの内側から肩にかけてにも筋肉がある。力をいれてひじを曲げると力こぶと呼ばれる盛り上がりができるのは，この筋肉によるものである。この筋肉は，肩側の端は**図３**の**A**の骨に繋がっており，この筋肉が縮むことで骨が引っ張られ，うでが上がる。この筋肉のひじ側の端は，**図３**の（ う ）の骨につながっており，筋肉が（ え ）ことでひじが曲がる。またこのとき，外側にあるもう一方の筋肉は（ お ）。

このように，筋肉がはたらくことにより，私たちはからだを動かすことができている。

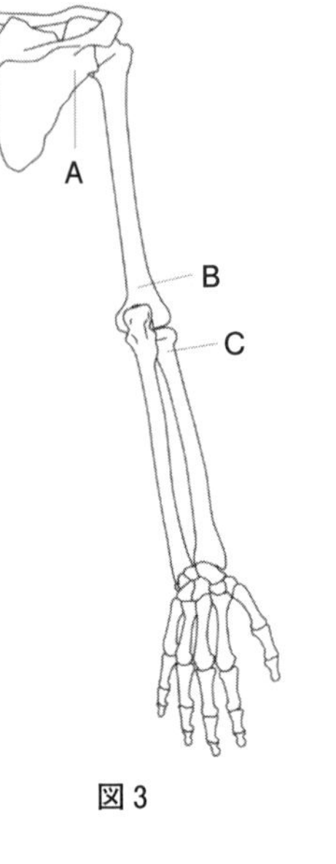

図３

(1)　文中の(あ)，(い)にあてはまる言葉を答えなさい。

(2)　文中の(う)にあてはまるものを次のアまたはイから１つ選び，記号で答えなさい。

ア．**B**　　イ．**C**

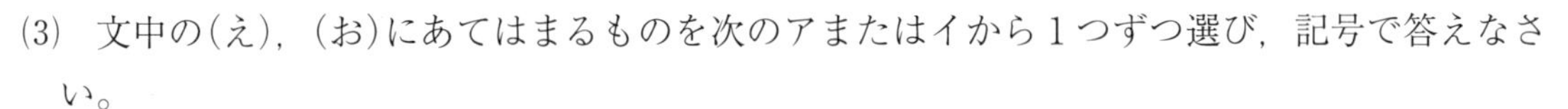

(3)　文中の(え)，(お)にあてはまるものを次のアまたはイから１つずつ選び，記号で答えなさい。

ア．縮む　　イ．ゆるむ

このように体を動かすためには，酸素などが必要である。酸素は肺で血液中に取りこまれ，赤く真ん中がへこんだ形をしている（ か ）により運ばれる。このように酸素を多くふくむ血液は（ き ）と呼ばれ，あざやかな赤色をしている。

(4)　文中の(か)，(き)にあてはまる言葉を，それぞれ答えなさい。

2　次のＳさんとお母さんの会話を読み，あとの問いに答えなさい。

Ｓさん「夏休みの自由研究で，氷を熱していくと，温度がどのように変わっていくかを調べることにしたよ。」

母　「それは面白そうね。さっそくやってみましょう。」

Ｓさん「この装置(**図１**)に100ｇの氷を入れて熱し，温度を測り続けるよ。」

母　「そういえば，カセットコンロは化石燃料を使うね。未来のエネルギーとして，世界各国では風力発電などの<u>再生可能エネルギー</u>を積極的に導入しているよ。『2030年までに達成すべき持続可能な開発目標』の７つ目にも「エネルギーをみんなにそしてクリーンに」と挙げられているんだよ。」

Ｓさん「知っているよ。目標が17まであって，SDGsと言うんでしょ？」

母　「その通り！　最近はテレビや街でもよく見かけるね。」

「あっ，もう氷が全部とけているね。氷のような姿は固体というけど，水のような姿は何というか知っている？」

Ｓさん「知っているよ。液体だよ。普通は固体が液体になると体積が（ あ ）けど，氷の場合はとけて水になると体積が(い)んだ。さらに，水が水蒸気になると体積は(う)よ。」

母　「あれ？　水の中に小さい白いつぶが入っているけど，これは何のために入れたの？」

Ｓさん「(え)を防ぐために入れておいたんだ。」

母　「そうなのね。これなら安全ね。」

「あれ？　もう水の中に小さいあわが出てきたよ。」

Ｓさん「これはふっとうしているのではなく，水にとけていた(お)が出てきたんだよ。」

母　「そうなのね。よく知っているわね。」

「ボコボコとさっきよりも大きなあわが出てきたわね。そろそろ実験を終わりにして，グラフをかいてみましょう。」

Ｓさん「そうだね。お母さん，一緒に実験してくれてありがとう。」

(注)・熱は空気中にはにげないものとし，器具を温めることにも使われないものとします。

・実験中，水の重さは変わらないものとします。

温度計　氷　白いつぶ　カセットコンロ

図１

(1)　下線部の再生可能エネルギーを利用している例を，風力発電以外に１つ答えなさい。

(2)　(あ)～(う)にあてはまる言葉を次のア～ウからそれぞれ１つずつ選び，記号で答えなさい。ただし同じ記号を何度選んでも良い。

ア．大きくなる　　イ．小さくなる　　ウ．変わらない

(3)　(え)にあてはまる文，または言葉を答えなさい。

(4)　(お)にあてはまる言葉を次のア～ウから１つ選び，記号で答えなさい。

ア．水蒸気　　イ．水素　　ウ．空気

(5)　Ｓさんがグラフをかくと，**図２**のようになりました。

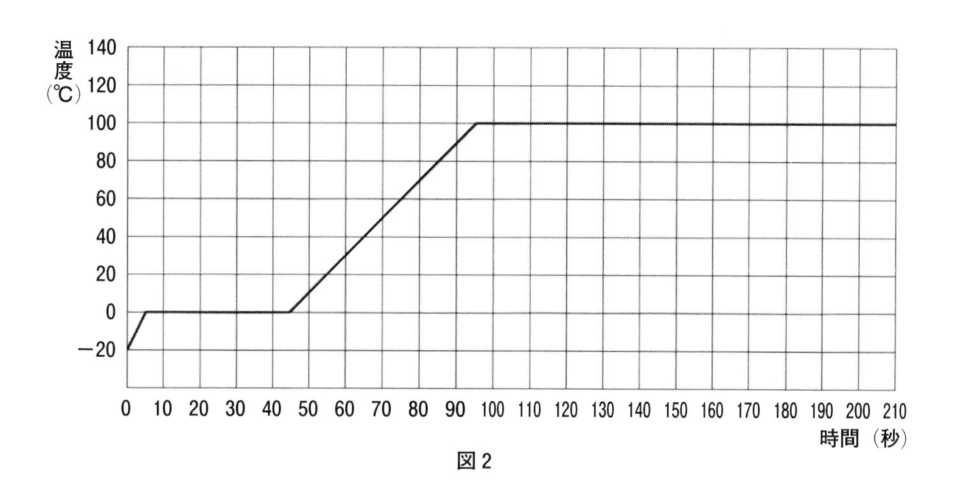

図２

①　100ｇの氷の温度を－20℃から０℃まで20℃上げるのに1000カロリーの熱量が必要でした。１ｇの氷の温度を１℃上昇させるのに必要な熱量は何カロリーですか。

②　０℃の水100ｇをすべて100℃の水蒸気にするために必要な熱量は何カロリーか計算しなさ

い。ただし，次の表の値を用いなさい。

１ｇの水を１℃上昇させるのに必要な熱量	１カロリー
100℃の水１ｇを100℃の水蒸気に変えるのに必要な熱量	539カロリー

③　Ｓさんは，カセットコンロの火力を半分にしてもう一度同じ実験を行いました。この実験の結果を，最初に行った実験の結果とのちがいが分かるようにグラフでかきなさい。解答用紙のグラフにかかれた点線は，最初に行った実験の結果です。

3　地球から見た太陽と月の見え方について，次の文章を読み，あとの問いに答えなさい。ただし**図１**～**図５**の，太陽や地球の大きさ・距離(きょり)は，実際のものを表していません。

太陽や月など様々な天体は，朝にのぼって夕方に沈(しず)み，１日かけてもとの位置に戻(もど)るように見えます。しかし実際に動いているのは地球で，この１日の見え方の変化は，地球の自転によって起こります。また，天体の見え方は季節によっても変わり，１年かけてもとの位置に戻るように見えます。この見え方の変化は，地球の公転によって起こります(**図１**)。

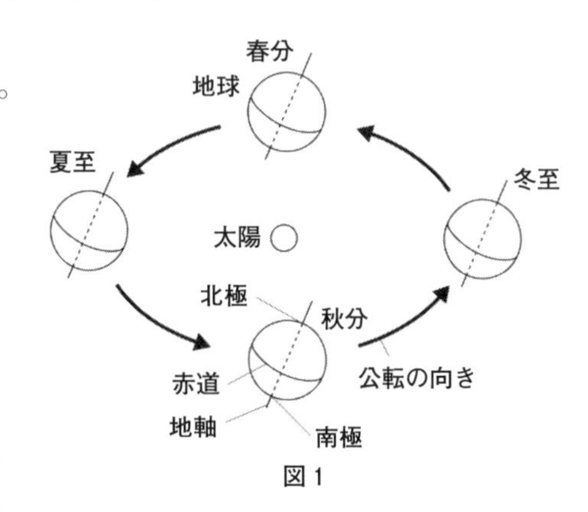

図１

(1)　下線部について，次のア～エは，日本のある地点で，東の地平線から太陽がのぼるときの日の出の位置とのぼる向きを示しています。夏至の太陽の位置とのぼる向きを次の**ア**～**エ**から１つ選び，記号で答えなさい。

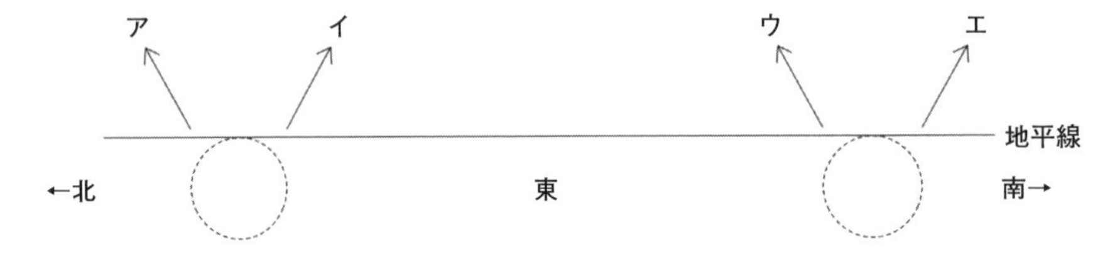

図２は，夏至と冬至の地球と太陽の位置関係を示しています。**図２**のように，地軸がかたむいているため，日本では夏至に太陽の南中高度がもっとも高くなります。

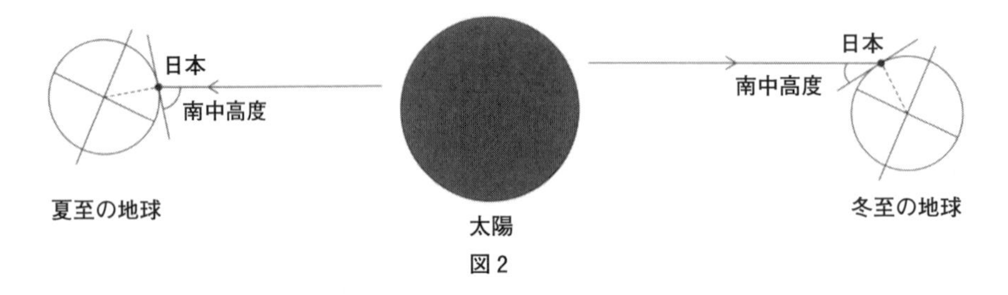

図２

(2)　**図３**は，太陽と冬至の地球，月の位置関係を示しています。**図２**の位置関係の時に，太陽とほぼ同じ方向にあるため，冬至に南中高度がもっとも低くなると考えられるのはどの月ですか。地球が公転する面と月が公転する面は平行として考え，**図３**の**ア**～**ク**から１つ選び，記号で答えなさい。

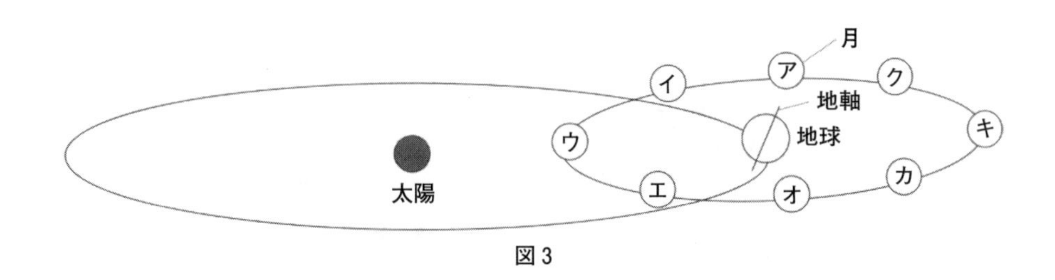

図３

(3) **図３**では，月が**キ**の位置にあるときに満月になります。満月の南中高度が日本でもっとも高くなるのはいつですか。春分・夏至・秋分・冬至から１つ選び，答えなさい。

(4) **図３**では月が**オ**の位置にあるときに，日本で18時ごろに真南の空に月が見えます。このときに見えるのはどのような形の月ですか。(かき方の例)にしたがって，解答用紙に図をかきなさい。

(かき方の例)

左のような月の場合，下図のように答えなさい。

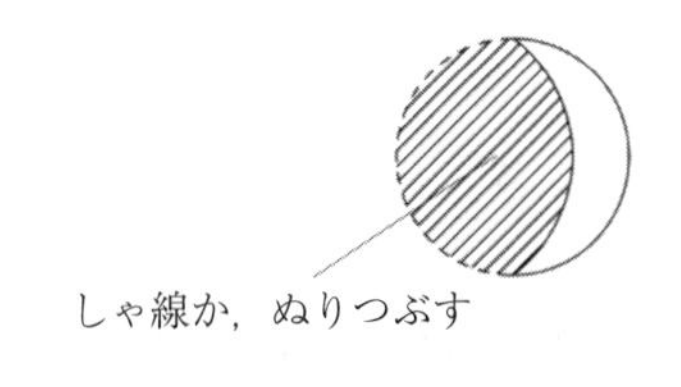

(5) 日本で春分・夏至・秋分に，**図３**の**オ**に月があるときと同じ形の月が見えるのは，月がどの位置にあるときですか。解答用紙の図に，それぞれかき入れなさい。また，この形の月の南中高度がもっとも高くなる時期はいつですか。春分・夏至・秋分・冬至から１つ選び，答えなさい。

(6) 太陽，月，地球が一直線上に並ぶと，日食や月食が起こりますが，満月の時にいつでも月食が起こるわけではありません。これは，**図４**のように，月が地球の周りを公転する面が，地球が太陽の周りを公転する面にたいして，実際には約５°かたむいているからです。**図４**の中にある「軌道」とは，天体が動く道すじのことです。

図４の**ア**～**タ**の中で，地球から見たときに月食が観察できる可能性のある月の位置をすべて選び，記号で答えなさい。

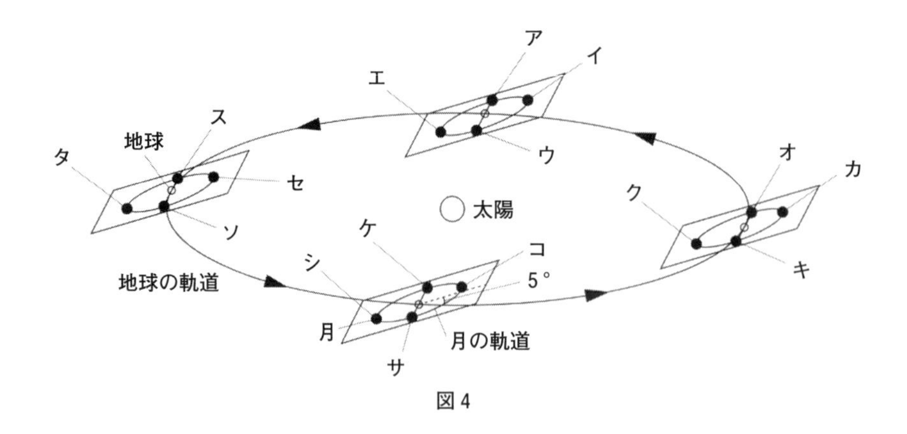

図４

(7) 太陽と月と地球が一直線上に並び，地球で月食が見られるとき，月からも，ある天体がかくされる「食」が見られます。

① どのような現象が見られるかを説明した次の文章中の空らん(あ)，(い)にあてはまる天体の名前を答えなさい。

(あ)によって(い)がかくされる。

② **図５**は，地球，月，太陽の直径と，それぞれのあいだの距離について表しています。**図５**を参考にしながら，かくす天体の直径がかくされる天体の直径よりも何倍大きく見えるか計算しなさい。ただし，割り切れない場合は四捨五入して整数で答えなさい。

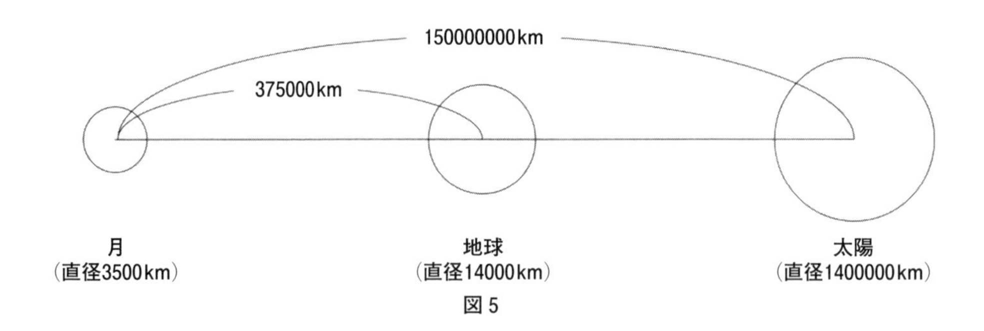

図５

て」とありますが、この「おみそれー」と言って手を振る行動は、入院中の瑛介と壮太の間で流行しているやり取りの一つであると考えたとき、それはどのようなときに行う動作だと考えられますか。説明しなさい。

問８　――線⑧「ふんわりした感じ」とありますが、それはどのような感じだと考えられますか。最も適切と思われるものを次の中より一つ選び、記号で答えなさい。

ア、何もかもが自由だったころを思い出すような、解放的な感じ。
イ、自分が幼かったころをふと思い出すような、穏(おだ)やかな感じ。
ウ、一生忘れることができないような、幻想的(げんそうてき)な感じ。
エ、友達とたくさん遊んだ後のような、充実(じゅうじつ)した感じ。

問９　「壮太」の人物像の説明として、最も適切と思われるものを次の中より一つ選び、記号で答えなさい。

ア、自分よりも年が上の人や、経験のある人にもひるむことなく引っ張る描写(びょうしゃ)から、正義感と責任感にあふれた人物。
イ、悩(なや)みを持つ人の心の中を察し、周囲を巻(ま)き込(こ)んで盛大(せいだい)に励(はげ)ます描写から、感受性豊かで思いやりのある人物。
ウ、身の回りのものを遊びと結びつけたり、入院中であっても楽しもうとしたりする描写から、前向きで積極的な人物。
エ、人の気持ちや行動を考えず、自分のやりたいことだけを押(お)し通(とお)そうとする描写から、わがままで自分勝手な人物。

歩いてシュートするって、どう？」
「いいね！　最高じゃん」

（瀬尾まいこ『夏の体温』より）

注１「ベイブレード」…おもちゃの一つ。
注２「東棟」…瑛介が入院している病院は、重病の人が入院する西棟と、病気が安定した患者や検査のために入院する東棟に分かれている。
注３「血小板」…血液の成分の一つで、出血の際などに血液を固める役割がある。瑛介はこの血小板が少ないため、入院している。
注４「三園さん」…病院で働いている保育士。
注５「ポータブルゲーム」…持ち運びのできるゲーム。
注６「ヤクルト」…飲料の一つ。

問１　――線①「何かが弾けて」とありますが、それはどのような様子を表した表現ですか。最も適切と思われるものを次の中より一つ選び、記号で答えなさい。
ア、困難にはじめて直面する様子。
イ、我慢が限界に達する様子。
ウ、自由を思う存分満喫する様子。
エ、退屈が一気に解消する様子。

問２　――線②「お母さんはそう笑った」とありますが、これまでのお母さんの様子の説明として、最も適切と思われるものを次の中より一つ選び、記号で答えなさい。
ア、病気はまったくよくならないが、それでも元気に振る舞う瑛介の姿を見て、弱みや隙を見せないようにしている。
イ、壮太が退院した後も続く瑛介の入院生活を、どうやって楽しませてあげようか今から楽しみにしている。
ウ、瑛介の退院が決まり、付き添わなければならなかった重圧からようやく解放され、気持ちが軽くなっている。
エ、長い入院生活に悩む瑛介につらく当たられたこともあったが、今は楽しそうに過ごす姿を見て落ち着いている。

問３　――線③「ぼくもすごい暑さを感じてみたいな」とありますが、瑛介のこの言葉の背景の説明として、最も適切と思われるものを次の中より一つ選び、記号で答えなさい。
ア、世間では当たり前のように感じることができるものさえ、自分は感じる機会を失ってしまうという現在の状況を残念に思っている。
イ、世間から切り離された環境にいる自分の存在が、まるで意味のないものであるかのように感じられた状況を悲しく思っている。
ウ、外出することがかなわないため、自分の好きな季節を肌で感じることができず、人から聞くしかない状況にくやしさを覚えている。
エ、もう二度と感じることのできない季節の話題を持ちかけられ、改めて自分が厳しく管理されているという状況に怒りを覚えている。

問４　――線④「後ろめたくなる」とありますが、瑛介がそのように感じるのはなぜですか。説明しなさい。

問５　――線⑤「ぼくと壮太のさみしさは同じなのだろうか」とありますが、瑛介と壮太それぞれが感じている「さみしさ」の違いを説明しなさい。

問６　――線⑥「空っぽの時間」とありますが、この「時間」について別の表現で書かれている部分を本文中から12字でぬき出し、答えなさい。

問７　――線⑦「ぼくたちは『三園さん、おみそれ!』と手を振っ

めに部屋を整えた。

ぼくと壮太は二人並んで、注５ポータブルゲームをした。ゲームは一人でやっても時間を忘れさせてくれる遊びだけど、二人だと時間を三倍くらい進ませてしまう。

夢中で遊んでいると、三時のおやつだという放送が流れた。

「もう三時⁉」

「はやっ。さっきここに来たばっかなのにな」

マットの上で遊んでいた女の子たちは、おやつの放送を聞くと足早に部屋へ戻っていく。

「ああ、行こうか」

ぼくがつぶやくと、

「おやつ持ってきて、ここで二人で食べればいいんじゃない？」

と三園さんが提案してくれた。

そうか。今まで思いつかなかったけれど、プレイルームは飲食禁止なわけではない。二人でおやつを食べられるなんて最高だ。⑦ぼくたちは「三園さん、おみそれー」と手を振って、おやつを取りに行った。

今日のお菓子は注６ヤクルトとウェハース。幼稚園で出ていたおやつとよく似ている。

「前の病院もこうだったけどさ、どうして病院のおやつって、こういう⑧ふんわりした感じなんだろうな」

壮太がヤクルトを開けながら言う。

「そうだな。昨日はソフトせんべいだったしな」

「夕飯とか普通にカレーとか出るんだから、ポテトチップスとかでもよさそうなのに」

食べ物に制限はないから、お母さんが買ってきたお菓子を食べることもできる。でも、どうしてか、こうやって病院から出されるおやつは一日の中で特別な食べ物に思えて、残さず食べてしまう。

「懐かしい味」

ウェハースをかじりながら壮太が言った。

「おいしいけど、眠たくなる味なんだよね」

「そうそう。甘やかされてた子ども時代を思い出す味」

「あのころは自由だったよなー」

ぼくらが話しているのを、三園さんが「それ、小学生が言うセリフじゃないよー」と笑った。

幼稚園のころのことをしっかりと覚えているわけではないけど、宿題もなかったし、遊んでいればそれでよくて、好きなことができていた。

小学三年生の今だって、堅苦しいわけじゃない。けれど、習い事をする子も増えて、六時間授業になって、放課後遊べることは減った。計画も立てず虫を探したり、延々とかくれんぼしたり、そういう時間の使い方はしなくなった。

壮太はおやつを食べ終えると、棚から空き箱を二つ探し出して、プレイルームの両端に置いた。

「何やるの？」

「ミニバスケ」

「バスケ？」

プレイルームは教室くらいの広さはあるけど、バスケなどできるだろうか。ぼくは驚いて聞き返した。

「そう。バスケ。小さいゴムボールを空き箱にシュートするだけだからできるって。走るのはなしで早歩きでなら大丈夫だよね？」

壮太が聞くと、三園さんは「小さい子どもたちに当たらなければ大丈夫ー」と答えた。

「よし。俺、昼からは採血しなくていいしさ。ミニミニバスケやろう。ボールを持ちながら歩くのはだめで、ドリブルか上に放り投げながら

病気になっているのだろう。ぼくよりしんどい人はどれだけいるのだろう。そう思うと胸が重い。早くここを出たいと願っていたことが④後ろめたくなる。
「俺、あの手前の赤いの」
　壮太が指をさした。
「じゃあ、ぼく右から三列目の青ね」
　車はほとんど白か黒だから、目立つ色の車をぼくらは選んだ。でも、なかなかどちらも動かない。
「よし。動け！」
「青の車の人出てきてー」
「ああ、また白じゃん！　赤い車、もう運転手なしでいいから走り出せー」
「それなら青も。どこへでもいいから動いてくれー」
　ぼくたちは駐車場を見ながら、二人で言葉を送った。
「なんだよ。この駐車場、白と黒の車しか動かない決まり？」
「赤と青は泊まりかもなー」
「赤と青、俺らが見てるから緊張して動けないのかも」
「車なのに？」
　ぼくたちが話していると、
「駐車場見るの、そんなにおもしろい？」
とプレイルームに入ってきた注４三園さんが笑った。
「おもしろくは……ないな」
　ぼくたちは声をそろえてそう言って、窓のそばから離れた。
「よし、遊ぼう、遊ぼう。何しようか迷うよな。今日の残りと明日の昼までしか遊べないんだもん。急いで遊ばないと」
　壮太は勢いよく言った。
「壮太はそのあとも好きなだけ遊べるだろう？　病院に残されて、友達がいなくなるのはぼくだけだよ。明日の昼を過ぎたら、壮太は自由に誰とでも遊べるじゃん」
　ぼくが言うと、壮太は不思議そうな顔をした。
「俺だって一緒だよ」
「どこがだよ」
　ここに残されるぼくと、ここから出られる壮太とはまるで違う。ぼくが反論すると、
「二人で遊べないの、一緒だろ？」
と壮太が言った。
「だけど、壮太は友達と会えるだろう？　公園にだって誰かの家にだって行けるじゃん」
「でも、広い公園に行っても、誰かの家に行っても、瑛ちゃんはいないだろう？」
「そうだけどさ」
「お別れは同じ。一緒にいられる時間も同じ」
　壮太はそう言うと、
「慌てよう！」
とぼくの背中をたたいた。
　⑤ぼくと壮太のさみしさは同じなのだろうか。ぼくは今が楽しければ楽しいほど、壮太が帰った後のことを考えて怖くなる。一緒に笑える人が誰もいない、⑥空っぽの時間が続くだけの日々が戻ってくるのだ。そして、その時はもうすぐやってくる。明日の昼。あまりにも早い。でも、そうだからこそ、一秒でも漏らさないよう楽しまないと。
「慌てて遊ぼう。たくさん」
　ぼくもそう言った。
「慌てて遊ぶなんて楽しそうねー」
　三園さんはぼくたちに声をかけながら、小さな子どもたちが来るた

んでお母さんを困らせた。
　だけど、叫んだところで、何一つ変わらなかった。どれだけ叫んでも暴れても、注3血小板の値が増えるのを待つしかない。我慢するしか方法はないのだ。疲れきるまで叫んで、それを思い知った。今は、毎日帰りたいと思いながらも、それなりに一日を終わらせられるようになった。上手に入院生活を送っていると自分でも思う。でも、壮太が帰ったあとの時間を想像すると、ぞっとする。何もない砂漠のような時間が延々と続くのだ。どうやって時間を過ごせばいいのか、またわからなくなりそうだ。
「早く行くんじゃないの？」
「そうだった」
「壮太君と二人のほうが楽しいだろうから、お母さん昼寝でもしておこうかな」
　②お母さんはそう笑った。
　楽しければ楽しいほど後でさみしくなることを八歳のぼくは知っている。けれど、それでも、壮太と思いっきり楽しみたい。ぼくは歯を磨き終えると、プレイルームに急いだ。

　プレイルームには、まだ誰もいなかった。いくらなんでも早すぎたか。ぼくは窓際に行くと、外を眺めた。今日も暑いんだろうな。青い空には薄い雲がほんの少しだけ浮かんでいる。あの空を真下から見上げられるのは何日後だろうか。
「よ、瑛ちゃん」
　外を見てると壮太がやってきた。壮太も急いで来たんだと思うと、うれしくなる。
「外で遊べたらいいのにな」
　ぼくがそう言うと、
「瑛ちゃん、外は地獄だぜー」
　と壮太が言った。
「そうなの？」
「死ぬほど暑いんだって。三分外にいただけで丸焦げになるもん」
「それ本当？」
「うんうん。一学期の終わりは暑すぎて、運動場に出たらいけない日が何日かあったよ」
　壮太はそう言いながらぼくの横に座って、同じように窓の外を眺めた。
　去年も一昨年も冷夏で涼しいと言われていた。夏だから暑くはあったけど、運動場の使用禁止が出たことはなかった。
「③ぼくもすごい暑さを感じてみたいな」
　夏の間に退院できなければ、来年の夏が今年ほど暑くなかったら、ぼくはこの温度を知らないままだ。テレビではあらゆる言葉や映像で暑さを伝えているけれど、実際に体で感じていないから少しもぴんと来なかった。
「クーラーの部屋ってうらやましいけど、まったく外に出られないのもいやだよな」
「だろう」
「俺だったら脱走してる」
　と壮太は笑った。
「無理だよ。病院は監視が厳重だから。この三階からだって出られないよ」
「俺はチビだからこっそり出られるかも。な、どの車が一番最初に動き出すか当てよう」
　窓の外はだだっ広い駐車場だ。この第一駐車場だけで、二百台以上は車が駐まっている。この病院は第三駐車場まである。何人の人が

る。
ウ、珍しい植物ばかりを集めた花屋を経営する。
エ、マジシャンとして誰もが驚くようなマジックを披露する。
オ、アーティスト、芸術家が人の心をうつ作品を作り上げる。

四

夏休み、小学三年生の瑛介は、血液の病気で一ヶ月以上入院し、退屈な毎日を送っていた。そんなある日、瑛介と同じ年齢の壮太が、検査のために二泊三日の入院でやって来る。二人はすぐに打ち解け合い、束の間の楽しい時間を過ごしている。次の文章を読み、あとの問いに答えなさい。（ぬき出しと字数が決められている問題は、すべて「、」「。」記号などを字数にふくみます。）

「よし、次何する？」
「そうだな。ぼく、注1ベイブレード持ってくるよ」
「よっしゃ。じゃあ、俺、粘土片付けておく」
粘土の次はベイブレード。昨日までは何もすることがないことに、一日の長さに、ぼくは途方に暮れていた。それなのに、今はやりたいことが次々とある。
それから午前中は、ベイブレードをして過ごした。いつもは何度時計を見ても進んでくれない時間が、壮太といると一瞬で過ぎる。まだまだ遊んでいたいのに、昼ごはんの放送が流れた。
「またな」
「ああ、また」
ぼくたちはそう言って、プレイルーム前で別れた。
ぼくは病室に戻り、ちょうど帰ってきていたお母さんと昼ごはんを食べた。
「壮太君がいて楽しそうだね」
「うん。まあね」
昼ごはんのおかずは鮭とみそ汁だった。昼から毎度渋いメニューだ。
「このあとも遊ぶ約束したからさ」
「そうなんだ。気が合うんだね」
「うん。すごく」
ここに来たのが壮太でよかった。おとなしくてあまりしゃべってくれない男子だとつまらないし、意地悪でも嫌だ。壮太はとにかく楽しい。
最後にみそ汁を飲み干して、時計を見る。十二時十五分。早く歯を磨いてプレイルームに行こう。そう胸がはやるのと同時に、明日の十二時過ぎには壮太は帰るんだと気づいて、どしんと胸に何かが落ちてきたような感じがした。あと二十四時間。寝る時間を入れたら、壮太といられるのはほんのわずかだ。ここに来てから早く時間が流れることばかりを願って過ごしてきたのに、今は時間が惜しい。
「どうしたの？」
ぼんやりしているぼくにお母さんが言った。
「ぼくはいつ退院できるのかな」
「もうすぐだと思うよ。もう、一ヶ月はいなくていいはず」
「そうだよね」
「うん」
お母さんはそううなずいた。
入院して三週間、注2東棟に来てちょうど一週間が経った時、ぼくは頭の中でぱちんと①何かが弾けておかしくなりそうになった。ここであと何日か過ごすなんて、いつ退院できるかわからないなんて、耐えられるわけがない。もう一日だって、病院で寝たくない。体はしんどくないのだ。ここから出して。早く家に戻して。外を歩かせて。学校にだって行きたい。友達にも会いたい。自由に動きたい。そう叫

問２　――線②「ウソ」を筆者はどのようなものだと考えていますか。**適切でない**ものを次の中より一つ選び、記号で答えなさい。

ア、無意識のうちに日頃から使ってしまっているもの。
イ、不適切だから初対面の人には使わない方がよいもの。
ウ、褒められたいという承認欲求を満たすためのもの。
エ、相手を傷つけないために、思いやりから生じるもの。
オ、スムーズなコミュニケーションのために時には必要なもの。

問３　――線③「それ、君には似合わないよ」とありますが、かわりにどのように声をかけるのが良いでしょうか。筆者の考えをふまえ、その具体例を、理由とともに答えなさい。

問４　――線④「事実を伝えることが非常に困難になるケース」について、次の問いに答えなさい。

(1)「事実を伝えることが非常に困難になるケース」とは、どのような場合(ケース)ですか。次の文の□に入るように本文中より12字でぬき出して答えなさい。

相手に伝えるのに［（12字）］**場合。**

(2)――線④のケースでウソをつくと、相手にどのような影響があると筆者は考えていますか。本文の例をふまえて説明しなさい。

問５　――線⑤「根本的に解消されることはない」とありますが、それはなぜですか。最も適切なものを次の中より一つ選び、記号で答えなさい。

ア、人間は社会の中で人とともに生きていく存在だから。
イ、人間はフェイクに満ちたコミュニケーションをとる存在だから。
ウ、人間はウソという言葉を善悪でとらえ、倫理道徳で戒める存在だから。
エ、人間は共同体と悪意の狭間で苦しまなくては生きていけない存在だから。

問６　――線⑥について、この人が「つい作り話をしてしまう」のはなぜですか。最も適切なものを次の中より一つ選び、記号で答えなさい。

ア、ウソをついても自分は金銭などの直接的な得をするわけではないから。
イ、公務員である自分が言うことを周りの人が素直に信じてくれるのが楽しいから。
ウ、相手を驚かせたいという気持ちになってしまう病気をもっているから。
エ、相手に楽しい気持ちになってもらいたい、喜ばせたい、と思うから。

問７　――線⑦「いつも後悔し」とありますが、それはなぜですか。最も適切なものを次の中より一つ選び、記号で答えなさい。

ア、無意識についてしまうウソが、相手の人生を振り回し、金銭的な問題に発展することがあってはいけない、と思うから。
イ、人を喜ばせたいという気持ちで人々に接していても、周りはそんな自分を好きではないかもしれない、と思ってしまうから。
ウ、公務員という公正な職業についている自分が、たとえ善意であってもウソをついてしまうことが、後になって苦しいから。
エ、想像力が豊かで頭の回転が速いため、他の人たちと話せば話すほど感じる違和感を埋めようとウソをついてしまうから。

問８　――線⑧「虚構を構築する才能」が発揮された例として当てはまるものを後からすべて選び、記号で答えなさい。

ア、日常を忘れられるような内容の映画やドラマを制作する。
イ、学校、塾の教員として教科書の内容を生徒にくりかえし教え

ある……。ウソの注３淵源にあるのは、単なる悪意だけではなく、私たちはその注４狭間で苦しみます。

この苦しみは、人間が社会性をもって存在する種であり続ける限り、⑤根本的に解消されることはないでしょう。この状況の中で、最も価値的なあり方を模索するとしたら、それは正直さとウソをつくことのリスクとメリットを考え、上手に選択できる術を身に付けることの中にあるのではないでしょうか。

私たちには考える余地が残されています。何のためにウソをつくのかを含めて、ウソ・フェイクについて考察していく中に、ウソやフェイクをより深く分析し、無駄にそれらに振り回されず、容易に騙されるリスクを回避できる知恵があるのではないでしょうか。

ウソがやめられない公務員の話

私が「ウソ」というものに光を当て、もう少し解像度を上げて考察したいと思うきっかけになったのが、ある企画で「虚言をやめられず困っている」という相談を受けたことでした。

その方は親しい人と話すとき、見たことのない芸能人を見たと言ってしまったり、人を驚かせて楽しませるために、自分が事件に遭遇したと言ってみたり、⑥つい作り話をしてしまうというのです。

そしてその方の職業は、驚くことに「公務員」だったのです。

ウソをついても自分が金銭などの直接的な得をするわけでもない。ただ相手が自分のウソを信じ、楽しいまたは、驚いた顔をするのが嬉しい。しかし単純に人が喜ぶ姿を見たいだけなのに、自分の職業がそれを許さない類いのものである。公務員であるにもかかわらず、なぜこうも簡単にウソをついてしまうのだろうと⑦いつも後悔し、自分は病気なのではないかと不安になるというのです。

私は、この方は病気などではなく、むしろ想像力豊かで頭の回転が速い方であるという印象をもちました。

そのウソは悪意から生じたものではありません。無意識のうちに人を喜ばせようとする善意のウソであり、人々を楽しませる注５勘所をつかんだ機知に富むものでした。

けれどもこの人は一つ大きな問題を抱えているとも思いました。そうした⑧虚構を構築する才能に恵まれているのにもかかわらず、それを生かせない職業を選択してしまったことです。その注６稀有とも言える豊かな想像力を生かせる職業を選んでいれば、それほど思い悩むことはなかったばかりか、今頃大御所と呼ばれるような大作家になっていたかもしれません。

確かに、事実でないこと＝フィクションを事実であるかのように言ってしまえば、それはウソになりますが、ウソをついてしまうということを悩むだけではなく、ウソをついてしまいたくなるフィクション、聞いた人が楽しんでしまうフィクションを想像することができるという才能にも着目してよいのではないかと思うのです。

（中野信子『フェイク』より）

注１　「互恵」…互いに相手に利益や恩恵を与え合うこと。
注２　「狡猾」…悪賢いこと、また、そのさま。
注３　「淵源」…物事が成り立ってきたみなもと。根源。根本。
注４　「狭間」…物と物との間の狭くなったところ。あいだ。
注５　「勘所」…物事の重要な部分。つぼ。
注６　「稀有」…めったにないこと。非常に珍しいこと。また、そのさま。

問１　――線①「この結果に驚かれる人もいるでしょう」とありますが、それはなぜですか。説明しなさい。

と、被験者たちは感じていたということを、この実験は浮き彫りにしたのではないでしょうか。また、ウソは、自分が疑われたり、攻撃されるのを避ける「保身のため」や、好かれたい、褒められたいという「承認欲求を満たすため」、さらには相手を傷つけたくないという「思いやり・気遣い」から生じるものも多いはずです。

例えば、大事な人と会う約束をうっかり失念してしまったとき、理由を問われたら「約束を忘れていました」と正直に伝えるよりも、「日付を間違えてしまっていて……」もしくは「体調を崩していて……」などと伝えるほうが「角が立たない」と思う人は多いでしょう。

新しい服を着てきた友人に対し、本心ではあまり似合っていないと思ったとしても、「③それ、君には似合わないよ」ともし言ったとしたら、二人の関係は少しギクシャクしたものになってしまいかねないのではないでしょうか。もちろん、「そんなことでは私たちの友情はビクともしない」と自信をもっている人も少なからずいるとは思いますが……。

「正直に話すことはいいことだ」と教えられてはいても、ありのままに伝えることで相手に不快感を与えたり、いらぬ誤解を与えて面倒なことになったりという経験を繰り返して、私たちは「大人」になっていきます。本音を口にするリスクを考慮し、当たり障りのないウソをつき、会話の自然な流れを促して時間を節約し、できるだけ良好な人間関係を築くことのできる人が、社会性の高い人であると見なされることが、人間のつくる社会の暗黙のルールとして存在するのです。

また、状況次第では、④事実を伝えることが非常に困難になるケースもあるでしょう。

例えば、ステージ4のがんであると診断された患者に対し、今後の治療法について話すとき。もしあなたが担当医師だったとしたら、それが事実だとしても、「治療法はもうありません」あるいは、「この状態で3か月後まで生きられた事例はこれまでありません」と面と向かって言えるでしょうか。それはかなりの心理的負担を伴うと思います。

患者が受ける精神的ショックや、そのご家族の立場・心境を考えると、「厳しいかもしれませんが、希望はあります。私も全力を尽くします」などといった、相手を勇気づける言葉をかけることを優先する場合は多いでしょう。

99%絶望と思われるとき、1%の奇跡を願う余地を残すためにつくウソは悪でしょうか。希望をもたせるための、善意のウソは否定されるべきでしょうか。時には、「そのウソ」に力を得て、想定外の結果に到達するということもありうるのです。

ウソという言葉を善悪で捉え、ウソを戒める倫理・道徳は古今東西、様々な形で存在してきました。これは、それだけ人間社会にウソが多いということの裏返しでもあり、人間がそのままにしておけば、フェイクに満ちたコミュニケーションばかりをとるようになりかねないという基本的な性質をもつことを考えれば、やむを得ないのかもしれません。

とはいえ、人は確かに信じている人に欺かれると、信頼を踏みにじられた気持ちになり、深く傷つくものです。ウソは人間同士の美しい信頼関係をも破壊しうるものです。注2狡猾な手段で人の弱みに付け込み、ウソをついて搾取しようとする人を簡単に許すべきではありません。

一方で、人間が共同体の中で生きていくには、ウソは必要不可欠で

2023年度

品川女子学院中等部

【国　語】〈第二回試験〉（五〇分）〈満点：一〇〇点〉

一

次の(1)～(5)の――線部を漢字に直しなさい。

(1) オーケストラのエンソウを聴く。
(2) チームを優勝にミチビく。
(3) 温帯キコウ。
(4) 技術カクシンの波が押し寄せる。
(5) 病気のセンコクを受ける。

二

次の(1)～(5)の問いに答えなさい。ただし(1)～(3)はひらがなでもよいが、(4)(5)は漢字で答えること。

(1) 下の意味となるように、空欄に生物の名前を入れてことわざを完成させなさい。
「□百までおどり忘れず」…幼いときに身についた習慣は、年をとっても変わらない。

(2) ～～線部が下の意味となるように、空欄に体の部位を入れて慣用句を完成させなさい。
マラソンを走り終えて、□で息をしている。…苦しそうに呼吸をしている。

(3) 下の意味となるように、空欄に語を入れてことわざを完成させなさい。
「かわいい子には□をさせよ」…大事な子どもだからこそ、世の中に出して苦労をさせたほうがよい。

(4) ～～線部の語の対義語を漢字2字で答えなさい。
その意見には反対だ。

(5) 次の文の空欄に漢字を入れて四字熟語を完成させなさい。
計画の進行は今のところ、□□満帆である。

三

次の文章を読み、あとの問いに答えなさい。（ぬき出しと字数が決められている問題は、すべて「、」「。」記号などを字数にふくみます。）

人は初対面の人と話すときに10分間に3回ウソをつくという研究結果があります。

マサチューセッツ大学で心理学を研究しているロバート・フェルドマン教授が行った実験です。初対面の被験者を集め、「10分間で親しくなってください」と伝えて話をしてもらいます。その様子を録画し、後から被験者にそれぞれ自分の発言で不適切（「ウソ」というと言いづらくなるのでこう表現したそうです）と思われる箇所を指摘してもらったところ、100人以上の実験で平均して1人3回の不適切箇所＝ウソがあったと認めたのです。

①この結果に驚かれる人もいるでしょう。

でも、正直なところ私の実感としては、人間はより多くの②ウソを、ほぼ無意識のうちに日頃から使ってしまっているように思います。なぜなら、そのほうが相手に対してよりよい印象を与え、会話をスムーズに進めることができる、と私たちは教育されてきているからです。

ウソというと、相手を騙したり、陥れたりするためのものであり、けしからんものと思われがちです。しかしむしろ相手とより良好な関係を築き、注1互恵的なコミュニケーションをとるのにウソは必要だ

2023年度 品川女子学院中等部 ▶解説と解答

算数 <第２回試験>（50分）<満点：100点>

解答

1 (1) 4　(2) $\frac{3}{4}$　(3) 900　(4) ア 5　イ 7　ウ 2　**2** (1) 13cm　(2) 800円　(3) 90度　(4) 96cm　(5) 710　(6) 6 km　(7) 23通り　(8) 5回　(9) 32個　(10) 19.74cm²　**3** (1) 5 cm　(2) 19.44cm²　(3) 70％を超えることはない／**理由**…(例) 解説を参照のこと。　**4** (1) 1，4，9　(2) 3回　(3) 54個

解説

1 **四則計算，逆算，計算のくふう，条件の整理**

(1) $3\frac{1}{2}-\left(2-\frac{3}{4}\right)\div\frac{5}{8}+2\frac{1}{2}=3\frac{1}{2}-\left(\frac{8}{4}-\frac{3}{4}\right)\div\frac{5}{8}+2\frac{1}{2}=3\frac{1}{2}-\frac{5}{4}\times\frac{8}{5}+2\frac{1}{2}=3\frac{1}{2}-2+2\frac{1}{2}=1\frac{1}{2}+2\frac{1}{2}=4$

(2) $7.8-\left\{2\frac{1}{10}+1\frac{1}{5}\times\left(\square+1\frac{1}{2}\right)\right\}=3$ より，$2\frac{1}{10}+1\frac{1}{5}\times\left(\square+1\frac{1}{2}\right)=7.8-3=4.8$，$1\frac{1}{5}\times\left(\square+1\frac{1}{2}\right)=4.8-2\frac{1}{10}=4.8-2.1=2.7$，$\square+1\frac{1}{2}=2.7\div1\frac{1}{5}=\frac{27}{10}\div\frac{6}{5}=\frac{27}{10}\times\frac{5}{6}=\frac{9}{4}$　よって，$\square=\frac{9}{4}-1\frac{1}{2}=\frac{9}{4}-\frac{3}{2}=\frac{9}{4}-\frac{6}{4}=\frac{3}{4}$

(3) $A\times C-B\times C=(A-B)\times C$ となることを利用すると，$43\times47+43\times13-28\times47-28\times13=43\times47-28\times47+43\times13-28\times13=(43-28)\times47+(43-28)\times13=15\times47+15\times13=15\times(47+13)=15\times60=900$

(4) 右の図より，●＝8とわかり，276×▲＝□□□8となる。このとき，6×▲の一の位は8なので，▲は，3か8である。▲＝3の場合，276×3＝828，▲＝8の場合，276×8＝2208となり，□□□8は4桁（けた）の数だから，▲＝8とわかる。また，図より，276×■は3桁の数なので，■は1か2か3である。それぞれの場合を計算してみると，276×18＝4968，276×28＝7728，276×38＝10488より，計算結果の百の位が7になるのは，■＝2のときである。よって，276×2＝552より，ア＝5，イ＝7，ウ＝2とわかる。

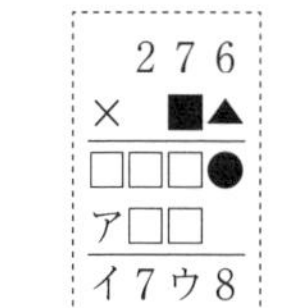

2 **面積，和差算，角度，比の性質，数列，速さと比，場合の数，平均とのべ，分数の性質**

(1) 正方形の1辺の長さを□cmとすると，面積は，□×□＝169(cm²)なので，13×13＝169より，1辺の長さは13cmとわかる。

(2) 大人2人とこども2人の入館料は4400円なので，大人1人とこども1人の入館料は，4400÷2＝2200(円)である。よって，右の図1より，こども1人の入館料は，(2200−600)÷2＝800(円)とわかる。

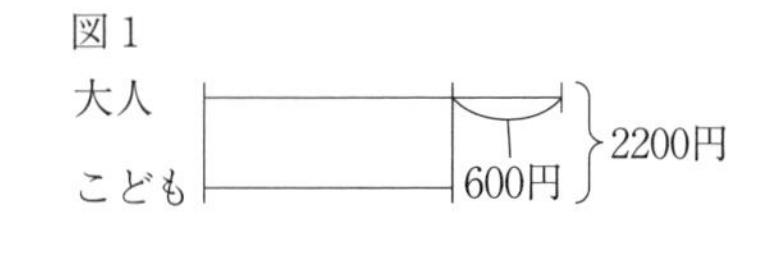

(3) 下の図2で，かげをつけた面と辺BCは垂直に交わる。よって，ABとBCも垂直であり，角xの大きさは90度とわかる。

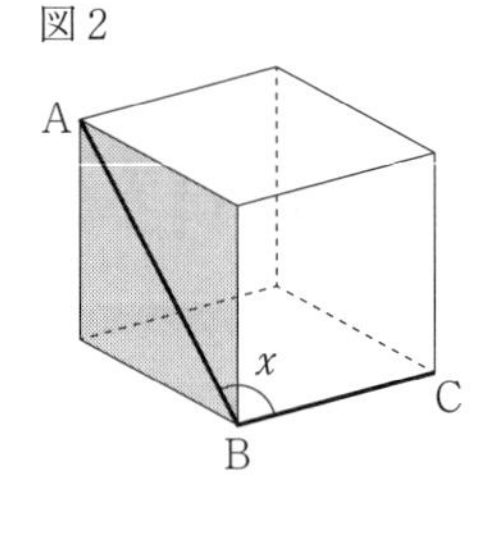

(4)　短い棒の長さと，長い棒の長さを，それぞれ，短，長と表す。２本の棒が水に浸かる長さは等しいので，短$\times\frac{3}{4}$＝長$\times\frac{4}{7}$である。そこで，短：長＝$\frac{4}{3}$：$\frac{7}{4}$＝$\frac{16}{12}$：$\frac{21}{12}$＝16：21となり，この比の，21－16＝５にあたる長さが40cmとなる。よって，比の１にあたる長さは，40÷５＝８(cm)なので，短い棒の長さは，８×16＝128(cm)とわかり，水の深さは，$128\times\frac{3}{4}$＝96(cm)と求められる。

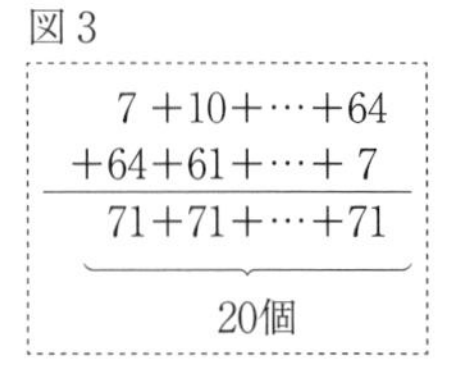

(5)　この数列は，はじめの数が７で，その後３ずつ増える等差数列なので，20番目の数は，７＋３×(20－１)＝64とわかる。よって，右の図３より，20番目までの数の和は，(７＋64)×20÷２＝710と求められる。

(6)　西町から東町まで，Ａさんが歩いてかかる時間とＢさんが自転車でかかる時間の比は，45：12＝15：４である。同じ道のりを進むとき，速さの比は，かかる時間の比の逆比となるので，ＡさんとＢさんの速さの比は，$\frac{1}{15}$：$\frac{1}{4}$＝４：15とわかる。また，同じ時間に進む道のりの比は，速さの比と等しいので，Ａさんが1.6km進む間にＢさんは，$1.6\times\frac{15}{4}$＝６(km)進む。

(7)　100円玉を１枚も使わない場合，支払える金額は，10円，20円，30円，50円，60円，70円，80円の７通りある。また，100円玉を１枚だけ使う場合，100円玉を使わずに支払える７通りの金額に100円を足した金額と，100円が支払えるので，支払える金額は，７＋１＝８(通り)ある。同様に，100円玉を２枚使う場合も支払える金額は８通りある。よって，全部で，７＋８＋８＝23(通り)ある。

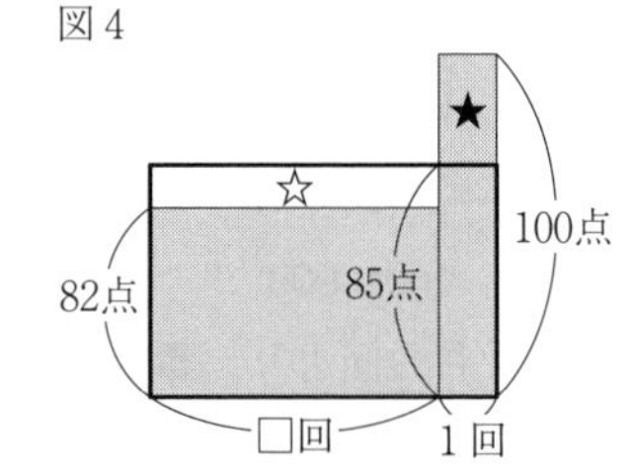

(8)　これまで受けたテストの回数を□回として図に表すと，右の図４のようになる。図４で，かげをつけた部分と太線で囲んだ部分の面積は，どちらも点数の合計を表しているから，★と☆の部分の面積は等しくなる。また，★の部分の面積は，(100－85)×１＝15(点)なので，☆の部分の面積も15点となる。よって，□＝15÷(85－82)＝５(回)となる。

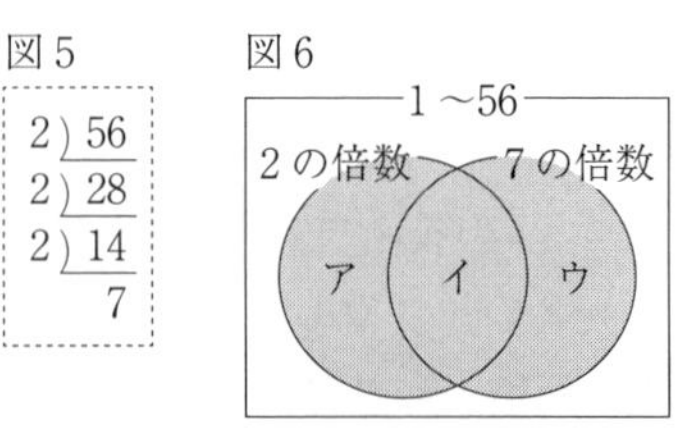

(9)　56を素数の積で表すと，右の図５より，56＝２×２×２×７となるので，分子が２か７の倍数であるときに約分できる。１から56までの整数のうち，２の倍数は，56÷２＝28(個)なので，右の図６で，ア＋イ＝28(個)である。また，図６でイの部分は，２と７の公倍数(14の倍数)なので，イ＝56÷14＝４(個)となり，ア＝28－４＝24(個)とわかる。さらに，７の倍数の個数は，56÷７＝８(個)なので，イ＋ウ＝８(個)となる。よって，かげをつけた部分は，ア＋イ＋ウ＝24＋８＝32(個)だから，約分できる分数は32個ある。

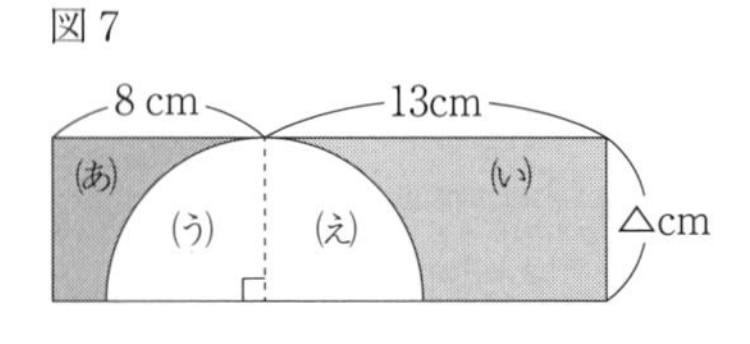

(10)　右の図７で，(あ)の面積は，(い)の面積より30cm^{2}小さく，(う)と(え)の面積は等しいので，(あ)＋(う)の面積は，(い)＋(え)の面積よりも30cm^{2}小さいとわかる。よって，図７で，13×△－８×△＝30(cm^2)となり，(13－８)×△＝30，５×△＝30より，△＝30÷５＝６(cm)と求められる。したがって，(あ)の面積は，８×６－６×６×3.14÷４＝48－28.26＝

19.74(cm^2)とわかる。

3 平面図形―割合と比，面積，図形の移動

(1) 問題文中の［図１］の斜線部分の面積は正方形の面積の0.24倍だから，正方形の面積は，6÷0.24＝25(cm^2)となる。よって，５×５＝25より，正方形の１辺の長さは５cmとわかる。

(2) 右の図①で，(ア)と(イ)の長さの比は１：３なので，斜線部分のおうぎ形は，円を４等分した形である。斜線部分のおうぎ形について，半径は，８÷２＝４(cm)なので，面積は，４×４×3.14×$\frac{1}{4}$＝12.56(cm^2)となる。また，図①の正方形の面積は，(正方形の面積)＝(対角線の長さ)×(対角線の長さ)÷２より，８×８÷２＝32(cm^2)とわかる。よって，図①の正方形の斜線部分でない部分の面積は，32－12.56＝19.44(cm^2)と求められる。

図①

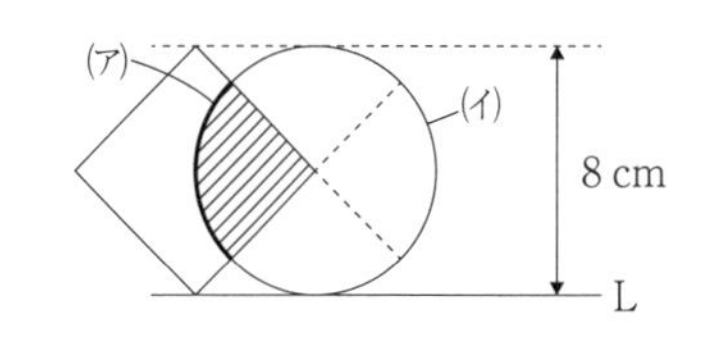

(3) 右の図②のとき，円と正方形が重なった部分の面積は最大となる。このとき重なった部分の面積は，正方形の面積と等しいので，(2)より32cm^2である。一方，円の面積の70%は，４×４×3.14×0.7＝35.168(cm^2)であり，32cm^2より大きい。よって，重なった部分の面積が円の面積の70%を超えることはない。

図②

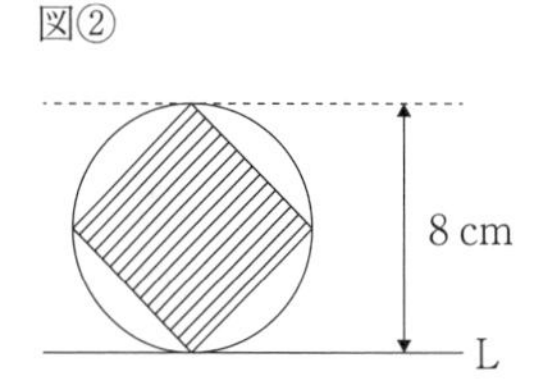

4 整数の性質，約数と倍数

(1) １から10までの石について，２回目以降の各操作でひっくり返される場合を○で表すと，右の図１のようになる(１から10の石が11回目以降にひっくり返されることはない)。最後に白色の面が表になるのは，ひっくり返された回数が０回か偶数回の石なので，図１より，１，４，９とわかる。

図１

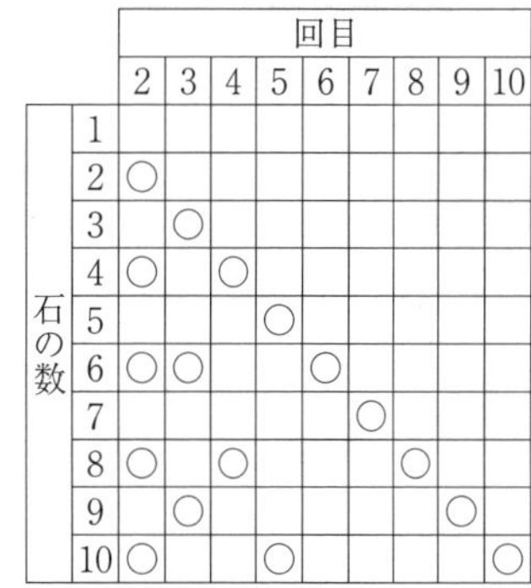

石の数＼回目	2	3	4	5	6	7	8	9	10
1									
2	○								
3		○							
4	○		○						
5				○					
6	○	○			○				
7						○			
8	○		○				○		
9		○						○	
10	○			○					○

(2) 何回目かを表す数の倍数が書かれた石をひっくり返すので，何回目かを表す数が，書かれた数の約数のときにその石はひっくり返される。そこで，81の１以外の約数を求めると，３，９，27，81となるが，操作は50回目までしか行わないので，81の石は，３回目，９回目，27回目の３回ひっくり返される。

(3) １から50までの石の場合，ひっくり返される回数が偶数回となる石は，書かれている数の１以外の約数の個数が偶数個である石だから，その数は１も含めると約数が奇数個ある。ここで，２×２＝４，３×３＝９，４×４＝16のように，同じ整数２つをかけ合わせてできる数を平方数といい，このような数を２個の整数の積で表すと，右上の図２のように，同じ整数をかけ合わせたものが１組できる。このとき，かけ合わされている整数はいずれももとの整数の約数だから，平方数には約数が奇数個あることがわかる。そこで，50までの平方数を調べると，１×１＝１，２×２＝４，３×３＝９，４×４＝16，５×５＝25，６×６＝36，７×７＝49，の７個あるから，１から50までの石で最後に白色の面が表になるものは７個ある。次に，51から100までの石の場合，書かれた数を２で割ると50以下になるので，50より大きい約数は，その数自身の１個だけある。よって，50回まで操作を行うとき，(ひっくり返される回数)＝(１以外の約数の個数)－１となる。これが偶数となるのは，１とそ

図２

16 ＝ １ × 16
　　　２ × ８
　　　４ × ４

の数自身を含めた約数の個数が偶数個である数の石だから，その石の数は平方数でないとわかる。51から100までの整数は，100－51＋１＝50(個)あり，そのうち平方数は，８×８＝64，９×９＝81，10×10＝100の３個なので，ひっくり返される回数が偶数回となる石は，50－３＝47(個)とわかる。したがって，100個の石のうち，最後に白色の面が表になる石は，７＋47＝54(個)ある。

社会 ＜第２回試験＞（理科と合わせて60分）＜満点：60点＞

解答

1 **問１** (1) ア (2) ウ **問２** ア **問３** 明治用水 **問４** イ **問５** (例) 農家がつくった農作物を自分で加工し，販売(宣伝)すること。 **問６** カ **問７** (例) 風力などの再生可能エネルギーによる発電量をふやす。 **問８** 石灰石 **問９** (1) 赤潮 (2) イ (3) 八戸(市) (4) イ **問10** (1) ウ (2) エ **2** **問１** (1) カ (2) (例) 北海道では，当時稲作ができなかったから。 **問２** (1) イ (2) ア **問３** (1) 持統天皇 (2) イ **問４** (1) 聖武天皇 (2) ウ **問５** (1) 菅原道真 (2) エ **問６** ウ **問７** エ **問８** ア **問９** イ **問10** イ **問11** エ **3** **問１** ア **問２** 上告 **問３** (1) エ (2) 弾劾裁判 **問４** (1) ウ (2) (例) 立法機関である国会を裁判所がおさえるため。 **問５** ウ

解説

1 **日本の諸産業における「自給」についての地理の問題**

問１ (1) 食料自給率が50%を下まわるのはアの豆類である。豆類は食用油や豆腐(とうふ)，味噌(みそ)，醤油(しょうゆ)などの原料であるが，多くをアメリカ，ブラジル，カナダなどから輸入している。なお，2020年の概算(がいさん)で，イの米の自給率は97%，ウの野菜の自給率は80%，エのいも類の自給率は73%。統計資料は『日本国勢図会』2022／23年版などによる(以下同じ)。 (2) 日本では，1950年代後半から起こった高度経済成長にともなって環境汚染(かんきょうおせん)が進んだため，公害が深刻化した。そのため，1967年の公害対策基本法の制定や，1971年の環境庁発足(2001年には環境省になった)などを通して公害対策が行われた。したがって現在では土壌(どじょう)汚染が全国的に進んでいるとはいえず，食料自給率の低下と公害問題を直接結びつけることはできない。

問２ ア 米の収穫(しゅうかく)量の上位10道県は収穫量の多い順に，新潟県，北海道，秋田県，山形県，宮城県，福島県，茨城県，千葉県，栃木県，岩手県となっており，食料自給率が80%を上まわっている道県のうち，青森県，佐賀県が上位10道県に入っていない。 イ 人口上位５都府県は人口の多い順に，東京都，神奈川県，大阪府，愛知県，埼玉県であるため，食料自給率の下位５都府県と一致する。 ウ 肉用牛の生産量(飼育頭数)上位３道県は北海道，鹿児島県，宮崎県で，いずれも食料自給率が50%を上まわっている。 エ 2018年度の日本の食料自給率は37.3%であり，多くの都道府県がその数値を上まわっている。

問３ 明治用水は，明治時代につくられた近代的な農業用水で，愛知県の矢作(やはぎ)川を水源としている。現在では，愛知県安城市や西尾市を中心にかんがいをする農業用水のほかに工業用水としても使われている。

問４　フードマイレージとは，食料の輸送が地球環境に与える負荷を知ることができる指標のことで，(輸送する食料の重さ)×(輸送距離)で表される。輸入食料を減らしてフードマイレージを小さくすることが，バーチャル・ウォーターを減らすことにつながるため，イがあてはまらない。

問５　農業の６次産業化とは，農家が農産物などを生産する(第１次産業)ことに加えて，それを原材料とした食品・製品の加工(第２次産業)を行い，流通，販売，宣伝など(第３次産業)まで手がけることで，農林水産業の経営体質を強めることを目指す取り組みである。

問６　A　オーストラリア，インドネシア，ロシアなどがおもな輸入先となっているのは石炭である。　B　オーストラリア，マレーシアといった国が多くを占める一方で，中東地域の国の割合が比較的少ないのは液化天然ガスである。　C　サウジアラビア，アラブ首長国連邦の２カ国で70％を占め，中東地域の国がおもな輸入先となっているのは原油である。

問７　石油や石炭などの地下資源を自国でまかなえない日本がエネルギー自給率を高めるためには，火力発電のように輸入に頼る発電ではなく，風力発電や太陽光発電といった再生可能エネルギーによる発電量を増やすことが必要となる。

問８　セメントのおもな原料となるのは石灰石である。日本では山口県や埼玉県などで産出され，セメント工場も産地の近くに集中する。特に山口県は，カルスト地形で知られる秋吉台が有名である。

問９　(1)　海水中の植物プランクトンが大量に発生し，水の色が著しく変わる現象は赤潮である。原因としては窒素，りんの増加にともなって水域の栄養が多くなることなどが考えられている。
(2)　ア　下のグラフより，およそ1960年度から1975年度までの食用魚介類自給率は100％を超えていた。　イ　下のグラフより，自給率が最も低かったのは2000年代前半なので間違っている。
ウ　下のグラフより，国民１人１年当たり食用魚介類供給量は，2000年度以降減少傾向にある。
エ　上のグラフより，食用魚介類の国内生産量は，1970年代半ばに最も多い。　(3)　イカの水揚げ量で全国上位の港があり，東北新幹線の駅がある青森県の市は，八戸市である。太平洋に面する都市で，2002年12月に東北新幹線が通った。　(4)　ア　特にことわりのないかぎり，地形図上では上が北となる。地形図の北側の湾の海岸線は直線的であるため，埋め立て地であると考えられる。　イ　山などの斜面の傾斜の度合いは等高線の間隔から読み取ることができる。等高線の間隔が狭いほど傾斜が急であるため，函館山はロープウェイのある斜面よりも北側の斜面の方が傾斜はゆるやかである。　ウ　国道278号線と国道279号線が合流する地点の南には市役所(◎)がある。　エ　大森浜の近くにある小・中学校(文)の標高は北側にある三角点(△)より3.3m程度，中央ふ頭の標高は東側にある三角点より2.5m程度である。

問10　(1)　ア　国産材の供給量が輸入材の半分以下になったのは1980年と1990年から2010年までである。　イ　輸入材の供給量は1980年から1985年にかけて一時減少し，その後1995年に供給量のピークをむかえてからは減少している。　ウ　木材自給率は2000年以降増加傾向にあるため，回復傾向にあるといえる。　エ　輸入材の供給量が国産材をはじめて上まわったのは，1970年である。　(2)　2003年から国が行っている，新たに林業に就いて働きたい人を支援するしくみを，緑の雇用事業という。

2　各時代の歴史的なことがらについての問題

問１　(1)　X　この石碑がある東京都文京区弥生町で見つかった土器は弥生土器で，縄目の文様が特徴となっているのは縄文土器である。　Y　弥生土器は縄文土器に比べてやや高温で焼かれており固めであるが，赤褐色がほとんどで色さい豊かなものではない。　Z　のぼりがまを用いてつくられたのは，古墳時代の５世紀頃に生産が始まった須恵器である。　(2)　弥生時代の特徴の一つは，大陸から稲作が伝わったことだが，当時の北海道においてはおもに寒冷な気候が要因で，稲作をすることができなかった。そのため，北海道には弥生時代の特徴がある遺跡は分布しておらず，縄文文化の特徴を引き継いだ続縄文文化とよばれる文化が営まれた。

問２　(1)　ア　ヤマト政権は稲荷山古墳(埼玉県)や江田船山古墳(熊本県)から出土した鉄剣，鉄刀より，九州地方から関東地方にかけての地域を支配したと考えられている。　イ　ヤマト政権は，朝鮮のすぐれた技術や鉄を求め，鉄資源を安定して確保できる朝鮮半島南部の伽耶諸国(加羅)との結びつきを強めた。　ウ　ヤマト政権の５人の王は，宋(中国)に使いを送り，朝鮮半島南部を軍事的に指揮できる権利が認められるように求めた。　エ　軍団とは，８世紀に成立した地方軍事組織である。　(2)　ア　四国の中で最も多く古墳が現存しているのは香川県である。　イ　宮城県より北に位置する岩手県にも古墳が現存している。　ウ　近畿地方で最も多く古墳が現存しているのは兵庫県である。　エ　九州地方で現存する古墳が最も少ないのは沖縄県である。

問３　(1)　石碑からこの場所にあった都は藤原京であることがわかる。藤原京に都が移った694年に天皇であったのは持統天皇である。なお，持統天皇は，藤原京を計画した天武天皇の皇后であった。　(2)　ア　朝鮮半島にあった百済の聖明王から欽明天皇に仏教が伝えられたのは538年(一説によれば552年)のことである。　イ　唐と新羅の連合軍にほろぼされた百済を復興するために倭(日本)は663年に白村江の戦いを起こしたが，唐・新羅連合軍に敗れた。　ウ　701年，日本で初めての律令である大宝律令が制定された。　エ　607年，聖徳太子(厩戸皇子)は隋(中国)の進んだ制度や文化を取り入れるために，小野妹子を遣隋使として派遣した。

問４　(1)　写真Ⅱにある説明書きには「周防国分寺」とある。８世紀の中頃，仏教を厚く信仰し，仏教の力で国を安らかに治めようと考えて，地方の国ごとに国分寺・国分尼寺を建てさせたのは聖武天皇である。　(2)　奈良時代は平城京に都があった710～84年の期間のことである。　X　三世一身法は，人口の増加によって口分田が不足したため723年に出された。　Y　大寺院から多くの僧兵が朝廷におしかけ，寺の要求をつきつけることは特に院政が行われた平安時代末期に多くみられた。よって誤り。　Z　鑑真は753年に６度目の渡航で唐(中国)から来日し，正しい仏教の教えを広め，759年には唐招提寺を建てたことで知られる。

問５　(1)　写真には「服部天神宮」とある。学問の神として知られ天神としてまつられているのは，平安時代に遣唐使の中止を訴えた後，大宰府に流されたことで知られる菅原道真である。　(2)　東大寺南大門の金剛力士像は，鎌倉時代初期の1203年に運慶と快慶らによってつくられた。力強く写実的な作風は，武士の精神や宋や元といった中国の文化の影響が強く，貴族が中心となっていた社会から武士が政治の中心となっていたことを表している。

問６　石碑に書かれているのは，1185年に行われた壇ノ浦の戦いで，源氏と平氏の最後の合戦となった戦いである。ウの源頼朝が征夷大将軍になったのは，1192年のできごとのため間違っている。

問７　石碑には「日蓮大聖人」とあるため，鎌倉時代に日蓮宗(法華宗)を開いた日蓮であることがわかる。日蓮宗は，法華経をよりどころとし，「南無妙法蓮華経」の題目をとなえれば救われると説いた。なお，アは法然が開いた浄土宗，イは親鸞が開いた浄土真宗(一向宗)，ウは道元が開いた曹洞宗。

問８　狩野永徳は安土桃山時代の画家で，『唐獅子図屏風』などの作者として知られる。なお，『奥の細道』の作者として知られる松尾芭蕉が東北に旅立ったのは，上方とよばれた大坂(大阪)，京都を中心に経済力を持った町人がにない手となった元禄文化が栄えた時代である。

問９　錦絵に見える乗り物は馬車や人力車で，自動車はえがかれていない。自動車は明治時代後半の1898年に海外から初めて持ち込まれた。

問10　品川女子学院の校歌を作詞した人物は，歌人として知られる与謝野晶子である。代表作の一つである「君死にたまふことなかれ」は，1904年に始まった日露戦争に向かった弟に思いを寄せた詩として知られる。よって，ロシアの中国進出に対抗するために1902年に日本とイギリスが結んだ日英同盟がもっとも関係が深い。なお，アの甲午農民戦争は1894年，ウの二十一か条の要求は1915年，エの領事裁判権の撤廃は1894年のできごと。

問11　第二次世界大戦敗戦によって日本は連合国に占領されることになった。GHQ(連合国軍最高司令官総司令部)は占領政策の一つとして日本の民主化を進め，1945年12月には衆議院選挙法改正により満20歳以上の男女に参政権が認められるようになった。

3　最高裁判所の裁判官についての問題

問１　日本国憲法第79条２項には，「最高裁判所の裁判官の任命は，その任命後初めて行われる衆議院議員総選挙の際国民の審査に付し，その後10年を経過した後初めて行われる衆議院議員総選挙の際更に審査に付し，その後も同様とする」とある。

問２　第一審から第二審へ訴え出ることは控訴，第二審から第三審へ訴え出ることは上告という。

問３　(1)　日本国憲法第76条３項には，「すべて裁判官は，その良心に従い，独立してその職権を行い，この憲法及び法律にのみ拘束される」とある。　(2)　不適任な裁判官を訴えることができる裁判は弾劾裁判である。裁判官を裁判する弾劾裁判所は国会が設けるとされており，国会議員の中から選ばれた14名の裁判員が裁判を行う。

問４　(1)　裁判所には，国会が制定した法律や内閣の命令などが憲法に違反していないかを具体的な事件の裁判を通して審査する違憲審査権がある。なお，第二次世界大戦後，裁判所によって法令が違憲と判断されたのは11件ある(2023年３月現在)。また，違憲審査権はすべての裁判所が持つが，最高裁判所は最終決定権を持っているため，憲法の番人とよばれている。　(2)　日本では，国の権力を立法権，行政権，司法権の三つに分け，三つの権力が互いにおさえ合ってバランスを保つことにより，権力の行きすぎを防いで国民の権利と自由を保障しようとする三権分立がとられている。

問５　裁判員制度は国民が裁判に参加することで裁判に国民の意思を反映させる目的で，重大な刑事事件の第一審で取り入れられている。裁判員裁判では，選挙権を持つ18歳以上の国民がくじなどで裁判員に選ばれ，裁判官と一緒に，被告人が有罪か無罪かを判断し，有罪の場合，刑罰の内容も決める。

理 科 <第２回試験>（社会と合わせて60分）<満点：60点>

解 答

[1] Ⅰ (1) N極 (2) **B** ウ **C** ア (3) エ (4) アとオ (5) ウとエ Ⅱ (1) **あ** 関節 **い** けん (2) イ (3) **え** ア **お** イ (4) **か** 赤血球 **き** 動脈血 [2] (1) （例） 太陽光発電 (2) **あ** ア **い** イ **う** ア (3) 水が急にふっとうするの (4) ウ (5) ① 0.5カロリー ② 63900カロリー ③ 解説の図を参照のこと。 [3] (1) イ (2) ウ (3) 冬至 (4) 解説の図①を参照のこと。 (5) **月の位置**…解説の図②を参照のこと。 **時期**…春分 (6) ア，サ (7) ① **あ** 地球 **い** 太陽 ② ４倍

解 説

[1] 電流と磁界，人体についての問題

Ⅰ (1) 方位磁針のＳ極が電磁石のＡ側に引きつけられているので，電磁石のＡ側はＮ極になっている。

(2) 電磁石のまわりの磁界は，Ｎ極から出てＳ極にもどる向きになっているから，Ｂの位置での方位磁針の針は，ウのように，右側がＮ極，左側がＳ極になっている。また，電磁石の右はしはＳ極になっているので，方位磁針のＮ極と引き合い，Ｃの位置の方位磁針の針はアのようになる。

(3) 電磁石の強さは，電流が大きいほど強くなり，電流を大きくするには電池を直列につなげばよい。また，電磁石の強さはコイルの巻き数が多いほど強くなる。これより，エが選べる。

(4) 電池を並列につないでも，コイルに流れる電流の大きさは変わらない。よって，電流の大きさと巻き数が同じアとオで，引きつけられるクリップの数はほぼ同じになる。

(5) 電磁石の強さと電流の大きさの関係を調べるには，巻き数が同じで，電流の大きさがちがうウとエの２つの結果を比べればよい。

Ⅱ (1) ひじなどのように骨と骨が繋（つな）がっている部分を関節といい，骨と筋肉はけんによって繋がっている。 (2), (3) うでに力こぶと呼ばれる盛り上がりをつくる筋肉は，Ａの骨とＣの骨を繋ぎ，うでを上げることができる。この筋肉が縮むとひじは曲がり，このとき，外側にあるもう一方の筋肉はゆるむ。

(4) 血液中の酸素は赤血球によって運ばれる。赤血球は真ん中がへこんだ形をしていて，ヘモグロビンという赤い色素をふくんでいる。また，酸素を多くふくむ血液を動脈血という。なお，二酸化炭素を多くふくむ黒ずんだ赤色をしている血液を静脈血という。

[2] 水の状態変化ついての問題

(1) 資源に限りがなく，くり返し使うことのできるエネルギーを再生可能エネルギーといい，風力発電のほかに，太陽の光を利用した太陽光発電，地下のマグマの熱を利用した地熱発電，家畜（かちく）のふんや間伐材（かんばつざい）などを利用したバイオマス発電などがある。

(2) 物質は，固体から液体になるとき体積が大きくなるが，水は例外で，氷がとけて水になるとき，体積は小さくなる。また，水が水蒸気になると，体積は約1700倍と非常に大きくなる。

(3) 液体を加熱するとき，急にふっとうするのを防ぐため，ふっとう石を入れておく。

⑷　水を加熱すると，はじめは水にとけていた空気があわとなって出てくる。

⑸　①　100gの氷の温度を20℃上げるのに必要な熱量が1000カロリーなので，１gの氷を１℃上昇させるのに必要な熱量は，1000÷100÷20＝0.5(カロリー)である。　②　０℃の水100gを100℃まで上昇させるのに必要な熱量は，100×100＝10000(カロリー)，100℃の水100gを100℃の水蒸気に変えるのに必要な熱量は，539×100＝53900(カロリー)だから，あわせて，10000＋53900＝63900(カロリー)必要である。　③　火力を半分にすると，温度の上昇や状態の変化にかかる時間は２倍になる。－20℃の氷が０℃まで上昇するには，５×２＝10(秒)かかり，０℃の氷がすべて０℃の水に変化するには，(45－５)×２＝80(秒)，０℃の水が100℃まで上昇するには，(95－45)×２＝100(秒)かかる。よって，このときのようすをグラフに表すと，右上の図のようになる。

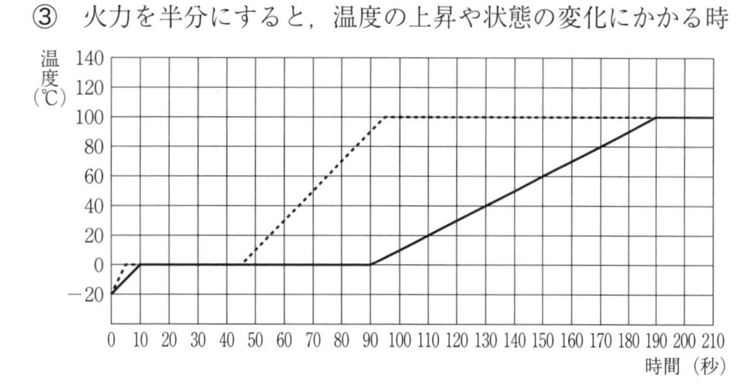

3　太陽と月についての問題

⑴　太陽は地平線から出るとき，右ななめ上の向きにのぼる。また，夏至の日の太陽は，１年でもっとも北寄りから出る。

⑵　地球から見て太陽と同じ方向にあるのは，ウの月である。

⑶　満月は地球をはさんで太陽と反対の位置にあるので，満月の南中高度がもっとも高くなるのは，太陽の南中高度がもっとも低くなる冬至とわかる。

図①

⑷　オの位置にある月は上げんの月で，右の図①のように右半分が光っている。

⑸　上げんの月は，太陽の位置から90度東の位置にあるから，それぞれの月の位置を示すと，右の図②のようになる。地軸のかたむきは１年を通して変化しないので，春分の日の地軸の北極側は，地球の右側にある上げんの月の方へかたむいている。よって，この月の南中高度がもっとも高い。

図②

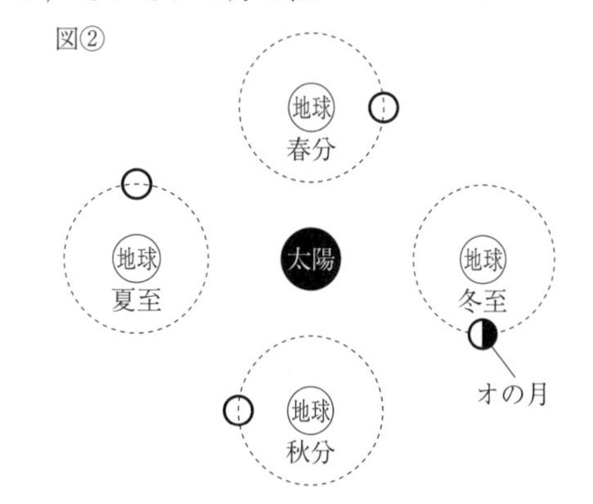

⑹　満月になる月の位置は，ア，カ，サ，タで，地球の公転軌道面に対して，月が上下にずれた位置にあると，太陽，月，地球が一直線上に並ばず月食は起こらない。月食が観察できる可能性がある月は，地球の公転軌道面にある満月アと満月サである。

⑺　①　月食は月が地球のかげに入る現象なので，月食のときに，月からは太陽は地球にかくされて見ることができない。　②　月から太陽までの距離は，月から地球までの距離の，150000000÷375000＝400(倍)だから，太陽が地球と同じ大きさだとしたら，$\frac{1}{400}$の大きさに見える。また，太陽の直径は地球の直径と比べて，1400000÷14000＝100(倍)なので，太陽は地球と比べて，$\frac{1}{400}\times100=\frac{1}{4}$の大きさに見える。つまり，かくす天体(地球)はかくされる天体(太陽)の４倍大きく見

えることになる。

国　語　＜第２回試験＞（50分）＜満点：100点＞

解　答

一　下記を参照のこと。　　二　(1)　雀（すずめ）　(2)　肩（かた）　(3)　旅（たび）　(4)　賛成　(5)　順風　　三　**問１**　（例）　ウソは一般的に，相手をだましたり，陥れたりするためのもので，良いものではないと思われているのに，初対面の人に対してウソが多かったから。　**問２**　イ　**問３**　（例）　**具体例**…（「）その服新しいんだね，いいと思うよ（。」）　**理由**…ありのままに伝えることで，相手に不快感を与えてしまったり，いらぬ誤解を与えて，良好な人間関係をこわしてしまうような面倒なことになったりしたくないから。　**問４**　(1)　かなりの心理的負担を伴う　(2)　（例）　本当のことをそのまま，それだけ伝えるよりも，希望をもたせる言葉をかけることで相手を勇気づけることができ，想定外の結果に到達することもあるという影響がある。　**問５**　ア　**問６**　エ　**問７**　ウ　**問８**　ア，エ，オ　　四　**問１**　イ　**問２**　エ　**問３**　ア　**問４**　（例）　症状が軽く，退院が遠くはない自分と比べ，重い病気に悩まされ，すぐに退院できない人たちがいるということを想像したから。　**問５**　（例）　瑛介は病院にひとり残されることにさみしさを感じている一方，壮太は瑛介との時間がなくなることにさみしさを感じている。　**問６**　何もない砂漠のような時間　**問７**　（例）　自分が思いもよらなかった他者のすばらしい意見や行動に，感心したとき。　**問８**　イ　**問９**　ウ

●漢字の書き取り

一　(1)　演奏　(2)　導　(3)　気候　(4)　革新　(5)　宣告

解　説

一　漢字の書き取り

(1)　音楽を奏でること。　(2)　音読みは「ドウ」で，「指導」などの熟語がある。　(3)　ある土地での長い期間の大気現象をまとめたもの。　(4)　今ある習慣や制度などを改め，新しくすること。　(5)　告げて知らせること。

二　ことわざ・慣用句の完成，対義語，四字熟語の完成

(1)　「雀百までおどり忘れず」は，“幼い頃に身につけた習慣は，年をとっても変わらない”という意味。　(2)　「肩で息をする」は，“苦しそうに，肩を上下させて呼吸する”という意味。　(3)　「かわいい子には旅をさせよ」は，“子どもがかわいいなら，甘やかすのでなく，世の中のつらさを経験させたほうがいい”という意味。　(4)　“ある意見などに対して否定的である，同意しない”という意味の「反対」の対義語は，「賛成」である。　(5)　「順風満帆」は，ものごとが思い通りに順調に進むこと。

三　**出典は中野信子の『フェイク―ウソ，ニセに惑わされる人たちへ』による。**筆者は，人がつくウソについて，いろいろな例をあげて，悪いものばかりではないと説明している。

問１　「この結果」とは，「人は初対面の人と話すときに10分間に３回ウソをつくという研究結果」をさしている。直後で筆者はより多くのウソを日頃から使っているように感じると述べていること

から，ぼう線①の驚きは，ウソというと，「相手を騙したり，陥れたりするための」良からぬものだと一般的には思われているにもかかわらず，初対面の人にたくさんのウソをついていたことに対するものだということができる。

問２　続く部分に注目する。人はウソを「ほぼ無意識のうちに日頃から使って」いて，ウソを使うことで「会話をスムーズに進めることができる」と述べられている。また，二つ後の段落に，「承認欲求を満たすため」や「相手を傷つけたくないという『思いやり・気遣い』」からウソが使われることも多いとある。よって，イがふさわしくない。

問３　ぼう線③の次の段落に，「ありのままに伝えることで相手に不快感を与えたり，いらぬ誤解を与えて面倒なことになったり」とあるように，「正直に話すこと」で良好な人間関係をこわしてしまう可能性があるので，それをさけるためには，「その服いいね」というような当たり障りのない言葉をかけるのがいいと考えられる。

問４　⑴　続く部分に注目する。ステージ４のがん患者に対して医師が話すときの例をあげて，相手に事実を伝えることは「かなりの心理的負担を伴う」と述べられている。　⑵　この場合，「厳しいかもしれませんが～全力を尽くします」のような希望をもたせる言葉はウソになるが，筆者は，その言葉によって力を得て，想定外の結果に到達することもありうると述べている。

問５　ぼう線⑤の直前に，「人間が社会性をもって存在する種であり続ける限り」とある。人間が共同体の中で生きていくためにウソは必要不可欠なので，ウソによる苦しみは解消されないということになる。

問６　続く部分に注目する。この人は「相手が自分のウソを信じ，楽しいまたは，驚いた顔をするのが嬉しい」，「単純に人が喜ぶ姿を見たい」と思ってウソをつくのだとある。よって，エが選べる。

問７　ウソをつくことが許されない公務員であるにもかかわらず，なぜ簡単にウソをついてしまうのだろうと後悔していると述べられているので，ウがふさわしい。なお，「想像力が豊かで頭の回転が速い」というのは筆者がこの人に対して持った印象なので，エは合わない。

問８　最後の段落で筆者は，「虚構を構築する才能」を「聞いた人が楽しんでしまうフィクションを想像することができるという才能」と言いかえている。そのような才能を生かせる職業としては，映画やドラマの制作，マジシャン，アーティスト，芸術家などが考えられる。

四　出典は瀬尾まいこの『夏の体温』による。入院中の瑛介は，同い年の壮太と気が合い仲よく過ごしていたが，壮太の退院が明日にせまる。

問１　続く部分に注目する。「ここであと何日か過ごすなんて，いつ退院できるかわからないなんて，耐えられるわけがない」とある。瑛介の中で，家に戻りたい，外を歩きたい，学校に行きたい，友達に会いたい，自由に動きたいという気持ちがあふれてしまい，病院で過ごすことに我慢ができなくなったのだとわかる。

問２　瑛介は入院して三週間経ったときに，入院生活に耐えられなくなり病院から出してと叫んでお母さんを困らせた。しかし，今は壮太がいて，瑛介が楽しそうに過ごしているのを見て，お母さんは安心していると考えられる。

問３　今年の夏がものすごく暑いことは，世間では当たり前のことなのだろうが，病院にいる瑛介は実際にその体で感じられていないので，暑さを感じられることさえもうらやましく思っているのである。

問４　同じ段落に，瑛介は「何人の人が病気になっているのだろう。ぼくよりしんどい人はどれだけいるのだろう」と考えて胸が重くなり，後ろめたくなっている。「自分より重い病気で入院していて大変な思いをしている人もいるのに，早く病院を出たいとわがままを言ってしまったから」のようにまとめられる。

問５　瑛介は，「病院に残されて，友達がいなくなる」ことをさみしいと感じている。それに対して壮太は，退院すれば瑛介と遊べなくなるのでさみしいと感じていることをおさえる。

問６　瑛介は，壮太と過ごせる今の時間を楽しいと感じながら，壮太が退院した後のことを想像して，怖くなっている。瑛介がお母さんと話している場面に，壮太が帰った後の時間を「何もない砂漠のような時間」と表現している部分がある。

問７　ぼう線⑦の行動は，自分たちが思いつきもしなかった，プレイルームにおやつを持ってきて食べればいいという三園さんの「最高」の提案に対してのものである。よって，「自分が思いつきもしないような他者のすばらしい考えに感心したとき」のようにまとめられる。

問８　続く部分に注目する。二人は病院のおやつを食べながら，「懐かしい味」，「甘やかされてた子ども時代を思い出す味」だと話している。また，「眠たくなる味」という言葉からは，おやつを食べることで穏やかな気持ちになっていることがわかるので，イが合う。

問９　病院の駐車場のどの車が最初に動き出すか当てる遊びや，空き箱を使ってミニバスケをすることを思いついているところから，病院の中にいても，できるだけ楽しもうとする気持ちが感じられる。よって，ウがふさわしい。

2023年度 品川女子学院中等部

＊【試験Ⅰ】は国語ですので、最後に掲載してあります。

【試験Ⅱ】〈表現力・総合型試験〉(70分)〈満点：120点〉

1 次の □ にあてはまる数を答えなさい。

(1) $1\frac{3}{4} \div \left\{1.125 - \frac{3}{5} \times \left(\frac{2}{3} - \frac{1}{4}\right)\right\} = \square$

(2) Aさんとお父さんの年齢(ねんれい)の比は3：10です。今から4年後に年齢の比が4：11になります。お父さんはAさんより □ 歳(さい)年上です。

(3) 右の図において角アの大きさは □ °です。

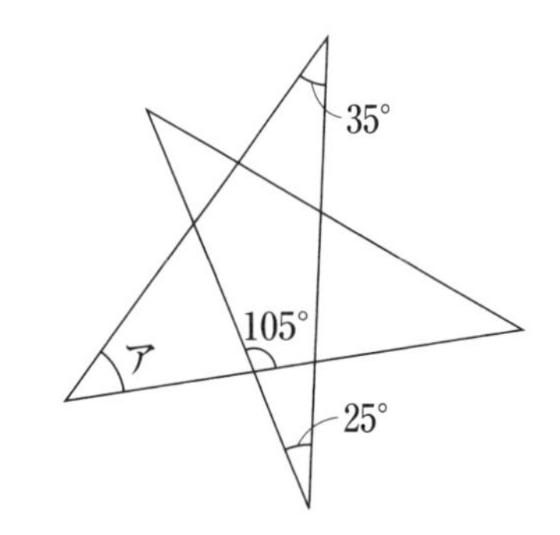

(4) 右の図のように半径が6cmのおうぎ形があります。斜線部分(しゃせん)の面積は □ cm² です。
ただし円周率は3.14とします。

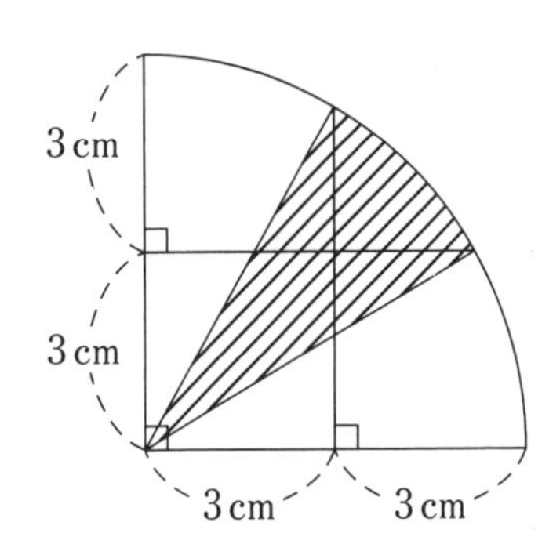

2 解答用紙に途中(とちゅう)の計算や考えた過程をかきなさい。

2023年1月1日は日曜日でした。
2023年2月は28日までです。次の各問いに答えなさい。

(1) 2023年4月1日は何曜日ですか。

(2) 月の始まりである1日が、1月の次に日曜日になるのは何月ですか。

3 日本各地では、四季折々祭りが行われています。継承(けいしょう)されてきたものも多く、現在でも地域の人々を支える行事となっています。

例えば京都で行われる祇園(ぎおん)祭は、平安時代から続く八坂神社の祭礼で、室町時代に中断したこともありましたが、その後再開し、現在まで千年以上続いています。7月1日から31日まで1か月にわたってさまざまな祭事が行われます。

また、関東地方では埼玉県秩父市で行われる秩父夜祭が有名です。毎年12月に行われ、京都の祇園祭、飛騨の高山祭とともに「日本三大曳山(ひきやま)祭」に数えられます。

(1) 祇園祭では山鉾(やまほこ)とよばれる山車(だし)がめぐり、祭りの見所の1つになっています。宵山(よいやま)行事(ぎょうじ)の期間には烏丸通(からすまどおり)に多くの出店(でみせ)が並びます。**図1**の地図を見ると、烏丸通にはリユース食器の返却(へんきゃく)場所が多く設置されていることが読み取れます。これは官民をあげて行われている取り組みのためです。どのようなことを目的としてその取り組みが行われているのか、説明しなさい。

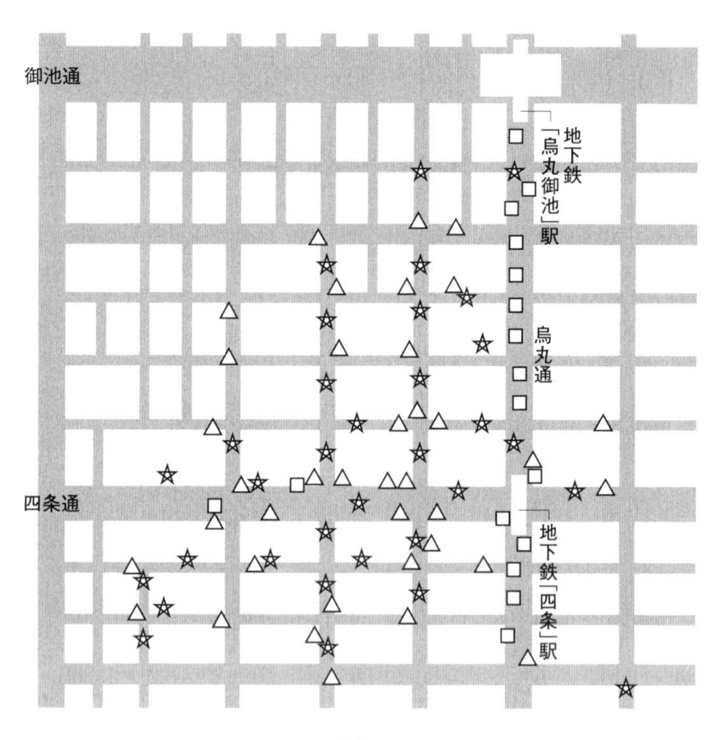

図1

⑵　平安時代に始まった祇園祭は、1467年に中断しましたが、1500年に再開しました。**図2**は中断していた当時の京都の街を表す地図です。なぜ祇園祭は30年以上も中断したのか、**図2**をふまえて中断の理由として考えられることを答えなさい。

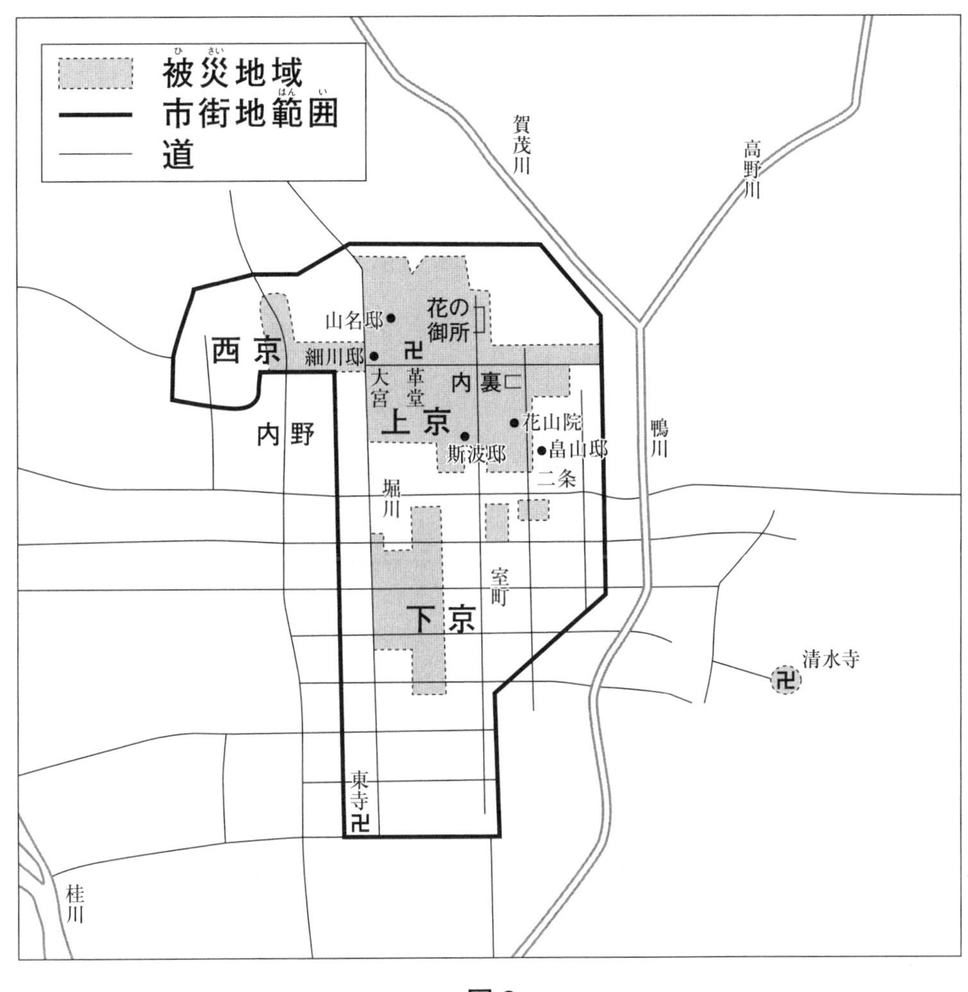

図2

⑶　祇園祭が始まった平安時代に関連して、次のア～ウの人物から1人選び記号で答え、どのような人物だったのか、あなたが知っていることをかきなさい。

ア．紫式部　　　イ．藤原道長　　　ウ．桓武天皇

(4) 「あとの祭り」という表現があります。「祭りの済んだ翌日」という意味から「手おくれ」など時機をのがすことを表す言葉とされています。この「あとの祭り」という表現を適切に用いて、状況(じょうきょう)がわかるように例文を作りなさい。例文は2文以上になってもかまいません。

(5) 秩父は夜祭りだけでなく、芝桜(しばざくら)が有名な公園があります。4月から5月にかけて見ごろをむかえ、多くの観光客でにぎわいます。**図3**はある年の混雑予想カレンダー、**図4**は時間帯ごとの混雑予想を表したものです。あなたはこの混雑を分散させる担当者になったとします。あなたならどの時期または時間にどのような対策をして混雑を分散させますか。あなたが考える対策案を1つかきなさい。

日	月	火	水	木	金	土
		4月12日	13日	14日	15日	16日
		1	1	1	1	2
17日	18日	19日	20日	21日	22日	23日
2	1	1	2	2	2	4
24日	25日	26日	27日	28日	29日	30日
4	3	3	3	3	5	5
5月1日	2日	3日	4日	5日		
5	4	5	4	4		

1	2	3	4	5

余裕あり ⇔ 混雑

図3

時間帯	予想
8:00～ 9:00	◎
9:00～10:00	○
10:00～11:00	△
11:00～12:00	×
12:00～13:00	×
13:00～14:00	×
14:00～15:00	△
15:00～16:00	△
16:00～17:00	○

◎ 余裕あり
○ 少し余裕あり
△ 混雑
× かなり混雑

図4

(6) 祭りではよく神輿(みこし)をかつぐことがあります。Aさんと Bさんの2人で神輿をかつぐことになりました。**図5**のように平らなところを移動するときはAさんもBさんも同じ力を加えれば神輿をかつぐことができているものとします。このまま**図6**のように階段をのぼることになると、AさんはBさんよりも大きな力を加えなければなりません。AさんとBさんが同じ力を加えてかつぐためにはどうしたらよいですか。説明しなさい。ただし、かつぎ棒の太さは一様で、神輿の形を変えることはできません。

図5　**図6**

(7)　祭りでは、よく屋台などの出店があります。今日は祭りのイベントで花火大会がありました。屋台でやきそばを買いたいと思い、駅周辺の屋台のやきそばの値段を調べました。調べたのは**図7**に示されている範囲(はんい)で、1パック300円で売られている屋台が3つ、1パック400円で売られている屋台が1つでした。**図7**の㋐～㋓のうち、1パック400円で売られていたと考えられる屋台の場所を記号で答え、その理由を答えなさい。

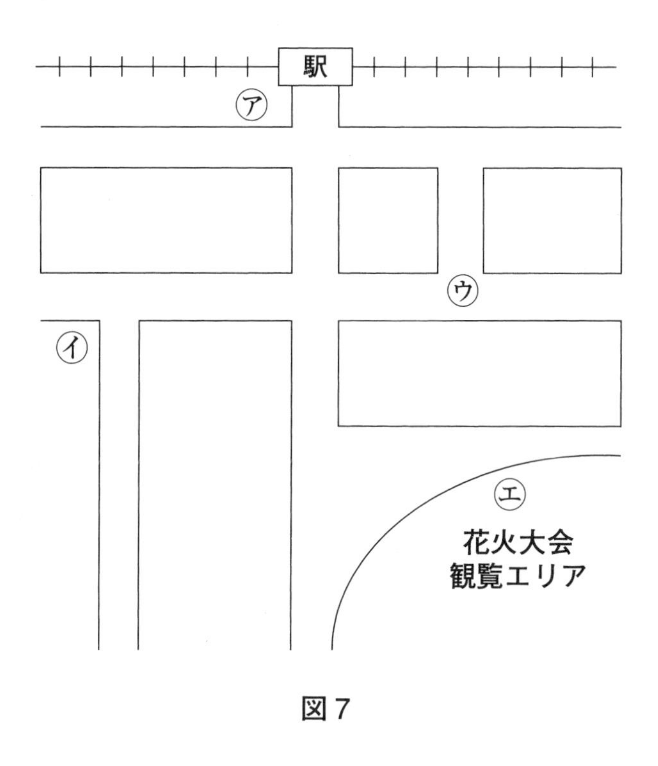

図7

(8)　Bさんは屋台でかき氷を買いました。かき氷はうすくとう明なプラスチック製の容器に入っていました。すると容器のまわりに水がじょじょについてきました。

①　このような現象が起こる仕組みを説明しなさい。

②　祭りのあった日は晴れていました。同じ気温で雨の日だった場合、容器につく水の量は晴れの日に比べてどうなりますか。理由とともに説明しなさい。

4 社会の変化によって、人々の働き方や働く場所をはじめとする様々な行動が、全員で一斉(いっせい)に行う形から、個人でそれぞれが行う形になるなど、大きく変化することがあります。

(1) リモートワークの普及(ふきゅう)によって、働く場所であるオフィスの様子が変わりつつあると言われています。

これまでにも社会情勢の変化によって、オフィスの様子は少しずつ変化してきました。1990年代からは仕事でパソコンを使う機会が増えたことで、社員1人1人の座席にパソコンが設置されるようになりました。

2010年代には、その日の気分や体調に合わせて座席を選ぶことができるようなオフィスも登場しました。しかし、仕事をするためにはパソコンが不可欠な業種があり、パソコンの出荷台数が大きく減少した訳ではないことからも、仕事でパソコンを使い続けていることが分かります。

どうして座席を自由に選ぶことができるようになったのでしょうか。図1のイラストにあるパソコンに注目して、何が変化したのかを考えて、その理由の1つを説明しなさい。

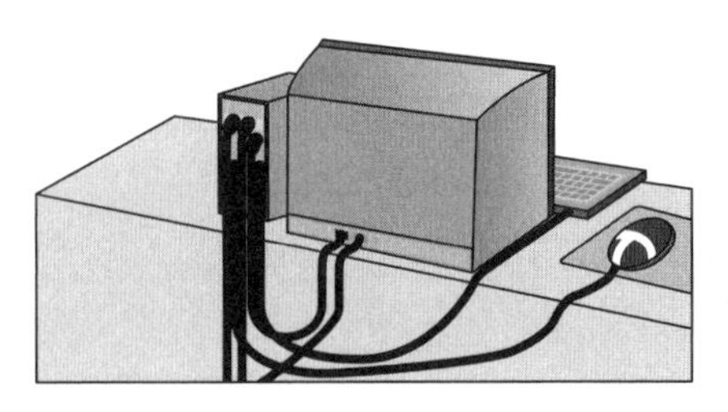

1990年代

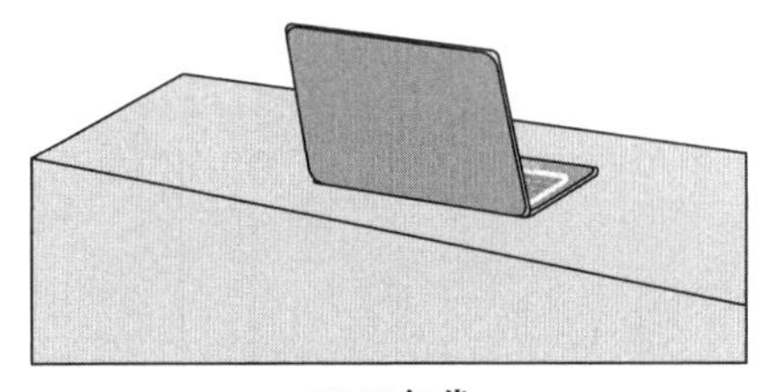

2010年代

図1　1990年代と2010年代のオフィスの一例

⑵　社会の変化によって、旅行の形態も変わりました。例えば、2010年から2017年の間に、観光客が乗ったバスに同乗して乗客に向けて案内を行うバスガイドの人数は、**図２**のように大きく減少していることが分かります。しかし**図３**のように、2010年から2017年の間、国内旅行をする人数はほぼ変わりません。どうしてバスガイドの人数は減少しているのでしょうか。旅行の形態がどのように変化したかを考えて、説明しなさい。

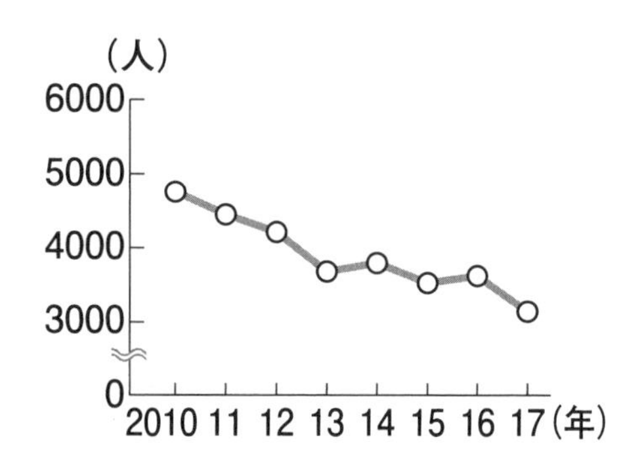

図２　全国のバスガイドの人数の推移

(日本バス協会調べ　各年７月時点)

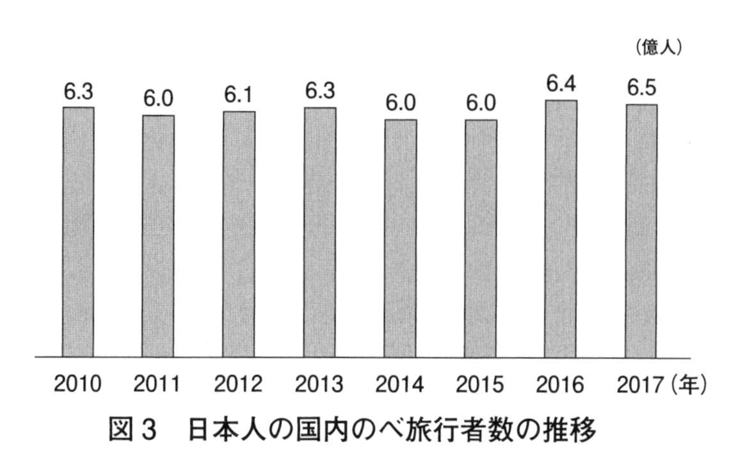

図３　日本人の国内のべ旅行者数の推移

(観光庁「旅行・観光消費動向調査」より作成)

⑶　病院に関わる仕事として、現在全国で約30万人の医師と、約130万人の看護師が活躍（かつやく）しています。コロナ禍（か）となって、労働時間が長くなっているという報道が見られるようになりましたが、企業（きぎょう）ばかりが立ち並んでいるところにある病院と、住宅ばかりが並んでいるところにある病院のどちらとも、労働時間は長くなっています。なぜ医師や看護師の労働時間が長くなっているのか、どちらかの病院を選び、理由を説明しなさい。

(4) 品川女子学院では、コロナ禍によって2020年3月の卒業式をはじめとして、多くの式典やイベントが規模を縮小、あるいは延期することになりました。同じように、2020年から2021年にかけては結婚式(けっこんしき)・葬式(そうしき)といった式典が全国的に中止あるいは規模を縮小して行われる傾向(けいこう)が強くなりました。

これによって、売り上げが大きく減少したと考えられる品物を一つあげ、またそう考えた理由を説明しなさい。

(5) **図4**は、日本における働いている女性の年齢別の割合の推移を表したものです。このグラフはアルファベットの「M」の文字に似ていることから、「M字カーブ」とよばれています。

20代後半から40代にかけて、働いている女性の割合が減少して、再び増加する理由を説明しなさい。

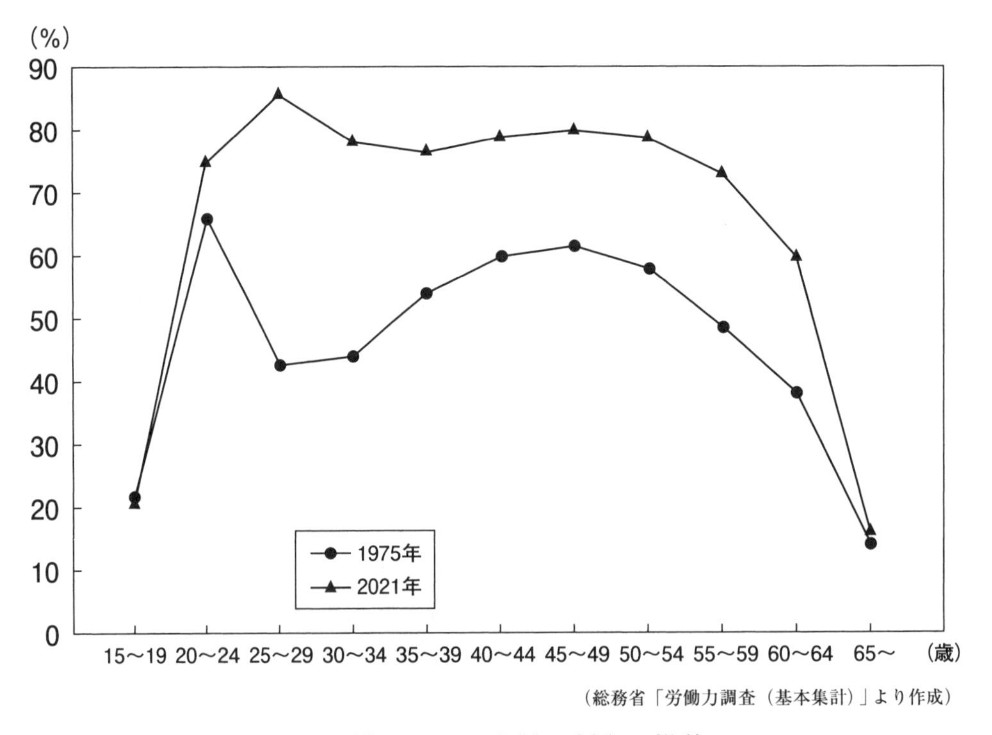

(総務省「労働力調査(基本集計)」より作成)

図4 働いている女性の割合の推移

(6) **図4**のグラフから、最近では(5)のような傾向はだいぶ減ってきていることが分かります。それには女性の生き方に関する2つの理由があると考えられます。これに関連して、次の各問いに答えなさい。

① 下のグラフは、そのうちの1つの理由を示すデータです。データは日本におけるもので、**図5**は女性、**図6**は男性に関するデータです。これは何の割合を表したものだと考えられますか。答えなさい。

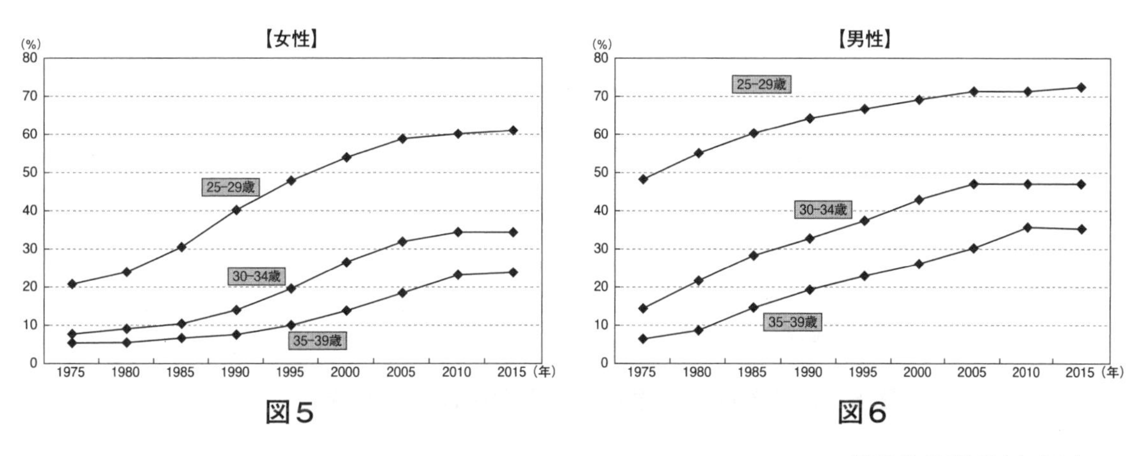

図5 **図6**

(総務省「国勢調査」より)

② **図7**のグラフは、2つ目の理由を示しています。この数は全国のある施設(しせつ)の数の推移を表したものです。その施設とは何だと考えられますか。答えなさい。

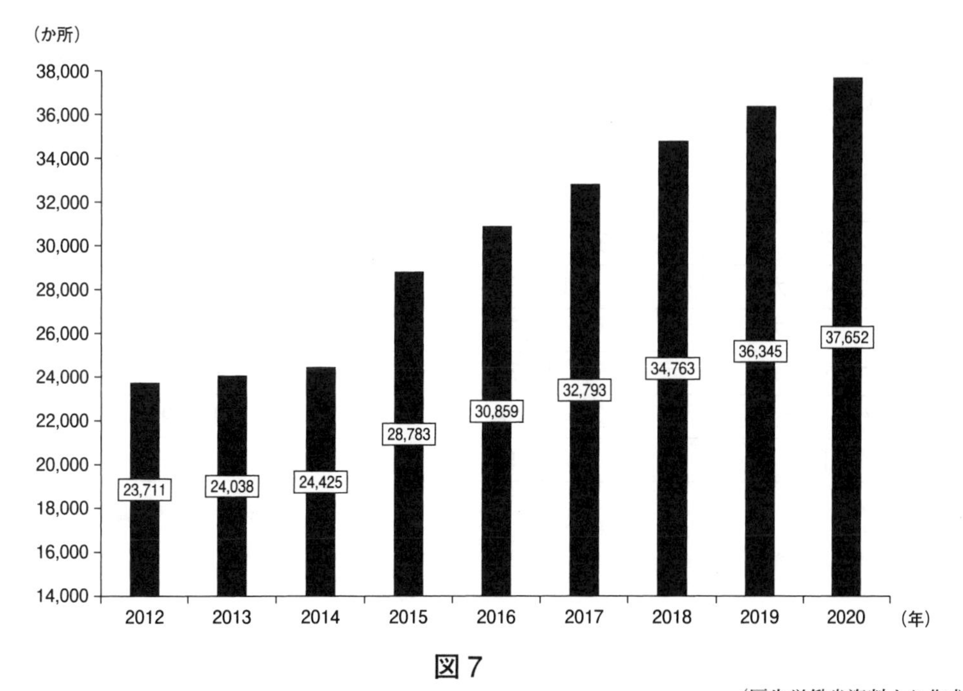

図7

(厚生労働省資料より作成)

(7) 日本では働く女性の割合は増えてきてはいるものの、女性管理職の割合はまだまだ少ないといえます。政府は、「2020年までに指導的立場にしめる女性の割合を30%、上場企業役員にしめる女性の割合を10%」という目標を定めましたが、達成できていません。

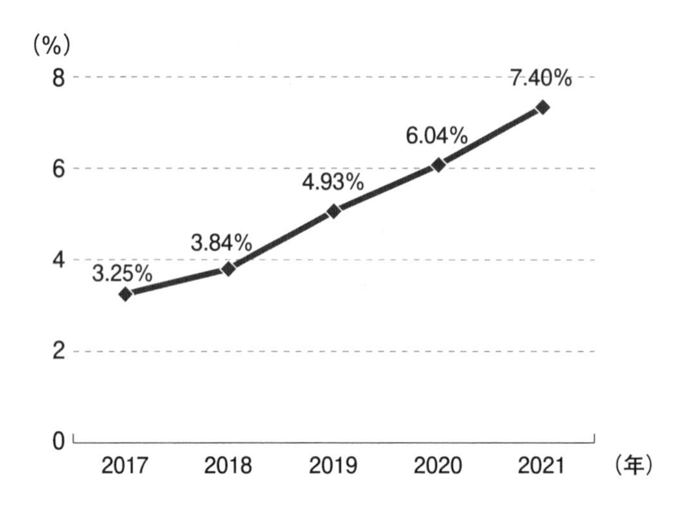

図8 日本国内の上場企業での女性役員の割合

表1は、アメリカ、イギリス、ブラジル、フィリピン、日本の5カ国について、男女合計の管理職人数と、そのうちの女性の管理職人数を表したものです。この表から管理職にしめる女性の割合を計算すると、アメリカは40.7%、イギリスは36.3%でした。他の3カ国についても計算して、アメリカ、イギリス、ブラジル、フィリピン、日本の5カ国を、管理職にしめる女性の割合が高い順に並べなさい。途中の計算も【計算欄(けいさんらん)】にかきなさい。

表1

国名	管理職人数(男女合計)	管理職人数(女性のみ)
アメリカ	16,756	6,827
イギリス	3,659	1,328
ブラジル	4,070	1,611
フィリピン	6,588	3,469
日本	1,340	200

(総務省「労働力調査」より)

社会の変化にともない、日本においてもグローバル化がすすみ、現在では様々な言語に接する機会も多くなっています。

(8) どの言語にも、似た意味を持つ言葉が共存しています。「集まる」と「集(つど)う」は似た意味を持ちますが、言葉の使い方には違いがあります。「□が集まる」と「□が集う」の２つの□に同じ言葉を入れて、ともに表現として適切となるようなものを下のア～エから**すべて**選び、記号で答えなさい。

ア．親子　　イ．意見　　ウ．同級生　　エ．注目

340 300 200 100

問１　――線「脳内で整理する方法」とあるが、筆者はなぜ文字で記録しないのか。75字以内で説明しなさい。

問２　筆者は、自分の弱みも強みとして捉える含みを残しておくことが必要だと述べています。あなたが自分を客観的に分析したとき、自分の強みとしても捉えることができる自分の弱みは何だと思いますか。次の条件にしたがって説明しなさい。

【条件】

１、「弱み」と、そこから考えられる「強み」が何か、明らかにすること。
２、文中で挙げられている例（優柔不断と柔軟性、融通の利かなさと意志の強さ、無謀と果敢）以外で書くこと。
３、「弱み」と「強み」の両方について、どうしてそう捉えられるのか、これまで自分が経験したエピソードを用いて説明すること。
４、原稿用紙の使い方にしたがって、３００字程度で書くこと。
５、段落は２つか３つ作ること。

〈問２下書き欄　必要な人は使ってください〉

20

2023年度

品川女子学院中等部

【試験Ⅰ】〈表現力・総合型試験〉(五〇分)〈満点：四〇点〉

次の文章は、プロのラグビー選手であった筆者が自分の強みと弱みについて書いたものです。文中に出てくる「父の言語化トレーニング」とは、筆者が幼い頃(ころ)、ラグビーの試合が終わるごとに筆者の父親と試合をふりかえりながら、「なぜあの時あの動きをしたのか」ということをひとつひとつ言葉にしていく作業のことを指しており、筆者はこれで論理的な考え方が身についたと感じています。

文章を読み、あとの問いに答えなさい。(字数が決められている問題は、すべて「、」「。」記号などを字数にふくみます。)

〔編集部注：課題文は著作権上の問題により掲載しておりません。作品の該当箇所につきましては次の書籍を参考にしてください〕

・福岡堅樹著『自分を信じる力』(講談社　二〇二二年一月発行)

四一ページ五行目～四七ページ最終行

2023年度

品川女子学院中等部 ▶解　答

※　編集上の都合により，表現力・総合型試験の解説は省略させていただきました。

試験Ⅰ　<表現力・総合型試験>（50分）<満点：40点>

解　答

問1　（例）　プレー中に見られないうえに，状況によって内容が変わる可能性が高いので，時間と労力が無駄になったり，書くこと自体が目的になったりするリスクがあるから。　**問2**　（例）　下記を参照のこと。

問2（例）

　私の弱みは人の話を聞きすぎることです。この間の係決めのとき、私はあまり話したことのない人と組む方がいいと考えました。しかし、仲のいい人と組んで助け合える方がいいという人の熱心な話に聞き入り、自分の意見に自信が持てなくなってしまいました。

　一方で、これは私の強みでもあります。雨の日の遊び方について話していたとき、教室で工作をしたい人と、体育館で体を動かしたい人で意見がぶつかりました。それぞれの意見をよく聞いていると、どちらにも強い思いを感じました。両方の意見を組み合わせられないかと提案した結果、手作りの道具を使った運動をしてクラス全体で楽しみました。

　人の話をよく聞くことは、自分の意見が消えやすい点では弱みですが、よりよい方法を考え出そうとする点で強みでもあります。

試験Ⅱ　<表現力・総合型試験>（70分）<満点：120点>

解　答

1　(1)　2　　(2)　28歳　　(3)　45度　　(4)　9.42cm²　　**2**　(1)　土曜日　　(2)　10月

3　(1)　（例）　使い捨ての食器のかわりにリユース食器を回収してくり返し使うことでゴミを減らすことを目的としている。　(2)　（例）　応仁の乱が起こって京都の街が被災したため。

(3)　（例）　ア／光源氏の恋愛などが描かれた小説『源氏物語』の作者である。天皇のきさきであった彰子の家庭教師を務めた。（イ／天皇の摂政を務め，息子の藤原頼通とともに摂関政治の全盛期をつくり上げた。）（ウ／都を平安京に移し，律令政治の立て直しにつとめた。）　(4)　（例）

運動会の当日に，練習をしてこなかったことを後かいしてもあとの祭りだ。　(5)（例）4月下旬から5月初めの休日の入場を予約制にする。　(6)（例）Aさんがかつぎ棒の左端に近い位置にずれる。　(7)（例）**場所**…ア　**理由**…駅に近い場所で，人がたくさん通るから。　(8)①（例）空気中に含まれていた水蒸気が冷えて水に変化した。　②（例）晴れの日に比べて湿度が高いため，容器につく水の量は増える。　**4** (1)（例）1990年代はパソコンが有線でつながっていたが，2010年代になると，無線でつながるようになったから。　(2)（例）団体旅行ではなく個人旅行の人が増えているから。　(3)（例）企業ばかりが立ち並んでいるところには大きな病院が多く，重しょうのかん者を多く受け入れているので労働時間が長くなる。(住宅ばかりが並んでいるところにある病院は，さまざまな年代のかん者を多く受け入れているので労働時間が長くなる。)　(4)（例）**品物**…花　**理由**…イベントや式典が小規模になり，装飾などが簡素になったため，花などもあまり使わなくなったから。　(5)（例）20代後半から出産や育児のために仕事を一度はなれるが，育児がひと段落したらまた仕事にもどるから。　(6)①　結婚していない人の割合　②　保育所等の施設(保育園)　(7)（例）ブラジルは，$\frac{1611}{4070}\times100=39.58\cdots$より，39.6%，フィリピンは，$\frac{3469}{6588}\times100=52.65\cdots$より，52.7%，日本は，$\frac{200}{1340}\times100=14.92\cdots$より，14.9%／(高い順に)フィリピン→アメリカ→ブラジル→イギリス→日本　(8)　ア，ウ

2022年度　品川女子学院中等部

〔電　話〕(03) 3474－４０４８
〔所在地〕〒140-8707　東京都品川区北品川３－３－12
〔交　通〕京浜急行－「北品川駅」より徒歩２分
JR各線－「品川駅」より徒歩12分

【算　数】〈第１回試験〉(50分)〈満点：100点〉

注意　円周率は3.14とする。

1　次の□にあてはまる数を答えなさい。途(と)中の計算もかきなさい。

(1) $\frac{3}{44}\times 2\frac{20}{23}-\left(\frac{4}{39}-\frac{2}{23}\right)\div\frac{7}{13}=\square$

(2) $\left\{0.75-0.125\div\left(4\frac{2}{3}-\square\right)\right\}\times 2\frac{1}{3}=1\frac{8}{13}$

2　次の□にあてはまる数や番号を答えなさい。

(1)　１個110円のりんごを□個と１個130円のなしを□個買うと代金の合計はちょうど1000円です。ただし，消費税は考えません。

(2)　一定の速さで針が１分間に１回転するタイマーがあります。針は36秒間で□°回ります。

(3)　40人の子供が縦に１列に並んでいます。その列の前から23番目にＡさんがいて，後ろから27番目にＢさんがいます。ＡさんとＢさんの間に□人います。

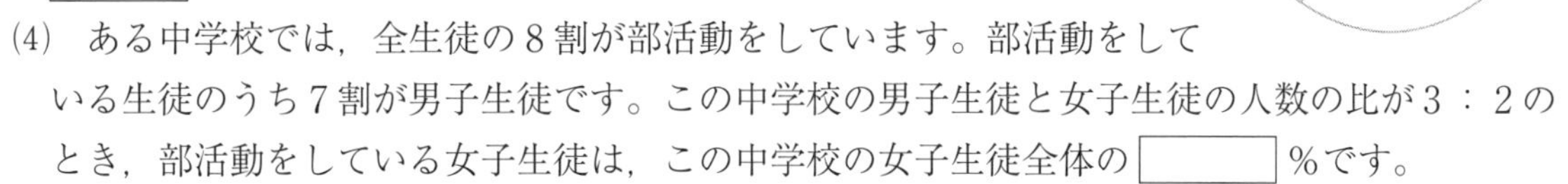

(4)　ある中学校では，全生徒の８割が部活動をしています。部活動をしている生徒のうち７割が男子生徒です。この中学校の男子生徒と女子生徒の人数の比が３：２のとき，部活動をしている女子生徒は，この中学校の女子生徒全体の□％です。

(5)　１辺の長さが１cmの正六角形があり，図のようにそのまわりを反時計まわりに正三角形をすき間なくしきつめ，順に①，②，③，…と番号をつけていきます。

番号が□の正三角形の１辺の長さは21cmです。

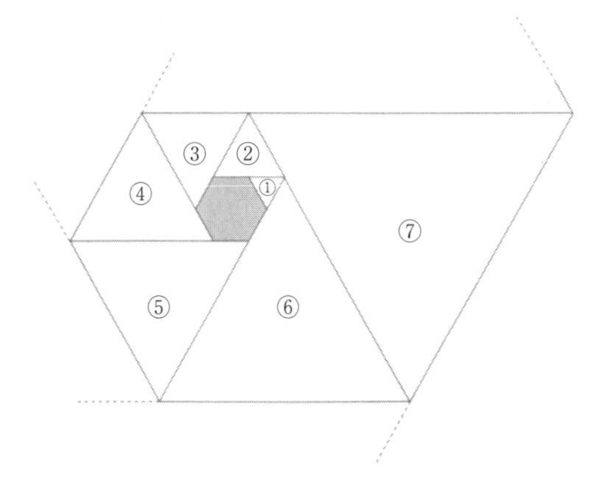

3 次の □ にあてはまる数を答えなさい。

(1) 図のように，マス目の書かれた紙の上にさいころが置かれています。さいころを矢印の向きにすべらせることなくAのマスまでころがします。さいころをAのマスまでころがしたとき，Aのマスについている面の目の数は □ です。ただし，マス目の大きさとさいころの１つの面の大きさは等しいものとします。

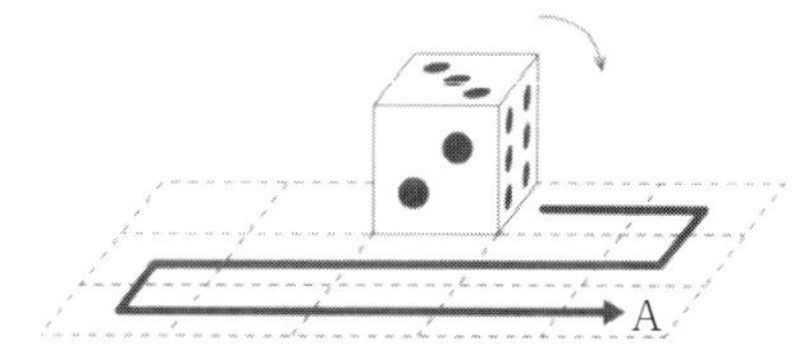

(2) 図のように，正方形の向かい合う辺にその正方形の１辺を直径とする半円をつないだ形の池があります。AさんとBさんが池のまわりを同じ地点から反対方向に同時に走り出しました。Aさんは分速121m，Bさんは分速136mで走りました。２人が２回目に出会うのは走り始めてから □ 分 □ 秒後です。

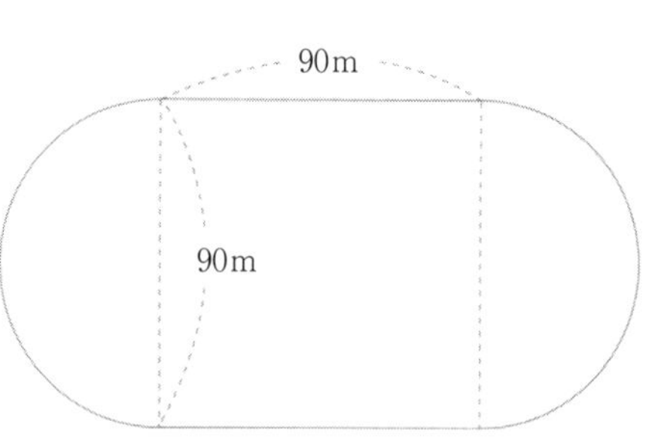

(3) 図のように，１辺が１cmの正方形が16個しきつめられていて，その正方形の頂点を結んでおうぎ形と四角形がかかれています。網掛(あみか)け部分の面積は □ cm^2です。

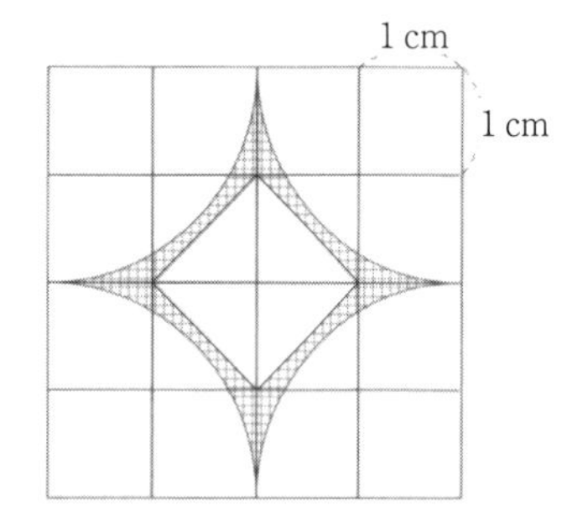

(4) **図１**の長方形の紙ABCDの辺BCに点Eがあります。AEを折り目として折ると，**図２**のように，BEと辺ADが辺ADの真ん中の点Mで重なり，三角形AMBが二等辺三角形になりました。**図２**の角xの大きさは □ °です。

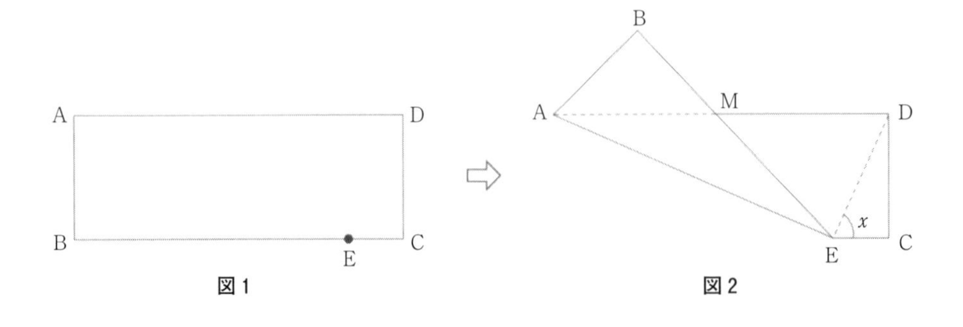

4 解答用紙に途中の計算や考えた過程をかきなさい。

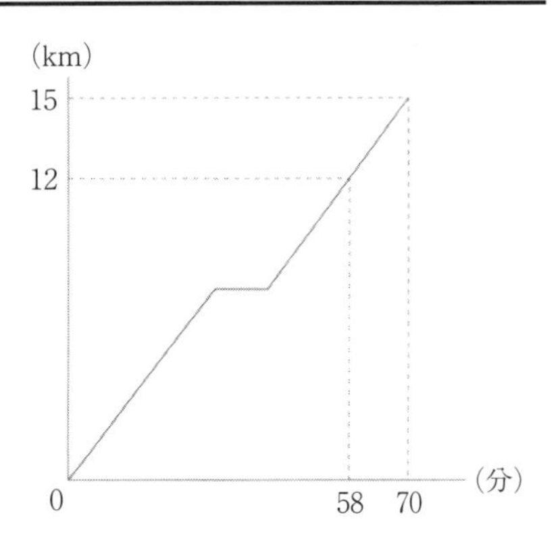

Ａさんは，家から15km 先の目的地まで自転車で向かいました。途中で何分間か休けいしたので，家を出てから70分後に目的地に到着しました。右のグラフはそのときの様子を表したものです。ただし，自転車の速さは一定であるとします。

(1) 自転車の速さは分速何ｍですか。

(2) Ａさんが休けいした時間は何分間ですか。

5 (2)(3)について，解答用紙に途中の計算や考えた過程をかきなさい。

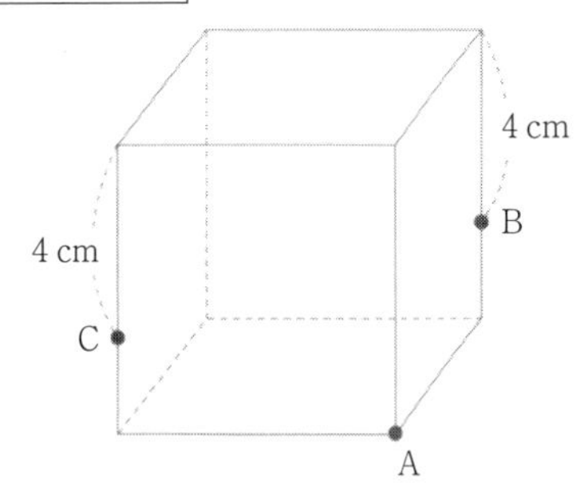

図の立体は１辺６cm の立方体です。この立方体を点Ａ，点Ｂ，点Ｃを通るような平面で切断しました。

(1) 切断面の図形を最もふさわしい名前で答えなさい。

(2) 切断されてできた２つの立体のうち，小さい方の立体の体積は何cm^3ですか。

(3) 切断されてできた２つの立体について，大きい方の立体の表面積と小さい方の立体の表面積の差は何cm^2ですか。

6 (2)について解答用紙に途中の計算や考えた過程をかきなさい。

ある中学校では学年が進級するときにクラス替(が)えが行われます。**表１**はこの中学校の現在の３年生が１年生のときと２年生のときのクラス別人数を表しています。たとえば，**表１**の**ア**の８は１年生のときにＤ組で２年生のときにＡ組だった生徒が８人いることを表しています。

表２はこの中学校の現在の３年Ｃ組の生徒が１，２年生のときのクラスを表しています。たとえば**表２**の**イ**の１は１年生のときにＡ組で２年生のときにＤ組だった生徒が１人いることを表しています。ただし，１年生から３年生になるまでの間に転校などの理由で出ていった生徒や入ってきた生徒はいないものとします。

(1) ３年Ｃ組の中に，１年生のときも２年生のときもＣ組だった生徒は何人いますか。

(2) さち子さんは１年生から３年生までずっとＣ組の生徒です。さち子さんが３年間で同じクラスになったことのある生徒は全部で何人ですか。ただし，２回以上同じクラスになっても１人と数えます。

３年生全体

2年＼1年	A	B	C	D	E
A	9	7	6	ア 8	9
B	6	8	9	7	9
C	7	9	7	8	8
D	8	7	7	9	8
E	8	9	10	7	6

表１

３年Ｃ組

2年＼1年	A	B	C	D	E
A	1	2	2	1	2
B	2	2	1	3	1
C	2	1	2	1	1
D	イ 1	2	1	1	2
E	2	1	1	2	2

表２

【社　会】〈第１回試験〉（理科と合わせて60分）〈満点：60点〉

1　次の問いに答えなさい。

問１　次の文章を読み，あとの問いに答えなさい。

漁業が産業として成り立つには，海産物に富む場所(漁場)と，港に適した地形が必要です。日本の太平洋沖は，暖流の(　あ　)と寒流の(　い　)がぶつかっているため，優(すぐ)れた漁場になっています。波が静かで船の停泊(ていはく)に適した入り江(え)がある①リアス海岸は，港に適しています。海に囲まれた島国である②日本では，古くから漁業がさかんに行われてきましたが，③近年漁獲量(ぎょかくりょう)は減少しています。

日本は，アメリカや中国などの国に比べると，面積の小さな国ですが，複雑に入り組んだ海岸線をもっています。日本の海岸線をすべてあわせると，アメリカの海岸線の約1.5倍，中国の海岸線の約２倍に達します。そして，この複雑な海岸線は，人間が住む場所，働く場所，④交流する場所，祈るための神聖な場所など，さまざまな顔をあわせもっているのです。

(1)　文中の空らん(あ)・(い)にあてはまる語句を，それぞれ漢字で答えなさい。

(2)　下線部①が見られる地域として**間違(まちが)っているもの**を，次のア～エより一つ選び，記号で答えなさい。

ア．宇和海沿岸　　イ．児島湾沿岸　　ウ．志摩半島　　エ．若狭湾沿岸

(3)　下線部②に関連して，近年日本では，「とる漁業から育てる漁業へ」の転換が進んでいます。魚や貝，海藻(かいそう)などを，出荷(しゅっか)するまで人の手により，いけすなどの区切られた場所で育ててとる漁業を何というか答えなさい。

(4)　(3)のような漁業の発展は，限られた水産資源を守り，生産を安定させるという長所がある一方で，問題点も指摘(してき)されています。その問題点を一つあげなさい。

(5)　下線部③に関連して，次のグラフは，1964年から2019年までの日本における漁業の種類別の漁獲量を表したものです。**A～C**の漁業を説明したものを，下のア～ウより一つずつ選び，記号で答えなさい。

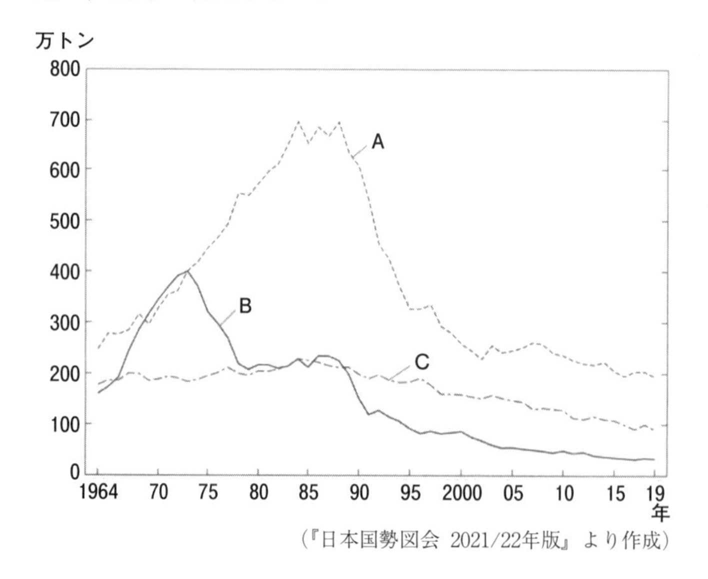

(『日本国勢図会 2021/22年版』より作成)

ア．小型の船を使い，海岸の近くで行う。

イ．大型の船を使い，数か月から一年くらいかけて，日本から遠くはなれた海で行う。

ウ．やや大型の船を使い，数日間ほどかけて，海岸から200海里(約370km)くらいまでの海で行う。

(6) 下線部④に関連して，次のア～エのグラフは，日本の貿易港の輸出入額の品目別割合(%)を示したものです(2020年)。成田国際空港を示したグラフとして正しいものを一つ選び，記号で答えなさい。

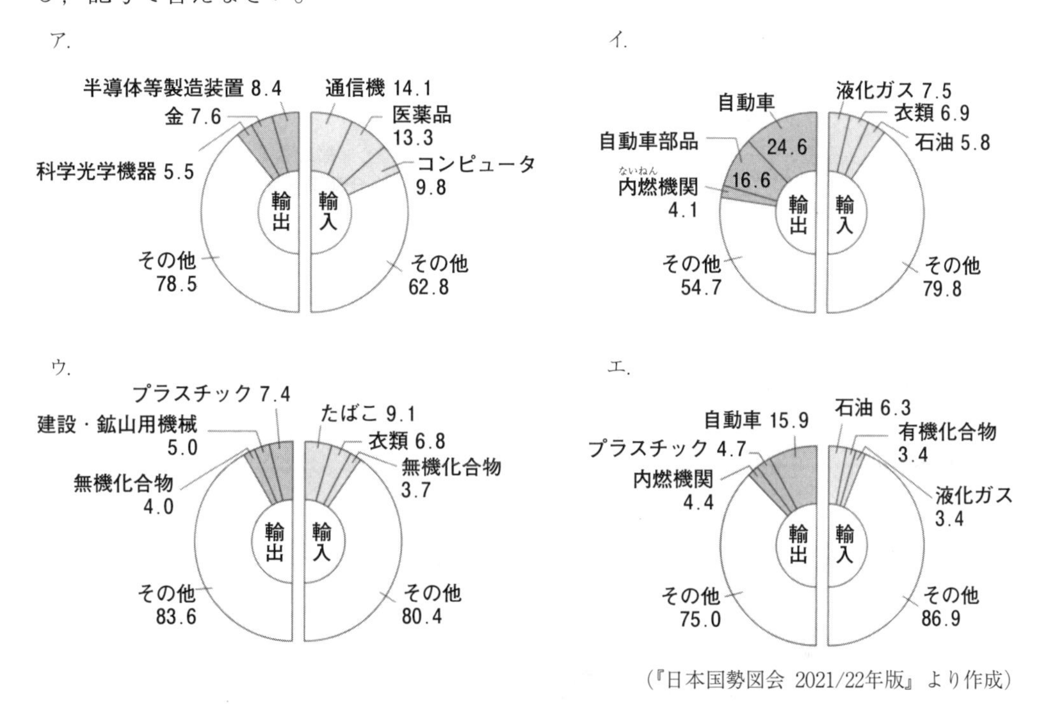

(『日本国勢図会 2021/22年版』より作成)

問２ 次の文章を読み，あとの問いに答えなさい。

地球の水のほとんどは海水であり，飲み水や①農業用水として欠かすことのできない淡水(たんすい)の割合は大きくありません。さらに，淡水の大部分は極地の氷河や氷として存在し，②湖沼(こしょう)や河川などの水として存在する淡水の量は，地球全体の水の約0.01%です。だからこそ③人間は，貴重な水源である河川のそばに多く暮らしてきたのです。

国土の４分の３を山地が占(し)める④日本の河川は水運には不向きですが，現代では工業用水の需要(じゅよう)が増大しつづけ，また⑤水力発電にも役立つため，河川の重要性はますます高くなっています。

⑴　下線部①に関連して，ナスやキュウリは葉が大きく，たくさんの水分が蒸散(じょうさん)するため，水やりが重要な野菜です。次のグラフは，ナスとキュウリの総生産量に占める県別の割合(%)を示したものです(2019年)。グラフ中の**X**にあてはまる都道府県名を，漢字で答えなさい。

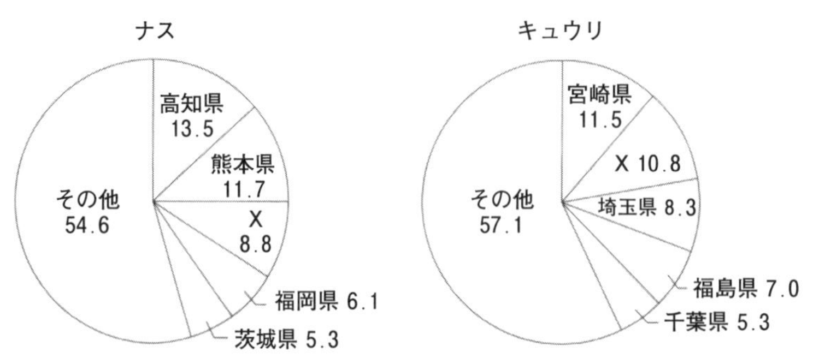

(『日本国勢図会 2021/22年版』より作成)

⑵　下線部②に関連して，福島県には，猪苗代湖の水を郡山(こおりやま)盆地に送る疎水(用水路)があります。この疎水の名前を漢字で答えなさい。

⑶　下線部③に関連して，次の図は，河川のそばで暮らす地域に見られる洪水(こうずい)への備えをイラストで表したものです。洪水の際に水屋が果たす役割を，その特ちょうをふまえて説明しなさい。

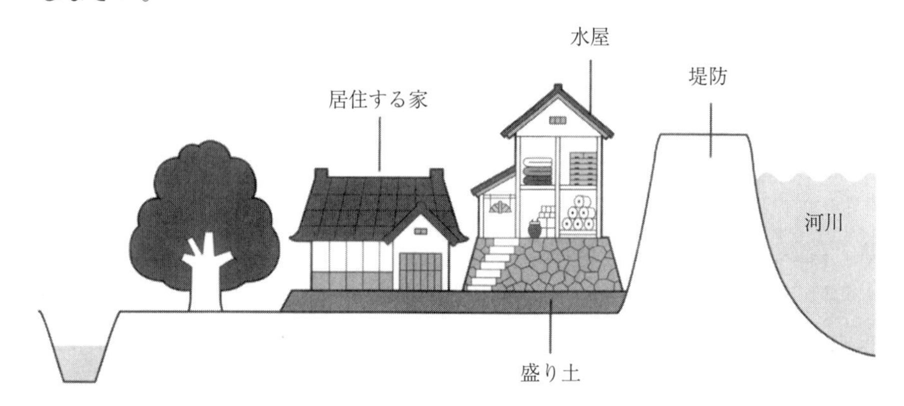

⑷　下線部④について，日本の河川の特色を一つあげなさい。

⑸　下線部⑤に関連して，次のア～エは，日本のおもな発電所の分布を表したものです。このうち，水力発電所の分布を示したものを一つ選び，記号で答えなさい。

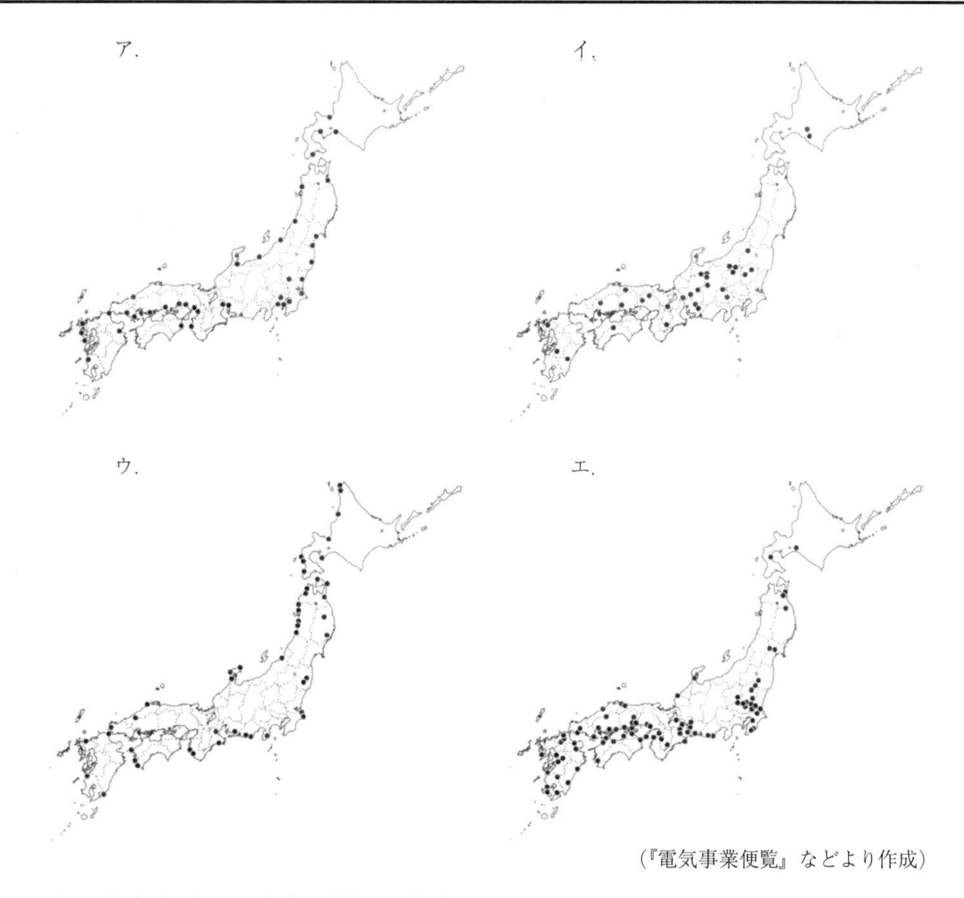

(『電気事業便覧』などより作成)

問３　次の文章を読み，あとの問いに答えなさい。

①海や河川，湖は，山脈などと同じように，ある地域と別の地域の交通を分断する側面をもっているため，都道府県の境界線(県境)も，これらをもとにして決められていることがほとんどです。

県境が海や河川，湖の上に引かれる場合，通常明確に示されることはないのですが，例外として，②鳥取県と島根県の境界である中海，③青森県と秋田県の境界である十和田湖上には明確な県境が示されています。

日本には，３つの県境が交わる「三県境」が48か所あるといわれていますが，その多くは高い山の上か水上に存在し，人が容易に立ち入ることができません。ただし，例外もあり，④群馬県・埼玉県・栃木県の３つの県境が交わる地点は平地にあります。

(1)　下線部①に関連して，本州と四国を隔(へだ)てる瀬戸内海には，沿岸部に工業地域が形成されています。次のア～エのグラフは，北九州工業地域，瀬戸内工業地域，中京工業地帯，関東内陸工業地域の生産額の割合(％)を示したものです(2018年)。瀬戸内工業地域にあてはまるものを一つ選び，記号で答えなさい。

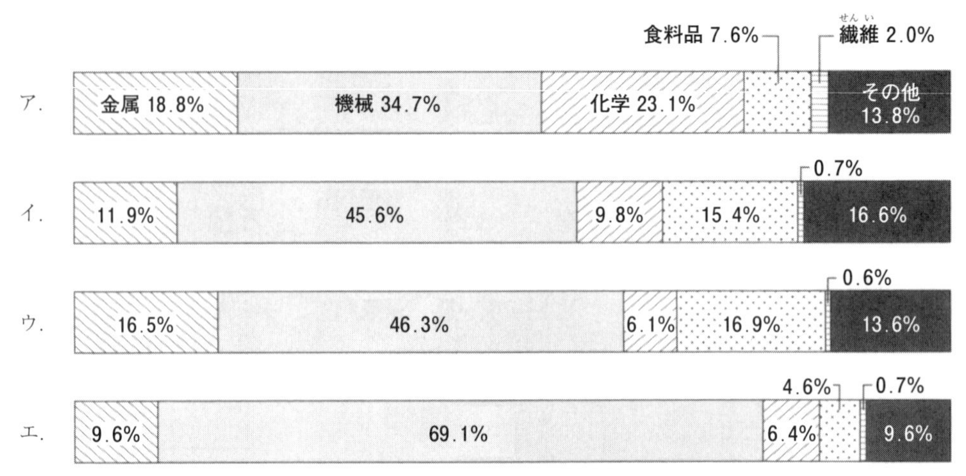

(『日本国勢図会　2021/22年版』より作成)

(2)　下線部②について，鳥取市の気温と降水量のグラフ(雨温図)を，次のア～エより一つ選び，記号で答えなさい。

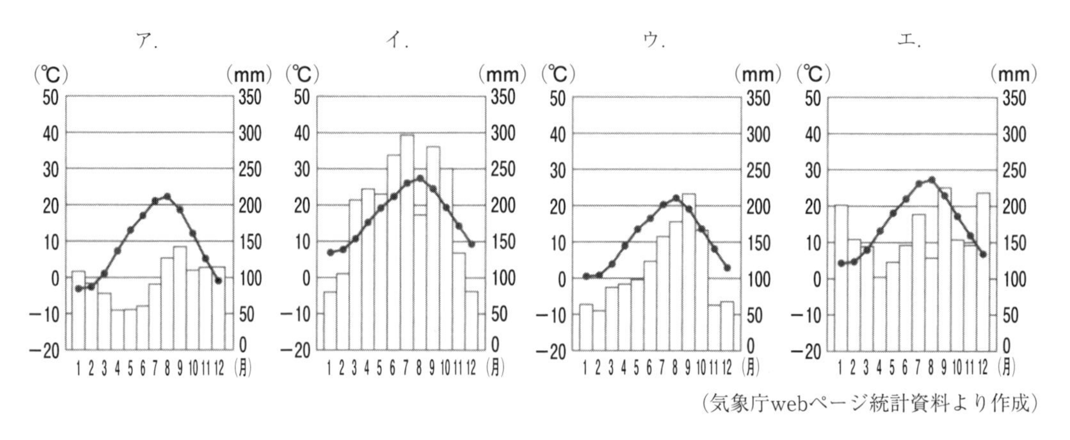

(気象庁webページ統計資料より作成)

(3)　下線部③に関連して，秋田県と青森県にまたがる白神山地は，世界自然遺産に登録されています。世界自然遺産として最も新しく登録されたものを，次のア～エより一つ選び，記号で答えなさい。

ア．屋久島

イ．小笠原諸島

ウ．知床

エ．奄美大島，徳之島，沖縄島北部及(およ)び西表島

(4)　下線部④について，この地域を表した，明治40年と現在の下の二つの地形図を比較(ひかく)し，読み取れることとして**間違っているもの**を，次のア～エより一つ選び，記号で答えなさい。

ア．桑畑(Y)のあった所が，湖となっている。

イ．県境となっていた河川のあった場所に，湖ができた。

ウ．「上柏戸」付近の神社や寺院の多くがなくなった。

エ．鉄道が敷(し)かれた。

明治40年

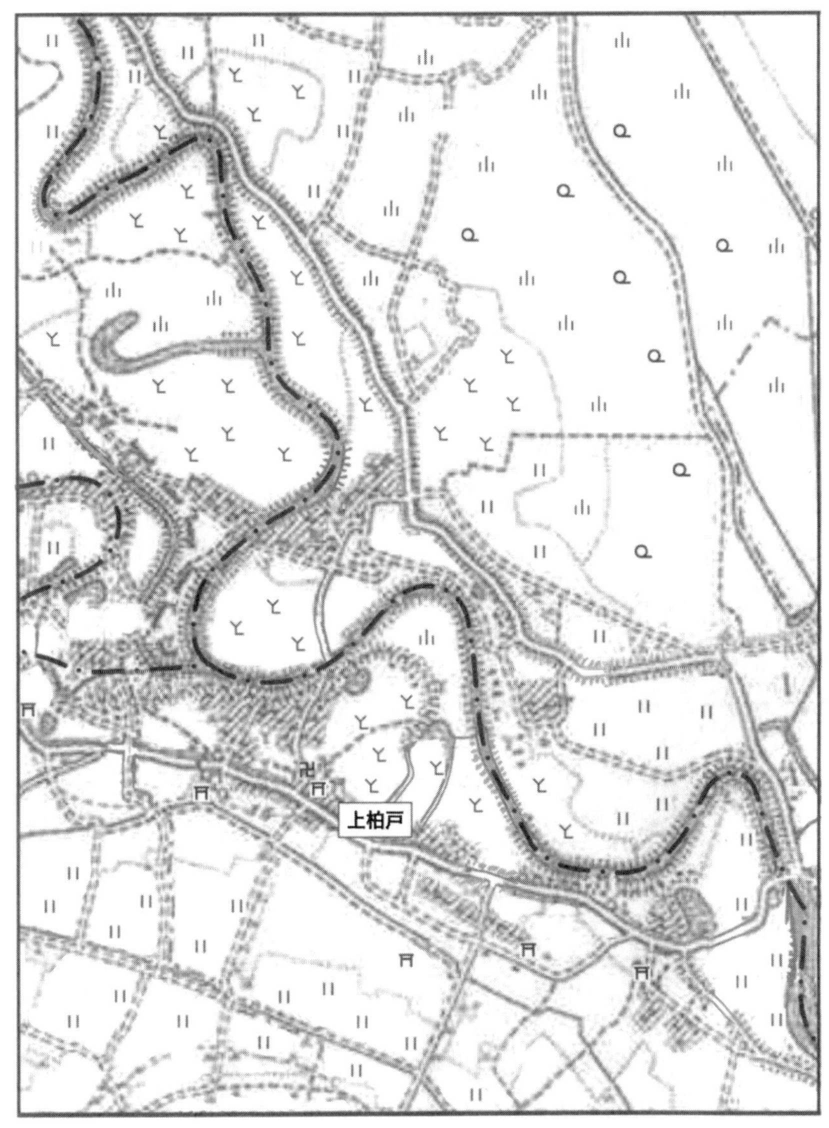

(国土地理院発行　50000分の１地形図「古河」を，現在の地形図
(25000分の１地形図「古河」)の範囲にそろえて拡大一部修正)

現在

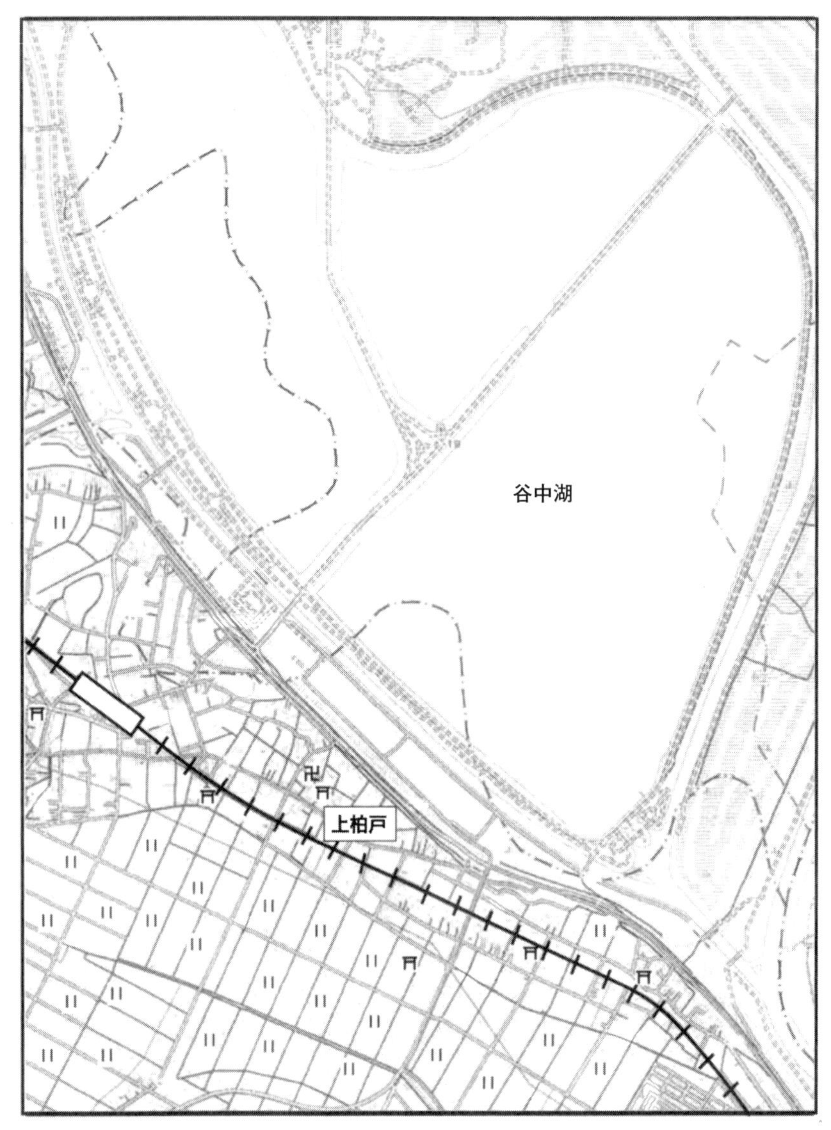

（国土地理院発行　25000分の１地形図「古河」一部修正）

2　人間が他の動物と異なる点として，「道具をつくることができる」点があげられます。「つくる」ということに注目し，問いに答えなさい。

問１　縄文時代，人々は竪穴住居をつくり暮らしていました。この頃(ころ)の人々のようすについて述べた文として**間違っているもの**を，次のア～エより一つ選び，記号で答えなさい。

ア．交易を行い，物々交換(こうかん)によってたりないものを手に入れた。

イ．貝塚に貝がらや，こわれた道具などを捨てていた。

ウ．村の指導者を頂点に，身分が形成された。

エ．どんぐりや，とちの実などをとって，食べ物としていた。

問２　弥生時代の道具について，各問いに答えなさい。

(1)　次のア～ウの道具は，いずれも稲作で使ったものです。稲作の過程ではどのような順番で使いますか。解答らんの矢印にそって，答えなさい。

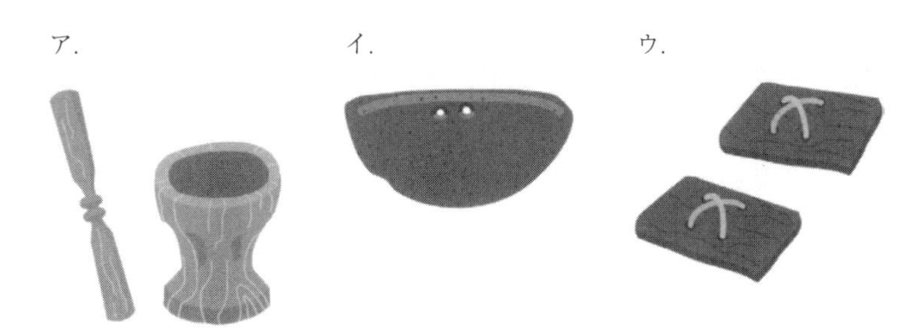

(2)　右の写真の青銅器を何といいますか。漢字で答えなさい。

問３　奈良時代になると，天皇を中心とした政治体制が整備されました。聖武天皇の日用品などが収められた，正倉院にみられる建築方法を何といいますか。漢字で答えなさい。

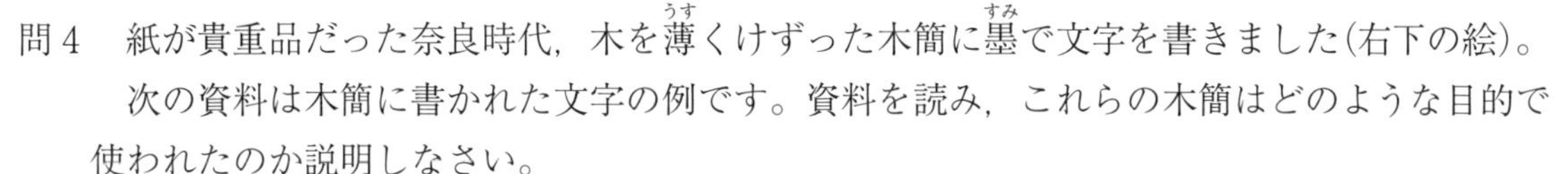

問４　紙が貴重品だった奈良時代，木を薄(うす)くけずった木簡に墨(すみ)で文字を書きました(右下の絵)。

次の資料は木簡に書かれた文字の例です。資料を読み，これらの木簡はどのような目的で使われたのか説明しなさい。

〈例１〉
紀伊国　伊都郡　指理郷　白米五斗
〈例２〉
紀伊国　安諦郡　幡陀郷　戸主秦人小麻呂　調塩三斗　天平
（注）紀伊国…現在の和歌山県
郡・郷…地方区分の単位
斗…量の単位

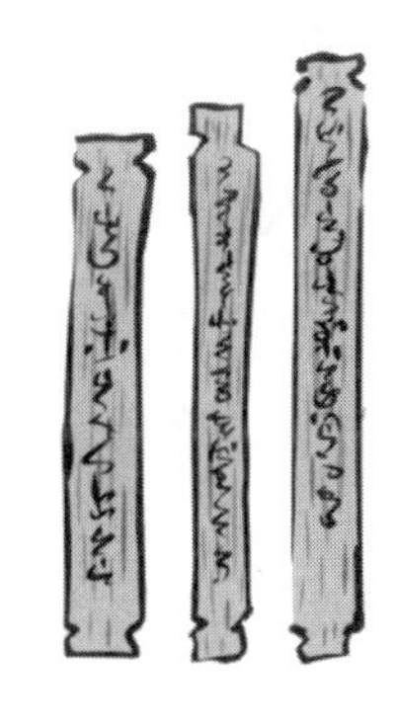

問５　10世紀から11世紀にかけて，国風文化とよばれる文化がさかえました。国風文化がおこった理由を，説明しなさい。

問６　鎌倉時代，モンゴル人の建国した元が日本を攻撃(こうげき)してきました。この戦いに備えて日本側でつくられたものとして正しいものを，次のア～エより一つ選び，記号で答えなさい。

ア．てつはう　　イ．石塁　　ウ．大宰府　　エ．亀甲船

問７　室町時代，３代将軍の足利義満は，室町幕府の基礎(きそ)をつくりました。足利義満が行ったこととして**間違っているもの**を，次のア～エより一つ選び，記号で答えなさい。

ア．南朝と北朝の対立を収め，内乱を終わらせた。
イ．明と勘合貿易を始めた。
ウ．京都の室町に「花の御所」をつくり，そこで政治を行った。
エ．京都の東山に，書院造を備えた別荘(べっそう)を建てた。

問８　16世紀後半，豊臣秀吉は天下統一を果たしました。豊臣秀吉の政策を説明した文として正しいものを，次のア～エより一つ選び，記号で答えなさい。

ア．ますやものさしの基準を統一した。

イ．大阪城を中心とした城下町で，商売をさかんにするために座を保護した。

ウ．禁教令を出して，ポルトガル船の来航を禁止した。

エ．文禄の役や弘安の役で，朝鮮に大軍を送った。

問９　江戸時代，各地で産業が発達し，農作物や工芸品，その他多くの商品が国内を行きかうようになりました。これについて，各問いに答えなさい。

(1)　江戸時代の農業をめぐる状況について述べた文として正しいものを，次のア～エより一つ選び，記号で答えなさい。

ア．米と麦の二毛作が始まり，一部の地域では三毛作も行われた。

イ．農民を統制するために，荘園ごとに地頭を置いた。

ウ．商人が新田開発を進めた結果，年貢による収入が増えた。

エ．土地の所有者に対し，地価に合わせた税を納めさせた。

(2)　江戸時代，大阪では蝦夷地のこんぶが流入し，しょうゆで煮て食べる習慣が広まりました。これには，当時の海運が大きく影響しています。大阪にこんぶを運んだ航路を何といいますか。

問10　明治時代，東京の日比谷に鹿鳴館がつくられ，外国の人々を招いて舞踏会が開かれました。このようなことをした目的を説明しなさい。

問11　次のグラフは，20世紀前半の日本の貿易額の変化を表したものです。これを見て，下の各問いに答えなさい。

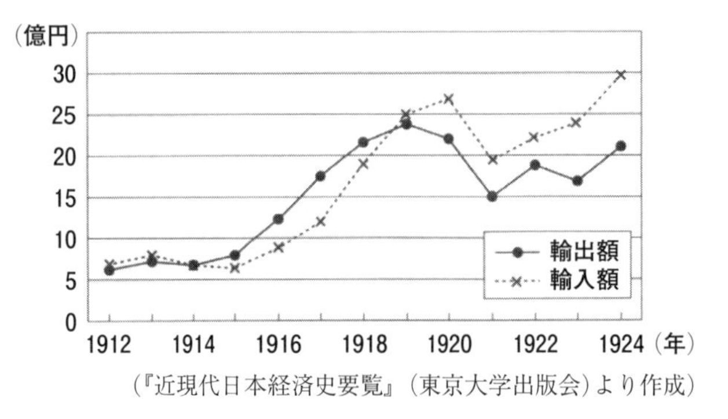

(『近現代日本経済史要覧』(東京大学出版会)より作成)

(1)　グラフを説明した文として正しいものを，次のア～エより一つ選び，記号で答えなさい。

ア．米騒動が起きた頃，輸出額も輸入額も激減した。

イ．関東大震災が起きた頃，輸出額も輸入額も最も多かった時期の半分に減少した。

ウ．ベルサイユ条約が結ばれた年を境に，輸出額が輸入額を上回るようになった。

エ．第一次世界大戦中に，輸出額が初めて15億円をこえた。

(2)　19世紀後半から20世紀前半にかけて，財閥が政府と深いつながりを持って経済を支配しました。財閥に**あてはまらないもの**を，次のア～エより一つ選び，記号で答えなさい。

ア．三井　　イ．本田　　ウ．三菱　　エ．住友

問12　1950年代後半から1970年代はじめにかけて，日本は高度経済成長期を迎え，多くの電化製品がつくられました。これらの電化製品の中には，それまでの家事労働の負担を大幅に減らしたものもありました。右の写真は，「三種の神器」とよばれたある電化製品が登場する前に用いられていたものです。これに代わって普及した電化製品は何ですか。

3　次の文章を読み，あとの問いに答えなさい。

2024年度に，千円，５千円，１万円の紙幣が一新されることが決まり，準備が進められている。新紙幣には世界初となる偽造防止技術を採用する。

①政府，②日本銀行による今回の紙幣刷新は，③現金を使わない④キャッシュレス決済が急速に広がるなかで実施される。暮らしのなかで現金を使う機会は少しずつ減り，電子マネーによる給料の支払いも解禁され，銀行はATMを減らしている。

いっぽうで，自動販売機の改修なども含めた経済効果は，かつての刷新に比べると限られるとの見方もある。

問１　下線部①について，紙幣の製造枚数を決定し，国の税金を集めている省の名前を漢字で答えなさい。

問２　下線部②について，日本銀行の役割として，「紙幣を発行する」「景気対策として金融政策を実施する」があります。そのほかの役割を一つ説明しなさい。

問３　下線部③に関連して，「物々交換」と比べて，お金を使用する利点を説明しなさい。

問４　下線部④について，次の**グラフⅠ**，**Ⅱ**の説明として正しいものを，下のア～エより一つ選び，記号で答えなさい。

グラフⅠ　各国のキャッシュレス手段別民間最終消費支出に占める割合（2015年）

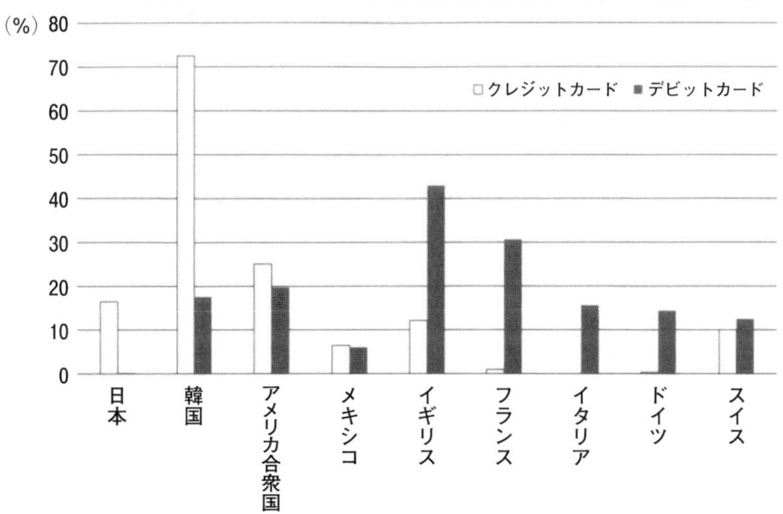

（注）　クレジットカード・デビットカード…キャッシュレスで用いる決済のためのカード
民間最終消費支出…家計による商品への支出。
（一般社団法人 日本クレジット協会「日本のクレジット統計」2016年版より作成）

グラフⅡ　日本の年代別の支払い手段

(年/月)	ポイント還元(かんげん)事業をきっかけにキャッシュレス支払いを初めて利用した	いままでも利用しており、支払い手段を増やした	いままでも利用していたが、支払い手段は増やしていない	キャッシュレス支払いは利用していない
10代(2020/05)	18.7%	19.8%	27.0%	34.4%
(2019/11)	13.8%	15.3%	31.0%	39.9%
20代(2020/05)	23.0%	35.1%	30.5%	11.4%
(2019/11)	18.9%	30.5%	36.3%	14.4%
30代(2020/05)	22.6%	38.2%	30.7%	8.6%
(2019/11)	16.7%	32.6%	39.7%	11.1%
40代(2020/05)	16.4%	36.5%	37.8%	9.4%
(2019/11)	12.6%	31.4%	46.2%	9.8%
50代(2020/05)	18.3%	36.4%	37.9%	7.4%
(2019/11)	13.0%	31.9%	45.7%	9.4%
60代(2020/05)	16.0%	38.5%	36.4%	9.1%
(2019/11)	11.0%	33.4%	45.4%	10.2%
70代以上(2020/05)	12.1%	29.2%	43.6%	15.1%
(2019/11)	9.1%	25.3%	47.9%	17.7%

（一般社団法人キャッシュレス推進協議会「キャッシュレス調査の結果について」より作成）

ア．日本は，**グラフⅠ**中の国の中で，最もキャッシュレス決済の利用率が低い。

イ．ヨーロッパの国々は，「デビットカード」の利用率の方がどの国も高い。

ウ．日本では年代が高くなるほど，キャッシュレス決済の利用率が高い。

エ．日本では2019年から2020年にかけて，キャッシュレス決済の利用率はすべての年代で下がっている。

問５　経済を安定させるために，政府や日本銀行は景気対策を行っています。このことについて，各問いに答えなさい。

(1)　不景気のときに一般(いっぱん)的に広くみられる現象を，次のア～オより**すべて**選び，記号で答えなさい。

ア．失業者が減る　　イ．物価が上がる　　ウ．生産が拡大する

エ．消費が減少する　オ．給料が下がる

(2)　不景気のとき政府が一般的に行うと考えられる対策として正しいものを，次のア～エより一つ選び，記号で答えなさい。

ア．増税をし，公共事業を増やす。

イ．増税をし，公共事業を減らす

ウ．減税をし，公共事業を増やす。

エ．減税をし，公共事業を減らす。

【理　科】〈第１回試験〉（社会と合わせて60分）〈満点：60点〉

1　Ⅰ　**図１**のような均一な直方体である３本の同じ重さの角材（角材**A**，角材**B**，角材**C**）を使って実験をしました。あとの問いに答えなさい。

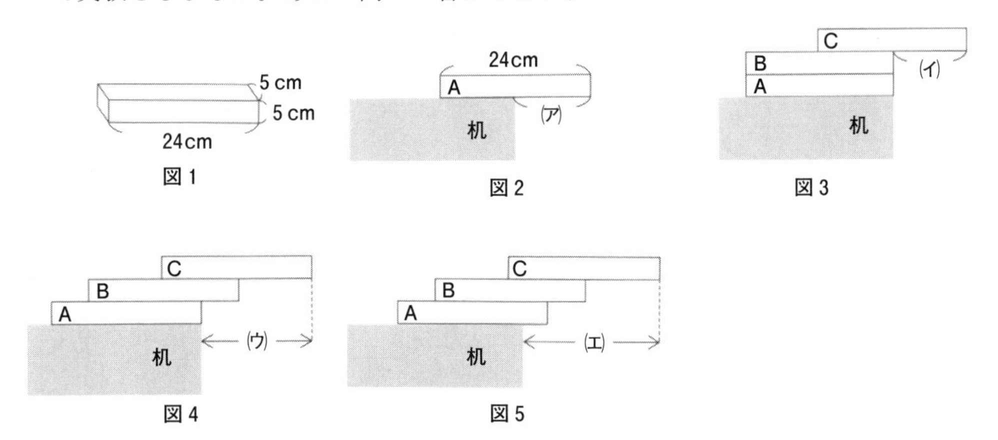

(1)　**図１**の角材の体積は何cm^3ですか。

(2)　**図１**の角材の重さは何gですか。ただし，角材1cm^3あたりの重さを0.5gとします。

(3)　角材**A**の右はしを机のはしに合わせてから，**図２**のように角材**A**を少しずつ机のはしから右へ押（お）し出していき，傾（かたむ）いて落ちる直前まで押し出しました。このとき，**図２**の(ア)の長さは何cmですか。

(4)　次に角材**A**と角材**B**と角材**C**をちょうど重ねたまま，それぞれの角材の右はしを机のはしに合わせてから，**図３**のように角材**A**，角材**B**が動かないようにして，角材**C**だけを少しずつ机のはしから右へ押し出していき，傾いて落ちる直前まで押し出しました。このとき，**図３**の(イ)の長さは何cmですか。

(5)　(4)で角材**C**を傾いて落ちる直前まで右へ押し出した後，**図４**のように角材**B**を，角材**C**をのせたまま傾いて落ちる直前まで右へ押し出しました。このとき，**図４**の(ウ)の長さは何cmですか。

(6)　(5)の後，**図５**のように角材**A**を，角材**B**，角材**C**をのせたまま，傾いて落ちる直前まで右へ押し出しました。このとき，**図５**の(エ)の長さは何cmですか。

Ⅱ　流れる水には，川岸や川底をけずるはたらき，けずった土砂（どしゃ）を運ぶはたらき，運んだ土砂を積もらせるはたらきの，３つのはたらきがあります。**図１**と**図２**は，山の中腹付近にある川を上空から見た様子で，**図１**中の矢印①～③は水の流れる向きを意味しています。また，**図３**は山から平野，そして海へと水が流れていく様子を示しています。あとの問いに答えなさい。

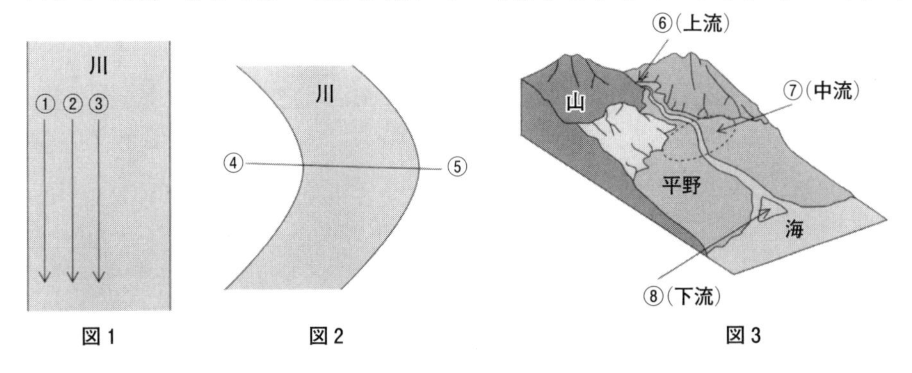

⑴　**図１**の川で，水の流れがもっとも速いのはどこですか。**図１**の①～③から１つ選び番号で答えなさい。

⑵　**図２**の川を，④，⑤を通る線で切ったときの断面図としてもっとも正しいものを，次のア～エから１つ選び，記号で答えなさい。

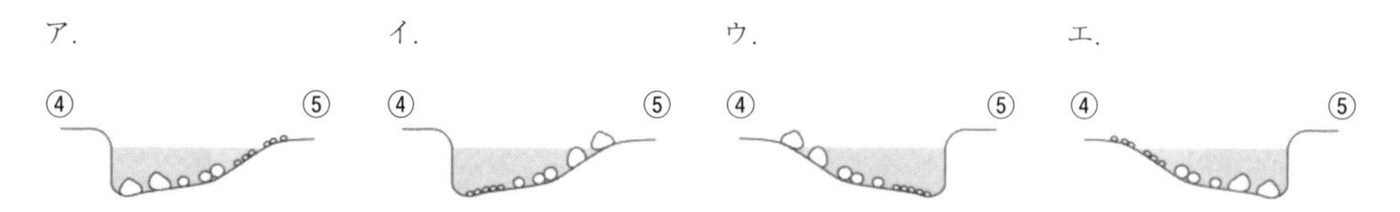

⑶　**図３**の⑥と⑧の地点では，特有の地形ができます。⑥と⑧の地点でできる地形の名前をそれぞれ答えなさい。

⑷　**図３**の⑥と⑦のそれぞれの地点で採集した石を比べました。結果を説明した次の文の（　）にあてはまる語句をあとのア～エから１つ選び，記号で答えなさい。

地点⑥の石は，地点⑦の石に比べて（　　）だった。

【語句】

ア．丸みを帯びた形　　イ．角ばった形　　ウ．明るい色　　エ．暗い色

図３の⑧あたりには小さいつぶがしずんでできた地形がつくられます。このことを参考にして，⑸と⑹に答えなさい。

⑸　水道水を入れたコップを３つ用意し，大，中，小の３種類の大きさをした土砂のつぶをそれぞれ入れてかき混ぜた後，静かに置いておきました。１時間後に観察してみると，小さいつぶを混ぜたコップだけ，つぶがしずまず，全体的にひろがったままでした。

このつぶを短時間のうちに底にしずめるためには，どうすればよいでしょうか。もっとも正しいものを，次のア～エから１つ選び，記号で答えなさい。

ア．コップの水道水をくみおきの水にする。

イ．コップの水道水に塩をまぜる。

ウ．コップの水道水をもう１度かきまぜる。

エ．コップの水道水を冷やす。

⑹　**図３**の⑧あたりでは，土地の保水力が高く農耕に向いていたため，古くから人間が多く住み，エジプト文明やインダス文明などの古代の文明が発展しました。⑧あたりで保水力が高くなるのは，小さいつぶがしずんでできたためです。小さいつぶでできている土地の保水力が高くなる理由を考えて答えなさい。

2 次の文章を読んで，あとの問いに答えなさい。

魚などの生き物は，呼吸するために酸素を必要とします。

水草がつくった酸素を魚が呼吸に使い，二酸化炭素を出します。そして，二酸化炭素は水草に吸収され，光合成により再び酸素がつくられます。

図１のように，石灰石とうすい塩酸を使って二酸化炭素を発生させました。

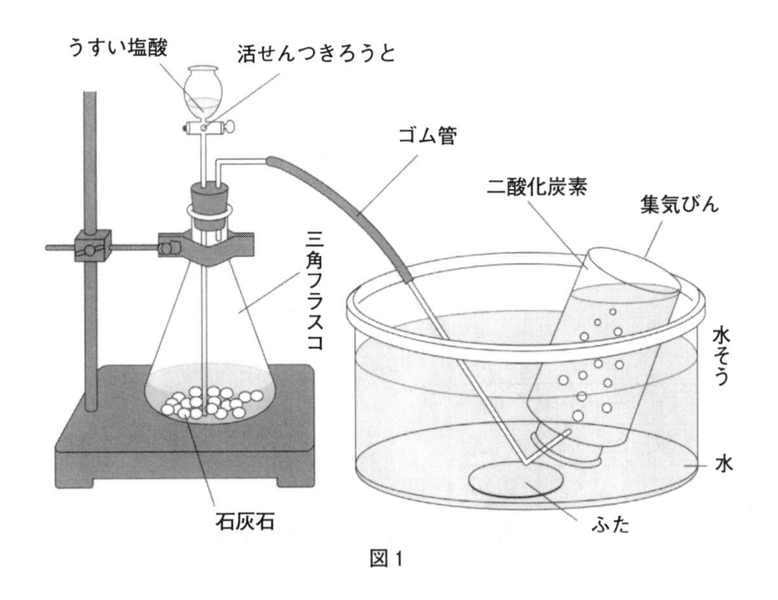

図１

(1) 二酸化炭素を発生させるとき，石灰石のかわりに**使えないもの**を次のア～エから１つ選び，記号で答えなさい。

ア．卵のから　　イ．貝がら　　ウ．アルミニウム　　エ．大理石

(2) **図１**のような気体の集めかたを何といいますか。次のア～ウから１つ選び，記号で答えなさい。

ア．上方置かん法　　イ．下方置かん法　　ウ．水上置かん法

(3) 集めた二酸化炭素にある水よう液を加えると，水よう液は白くにごりました。加えた水よう液の名前を答えなさい。

発生させた二酸化炭素は酸素とちがって，ものを燃やすはたらきはありません。

(4) **図２**のように，大きな水そうに高さのちがう３本のろうそくを立てて火をつけ，この水そうに静かに二酸化炭素を注いだところ，低いろうそくから順に火が消えました。この実験からわかる二酸化炭素の性質を１つ答えなさい。

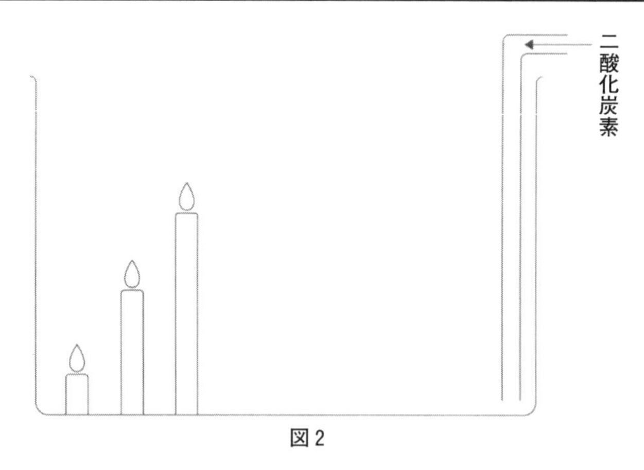

図２

魚は水中にとけている酸素を使い呼吸しています。

次の**表１**は，それぞれの温度における水１mLにとける酸素と二酸化炭素の体積を表したものです。

表１

温度(℃)	20	30	40	50	60
酸素(mL)	0.030	0.026	0.023	0.021	0.020
二酸化炭素(mL)	0.86	0.66	0.52	0.43	0.36

(5)　60℃の水１mLにとける体積を比べると，二酸化炭素は酸素の何倍ですか。

(6)　**表１**において，２つの気体のとけ方に共通することは何ですか。説明しなさい。

(7)　魚は水から効率よく酸素を吸収していますが，人は空気中から酸素をどれくらい吸収しているのでしょうか。例えば，体重50kgの人は酸素の割合が20％の空気を毎分10L呼吸のために取りこみますが，肺ではその酸素のわずか10％だけが吸収されます。

①　この人は毎分何mLの酸素を肺で吸収していることになりますか。

一方，１kgの魚は毎分200mLの水を呼吸に使っています。

②　20℃の水中で，この魚が毎分4.8mLの酸素をえらで吸収できたとすると，えらでは水中の酸素のうち何％を吸収できていますか。

3　次の文章を読んで，あとの問いに答えなさい。

次の**図１**の左はアブラナと同じつくりのシロイヌナズナの花を真上から見た模式図(もしきず)です。外側から内側に向かって（ ① ），（ ② ），（ ③ ），（ ④ ）の順にならんでいます。また，それを大小の円で表すと**図１**の右のようになり，①～④はそれぞれ**場所１**から**場所４**につくられることがわかります。それぞれの場所に４種類のつくりがつくられるのは，①から④のどれになるかを決めるものがあるからです。この花のつくりが何になるかを決めるものを遺伝子(いでんし)といい，A，B，Cの３種類あることが知られています。その３種類の遺伝子のはたらきには，次のような特ちょうがあります。なお，**図１**の右下の遺伝子という部分は３種類の遺伝子A～Cがはたらく場所の関係を示しています。

特ちょう１　遺伝子Aは，それだけではたらくとがくをつくる。

特ちょう２　遺伝子Cは，それだけではたらくとめしべをつくる。

特ちょう３　遺伝子Aと遺伝子Bの両方がはたらくと花びらがつくられる。

特ちょう４　遺伝子Ｂと遺伝子Ｃの両方がはたらくとおしべがつくられる。

特ちょう５　遺伝子Ａは，遺伝子Ｃがない場合，本来遺伝子Ｃがはたらく場所でもはたらき，逆に遺伝子Ｃは，遺伝子Ａがない場合，本来遺伝子Ａがはたらく場所でもはたらく。

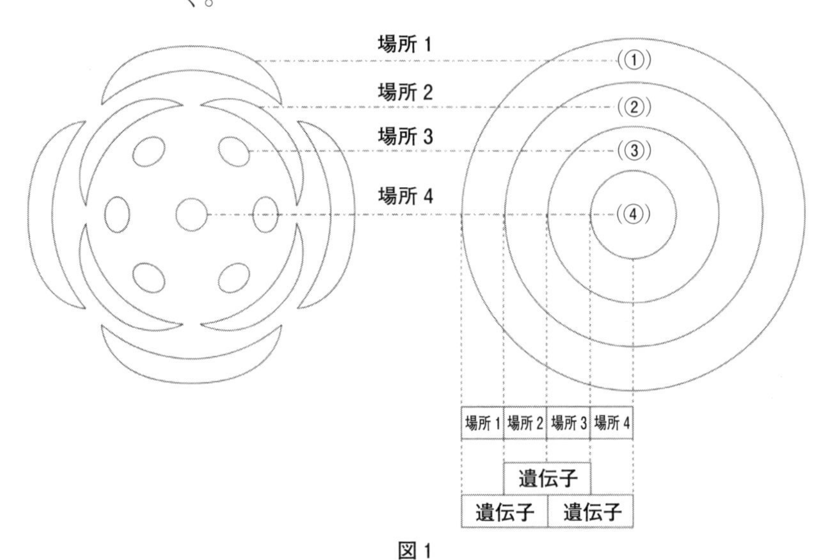

図１

(1)　①～④に入る言葉を次のア～エからそれぞれ１つずつ選び，記号で答えなさい。

ア．花びら　　イ．がく　　ウ．おしべ　　エ．めしべ

(2)　シロイヌナズナの特ちょうについて正しく述べている文を次のア～クから２つ選び，記号で答えなさい。

ア．双(そう)子葉類で離(り)弁花である。

イ．双子葉類で合弁花である。

ウ．単子葉類で離弁花である。

エ．単子葉類で合弁花である。

オ．子ぼうの中に複数のはいしゅがある。

カ．子ぼうの中にはいしゅが１つある。

キ．はいしゅがむき出しになって，複数ある。

ク．はいしゅがむき出しになって，１つある。

(3)　シロイヌナズナの花の3種類の遺伝子が本来はたらく場所を示した模式図としてもっとも適当なものはどれですか。次のア～カから1つ選び，記号で答えなさい。

ア．

	遺伝子A		
遺伝子B		遺伝子C	
場所1	場所2	場所3	場所4

イ．

	遺伝子C		
遺伝子A		遺伝子B	
場所1	場所2	場所3	場所4

ウ．

	遺伝子B		
遺伝子C		遺伝子A	
場所1	場所2	場所3	場所4

エ．

	遺伝子A		
遺伝子C		遺伝子B	
場所1	場所2	場所3	場所4

オ．

	遺伝子C		
遺伝子B		遺伝子A	
場所1	場所2	場所3	場所4

カ．

	遺伝子B		
遺伝子A		遺伝子C	
場所1	場所2	場所3	場所4

図2

(4)　まれに，このシロイヌナズナの花の**場所1**～**場所4**のすべてのつくりが，がくになる場合があります。この場合，何らかの原因でA，B，Cのうち，いくつかの遺伝子がはたらかなくなったためと考えられます。どの遺伝子がはたらかなくなったのか，次のア～ウからすべて選び，記号で答えなさい。

ア．遺伝子A　　イ．遺伝子B　　ウ．遺伝子C

(5)　ビニールハウスで(4)のようなシロイヌナズナばかりを育てました。このシロイヌナズナに種子はできますか。できると考えた場合は○，できないと考えた場合は×をつけなさい。また，そのように考えた理由を答えなさい。

んに亮に理解してほしいから。

ウ、大会の参加は可能だと言う亮の言葉に、自分と亮の育った環境のちがいを実感したから。

エ、亮がこれまでまずしい自分に同情してつき合っていただけだと知り、ショックを受けたから。

イ、内田さんが受け入れてくれるかわからないが、とにかく大会に出場したいと伝えてみよう。
ウ、スティーブが狸ヶ崎を独占するのを防ごうという提案に、内田さんは賛成してくれるだろう。
エ、大会の実行委員長を務めている内田さんなら、小学生でも大会に出場させてくれるだろう。

問２　――線②「だれかの暗い視線」とありますが、この部分は亮が誰のどのような気持ちを感じとったことを表現していますか。説明しなさい。

問３　――線③「誠は何も答えない」とありますが、この時の誠の様子として最も適切だと思われるものを次の中より一つ選び、記号で答えなさい。
ア、サーフボードを作る材料として木を使ったことを今さらながら後悔している。
イ、亮の言葉からスティーブが犯人だということに気がついて驚いている。
ウ、サーフボードが燃やされた事実に打ちのめされて亮と気持ちが共有できない。
エ、すぐに犯人をスティーブだと決めつける亮のことをよく思っていない。

問４　――線④「昨夜のいやな感じ」について具体的に述べている一文をぬき出し、最初の５字を答えなさい。

問５　――線⑤「ごめん、誠」とありますが、亮はどのようなことに対して誠に謝ったのですか。最も適切だと思われるものを次の中より一つ選び、記号で答えなさい。
ア、今までずっと一緒にサーフィンをしてきたというのに、今の自分の悔しさが誠の悔しさにはおよばないこと。
イ、サーフボードを作ったのは誠一人であるのに、まるで自分が作ったもののように悔しがってしまったこと。
ウ、誠は二人で楽しくサーフィンをするより大会で優勝したいと思っていたのに、今まで気づかなかったこと。
エ、自分で作ったサーフボードを燃やされて一番悔しいのは誠なのに、自分の思いばかりはき出してしまったこと。

問６　――線⑥「亮の心の中で何かが動いた」とはどのようなことを述べているのですか。具体的に説明しなさい。

問７　――線⑦「皮肉な表情」には誠のどのような気持ちが表れていますか。その説明として最も適切だと思われるものを次の中より一つ選び、記号で答えなさい。
ア、サーフボードを作ろうと言ったことに自分でも驚いている亮を面白がる気持ち。
イ、小学生でもサーフィン大会に出られると信じていた昨日までの自分をあわれむ気持ち。
ウ、スティーブの思うつぼにはまってしまった自分たちを情けなく思う気持ち。
エ、サーフボードを作ったこともないのに作ろうと簡単に言い出す亮をばかにする気持ち。

問８　――線⑧「抑えられない感情」とはどのような感情ですか。説明しなさい。

問９　――線⑨「もうつき合いきれないんだよ」とありますが、誠がこのように言ったのはなぜですか。その理由として最も適切だと思われるものを次の中より一つ選び、記号で答えなさい。
ア、お坊ちゃんの亮にサーフィンを教え続けなければいけないことに、うんざりしていたから。
イ、サーフィン上級者の自分と初心者の亮のちがいを、いいかげ

⑥亮の心の中で何かが動いた。
「やっぱりだめだよ、それは」
誠は不思議そうな表情で首をかしげた。
「何がだめなんだよ」
「大会に出場しないことだよ」
「でも、ボードがなければ、大会に出られないじゃないか」
「だけど。それじゃ、スティーブたちの思うつぼだよ」
「そりゃ、そうだけど。でも、ボードがなくちゃ」
「なあ、誠。もう一度作らないか」
自分でもびっくりするような言葉が、亮の口から飛び出していた。
その言葉の意味が理解できないとでも言うように、誠は聞き返した。
「作るって、何をさ」
「もちろん、サーフボードをだよ」
誠は口の端を上げ、⑦皮肉な表情を見せた。
「あのな。そんな簡単なもんじゃないんだぜ」
「うん。俺は経験がないけど、簡単じゃないのは、わかる。だけど」
「それに大会は今月末だぜ。とても一カ月弱で二本は作れないよ」
「俺も手伝うよ」
「無理だって」
誠は今まで見せたことのない、冷たい目で亮を見た。
「でも、ふたりでやれば」
「だから、それが無理だって言ってるんだよ。おまえなんかに、何ができるんだよ」
「それって、どういう意味だよ」
亮は自分を落ち着かせようとして、息を飲み込んだ。
「おまえみたいな、お坊ちゃんには無理だっていう意味だよ」
自分の心臓が、ドキンドキンと鼓動を打つ音が聞こえる。⑧抑えられない感情が、亮の胸の中にわきたった。亮は思わず、怒鳴っていた。
「俺のどこがお坊ちゃんだっていうんだよ」
誠は動じずに、かえって静かな目で見返してから、言った。
「あんなきれいな家に住んで、兄ちゃんは私立の中学。おまえもそろそろ、受験勉強したほうがいいんじゃないのか。こんな板切れで遊んでないで、ママに勉強でも教わってろよ」
「誠」
「俺、最初からわかってたんだよ。俺とおまえは住む世界がちがうんだってことが。もう、お情けでつき合ってくれなくていいからさ。俺のほうも、これでせいせいしたよ」
「誠」
「⑨もうつき合いきれないんだよ」
誠は吐き捨てるように言うと、背中を向けて歩き去った。

（南田幹太『Surf Boys　伝説になった12歳の夏』より）

注1　「パドリング」…サーフボードにうつぶせになり、水を腕でこいで前進すること。
注2　「ブライアンさん」…亮たちの知り合いのサーファー。アメリカ人。
注3　「ポリエステル」…プラスチックの一種。当時の日本ではポリエステルのサーフボードは手に入りにくかったので、亮と誠は木製のサーフボードを使っている。
注4　「湘南」…鎌倉のある神奈川県西部を指す地名。
注5　「プレスリー」…エルビス・プレスリー。アメリカ人の歌手。

問1　――線①「内田さんに向かってパドリングで近づいた」とありますが、このときの亮と誠の気持ちとして最も適切だと思われるものを次の中より一つ選び、記号で答えなさい。
ア、スティーブに近づくとまたトラブルになりそうなので、内田さんにかくまってもらおう。

きりと浮かび上がっている。焦げたにおいが、亮の鼻をついた。一本松の下で、だれかが焚火でもしたのだろうか。炭になりかけた太い丸太が二本、根元に転がっていた。

　ううん、ちがう。黒焦げになった丸太に、見覚えがある。

すぐ近くまできて、誠の目が赤く濡れていることに亮は気がついた。その目は力なく、足元を見つめている。

「これって、もしかして」

「……」

　誠は無言で、唇をかんでうなずいた。

「でも、どうして」

「火をつけられたんだ」

　亮はあらためて黒焦げになった物体を見つめた。やっぱり、まちがいない。自分たちの、そして誠が丹精込めて作った、あのサーフボードだ。

「だれがこんなことを」

　そう言った直後に、亮の脳裏にひとりの男の姿が浮かび上がってきた。

「スティーブ」

　③誠は何も答えない。ただ炭になりかけたサーフボードを、じっと見ているだけだ。

　怒りと無力感が亮をおそった。亮は両手を強くにぎりしめた。

　しばらくの沈黙のあと、亮は吐き捨てるように言った。

「やっぱり俺たち、サーフィン大会に出場するなんて、言わなきゃよかったんだ。最初から、無理だったんだよ。小学生のくせに、スティーブたちの悪巧みを防ごうと考えるなんて」

　④昨夜のいやな感じを、亮は思い出していた。子どものくせに、あの三人と勝負しようと思ったこと自体、やっぱり無茶だったんだ。

「そうすりゃ、このサーフボードで、これからも楽しくサーフィンができたのに」

「うん」

　誠はサーフボードの残骸の前にしゃがみ込んだ。かろうじて燃えていない部分を、指でそっとなでる。

　背中を丸める誠を見て、亮ははっと気がついた。本当につらいのは、誠のほうなのだ。誠はあの二本のボードをたったひとりで作り上げたんだ。その大切なサーフボードが今、目の前で炭になって横たわっている。

「⑤ごめん、誠」

「なんでさ」

　そう答える誠は、少し投げやりだ。

「誠のほうがずっと悔しいのに、俺」

「……」

　しばらく無言を続けてから、誠はため息をつくように言った。

「いいよ、そんなこと。それより、あとで内田さんに、出場できないってことを言わなくちゃな」

　誠は立ち上がって海を見た。いつもの誠の笑顔はそこにない。

　そう、いつも誠は笑っていた。注5プレスリーの映画の帰りのビーチで、初めて誠に出会ったとき。もしかしてけんかになるんじゃないかってぐらいの初対面だったけど、誠は笑顔でふたりの緊張を解いてくれた。兄の太一がスティーブたちに連れ去られたときだって、船の陰でおどけた顔を見せ、怖がる亮を笑わそうとしてくれた。それにムーンライト・サーフィンの夜。あのときは、なんの心配もなくて、ふたりで心から大笑いをした。

　いつもいつも、誠は笑っていた。その誠が今、力なく海を見つめている。

注2 ブライアンさんにかなうとは思わないが、確実に上級者の部類に入る。でもスティーブの連れのふたりは、さらにずっとうまかった。亮が今まで見たサーファーの中で、だれよりもうまかった。

スティーブもそうだが、そのふたりのサーファーがうまいのは、はっきりとした理由があった。それは注3ポリエステルのサーフボードを使っていることだ。

その日も亮と誠は何本も、いい波をキャッチすることができた。そろそろ帰ろうかと相談しながら、他のサーファーをふたりは眺めていた。以前、スティーブに怒鳴られたときに助けてくれた内田さんが目に入った。

亮と誠は①内田さんに向かってパドリングで近づいた。内田さんはサーフィン大会の実行委員長を務めている。

ふたりは内田さんに、サーフィン大会に参加したいと申し出た。小学生からの申し出に多少、内田さんは驚いている様子だった。だけど誠の波乗りの腕は、注4湘南一といってもいいぐらいだし、亮だって今は相当うまい部類に入るはずだ。断る理由は何もない。内田さんは喜んで受けつけると、答えてくれた。

子どもだから断られるのではと、心配していた誠と亮は大いに喜んだ。

そのとき、誠の笑顔の肩越しに、亮は②だれかの暗い視線があることに気がついた。

視線の主は、あのスティーブだった。

その日の夜、亮はめずらしく真夜中に目を覚ました。内容は憶えていないが、とてもいやな夢を見たようだ。背中にじっとりと汗をかいている。

それからしばらく布団の中で、昼間見た、あの三人のサーフィンを思い出していた。

スティーブは多少、波のコンディションが悪くても、無理やり乗りこなす、荒っぽくて力強いタイプのサーファーだ。他のふたりは、そのスティーブよりもさらにうんと力強い。その上、サーフィンを始めて半年の亮でもはっきりとわかる高いテクニックを備えている。今まで見たことのない、本場の一流サーファーだ。

あの三人と、真っ向勝負で闘わなくてはならなくなった。そんなことがはたして、初心者の自分にできるのだろうか。

今まではただ、誠の真似をしていればよかった。窮地に陥ったときや、迷ったときには、常に誠が横にいてくれた。でも大会に出れば、誠はいない。いったん海に出たら、たったひとりで闘わなくてはならないのだ。

亮は急におそろしくなり、夏用のタオルケットを頭からかぶって丸くなった。

占領を防ぐなんて、思い上がりではないのか。出場するなんて、言わなければよかった。後悔の念が、亮の体を硬くさせた。夏なのに、背中にゾワゾワと悪寒が走る。

布団の上でじっと動かず耐えていると、遠くから何かの音が聞こえてきた。やがて音は近づき、そして遠ざかっていった。

それは消防車のサイレンの音だった。

次の日、亮はいつもの通り、早朝の海に自転車で向かった。

一本松が見えてきた。松の木の下に誠が立っている。なんだか様子がいつもとちがう。胸騒ぎを覚えた亮は、自転車を降りると、砂浜を走った。

近づくと、松の木の、下の部分の枝が、黒く変色しているのが目に飛び込んできた。幹には、黒いペンキをひっかけたような線が、くっ

とまりにする。

ウ、その言葉の音が意味するものと結びつき、ことばとして判断させている。

エ、個々のものを類に分け、一つの階層化されたネットワークを形成する。

問6　――線⑥「カテゴリー化」について、生き物をたとえに具体的に説明しなさい。

問7　――線⑦「人間は言葉を自分のものにしていった」とは、どのようなことですか。最も適切と思われるものを次の中より一つ選び、記号で答えなさい。

ア、個々のものを類に分け、それに名前を付与することで、自分の所有物として使いやすくしたということ。

イ、言葉によって分けられたカテゴリーは、階層化されたネットワークを形成しながら、世界へ広がっていったということ。

ウ、言葉の広がりが人間の世界を広げていき、世界がネットワーク化することで言葉のネットワーク化が進んだということ。

エ、言葉で、個々のものをある概念でまとめて類に分けることで、言葉を使えるようになっていったということ。

問8　――線⑧「ある特定のもの(個物)」とありますが、これと同じ意味で使われている言葉を、これより前の本文から9字でぬき出し、答えなさい。

問9　――線⑨「わたしたちの世界は一挙に拡大した」とは、どのようなことですか。説明しなさい。

四

1960年代の鎌倉で、小学6年生の亮は、漁師の息子で同い年の誠と出会いました。亮は誠に当時はあまり知られていなかったサーフィンを教えてもらい、ともに練習にはげみます。ある時、亮はアメリカ人の少年スティーブとサーフィン中にトラブルになってしまいます。亮を初心者だとばかにし、邪魔者だとみなすスティーブは、サーフィン大会で仲間たちとともに上位を独占することで、狸ヶ崎のビーチを占領してしまおうとたくらんでいました。それを知った亮と誠は、自分たちも大会に参加し、スティーブのたくらみを阻止しようと考えます。次の文章を読み、あとの問いに答えなさい。(ぬき出しと字数が決められている問題は、すべて「、」「。」記号などを字数にふくみます。)

夏休みの間、亮と誠はほとんど一日中、波乗りをして過ごした。もともとうまい誠はさらに上達し、初心者だった亮もかなりの腕前になっていた。亮がサーフィンを始めてまだ四カ月しかたってないというと、大人のサーファーは一様に舌を巻く。

真っ黒に日焼けしたふたりの小学生サーファーは、一本松の浜からいろいろなポイントへ遠征するようになった。亮は注1パドリングもうまくなったので、誠の足を引っ張ることなく、遠くまで出かけられるようになっていた。いちばんよく通ったのは、やはり狸ヶ崎だった。背の高さ以上の波が立つことがある狸ヶ崎でも、亮は上手に波を乗りこなせるようになっていた。当然、ルールは守っている。以前、スティーブに怒鳴られたような失態は、もう繰り返さない。

あの夜からふたりは、スティーブのことを狸ヶ崎で何度か見かけた。だけどなるべく近づかないようにしている。不意に近づいてしまったときは、黙って会釈をした。スティーブのほうは、まるでふたりがそこにいないかのように、無視をした。

その日も狸ヶ崎には、スティーブがいた。見かけないふたりの連れをともなっていた。

スティーブは自分で言う通り、サーフィンがかなりうまい。誠や

含めてあらゆるものが、わたしたちの思考の対象になったのです。これはものすごいことです。そういう力をわたしたち人間は言葉を通して獲得したのです。言葉をもつことによって、わたしたちは文字通り万物について考えたり、想像したりすることができるようになったのです。わたしたちにとって言葉がどれほど大きな意味をもっているか、それはどれほど強調しても、強調しすぎるということはないでしょう。

（藤田正勝『はじめての哲学』より）

注１　「アリア」…オペラなどで歌われる独唱部分。
注２　「概念」…ある事物のおおまかな意味内容。
注３　「付与」…与え授けること。
注４　「核果果実」…中心部に硬い核をもつ果実。ウメ、モモなど。
注５　「普遍的」…すべてのものに共通しているさま。すべてのものにあてはまるさま。

問１　――線①「言葉は多くの人に共有されて、はじめてその力を発揮します」とありますが、それはどのようなことですか。80字以内で説明しなさい。

問２　――線②「むずかしい試み」の説明として、最も適切と思われるものを次の中より一つ選び、記号で答えなさい。
ア、あじさいを知る誰か他の人に雨に濡れたあじさいの美しさを伝えるとき、わたしたちがもっている出来合いのことばを使わざるをえないということ。
イ、雨に濡れた美しいあじさいを一般的なあじさいと区別するとき、自分が見たり、感じたりするものばかりをことばで表現してしまうこと。
ウ、雨に濡れたあじさいの花を見たことがない人にそのあじさいの美しさを伝えるとき、わたしたちがもっている既存のことばに新しい意味を込めて表現しようとすること。
エ、雨に濡れたあじさいの花を見たことがない人がそのあじさいの美しさに関心を抱かないとき、その人にわたしたちがもっているどのようなことばで表現するかということ。

問３　――線③「なかなか答を見つけにくいむずかしい問題」とありますが、これはどのような問題のことを指していますか。最も適切と思われるものを次の中より一つ選び、記号で答えなさい。
ア、言葉はわたしたちの身の回りにある考察の対象であり、不思議なものだという問題。
イ、「ツクエ」「イス」という音声を聞いて、なぜその意味がわかるのかという問題。
ウ、擬態語は、音とそれが意味するもののあいだに、何かしらつながりがあるという問題。
エ、擬態語でない言葉は、音声とそれが意味するものの間に何のつながりもないという問題。

問４　――線④「このシステムのなかにない音」としてあてはまるものを、次の中より**すべて**選び、記号で答えなさい。
ア、犬につけた太郎という名前。
イ、勉強していないスペイン語の歌。
ウ、クラスにつけられた番号。
エ、ざあざあと降る雨の音。
オ、知らない人から自分にかけられた「すみません」という声。

問５　――線⑤「言葉がどういう働きをしているのか」とありますが、その働きに**当てはまらないもの**を次の中より一つ選び、記号で答えなさい。
ア、言葉の一つひとつが、音楽のように一つのシステムを形成している。
イ、個々のものを、それらがもつ共通の特徴によって一つのま

般的な注2概念のもとに集めるという働き、⑥カテゴリー化という働きをします。

　前にわたしたち人間の特質は、自分が思ったり、考えたりしていること、その意識のさまざまな働きをさらに意識することができるという点にあると言いました。その能力は、さまざまなものを同時に思い浮かべ、そこに共通の特徴を見いだし、その特徴を共有するものを一つのまとまりにして、それに名前を与えるときにも発揮されます。ふじや紅玉、つがるなどのリンゴには、ミカンやモモ、バナナなど他の果物にない共通の特徴があることに注目して、それらに「リンゴ」という名前を与えたり、リンゴやミカン、モモなどを、キュウリやトマトなどにない特徴があることに注目して「フルーツ」と呼んだりするわけです。そのように個々のものを類に分け、それに名前を注3付与することを通して、⑦人間は言葉を自分のものにしていったのではないかと思います。

　この類ないしカテゴリーは幾重にも階層をなしています。たとえばフルーツにはかんきつ類やサクランボなどの注4核果果実などがありますし、かんきつ類にはミカンやキンカン、オレンジなどがあります。またオレンジにはバレンシアオレンジやネーブルオレンジなどがあります。このようにカテゴリーは一つの階層化されたネットワークを形成しています。この類化の働き、あるいはネットワークの充実が、言葉の広がりであり、同時に世界の広がりであると言うこともできるでしょう。豊かな言葉のネットワークをもっているということは、それだけ豊かな世界に住んでいるということでもあるのです。

カテゴリーと意味

　そしてこのネットワークのなかのそれぞれのカテゴリーは、先ほど言った「意味」、わたしたちが他の人と共有している「基礎的意味」に対応していると言うことができます。そしてこの「基礎的意味」が指し示しているのは、⑧ある特定のもの(個物)ではなく、ある類全体です。わたしたちが「フルーツ」という音声越しに聞いているのは、バナナでもなく、オレンジでもなく、果物全体という注5普遍的な意味です。「オレンジ」という音声越しに聞いているのは、この少し小さめのオレンジでもなく、またあの熟して色が濃くなったオレンジでもなく、すべてのオレンジにあてはまる「オレンジ」という意味です。

　「フルーツが好きだ」とか「オレンジはおいしい」と言うとき、意味されているのは、いまたまたまわたしの家にあるオレンジだけではありません。またいままでわたしが見たり、食べたりしたオレンジだけでもありません。将来食べるかもしれない、あるいは食べないかもしれないすべてのオレンジもそのなかに入っています。言葉が意味するのはこの普遍的なものです。

　「フルーツが好きだ」と誰かに言ったとき、実際に「フルーツ」ということばのもとにAさんはリンゴを思い浮かべるかもしれないし、Bさんはブドウを思い浮かべるかもしれません。そのようにそれぞれの人が思い浮かべるものが違っていたとしてもコミュニケーションには何のさしさわりもありません。それは、この「フルーツ」ということばがすべてのものにあてはまる普遍的なものだからです。そのためにどの果物もそのなかに入ってきますし、また、この「フルーツ」ということばは誰でも――フルーツを見たことがない人でも――使うことができるのです。

　このように普遍的な言葉を手にすることによって、わたしたちは身の回りにあるものだけでなく、過去に存在したすべてのこと、未来に存在するかもしれないすべてのことについて考えることができるようになりました。このようにして⑨わたしたちの世界は一挙に拡大したのです。存在しうるものすべてが、さらに言えば、存在しないものも

の一つですが、雨に濡(ぬ)れたあじさいはとくに美しく感じられます。その花の独特の色合いや雨を含(ふく)んでいっそう緑が濃(こ)くなった葉の美しさを誰(だれ)か他の人に――雨のなかに咲(さ)くあじさいの花を見たことがない人に――ことばで伝えようとして、それがいかに困難か、いや、ほとんど不可能であることに気づかされます。それでも、それをあえて表現しようとするとき、わたしたちはわたしたちがもっている既存(きそん)のことばを使わざるをえませんが、そこに何とか新しい意味を込(こ)めて、自分が見たり、感じたりしたものを言い表そうとします。そうした方法を使ってわたしたちは、無限な広がりをもつ「意味」に対応しようとします。②むずかしい試みですが、決してその可能性がないわけではないと思っています(この点については、あとの「言葉の限界と可能性」であらためて考えてみたいと思います)。

システムとしての言葉

第5章で、哲学(てつがく)はわたしたちの身の回りにある不思議なものを考察の対象にし、どこまでも真理を探究してきたと言いましたが、言葉もまた、とても不思議なものだと思います。たとえば「ツクエ」とか、「イス」という音(音声)を聞いて、わたしたちはなぜそれがことばだとわかるのでしょうか。またなぜその意味がわかるのでしょうか。不思議だと思いませんか。「ワンワン」や「ドンドン」といった擬音語(ぎおんご)や、「つるつる」や「ねばねば」といった擬態語の場合には、その音とそれが意味するものとのあいだに、何かしらつながりがありそうにも見えます。しかし「ツクエ」や「イス」の場合には、それが意味する机や椅子(いす)とのあいだにそのようなつながりはまったくありません。それにもかかわらず、なぜそれが机や椅子を意味しているとわかるのでしょうか。

③なかなか答(こたえ)を見つけにくいむずかしい問題ですが、この問題を考えるためには、一つひとつのことばではなく、言葉全体を考える必要があるのではないかと思います。

言葉は一つひとつのことばが密接に結びついた一つのシステムだと言えるのではないかと思います。わたしたちはあらかじめこのシステムをもっており、そのなかで「ツクエ」なら「ツクエ」、「イス」なら「イス」という音を聞いているために、それがことばであると判断できるし、またその意味を理解できるのではないでしょうか(手話の場合も、手の動き全体が一つのシステムとして機能しており、そのなかで一つひとつの手の動きが意味と対応しています。それは話し言葉の場合とまったく同じです)。④このシステムのなかにない音は雑音として聞かれます。時計のコチコチという音やまな板をたたくトントンという音のように、そもそも言葉ではなく、理解の対象とはならない音もあります。また外国語の場合のように、言葉であるらしいということはわかっても、まったくちんぷんかんぷんで、このシステムのなかに入ってこない場合もあります(オペラの注1アリアが意味がわからなくても耳にここちよく響(ひび)くのは、それが言葉としてではなく、音楽として聞かれているからでしょう)。

カテゴリー化する能力

言葉が一つのシステムであるとしても、それでどうして「ツクエ」という音を聞いて、「机」とわかるのでしょうか。その問いに答えるためには、まず、⑤言葉がどういう働きをしているのかを考える必要があると思います。言葉の重要な働きは、個々のものを、それらがもつ共通の特徴(とくちょう)によって一つのまとまりにするという点にあります。たとえばわたしのもっている鉛筆(えんぴつ)には、短いのも、長いのも、緑色のも、赤色のもありますが、わたしたちはそれらをひとまとめにして鉛筆ということばで呼びます。つまり、言葉は個々の具体的なものを一(いっ)

二〇二二年度 品川女子学院中等部

【国　語】〈第一回試験〉（五〇分）〈満点：一〇〇点〉

一 次の(1)～(5)の――線部を漢字に直しなさい。

(1) 今月のヤチンを支払う。
(2) 時代のチョウリュウに乗る。
(3) 私にはオサナい弟がいる。
(4) ふるさとの人々にオン返しする。
(5) センモン的な言葉をつかう。

二 **次の(1)～(5)の問いに答えなさい。ただし(1)～(3)はひらがなでもよいが、(4)(5)は漢字で答えること。**

(1) 下の意味となるように、空欄に生物の名前を入れて慣用句を完成させなさい。
「犯人は袋の□だ」…周りを囲まれて逃げられないこと。

(2) 下の意味となるように、空欄に体の部位を入れて慣用句を完成させなさい。
「問題が難しすぎて□が立たない」…難しくてとてもできないこと。

(3) 下の意味となるように、空欄に語を入れてことわざを完成させなさい。
「猫に□」…価値のある物でも、その値打ちが分からない人には意味がないこと。

(4) ――線部の語の対義語（反対の意味の語）を答えなさい。
今月は支出が多い。

(5) 次の文の空欄に漢字を入れて四字熟語を完成させなさい。
□心□体になって協力することを目標にする。

三 **次の文章を読み、あとの問いに答えなさい。（ぬき出しと字数が決められている問題は、すべて「、」「。」記号などを字数にふくみます。）**

前章でわたしたちは「意味の世界」のなかに住んでいると言いましたが、言葉はこの「意味」と深く関わっています。「意味」を一つひとつ表現したものが、「言葉」であると言ってもよいかもしれません。

もちろん「意味」は一人ひとりで違っています。その人が何に関心を抱いているかで、ものの現れ方が違ってくるからです。言葉はそうした違いにすべて対応しているわけではありません。言葉のもっとも大きな役割は、他の人とコミュニケーションをとるというところにあります。つまり、①言葉は多くの人に共有されて、はじめてその力を発揮します。言葉を使って他の人とのあいだで意思の疎通を図ることができるのは、言葉の意味のなかに互いに共有しているものがあるからです。あとで少し詳しく説明したいと思いますが、この共有されている意味を言葉の「基礎的意味」と言ってもよいかもしれません。この共有されているものを手がかりにしてわたしたちは互いに言葉を交わし、お互いを理解しあいます。したがってこの共有されている意味が、言葉の重要な部分をなしていると言うことができます。

しかし言葉はこの基礎的な意味だけをもっているわけではありません。わたしたちが言葉で何かを表現しようとするとき、それが出来合いのことば（ここでは、言語としての「言葉」に対し、一つひとつの語という意味で「ことば」とひらがなで書きます）ではうまく表現できないということがしばしばあります。あじさいはわたしの好きな花

2022年度

品川女子学院中等部 ▶解説と解答

算 数 ＜第１回試験＞（50分）＜満点：100点＞

解 答

1 (1) $\frac{1}{6}$ (2) $2\frac{1}{2}$ 2 (1) りんご…２個，なし…６個 (2) 216度 (3) ８人 (4) 60％ (5) ⑩ 3 (1) 4 (2) ３分36秒後 (3) 1.44cm^2 (4) 67.5度 4 (1) 分速250m (2) 10分間 5 (1) ひし形 (2) 72cm^3 (3) 48cm^2 6 (1) ２人 (2) 97人

解 説

1 四則計算，逆算

(1) $\frac{3}{44}\times 2\frac{20}{23}-\left(\frac{4}{39}-\frac{2}{23}\right)\div\frac{7}{13}=\frac{3}{44}\times\frac{66}{23}-\left(\frac{92}{897}-\frac{78}{897}\right)\times\frac{13}{7}=\frac{9}{46}-\frac{14}{897}\times\frac{13}{7}=\frac{9}{46}-\frac{2}{69}=\frac{27}{138}-\frac{4}{138}=\frac{23}{138}=\frac{1}{6}$

(2) $\left\{0.75-0.125\div\left(4\frac{2}{3}-\square\right)\right\}\times 2\frac{1}{3}=1\frac{8}{13}$より，$0.75-0.125\div\left(4\frac{2}{3}-\square\right)=1\frac{8}{13}\div 2\frac{1}{3}=\frac{21}{13}\div\frac{7}{3}=\frac{21}{13}\times\frac{3}{7}=\frac{9}{13}$，$0.125\div\left(4\frac{2}{3}-\square\right)=0.75-\frac{9}{13}=\frac{3}{4}-\frac{9}{13}=\frac{39}{52}-\frac{36}{52}=\frac{3}{52}$，$4\frac{2}{3}-\square=0.125\div\frac{3}{52}=\frac{1}{8}\times\frac{52}{3}=\frac{13}{6}=2\frac{1}{6}$ よって，$\square=4\frac{2}{3}-2\frac{1}{6}=4\frac{4}{6}-2\frac{1}{6}=2\frac{3}{6}=2\frac{1}{2}$

2 調べ，正比例，植木算，割合と比，図形と規則

(1) 110円のりんごの個数をx，130円のなしの個数をyとすると，$110\times x+130\times y=1000$と表せる。等号の両側を10で割ると，$11\times x+13\times y=100$となる。この式にあてはまる整数$x$，$y$の組を考えると，$x=2$，$y=6$のとき，$11\times 2+13\times 6=22+78=100$である。これ以外にあてはまる整数の組はないから，代金の合計が1000円となるのは，りんごを２個，なしを６個買うときとわかる。

(2) １分間＝60秒間で360度回転するので，１秒間で，$360\div 60=6$（度）回転する。よって，36秒間で回転する角度は，$6\times 36=216$（度）となる。

(3) 右の図１より，Ｂより前にいる人数は，$40-27=13$（人）である。すると，図１より，ＢからＡまでの人数は，$23-13=10$（人）とわかる。よって，ＡとＢの間にいる人数は，$10-2=8$（人）と求められる。

図１

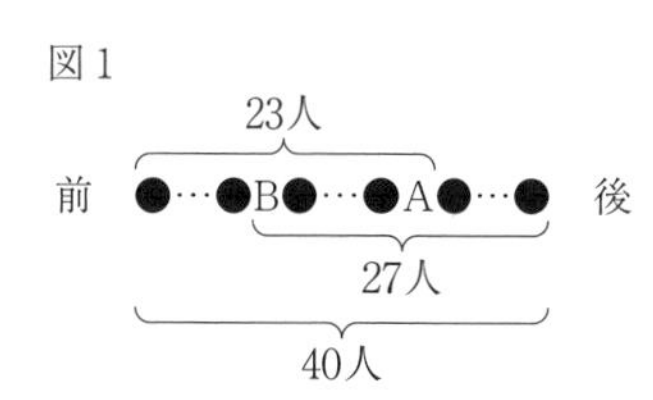

(4) 全校生徒数を⑩とする。全校生徒の８割が部活動をしているので，部活動をしている生徒の人数は，⑩×0.8＝⑧である。このうち，７割が男子なので，部活動をしている男子の人数は，⑧×0.7＝(5.6)，部活動をしている女子の人数は，⑧－(5.6)＝(2.4)とわかる。また，学校全体で男子と女子の人数の比は３：２なので，女子全体の人数は，⑩×$\frac{2}{3+2}$＝④である。よって，部活動をしている女子の，女子全体に対する割合は，$2.4\div 4=0.6$，$0.6\times 100=$

60(%)と求められる。

(5) 右の図２で，正六角形の１辺の長さが１cmなので，それぞれの正三角形の１辺の長さは，①が１cm，②が，１＋１＝２(cm)，③が，２＋１＝３(cm)，④が，３＋１＝４(cm)，⑤が，４＋１＝５(cm)，⑥が，５＋１＋１＝７(cm)，⑦が，７＋２＝９(cm)となる。また，⑧の１辺の長さは，⑦の１辺に③の１辺の長さを加えた，９＋３＝12(cm)，⑨の１辺の長さは，⑧の１辺の長さに④の１辺の長さを加えた，12＋４＝16(cm)，⑩の１辺の長さは，⑨の１辺の長さに⑤の１辺の長さを加えた，16＋５＝21(cm)となる。よって，１辺の長さが21cmとなる正三角形の番号は⑩とわかる。

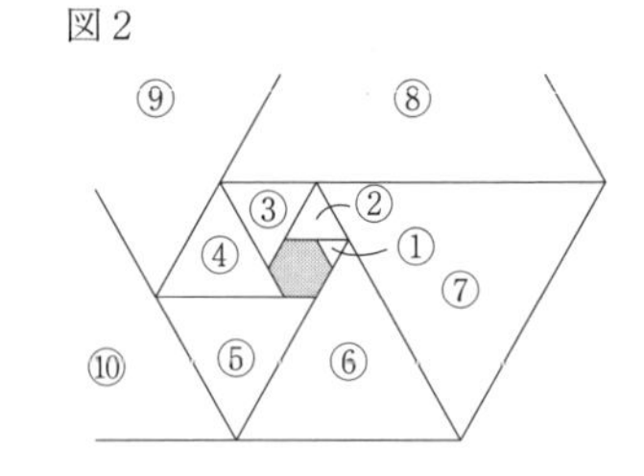

3 立体図形の構成，旅人算，面積，角度

(1) さいころは，はじめ，上の目が３，右の目が６，前の目が２であり，向かい合う面の目の和は７なので，下の目は，７－３＝4，左の目は，７－６＝１，後ろの目は，７－２＝５である。そこで，はじめのさいころの目を右の図①のアのように表す(下の面は４である)。さいころをころがすと，それぞれの面の目はイ，ウ，エのようになる。エからオまでは，さいころを同じ向きに４回ころがすので，さいころの目はもとにもどり，オはエと同じになる。同様に，キはカと同じとなる。キで，さいころの下の目は，７－３＝４になるから，Ａのマスについている面の目は４とわかる。

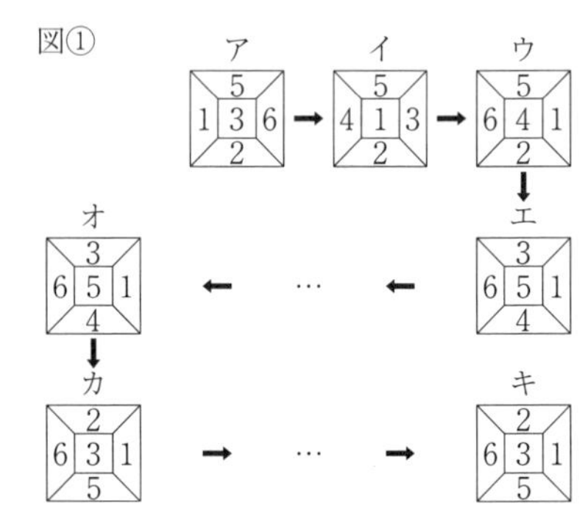

(2) ２人合わせて池１周の距離を走ると，２人は出会うので，合わせて池２周の距離を走ったとき，２人は２回目に出会う。池１周の距離は，90×3.14÷２×２＋90×２＝282.6＋180＝462.6(m)なので，池２周の距離は，462.6×２＝925.2(m)である。よって，２人が２回目に出会うのは走り始めてから，925.2÷(121＋136)＝3.6(分後)となり，0.6分後は，0.6×60＝36(秒後)なので，３分36秒後と求められる。

(3) 右の図②で，網掛け部分の面積は，１辺４cmの正方形の面積から，半径２cmのおうぎ形４個の面積と，真ん中の正方形の面積をひくと求められる。まず，１辺４cmの正方形の面積は，４×４＝16(cm²)である。また，おうぎ形４個は合わせると１つの円になるので，４個の面積の和は，２×２×3.14＝12.56(cm²)となる。さらに，真ん中の正方形は，対角線の長さが２cmだから，面積は，２×２÷２＝２(cm²)となる。よって，網掛け部分の面積は，16－12.56－２＝1.44(cm²)と求められる。

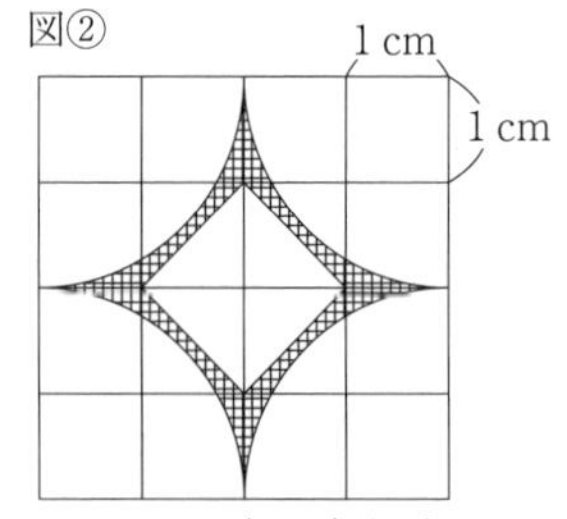

(4) 右の図③で，折り曲げているので，角AEFと角AEMの大きさは等しい。また，ADとFCは平行であり，錯角は等しいので，角MAEと角AEFの大きさは等しい。すると，角AEMと角MAEの大きさは等しいので，三角形MAEは二等辺三角形であり，AMとEMの長さは等しい。さらに，問題文より，AMとMDの長さ

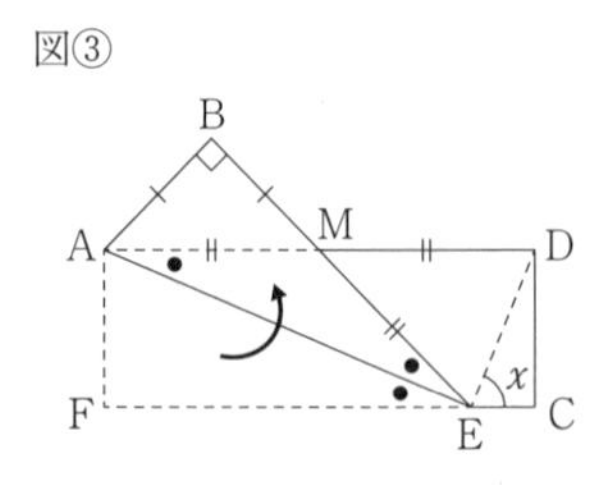

は等しいので，図③のように三角形MEDは二等辺三角形である。ここで，三角形AMBは直角二等辺三角形なので，角BMAは45度であり，角DMEも45度となる。すると，角MDEの大きさは，(180－45)÷２＝67.5(度)であり，MDとECは平行だから，角MDEと角xの大きさは等しい。よって，角xの大きさは67.5度と求められる。

4 グラフ—速さ

⑴　問題文中のグラフより，自転車は，70－58＝12(分間)で，15－12＝３(km)進む。３kmは，３×1000＝3000(m)なので，自転車の速さは分速，3000÷12＝250(m)とわかる。

⑵　Ａさんが休けいしなければ，家から15km(＝15000m)先の目的地まで，15000÷250＝60(分)かかる。実際には，休けいした時間をふくめて70分かかったので，休けいした時間は，70－60＝10(分間)である。

5 立体図形—分割，体積，表面積

⑴　立方体をＡ，Ｂ，Ｃを通る平面で切断すると，切り口は右の図１の太線となる。ACとBD，ABとCDはそれぞれ平行で，AG，BH，AE，CHの長さは等しいから，直角三角形GAC，直角三角形HBD，直角三角形EAB，直角三角形HCDはすべて合同とわかる。よって，切り口の四角形はすべての辺の長さが等しく，対角線ADとBCの長さは異なるので，ひし形である。

図１
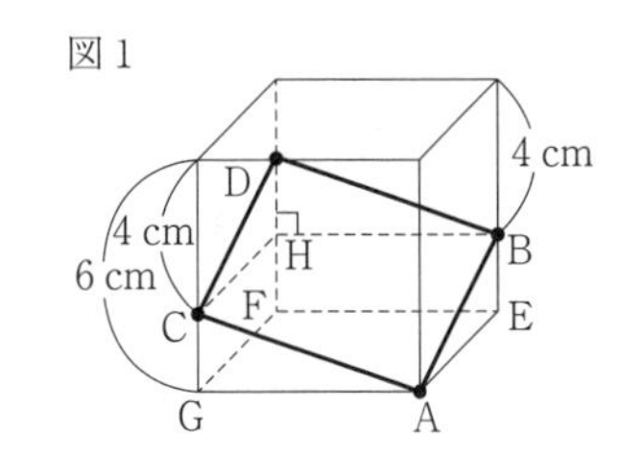

⑵　切断されてできた２つの立体のうち，下の方が小さい。図１で，CGとBEの長さは，６－４＝２(cm)で，DFの長さは，２＋２＝４(cm)である。図１の下の方の立体をもう１つ作り，組み合わせると，右の図２のような直方体となる。この直方体の体積は，６×６×４＝144(cm^3)なので，小さい方の立体の体積は，144÷２＝72(cm^3)とわかる。

図２
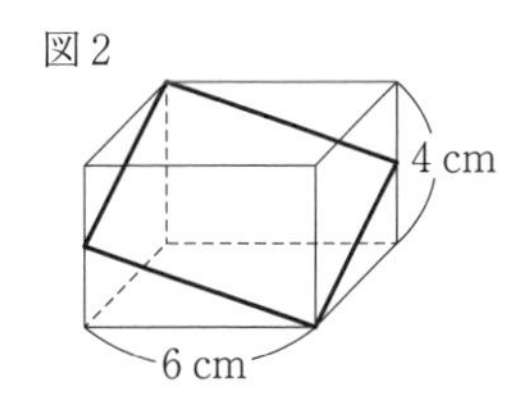

⑶　図１の大きい方と小さい方の立体で，面DCABの面積は等しい。また，大きい方の立体の上の面と，小さい方の立体の下の面は，合同な正方形である。さらに，立方体の後ろの面は，右の図３のようになるので，大小の立体で後ろの面の面積は等しい。同様に，図１の左の面も大小の立体で面積は等しい。以上から，前の面と右の面の面積の差が，大小の立体の表面積の差となる。前の面の面積の差は，たて４cm，横６cmの長方形の面積と等しくなり，大きい立体の方が，４×６＝24(cm^2)大きい。同様に，右の面も大きい立体の方が24cm^2大きい。よって，大きい立体の表面積の方が，24×２＝48(cm^2)大きいとわかる。

図３
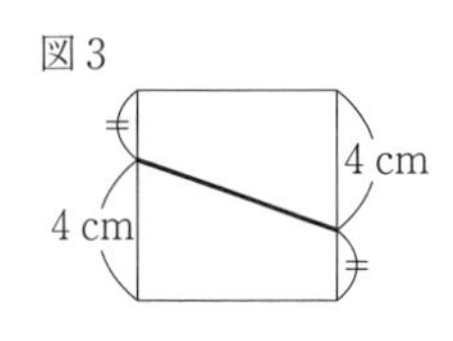

6 表—集まり

⑴　下の表②の太線で囲んだ部分に注目すると，３年Ｃ組の中で，１年生のときも２年生のときもＣ組だった生徒は２人いるとわかる。

⑵　３年間でＣ組になったことがある生徒の人数は，１年生か２年生でＣ組になった生徒の人数と，３年生ではじめてＣ組になった生徒の人数の和となる。１年生か２年生でＣ組になった生徒は，下の表①でかげをつけた部分の生徒なので，その人数は，６＋７×３＋８×２＋９×２＋10=71(人)である。また，３年生ではじめてＣ組になった生徒は，表②でかげをつけた部分の生徒なので，そ

の人数は，１×６＋２×９＋３＝27(人)となる。よって，３年間でＣ組になったことがある生徒の人数は，さち子さんもふくめて，71＋27＝98(人)だから，さち子さんが３年間で同じクラスになったことがある生徒の人数は，98－１＝97(人)とわかる。

表①

３年生全体

2年＼1年	A	B	C	D	E
A	9	7	6	8	9
B	6	8	9	7	9
C	7	9	7	8	8
D	8	7	7	9	8
E	8	9	10	7	6

表②

３年Ｃ組

2年＼1年	A	B	C	D	E
A	1	2	2	1	2
B	2	2	1	3	1
C	2	1	2	1	1
D	1	2	1	1	2
E	2	1	1	2	2

社　会　＜第１回試験＞（理科と合わせて60分）＜満点：60点＞

解　答

[1] **問１** (1) **あ**　黒潮(日本海流)　**い**　親潮(千島海流)　(2)　イ　(3)　養殖漁業　(4)（例）　せまい施設内で育てるため，病気のリスクが高い。　(5)　**A**　ウ　**B**　イ　**C**　ア　(6)　ア　**問２** (1)　群馬県　(2)　安積疏水　(3)（例）　居住する家よりも一段高く，洪水のときに避難できる。　(4)（例）　流れが急で短い。　(5)　イ　**問３** (1)　ア　(2)　エ　(3)　エ　(4)　ウ　[2] **問１**　ウ　**問２** (1)　ウ→イ→ア　(2)　銅鐸　**問３**　校倉造　**問４**（例）　納められた税を運ぶさいにつけられた。　**問５**（例）　遣唐使が廃止され，中国との交流がとだえてしまったから。　**問６**　イ　**問７**　エ　**問８**　ア　**問９** (1)　ウ　(2)　西廻り航路　**問10**（例）　日本の近代化を示して，条約改正を進めるため。　**問11** (1)　エ　(2)　イ　**問12**　電気洗濯機　[3] **問１**　財務省　**問２**（例）　一般の銀行に対して，銀行の役割をはたす。(政府のお金を預かり，出し入れをする。)　**問３**（例）　価値を長く保存することができる。　**問４**　イ　**問５** (1)　エ，オ　(2)　ウ

解　説

[1] 日本の国土や水資源，産業についての問題

問１ (1) **あ**　日本海流は日本列島の太平洋側を北上する暖流で，遠目に濃い藍色に見えることから，黒潮ともよばれる。　**い**　千島海流は千島列島から日本列島の太平洋側を南下する寒流で，栄養分が多く，多くの魚介類を育んでいることから，親潮ともよばれる。　なお，東日本の太平洋沖には日本海流と千島海流がぶつかる潮目(潮境)があり，好漁場になっている。　(2)　リアス海岸は，山地だったところが海に沈みこみ，谷だったところに海水が入りこんでできた出入りの複雑な海岸地形で，日本では三陸海岸南部(岩手県・宮城県)，宇和海沿岸(愛媛県)，志摩半島南部(三重県)，若狭湾沿岸(福井県・京都府)などで見られる。児島湾(岡山県)は干拓事業で知られる湾で，リアス海岸は見られない。　(3)，(4)　育てる漁業のうち，魚介類をいけすなどの区切られた場所で，卵や稚魚の状態から人工的に管理し，成長させて出荷するものを養殖漁業(養殖業)という。養殖漁業は魚介類がせまい場所に密集するので，病気になったときに急速に伝染してしまうおそれがある。また，えさの食べ残しやふんが養殖場周辺の海を汚してしまうという問題点もある。

(5)　**A**　やや大型の船を使い，おもに200海里(約370km)の排他的経済水域内で行う漁業を沖合漁業という。水産資源の減少などのため，1980年代をピークに漁獲量は激減したが，日本の漁業の中心となっている。　**B**　大きな水産会社などが，大型の船で船団を組んで遠くの海で行う漁業を，遠洋漁業という。石油危機(オイルショック)による燃料代の値上がりや，各国が排他的経済水域を設定したことで，1970年代後半以降，おとろえていった。　**C**　小型の船を使って近海で行う漁業を，沿岸漁業という。小規模な経営体が多く，漁獲量も減少傾向ながら，大きな変化はない。

(6)　成田国際空港は千葉県北部にある空港で，輸出入額を合わせた貿易額が日本の港の中で最も多い。航空機での輸送であるため，貿易品目はカメラなどの科学光学機器や通信機，医薬品など，小さく軽いが高価なものが中心となっている。なお，イは名古屋港，ウは神戸港，エは横浜港。統計資料は『日本国勢図会』2021／22年版による。

問２　(1)　群馬県は野菜の栽培がさかんで，キュウリ，キャベツ，ホウレンソウの生産量が全国第２位，ナス，レタス，ハクサイの生産量が全国第３位などとなっている。統計資料は『データでみる県勢』2022年版による。　(2)　安積疏水は，福島県郡山市とその周辺に広がる安積原野に水を供給するため，猪苗代湖から水を引いてつくられた。　(3)　木曽川・揖斐川・長良川という木曽三川が集中して流れ，洪水の被害に悩まされてきた濃尾平野南西部では，イラストのように堤防で囲まれた輪中とよばれる集落が発達した。輪中では，ふだん居住する家である母屋のほか，洪水のさいの避難場所として水屋が設けられた。水屋の中には，避難生活のさいに用いる食料や生活用品，水が引くまでの移動用の小舟などが備えられていた。　(4)　国土に占める山地の割合が大きく，南北に細長い日本列島を流れる河川は，外国の河川に比べて長さが短く，流れが急という特色がある。　(5)　水力発電所は，川の上流～中流に築かれたダムに併設されることが多いので，内陸の山間部に分布している。

問３　(1)　瀬戸内工業地域は，岡山県・広島県・山口県・香川県・愛媛県の瀬戸内海沿岸に広がる工業地域で，岡山県や山口県に大規模な石油化学コンビナートが立地していることから，比較的化学工業の生産額の割合が高い。なお，イは関東内陸工業地域，ウは北九州工業地域，エは中京工業地帯。　(2)　日本海側に位置する鳥取市は，北西の季節風の影響で冬の降水(雪)量が多くなる日本海側の気候に属している。冬の平均気温が０℃を下回るほど寒くはならないので，エがあてはまる。　(3)　2021年，固有種・絶滅危惧種が見られることや，生物多様性が豊かであることなどが評価され，「奄美大島，徳之島，沖縄県北部及び西表島」がユネスコ(国連教育科学文化機関)の世界自然遺産に登録された。なお，屋久島(鹿児島県)は1993年，小笠原諸島(東京都)は2011年，知床(北海道)は2005年に世界自然遺産に登録された。　(4)　明治40年の地形図でも現在の地形図でも，「上柏戸」付近には，ほぼ同じ場所に神社(⛩)や寺院(卍)が見られる。

2　各時代の歴史的なことがらについての問題

問１　弥生時代に入って稲作が広まると，共同作業である稲作を指導する者が現れ，これにともなって身分の差が生まれるようになった。また，収穫量の差による貧富の差も生まれていった。よって，ウが間違っている。

問２　(1)　ウは田下駄とよばれる道具で，ぬかるんだ田で泥に沈まずに田植えを行うさいに使用された。田植えをして育った稲は，イの石包丁を使って刈りとった。刈りとった稲からもみをとったのち，アにある臼に入れて杵でつき，もみがらをとって玄米にした。　(2)　銅鐸はつり鐘の形をした青銅器で，弥生時代に祭器として用いられたと考えられている。

問３　東大寺(奈良県)の正倉院には，断面が三角形の木材を組んで壁とする，校倉造という建築方法が用いられている。

問４　資料の木簡には，住所と戸主の名前に加え，「白米五斗」「調塩三斗」などの文字が書かれている。奈良時代には律令制度にもとづいた政治が行われ，農民には収穫した稲の約３％を納める租や，地方の特産物を納める調などの税が課された。木簡は，これらの税を納めるさいの荷札に用いられたと考えられている。

問５　菅原道真の進言によって894年に遣唐使が廃止されると，唐(中国)の文化の影響が弱まり，日本の風土や習慣に合った日本風の文化である国風文化がさかえた。

問６　鎌倉時代にあたる13世紀後半，モンゴル帝国の皇帝フビライ・ハンは中国に元を建国し，日本に服属を求めて使者を送ってきたが，鎌倉幕府の第８代執権北条時宗がこれを強く断ったことから，二度にわたり大軍を派遣して日本に攻めてきた(元寇)。1274年に行われた文永の役で，日本の武士は元軍の集団戦法やてつはうという火薬兵器に苦戦したが，これを追い返すことに成功した。その後，鎌倉幕府は博多湾沿岸一帯に石塁という石の壁を築いて沿岸の防備を固めた。これにより，1281年の弘安の役では元軍の上陸をはばむことができた。なお，大宰府は北九州に置かれた朝廷の出先機関，亀甲船は豊臣秀吉が行った朝鮮出兵のさいに朝鮮の水軍が使用した軍船。

問７　室町幕府の第８代将軍足利義政は京都の東山に山荘をつくり，その中に銀閣(慈照寺)や東求堂同仁斎などを建てた。これらの建物には，畳をしきつめ，障子やふすまを仕切りとすることなどを特徴とする書院造が用いられた。よって，エが間違っている。なお，第３代将軍足利義満は京都の北山に山荘をつくり，その中に金閣(鹿苑寺)を建てた。

問８　ア　豊臣秀吉が1582年から始めた検地(太閤検地)では，ますやものさしの基準が統一され，土地の生産力が石高として計算されたので，正しい。　　イ　座は商工業者の同業者組合で，寺社などに保護されて特権を得ていたが，多くの戦国大名は城下町での商売をさかんにするために座を廃止した。　　ウ　ポルトガル船は，江戸時代の1639年に来航が禁止された。　　エ　豊臣秀吉の行った朝鮮出兵の１回目は文禄の役(1592～93年)，２回目は慶長の役(1597～98年)とよばれる。

問９　(1)　ア　米と麦の二毛作は，鎌倉時代に西日本で始まった。　　イ　荘園ごとに地頭が置かれ，地頭が年貢の取り立てを行って農民を支配したのは鎌倉時代のことである。　　ウ　江戸時代には商人の経済力を利用した新田開発が行われ，年貢による収入が増えたので，正しい。　　エ　明治時代初めの1873年に地租改正が行われ，税は地価の３％を土地所有者が現金で納めることと定められた。　　(2)　蝦夷地(北海道)でとられ，松前藩が交易で得た海産物は，西廻り航路に就航した北前船で大阪まで運ばれた。西廻り航路は東北地方の日本海側から日本海沿岸を南下して関門海峡をまわり，瀬戸内海を経て大阪に至る航路で，江戸時代前半に河村瑞賢によって整備された。

問10　明治時代には，江戸幕府が欧米諸国と結んだ不平等条約の改正が外交課題とされた。外務卿(のちに外務大臣)の井上馨は，日本が近代化し，文明国になったことを欧米諸国に示すため，東京の日比谷に鹿鳴館という洋館を建て，外国人を招いて舞踏会を開くなどした。しかし，極端な西洋化政策(欧化政策)は国内外の反発を招き，条約改正交渉の助けにならなかった。

問11　(1)　ア　米騒動が起きた1918年には，輸出額も輸入額も増加している。　　イ　関東大震災が起こったのは1923年のことで，グラフ中で最も輸出額が多いのは1919年，輸入額が多いのは

1920年である。1923年の輸出入額はいずれも，これらの年の半分にはなっていない。　ウ　第一次世界大戦(1914～18年)の講和条約であるベルサイユ条約は，1919年にフランスの首都パリで結ばれた。グラフ中では，この年を境に輸入額が輸出額を上回っている。　エ　第一次世界大戦中の1917年に輸出額が初めて15億円をこえたので，正しい。　(2)　戦前の日本経済に特に大きな影響力を持った三井・三菱・住友・安田を，四大財閥という。本田は，日本を代表する自動車メーカーである現在の本田技研工業を指すと考えられるが，これは財閥にあてはまらない。

問12　写真に写っているのは洗濯板とたらいで，たらいに水をため，洗濯板に洗濯物をこすりつけて汚れを落とした。しかし，高度経済成長期の前半にあたる1950年代後半から電気洗濯機が家庭に普及するようになると，それまで使われていた洗濯板とたらいは用いられなくなっていった。なお，この時代に普及した電化製品のうち，電気洗濯機と白黒テレビ，電気冷蔵庫は「三種の神器」とよばれて人気を集めた。

3　新紙幣を題材にした問題

問１　財務省は国の資金の管理や税に関する仕事を担当する省で，紙幣や硬貨に関する仕事も行っている。

問２　日本銀行には，紙幣を発行する「発券銀行」としての役割，景気対策として金融政策を実施する役割のほか，一般銀行との資金のやり取りを行う「銀行の銀行」としての役割，政府との資金のやり取りを行う「政府の銀行」としての役割がある。

問３　お金は物に比べて少ないスペースで保管でき，しかも長い間価値をたくわえておけるという利点がある。また，持ち運びやすいことや，価値の基準となり，異なる種類の物を同じ価値で交換できるということも，利点としてあげられる。

問４　ア　グラフⅠより，メキシコはクレジットカードもデビットカードも支出に占める割合が５％ほどで，合計しても日本のキャッシュレス決済の利用率より低くなる。　イ　グラフⅠより，ヨーロッパの国はどの国もデビットカードの利用率のほうが高いので，正しい。　ウ　グラフⅡより，50代以降，年代が上がるにしたがってキャッシュレス支払いを利用していない割合も高くなっている。　エ　グラフⅡより，キャッシュレス決済の利用率(キャッシュレス決済を利用していない人以外の割合)はすべての年代で上がっている。

問５　(1)　不景気になると，企業の収益が下がるので給料が下がったり，失業者が増加したりする。そのため消費が減少し，物が売れないので値下げが行われたり生産が縮小したりする。　(2)　一般に，不景気対策としては，国民や企業の持つお金を増やすような政策がとられる。そのため，政府は減税を行ったり，公共事業を増やして雇用の拡大をはかったりする。

理　科　＜第１回試験＞（社会と合わせて60分）＜満点：60点＞

解　答

1　Ⅰ　(1)　600cm^3　(2)　300g　(3)　12cm　(4)　12cm　(5)　18cm　(6)　22cm
Ⅱ　(1)　③　(2)　エ　(3)　⑥　V字谷　⑧　三角州　(4)　イ　(5)　イ　(6)　(例)　つぶとつぶのすき間が小さいから。　2　(1)　ウ　(2)　ウ　(3)　石灰水　(4)　(例)　空気より重い性質。　(5)　18倍　(6)　(例)　温度が上がると，とけにくくなる。　(7)　①

200mL　②　80%　**3** (1)　①　イ　②　ア　③　ウ　④　エ　(2)　ア，オ
(3)　カ　(4)　イ，ウ　(5)　**種子**…×　**理由**…(例)　めしべもおしべもないので，受粉することができないから。

解　説

1 **重心とてこのつりあい，流れる水のはたらきについての問題**

Ⅰ　(1)　角材は，縦５cm，横24cm，高さ５cmの直方体だから，体積は，５×24×５＝600(cm^3)になる。

(2)　角材１cm^{3}あたりの重さが0.5ｇなので，600cm^{3}の角材の重さは，600×0.5＝300(ｇ)である。

(3)　角材Ａは均一な直方体だから，重心は真ん中にある。図２で，角材Ａが机から落ちるのは，角材Ａの重心が机のはしから出たときである。よって，(ア)の長さは，24÷２＝12(cm)となる。

(4)　(3)と同様に，角材Ｃが落ちるのは，角材Ｃの重心が机のはしから出たときである。したがって，図３の(イ)の長さは，24÷２＝12(cm)になる。

(5)　角材Ｂと角材Ｃを１つの角材と見なしたときの重心の位置をＸとして，重心Ｘが角材Ａの右はしに一致(いっち)するときのようすを図に示すと，右の図①のようになる。角材Ｂの重心は，角材Ｂの左はしから12cmの位置にあり，角材Ｃの重心は，角材Ｂの右はしの真上にある。ここで，角材Ｂと角材Ｃは同じ重さだから，重心Ｘの位置は，角材Ｂの重心と角材Ｃの重心の真ん中にあり，角材Ｂの右はしから，12÷２＝６(cm)の位置にある。よって，図４の(ウ)の長さは，６＋12＝18(cm)とわかる。

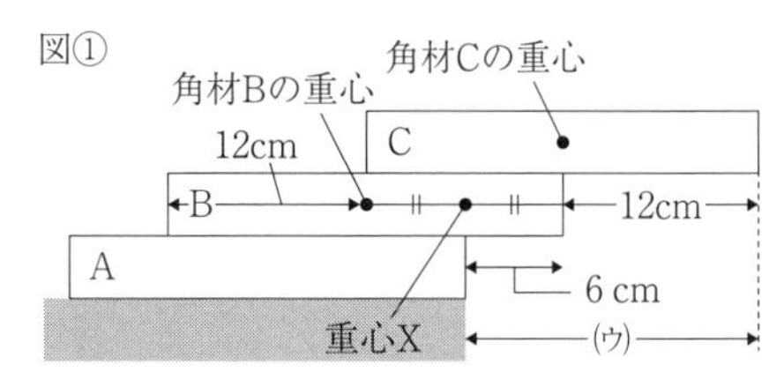

(6)　角材Ａと角材Ｂと角材Ｃを１つの角材と見なしたときの重心の位置をＹとして，重心Ｙが机の右はしに一致するときのようすを図に示すと，右の図②のようになる。重心Ｙは，角材Ａの重心にかかる重さと，重心Ｘにかかる重さがつりあう点だから，それぞれの重心の位置から重心Ｙまでの長さは，重心にかかる重さの比の逆比で求めることができる。ここで，角材Ａの重心にかかる重さは300ｇ，重心Ｘにかかる重さは，300×２＝600(ｇ)なので，それぞれの重心にかかる重さの比は，300：600＝１：２になる。これより，角材Ａの重心から重心Ｙまでの長さと重心Ｘから重心Ｙまでの長さの比は２：１となるから，重心Ｙは角材Ａの右はしから，$12\times\frac{1}{2+1}=$４(cm)の位置にある。したがって，図５の(エ)の長さは，18＋４＝22(cm)と求められる。

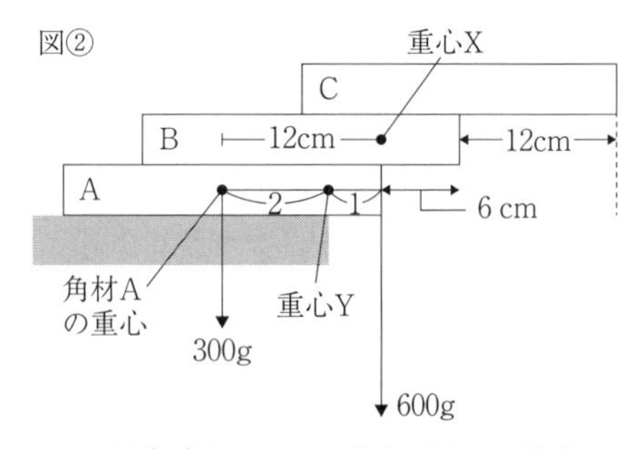

Ⅱ　(1)　まっすぐに流れる川では，水の流れは中央付近がもっとも速くなる。

(2)　川の曲がっている部分では，曲がりの内側より外側の方が水の流れが速い。そのため，外側ではけずるはたらきがさかんになり，内側よりも川の深さが深くなる。また，外側では土砂(どしゃ)を運ぶはたらきもさかんになるため，つぶの小さな石は流され，川底にはつぶの大きな石が残る。

(3)　⑥の地点は山間部の上流で，水の流れが速く，川岸や川底をけずるはたらきがさかんなため，Ｖ字形になったＶ字谷ができる。⑧の地点の河口付近では，川の流れがゆるやかになり，土砂が積

もって，三角形に近い平らな土地ができることがある。このような地形を三角州という。

⑷　流れる水のはたらきによってけずられた石は，はじめは角ばった形をしているが，流されていくあいだに川底や川岸でぶつかったり，石どうしがぶつかったりして角がとれ，丸みを帯びた形になる。したがって，地点⑥の石は地点⑦の石に比べて角ばった形をしている。

⑸　コップの水道水に塩をまぜると，コップ全体にひろがった小さなつぶがくっつき，小さなつぶが底にしずみやすくなる。

⑹　つぶの小さな土砂は，つぶの大きな土砂よりつぶとつぶのすき間が小さいため，水を通しにくくなる。そのため，つぶの小さな土砂でできた土地は保水力が高くなる。

2 酸素，二酸化炭素と呼吸についての問題

⑴　石灰石にうすい塩酸を加えると二酸化炭素が発生する。石灰石のおもな成分は炭酸カルシウムで，卵のからや貝がら，大理石には炭酸カルシウムがふくまれている。

⑵　図１のように，気体を水と置きかえて集める方法を水上置かん法という。

⑶　二酸化炭素を石灰水に通すと，水にとけにくい炭酸カルシウムができるので，石灰水は白くにごる。

⑷　二酸化炭素は空気よりも重いため，水そうに二酸化炭素を注ぐと，二酸化炭素は水そうの底の方からたまっていく。二酸化炭素にはものを燃やすはたらきがないため，炎(ほのお)が水そうの底に近い低いろうそくから順に火が消えていく。

⑸　表１より，60℃の水１mLにとける体積は，酸素は0.020mL，二酸化炭素は0.36mLだから，二酸化炭素は酸素の，0.36÷0.020＝18(倍)とける。

⑹　表１より，酸素と二酸化炭素のいずれも，温度が高くなるほど，水にとける体積が小さくなることがわかる。

⑺　①　酸素の割合が20％の空気10Lにふくまれている酸素の体積は，$10\times\frac{20}{100}=2$(L)である。２L＝2000mLで，このうち肺で10％が吸収されるのだから，肺で毎分吸収される酸素の体積は，$2000\times\frac{10}{100}=200$(mL)である。　②　表１より，20℃の水１mLに酸素は0.030mLとけるので，水200mLには酸素が，0.03×200＝６(mL)とけている。したがって，えらでは水中の酸素のうち，$\frac{4.8}{6}\times100=80$(％)を吸収できる。

3 花のつくりを決める遺伝子についての問題

⑴　アブラナやシロイヌナズナの花には，花の外側から順に，がく，花びら，おしべ，めしべがついている。

⑵　シロイヌナズナは，子ぼうの中にはいしゅがある被子(ひし)植物で，はいしゅが複数ある。また，シロイヌナズナは被子植物のうちの子葉が２枚の双子(そうし)葉類に属し，花びらは１枚ずつ離れている。このような花を離(り)弁花という。

⑶　がくがある場所１には遺伝子Ａのみがはたらく。また，花びらがある場所２には遺伝子Ａと遺伝子Ｂの両方がはたらき，おしべがある場所３には遺伝子Ｂと遺伝子Ｃの両方がはたらく。さらに，めしべがある場所４には遺伝子Ｃのみがはたらく。これよりカが選べる。

⑷　場所１から場所４のすべてのつくりががくになるためには，特ちょう１と特ちょう５より，すべての場所で遺伝子Ａだけがはたらかなければならないことがわかる。

⑸　おしべの花粉がめしべの柱頭につくことを受粉といい，受粉後に種子がつくられる。すべての

つくりががくになると，おしべとめしべがないので，種子をつくることができない。

国　語　＜第１回試験＞（50分）＜満点：100点＞

解　答

一　下記を参照のこと。　二　(1)　鼠(ねずみ)　(2)　歯(は)　(3)　小判(こばん)　(4)　収入　(5)　一，同　三　**問1**　(例)　言葉の意味はその人が何に関心を抱いているかで一人ひとりで違っているが，他の人とのあいだで「基礎的意味」を共有することで意思の疎通を図ることができるということ。　**問2**　ウ　**問3**　イ　**問4**　イ，エ　**問5**　ア　**問6**　(例)　チョウやセミ，ハチなどを，足が六本であるという他の生き物にはない共通の特徴があることに注目して，「昆虫」という名前で呼ぶこと。　**問7**　エ　**問8**　個々の具体的なもの　**問9**　(例)　わたしたち人間は言葉を通して，あらゆるものを思考の対象にできる力を獲得した，ということ。　四　**問1**　イ　**問2**　(例)　亮たちが大会に参加することに対して面白くないと感じるスティーブの気持ち。　**問3**　ウ　**問4**　夏なのに，　**問5**　エ　**問6**　(例)　いつも笑っていた誠が燃やされたサーフボードを前にして笑顔を失っているのを見て，いつもの誠にもどってもらうためには，なんとしても大会をあきらめてはいけないと亮が思ったこと。　**問7**　エ　**問8**　(例)　今までいっしょに大会を目指してきた誠に「お坊ちゃん」呼ばわりされ，突き放されたことへの怒り。　**問9**　ウ

●漢字の書き取り

一　(1)　家賃　(2)　潮流　(3)　幼　(4)　恩　(5)　専門

解　説

一　漢字の書き取り

(1)　家や部屋を借りるときにはらう代金。　(2)　潮の流れ。または，時代の傾向や時勢の動き。　(3)　音読みは「ヨウ」で，「幼児」などの熟語がある。　(4)　「恩返し」は，自分にとってよいことをしてくれた相手に対し，相応の行いでむくいること。　(5)　特定の分野を研究・担当する。

二　慣用句の完成，ことわざの完成，対義語の知識，四字熟語の完成

(1)　「袋の鼠(ねずみ)」は，追いつめられてのがれられない状況のこと。　(2)　「歯が立たない」は，“相手や取り組むべき問題が自分の力量をはるかに超えていてとてもかなわない”という意味。　(3)　「猫に小判」は，価値のわからない人に貴重なものを与えても意味がないこと。
(4)　「支出」は，金銭などを支払うこと。対義語は，金銭などが入ることを意味する「収入」である。　(5)　「一心同体」は，複数の人間が心を一つにして一人の人間のように結びつくこと。

三　出典は藤田正勝の『はじめての哲学』による。人間が，言葉の「基礎的意味」を共有していることで意思の疎通を図っていることや，事物を共通の特徴によってカテゴリー化し，普遍的な言葉をもつことによって世界を広げたことが説明されている。

問1　ぼう線①の前後にあるように，言葉の意味は，「その人が何に関心を抱いているか」によって「一人ひとりで違って」くるが，言葉のなかにある「基礎的意味」を他の人と共有することで，

私たちは互いに「意思の疎通を図る」ことができるようになる。

問２　雨に濡れたあじさいが特に美しく感じられることを，「雨のなかに咲くあじさいの花を見たことがない人」に伝えようとしても，「花の独特の色合い」や「緑が濃くなった葉の美しさ」などを「ことば」で表現するのは難しい。しかし，私たちは「既存のことば」に「何とか新しい意味を込めて」言い表そうと試みるのである。

問３　音や状態を言語で表した擬音語や擬態語なら「その音とそれが意味するものとのあいだに，何かしらつながりがありそうにも」思えるが，「ツクエ」や「イス」の場合は，音声とそれが意味する机や椅子との間につながりを見出すことはできないため，「むずかしい問題」といえる。

問４　「ツクエ」が机を意味し，「イス」が椅子を意味するように，「一つひとつのことば」が意味しているものと「密接に結びつい」ている場合はシステムの中にあるといえるが，「コチコチ」や「トントン」のように「そもそも言葉ではなく，理解の対象とはならない音」や，「外国語」のように意味の理解できないものはこのシステムの中に入らないと考えられる。よって，イとエが選べる。アの「太郎」はその犬を意味しているとわかるし，ウは「番号」が特定のクラスを意味しているとわかる。オは「すみません」が謝る気持ちを表すものだとわかるので，システムの中にあるといえる。

問５　鉛筆の場合は，長くても短くても色鉛筆でも，芯があって字や絵を書くものという共通した特徴によって「ひとまとめにして鉛筆ということば」で呼ぶことができる。つまり，言葉は，「個々の具体的なものを一般的な概念のもと」に「一つの階層化されたネットワークを形成」する「類」ないし「カテゴリー」に分類するはたらきがある。よって，イとウとエは，この言葉のはたらきとしてあてはまる。アは，「音楽のように」が正しくない。

問６　ぼう線⑥は「個々のものを，それらがもつ共通の特徴によって一つのまとまりにする」ことを表している。アリやカブトムシなどを足が六本であるという共通の特徴によって「昆虫」と呼んだり，背骨を持ち，母乳で子どもを育てる動物を「ほ乳類」と呼ぶことなどが，生きものをたとえに用いた「カテゴリー化」といえる。

問７　ぼう線⑦の直前に，「個々のものを類に分け，それに名前を付与すること」によって人間が言葉を使えるようになったとある。共通の特徴によってものごとを一つのまとまりにして，それを言葉で表すことがこれにあたる。よって，エがふさわしい。アは，「自分の所有物として使いやすくした」が誤り。

問８　「ある特定のもの」は「類全体」の中の「個物」である。つまり，それは「一般的な概念のもと」に集められる前の「個々の具体的なもの」のことである。

問９　人間は「基礎的意味」を共有し，「類全体」に「普遍的な意味」を与えてきた。さらに「普遍的な言葉」を使うことで，身の回りにあるものだけではなく，「過去に存在したすべてのこと，未来に存在するかもしれないすべてのこと」まで考えられるようになった。つまり，「存在しうるものすべて」だけではなく「存在しないものも含めてあらゆるもの」まで考えたり想像したりすることができるようになった。このように，言葉を通して思考の対象が広がったということをぼう線⑨は意味している。

四　**出典は南田幹太の『Surf Boys 伝説になった12歳の夏』による。**1960年代の鎌倉で，狸ヶ崎のビーチを占領してしまおうとたくらむアメリカ人のスティーブに対抗するため，小学校六年生の亮と漁師の息子の誠はサーフィン大会に出ようとする。

問１　内田さんに申し出る前の誠と亮が「子どもだから断られるのではと，心配していた」とあることに着目する。誠と亮は，自分たちがサーフィン大会に出ることが認められるかどうか心配だったが，とにかく自分たちの気持ちを伝えてみようという思いで，内田さんに近づいたのである。

問２　ぼう線②の次の文に「視線の主」がスティーブであったと書かれている。「暗い視線」とあることから，ビーチを占領しようとたくらんでいるスティーブにとって，亮と誠の行動はそれを邪魔しようとする不愉快なものであったと考えられる。

問３　誠は，「丹精込めて作った」サーフボードに火をつけられ，「黒焦げ」にされたショックがあまりに大きく，亮といっしょに怒ることができなかったと考えられるので，ウの内容が合う。

問４　直後に「子どものくせに，あの三人と勝負しようと思ったこと自体，やっぱり無茶だったんだ」とあることから，亮がサーフィン大会に出ようとしたことを後悔していることが読み取れる。昨夜も亮は，海に出たら「たったひとりで闘わなくてはならない」とおそろしくなり，大会に出ると言ったことを後悔して，「夏なのに，背中にゾワゾワと悪寒が走る」という経験をしている。

問５　亮は，怒りにまかせて自分の思いを話し続けたが，背中を丸めている誠を見て「本当につらいのは，誠のほうなのだ」と気づいた。亮は，自分より「誠のほうがずっと悔しい」のに，その気持ちも考えずに，自分の思いばかりを話していたことを誠に謝ったと考えられる。

問６　亮は，自分と誠がサーフィン大会に出ようとしていたことを後悔したが，いつも笑っている誠から笑顔が消えていることに気づき，誠が笑顔で亮の「緊張を解いて」くれたり，怖がる自分を「笑わそうとして」くれたりしたことを思い出した。笑顔を失い，力なく海を見つめている誠を元気にするためにも，亮は大会に出場するのをあきらめるべきではないと思い直したのである。

問７　誠は「もう一度作らないか」という亮の言葉の意味がすぐには理解できず，「作るって，何をさ」と問い直している。誠は，サーフボードを作る大変さを体験して知っているだけに，軽々しくサーフボードを作ろうと言い出した亮を見下すような気持ちになったと考えられる。

問８　少し前に「亮は自分を落ち着かせようとして，息を飲み込んだ」とあることに着目する。誠は，サーフボードを二人で作ろうと提案した亮を「冷たい目」で見て，「おまえなんかに，何ができるんだよ」と言った。亮は，一度は感情を静めようとしたが，「お坊ちゃんには無理だ」と突き放されたことで，怒りが抑えられなくなり，思わず怒鳴ってしまったのである。

問９　誠と亮は，共にサーフィン大会に出ることを目指していたが，サーフボードを燃やされ，もう一度作ろうと亮が提案したことがきっかけで，二人の心はすれ違い始めた。そして，誠の心の中には，亮が「きれいな家に住んで」いて，兄が「私立の中学」に通っているといったことなどが思い出され，漁師の子である自分と亮とでは「住む世界がちがう」と切実に感じられたのである。

2022年度　品川女子学院中等部

〔電　話〕 (03) 3474－４０４８
〔所在地〕 〒140-8707　東京都品川区北品川３－３－12
〔交　通〕 京浜急行─「北品川駅」より徒歩２分
JR各線─「品川駅」より徒歩12分

【算　数】 **〈算数１教科試験〉** (60分) 〈満点：100点〉

(注意) 円周率は3.14とする。

次の □ にあてはまる数を答えなさい。

1 「面積が2022cm^{2}の正方形の１辺の長さは(ア)cmよりも長いです。」
(ア)に入る最も大きい整数は □ です。

2 整数 □ の約数をすべてたすと７になります。

3 みかんがいくつかあり，袋に詰(つ)めていきます。１枚の袋に５個ずつ入れると袋を使い切り，みかんは７個あまります。１枚の袋に６個ずつ入れると，最後に詰めた袋には３個だけ入り，何も入っていない袋が１枚できます。用意した袋は □ 枚です。

4 $\left\{1.56-(17.04-15.88)\div 2\frac{1}{14}\right\}-\left(\frac{1}{3}+\frac{5}{8}\right)\times\frac{4}{23}=$ □

5 Ａさんは冬休みの宿題に出された計算ドリルに毎日取り組むことにしました。初めの６日間は全体のページ数の$\frac{1}{12}$にあたる量を毎日やっていましたが，７日目からは１日にやる量を２ページ増やしたので，宿題に取り組んでから10日目でちょうど終わりました。計算ドリルは全部で □ ページあります。

6 ３桁(けた)の整数の中で，３，４，５，６のどの数で割っても割り切れる数は □ 個あります。

7 次の数字の列は１から200までの整数を１から小さい順に区切らずに並べていったものです。

12345678910111213141516171819202l……199200
　　　　　　　　　↑

↑で示した数字の１は左から数えて18番目の数字で，数字の１だけを数えていくと７個目の１です。左から数字の２だけを数えていくと20個目の２は左から数えて □ 番目の数字です。

8 ある川のＡ地点とその3.6km下流のＢ地点の間をボートで行き来します。このボートで進むと，Ａ地点からＢ地点まで12分，Ｂ地点からＡ地点まで18分かかります。この川の流れの速さは時速 □ kmです。ただし，ボートの静水時の速さ，川の流れの速さはそれぞれ一定とします。

9　学年のそれぞれ異なる６人の小学生Ａさん，Ｂさん，Ｃさん，Ｄさん，Ｅさん，Ｆさんがいます。ＡさんはＢさんより１学年上，ＣさんはＤさんより１学年上，ＥさんはＢさんより２学年下のとき，Ｆさんは，［　　　］年生か［　　　］年生です。

10　ＡさんとＢさんがゲームをします。最初の持ち点を50点として，１回勝てば３点もらえ，負ければ２点引かれます。このゲームを15回行った結果Ａさんは75点で，Ｂさんは［　　　］点になりました。ただし，１回のゲームで引き分けはないものとします。

11　ＡさんとＡさんのお父さんの年齢（れい）の比は今からちょうど13年後に１：２になり，今からちょうど19年後に５：９になります。Ａさんのお父さんの今の年齢は［　　　］歳（さい）です。

12　$1\frac{2}{7}-\left(0.7-\frac{2}{15}+\frac{1}{2}\times\boxed{}\right)\div1\frac{3}{4}=\frac{11}{105}$

13　合同な正三角形８個を図のように組み合わせた立体を正八面体といいます。図の３つの四角形BCDE，ABFD，ACFEはすべて正方形になります。BDの長さが４cmのとき，この正八面体の体積は［　　　］cm^3です。ただし，四角すいの体積は(底面積)×(高さ)×$\frac{1}{3}$で求めることができます。

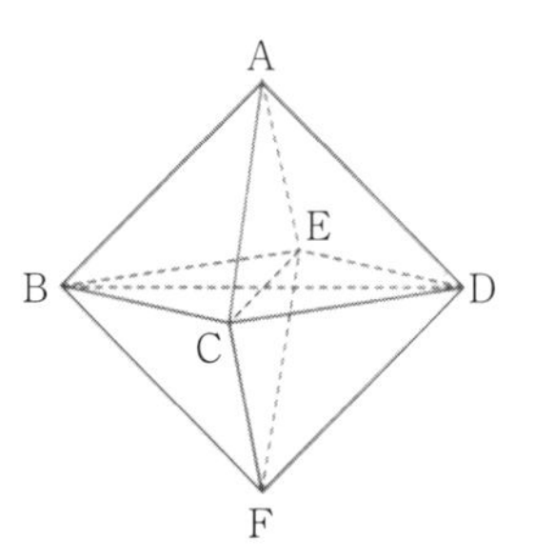

14　友達の誕生日パーティーをすることになったので，Ａさんが3200円，Ｂさんが1900円のプレゼントを買い，Ｃさんが誕生日ケーキを買いました。３人が支払（はら）った金額を同じにするためには，Ｂさんが，Ａさんに420円，Ｃさんに460円わたせばよいことがわかりました。Ｃさんが買った誕生日ケーキの代金は［　　　］円です。

15　ある学年の生徒は全部で100人です。100人全員に英語，算数，国語の３教科について，それぞれが得意か苦手かのどちらにあてはまるかを聞いたところ，英語が得意と答えた生徒が52人，算数が得意と答えた生徒が46人，国語が得意と答えた生徒が37人，すべての教科が得意と答えた生徒が７人，すべての教科が苦手と答えた生徒が３人いました。このとき，苦手教科が１教科の生徒は［　　　］人です。

16　図は点Ｏを中心とする円です。２点ＰとＱが点Ａを同時に出発し，円周上を時計まわりに一定の速さで進みます。円を１周するのに点Ｐは20秒，点Ｑは30秒かかります。三角形OPQの面積がはじめて最大となるのは２点ＰとＱが点Ａを出発してから［　　　］秒後です。

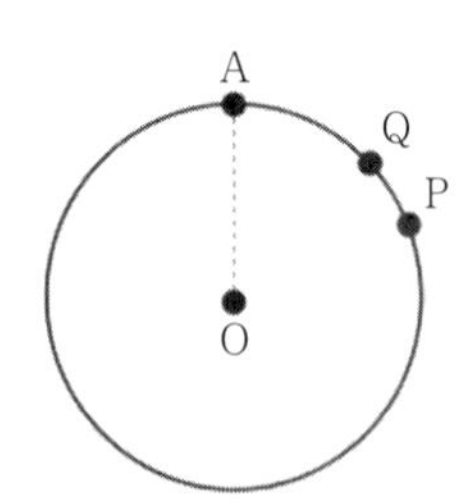

17　厚さ１cmの板で図のような直方体の形をした，ふたのない容器を作りました。この板の１cm^3あたりの重さは２ｇです。容器の重さは［　　］ｇです。

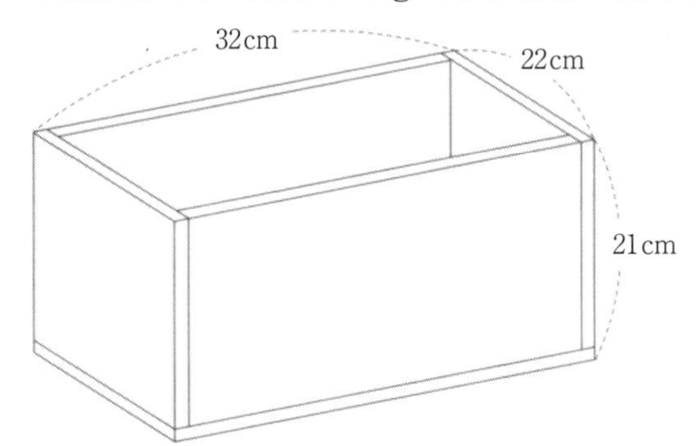

18　10円玉と50円玉と100円玉が合わせて56枚あり，合計金額は2400円です。10円玉の枚数は50円玉の枚数の３倍です。50円玉は［　　］枚あります。

19　図のようにおうぎ形の中に１辺の長さが６cmの正方形があります。正方形の頂点はすべておうぎ形の周上にあります。このとき斜(しゃ)線部分の面積は［　　］cm^2です。

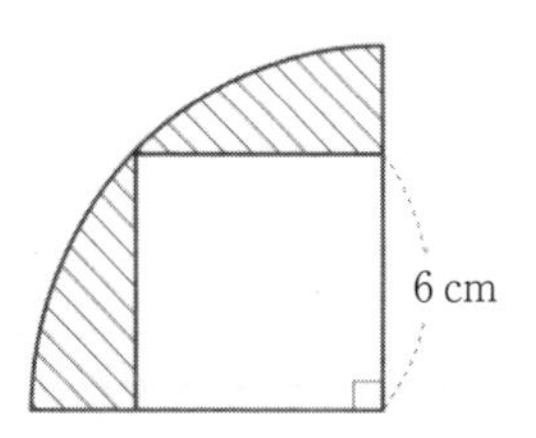

20　図のマス目はすべて同じ大きさの正方形です。角xの大きさは［　　］°です。

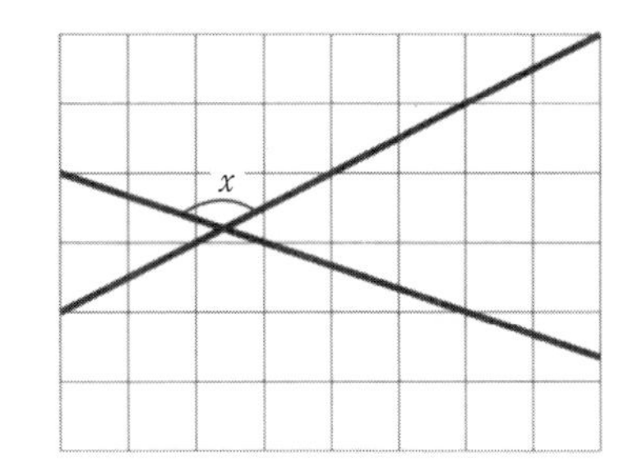

21　○のなかにかかれている数は，○から点線にそってとなりあう○に引かれる線の本数を表しています。たとえば，**図１**の場合は**図２**のように全部で４本の線を引くことができます。**図３**の場合，全部で［　　］本の線を引くことができます。

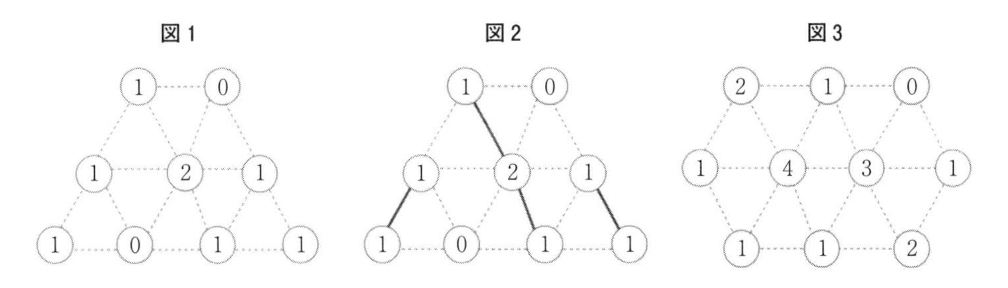

22　図のような直角三角形の形をした枠(わく)に，１辺の長さが10cmの正方形の形をしたタイルを直角がぴったり合うように左下からしきつめていきます。枠からはみ出ないようにしきつめることのできるタイルは全部で［　　］枚です。

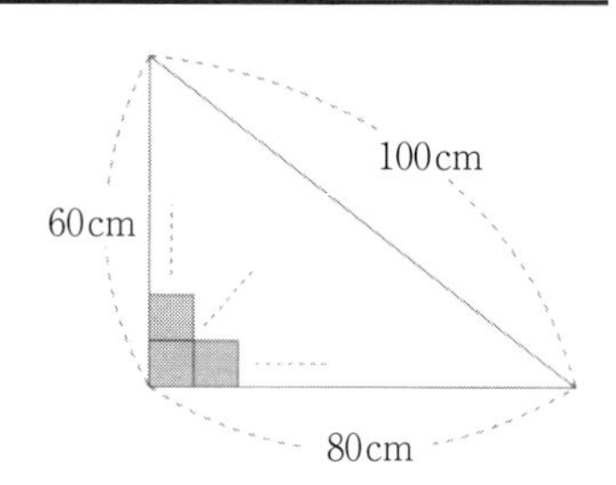

23　４けたの整数のうち，1221のように２種類の数字が２個ずつ現れるものは［　　］個あります。

24　Ｓさんのクラスの生徒には，男女に関係なく五十音順に，１番から順番に出席番号がついています。クラス全員に立ってもらい，次の順番で座っていきました。

①　出席番号が２の倍数の生徒は座る。

②　まだ立っている生徒のうち，出席番号が３の倍数の生徒は座る。

③　まだ立っている生徒のうち，出席番号が素数(そすう)の生徒は座る。

（※素数とは，１とその数自身のほかに約数がない整数のこと。ただし，１は素数に含(ふく)みません。）

すると，クラスで立っている生徒は，２人だけになりました。

(1)　立っている生徒の出席番号は，［　　］番と［　　］番です。

(2)　クラスの人数として考えられる最大の人数は［　　］人です。

2022年度

品川女子学院中等部　▶解説と解答

算　数　＜算数１教科試験＞（60分）＜満点：100点＞

解　答

[1] 44　[2] 4　[3] 16枚　[4] $\frac{5}{6}$　[5] 48ページ　[6] 15個　[7] 175番目　[8] 時速３km　[9] ２年生，４年生　[10] 40点　[11] 35歳　[12] 3　[13] $10\frac{2}{3}\text{cm}^3$　[14] 3240円　[15] 24人　[16] 15秒後　[17] 5568ｇ　[18] 10枚　[19] 20.52cm^2　[20] 135度　[21] ８本　[22] 18枚　[23] 243個　[24] (1) １番，25番　(2) 34人

解　説

[1] 面積，長さ

44×44＝1936，45×45＝2025より，面積が2022cm^2の正方形の１辺の長さは，44cmより長く，45cmより短いから，(ア)に入る最も大きい整数は44とわかる。

[2] 約数

７より小さい整数について，約数と，それらをすべてたした和を調べると，右のようになるので，約数をすべてたすと７になる整数は４とわかる。

1…1
2…1＋2＝3
3…1＋3＝4
4…1＋2＋4＝7
5…1＋5＝6
6…1＋2＋3＋6＝12

[3] 過不足算

１袋(ふくろ)に６個ずつ入れると，最後の袋に３個だけ入り，何も入っていない袋が１枚できるので，みかんがあと，(６－３)＋６＝９(個)多ければ，すべての袋に６個ずつ入ることになる。１袋に５個ずつ入れるときと６個ずつ入れるときで，袋に入るみかんの個数の差は，９＋７＝16(個)となる。このとき，１袋あたりの個数の差は，６－５＝１(個)だから，用意した袋の枚数は，16÷１＝16(枚)と求められる。

[4] 四則計算

$$\left\{1.56-(17.04-15.88)\div 2\frac{1}{14}\right\}-\left(\frac{1}{3}+\frac{5}{8}\right)\times\frac{4}{23}=\left(1.56-1.16\div\frac{29}{14}\right)-\left(\frac{8}{24}+\frac{15}{24}\right)\times\frac{4}{23}=\left(1.56-\frac{116}{100}\times\frac{14}{29}\right)-\frac{23}{24}\times\frac{4}{23}=\left(1.56-\frac{14}{25}\right)-\frac{1}{6}=(1.56-0.56)-\frac{1}{6}=1-\frac{1}{6}=\frac{5}{6}$$

[5] 相当算

初めの６日間で全体のページ数の，$\frac{1}{12}\times 6=\frac{1}{2}$にあたる量をやったので，７日目から10日目までの４日間でやったページ数は全体の，$1-\frac{1}{2}=\frac{1}{2}$となる。よって，この４日間は１日に全体の，$\frac{1}{2}\div 4=\frac{1}{8}$にあたる量をやったことになる。すると，全体のページ数の，$\frac{1}{8}-\frac{1}{12}=\frac{1}{24}$にあたるページ数が２ページとなるから，全体のページ数は，$2\div\frac{1}{24}=48$(ページ)と求められる。

[6] 倍数

３，４，５，６の最小公倍数は60である。３けたの60の倍数のうち，最も小さいものは，60×２＝120で，最も大きいものは，1000÷60＝16あまり40より，60×16＝960だから，３けたの60の倍数は，60×２，60×３，60×４，…，60×16となる。よって，その個数は，16－２＋１＝15(個)とわかる。

7 数列

数字の２は，１～９の中に１個あり，10～19までの中に１個ある。また，20～29の中には，十の位の２が10個あり，一の位の２は「22」の中に１個あるから，合わせて，10＋１＝11(個)ある。その後，30～39，40～49，50～59，60～69，70～79，80～89，90～99の中にはそれぞれ１個ずつあるから，１～99の中には全部で，１＋１＋11＋１×７＝20(個)ある。よって，左から20個目の２は，90～99の中に出てくる「92」の一の位とわかる。１～９の９個の数はそれぞれ数字１個でできており，10～92の，92－10＋１＝83(個)の数はそれぞれ数字２個でできているから，「92」の一の位の２は，左から数えて，１×９＋２×83＝175(番目)の数字である。

8 流水算

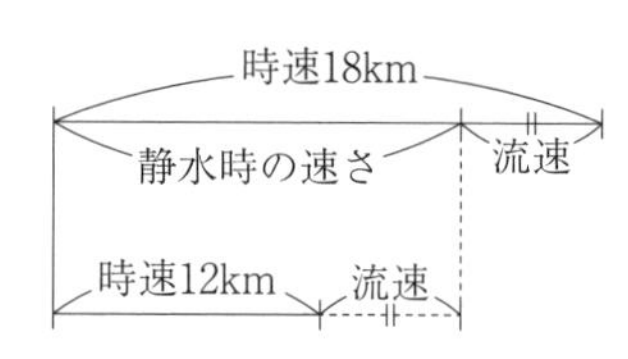

このボートは3.6kmを下るのに，12分＝$\frac{12}{60}$時間＝$\frac{1}{5}$時間かかるので，下りの速さは時速，3.6÷$\frac{1}{5}$＝18(km)である。また，3.6kmを上るのに，18分＝$\frac{18}{60}$時間＝$\frac{3}{10}$時間かかるので，上りの速さは時速，3.6÷$\frac{3}{10}$＝12(km)である。よって，右上の図より，川の流れの速さは時速，(18－12)÷２＝３(km)と求められる。

9 条件の整理

Ａさんは Ｂさんより１学年上，Ｅさんは Ｂさんより２学年下なので，（Ｅさん，Ｂさん，Ａさん）の学年は，㋐(１年，３年，４年)，㋑(２年，４年，５年)，㋒(３年，５年，６年)のいずれかとなる。㋐のときは，Ｃさんは Ｄさんより１学年上であることから，Ｃさんは６年生，Ｄさんは５年生と決まり，Ｆさんは２年生になる。㋑のときは，条件にあてはまるＣさんとＤさんの学年がない。㋒のときは，Ｃさんは２年生，Ｄさんは１年生と決まり，Ｆさんは４年生となる。よって，Ｆさんは２年生か４年生とわかる。

10 つるかめ算

Ａさんが15回とも勝ったとすると，Ａさんの点数は，50＋３×15＝95(点)となり，実際の点数よりも，95　75＝20(点)多くなる。勝ちが１回減って負けが１回増えると，点数は，３＋２＝５(点)少なくなるから，Ａさんの負けた回数は，20÷５＝４(回)で，勝った回数は，15－４＝11(回)と求められる。したがって，Ｂさんは４回勝って11回負けたから，Ｂさんの点数は，50＋３×４－２×11＝50＋12－22＝40(点)とわかる。

11 年齢算（ねんれい）

Ａさんとお父さんの年齢の差は変わらないから，13年後と19年後の年齢の比の差を右の図のようにそろえると，そろえた比の，５－４＝１が，19－13＝６(歳)にあたる。よって，13年後のお父さんの年齢は，６×８＝48(歳)だから，今のお父さんの年齢は，48－13＝35(歳)と求められる。

	Ａ　父		Ａ　父
13年後	１：２	→	４：８
	差１	×４	差４
19年後	５：９	→	５：９
	差４		差４

12 逆算

$1\frac{2}{7}-\left(0.7-\frac{2}{15}+\frac{1}{2}\times\square\right)\div1\frac{3}{4}=\frac{11}{105}$より，$\left(0.7-\frac{2}{15}+\frac{1}{2}\times\square\right)\div1\frac{3}{4}=1\frac{2}{7}-\frac{11}{105}=1\frac{30}{105}-\frac{11}{105}=1\frac{19}{105}=\frac{124}{105}$，$0.7-\frac{2}{15}+\frac{1}{2}\times\square=\frac{124}{105}\times1\frac{3}{4}=\frac{124}{105}\times\frac{7}{4}=\frac{31}{15}$，$\frac{1}{2}\times\square=\frac{31}{15}-\left(0.7-\frac{2}{15}\right)=\frac{31}{15}-\left(\frac{7}{10}-\frac{2}{15}\right)=\frac{62}{30}-\left(\frac{21}{30}-\frac{4}{30}\right)=\frac{62}{30}-\frac{17}{30}=\frac{45}{30}=\frac{3}{2}$　よって，$\square=\frac{3}{2}\div\frac{1}{2}=\frac{3}{2}\times\frac{2}{1}=3$

13 立体図形―体積

右の図で，正方形の面積は，(対角線)×(対角線)÷２で求められるから，正方形BCDEの面積は，４×４÷２＝８(cm²)である。また，AOとFOの長さはそれぞれ，４÷２＝２(cm)となる。したがって，図の正八面体は，底面積が８cm²で，高さが２cmの四角すいを２つ合わせた立体だから，その体積は，$8\times2\times\frac{1}{3}\times2=\frac{32}{3}=10\frac{2}{3}$(cm³)と求められる。

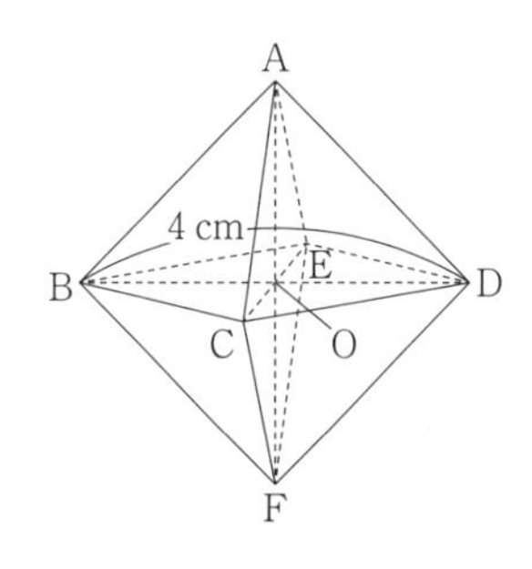

14 平均とのべ

Ｂさんが買ったプレゼントの代金は1900円で，ＢさんがＡさんに420円，Ｃさんに460円わたすと，３人の支払(しはら)った金額はそれぞれ，1900＋420＋460＝2780(円)で等しくなる。よって，ＣさんはＢさんから460円もらうと，支払った金額が2780円になるから，Ｃさんが買った誕生日ケーキの代金は，2780＋460＝3240(円)とわかる。

15 集まり

それぞれの教科を得意と答えた生徒について，右の図のように表すと，苦手教科が１教科の生徒の人数は，図のイ，エ，オの人数の和となる。また，ア＋イ＋エ＝52－７＝45(人)，イ＋ウ＋オ＝46－７＝39(人)，エ＋オ＋カ＝37－７＝30(人)なので，これらの和は，45＋39＋30＝114(人)となる。これは，(ア＋イ＋ウ＋エ＋オ＋カ)と(イ＋エ＋オ)を加えたもので，(ア＋イ＋ウ＋エ＋オ＋カ)は，100－７－３＝90(人)だから，イ＋エ＋オ＝114－90＝24(人)と求められる。

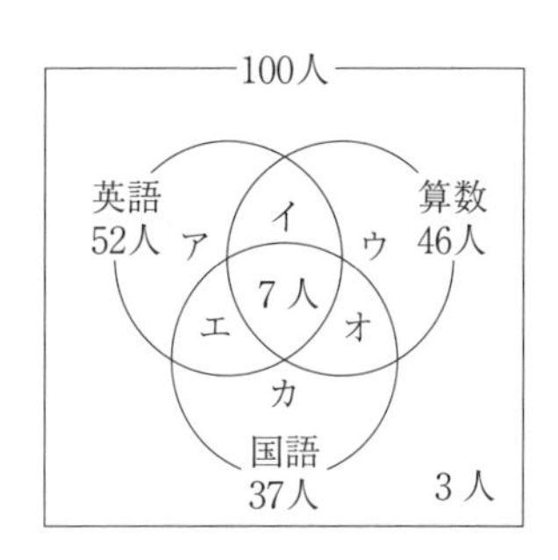

16 図形上の点の移動

OPの長さは一定なので，OPを底辺とみたときの高さが最大になるとき，三角形OPQの面積が最大となる。また，OPを底辺とみたときの高さは円の半径以下になる。よって，三角形OPQの面積がはじめて最大となるのは，右の図のように，角POQの大きさがはじめて90度になるときとわかる。１秒間に，角AOPの大きさは，360÷20＝18(度)，角AOQの大きさは，360÷30＝12(度)増えるから，１秒間に角POQの大きさは，18－12＝６(度)増える。したがって，三角形OPQの面積がはじめて最大となるのは，出発してから，90÷６＝15(秒後)である。

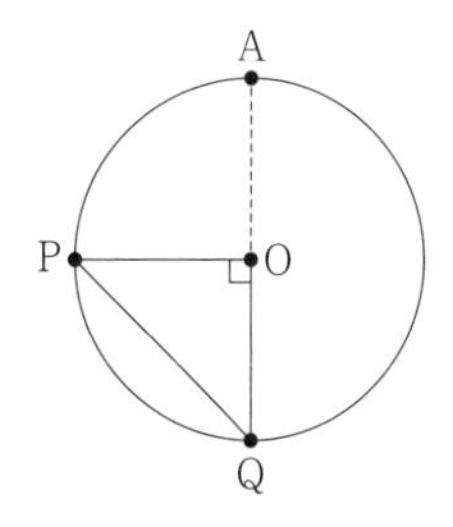

17 立体図形―体積

容器の内側もふくめた直方体全体の体積は，22×32×21＝14784(cm³)である。また，容器の内のりは，縦が，22－１×２＝20(cm)，横が，32－１×２＝30(cm)，深さが，21－１＝20(cm)だから，容器の容積は，20×30×20＝12000(cm^3)となる。よって，容器の板の体積は，14784−12000＝2784(cm^3)で，板１cm^{3}あたりの重さは２gだから，容器の重さは，２×2784＝5568(g)と求められる。

18 つるかめ算

10円玉の枚数は50円玉の枚数の３倍なので，10円玉３枚と50円玉１枚の合わせて４枚を１組とすると，１組の金額は，10×３＋50×１＝80(円)となる。また，56枚がすべて100円玉だとすると，合計金額は，100×56＝5600(円)となり，実際よりも，5600−2400＝3200(円)多くなる。ここから，100円玉を４枚減らし，10円玉３枚と50円玉１枚の組を１組増やすと，合計金額は，100×４−80＝320(円)減るので，10円玉３枚と50円玉１枚の組は，3200÷320＝10(組)あるとわかる。よって，50円玉は，１×10＝10(枚)ある。

19 平面図形―面積

問題文中の図で，おうぎ形の半径は正方形の対角線の長さと等しい。この長さを□cmとすると，正方形の面積は，６×６＝36(cm^2)であり，正方形の面積は，(対角線)×(対角線)÷２で求めることもできるので，□×□÷２＝36(cm^2)と表せる。よって，□×□＝36×２＝72となるから，おうぎ形の面積は，□×□×3.14×$\frac{1}{4}$＝72×3.14×$\frac{1}{4}$＝18×3.14＝56.52(cm^2)とわかる。したがって，斜線部分の面積は，56.52−36＝20.52(cm^2)と求められる。

20 平面図形―角度

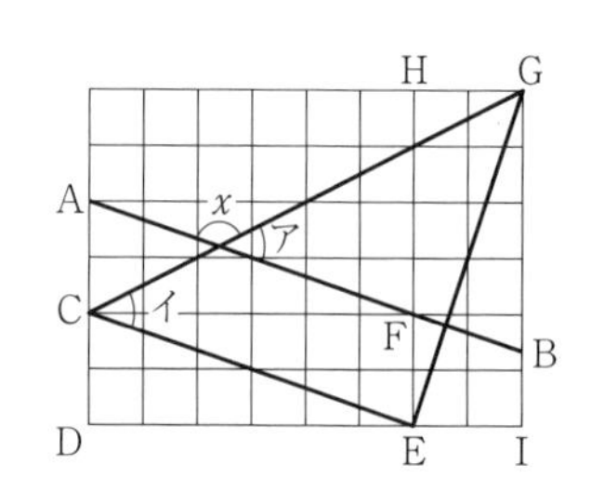

右の図で，ABの直線を２マス下に移すとCEのようになり，角アと角イは同位角で同じ大きさになる。また，長方形CDEFをEを中心に90度回転させると長方形GHEIになるので，CEとGEの長さは等しく，角CEGは直角になる。よって，三角形CEGは直角二等辺三角形となり，角イの大きさは45度だから，角アの大きさも45度とわかる。したがって，角xの大きさは，180−45＝135(度)と求められる。

21 平面図形―構成

引かれた線１本につき○が２個つながっているので，引かれた線につながっている○の個数は，２×(引かれた線の本数)となる。また，○にかかれた数は，その○につながっている線の本数を表しているから，○にかかれた数をすべてたすと，引かれた線につながっている○の個数の和となる。よって，２×(引かれた線の本数)＝(○にかかれた数の和)になることがわかる。問題文中の図３で，○にかかれた数の和は，２＋１＋０＋１＋４＋３＋１＋１＋１＋２＝16だから，引くことのできる線の本数は，16÷２＝８(本)と求められ，たとえば右上の図のようになる。

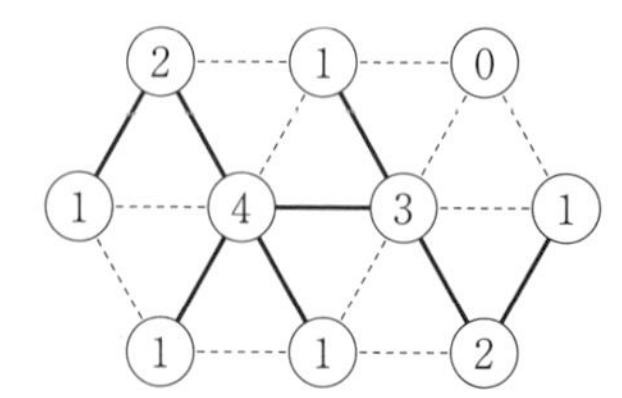

22 平面図形―構成，相似

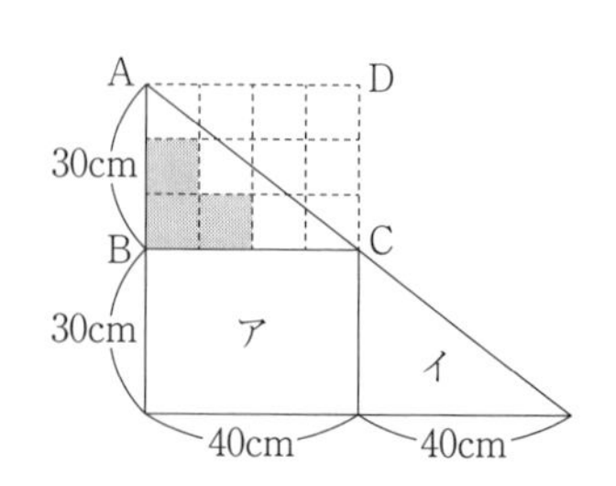

右の図のように，３つの部分に分けて考える。図のように，たて30cm，横40cmの長方形ABCDを10cmごとに区切ると，三角形ABCの部分には，１辺10cmの正方形のタイルが３枚しきつめられることがわかる。また，アの部分には，１辺10cmのタイルが，３

×４＝12(枚)あり，イの部分には，三角形 ABC と同じく３枚ある。よって，全部で，３＋12＋３＝18(枚)しきつめられる。

23 場合の数

２種類の数字を A，B とすると，A と B が２個ずつ現れる４けたの整数は，($AABB$，$ABBA$，$ABAB$)の３通りある。$AABB$ の場合，A にあてはまる数字は１～９の９通りで，B にあてはまる数字は０～９のうち A 以外の９通りだから，９×９＝81(通り)ある。同様に，$ABBA$ と $ABAB$ もそれぞれ81通りあるから，全部で，81×３＝243(個)と求められる。

24 整数の性質

(1) 右の図のように，２と３の最小公倍数の６ずつ折り返す数列をつくると，２と３の倍数は，○をつけた位置に規則的に現れる。また，○をつけた数以外について，素数に□をつけると図のようになる。図より，２の倍数でも３の倍数でもなく，素数でもない数は，小さい順に，１，25，…となるから，立っている生徒の出席番号は１番と25番である。

1	②	③	④	[5]	⑥
[7]	⑧	⑨	⑩	[11]	⑫
[13]	⑭	⑮	⑯	[17]	⑱
[19]	⑳	㉑	㉒	[23]	㉔
25	㉖	㉗	㉘	[29]	㉚
[31]	㉜	㉝	㉞	35	㊱
…					

(2) 図より，クラスの人数が35人以上だと，立っている生徒は３人以上となる。したがって，考えられる最大の人数は34人とわかる。

Dr.福井の

入試に勝つ！脳とからだのウルトラ科学

右の脳は10倍以上も覚えられる！

手や足，目，耳に左右があるように，脳にも左右がある。脳の左側，つまり左脳は，文字を読み書きしたり計算したりするときに働く。つまり，みんなはおもに左脳で勉強していることになる。一方，右側の脳，つまり右脳は，音楽を聞き取ったり写真や絵を見分けたりする。

となると，受験勉強に右脳は必要なさそうだが，そんなことはない。実は，右脳は左脳の10倍以上も暗記できるんだ。これを利用しない手はない！　つまり，必要なことがらを写真や絵などで覚えてしまおうというわけだ。

この右脳を活用した勉強法は，図版が数多く登場する社会と理科の勉強のときに大いに有効だ。たとえば，歴史の史料集には写真や絵などがたくさん載っていて，しかもそれらは試験に出やすいものばかりだから，これを利用する。やり方は簡単。「ふ〜ん，これが○○か…」と考えながら，載っている図版を5秒間じーっと見つめる。すると，言葉は左脳に，図版は右脳のちょうど同じ部分に，ワンセットで記憶される。もし，左脳が言葉を忘れてしまっていたとしても，右脳で覚えた図版が言葉を思い出す手がかりとなる。

また，項目を色でぬり分け，右脳に色のイメージを持たせながら覚える方法もある。たとえば江戸時代の三大改革の内容を覚えるとき，享保の改革は赤，寛政の改革は緑，天保の改革は黄色というふうに色を決め，チェックペンでぬり分けて覚える。すると，「“目安箱”は赤色でぬったから享保の改革」というように思い出すことができ，混同しにくくなる。ほかに三権分立の関係，生物の種類分け，季節と星座など，分類されたことがらを覚えるときもピッタリな方法といえるだろう。

Dr.福井（福井一成）…医学博士。開成中・高から東大・文Ⅱに入学後，再受験して翌年東大・理Ⅲに合格。同大医学部卒。さまざまな勉強法や脳科学に関する著書多数。

2022年度　品川女子学院中等部

〔電　話〕 (03) 3474－４０４８
〔所在地〕 〒140-8707　東京都品川区北品川３－３－12
〔交　通〕 京浜急行－「北品川駅」より徒歩２分
JR各線－「品川駅」より徒歩12分

【算　数】〈第２回試験〉（50分）〈満点：100点〉

（注意） 円周率は3.14とする。

1　次の□にあてはまる数を答えなさい。途(と)中の計算もかきなさい。

(1) $\frac{1}{3}\times\left\{2-\left(6\frac{1}{5}-4.7\right)\right\}-\left(\frac{5}{7}-\frac{1}{14}-\frac{5}{8}\right)\div0.125=\square$

(2) $\frac{1}{2}\times\left\{\square-\left(0.125-\frac{1}{24}\right)\right\}+7\times(0.375\div5+0.05)=1$

2　次の□にあてはまる数を答えなさい。

(1) 日本からニュージーランドまで飛行機で11時間かかります。日本の時間で２月１日の18時ちょうどに日本を飛び立った飛行機がニュージーランドに到(とう)着するのはニュージーランドの時間で２月□日の□時です。ただし，日本とニュージーランドの時差は４時間で日本の方がニュージーランドよりも４時間遅(おく)れているものとします。

(2) ある中学校の吹奏楽(すいそうがく)部員は１年生が15人と２年生が42人の合計57人で，女子部員と男子部員の人数の比は７：12です。２年生の部員の女子は少なくとも□人います。

(3) 次の５個の数の中で２番目に大きい数は，□です。

$\frac{6}{13}$，$\frac{5}{12}$，0.45，$\frac{4}{11}$，$\frac{11}{23}$

(4) 同じ大きさのピザ２枚をＡさん，Ｂさん，Ｃさんの３人で注文しました。１枚は８等分されていて，もう１枚は16等分されています。まず，Ａさんは８等分されている方のピザを３切れ食べました。３人で２枚のピザを注文したので自分が食べる量が全体の３分の１を超えないようにしようと考えたＡさんは，このあと16等分されたピザを□切れまで食べることができます。

(5) 図の印のついた角をすべて加えると，□°です。

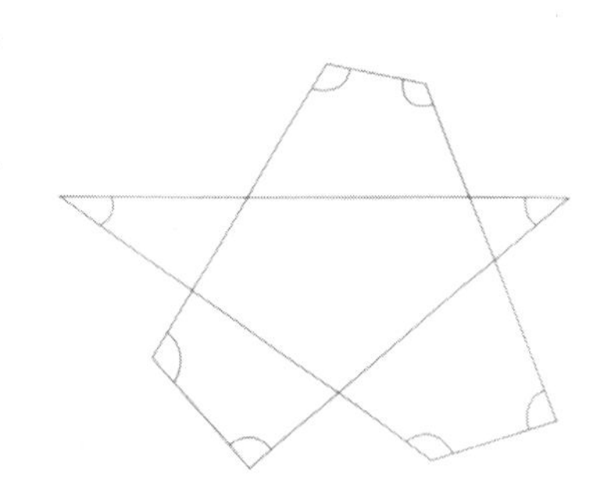

3　次の□にあてはまる数を答えなさい。

(1) Ａ地点とＢ地点のちょうど真ん中にＣ地点があります。Ａ地点からＣ地点までは時速５kmで進んで１時間30分かかり，Ｃ地点からＢ地点までは時速３kmで進みました。Ａ地点からＢ地点まで進んだときの平均の速さは時速□kmです。

(2) 次の数の列は，最初の数を１として，そこから１を足す，３を足す，５を足す，４を引く，２を引くという計算を繰(く)り返して数を並べていったものです。

１，２，５，10，６，４，５，８，13，９，７，８，11，…

最初の数の１を１番目として40番目の数は□です。

(3)　図のように１辺が１cmの正方形を６個組み合わせて，縦の長さが２cm，横の長さが３cmの長方形を作りました。斜(しゃ)線部分の面積は［　　　］cm²です。

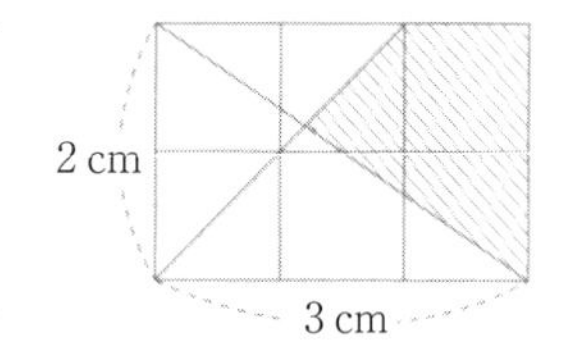

(4)　ある立方体Aの上に別の小さな立方体Bをのせて，図のような立体を作りました。この立体の表面積は立方体Aの表面積より100cm²大きいです。上にのせた立方体Bの体積は［　　　］cm³です。

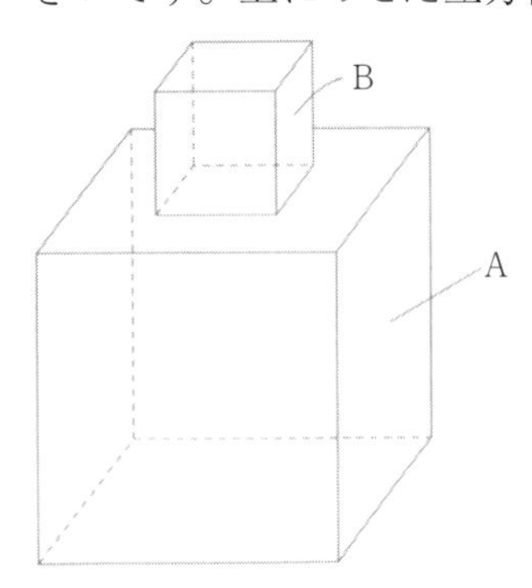

4　(2)について解答用紙に考えた過程をかきなさい。

直方体の容器に**図１**のように高さの異なる３枚の仕切りがつけられています。この容器のアの部分に一定の割合で水を入れたとき，水を入れた時間とアの部分の水面の高さの変化の様子が**図２**のグラフのようになりました。ただし，仕切りは底面に対して垂直につけられており，仕切りの厚みは考えません。

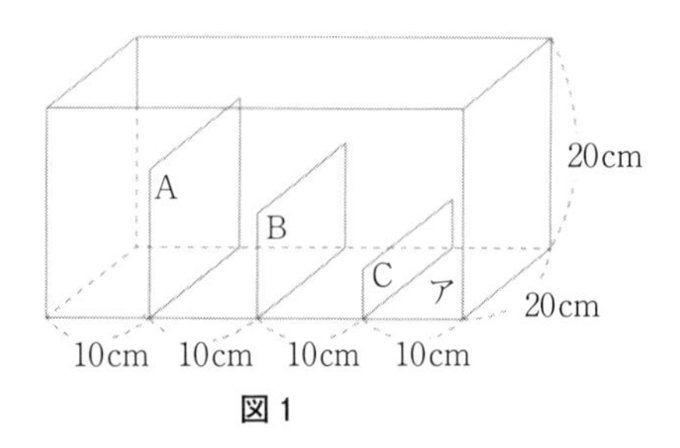

図１

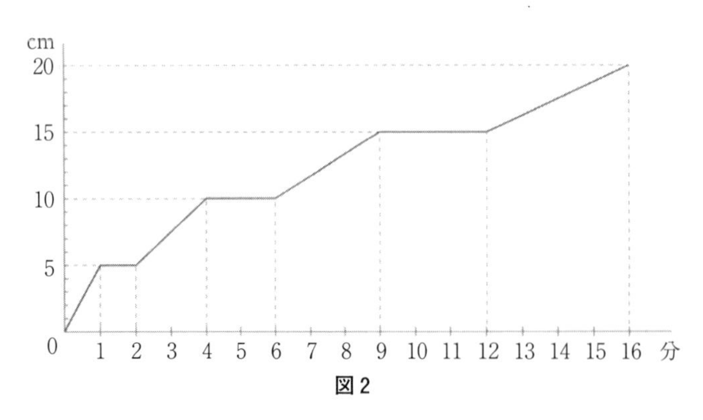

図２

(1)　仕切りAの高さは何cmですか。

(2)　水は毎分何cm³の割合で入れていますか。

(3)　次に，水そうを空にして，今度は**図３**のイの部分に１回目と同じ割合で水を入れました。このとき，ウの部分の水面の高さの変化の様子を解答欄にかき入れなさい。

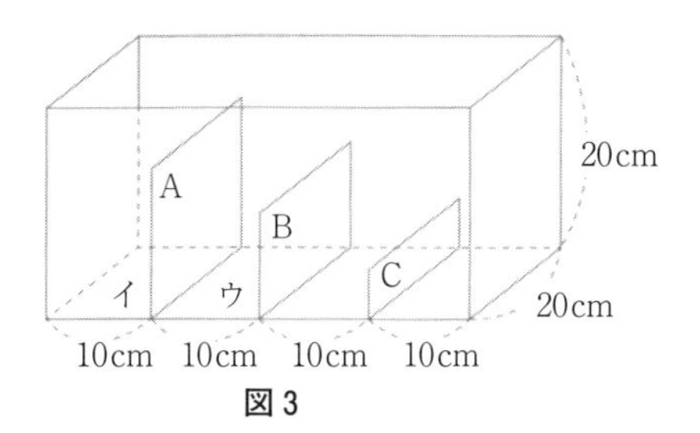

図３

5 (2)(3)について解答用紙に途中の計算や考えた過程をかきなさい。

次のような計算の約束を表す記号≪　≫を考えます。

$$≪37≫=\frac{3+7}{2}=5$$

$$≪205≫=\frac{2+0+5}{3}=\frac{7}{3}=2\frac{1}{3}$$

$$≪4012≫=\frac{4+0+1+2}{4}=\frac{7}{4}=1\frac{3}{4}$$

$$≪6≫=\frac{6}{1}=6$$

(1)　≪291≫はいくつになりますか。

(2)　≪34□2≫$=3\frac{1}{2}$となるとき□はいくつですか。ただし，□には０から９までのいずれかの整数が入ります。

(3)　Tを1000以下の整数とするとき，≪T≫＝３となるTは全部で何個ありますか。

6 (3)については，解答用紙に途中の計算や考えた過程をかきなさい。

次のＡさんとＢさんの会話を読んで問題に答えなさい。

Ａ：「数を使ったゲームをしない？」

Ｂ：「いいよ，どんなゲーム？」

Ａ：「ここに１から100までの数が１つずつ書かれたカードが全部で100枚あるんだけど，10から100までの数を１つ言ってみて。」

Ｂ：「10」

Ａ：「じゃあ，11以上のカードは使わずに，１から10までのカードを並べるね。今から交互に小さい数のカードから取っていって，最後のカード，今の場合は10のカードを取った方が負けというゲームだよ。ただし，一度に取っていいカードは３枚まで。わかった？　とりあえず１回やってみようか。」

Ｂ：「分かった。私から取るよ。じゃあ，『１』，『２』，『３』。」

Ａ：「『４』，『５』。」

Ｂ：「『６』。」

Ａ：「『７』，『８』，『９』。」

Ｂ：「あっ10のカードしかない。…ということは私の負けだね。もう１回やろう！　今度は先にどうぞ！」

Ａ：「いいの？　じゃあ『１』。」

Ｂ：「うーん。『２』，『３』，『４』。」

Ａ：「『５』。」

Ｂ：「『６』…だめだ。いくつまで取っても次に９のカードを取られて私の負けになる。」

Ａ：「気付いたみたいだね。そう，10までの場合は９のカードを取った方が勝ちなんだ。」

Ｂ：「９のカードを取るためにはどうしたらいいんだろう？」

Ａ：「一度に３枚まで取れることに着目する，と言えば分かるかな？」

Ｂ：「そうか。相手が８のカードまでしか取れないようにすればいいから，私が［(ア)］のカードを取って順番を相手にわたせばいいんだね！」

Ａ：「そういうこと！　そして［(ア)］のカードを取るためには［(イ)］のカードを取って順番をわたせばいいということが分かるね！」

Ｂ：「なるほどね！　カードの枚数を変えたらどうなるかな？」

Ａ：「１から60までのカードで考えてみようか。」

Ｂ：「えーっと。60ということは勝つためには59のカードを取ればいいから…［(ウ)］のカードを取った方が勝ちだね！」

Ａ：「その通り！」

Ｂ：「ということはこのゲームは(エ)先に取り始めた人が必ず勝つ方法があるゲームなんだね！」

(1)　［(ア)］，［(イ)］にあてはまる数はいくつですか。

(2)　［(ウ)］にあてはまる数のうち，最も小さいものはいくつですか。

(3)　下線部(エ)について，Ｂさんの発言は正しいですか。解答欄の正しいまたは正しくないを○で囲み，正しい場合はその説明をしなさい。正しくない場合は具体的な例をあげてその説明をしなさい。

【社　会】〈第２回試験〉（理科と合わせて60分）〈満点：60点〉

1　小麦について述べた次の文章を読み，あとの問いに答えなさい。

日本では，かつて大陸から稲作が伝わって以来，①米がしだいに主食となっていった。一方で稲作に不向きな土地では，小麦を原料とする飲食物が多く存在する。

長野県は，一人あたりの小麦粉消費量がとても多い都道府県である。②長野県には稲作には向いていない山間部が広がっているため，古くから小麦やそばの栽培(さいばい)が行われてきた。そのため，小麦を使った，③おやきやすいとんなどの郷土料理が食べられてきた。また，群馬県でも小麦がさかんにつくられている。④群馬県高崎市は多くのパスタ料理店が並ぶことから，「パスタの街」といわれている。

小麦を原料とする⑤うどんは約1200年前に，今の香川県から広まった説が有力である。小麦を栽培するのに適した自然環境が広がる⑥香川県では，今でもうどんが人気であり，一人あたりの消費量はとても多い。また，うどんに欠かせないつゆの原料である⑦しょうゆの生産にも適した気候である。しかし近年は(　　X　　)ため，外国産の小麦を使っているお店が多くなっている。

麦からつくられたお酒である麦焼酎(むぎしょうちゅう)は，⑧壱岐(いき)で初めてつくられた。麦を原料とする飲食物は数多くあるので，調べてみると食のルーツが見えて面白(おもしろ)いだろう。

問１　下線部①について，収穫(しゅうかく)した米粒(こめつぶ)は「もみ」とよばれます。「もみ」から外側のもみ殻(がら)を取り，精白(せいはく)される前の状態の米を何といいますか。漢字二文字で答えなさい。

問２　下線部②について，各問いに答えなさい。

(1)　八ヶ岳のすそ野に広がる野辺山原などでは，夏のすずしい気候を利用して，レタスやキャベツなどの葉物野菜を栽培しています。このような自然環境をいかしてつくられる野菜を何といいますか。漢字で答えなさい。

(2)　長野県では，アップルパイづくり体験やそば打ち体験など，農村交流活動を積極的に行っています。このように地域住民が主体となって都市住民を受け入れ，都市住民が余暇(よか)を利用し，農林漁業体験を楽しむ活動を，カタカナで答えなさい。

問３　下線部③は，小麦や雑穀(ざっこく)などの粉を水で溶いて練った生地に，調理した具材を包んだおまんじゅうのようなものをいいます。これについて，各問いに答えなさい。

(1)　おやきの具材には，古くから地元でとれる食材が使われています。伝統的なおやきの具材として**あてはまらないもの**を，次のア～エより一つ選び，記号で答えなさい。

ア．タコ　　イ．たけのこ　　ウ．きのこ　　エ．野沢菜

(2)　次の地図を見て答えなさい。地図中の町**A**は，おやき発祥(はっしょう)の町といわれています。この町**A**とその周辺について述べた文として**間違(まちが)っているもの**を，下のア～エより一つ選び，記号で答えなさい。

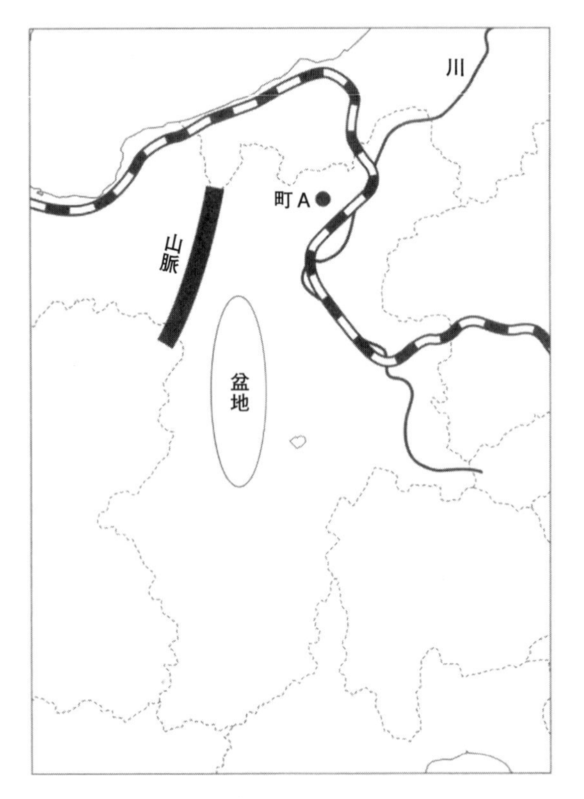

ア．地図中のJR線は，富山県を通っている。
イ．町Aの東側を流れている川は，日本海へ注ぐ信濃川(千曲川)である。
ウ．町Aは，松本盆地の真北に位置している。
エ．町Aの西側には，飛驒山脈がそびえている。

問４　下線部④について，次の地形図を見て，各問いに答えなさい。

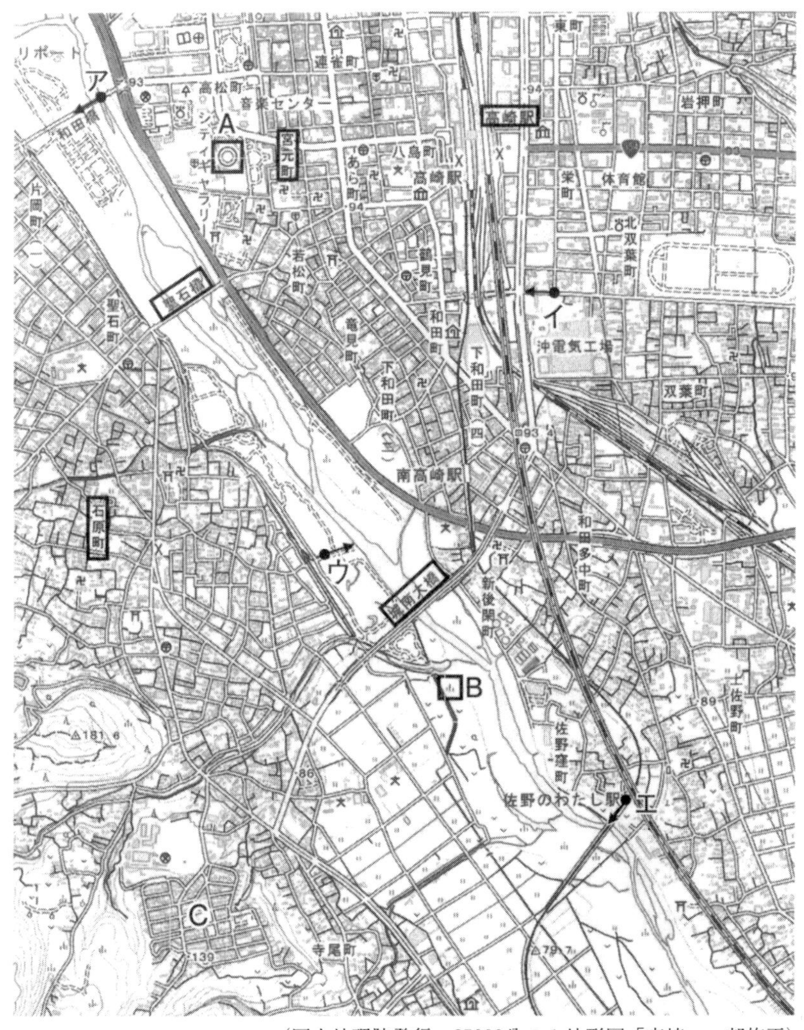

（国土地理院発行　25000分の１地形図「高崎」一部修正）

(1)　地形図中**A**，**B**の地図記号は何を示していますか。それぞれ答えなさい。

(2)　地形図から読み取れることとして**間違っているもの**を，次のア～エより一つ選び，記号で答えなさい。

ア．「聖石橋」や「城南大橋」がかかっている中央部の川は，北西から南東へ流れている。

イ．「石原町」には，複数の発電所がある。

ウ．「JR高崎駅」の東には，博物館が位置している。

エ．「宮元町」周辺には，寺院が多くある。

(3) 次の写真は，地形図中の地点**ア**～**エ**のいずれかから矢印の方角へ向かって撮影(さつえい)したものです。写真が撮(と)られた地点として適切なものを，地点**ア**～**エ**より一つ選び，記号で答えなさい。

(4) 地形図中**C**の地域は，山を切りくずして造られた団地だと考えられます。このように考えられる理由を説明しなさい。

問5 群馬県は，すき焼きの食材がすべて県内産でまかなえる「すき焼き自給率100％」の県です。次の文章は，2014年に群馬県が群馬県産農畜産物の魅力(みりょく)を全国へ発信するために出した宣言です(一部改変)。文章中の空らん(A)，(B)にあてはまる語句をそれぞれ答えなさい。

> 群馬県は，豊かな大地の恵(めぐ)みにあふれた県です。たとえば，全国でも評価の高い上質な牛肉があります。中でも上州和牛は，日本で初めてEUへの輸出を開始し，海外にもその販路(はんろ)を広げています。
>
> 加えて日本一の(A)いも，全国にその名を知られる下仁田ネギや，生しいたけ，白菜，春菊…。
>
> そうです。群馬県は，すべての食材を県内産でまかなえる「すき焼き自給率100％」の県なのです。
>
> 2014年(平成26年)6月，「(B)と絹産業遺産群」が世界遺産に登録されました。これを機に，県外のみならず広く海外から訪れるお客様を，心からおもてなしする料理として，県の魅力が結晶(けっしょう)した「すき焼き」こそがふさわしいと考えました。
>
> (群馬県「『すき焼き応援県』宣言。」一部改変)

問6 下線部⑤について，うどんは今から約1200年前に中国に渡(わた)った僧(そう)が日本に持ち帰り，今の香川県から広まったとされています。その僧は，高野山に寺を建て仏教の新しい宗派を広めた人物です。その僧の名前を漢字で答えなさい。

問7 下線部⑥に関連して，うどんづくりには塩が欠かせません。香川県の自然環境は塩づくりに向いているため，古くから塩づくりもさかんに行われてきました。次のア～エは，高松市，鹿児島市，松江市，札幌市のいずれかの気温と降水量のグラフ(雨温図)です。高松市のものを選び，記号で答えなさい。

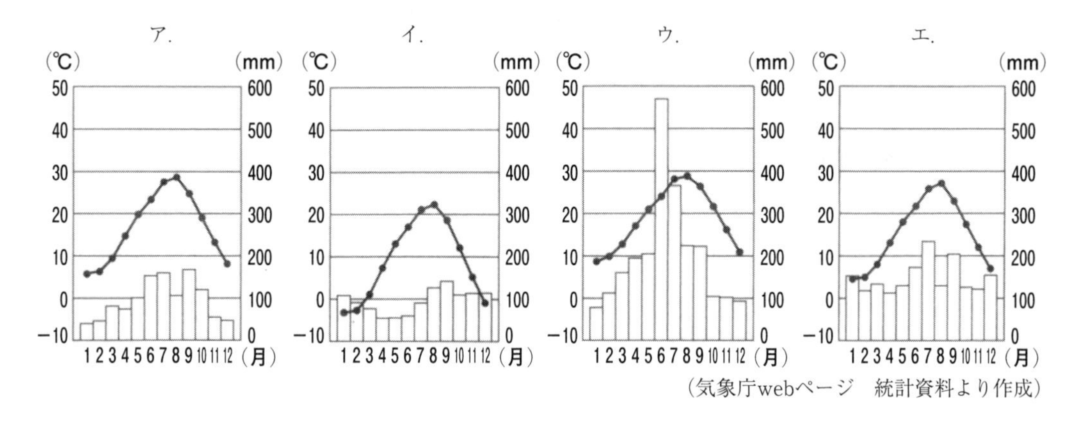

(気象庁webページ　統計資料より作成)

問８　下線部⑦について，香川県のある島では，かつてしょうゆの生産がさかんでしたが，しだいに他の生産地に押(お)され，後退しました。しかし，オリーブを実らせることに成功したこともあり，しょうゆ生産者からオリーブ生産者へとかわった人もいます。この島の名前を，漢字で答えなさい。

問９　文章中の空らん(Ｘ)にあてはまる文を，次のア～エより一つ選び，記号で答えなさい。

ア．国産の小麦の多くは，家畜(かちく)のエサとして使われるようになった

イ．国産の小麦は，海外のものよりも残留農薬が問題になっている

ウ．国産の小麦は，異常気象で大不作となった

エ．国産の小麦の価格が高くなっている

問10　下線部⑧が属する都道府県名を漢字で答えなさい。また，その位置を地図中**ア**～**エ**より一つ選び，記号で答えなさい。

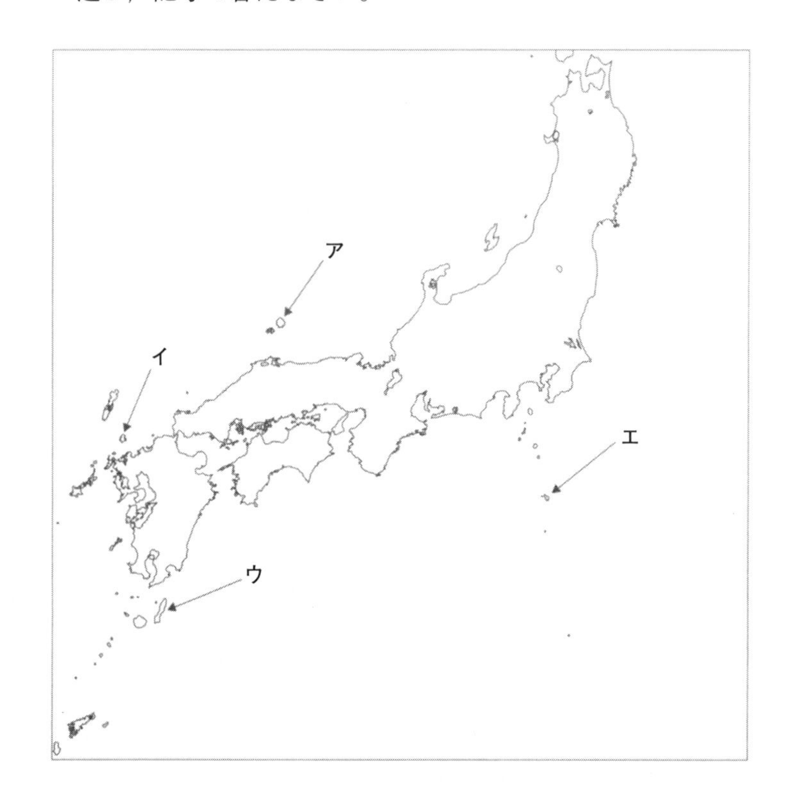

問11　現在，日本の市場に出回っている小麦の約85％は輸入されたものです(2019年)。次のグラフは，日本における小麦の輸入量を国別に割合で示したものです(2020年)。**A**にあてはまる国を，下のア～エより一つ選び，記号で答えなさい。

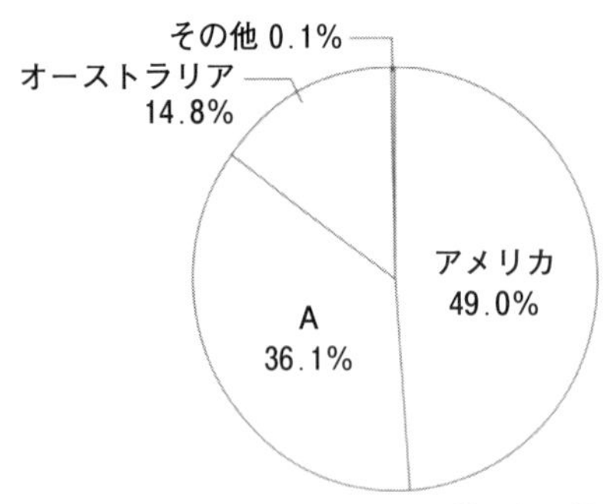

(『日本国勢図会 2021/22年版』より作成)

ア．中国　　イ．フランス　　ウ．カナダ　　エ．インド

2　歴史上の建造物や世界文化遺産について，次の問いに答えなさい。

問１　青森県の三内丸山遺跡を含(ふく)む「北海道・北東北の縄文遺跡群」は，2021年７月に世界文化遺産に登録されました。縄文時代のようすを説明した文として**間違っているもの**を，次のア～エより一つ選び，記号で答えなさい。

ア．安産や収穫(しゅうかく)を祈(いの)り，土偶がつくられた。

イ．住居の造りなどに差がないことから，貧富の差がなかったと考えられる。

ウ．日本列島の黒曜石が東南アジアで発見され，交易がさかんであったと考えられる。

エ．縄文時代の終わり頃(ごろ)に，中国や朝鮮半島から九州に稲作が伝えられた。

問２　弥生時代，収穫された稲は，右の写真のような高床倉庫に保管されました。高床となっている理由を説明しなさい。

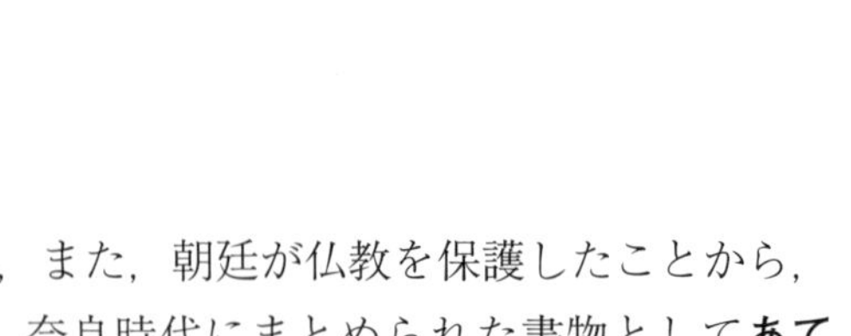

問３　663年の白村江の戦いの後，九州に水城や，西日本の各地に山城を築いた目的を説明しなさい。

問４　694年，奈良盆地に藤原京を完成させた天皇を，次のア～エより一つ選び，記号で答えなさい。

ア．聖武天皇

イ．天武天皇

ウ．持統天皇

エ．元明天皇

問５　奈良時代，遣唐使により唐の文化がもたらされ，また，朝廷が仏教を保護したことから，唐と仏教の影響(えいきょう)を受けた天平文化が栄えました。奈良時代にまとめられた書物として**あてはまらないもの**を，次のア～エより一つ選び，記号で答えなさい。

ア．『万葉集』　　イ．『古今和歌集』　　ウ．『古事記』　　エ．『風土記』

問６　平安時代の中頃から，人々のあいだに浄土信仰が広まりました。浄土信仰の広まりと**関係のないもの**を，次のア～エより一つ選び，記号で答えなさい。

ア．奥州藤原氏が中尊寺金色堂を建てた。

イ．藤原頼通が平等院鳳凰堂を建てた。

ウ．源信が『往生要集』を著した。

エ．平清盛が厳島神社を整備した。

問７　鎌倉時代に運慶・快慶らがつくったとされる，金剛力士像が収められている建物の写真を，次のア～エより一つ選び，記号で答えなさい。

ア．

イ．

ウ．

エ．

問８　次の写真は，世界文化遺産に登録されている，京都の龍安寺の石庭です。石庭を説明した，下の文の空らん(**あ**)にあてはまる語句を漢字で答えなさい。

庭を造る際に，（ **あ** ）や木を使わず，白砂と大小の石を用いて（ **あ** ）や山を表現したものです。

問９　次の各問いに答えなさい。

(1)　2019年，世界文化遺産に登録されている，沖縄の首里城が火災により，その大半を焼失しました。首里を都とした琉球王国は1429年に建国されました。琉球王国の建国とほぼ同じ頃のできごとを，次のア～エより一つ選び，記号で答えなさい。

ア．正長の土一揆が起こる。　　イ．元が襲来(しゅうらい)する。

ウ．鉄砲が伝来する。　　　　　　エ．室町幕府が開かれる。

(2)　毎年５月15日は，首里城がある沖縄県が日本に復帰したことを祝う記念日です。沖縄県が日本に復帰してから，今年の５月15日で何年たちますか。数字で答えなさい。

問10　姫路城は，桃山文化を代表する城郭建築です。桃山文化を説明した文として**間違っているもの**を，次のア～エより一つ選び，記号で答えなさい。

ア．天守を備える城がつくられた。

イ．千利休がわび茶を完成させた。

ウ．キリスト教の教会は，南蛮寺とよばれた。

エ．雪舟は，城のふすま絵を描いた。

問11　江戸時代，大きな寺院・神社を中心に門前町が発達しました。江戸時代にあった寺院・神社と門前町の組み合わせとして**間違っているもの**を，次のア～エより一つ選び，記号で答えなさい。

ア．善光寺　―長野　　　　イ．明治神宮―原宿

ウ．伊勢神宮―宇治山田　　エ．東照宮　―日光

問12　江戸時代，湯島聖堂で講義された学問を，次のア～エより一つ選び，記号で答えなさい。

ア．儒学　　イ．蘭学　　ウ．国学　　エ．心学

問13　次の①～③のできごとと関係の深い建造物を，ア～エよりそれぞれ一つずつ選び，記号で答えなさい。

①　ペリー来航　　②　大政奉還　　③　戊辰戦争

ア．二条城　　イ．五稜郭　　ウ．江戸城桜田門　　エ．台場

問14　1901年に操業が開始された八幡製鉄所について説明した文として**間違っているもの**を，次のア～エより一つ選び，記号で答えなさい。

ア．日清戦争の賠償金の一部が建設費用にあてられた。

イ．原料の鉄鉱石を中国から輸入した。

ウ．軍艦や大砲をつくるための鉄鋼が生産された。

エ．主に夕張炭田で産出された石炭を燃料とした。

問15　次の写真は，それぞれ東京駅と埼玉県の深谷駅です。東京駅には，深谷で生産されたレンガが用いられています。また，東京駅と深谷市の結びつきから，深谷駅は東京駅に似せて造られています。深谷市出身で，日本で最初の銀行をつくった実業家の名前を，漢字で答えなさい。

東京駅

深谷駅

問16　1979年に世界文化遺産に登録された「ヴェルサイユの宮殿(きゅうでん)と庭園」にある「鏡の間」では，第一次世界大戦の講和条約が結ばれました。次のア～ウの第一次世界大戦に関わるできごとを，起きた順番に並べかえ，記号で答えなさい。

ア．ロシア革命　　イ．二十一か条の要求　　ウ．サラエボ事件

問17．ポーランドにあるアウシュビッツ強制収容所は，1979年に世界文化遺産に登録され，「負の遺産」ともいわれています。その理由を説明した，次の文の空らん(**い**)にあてはまる語句を答えなさい。

第二次世界大戦中，ドイツはポーランドにアウシュビッツ強制収容所をつくるなど，(　**い**　)人に対する迫害(はくがい)を行い，その結果，数百万人もの(　**い**　)人が殺害されました。

3　次の会話文を読み，あとの問いに答えなさい。

恵美：平和で豊かな日本という国に生まれ育った私たちが，国際社会に対してできることはないかな。

父　：第二次世界大戦後から，①国際連合が，国際社会の平和や安全の維持に関して，中心的役割を果たしてきたんだ。また先進国を中心に国際的な支援(しえん)が進められているね。たとえば②ODAの額(がく)の割合では，日本は世界で4番目に大きいんだ(2019年度)。世界平和のためには，国家間の協力が欠かせないんだ。

恵美：世界平和のためには経済支援も大切だけど，軍縮も重要なテーマだよね。③核兵器をなくす取り組みも大切だよね。

父　：核兵器のような大量破壊(はかい)兵器だけではなく，対人地雷(じらい)も全面禁止のための条約が結ばれているよ。

恵美：平和を守るのは国にだけ任せておいていいの。

父　：平和のためにがんばっているのは国だけじゃない。④国際的な活動を行う民間の組織も，世界平和や⑤人権，地球環境を守るために活躍(かつやく)しているよ。

問1　下線部①について，各問いに答えなさい。

(1)　国際連合の専門機関やその他の機関について，次のA・Bの仕事を担当する機関を，下のア～カよりそれぞれ一つずつ選び，記号で答えなさい。

A．貿易の拡大や資金・技術の援助(えんじょ)により，南北問題の解決などを目的とした活動を行う。

B．健康増進を目的として，病気の知識を広め，予防するなどの活動を行う。

ア．IAEA　　イ．IOC　　ウ．WHO

エ．WTO　　オ．UNCTAD　　カ．UNICEF

(2)　安全保障理事会での決議は，常任理事国のうち一国でも反対すれば成立しません。常任理事国が持つ，この特別な権限を何といいますか。漢字で答えなさい。

問2　下線部②について，ODAを日本語で何といいますか。漢字で答えなさい。

問3　下線部③について，核兵器をめぐることがらについて述べた文として**間違っているもの**を，次のア～エより一つ選び，記号で答えなさい。

ア．日本のまぐろ漁船が，ビキニ環礁(かんしょう)での水爆実験の被害(ひがい)を受けた。

イ．核保有国であるアメリカとソ連が，キューバのミサイル基地建設をめぐって対立した。

ウ．被爆(ひばく)国である日本は，他国に先がけて核兵器禁止条約に署名した。

エ．包括的核実験禁止条約は，国連総会で採択(さいたく)されたものの，発効(はっこう)のめどが立っていない。

問４　下線部④について，このような組織を何といいますか。アルファベットの略称(りゃくしょう)で答えなさい。

問５　下線部⑤について，世の中の変化によって，新しい人権が主張されるようになりました。日本国憲法制定時には，想定されていなかった人権として**間違っているもの**を，次のア～エより一つ選び，記号で答えなさい。

ア．国などが持っている情報の公開を求める権利

イ．他人に知られたくない個人の情報が，みだりに公開されない権利

ウ．人として生活するのにふさわしい環境を求める権利

エ．国から受けた損害に対して，つぐないを求める権利

【理　科】〈第２回試験〉（社会と合わせて60分）〈満点：60点〉

1　Ⅰ　右の**図１**は，木炭(炭素)が燃えたときの，燃えた木炭の重さと結びついた酸素の重さの関係を表したグラフです。ただし，木炭は完全に燃えて１種類の物質が発生したものとします。次の問いに答えなさい。

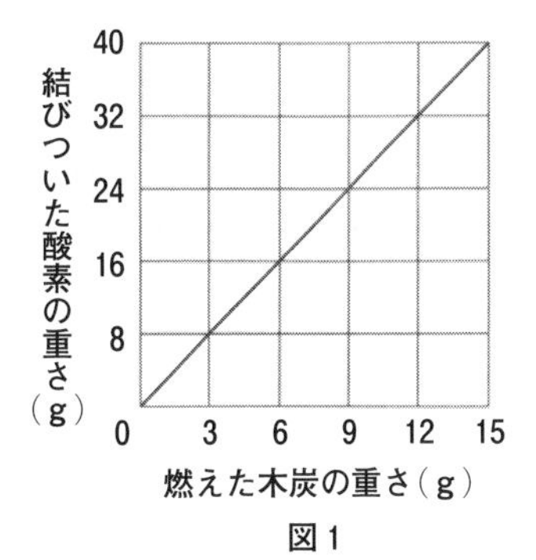

図１

(1)　木炭が燃えたときに発生した物質の名前を答えなさい。

(2)　木炭42ｇがすべて燃えました。

①　結びついた酸素の重さは何ｇですか。

②　発生した物質は何ｇですか。

(3)　密閉された容器に，ある重さの木炭とある重さの酸素を入れて燃やしたところ，木炭はすべて燃え，木炭が燃えたあとの容器には，酸素も残っていませんでした。また，はじめの容器内の木炭と酸素の重さの合計は99ｇでした。はじめに容器に入れた木炭と酸素はそれぞれ何ｇでしたか。

(4)　**図２**のようにかわいた集気びんの中でろうそくをしばらく燃やすと，びんの内側が白くくもりました。このことから，何という物質が発生したことがわかりますか。その物質の名前を答えなさい。

図２

Ⅱ　次の文章を読んで，あとの問いに答えなさい。

生き物の間には，食べる・食べられるという関係があり，このつながりを「（　X　）」といいます。この関係は海の中でも陸の上でも成り立っています。これらの関係を，→を用いて，「食べられるもの→食べるもの」とあらわすことにすると，水田・草原での「（　X　）」は次のような場合があります。

水田　イネ→Ａ→Ｂ→Ｃ→Ｄ→ワシ

草原　ススキ→ウサギ→キツネ

(1)　（**X**）にあてはまる言葉を答えなさい。

(2)　**水田**における関係で，Ａ～Ｄにあてはまるものの組み合わせとして正しいものを次のア～クから１つ選び，記号で答えなさい。

	A	B	C	D
ア	イナゴ	カマキリ	カエル	ヘビ
イ	イナゴ	カマキリ	ヘビ	カエル
ウ	カマキリ	カエル	イナゴ	ヘビ
エ	カマキリ	カエル	ヘビ	イナゴ
オ	カエル	カマキリ	ヘビ	イナゴ
カ	カエル	カマキリ	イナゴ	ヘビ
キ	ヘビ	カエル	カマキリ	イナゴ
ク	ヘビ	カエル	イナゴ	カマキリ

(3)　**図１**は，**草原**でのキツネ，ウサギ，ススキの数をあらわしたものです。生き物の数は，食べられる生き物ほど多くなっていて，以下のようにピラミッド型であらわされます。

このように数のつり合いが保たれているところから，つり合いがくずれ，再びもとのつり合いにもどるまでの流れは，以下のようにあらわすことができます。

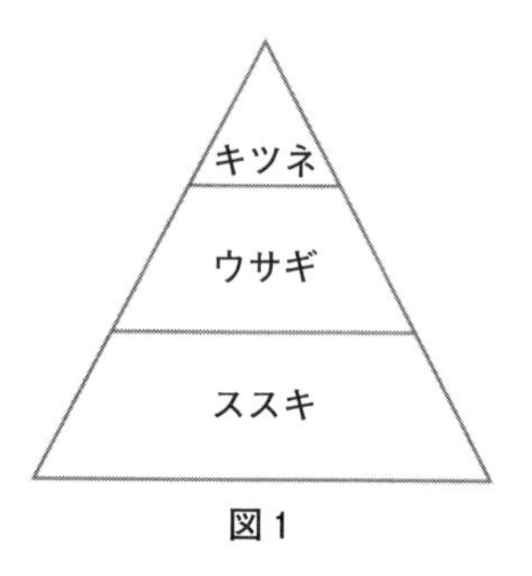

図１

つり合いが保たれている
↓
ウサギの数が増える
↓
キツネの数が（ あ ）・ススキの数が（ い ）
↓
ウサギの数が（ う ）
↓
もとのつり合いにもどる

（あ）～（う）にあてはまるものとして正しいものを，次のア～ウからそれぞれ１つずつ選び，記号で答えなさい。

ア．増える　　イ．変わらない　　ウ．減る

(4)　イネやススキのように，光合成などを行うことで自ら エネルギーを作り出すことのできる生き物は，その役割（やくわり）から何と呼（よ）ばれますか，漢字で答えなさい。

(5)　動物のふんや生き物の死がいから植物の肥料を作り出す役割をし，生き物の関係を支えている生き物がいます。この生き物は，その役割から何と呼ばれますか，漢字で答えなさい。

2　次の文章を読んで，あとの問いに答えなさい。

豆電球や電池を用いて，電気回路を組んだことはありますか。

電気回路を組むとき，つなぎかたによっては電流を流すことができないものがあります。

例えばLED(発光ダイオード)は電流を流すことができる向きが決まっている道具の１つです。

図１

LEDには**図１**のように短い端子（たんし）と長い端子があり，矢印の方向に向かってのみ，電流を流

すことができます。

【実験１】

電池，豆電球，LEDを用いて**図２**のような**A**，**B**，**C**，**D**の回路を組んだ。

A，**B**，**C**は豆電球またはLEDが点灯したが，**D**は点灯しなかった。

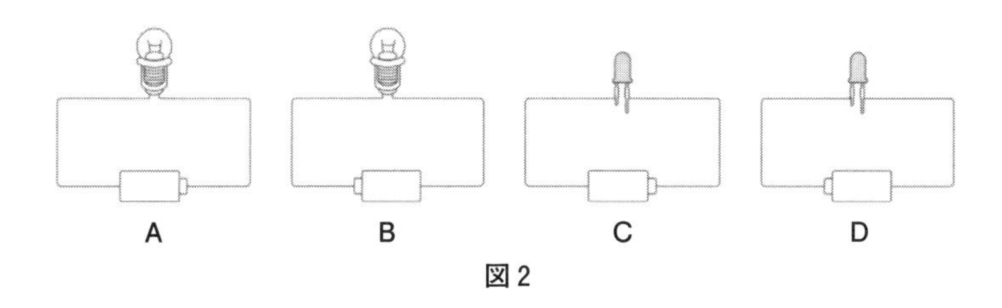

図２

(1) 電池と豆電球とLEDの性質について，**【実験１】**からわかることとして正しいものを次のア〜オからすべて選び，記号で答えなさい。

ア．電池はプラス極から豆電球またはLEDを通ってマイナス極へ戻る方向に電流を流す。

イ．電池はマイナス極から豆電球またはLEDを通ってプラス極へ戻る方向に電流を流す。

ウ．豆電球は電流の流れる向きに関係なく点灯する。

エ．LEDよりも豆電球の方が明るく点灯する。

オ．豆電球は大きな電流が流れるとより明るく点灯する。

(2) **図３**のような回路をつくった時，点灯する豆電球を**図３**の**ア**〜**エ**からすべて選び，記号で答えなさい。

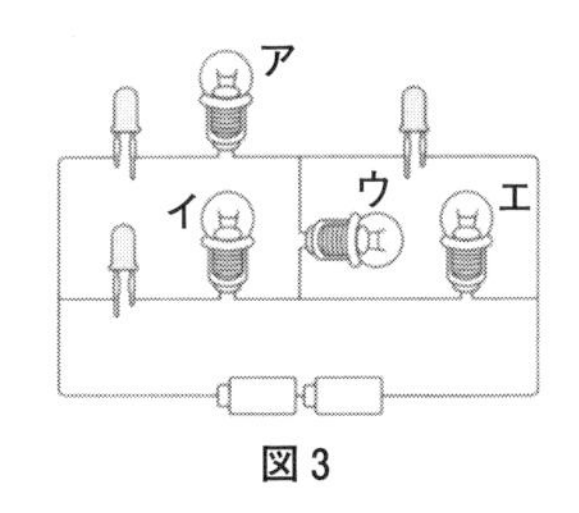

図３

電池の他にも，「電流を流すはたらき」をもつ道具があります。その１つが，手回し発電機です。

手回し発電機にも２つの端子があり，それぞれを**端子㋐**と**端子㋑**とよぶこととします。

【実験２】

LEDと手回し発電機を用いて，**図４**のような回路を組んだ。

手回し発電機のハンドルを**A**の向きに回転するとLEDは点灯し，**B**の向きに回転するとLEDは点灯しなかった。

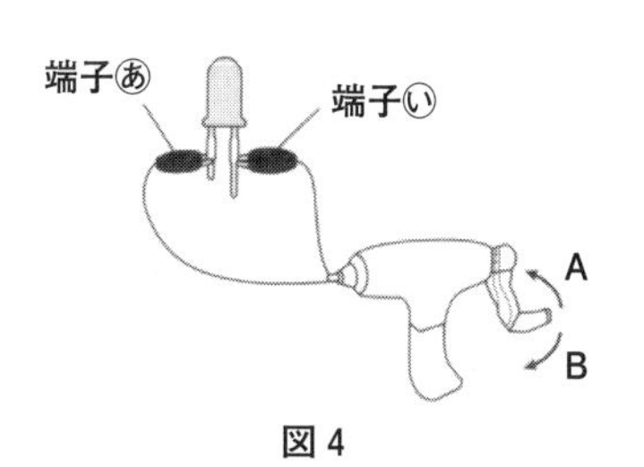

図４

(3) 【実験２】からわかる，ハンドルを**A**の向きに回したときの手回し発電機の性質を，「**端子㋐**」と「**端子㋑**」という言葉を用いて説明しなさい。

電気回路を組む際に用いる道具にはその他にも，「電気を蓄(たくわ)える」はたらきをもつものがあります。その１つがコンデンサーです。コンデンサーにも２つの端子があり，長い端子を**端子㋒**，短い端子を**端子㋓**とよぶこととします。電流を流すはたらきをもつ電池や手回し発電機をつなげることで，コンデンサーを充電(じゅう)することができます。

【実験３】

コンデンサーと電池を用いて，**図５**のような回路を組んでコンデンサーを充電した。

充電されたコンデンサーを**図６**のようにLEDへつなぐと，LEDは点灯した。

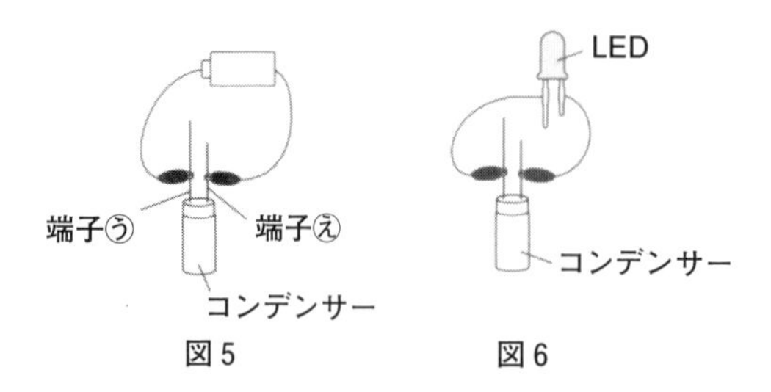

(4)　【実験３】において充電を電池ではなく手回し発電機で行う場合，どのような操作を行えばLEDを点灯させることができますか。次の①，②にあてはまる言葉をそれぞれ選び，アまたはイの記号で答えなさい。

手回し発電機の**端子㋐**をコンデンサーの①(ア．**端子㋒**　　イ．**端子㋓**)につなぎ，ハンドルを**B**の向きに回転させコンデンサーを充電する。充電されたコンデンサーの②(ア．**端子㋒**　イ．**端子㋓**)をLEDの長い端子に接続するとLEDは点灯する。

【実験４】

手回し発電機をコンデンサーに接続し，**表１**の回数ハンドルを同じ速さで回してコンデンサーを充電した。

その後，LEDをつないでLEDが点灯する時間をはかった。

表１

ハンドルを回した回数(回)	0	10	20	30	40	50
LEDが点灯した時間(秒)	0	25	50	75	80	80

(5)　【実験４】からわかる，このコンデンサーの性質を２つ説明しなさい。

3　次の文章を読んで，あとの問いに答えなさい。

私たちが住んでいる地球が丸いということは当然のことと思っているかもしれませんが，人類ははじめから地球が丸いことを認識していたわけではありません。

紀元前４世紀，古代ギリシアの哲学(てつがく)者アリストテレスは(あ)エジプトに旅行したときに夜空を観察した体験から，地球が丸いのではないかと考えました。また，２世紀には古代ローマの学者プトレマイオスが(い)船に乗ったときの体験から地球が丸いと考えました。

紀元前３世紀にはギリシアの学者エラトステネスが(う)ある実験をもとに，地球が球形であると仮定したときの地球の全周の長さや半径の長さなど地球の大きさを推定しました。

現在では，宇宙で(え)地球の周りを回っている人工衛星から得られる情報を使って正しい値を求めることができます。

(1)　下線部(あ)について，アリストテレスはどのような体験から地球が丸いと考えたのでしょうか。次のア～エから１つ選び，記号で答えなさい。

ア．毎日同じ時刻に同じ星が見えた。

イ．自分の国では見られない星が見えた。

ウ．月の形が毎日少しずつ変形して見えた。

エ．時間がたつと見える星の位置が少しずれた。

(2)　下線部(い)について，航海中に山の見え方から地球が丸いと考えました。**図１**はそのときの様子をあらわしたものです。近づいてくれば山が見えるのは当然ですが，どのように見えたのでしょうか。**図１**を参考にして，次の文の空らんに合うように書きなさい。

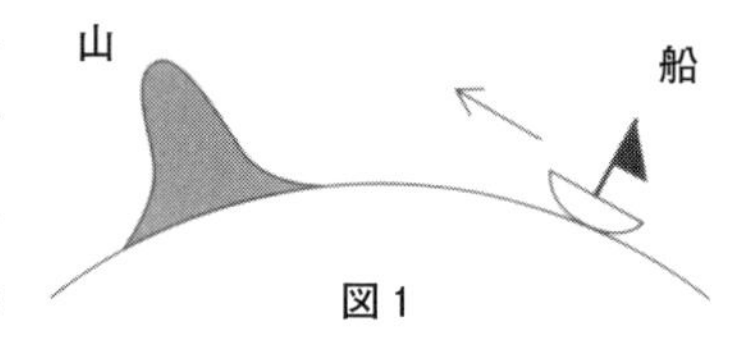

図１

船が陸に向かっていくと山が(　　　　　)。

(3)　下線部(う)について，エラトステネスが推定した地球の大きさについて考えてみましょう。**図２**のように，同じ経度上で920km はなれた**地点１**と**地点２**(**地点１**と**地点２**間の弧(こ)の長さ)を決めました。太陽が出ている同じ時刻に地面に垂直に立てた棒のかげの長さから２地点の緯(い)度(ど)の差を求めました。**地点１**では棒に平行に太陽光があたりましたが，**地点２**では**図３**のようになりました。

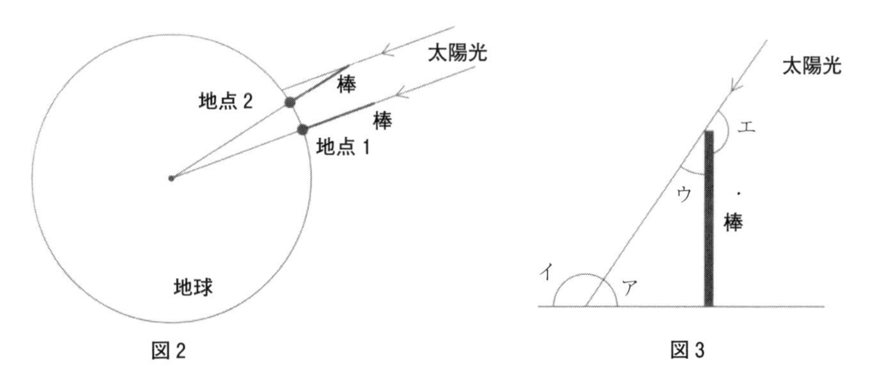

図２　　図３

①　太陽の高度とはどの角度のことですか。**図３**のア～エから１つ選び，記号で答えなさい。

②　**地点２**で測定したところ，**図３**の角ウが7.2°であることがわかりました。**図２**の図形の性質から**地点１**と**地点２**の間の中心角を考えると，地球の全周(１周の長さ)は何km となりますか。割り切れない場合は小数第１位を四捨五入して整数で答えなさい。

③　地球の半径は何km ですか。②で求めた整数の値を使って計算しなさい。ただし，円周率を3.14とし，割り切れない場合は小数第１位を四捨五入して整数で答えなさい。

④　実際の地球の半径と③で求めた長さには差があります。この理由として最もあてはまるものを次のア～エから１つ選び，記号で答えなさい。

ア．地球の大きさが時間とともに変化したから。

イ．地軸(ちじく)のかたむきが時間とともに変化したから。

ウ．太陽の大きさが時間とともに変化したから。

エ．地球が完全な球形ではないから。

(4)　下線部(え)について，地球のまわりには多くの人工衛星があります。その中でも気象衛星のように，いつも地球の同じ地点を観測するような衛星があり，これを静止衛星といいます。**図４**のように，静止衛星は地球の中心から半径42000kmの円周上を動いています。地球の同じ地点を観測し続けるということは，地球の周りを１日に１回転するということになります。この静止衛星の速さは秒速何kmですか。ただし，円周率を3.14とし，割り切れない場合は小数第２位を四捨五入して小数第１位まで答えなさい。

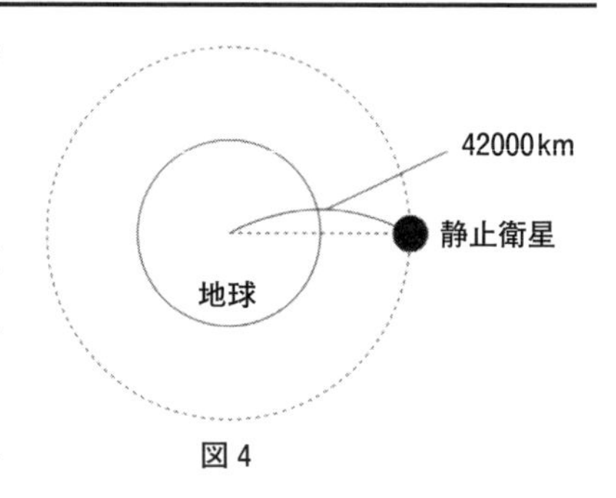

図４

問４　――線④「夏鈴さんの声が少しゆれていた」とありますが、なぜですか。最も適切と思われるものを次の中より一つ選び、記号で答えなさい。
ア、それぞれが自分勝手にふるまう真子の家族に怒りを感じていたから。
イ、母が亡くなった時のことを思い出して悲しくなったから。
ウ、真子と共に生活できるか自信がなくなってしまったから。
エ、自分は母とけんかすらできないことを実感して切なくなったから。

問５　――線⑤「パパさんと話ができるようになること」とありますが、具体的にどのようなことですか。最も適切と思われるものを次の中より一つ選び、記号で答えなさい。
ア、パパにひるむことなく、冷静に自分の意見を主張できるようになること。
イ、大声を出すことでごまかしているパパの弱さを、受け入れてあげること。
ウ、パパに負けないくらい、感情をあらわにして話ができるようになること。
エ、多くの経験を積んで、感情任せに主張するパパに勝てるようになること。

問６　――線⑥「その手は真子に届くことなく、途中で力なく落ちていく」とありますが、なぜですか。このときのママの心情を考えながら説明しなさい。

問７　――線⑦「真子の頭の中でデフィンの言葉がこだまする」とありますが、なぜですか。理由として最も適切と思われるものを次の中より一つ選び、記号で答えなさい。
ア、どこの国でも家を離れるときは母親に反対されることに気づき、それでも自分の意志を貫いたデフィンに憧れたから。
イ、親子は電話で話した方が何でも言い合えることがわかり、けんかの後ママと仲良しになったデフィンに憧れたから。
ウ、ママと離れて暮らすことは見捨てることではないと実感し、素直に自分の気持ちを表現するデフィンに憧れたから。
エ、お互いの気持ちがわからないことは残念なことではないと知り、自分の気持ちだけを尊重するデフィンに憧れたから。

問８　――線⑧「どうしてこうなっちゃうんだろう」とありますが、「こう」とは真子の家族のどのような状態を指しますか。本文中の言葉を用いて35字以内で説明しなさい。

問９　――線⑨「デフィンがするりと寄ってきた」とありますが、このときデフィンはどのような気持ちですか。最も適切と思われるものを次の中より一つ選び、記号で答えなさい。
ア、無理やり自分の意見をおし通し、後悔している真子をなぐさめたい。
イ、これから両親と離れて生活することで孤立する真子をなぐさめたい。
ウ、自分を変えようと決心しつつも、傷ついてしまった真子をなぐさめたい。
エ、パパにどなられ、ママに嫌味を言われて落ちこんだ真子をなぐさめたい。

「ママ、デフィンの気持ちわからないね。デフィンもママの気持ち、わからなかった。今、それわかる。だから、残念ない。今、ママとすごく仲良し。大好きね。よく電話で話す。なんでも言える。そうなったの、日本に来たから。ママ、捨てないね。捨てられないね」

⑦真子の頭の中でデフィンの言葉がこだまする。「ママ、大好きね」と、こだわりもなくからりと言うデフィンの笑顔を見つめた。

「あの、わたし、これで失礼します。真子、また会いに来てもいい？」と、ママがデフィンから真子に視線を移して言った。

小さくうなずいた。

「よかった。それじゃね」

真子は胸の前で小さく手をふった。

ママを見送る。ママは一人、暗い夜道を歩いて帰ろうとしている。その後ろ姿が胸に迫ってくる。

（⑧どうしてこうなっちゃうんだろう）

しんみりとしかけたとき、夏鈴さんがママに声をかけた。

「送っていきます！　パパさんとジジ、どこへ行っちゃったんだろう。帰ってこないわね」

車のキーを持って夏鈴さんがママを追いかけようとしている。

「真子ちゃん、一緒に行く？」

はっきりと首をふった。

（今は行けない）

「そっか。じゃ、行ってくるね」

こちらを見ているママのほうへ夏鈴さんがかけ寄っていく。

みんな、それぞれに必死でもがいているのに……と言った、夏鈴さんの声が、頭の中でよみがえった。

真子は心の中でママに手をふった。

ドアにもたれてママの背中を見送る真子の横に、⑨デフィンがするりと寄ってきた。何も言わずに真子の肩に片手をのせる。心地よいてのひらの重さが、真子の気持ちをなぐさめてくれた。

（にしがきようこ『イカル荘へようこそ』より）

注１　「ホームステイ」…お金をはらって他人の家にとめてもらい、いっしょに生活すること。
注２　「大黒柱」…建物の中央に立てる太い柱のこと。
注３　「藤念さん」…真子の一家の苗字。ここでは真子のパパのこと。
注４　「パート」…パートタイムのこと。短い時間働くこと。
注５　「自分心の中」…原典の表記のまま記した。「自分の心の中」だと思われる。
注６　「すえたにおい」…くさってすっぱくなったにおいのこと。

問１　――線①「とっさに目を閉じた」とありますが、このとき真子はどのような状態ですか。最も適切と思われるものを次の中より一つ選び、記号で答えなさい。

ア、ホームステイをしたいと言ってみたが、パパに強く反対されてしまい、諦めようと思っている。
イ、夏鈴さんが冷静に自分の意見を支持してくれた直後に、突然大きな音がしたので驚いている。
ウ、ジジさんがテーブルをたたいて声を荒らげたので、自分が怒られていると思っておびえている。
エ、自分が原因で、夏鈴さんたちまで巻きこんで嫌な雰囲気になってしまったことを後悔している。

問２　[②]に入れる語句として最も適切と思われるものを次の中より一つ選び、記号で答えなさい。

ア、明るい　　イ、小さい　　ウ、するどい　　エ、穏やかな

問３　――線③「思わず泣きそうになった」とありますが、このとき真子はどのような気持ちですか。具体的に説明しなさい。

そして、ママが真子を見た。今夜はじめて目が合った。
「真子、なんだか大きくなったような気がする。背が高くなったのかな」
「え、そんなことないでしょ。だって、一晩しかたってないよ」
「そうか、そうよね……」
ママの手が、真子のほうに伸びてくる。でも、⑥その手は真子に届くことなく、途中で力なく落ちていく。ゆっくりさがっていくママの手の動きを、真子は見つめることしかできなかった。
「あの、ホームステイの費用などはどうしましょう？」と、ママが夏鈴さんにたずねた。
「え、あ、そうですね」
夏鈴さんがここではじめて言葉につまり、うろたえた。
「そうか、食費や光熱費なんかが必要なのね。デフィン、どうしてるんだっけ？」
声をかけられたデフィンが、留学関係の書類を取りに二階にかけあがっていった。
「あの、あの、わたし、貯金あります」
真子は机の引き出しにあるブタの貯金箱とお財布を思いだしながら言った。
夏鈴さんが笑いだした。
「やだ、真子ちゃんったら、ママさんにだしてもらいなさいな」
「その通りよ、真子」
そして、費用のことも含めて、ホームステイの話が、パパ抜きで事務的に決まった。
ほっとしながら、真子はママのやつれた顔が気になった。
（やっぱり帰ったほうがいいのかな）
決心がゆらぐ。
「これでよかったのよね」
ママが自分に言い聞かせるようにつぶやいた。
「情けないママ。ママは真子に捨てられちゃったのね……」
聞き取るのがやっとの声でママが言う。
（え？）
真子は顔をあげてママを見る。
違うと、心は強く反発するのだけれど、言葉がでてこない。たとえ、言い返せたとしても、それでママの心は傷つく。それが真子にはわかってしまう。だから何も言えない。
心が、底なし沼にずぶずぶと沈んでいく。その沼からはいあがる力が真子にはまだない。
マンションの家の注6すえたにおいが鼻先にふっとよみがえった。帰っても今までのくり返しになると、真子は強く思った。
今はまだ帰るときじゃない。ママの言葉が真子の迷いをふりはらった。
夏鈴さんが気づかわしげに真子の顔を見た。そして、頭をふりながら言った。
「あの二人、帰ってこないわね」
夏鈴さんがドアに体を向けた。
「ほっとく、いいです。大きい人です。一人でなんとかできるね」
デフィンが当たり前のように言った。そして、めずらしくため息をつきながら口を開いた。
「ママ、捨てられてないね」
真子ははっとしてデフィンを見た。
「デフィン、留学、ママ、すごく反対ね。でも、行くと言いはった。ママ言ったね。ママを捨てるかと。大きいけんかした」
デフィンが真子に笑顔を向けた。

わかっていながらも、自分は放っておかれていると、腹を立てていた。ママは自分のことが、他のなによりも一番大事なのだと真子は思っていた。それは、違っていたのだろうか。真子は混乱していた。

「大丈夫ですか？」

ママにたずねる夏鈴さんの声で真子はわれに返った。

力の入っていたママの肩がふっとゆるんだ。

「みっともないところをお見せして……」

ママの言葉をさえぎるように夏鈴さんが笑いを含んだ声で言う。

「お互い様ですよ、全く、みっともないったらありゃしない」

夏鈴さんはドアのほうをちらっと見た。

「大声をだしたら、みんな、自分の言うことを聞くとでも思ってるのかしらね」と、夏鈴さんが不満そうにつぶやいた。

ママが真子のほうを向いた。

「真子、ごめんね」と、つぶやいた。

突然だった。ふいをつかれて、真子は③思わず泣きそうになった。同時に腹もたってきた。

（今さら、ごめんって、なんなのよ）

真子の気持ちはささくれだっていた。

ママが夏鈴さんに頭をさげた。

「しばらく、真子をお願いできますか？」

夏鈴さんがママを見ている。大きな目を無理やり細めて、まるで、注５自分心の中をのぞきこんでいるように、しんとした表情をしている。

「なんだか、痛々しいですね。みんな、それぞれに必死でもがいているのに……。でも、うまくいかなくて……」

ひとり言のようだ。

「でも、みんな生きていて、こうやって会えて、ぶつかり合って、それって、きっといいことなんですよ。その先っていうことがありますからね」

「え？」

ママが夏鈴さんの顔を見た。

「母を亡くして、それさえできない苦しさを、わたし、イヤっていうほど感じてますので」

④夏鈴さんの声が少しゆれていた。

「真子ちゃん、しばらく、そう、手はじめに一ヶ月、ここで一緒に暮らしてみようか」

と、夏鈴さんが言う。

「そうだな、ママさんを助けるために、っていうか一人で生きていけるように、ご飯作ったり、洗濯や掃除ができるようになること。炊事当番に加わってもらうからね。そして、⑤パパさんと話ができるようになること。今までちゃんと話したことなかったんでしょ？　これ、かなり難しそうね。でも、それをめざしてみようよ。ママさんは、今はお体を治すこと。それが一番だと思います」と、夏鈴さんがママを見ながら言った。

「あ、ありがとうございます」

「あの、パパは大丈夫？」と、真子はたずねた。

「さあ……。でもね、今夜、一緒に迎えに行こうって言いだしたの、パパなのよ」

「え、パパが？」と、真子は驚いた。

ママがうなずいた。

「今までのパパからは想像もつかないかな」

ママがさびしそうに言った。

「あの、いつでも、いらしてください」と、夏鈴さんが言う。

「ありがとうございます」と、ママは頭をさげた。

なかった。真子は、真子はずっと我慢してきたのね。違うわね。わたしが我慢させてきたのね」

　今まで聞いたこともないママの声だ。ハンカチを握りしめながら、夏鈴さんの顔を見ている。

　真子は、帰らないと言いきったときから二枚貝のように心をぴったりと閉ざしていた。でも、ママの声は、その閉じた二枚の貝のすき間から真子の心に流れこんでくる。

「真子の思う通り、もし、こちらにご迷惑でなければ、ここに……」

「バカを言うんじゃない！」

　パパが大きな声をあげた。真子は注２大黒柱に額をくっつけた。

　ところが、夏鈴さんは動じない。パパの声など聞こえなかったかのように静かにママに言う。

「そうですね。わたしもそう思います。幸い、部屋はありますし、真子ちゃんが帰りたくなったら帰るということにしても、こちらは一向にかまいません」

　バン！

　テーブルをたたく音が響いた。真子は①とっさに目を閉じた。

「夏鈴、何を言っているんだ。大切なお嬢さんを預かるってことがどんなに大変なことか、わかってるのか！　おせっかいが過ぎるぞ！」

　パパじゃない。ジジさんがテーブルをたたき、声を荒らげたのだ。

　パパと違って声がしゃがれている。その分迫力に欠けるけれど、はじめて聞くジジさんの大声だ。真子は目を見開いて、ジジさんの顔を見た。その横で、パパが細い目を精いっぱい開いてジジさんを見ているのが、真子の目に入った。

　ジジさんは真っ赤な顔をして夏鈴さんをにらんでいる。夏鈴さんは涼しい表情でジジさんを見つめ返している。

　にらみ合っている夏鈴さんとジジさんの後ろから、デフィンが場違いに　②　声で口をはさんできた。

「わたし、大切な外国のお嬢さんね。真子ちゃんと違わないね」

　勢いをそがれたようにジジさんが口ごもる。

「デ、デフィンは真子ちゃんより年上だし、自分から望んでこの国に飛びこんできたんだから、おんなじじゃないだろう」

「真子ちゃんとわたし、年、三つしか違わないね。それに、真子ちゃん、自分から進んでここにいたいと言う。全く同じね」

　ジジさんがむっとした顔で言う。

「真子ちゃんがこの家で暮らすのは、とにかく反対だ」

　ジジさんはこれで終わりとばかりに声をあげた。ところが、夏鈴さんの声が静かに響いた。

「この家、イカル荘はわたしの家です。わたしの好きにさせてもらいます」

　突然、ジジさんがパパの肩をガバッとつかんだ。

「注３藤念さん、ちょっと外にでましょう。頭に血がのぼって、口がもごもごしてしまって、ちゃんと話せん。バカ娘たちにも、少し落ち着く時間をやることにして」

「え、ええ」

　ジジさんの勢いに同調したのか、パパも肩を怒らせてイカル荘からでていった。

　二人がでていったあと、しんとした空気が居間に漂っていた。

　真子はママを見つめたまま、柱から手を離した。

　真子は驚いていた。久しぶりでこんなに長くママの声を聞いた気がした。なにより、真子をそれほど心配していたのかと意外な気がした。

　パパの不機嫌にずっと付きあってきたママ。ママは疲れ果てて、心が折れてしまった。同時に体調も崩し、病院に通う日々が続いていた。

　注４パートもやめてしまった。真子には、その状況がわかっていた。

のです。
　花が咲くためには、越冬芽が〝眠り〟の状態から目覚める必要があります。そのためには、越冬芽の中のアブシシン酸がなくならなければなりません。
　この物質は、冬の寒さに出会うと、分解されて徐々になくなります。ということは、花が咲くためには、まず寒さにさらされなければならないのです。冬の寒さの中で、アブシシン酸は分解され、越冬芽は、眠りから目覚めます。そのときは、まだ寒いので、越冬芽は、目覚めたまま、暖かくなるのを待ちます。
　目覚めた越冬芽には、暖かくなってくると、「ジベレリン」という物質がつくられてきます。ジベレリンは、越冬芽が花を咲かせるのを促します。そのため、暖かくなると、花が咲きはじめるのです。

（田中　修『植物のいのち』より）

問1　――線①「寒さや暑さの訪れを予知しなければならない」とありますが、この「予知」に深く関わっている植物の反応を何と呼びますか。本文中よりぬき出して書きなさい。

問2　[②]に入る適切な語を本文中より6字でぬき出して書きなさい。

問3　――線③「どちらに反応しているのかはわかりません」とありますが、この問題を検証するためにキクを使って行われた2つの実験とその結果をそれぞれ説明しなさい。

問4　前後の文脈から判断して、[A][B][C][D]に「昼」か「夜」を入れなさい。

問5　――線④「気温ではなく、夜の長さによって季節に反応している」とありますが、植物たちが気温を利用しないのはなぜですか。理由として最も適切と思われるものを次の中より一つ選び、記号で答えなさい。

ア、植物は気温をうまく感知することができないから。
イ、昼夜の長さの変化の方が植物にとって重要だから。
ウ、気温は年ごとに変わりやすくあてにならないから。
エ、気温は植物の生命活動にあまり関係がないから。

問6　――線⑤「越冬芽」は、どのようにしてつくられますか。60字以内で説明しなさい。

問7　――線⑥「花が咲きはじめることはありません」とありますが、それはなぜですか。その理由の一つとして最も適切と思われるものを次の中より一つ選び、記号で答えなさい。

ア、暖かいといっても花が咲くのに適した気温ではないから。
イ、自然な冬の気温の方がかえって咲く可能性があるから。
ウ、越冬芽ができてからの時間経過が不十分だから。
エ、花木類がまだ冬の寒さを体感していないから。

問8　花木類の「冬芽」が、春になって一斉に花を咲かせるまでの仕組みについて80字以内で説明しなさい。

四

中学2年生の真子は、もめてばかりの両親にうんざりして家を飛び出したところ、ぐうぜん出会った夏鈴さんが、父親のジジさんや留学生のデフィンと一緒に住んでいる「イカル荘」に一晩泊めてくれることになりました。翌日、むかえに来た両親に、真子は自分の家に帰らずにイカル荘に注1ホームステイしたいと伝えます。真子のパパはどなりながら反対していますが、真子のママが涙ながらに話し始めました。次の文章を読み、あとの問いに答えなさい。（ぬき出しと字数が決められている問題は、すべて「、」「。」記号などを字数にふくみます。）

「今まで、真子が自分の思いをこんなにはっきりと言ったことなんて、

さを感じて、春に花を咲かせる現象を紹介します。

ただ、二つの現象はともに、植物にとっては、季節の訪れの予知と季節の通過の確認の両方が伴う（ともな）ものです。そのため、温度だけでなく、光周性も関与（かんよ）しています。季節の訪れの予知には、光周性が使われ、季節の通過の確認には、冬の寒さが使われていることを理解してください。

ソメイヨシノでは、春に葉っぱが出る前に、花が咲きます。そのためには、春に葉っぱが出るまでに、ツボミができていなければなりません。

ツボミは、開花する前の年の夏につくられるのです。でも、そのまま成長して秋に花が咲いたとしたら、すぐにやってくる冬の寒さのために、タネはできず、子孫を残すことができません。そこで、秋に、硬い（かた）「⑤越冬芽（えっとうが）」がつくられ、その中にツボミは、包み込（つつこ）まれて、冬の寒さをしのぎます。

越冬芽は、「冬芽」ともよばれ、寒さに耐えるためのものですから、寒くなる前につくられなければなりません。そのために、ソメイヨシノは光周性を使います。光周性は、夜の長さに反応する性質であり、草花のツボミの形成を支配しましたが、越冬芽の形成にもはたらいているのです。光周性の復習になりますが、次のことを確認してください。

夜の長さがもっとも冬らしく長くなるのは、冬至の日で、一二月の下旬です。一方、寒さがもっともきびしいのは、二月ころです。夜の長さの変化は、寒さの訪れより、約二ヵ月先行しているので、夜の長さをはかれば、寒さの訪れを約二ヵ月先取りして知ることができるのです。

夜の長さを感じるのは、「葉っぱ」です。一方、越冬芽は「芽」につくられます。とすれば、葉っぱが長くなる夜を感じて「冬の訪れを予知した」という知らせは、「芽」に送られなければなりません。

そこで、夜の長さに応じて、葉っぱが、「アブシシン酸」という物質をつくり、芽に送ります。芽にアブシシン酸の量が増えると、ツボミを包み込む越冬芽ができるのです。植物は、光周性によって、夜の長さの変化で季節の訪れを予知し、その先に備えていのちを守るという生き方を身につけているのです。

このようにして、冬には、ソメイヨシノをはじめ、多くの樹木の芽は、越冬芽となり、硬く身を閉ざしています。しかし、一方で、越冬芽は、春になると、いっせいに芽吹（めぶ）き、花を咲かせます。

この現象を見て、「なぜ、春になると、ソメイヨシノは花咲くのか」と問いかけてみます。すると、多くの人から、即座（そくざ）に、「春になって、暖かくなってきたから」という答えが返ってきます。

ソメイヨシノが花を咲かせるためには、暖かくならなければなりません。ですから、この答えは誤りではありません。しかし、ソメイヨシノは、暖かくなったからといって、花を咲かせるものではありません。

たとえば、秋にできた越冬芽をもつ枝を、冬のはじめに暖かい場所に移しても、⑥花が咲きはじめることはありません。気温が低いという理由だけで、冬に花が咲かないのではないのです。

このように、暖かさに出会っても花を咲かせないソメイヨシノは、〝眠（ねむ）っている〟状態であり、「〝休眠（きゅうみん）〟している」と表現されます。越冬芽は、「休眠芽」ともいわれ、冬のはじめには、〝眠り〟の状態にあります。

すでに紹介したように、秋に越冬芽がつくられるときに、アブシシン酸が葉っぱから芽の中に送り込まれています。アブシシン酸は、休眠を促（うなが）し、花が咲くのを抑（おさ）える物質です。ですから、これが越冬芽の中に多くある限り、暖かくなったからといって、花が咲くことはない

ぎると、昼が長く夜が短くなりはじめます。昼がもっとも長く、夜がもっとも短くなるのは、夏至の日です。この日は、六月の下旬です。それに対し、もっとも暑いのは八月です。ですから、夏の暑さに弱い植物は、昼と夜の長さをはかることによって、夏の暑さの訪れを、約二ヵ月前に知ることができるのです。

このように、昼と夜の長さに反応する性質は、「光周性」といわれます。しかし、一日は、二四時間と決まっていますから、昼と夜の長さはいっしょに変化します。昼が短くなれば、夜が長くなり、昼が長くなれば、夜は短くなります。そのため、「昼と夜の長さに反応する」といっても、昼の長さと夜の長さの、③どちらに反応しているのかはわかりません。

そこで、どちらが大切なのかが調べられています。たとえば、秋に花を咲かせるキクを使った実験を紹介します。キクは、昼が長く夜が短い初夏(たとえば、一六時間の昼と八時間の夜)には、ツボミをつくらず、花を咲かせません。秋になって、昼が短くなり夜が長くなると、ツボミがつくられ、花が咲きます。

秋になって、ツボミがつくられ、花が咲くのに、昼が短くなることが大切なのか、夜が長くなることが大切なのかを知るための実験では、一日を二四時間と決めずに、昼と夜の長さを変化させます。

夏のような短い夜の長さ(たとえば、八時間)をそのままにして、長い昼を短くしていきます。しかし、ツボミはつくられません。

逆に、長い昼(たとえば、一六時間)をそのままにして、短い夜を長くしていきます。すると、夜の長さが約一〇時間を過ぎると、ツボミがつくられ、花が咲きます。

キクが秋に花を咲かせるのは、昼の長さが短くなってきたからではなく、夜の長さが長くなってきたからだということがわかります。光周性においては、[A]の長さより、[B]の長さのほうが大切なのです。ですから、春に花を咲かせる植物では、短くなる[C]に反応して、ツボミがつくられて、花が咲いているのです。秋に花を咲かせる植物では、長くなる[D]の長さに反応して、ツボミがつくられて、花が咲いているのです。

植物たちは、④気温ではなく、夜の長さによって季節に反応しているのです。夜の長さに反応して、ツボミをつくり、花を咲かせる利点には、年ごとに、夜の長さの変化が狂うことなく正確なことがあります。

夜の長さの変化に対し、春や秋の気温は、年ごとに、変わりやすいものです。「今年の秋は、暖かい」と思っていたら、突然、冬の寒さが訪れることがあります。こんなとき、もし植物たちが気温をあてに暮らしていたら、冬の寒さに耐える準備ができないまま冬を迎えることになります。

植物たちは、いのちを守るために、あてにできない気温の変化よりも、毎年狂わない夜の長さの変化を、季節の訪れの予知に利用しているのです。ただし、季節の通過を確認するのは、温度を感じることによってです。次項で、紹介します。

季節の通過は、温度を感じて確認する！

植物たちは、季節が通過していくことは、自分のからだで季節の温度を感じることで確認します。特に、春に活動をはじめる植物たちにとっては、冬が過ぎていくことを確認することは大切です。そのため、冬の寒さを体感することで、冬の通過を確認します。二つの例を紹介します。

一つは、春に花を咲かせる花木類です。その代表はソメイヨシノであり、ここでは、このサクラの春の開花のしくみを紹介します。もう一つの例として、春に花を咲かせる草花や野菜、ムギなどが、冬の寒

二〇二二年度 品川女子学院中等部

【国　語】〈第二回試験〉（五〇分）〈満点：一〇〇点〉

一 次の(1)～(5)の――線部を漢字に直しなさい。

(1) 危険なことをしないようにチュウコクする。
(2) ナイカク総理大臣に選ばれる。
(3) ワスれものをしないようにする。
(4) キヌでできたドレスを着る。
(5) その寺院はシンセイな場所だ。

二 次の(1)～(5)の問いに答えなさい。ただし(1)～(3)はひらがなでもよいが、(4)(5)は漢字で答えること。

(1) 下の意味となるように、空欄に生物の名前を入れて慣用句を完成させなさい。
「決定するまで□の歩みだった」…進みがとても遅いこと。

(2) 下の意味となるように、空欄に体の部位を入れて慣用句を完成させなさい。
「□が肥えている」…よい物に常に触れて、価値を判断する力が増すこと。

(3) 下の意味となるように、空欄に語を入れてことわざを完成させなさい。
「火中の□を拾う」…他人の利益のために危険を冒すこと。

(4) ――線部の語句の対義語（反対の意味の語）を答えなさい。
授業時間が延長された。

(5) 次の文の空欄に漢字を入れて四字熟語を完成させなさい。
友達の本をなくし、平□低□して謝る。

三 次の文章を読み、あとの問いに答えなさい。（ぬき出しと字数が決められている問題は、すべて「、」「。」記号などを字数にふくみます。）

多くの草花や雑草類では、花が咲いても、タネが結実するまでに一、二ヵ月が必要です。寒さに弱い植物たちのタネは、冬の寒さがくるまでにつくられなければなりません。また、夏の暑さに弱い植物たちは、夏暑くなるまでに、花を咲かせ、タネをつくらなければなりません。

植物たちは、季節による気温の変化がおこる前に、①寒さや暑さの訪れを予知しなければならないのです。そのために、季節とともに変わる昼と夜の長さの変化を利用するのです。植物たちは、昼と夜の長さをはかって、その長さに反応して、ツボミをつくり、花を咲かせます。

冬の寒さに弱い植物は、冬が近づき、昼が短く夜が長くなると、ツボミをつくるのです。「ほんとうに、②を目安にして、寒さの訪れが前もってわかるのか」という疑問が浮かびます。その答えは、「イエス」です。

六月下旬の夏至の日を過ぎてから、昼が短くなり、夜が長くなりはじめます。昼がもっとも短くなり、夜がもっとも長くなるのは、冬至の日で一二月の下旬です。それに対し、もっとも寒いのは二月です。

昼と夜の長さの変化は、気温の変化より、約二ヵ月先行しておこっているのです。ですから、冬の寒さに弱い植物は、夏から秋にかけて変化する昼と夜の長さをはかることによって、冬の寒さの訪れを、約二ヵ月前に知ることができるのです。

夏の暑さに弱い植物の場合も同様です。一二月下旬の冬至の日を過

2022年度 品川女子学院中等部 ▶解説と解答

算　数　＜第２回試験＞（50分）＜満点：100点＞

解　答

1 (1) $\frac{1}{42}$　(2) $\frac{1}{3}$　2 (1) ２月２日の９時　(2) ６人　(3) $\frac{6}{13}$　(4) ４切れ　(5) 720度　3 (1) 時速3.75km　(2) 27　(3) 2.2cm^2　(4) 125cm^3　4 (1) 15cm　(2) 1000cm^3　(3) 解説の図Ⅳを参照のこと。　5 (1) 4　(2) 5　(3) 52個　6 (1) (ア) 5　(イ) 1　(2) 3　(3) 正しくない／**説明**…(例)　解説を参照のこと。

解　説

1 四則計算，逆算

(1) $\frac{1}{3}\times\left\{2-\left(6\frac{1}{5}-4.7\right)\right\}-\left(\frac{5}{7}-\frac{1}{14}-\frac{5}{8}\right)\div0.125=\frac{1}{3}\times\{2-(6.2-4.7)\}-\left(\frac{40}{56}-\frac{4}{56}-\frac{35}{56}\right)\div\frac{1}{8}=\frac{1}{3}\times(2-1.5)-\frac{1}{56}\times8=\frac{1}{3}\times0.5-\frac{1}{7}=\frac{1}{3}\times\frac{1}{2}-\frac{1}{7}=\frac{1}{6}-\frac{1}{7}=\frac{7}{42}-\frac{6}{42}=\frac{1}{42}$

(2) $\frac{1}{2}\times\left\{\square-\left(0.125-\frac{1}{24}\right)\right\}+7\times(0.375\div5+0.05)=1$ より，$\frac{1}{2}\times\left\{\square-\left(\frac{1}{8}-\frac{1}{24}\right)\right\}+7\times(0.075+0.05)=1$，$\frac{1}{2}\times\left\{\square-\left(\frac{3}{24}-\frac{1}{24}\right)\right\}+7\times0.125=1$，$\frac{1}{2}\times\left(\square-\frac{2}{24}\right)+7\times\frac{1}{8}=1$，$\frac{1}{2}\times\left(\square-\frac{1}{12}\right)+\frac{7}{8}=1$，$\frac{1}{2}\times\left(\square-\frac{1}{12}\right)=1-\frac{7}{8}=\frac{1}{8}$，$\square-\frac{1}{12}=\frac{1}{8}\div\frac{1}{2}=\frac{1}{8}\times2=\frac{1}{4}$　よって，$\square=\frac{1}{4}+\frac{1}{12}=\frac{3}{12}+\frac{1}{12}=\frac{4}{12}=\frac{1}{3}$

2 単位の計算，割合と比，分数の性質，角度

(1) 飛行機がニュージーランドに到着(とうちゃく)するのは，日本の時間で，２月１日の，18時＋11時間＝29時なので，２月２日の，29－24＝５(時)とわかる。ニュージーランドの時間は日本より４時間進んでいるから，ニュージーランドの時間では，２月２日の，５時＋４時間＝９時と求められる。

(2) 吹奏楽部(すいそうがく)の女子部員の人数は，$57\times\frac{7}{7+12}=21$(人)である。２年生の部員の女子が最も少ないのは，１年生の吹奏楽部員15人がすべて女子のときなので，２年生の部員の女子は少なくとも，21－15＝６(人)いる。

(3) $\frac{6}{13}=6\div13=0.46\cdots$，$\frac{5}{12}=5\div12=0.41\cdots$，$\frac{4}{11}=4\div11=0.36\cdots$，$\frac{11}{23}=11\div23=0.47\cdots$ より，最も大きいのは $\frac{11}{23}$，２番目に大きいのは $\frac{6}{13}$ とわかる。

(4) Ａさんは，８等分されたピザを３切れ食べたので，Ａさんがこれまでに食べたピザは，１枚の，$\frac{1}{8}\times3=\frac{3}{8}$ である。また，Ａさんは２枚のピザの３分の１を食べることができるので，$2\times\frac{1}{3}=\frac{2}{3}$ より，１枚のピザの $\frac{2}{3}$ を食べることができる。すると，Ａさんがこのあとに食べることができるピザは，１枚の，$\frac{2}{3}-\frac{3}{8}=\frac{7}{24}$ とわかる。16等分されたピザの１切れは，１枚の $\frac{1}{16}$ なので，$\frac{7}{24}\div\frac{1}{16}=\frac{14}{3}=4\frac{2}{3}$ より，４切れまで食べることができる。

(5)　右の図で，多角形の外角の和は360度なので，かげをつけた五角形について，●をつけた角の大きさの和と，○をつけた角の大きさの和は，ともに360度となる。また，五角形のまわりには，四角形が３個，三角形が２個あり，それらの内角の和は，360×３＋180×２＝1440(度)である。よって，印のついた角の大きさの和は，1440−360×２＝720(度)と求められる。

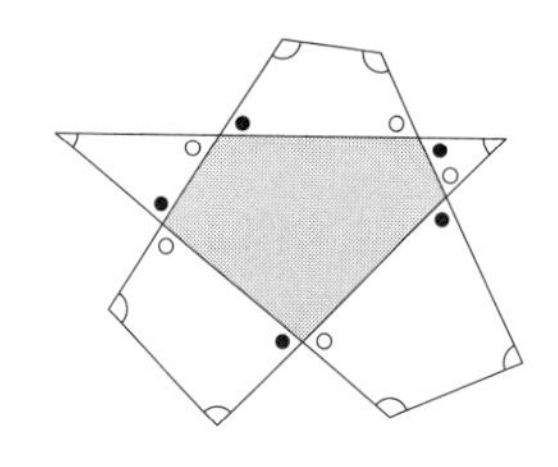

3　速さ，数列，相似，面積，体積

(1)　Ａ地点からＣ地点まで，時速５kmで１時間30分かかり，１時間30分は，$1\frac{30}{60}$＝1.5(時間)なので，Ａ地点からＣ地点までの距離(きょり)は，５×1.5＝7.5(km)となる。また，Ｃ地点は，Ａ地点とＢ地点の真ん中にあるので，Ｃ地点からＢ地点までも7.5kmあり，この区間は時速３kmで進んだから，かかった時間は，7.5÷３＝2.5(時間)とわかる。よって，Ａ地点からＢ地点までの距離の合計は，7.5×２＝15(km)，かかった時間の合計は，1.5＋2.5＝４(時間)なので，(平均の速さ)＝(距離の合計)÷(時間の合計)より，平均の速さは時速，15÷４＝3.75(km)と求められる。

(2)　右の図１のように５個ずつ組分けすると，40番目の数は，40÷５＝８より，８組の最後の数となる。また，１，３，５を足して，４，２を引く計算を行うと，１＋３＋５−４−２＝３より，もとの数よりも３増える。よって，それぞれの組の先頭の数は，１，４，７，…のように３ずつ増えるから，９組の最初の数は，１＋３×(９−１)＝25とわかる。したがって，８組最後の数は，25＋２＝27と求められる。

図１

＋1　＋3　＋5　−4　−2
1，2，5，10，6 | 4，5，8，13，9 | 7，8，11 …
1組　2組　3組

(3)　右の図２で直角三角形ABCの面積は，３×２÷２＝３(cm^2)である。また，ABとDCは平行なので，太線の三角形AFEと三角形CFDは相似であり，相似比は，AE：CD＝２：３となる。このとき，AEとDCを底辺とみたときの高さの比も２：３なので，三角形AFEの高さは，$2\times\frac{2}{2+3}$＝0.8(cm)とわかる。よって，三角形AFEの面積は，２×0.8÷２＝0.8(cm^2)だから，斜線(しゃせん)部分の面積は，３−0.8＝2.2(cm^2)と求められる。

図２

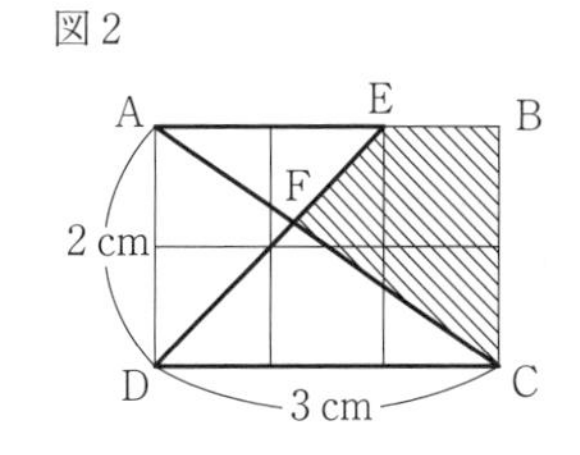

(4)　右の図３で，２つのかげをつけた部分の面積の和は，立方体Ａの上の面の面積と等しいので，立方体Ｂの側面積が100cm^2とわかる。よって，立方体Ｂの１つの面(正方形)の面積は，100÷４＝25(cm^2)である。すると，５×５＝25より，立方体Ｂの１辺の長さは５cmとなるから，体積は，５×５×５＝125(cm^3)と求められる。

4　グラフ―水の深さと体積

(1)　右の図Ⅰのようにアの上から水を入れると①，②，…の順番で満水になる。⑤が満水になるのは，問題文中の図２より，水を入れはじめてから９分後であり，そのときの水面の高さは15cmだから，仕切りＡの高さは15cmとわかる。

図Ⅰ

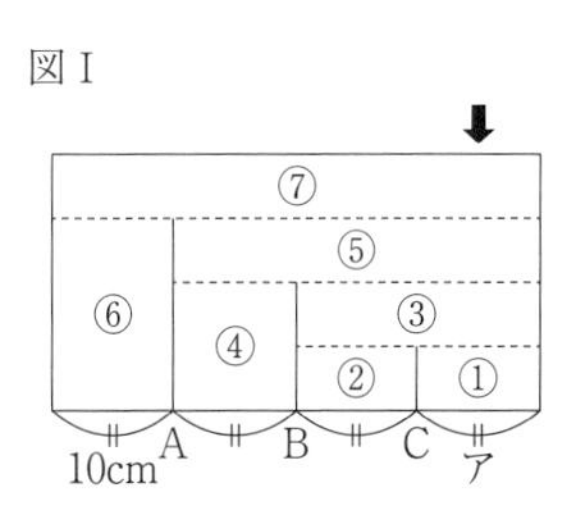

(2)　問題文中の図２より，仕切りＢの高さは10cm，仕切りＣの高

さは５cmである。図Ⅰの①の部分の容積は，$10\times20\times5=1000$(cm³)で，①の部分は，図２より，１分で満水になったから，水は毎分，$1000\div1=1000$(cm³)の割合で入れている。

(3)　右の図Ⅱのようにイの上から水を入れると①，②，…の順番で満水になる。①の部分の容積は，$10\times20\times15=3000$(cm³)であり，毎分1000cm³の水を入れるので，①の部分は，$3000\div1000=3$(分間)で満水になる。ただし，この間，ウの水面の高さは０cmのまま変わらない。同様に考えて，それぞれの部分が満水になるのにかかる時間，そしてそれぞれの部分が満水になったときのウの水面の高さを求めると，下の図Ⅲのようになる。よって，ウの水面の高さの変化は下の図Ⅳのようになる。

図Ⅱ

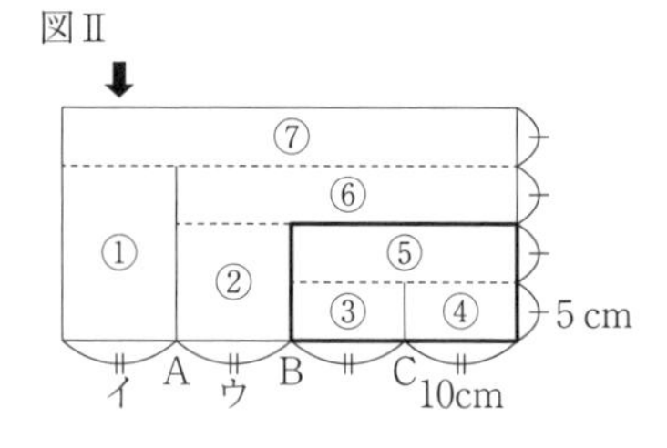

図Ⅲ

	満水になるのにかかる時間(分)	ウの水面(cm)
①	$10\times20\times15\div1000=3$	0
②	$10\times20\times10\div1000=2$	10
③④⑤	$20\times20\times10\div1000=4$	10
⑥	$30\times20\times5\div1000=3$	15
⑦	$40\times20\times5\div1000=4$	20

図Ⅳ

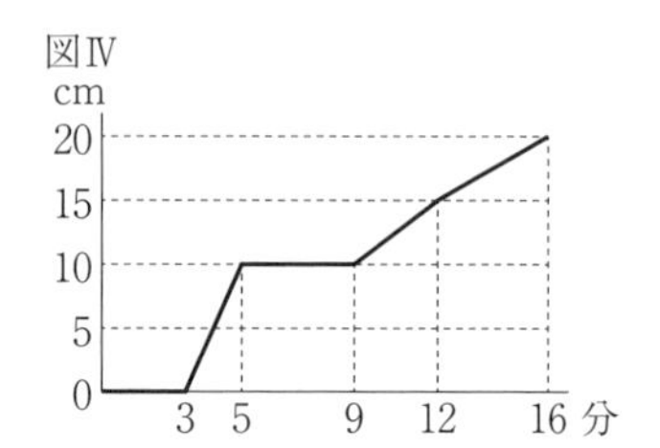

5 約束記号，場合の数

(1)　記号《　》は，それぞれの位の数の平均を求める計算を表している。よって，$《291》=\dfrac{2+9+1}{3}=4$である。

(2)　(合計)＝(平均)×(個数)より，$3+4+\square+2=3\dfrac{1}{2}\times4=14$となるので，$9+\square=14$より，$\square=14-9=5$とわかる。

(3)　Tが１けたの整数の場合，Tは３の１個だけである。Tが２けたの整数の場合，それぞれの位の数の和は，$3\times2=6$だから，15，24，33，42，51，60の６個ある。Tが３けたの整数の場合，それぞれの位の数の和は，$3\times3=9$となる。和が９となる３個の１けたの数の組み合わせと，それぞれの場合にできる３けたの整数の個数は，右の表のようになる。よって，３けたの整数は合わせて，$6\times3+4\times4+3\times3+1\times2=45$(個)とわかる。最後に，$《1000》=\dfrac{1+0+0+0}{4}=\dfrac{1}{4}$なので，３にはならない。よって，$《T》=3$となる1000以下の整数$T$の個数は，$1+6+45=52$(個)と求められる。

(0, 0, 9)	900の１個
(0, 1, 8)	$2\times2\times1=4$(個)
(0, 2, 7)	$2\times2\times1=4$(個)
(0, 3, 6)	$2\times2\times1=4$(個)
(0, 4, 5)	$2\times2\times1=4$(個)
(1, 1, 7)	117，171，711の３個
(1, 2, 6)	$3\times2\times1=6$(個)
(1, 3, 5)	$3\times2\times1=6$(個)
(1, 4, 4)	144，414，441の３個
(2, 2, 5)	225，252，522の３個
(2, 3, 4)	$3\times2\times1=6$(個)
(3, 3, 3)	333の１個

6 推理，条件の整理

(1)　５のカードを取ると，相手が最も多い３枚のカード(『６』，『７』，『８』)を取っても，相手は８までのカードしか取れない。よって，(ア)は５とわかる。つまり，９のカードを取るには，$9-5=4$(枚)前のカードを取ればよい。同様に考えて，５のカードを取るには，$5-4=1$のカードを取ればよいから，(イ)は１である。

(2)　(1)と同様に考えると，59のカードを取るには，55，51…のような，59から４ずつ減らした数のカードを取ればよい。よって，$59\div4=14$あまり３より，(ウ)にあてはまる最も小さい数は，$59-4\times14=3$とわかる。

(3)　たとえば，13までのカードを並べるとき，12を取れば勝つことができる。(2)と同様に考えると，12のカードを取るには，12－４＝８，８－４＝４のカードを取ればよい。しかし，先にカードを取り始める人が必ず４のカードを取れるわけではない。よって，並べるカードの枚数によっては，先にカードを取り始める人が必ず勝つわけではないから，Ｂさんの発言は正しくない。

社　会　＜第２回試験＞（理科と合わせて60分）＜満点：60点＞

解　答

1　**問１**　玄米　**問２**　(1)　高原野菜　(2)　グリーンツーリズム　**問３**　(1)　ア　(2)　ウ　**問４**　(1)　**Ａ**　市役所　**Ｂ**　荒れ地　(2)　イ　(3)　エ　(4)　(例)　Ｃの地域には等高線がないが，その周辺にはあるため。　**問５**　**Ａ**　こんにゃく　**Ｂ**　富岡製糸場　**問６**　空海　**問７**　ア　**問８**　小豆島　**問９**　エ　**問10**　長崎県，イ　**問11**　ウ
2　**問１**　ウ　**問２**　(例)　風通しをよくして，収穫物がくさらないようにするため。　**問３**　(例)　唐や新羅の攻撃に備えるため。　**問４**　ウ　**問５**　イ　**問６**　エ　**問７**　ウ　**問８**　水　**問９**　(1)　ア　(2)　50(年)　**問10**　エ　**問11**　イ　**問12**　ア　**問13**　①　エ　②　ア　③　イ　**問14**　エ　**問15**　渋沢栄一　**問16**　ウ→イ→ア　**問17**　ユダヤ　3　**問１**　(1)　**Ａ**　オ　**Ｂ**　ウ　(2)　拒否権　**問２**　政府開発援助　**問３**　ウ　**問４**　NGO　**問５**　エ

解　説

1　小麦を題材とした問題

問１　稲刈り(いねかり)ののち，脱穀(だっこく)されて稲穂から取られたもみは，もみすりという作業を経て玄米(げんまい)ともみ殻(がら)に分けられる。玄米からぬかなどを取り除いて精白したもの(精米)が，一般的な白米である。

問２　(1)　長野県の八ヶ岳山ろくに広がる野辺山原(のべやまはら)では，夏でもすずしい高原の気候を利用して，高温に弱いレタスやキャベツなどの葉物野菜を育て(抑制栽培(よくせいさいばい))，高原野菜として大都市などに出荷している。　(2)　農村や山村，漁村地域に滞在(たいざい)して，その地域の自然や文化，地元の人々との交流を楽しむような余暇(よか)の過ごし方を，グリーンツーリズムという。これによって，その地域が活性化することや，都市住民の農林漁業への理解が深まることなどが期待されている。

問３　(1)　おやきが内陸県である長野県の郷土料理で，具材には「地元でとれる食材」が使われているとあることから，海でとれる魚介類(ぎょかいるい)であるタコがあてはまらない。　(2)　ア　町Ａのある長野県と北西(左上)で接する県は富山県で，ここにもJR線(━━━)が通っている。なお，このJR線は北陸新幹線を表している。　イ　町Ａの東(右)側を流れている川は，長野県内では千曲川(ちくま)，新潟県内では信濃川(しなの)とよばれる日本一の長流で，新潟市で日本海に注いでいる。　ウ　地図中で「盆地」と書かれているのが松本盆地で，町Ａはその真北(真上)ではなく北東(右上)に位置している。　エ　町Ａの西(左)側にそびえるのは飛騨山脈(ひだ)で，新潟・長野・富山・岐阜の４県にまたがり，3000m級の山々が連なっている。また，飛騨山脈は北アルプスともよばれ，木曽山脈(中央アルプス)，赤石山脈(南アルプス)と合わせて日本アルプスとよばれる。

問４　(1)　**Ａ**　(◎)は市役所と東京23区の区役所を示す地図記号で，地形図中の(◎)は高崎市役所

を表している。　B　(ılı)は，利用されていない荒れ地や雑草が生えた土地，湿地・沼地などで水草が点々と生えている場所を表しており，雑草が生えているようすが図案化されている。　(2)　ア　地形図には方位記号が示されていないので，上が北，右が東，下が南，左が西にあたる。また，地点アの近くに標高93mを表す標高点(・)があり，地形図の右下の河岸には標高79.7mを表す三角点(△)があることなどから，地形図中の地域は南側のほうが低くなっているとわかる。よって，地形図の中央部を流れる川は，北西から南東に向かって流れていると判断できる。　イ「石原町」には発電所(☼)は見られない。　ウ「高崎駅」の東には博物館(⾎)が位置している。　エ「宮元町」周辺には複数の寺院(卍)がある。　(3)　写真は線路の横から線路に沿った風景を撮ったものなので，「佐野のわたし駅」から線路に沿って矢印が示されている地点エだとわかる。
(4)　地形図中Cの地域の東・南・西に何本もの等高線が引かれており，Cの地域が小高い場所にあることがわかる。ここから，Cの地域は山の斜面を切りくずして平らにした場所であると推測できる。

問５　A　群馬県は全国一のこんにゃくいもの産地として知られ，全国の生産量の９割以上を占めている。統計資料は『データでみる県勢』2022年版による(以下同じ)。　B　明治時代初め，養蚕業がさかんだった群馬県富岡に，官営模範工場として富岡製糸場がつくられ，1872年に操業を開始した。富岡製糸場は閉鎖されたあとも建物が大切に保存され，2014年には「富岡製糸場と絹産業遺産群」としてユネスコ(国連教育科学文化機関)の世界文化遺産に登録された。

問６　空海は讃岐(香川県)出身の僧で，平安時代初めに遣唐使船で唐(中国)に渡り，密教を学んだ。帰国後は高野山(和歌山県)に金剛峯寺を建て，日本における真言宗の開祖となった。

問７　香川県の県庁所在地である高松市は，一年を通して降水量が少なく，冬でも比較的温暖な瀬戸内の気候に属しているので，アがあてはまる。なお，イは札幌市(北海道)，ウは鹿児島市，エは松江市(島根県)の雨温図。

問８　小豆島は香川県の北東沖に浮かぶ島で，瀬戸内海では淡路島(兵庫県)についで２番目に大きい。オリーブの産地として知られ，香川県のオリーブの生産量は全国で最も多い。

問９　日本は小麦の自給率が低く，多くを外国からの輸入に頼っている。輸入が多い背景には，国内で生産するよりも，安価な外国産の小麦を輸入したほうが安くすむということが考えられる。

問10　壱岐は九州と対馬の間に位置する島で，対馬と同様，長崎県に属している。なお，アは隠岐諸島(島根県)の島後，ウは種子島(鹿児島県)，エは八丈島(東京都)。

問11　日本は輸入する小麦のほぼすべてを，アメリカ・カナダ・オーストラリアの３か国に頼っている。

２　各時代の歴史的なことがらについての問題

問１　黒曜石は産地が限られており，産地でないところから発見されたものは，縄文時代にも広範囲で交易が行われていたことを示す証拠となるが，東南アジアのような遠い場所との交易が行われていたとは考えられない。

問２　弥生時代に稲作が広まると，収穫物は写真のような高床倉庫に保管された。高床にしたのは，風通しをよくして湿気が倉庫内にこもるのを防ぐとともに，ねずみに収穫物を食い荒らされないようにしたり，洪水の被害を避けたりするためだったと考えられている。

問３　百済の復興をめざして朝鮮半島に派遣された日本の軍は，663年の白村江の戦いで唐・新羅の連合軍に敗れた。その後，これらの国々が反撃してくることを警戒した朝廷は，北九州に水城を，西日本各地に朝鮮式山城を築き，防人を配置するなどして沿岸の防備を固めた。

問４　持統天皇は天武天皇のきさきで，天武天皇が亡くなったあとはその遺志をついで律令制度の確立につとめた。また，奈良盆地南部に藤原京を完成させ，694年にここに都を移した。なお，710年には元明天皇が藤原京から平城京へ都を移し，聖武天皇はおもに平城京で政治を行った。

問５　『古今和歌集』は平安時代の10世紀初め，紀貫之らによって編さんされた最初の勅撰和歌集(天皇の命令でつくられた和歌集)である。

問６　浄土信仰は仏教の教えにかかわるもので，神をまつる神社と直接の関係はない。なお，源信が著した『往生要集』は，浄土信仰が広まるきっかけをつくった書物。また，浄土信仰は阿弥陀仏にすがって極楽往生を願うもので，平安時代には阿弥陀仏をまつるための阿弥陀堂が各地につくられ，中尊寺金色堂(岩手県)と平等院鳳凰堂(京都府)はその代表として知られる。

問７　源平の戦いで焼失した東大寺南大門は鎌倉時代に再建され，運慶・快慶らによってつくられた一対の金剛力士像がここに収められている。なお，アは平城宮跡に復元された朱雀門，イは東大寺大仏殿でいずれも奈良県奈良市，エは円覚寺舎利殿で神奈川県鎌倉市にある。

問８　枯山水は，石や砂を用いて水や山などの自然の情景を表現する庭園の様式で，室町時代に広まった。龍安寺(京都府)の石庭は，枯山水の代表としてよく知られる。

問９　(1)　アは1428年，イは1274年(文永の役)と1281年(弘安の役)の二度，ウは1543年，エは1338年のできごとである。　(2)　沖縄県は太平洋戦争末期にアメリカ軍に占領されてから，日本が独立を回復したあともアメリカの占領下に置かれていたが，1972年に日本に返還された。2022年は，その50年後にあたる。

問10　雪舟は日本風の水墨画を大成した画僧で，室町時代に栄えた東山文化を代表する人物である。城のふすま絵などを描き，桃山文化を代表する画家としては，「唐獅子図屛風」を描いた狩野永徳がよく知られる。

問11　明治神宮は，明治天皇が亡くなったのち，明治天皇と明治天皇の皇后をまつるため，大正時代に建てられた。

問12　江戸幕府は，身分制度を維持するのに都合がよかったこともあり，儒学を重視した。湯島聖堂は幕府の正式な学問所で，儒学の講義が行われた。

問13　①　1853年にペリーが来航すると，幕府は江戸湾(東京湾)の防備を固めるため，現在の品川沖に大砲をすえるための台場を建造した。　②　1867年，江戸幕府の第15代将軍徳川慶喜は二条城に大名を集め，政権を朝廷に返すという大政奉還を行った。　③　1868年，鳥羽・伏見の戦い(京都)から始まった戊辰戦争は，江戸城の無血開城や会津戦争などを経たのち，翌69年に函館(北海道)で行われた五稜郭の戦いで旧幕府軍が降伏したことによって終結した。

問14　八幡製鉄所は，日清戦争(1894～95年)の講和条約である下関条約で得られた賠償金と政府資金を元手として，現在の福岡県北九州市につくられた官営の製鉄所で，1901年に操業を開始した。ここでは，中国から輸入された鉄鉱石と，筑豊炭田からとれた石炭などを用いて鉄鋼が生産された。なお，夕張炭田は北海道にあった。

問15　渋沢栄一は埼玉県深谷市出身の実業家で，明治政府で働いたのち，1873年に日本最初の銀行である第一国立銀行をつくった。多くの企業の創設や経営に携わったことから「日本資本主義の父」ともよばれ，2024年発行予定の新一万円札には，渋沢栄一の肖像が採用される。

問16　アは1917年，イは1915年，ウは1914年のできごとなので，起きた順番に並べかえるとウ→イ→アとなる。

問17　ヒトラーが率いたナチスは1930年代にドイツで独裁体制を確立すると，ユダヤ人に対して激しい迫害を行った。ポーランドにあるアウシュビッツ強制収容所は，多くのユダヤ人が殺害されたことから，戦争の恐ろしさを後世に伝える「負の遺産」として世界文化遺産に登録されている。

3　国際社会と人権についての問題

問１　(1)　**A**　UNCTADは国連貿易開発会議の略称で，先進国と発展途上国との間の経済格差である南北問題の解決などを目的として活動している。　**B**　WHOは世界保健機関の略称で，世界の人々の健康増進や感染症の予防など，医療や保健に関する仕事を行っている。　なお，IAEAは国際原子力機関，IOCは国際オリンピック委員会，WTOは世界貿易機関，UNICEFは国連児童基金の略称。　(2)　国際連合の安全保障理事会は，アメリカ・イギリス・フランス・ロシア・中国の５常任理事国と，任期２年の非常任理事国10か国で構成されている。常任理事国には，一国でも反対すると決議が成立しないという特別な権限である拒否権が認められている。

問２　ODAは政府開発援助の略称で，先進国の政府が発展途上国に対して有償・無償で行う資金援助や技術援助などのことである。

問３　2017年に国際連合で核兵器禁止条約が採択され，2021年に発効したが，アメリカなどの核保有国は参加せず，アメリカの同盟国である日本もこれに参加していない。

問４　世界平和や人権，地球環境などについて国際的な活動を行う民間の組織をNGO（非政府組織）といい，医療活動を行っている「国境なき医師団」や，人権保護を行っている「アムネスティ・インターナショナル」などがよく知られる。

問５　エのような権利を国家賠償請求権といい，日本国憲法第17条に規定がある。なお，アは知る権利，イはプライバシーの権利，ウは環境権について述べた文で，いずれも新しい人権に含まれる。

理　科　＜第２回試験＞（社会と合わせて60分）＜満点：60点＞

解　答

1　Ⅰ　(1)　二酸化炭素　(2)　①　112g　②　154g　(3)　**木炭**…27g　**酸素**…72g　(4)　水　Ⅱ　(1)　食物連鎖　(2)　ア　(3)　**あ**　ア　**い**　ウ　**う**　ウ　(4)　生産者　(5)　分解者　**2**　(1)　ア，ウ　(2)　イ，ウ，エ　(3)　（例）　端子㋑が電池のプラス極，端子㋐が電池のマイナス極の役割をする。　(4)　（例）　①　ア　②　ア　(5)　（例）　コンデンサーに蓄えることのできる電気の量には上限がある。／コンデンサーが蓄えられる上限に達するまでは，蓄えられる電気の量はハンドルを回した回数に比例する。　**3**　(1)　イ　(2)　（例）　山頂から順に見えた　(3)　①　ア　②　46000km　③　7325km　④　エ　(4)　秒速3.1km

解　説

1　ものの燃え方と食物連鎖についての問題

Ⅰ　(1)　木炭はおもに炭素からできていて，木炭を燃やすと，炭素が酸素と結びついて二酸化炭素が発生する。

(2)　①　図１より，木炭３ｇは酸素８ｇと結びついているので，木炭42ｇに結びつく酸素の重さは，$8\times\frac{42}{3}=112$(g)になる。　②　発生した物質(二酸化炭素)の重さは，木炭と酸素の重さの和になるから，42＋112＝154(g)である。

(3)　結びつく木炭と酸素の重さの比は，(1)より，木炭：酸素＝３：８となる。また，木炭はすべて燃え，木炭が燃えたあとの容器には酸素も残っていなかったのだから，はじめに容器内に入れた重さは，木炭が，$99\times\frac{3}{3+8}=27$(g)，酸素が，99－27＝72(g)と求められる。

(4)　ろうそくが燃えると，ろうにふくまれる水素が酸素と結びついて水ができる。これが集気びんについて，びんの内側が白くくもる。

Ⅱ　(1)　生き物の間に見られる，食べる・食べられるの関係を食物連鎖という。

(2)　イネを食べるのは草食動物なので，Ａにはイナゴがあてはまる。イナゴを食べるのは小形の肉食動物だから，Ｂにはカマキリがあてはまり，カマキリはカエルに食べられ，カエルはヘビに食べられる。

(3)　ウサギの数が増えると，キツネのえさが増えるのでキツネは増えるが，ススキはウサギに食べられる量が多くなるので減る。この後，ススキが減ると，ウサギのえさが少なくなるのでウサギが減り，ウサギが減るとキツネのえさが減るからキツネも減る。このようにして，もとのつり合いに戻る。

(4)　イネやススキのように光合成を行い，デンプンなどの栄養分をつくり出す(生産する)ことができる生き物は生産者と呼ばれる。

(5)　動物のふんや生き物の死がいは，土中の菌類や細菌類などのはたらきによって分解され，植物の肥料となる。このようなはたらきをしている生き物は分解者と呼ばれる。

2　LEDを用いた電気回路についての問題

(1)　豆電球は，回路Ａと回路Ｂのどちらでも点灯しているから，電流の流れる向きに関係なく点灯するとわかる。また，LEDは，回路Ｃでは点灯し，回路Ｄでは点灯しなかったので，電池はプラス極からLEDを通ってマイナス極へ戻る方向に電流を流しているとわかる。なお，点灯した豆電球やLEDの明るさについてはこの実験からはわからない。

(2)　豆電球アの左側にあるLEDは，端子のつなぎ方が逆なので電流が流れない。よって，豆電球アは点灯しない。電池のプラス極から出た電流は，右の図のように流れるので，豆電球イ，豆電球ウ，豆電球エは点灯する。

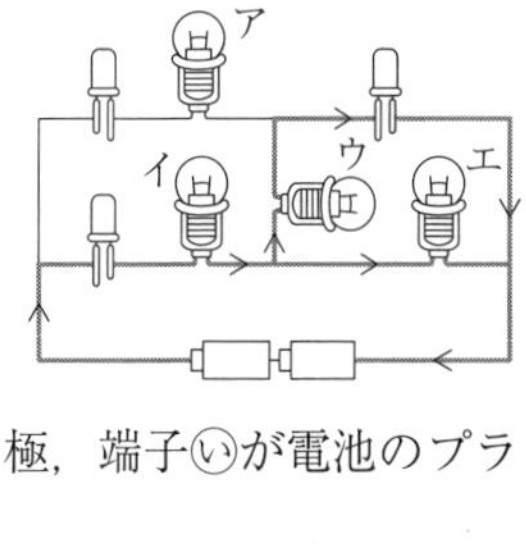

(3)　LEDは，手回し発電機のハンドルをＡの向きに回転すると点灯し，Ｂの向きに回転すると点灯しなかったので，端子㋐が電池のマイナス極，端子㋑が電池のプラス極の役割をしているとわかる。

(4)　手回し発電機のハンドルをＢの向きに回すと，ハンドルをＡの向きに回したときと逆向きに電流が流れるので，端子㋐が電池のプラス極，端子㋑が電池のマイナス極の役割をすることになる。よって，端子㋒に端子㋐をつなぎ，端子㋓に端子㋑をつなぐと，コンデンサーを充電することができ，その後，コンデンサーの端子㋒をLEDの長い方の端子に接続するとLEDは点灯する。なお，正しいつなぎ方ではないが，端子㋒に端子㋑をつなぎ，端子㋓に端子㋐をつないで充電したあと，端子㋓をLEDの長い方の端子に接続してもLEDが点灯すると考えられるため，①と②をともにイとしても正解となる。

⑸　ハンドルを回した回数が30回までは，LEDが点灯した時間はハンドルを回した回数に比例しているが，ハンドルを回した回数が40回以上では，LEDが点灯した時間が一定となっている。このことから，コンデンサーは，蓄(たくわ)えることのできる電気の量に上限があり，それまでは蓄えられる電気の量とハンドルを回した回数が比例するとわかる。

3　地球の形と大きさについての問題

⑴　エジプトに旅行し，場所を変えて夜空を観察した場合，自分の国では見られない星が見えたことから，大地の表面が湾曲(わんきょく)している，つまり，地球が丸いのではないかと推測した。

⑵　図１のように，船が山に向かって進んでいくと，はじめは山頂しか見えないが，山に近づくにつれて下の方が見えるようになる。

⑶　①　太陽の高度は，太陽光と地平面がつくる角度アにあたる。

②　図３の角ウが7.2度であることから，右の図で角xは7.2度になる。太陽光は平行光線と見なすことができ，角xと角yはさっ角となることから，角yは7.2度である。ここで，地点１と地点２の間の弧(こ)の長さは920kmだから，地球の全周は，$920\times\frac{360}{7.2}=46000$(km)と求められる。　③　(円周)＝(半径)×２×3.14で求められるので，地球の全周が46000kmのとき，地球の半径は，46000÷２÷3.14＝7324.8…より，7325kmとなる。　④　地球は完全な球形ではないので，実際の地球の半径と③で求めた半径の長さには差が生じる。

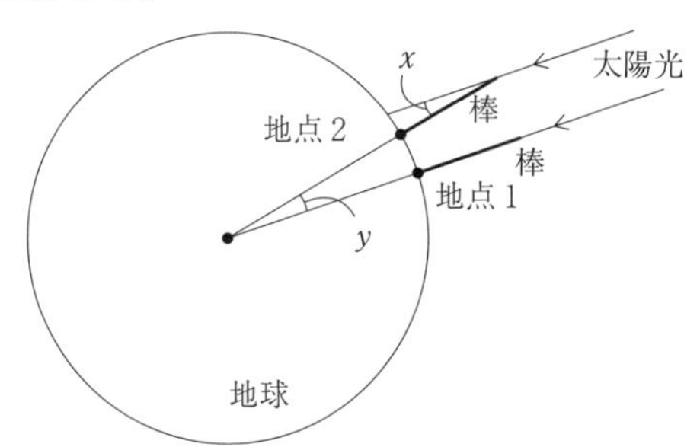

⑷　静止衛星が地球の周りを１回転したときの移動する距離(きょり)は，42000×２×3.14＝263760(km)である。この距離を１日(24時間)で移動するから，秒速は，263760÷(24×60×60)＝3.05…より，3.1kmと求められる。

国　語　＜第２回試験＞（50分）＜満点：100点＞

解　答

一　下記を参照のこと。　二　⑴　牛(うし)　⑵　目(め)　⑶　栗(くり)　⑷　短縮　⑸　身，頭　三　**問１**　光周性　**問２**　昼と夜の長さ　**問３**　**実験と結果①**…(例)　夜の長さを一定にし，昼を短くしていくとツボミはつくられなかった。　**実験と結果②**…(例)　昼の長さを一定にし，夜を長くして夜の長さが約一〇時間を超えるとツボミがつくられた。　**問４**　**A**　昼　**B**　夜　**C**　夜　**D**　夜　**問５**　ウ　**問６**　(例)　葉が，夜が長くなったことを感知してアブシシン酸をつくり，それが芽に送られるとツボミを包み込む硬い越冬芽がつくられる。　**問７**　エ　**問８**　(例)　越冬芽の中にあるアブシシン酸が，冬の寒さにさらされることで分解されて徐々に無くなっていき，その後春になって暖かくなるとジベレリンがつくられて開花を促す。　四　**問１**　イ　**問２**　ア　**問３**　(例)　ずっとママに放っておかれていると感じていたが，実は心配されていたということを予期せず知り，今まで感じていたさびしさがふとやわらいだような気持ち。　**問４**　エ　**問５**　ア　**問６**（例）真子が知らぬ間に成長していたことを実感し，ふれたいと思ったが，今まできちんと向き合えていなかったことに後ろめたさを感じたから。　**問７**　ウ　**問８**（例）みんなそれぞれ必死でもがいているのにうまくいかなくて，痛々しい状態。　**問９**　ウ

●漢字の書き取り

□一 ⑴ 忠告　⑵ 内閣　⑶ 忘　⑷ 絹　⑸ 神聖

解説

□一 漢字の書き取り

⑴　相手に真心をこめて注意すること。　⑵　国家の行政権を担当する最高機関。　⑶　音読みは「ボウ」で，「忘恩」などの熟語がある。　⑷　音読みは「ケン」で，「絹布」などの熟語がある。　⑸　尊くてけがれのないこと。

□二 慣用句の完成，ことわざの完成，対義語の知識，四字熟語の完成

⑴「牛の歩み」は，進み方が遅いことのたとえ。　⑵「目が肥えている」は，“よいものを見慣れて価値を見分ける力が増す”という意味。　⑶「火中の栗を拾う」は，“他人のために危険を冒す”という意味。　⑷「延長」は，期間や長さなどを延ばすこと。対義語は，時間や距離などを縮めるという意味の「短縮」。　⑸「平身低頭」は，物事を頼んだり謝ったりするときに身をかがめて頭を低く下げること。

□三 **出典は田中修の『植物のいのち―からだを守り，子孫につなぐ驚きのしくみ』による。**

植物が，寒さや暑さの訪れをどのように予知しているのか，また，季節の通過をどのように確認しているのかを説明している。

問１　ぼう線①と同じ段落で，植物は，「季節とともに変わる昼と夜の長さの変化を利用する」とある。さらに五つ後の段落では，このような「昼と夜の長さに反応する性質」を「光周性」というと述べられている。

問２「冬の寒さに弱い植物」が「昼が短く夜が長くなると，ツボミをつくる」ことをあげ，そこから「寒さの訪れが前もってわかるのか」と問いかけているので，「昼と夜の長さ」があてはまる。

問３　ぼう線③に続く四段落からまとめる。一日を二四時間と決めずに，「短い夜の長さ」をそのままにして「長い昼を短くして」いく実験では，ツボミはつくられなかった。逆に，「長い昼」をそのままにして「短い夜を長くして」いく実験では，「夜の長さが約一〇時間を過ぎると」，ツボミがつくられて花が咲いたとされている。

問４　**A，B**　実験によって，キクが秋に花を咲かせるのは「昼の長さが短くなってきたからではなく，夜の長さが長くなってきたからだ」ということがわかった。つまり，光周性においては昼の長さより，夜の長さの方が大切なのである。　**C，D**「春に花を咲かせる植物」は，短くなっていく夜の長さに反応してツボミがつくられて花が咲くのに対して，「秋に花を咲かせる植物」は，長くなっていく夜の長さに反応してツボミがつくられて花が咲くということがわかる。

問５　植物が，温度の変化ではなく，夜の長さに反応してツボミをつくって花を咲かせているのは「夜の長さの変化が狂うことなく正確」だからだと述べられている。昼夜の長さの変化が毎年同じ

であるのに対して，「春や秋の気温は，年ごとに，変わりやすい」ため，「あてにできない」のである。

問６　ぼう線⑤の四つ後の段落に着目する。夜の長さを感じた「葉っぱ」でつくられた「アブシシン酸」が「芽」に送られ，「芽にアブシシン酸の量が増える」ことによって，ツボミを包み込む硬い「越冬芽」がつくられると説明されている。

問７　ぼう線⑥に続く四つの段落から読み取る。越冬芽は，「休眠を促し，花が咲くのを抑える物質」である「アブシシン酸」によって，冬のはじめには「眠り」の状態にある。その「アブシシン酸」は，「冬の寒さに出会うと，分解されて徐々に」なくなる性質があるので，ソメイヨシノが花を咲かせるためには，「まず寒さにさらされなければならない」のである。

問８　「越冬芽」が「眠り」の状態から目覚めるためには，芽の中にある「アブシシン酸」が寒さによって分解されなければならない。その後，暖かくなってくると，越冬芽の中には，花を咲かせるのを促す「ジベレリン」がつくられて花が咲き始めるという仕組みである。

四　**出典はにしがきようこの『イカル荘へようこそ』による。**家を飛び出して，ぐうぜん出会った夏鈴さんの住む「イカル荘」にホームステイしたいと言い出した真子のもとへ，両親が迎えに来る。

問１　最初はだれがテーブルをたたいたのかわからず，大きな音に驚いて目を閉じたと考えられるので，イが合う。

問２　夏鈴さんとジジさんが「にらみ合っている」ことから，その場が暗い雰囲気につつまれていることが想像できる。そこにデフィンが「場違い」なようすで「口をはさんできた」ということなので，「明るい」声が合う。

問３　真子は，「ママは疲れ果てて」おり，「体調も崩し」ているとは知ってはいたが，自分が「放っておかれている」と思い，腹を立てていた。そのママから突然「ごめんね」と思わぬ言葉をかけられたので，真子はそれまでのさびしさや怒りがうすらいだような気持ちになったのである。

問４　夏鈴さんは，真子の家族のように「生きていて～会えて，ぶつかり合って」いるのは，「いいことなんですよ」と言っている。夏鈴さんは，「母を亡くして」いるので，もう母親とぶつかり合うどころか，会うことさえできなくなったことに，やるせなさやさびしさを感じているのだとわかる。

問５　本文のはじめで「真子が自分の思いをこんなにはっきりと言ったことなんて，なかった」とママが言い，続く場面で大きな声をあげたパパをおそれて，真子が大黒柱に額をくっつけたことに着目する。その姿から夏鈴さんは，真子がこれまで自分の意見をパパに言えなかったのではないかと考え，「今までちゃんと話したことなかったんでしょ？」と言い，これからは自分の意見が言えるようになることが大切だと真子をさとしたのである。

問６　自分の気持ちを言えるようになった真子を見て，ママは「なんだか大きくなった」と感じ，それを自分の手で確かめようと手を伸ばした。しかし，真子が家族の中でつらい思いをしていたのは自分のせいでもあることや，真子の気持ちに気づかず，向き合ってこなかったことに気がとがめたので，ママは真子にふれることができなかったのだと考えられる。

問７　「ママは真子に捨てられちゃったのね」という言葉に，真子の「心は強く反発」したが，言葉にできず，たとえ言い返せたとしてもママの心が傷つくと思ったので，何も言えずにいた。そんなとき，デフィンが，自分も日本に来るとき，「ママを捨てるか」と母親に言われてけんかをしたが，今は「ママとすごく仲良し」になったと言った。真子は，母親と離れて暮らすことは「捨てる」ことではないし，「捨てられない」と言うデフィンに感謝すると同時に，「ママ，大好きね」と率直に言えるデフィンのことがうらやましくなったのである。

問８　真子は，自分を思うママの気持ちも少しずつわかるようになったし，「迎えに行こう」と言い出したパパの言動にも驚いた。ママが一人で暗い夜道を帰っていく姿を見た真子の頭には，「みんな，それぞれに必死にもがいているのに」という夏鈴さんの言葉がよみがえり，自分の家族はどうして「うまくいかなく」て「痛々しい」状態になってしまうのだろうと悲しくなったものと考えられる。

問９　デフィンが日本に来るときに同じようなことを経験していることや，真子が「心の中でママに手をふった」とあることをふまえる。デフィンは，真子がママを理解しようとして自分を変えたいと思っていることや，それができずに傷ついていることがわかったので，なぐさめるために真子に寄りそったのだと考えられる。

Memo

Memo

Memo

2025年度用

中学スーパー過去問

■編集人　声の教育社・編集部
■発行所　株式会社　声の教育社

〒162-0814　東京都新宿区新小川町8-15
☎03-5261-5061(代)　FAX03-5261-5062
https://www.koenokyoikusha.co.jp

※本書の内容についての一切の責任は当社にあります。内容・解説・解答・その他は当社ホームページよりお問い合わせ下さい。

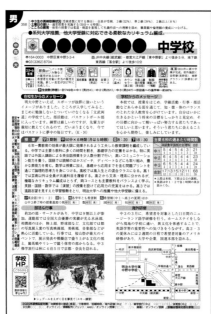

よくある解答用紙のご質問

01

実物のサイズにできない

拡大率にしたがってコピーすると，「解答欄」が実物大になります。配点などを含むため，用紙は実物よりも大きくなることがあります。

02

A3用紙に収まらない

拡大率164％以上の解答用紙は実物のサイズ（「出題傾向＆対策」をご覧ください）が大きいために，Ａ３に収まらない場合があります。

03

拡大率が書かれていない

複数ページにわたる解答用紙は，いずれかのページに拡大率を記載しています。どこにも表記がない場合は，正確な拡大率が不明です。

04

１ページに２つある

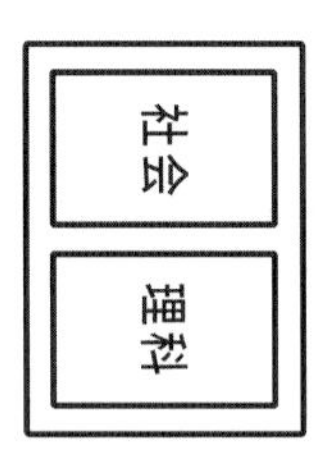

１ページに２つ解答用紙が掲載されている場合は，正確な拡大率が不明です。ほかの試験回の同じ教科をご参考になさってください。

品川女子学院中等部

【別冊】入試問題解答用紙編

禁無断転載

解答用紙は本体からていねいに抜きとり、別冊としてご使用ください。

※　実際の解答欄の大きさで練習するには、指定の倍率で拡大コピーしてください。なお、ページの上下に小社作成の見出しや配点を記載しているため、コピー後の用紙サイズが実物の解答用紙と異なる場合があります。

●入試結果表

年度	回	項目	国語	算数	社会	理科	4科合計	合格者
2024	第1回	配点(満点)	100	100	60	60	320	最高点
		合格者平均点	66.8	77.6	41.8	39.1	225.3	283
		受験者平均点	60.8	64.4	35.7	33.2	194.1	最低点
		キミの得点						209
	第2回	配点(満点)	100	100	60	60	320	最高点
		合格者平均点	68.3	75.9	35.0	42.5	221.7	270
		受験者平均点	60.9	58.2	28.4	35.5	183.0	最低点
		キミの得点						206
	回	項目	試験Ⅰ	試験Ⅱ			2科合計	合格者
	表現力・総合型	配点(満点)	40	120			160	最高点
		合格者平均点	27.3	89.2			116.5	122
		受験者平均点	22.6	70.9			93.5	最低点
		キミの得点						112
	〔参考〕算数1教科試験の合格者平均点は78.5、受験者平均点は58.6、合格者最低点は66です。							
年度	回	項目	国語	算数	社会	理科	4科合計	合格者
2023	第1回	配点(満点)	100	100	60	60	320	最高点
		合格者平均点	56.2	82.1	40.3	39.1	217.7	264
		受験者平均点	47.9	71.3	34.3	31.4	184.9	最低点
		キミの得点						199
	第2回	配点(満点)	100	100	60	60	320	最高点
		合格者平均点	71.0	74.1	38.3	41.3	224.7	270
		受験者平均点	64.8	58.5	31.4	33.0	187.7	最低点
		キミの得点						208
	回	項目	試験Ⅰ	試験Ⅱ			2科合計	合格者
	表現力・総合型	配点(満点)	40	120			160	最高点
		合格者平均点	27.4	88.9			116.3	129
		受験者平均点	19.0	70.6			89.6	最低点
		キミの得点						111
	〔参考〕算数1教科試験の合格者平均点は70.9、受験者平均点は54.5、合格者最低点は58です。							
年度	回	項目	国語	算数	社会	理科	4科合計	合格者
2022	第1回	配点(満点)	100	100	60	60	320	最高点
		合格者平均点	64.0	65.5	37.5	43.1	210.1	247
		受験者平均点	58.9	53.9	32.8	36.9	182.5	最低点
		キミの得点						190
	第2回	配点(満点)	100	100	60	60	320	最高点
		合格者平均点	66.1	63.4	36.7	37.4	203.6	247
		受験者平均点	58.4	50.3	30.6	29.1	168.4	最低点
		キミの得点						182
	〔参考〕算数1教科試験の合格者平均点は66.9、受験者平均点は50.8、合格者最低点は54です。							

※　表中のデータは学校公表のものです。ただし、2科合計・4科合計は各教科の平均点を合計したものなので、目安としてご覧ください。

声の教育社

２０２４年度　　品川女子学院中等部

算数解答用紙　第１回　No.１

番号		氏名		評点	／100

1

(1)【式】 $\frac{2}{9}\div\left(5\frac{1}{3}-\frac{2}{3}\div\frac{1}{6}\right)\times 2$ 【答】	(2)【式】 $\frac{9}{20}\div\left\{1.125+\frac{7}{10}\times\left(1+\square\right)\right\}=0.225$ 【答】
(3)	(4)

2

(1)　　：　　：	(2)　　枚	(3)　　km
(4)	(5)　　円	(6)　　回
(7)　　円	(8)　　通り	(9)　　度
(10)　　cm^2		

２０２４年度　　品川女子学院中等部

算数解答用紙　第１回　No. 2

3

(1)	(2)
(3)	

4

(1)　ア　　cm, イ　　cm	
(2) ウ　　cm^2	(3) エ　　cm, オ　　cm

（注）この解答用紙は実物を縮小してあります。Ｂ５→Ａ３(163%)に拡大コピーすると、ほぼ実物大の解答欄になります。

〔算　数〕100点(推定配点)

1～3　各５点×17　4　(1)　４点<完答>　(2)　５点　(3)　６点<完答>

２０２４年度　　品川女子学院中等部

社会解答用紙　第１回

番号		氏名		評点	／60

1
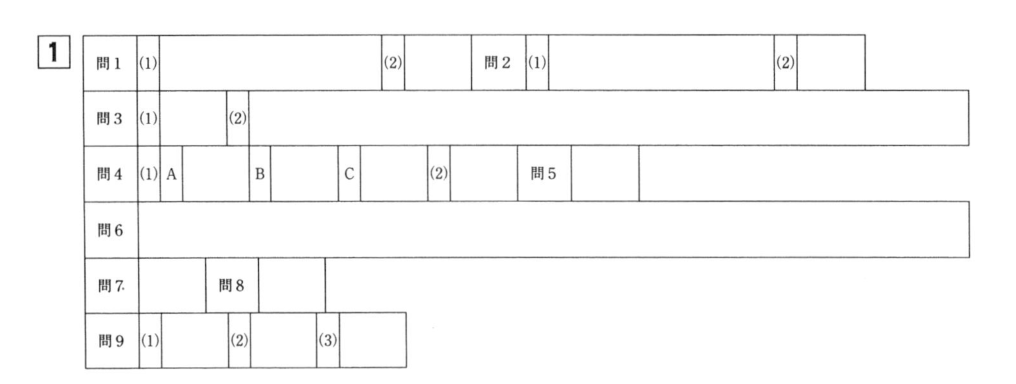

問1 (1) (2) 問2 (1) (2)
問3 (1) (2)
問4 (1) A B C (2) 問5
問6
問7 問8
問9 (1) (2) (3)

2
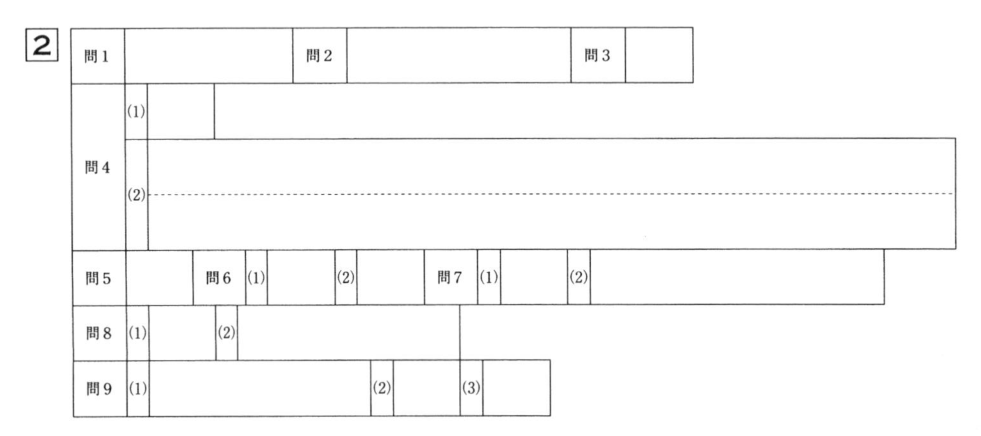

問1 問2 問3
問4 (1) (2)
問5 問6 (1) (2) 問7 (1) (2)
問8 (1) (2)
問9 (1) (2) (3)

3
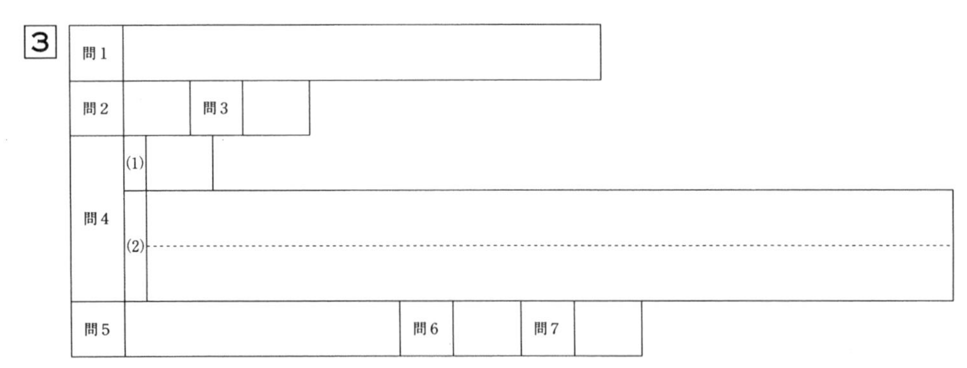

問1
問2 問3
問4 (1) (2)
問5 問6 問7

（注）この解答用紙は実物を縮小してあります。Ｂ５→Ａ３（163%）に拡大コピーすると、ほぼ実物大の解答欄になります。

〔社　会〕60点（推定配点）

1 問１　(1)　１点　(2)　２点　問２　(1)　１点　(2)　２点　問３　各２点×２　問４　(1)　各１点×３　(2)　２点　問５　１点　問６　２点　問７　１点　問８　２点　問９　(1)，(2)　各２点×２　(3)　１点　2 問１　１点　問２～問４　各２点×４　問５　１点　問６　(1)　１点　(2)　２点　問７　各１点×２　問８　各２点×２　問９　(1)　２点　(2)　１点　(3)　２点　3 問１～問３　各１点×３　問４　(1)　１点　(2)　２点　問５　１点　問６　２点　問７　１点

２０２４年度　品川女子学院中等部

理科解答用紙　第１回

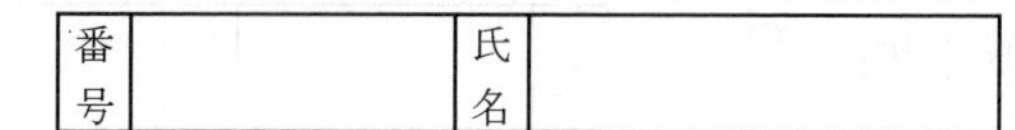

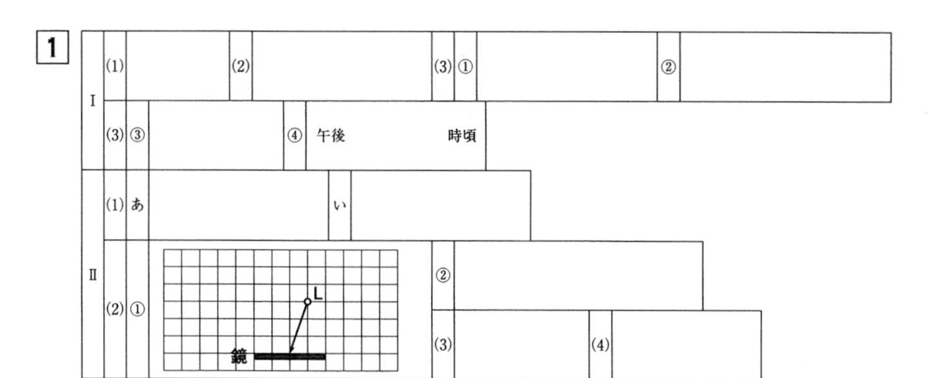

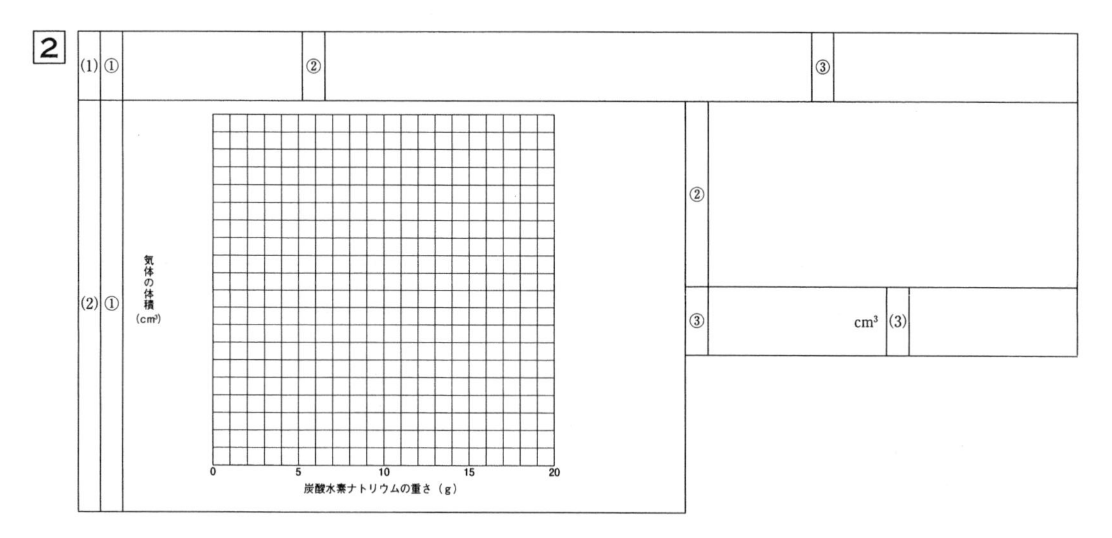

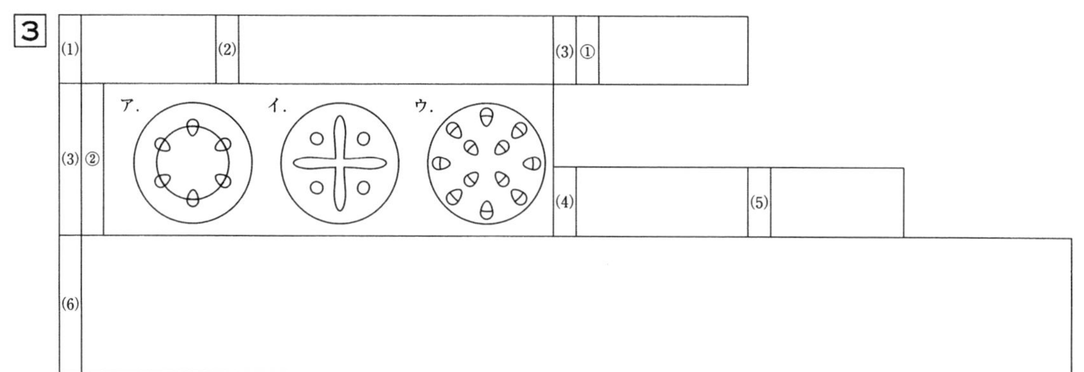

（注）この解答用紙は実物を縮小してあります。Ｂ５→Ａ３(163%)に拡大コピーすると、ほぼ実物大の解答欄になります。

〔理　科〕60点(推定配点)

1　I　各２点×6　II　(1)　各１点×2　(2)　各３点×2<②は完答>　(3)，(4)　各２点×2　2　(1)　各２点×3　(2)　①　4点　②　2点　③　3点　(3)　3点　3　(1)～(3)　各２点×4　(4)，(5)　各３点×2<(4)は完答>　(6)　4点

２０２４年度　品川女子学院中等部

国語解答用紙　第一回　No. 1

番号

氏名

評点　／100

一

(1)　(2)　(3)　(4)　(5)

二

(1)　(2)　(3)　(4)　(5)

三

問1

問2

問3

問4

問5

問6

問7

問8　11

問9

２０２４年度　品川女子学院中等部

国語解答用紙　第一回　No. 2

四

問1

問2

問3

問4

問5

問6

問7

問8　10　12

（注）この解答用紙は実物を縮小してあります。Ｂ５→Ｂ４（141%）に拡大コピーすると、ほぼ実物大の解答欄になります。

〔国　語〕100点(推定配点)

一, 二　各２点×10　三　問１　４点　問２　３点　問３　７点　問４　３点　問５　６点　問6, 問７　各３点×２　問８　４点　問９　７点　四　問１　５点　問２～問４　各４点×３　問５　８点　問６　７点　問7, 問８　各４点×２

２０２４年度　品川女子学院中等部　算数１教科

算数解答用紙

番号		氏名		評点	／100

1 ＿＿円

2 ＿＿

3 ＿＿

4 ＿＿曜日

5 ＿＿日

6 ＿＿cm

7 ＿＿通り

8 ＿＿km^2

9 ＿＿：＿＿

10 ＿＿

11 ＿＿人

12 ＿＿km

13 ＿＿cm^2

14 ＿＿匹

15 ＿＿

16 ＿＿

17 ＿＿度

18 ＿＿以上＿＿未満

19 $\frac{\square}{\square\square}+\frac{\square}{\square 6}$

20 ＿＿

21 ＿＿

22 ＿＿cm^2

23 ＿＿個

24 (1) ＿＿m^2

(2) ＿＿m^2

（注）実際の試験では、問題用紙の中に設けられた解答欄に書く形式です。
この解答用紙は使いやすいように小社で作成いたしました。

〔算　数〕100点(推定配点)

1～8　各３点×８　9～17　各４点×９　18～24　各５点×８

２０２４年度　品川女子学院中等部

算数解答用紙　第２回　No.１

番号		氏名		評点	／100

1

(1)【式】 $\frac{3}{14} \times \left\{ \left(1\frac{2}{5} + 0.4 \right) \div 1\frac{1}{5} - \frac{1}{3} \right\} + \frac{2}{3}$

【答】

(2)【式】 $\left(56 - \square \times 1\frac{1}{2} \right) \div (2 - 0.1 \times 4) = 20$

【答】

(3)	(4)　ア　　イ

2

(1)　cm	(2)	(3)　個
(4)　度	(5)	(6)　通り
(7)　個	(8)	(9)　m
(10)　cm^2		

２０２４年度　品川女子学院中等部

算数解答用紙　第２回　No. 2

3

(1) 秒速＿＿＿＿cm	(2) ＿＿＿＿
(3) ＿＿＿＿秒後	

4

(1)
(2) ＿＿＿＿
(3) 【理由】＿＿＿＿

（注）この解答用紙は実物を縮小してあります。Ｂ５→Ａ３（163%）に拡大コピーすると、ほぼ実物大の解答欄になります。

〔算　数〕100点(推定配点)

1，2　各５点×14<1の(4)は完答>　3　(1)　４点　(2)　５点　(3)　６点　4　(1)　４点　(2)　５点　(3)　６点

２０２４年度　品川女子学院中等部

社会解答用紙　第２回

番号		氏名		評点	／60

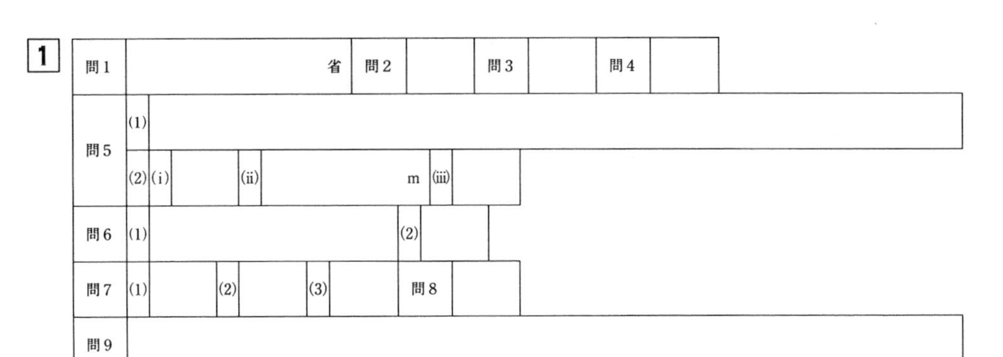

1
問1
省
問2
問3
問4
問5
(1)
(2)(i)
(ii)
m
(iii)
問6
(1)
(2)
問7
(1)
(2)
(3)
問8
問9

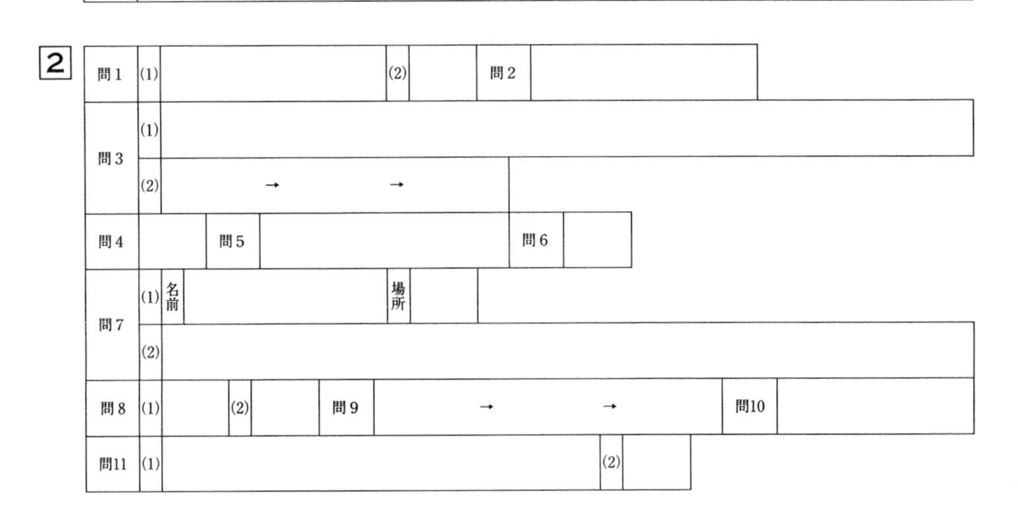

2
問1
(1)
(2)
問2
問3
(1)
(2)
→
→
問4
問5
問6
問7
(1)
名前
場所
(2)
問8
(1)
(2)
問9
→
→
問10
問11
(1)
(2)

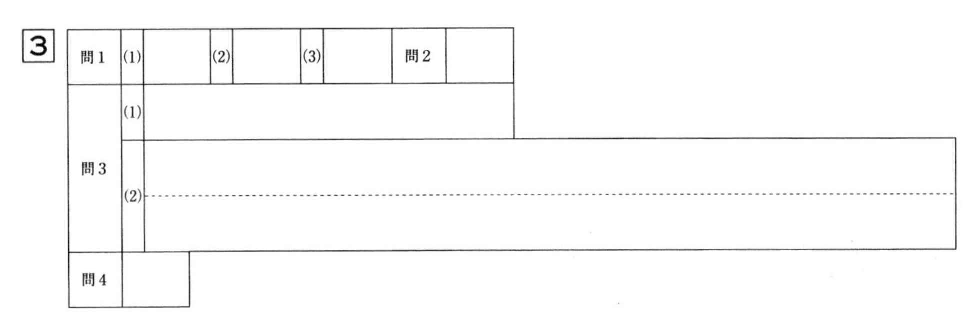

（注）この解答用紙は実物を縮小してあります。Ｂ５→Ａ３(163%)に拡大コピーすると、ほぼ実物大の解答欄になります。

〔社　会〕60点(推定配点)

1 問1 2点 問2 1点 問3 2点 問4 1点 問5 (1) 2点 (2) (i), (ii) 各2点×2 (iii) 1点 問6 各2点×2 問7 (1), (2) 各1点×2 (3) 2点 問8, 問9 各2点×2 2 問1 (1) 2点 (2) 1点 問2, 問3 各2点×3<問3の(2)は完答> 問4～問6 各1点×3 問7 各2点×2<(1)は完答> 問8 (1) 1点 (2) 2点 問9, 問10 各2点×2<問9は完答> 問11 各1点×2 3 問1 各1点×3 問2 2点 問3 (1) 1点 (2) 2点 問4 2点

２０２４年度　品川女子学院中等部

理科解答用紙　第２回

番号		氏名	

評点	／60

1

Ⅰ	(1)		(2)		(3)	
	(4) い		う		(5)	
Ⅱ	(1)		(2)		(3)		(4)	
	(5)	mL	(6)	%		

2

(1)		(2)		(3) ①		②		
(4)		(5)	秒	(6) ③		④		
(7)								

3

(1)						
(2)		(3)				
(4)		理由				
(5)						
(6) ①	℃	②	℃	(7)	現象	

（注）この解答用紙は実物を縮小してあります。Ｂ５→Ｂ４（141%）に拡大コピーすると、ほぼ実物大の解答欄になります。

〔理　科〕60点（推定配点）

1 各２点×12　**2** (1), (2) 各１点×２　(3), (4) 各２点×３　(5) ３点　(6) 各２点×２　(7) ３点＜完答＞　**3** (1) ２点　(2), (3) 各１点×２　(4) 記号…１点, 理由…４点　(5) ３点　(6), (7) 各２点×３

２０２４年度　品川女子学院中等部

国語解答用紙　第二回　No.1

番号　　氏名　　評点　／100

一

(1)　(2)　(3)　(4)　(5)

二

(1)　(2)　(3)　(4)　(5)

三

問1

問2　15　こと。

問3

問4

問5

問6

問7

問8

問9

２０２４年度　品川女子学院中等部

国語解答用紙　第二回　No. 2

四

問1

問2

問3

問4

問5

問6

40

80

問7

問8

（注）この解答用紙は実物を縮小してあります。Ｂ５→Ｂ４（141%）に拡大コピーすると、ほぼ実物大の解答欄になります。

〔国　語〕100点（推定配点）

一，二　各２点×10　三　問１～問３　各３点×３　問４　４点　問５，問６　各７点×２　問７　６点　問８　３点　問９　４点　四　問１　３点　問２　６点　問３　３点　問４　９点　問５　３点　問６　８点　問７，問８　各４点×２

２０２４年度　品川女子学院中等部　表現力・総合型

試験Ⅱ解答用紙　No.1

番号		氏名	

評点	／120

1

(1)	(2) km	(3) 度	(4) cm^3

2

(1)	(2)
円	

2024年度　品川女子学院中等部　表現力・総合型

試験Ⅱ解答用紙　No.2

3

(1)	
(2)	
(3)	
(4)	
(5)	
(6)	

4

(1)	→ → →	
(2)		
(3)	写真	
	理由　・ ・	
(4)	A	B
(5)		

2024年度　品川女子学院中等部　表現力・総合型

試験Ⅱ解答用紙　No.3

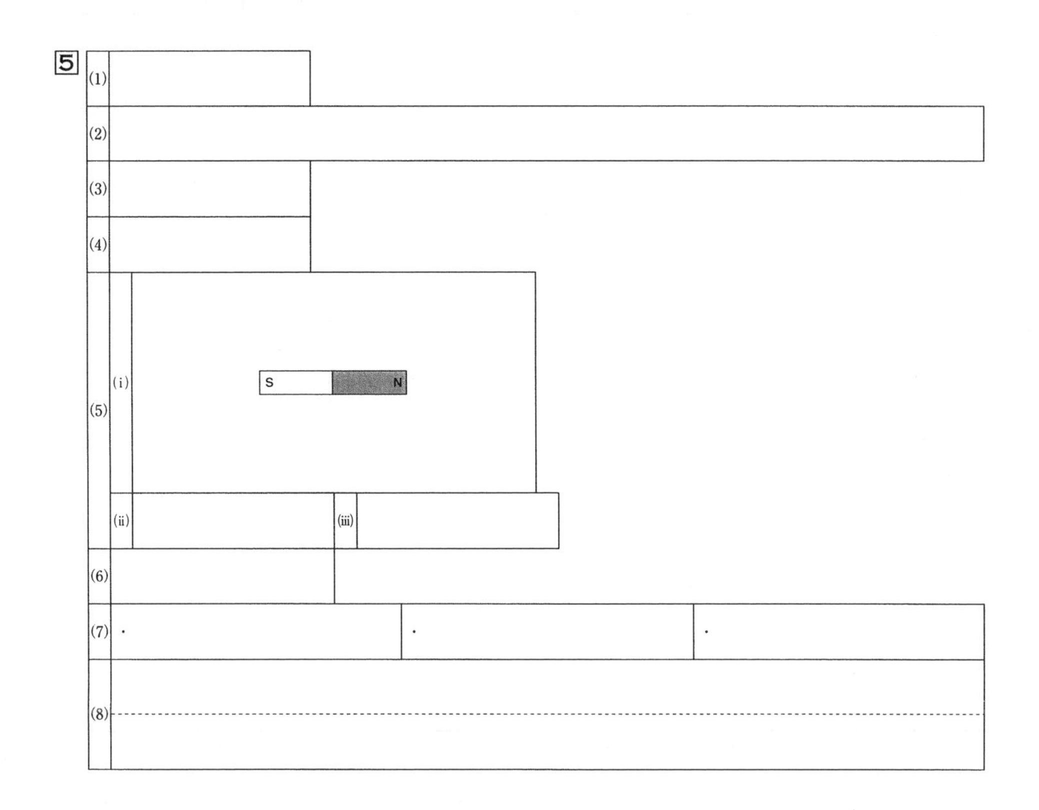

（注）この解答用紙は実物を縮小してあります。B5→A3（163%）に拡大コピーすると、ほぼ実物大の解答欄になります。

〔試験Ⅱ〕120点(推定配点)

1 各5点×4　2 (1) 4点 (2) 6点　3 (1)～(4) 各3点×4 (5) 4点 (6) 6点　4 (1) 3点＜完答＞ (2) 6点 (3) 9点 (4), (5) 各3点×2＜(4)は完答＞　5 (1) 3点 (2) 6点 (3), (4) 各3点×2 (5) (i) 5点 (ii) 3点 (iii) 4点 (6) 3点 (7) 各2点×3 (8) 8点

二〇二四年度　品川女子学院中等部　表現力・総合型

試験Ⅰ解答用紙

番号		氏名		評点	/40

問1

問2

問3

問4

20

100

150

200

（注）この解答用紙は実物を縮小してあります。B5→B4（141%）に拡大コピーすると、ほぼ実物大の解答欄になります。

〔試験Ⅰ〕40点(推定配点)

問1　4点　問2，問3　各3点×2　問4　30点

2023年度　　品川女子学院中等部

算数解答用紙　第1回　No.1

番号		氏名		評点	／100

1

(1)【式】 $2\frac{1}{3}\times\left\{3\frac{1}{7}\div\left(0.75+\frac{1}{6}\right)-2\right\}-1\frac{1}{3}$

【答】

(2)【式】 $\left\{\left(\frac{1}{3}+\frac{1}{15}\times\square\right)\times\frac{1}{4}-\frac{1}{10}\right\}\div1\frac{5}{6}=\frac{1}{55}$

【答】

(3)	(4)　ア　　イ　　ウ

2

(1)　mL	(2)　匹	(3)　点
(4)　°	(5)　円	(6)　と
(7)　個	(8)　通り	(9)　分
(10)　円		

２０２３年度　　　品川女子学院中等部

算数解答用紙　第１回　No. 2

3

(1)	(2)
cm^3	cm^2

(3)

cm

4

(1)	(2)

(3)

（注）この解答用紙は実物を縮小してあります。Ｂ５→Ａ３(163%)に拡大コピーすると、ほぼ実物大の解答欄になります。

〔算　数〕100点(推定配点)

1, 2　各５点×14<1の(4), 2の(6)は完答>　3　(1)　4点　(2)　5点　(3)　6点　4　(1)　3点　(2)　5点<完答>　(3)　7点

2023年度　品川女子学院中等部

社会解答用紙　第１回

番号		氏名		評点	／60

1

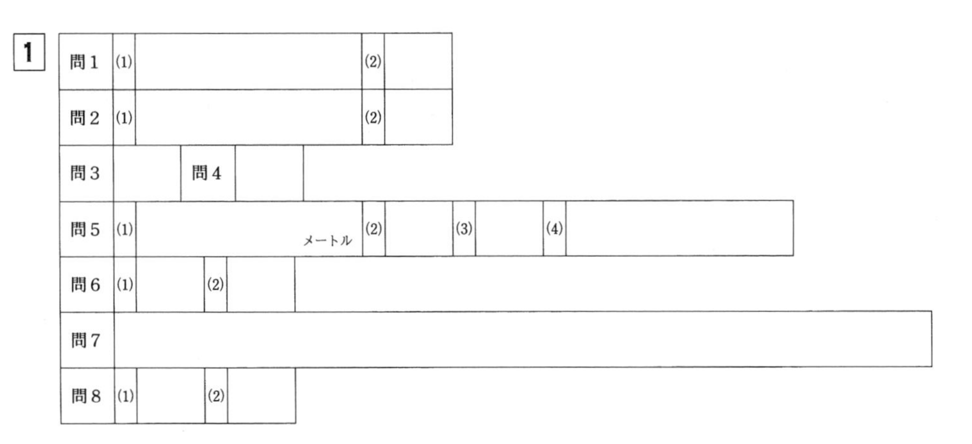

問１ (1) (2)
問２ (1) (2)
問３
問４
問５ (1) メートル (2) (3) (4)
問６ (1) (2)
問７
問８ (1) (2)

2

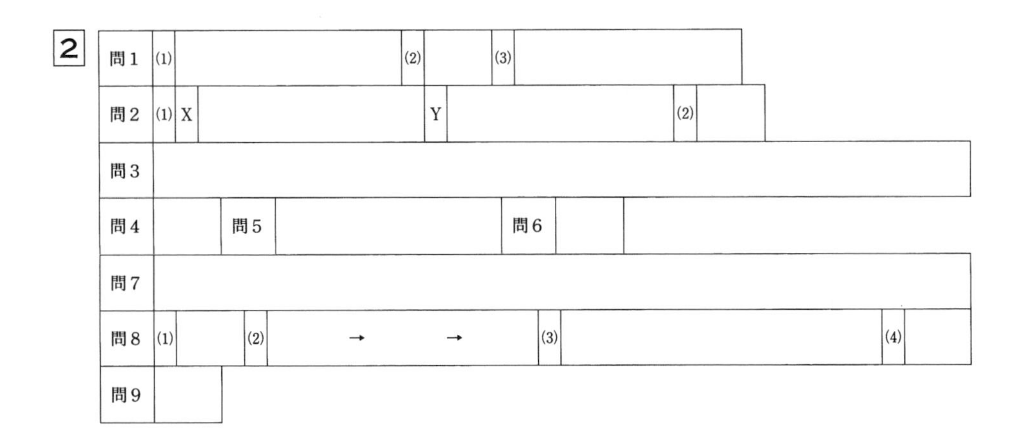

問１ (1) (2) (3)
問２ (1) X Y (2)
問３
問４
問５
問６
問７
問８ (1) (2) → → (3) (4)
問９

3

問１ (1) (2) (3) (4) (5)

問２

問３

（注）この解答用紙は実物を縮小してあります。Ｂ５→Ａ３（163%）に拡大コピーすると、ほぼ実物大の解答欄になります。

〔社　会〕60点（推定配点）

1 問１　各１点×２　問２　(1)　１点　(2)　２点　問３，問４　各２点×２　問５　(1)～(3)　各２点×３　(4)　１点　問６　(1)　２点　(2)　１点　問７　２点　問８　(1)　２点　(2)　１点　2 問１　(1)　１点　(2)　２点　(3)　１点　問２　(1)　各１点×２　(2)　２点　問３～問５　各２点×３　問６　１点　問７，問８　各２点×５＜問８の(2)は完答＞　問９　１点　3 問１　(1)～(3)　各１点×３　(4)　２点　(5)　１点　問２，問３　各２点×２

２０２３年度　品川女子学院中等部

理科解答用紙　第１回

番号		氏名	

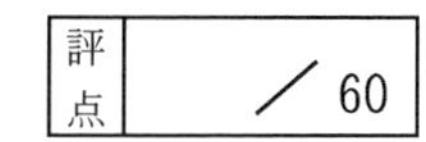

1

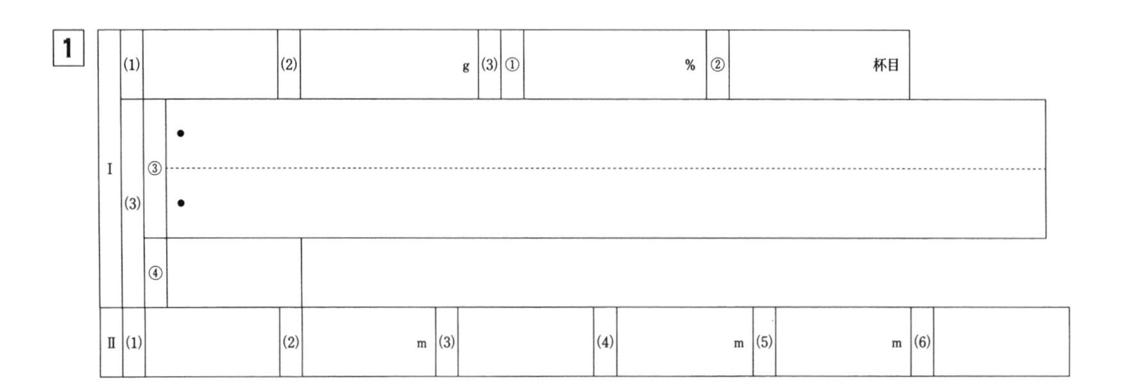

2

(1)	cm³	(2)	g	(3)	g	(4)	g
(5)	g	(6)	g	(7)	g	(8)	g

3

(1)		(2)			
(3) ①		②			
(4)		(5) ①	②	矢印	(6)
(7)	20				
	35				

（注）この解答用紙は実物を縮小してあります。Ｂ５→Ａ３（163%）に拡大コピーすると，ほぼ実物大の解答欄になります。

〔理　科〕60点（推定配点）

1　Ⅰ　(1)，(2)　各２点×２　(3)　①，②　各２点×２　③　各１点×２　④　２点　Ⅱ　各２点×６　2　(1)～(5)　各２点×５　(6)　３点　(7)　２点　(8)　３点　3　(1)，(2)　各２点×２　(3)　①　１点　②　２点<完答>　(4)，(5)　各３点×２<(5)は完答>　(6)　２点　(7)　３点

二〇二三年度　品川女子学院中等部

国語解答用紙　第一回　No.1

番号		氏名		評点	/100

一

(1)		(2)		(3)		(4)		(5)	

二

(1)		(2)		(3)		(4)		(5)	

三

問1	
問2	〜　こと。
問3	10
問4	
問5	8
問6	
問7	
問8	
問9	

二〇二三年度　品川女子学院中等部

国語解答用紙　第一回　No. 2

四

問1	
問2	
問3	
問4	
問5	
問6	
問7	
問8	
問9	5

（注）この解答用紙は実物を縮小してあります。B5→B4（141%）に拡大コピーすると、ほぼ実物大の解答欄になります。

〔国　語〕100点（推定配点）

一，二　各2点×10　三　問1　3点　問2　4点　問3　3点　問4　6点　問5，問6　各3点×2　問7　8点　問8　6点　問9　4点<完答>　四　問1　3点　問2　4点　問3，問4　各3点×2　問5　7点　問6，問7　各4点×2　問8　8点　問9　4点

２０２３年度　品川女子学院中等部　算数１教科

算数解答用紙

番号		氏名		評点	／100

1

2 分

3 通り

4 cm

5

6 人 脚

7 63円切手 枚 84円切手 枚

8

9

10

11

12 個

13 月 日

14 cm^3

15 cm^2

16 m

17 °

18 個

19 人

20 倍

21 cm

22

23 分

24 通り

25 cm^2

(注) 実際の試験では、問題用紙の中に設けられた解答欄に書く形式です。
この解答用紙は使いやすいように小社で作成いたしました。

〔算　数〕100点(推定配点)

1～8　各3点×8<6, 7は完答>　9～17　各4点×9　18～25　各5点×8

２０２３年度　品川女子学院中等部

算数解答用紙　第２回　No.１

番号		氏名		評点	／100

1

(1)【式】 $3\frac{1}{2}-\left(2-\frac{3}{4}\right)\div\frac{5}{8}+2\frac{1}{2}$ 【答】	(2)【式】 $7.8-\left\{2\frac{1}{10}+1\frac{1}{5}\times\left(\square+1\frac{1}{2}\right)\right\}=3$ 【答】
(3)	(4)　ア　イ　ウ

2

(1)　cm	(2)　円	(3)　°
(4)　cm	(5)	(6)　km
(7)　通り	(8)　回	(9)　個
(10)　cm^2		

２０２３年度　　品川女子学院中等部

算数解答用紙　第２回　No. 2

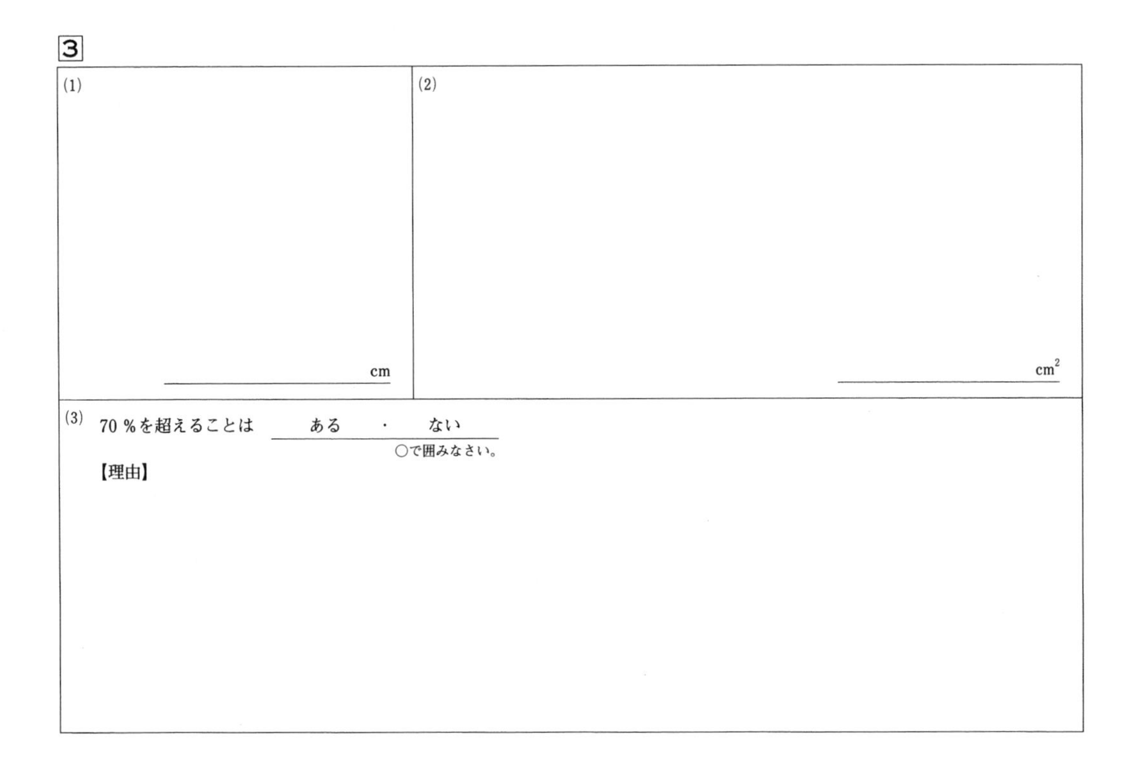

3
(1)
cm
(2)
cm²
(3) 70 %を超えることは　ある ・ ない
○で囲みなさい。
【理由】

4

(1)

(2)　　回

(3)　　個

(注) この解答用紙は実物を縮小してあります。Ｂ５→Ａ３(163%)に拡大コピーすると、ほぼ実物大の解答欄になります。

〔算　数〕100点(推定配点)

1, 2　各５点×14＜1の(4)は完答＞　3　(1)　３点　(2)　５点　(3)　７点　4　(1)　３点＜完答＞　(2)　５点　(3)　７点

２０２３年度　品川女子学院中等部

社会解答用紙　第２回

番号		氏名		評点	／60

1

問1	(1)		(2)		問2		問3		問4	
問5										
問6										
問7										
問8										
問9	(1)		(2)		(3)	市	(4)			
問10	(1)		(2)							

2

問1	(1)						
	(2)						
問2	(1)		(2)				
問3	(1)		(2)				
問4	(1)		(2)				
問5	(1)		(2)				
問6		問7		問8			
問9		問10		問11			

3

問1		問2		
問3	(1)		(2)	
問4	(1)			
	(2)			
問5				

（注）この解答用紙は実物を縮小してあります。Ｂ５→Ａ３（163%）に拡大コピーすると、ほぼ実物大の解答欄になります。

〔社　会〕60点（推定配点）

1 問1　(1)　1点　(2)　2点　問2　2点　問3　1点　問4～問6　各2点×3　問7，問8　各1点×2　問9　(1)　1点　(2)～(4)　各2点×3　問10　(1)　2点　(2)　1点　**2** 問1　(1)　1点　(2)　2点　問2　各2点×2　問3　(1)　1点　(2)　2点　問4　(1)　1点　(2)　2点　問5　(1)　1点　(2)　2点　問6，問7　各2点×2　問8　1点　問9　2点　問10　1点　問11　2点　**3** 問1～問3　各1点×4　問4，問5　各2点×3

2023年度　品川女子学院中等部

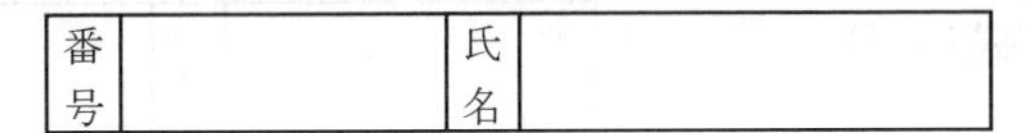

理科解答用紙　第2回

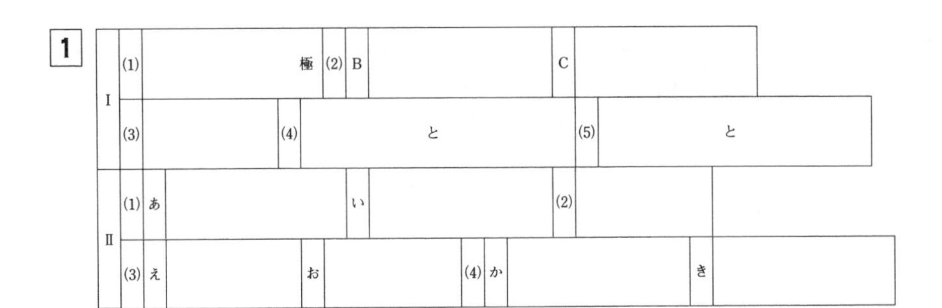

1
I
(1) 極
(2) B
C
(3)
(4) と
(5) と
II
(1) あ
い
(2)
(3) え
お
(4) か
き

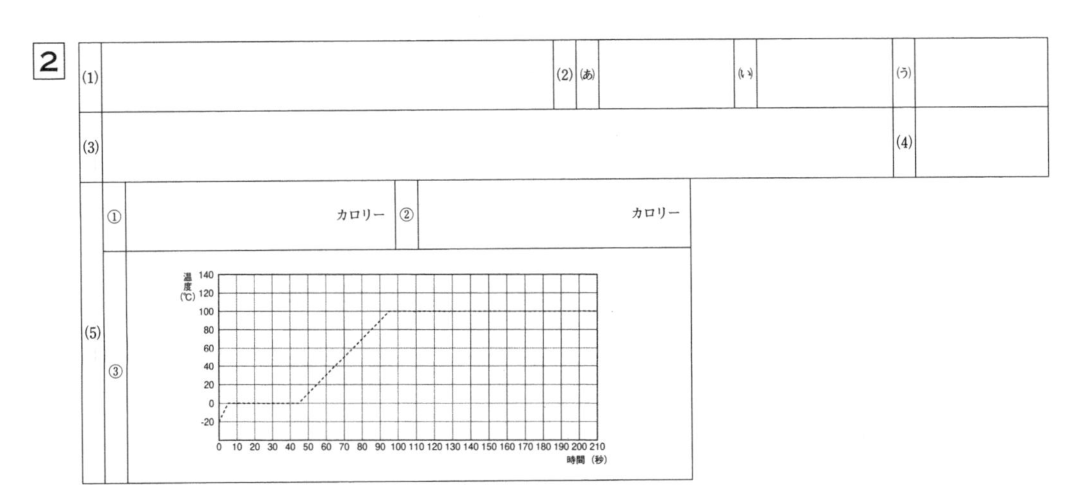

2
(1)
(2) (あ)
(い)
(う)
(3)
(4)
(5)
① カロリー
② カロリー
③
温度(℃)
時間（秒）

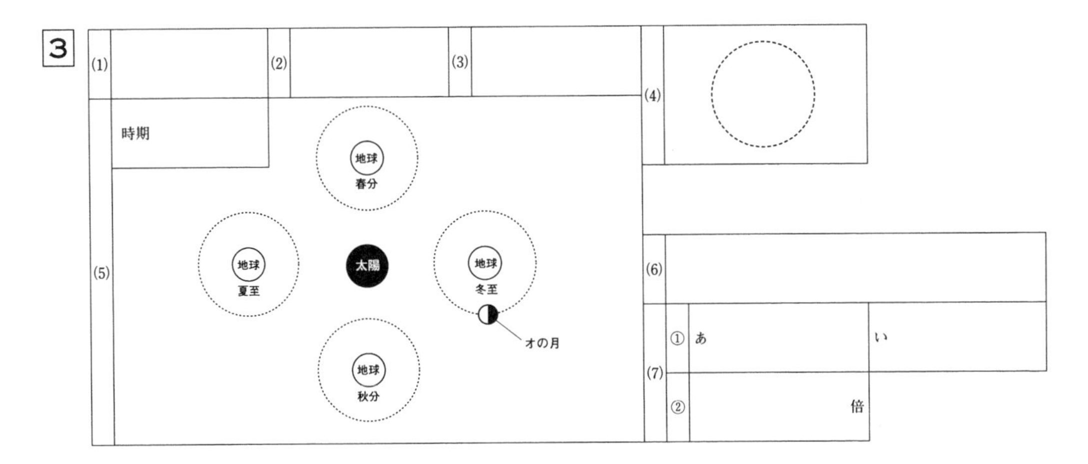

（注）この解答用紙は実物を縮小してあります。B５→Ａ３(163%)に拡大コピーすると、ほぼ実物大の解答欄になります。

〔理　科〕60点(推定配点)

1　各2点×12＜IIの(3)は完答＞　2　(1)　2点　(2)　各1点×3　(3), (4)　各2点×2　(5)　①　2点　②　3点　③　4点　3　(1), (2)　各1点×2　(3)　2点　(4)　3点　(5), (6)　各2点×3＜(5)の月の位置, (6)は完答＞　(7)　①　各1点×2　②　3点

二〇二三年度　品川女子学院中等部

国語解答用紙　第二回　No. 1

番号

氏名

評点　/100

一

(1)
(2)
(3)
(4)
(5)

二

(1)
(2)
(3)
(4)
(5)

三

問1

問2

問3
具体例　「　。」
理由

問4
(1)　12
(2)

問5

問6

問7

問8

二〇二三年度　品川女子学院中等部

国語解答用紙　第二回　No.2

四

問1	
問2	
問3	
問4	
問5	
問6	（12マス）
問7	
問8	
問9	

（注）この解答用紙は実物を縮小してあります。B５→B４（141%）に拡大コピーすると、ほぼ実物大の解答欄になります。

〔国　語〕100点(推定配点)

一, 二　各２点×10　三　問１　６点　問２　３点　問３　７点　問４　(1)　４点　(2)　６点　問５　４点　問6, 問７　各３点×２　問８　４点＜完答＞　四　問１, 問２　各３点×２　問３　４点　問４　８点　問５　６点　問６　３点　問７　６点　問８　３点　問９　４点

２０２３年度　　品川女子学院中等部　表現力・総合型

試験Ⅱ解答用紙　No.１

番号		氏名		評点	／120

1

(1)	(2) 歳	(3) °	(4) cm^2

2

(1) 曜日	(2) 月

試験Ⅱ解答用紙　No.２

3

(1)		
(2)		
(3)	人物	どのような人物だったか
(4)		
(5)		
(6)		
(7)	場所	
	理由	
(8)	①	
	②	

２０２３年度　品川女子学院中等部　表現力・総合型

試験Ⅱ解答用紙　No.３

4

(1)	
(2)	
(3)	
(4)	品物
	理由
(5)	
(6)	①　　②
(7)	【計算欄】 高い順に　→　→　→　→
(8)	

（注）この解答用紙は実物を縮小してあります。Ｂ５→Ａ３（163%）に拡大コピーすると、ほぼ実物大の解答欄になります。

〔試験Ⅱ〕120点(推定配点)

1　各５点×4　2　(1)　４点　(2)　６点　3　(1)　７点　(2)　５点　(3)　７点　(4)，(5)　各６点×2　(6)，(7)　各５点×2<(7)は完答>　(8)　①　３点　②　４点　4　(1)，(2)　各４点×2　(3)　６点　(4)　４点　(5)　６点　(6)　各３点×2　(7)　途中の式…５点，答え…３点<完答>　(8)　４点<完答>

二〇二三年度　品川女子学院中等部　表現力・総合型

試験Ⅰ解答用紙

番号		氏名		評点	／40

問1

問2

20

100

200

300

340

（注）この解答用紙は実物を縮小してあります。Ｂ５→Ａ３（163％）に拡大コピーすると、ほぼ実物大の解答欄になります。

〔試験Ⅰ〕40点（推定配点）

問1　10点　問2　30点

2022年度　品川女子学院中等部

算数解答用紙　第1回　No.1

番号		氏名		評点	／100

1

(1)【式】 $\frac{3}{44} \times 2\frac{20}{23} - \left(\frac{4}{39} - \frac{2}{23}\right) \div \frac{7}{13} = \square$ 【答】	(2)【式】 $\left\{0.75 - 0.125 \div \left(4\frac{2}{3} - \square\right)\right\} \times 2\frac{1}{3} = 1\frac{8}{13}$ 【答】

2

(1) りんご　個，なし　個		(2)　°
(3)　人	(4)　%	(5)

3

(1)	(2)　分　秒後
(3)　cm^2	(4)　°

（注）この解答用紙は実物を縮小してあります。B５→A３(163%)に拡大コピーすると、ほぼ実物大の解答欄になります。

2022年度　品川女子学院中等部

算数解答用紙　第1回　No. 2

4

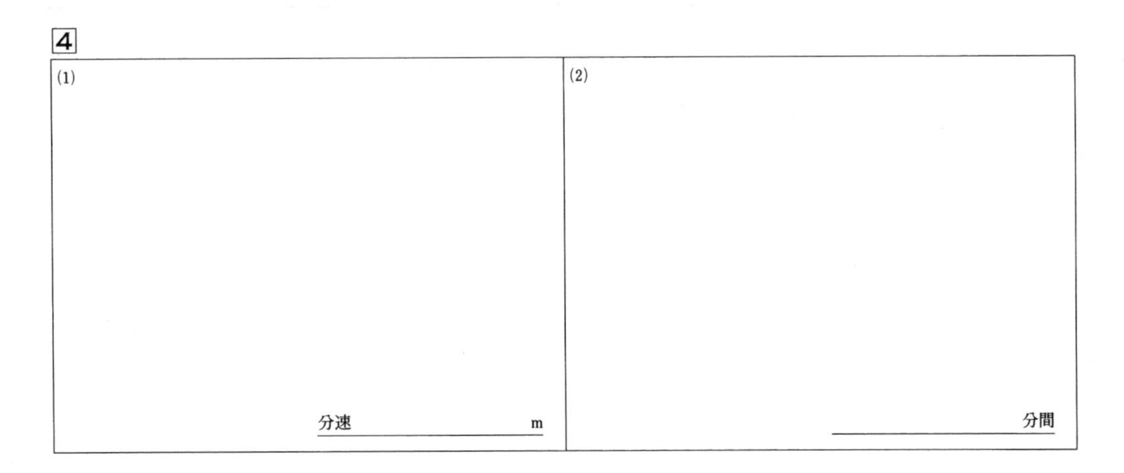

5

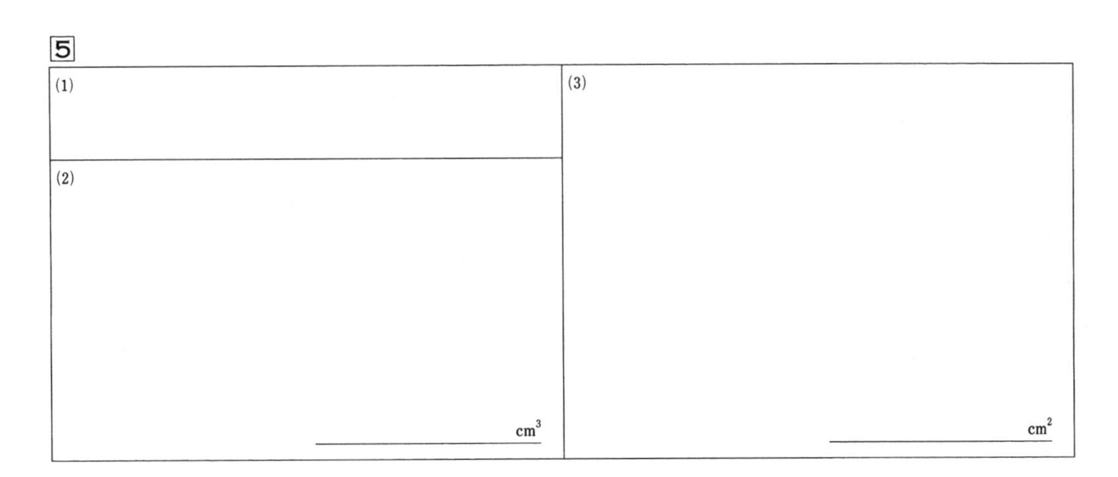

6

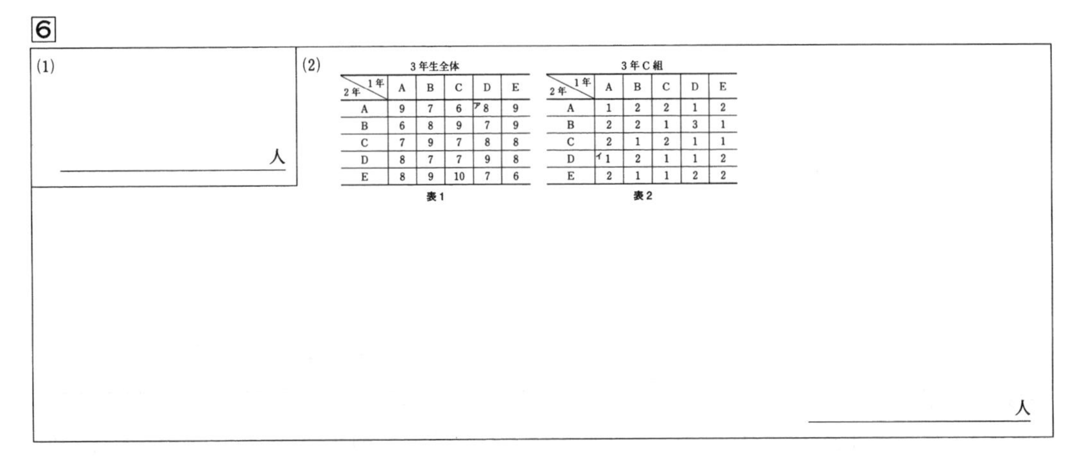

3年生全体

2年＼1年	A	B	C	D	E
A	9	7	6	ア8	9
B	6	8	9	7	9
C	7	9	7	8	8
D	8	7	7	9	8
E	8	9	10	7	6

表1

3年C組

2年＼1年	A	B	C	D	E
A	1	2	2	1	2
B	2	2	1	3	1
C	2	1	2	1	1
D	イ1	2	1	1	2
E	2	1	1	2	2

表2

〔算　数〕100点(推定配点)

1　各5点×2　2, 3　各6点×9<2の(1)は完答>　4　各6点×2　5　各4点×3　6　(1)　4点　(2)　8点

２０２２年度　品川女子学院中等部

社会解答用紙　第１回

番号		氏名	

評点	／60

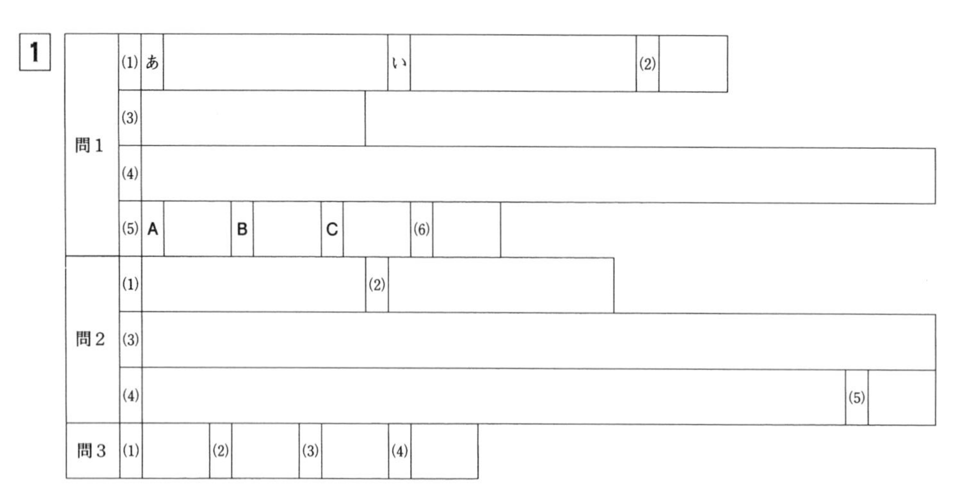

1
問1
(1) あ
い
(2)
(3)
(4)
(5) A
B
C
(6)
問2
(1)
(2)
(3)
(4)
(5)
問3
(1)
(2)
(3)
(4)

2

問1		問2	(1)	→ →	(2)	
問3						
問4						
問5						
問6		問7		問8		問9 (1) (2)
問10						
問11	(1)	(2)		問12		

3

問1					
問2					
問3					
問4		問5	(1)	(2)	

（注）この解答用紙は実物を縮小してあります。Ｂ５→Ａ３（163%）に拡大コピーすると、ほぼ実物大の解答欄になります。

〔社　会〕60点(推定配点)

1 問１　(1)～(3)　各１点×4　(4)～(6)　各２点×3＜(5)は完答＞　問２　(1)　２点　(2)　１点　(3)～(5)　各２点×3　問３　(1)～(3)　各１点×3　(4)　２点　2 問１　１点　問２～問５　各２点×5＜問２の(1)は完答＞　問６　１点　問７～問10　各２点×5　問11　(1)　２点　(2)　１点　問12　１点　3 問１　１点　問２～問４　各２点×3　問５　(1)　２点＜完答＞　(2)　１点

２０２２年度　品川女子学院中等部

理科解答用紙　第１回

番号		氏名	

評点	／60

1

I	(1)	cm³	(2)	g	(3)	cm
	(4)	cm	(5)	cm	(6)	cm

II	(1)		(2)		(3) ⑥		⑧	
	(4)		(5)					
	(6)							

2

(1)		(2)		(3)	
(4)					
(5)	倍				
(6)					
(7) ①	mL	②	%		

3

(1)	①		②		③		④	(2)	
(3)		(4)							
(5)	種子								
	理由								

（注）この解答用紙は実物を縮小してあります。Ｂ５→Ａ３（163%）に拡大コピーすると、ほぼ実物大の解答欄になります。

〔理　科〕60点（推定配点）

1　I　各２点×６　II　(1)，(2)　各２点×２　(3)　各１点×２　(4)～(6)　各２点×３　2　(1)～(3)　各１点×３　(4)　２点　(5)，(6)　各３点×２　(7)　①　３点　②　４点　3　(1)　各１点×４　(2)　２点<完答>　(3)～(5)　各４点×３<(4)，(5)は完答>

二〇二二年度　品川女子学院中等部

国語解答用紙　第一回　No.1

番号　氏名　評点 /100

一

(1) (2) (3) (4) (5)

二

(1) (2) (3) (4) (5)

三

問1 10 20 30 40 50 60 70 80

問2

問3

問4

問5

問6

問7

問8 9

問9

二〇二二年度　品川女子学院中等部

国語解答用紙　第一回　No.2

四

問1	
問2	
問3	
問4	
問5	
問6	
問7	
問8	
問9	

（注）この解答用紙は実物を縮小してあります。B5→B4（141%）に拡大コピーすると、ほぼ実物大の解答欄になります。

〔国　語〕100点(推定配点)

一，二　各2点×10　三　問1　7点　問2，問3　各3点×2　問4　4点<完答>　問5　3点　問6　7点　問7　4点　問8　3点　問9　6点　四　問1　3点　問2　4点　問3　3点　問4　4点　問5　3点　問6　8点　問7　3点　問8　8点　問9　4点

２０２２年度　品川女子学院中等部　算数１教科

算数解答用紙

番号		氏名	

評点	／100

1	
2	
3	枚
4	
5	ページ
6	個
7	番目
8	時速　km
9	年生　年生
10	点
11	歳
12	
13	cm^3
14	円
15	人
16	秒後
17	g
18	枚
19	cm^2
20	°
21	本
22	枚
23	個
24 (1)	番　番
24 (2)	人

（注）実際の試験では、問題用紙の中に設けられた解答欄に書く形式です。
この解答用紙は使いやすいように小社で作成いたしました。

〔算　数〕100点（推定配点）

1～8　各３点×8　9～17　各４点×9＜9は完答＞　18～24　各５点×8＜24の(1)は完答＞

2022年度　品川女子学院中等部

算数解答用紙　第2回　No.1

番号		氏名		評点	／100

1

(1)【式】 $\frac{1}{3}\times\left\{2-\left(6\frac{1}{5}-4.7\right)\right\}-\left(\frac{5}{7}-\frac{1}{14}-\frac{5}{8}\right)\div 0.125=\square$

【答】

(2)【式】 $\frac{1}{2}\times\left\{\square-\left(0.125-\frac{1}{24}\right)\right\}+7\times(0.375\div 5+0.05)=1$

【答】

2

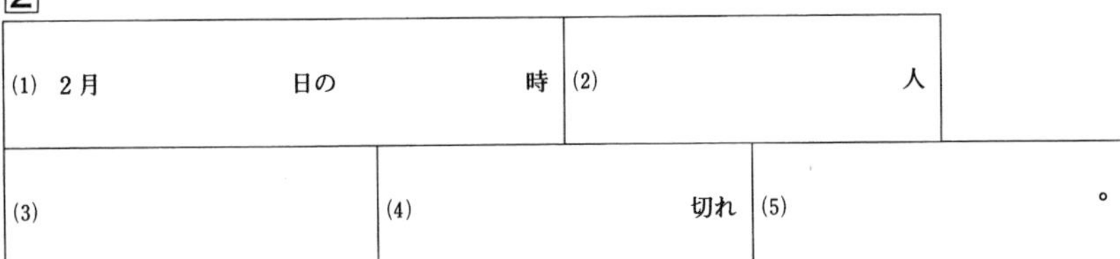

(1) 2月　日の　時	(2)　人	
(3)	(4)　切れ	(5)　°

3

(1) 時速　km	(2)	(3)　cm^2
(4)　cm^3		

（注）この解答用紙は実物を縮小してあります。Ｂ５→Ａ３（163%）に拡大コピーすると、ほぼ実物大の解答欄になります。

２０２２年度　　品川女子学院中等部

算数解答用紙　第２回　No. 2

4

(1) ＿＿＿＿ cm

(2) ＿＿＿＿ cm^3

(3)

5

(1) ＿＿＿＿

(2) ＿＿＿＿

(3) ＿＿＿＿ 個

6

(1) (ア)　　(イ)

(2)

(3) 正しい，正しくない

〔算　数〕100点(推定配点)

1 各５点×２　2，3 各６点×９　4 各４点×３　5 (1) ２点　(2) ３点　(3) ７点　6 (1) ４点<完答>　(2) ３点　(3) ５点<完答>

２０２２年度　品川女子学院中等部

社会解答用紙　第２回

番号		氏名		評点	／60

1

問1	(1)		問2	(1)		(2)	
問3	(1)		(2)				
問4	(1) A		B		(2)		(3)
	(4)						
問5	A		B				
問6		問7		問8		問9	
問10	都道府県名		記号		問11		

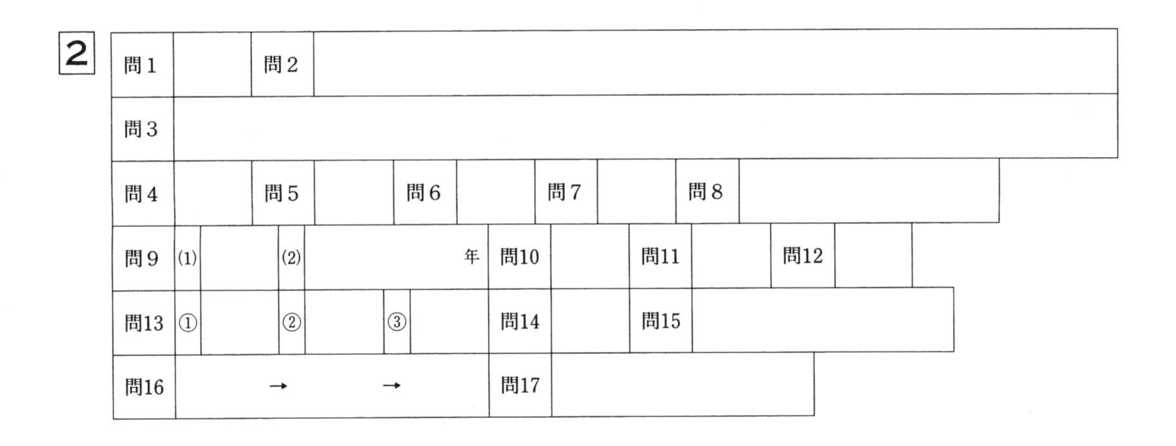

2

問1		問2						
問3								
問4		問5		問6		問7		問8
問9	(1)	(2) 年	問10		問11		問12	
問13	①	②	③	問14		問15		
問16	→ →		問17					

3

問1	(1) A		B		(2)	
問2						
問3		問4		問5		

（注）この解答用紙は実物を縮小してあります。Ｂ５→Ｂ４（141%）に拡大コピーすると、ほぼ実物大の解答欄になります。

〔社　会〕60点(推定配点)

1　問1, 問2　各1点×3　問3　(1)　1点　(2)　2点　問4　(1)　各1点×2　(2)～(4)　各2点×3　問5～問8　各1点×5　問9　2点　問10, 問11　各1点×3　2　問1　1点　問2, 問3　各2点×2　問4, 問5　各1点×2　問6　2点　問7, 問8　各1点×2　問9　各2点×2　問10～問12　各1点×3　問13, 問14　各2点×2＜問13は完答＞　問15　1点　問16　2点＜完答＞　問17　1点　3　問1　各1点×3　問2, 問3　各2点×2　問4　1点　問5　2点

２０２２年度　品川女子学院中等部

理科解答用紙　第２回

番号		氏名		評点	／60

1

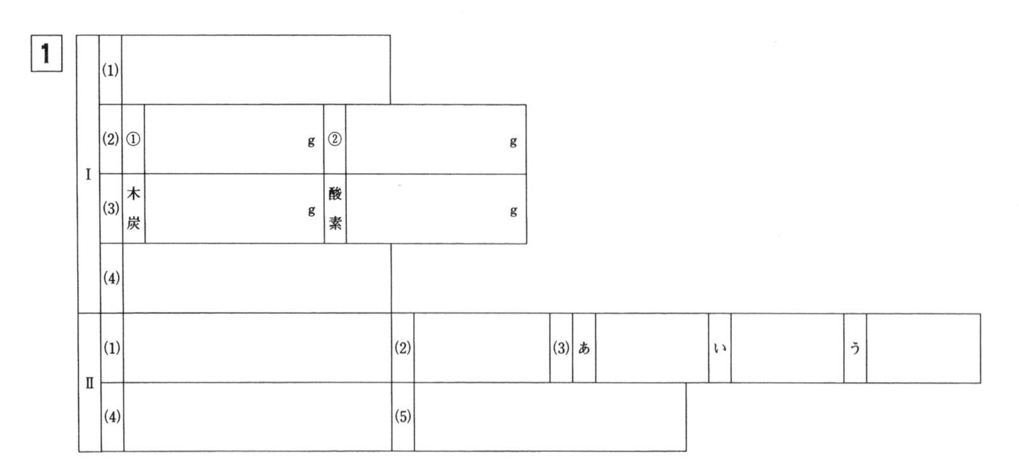

2

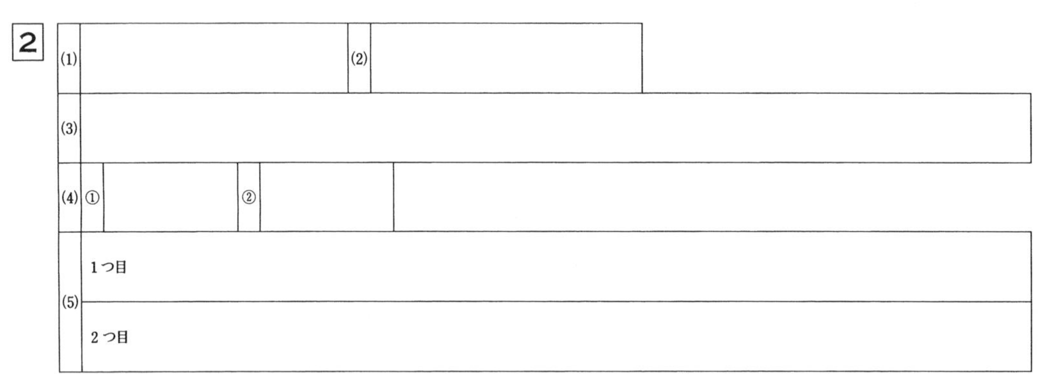

3

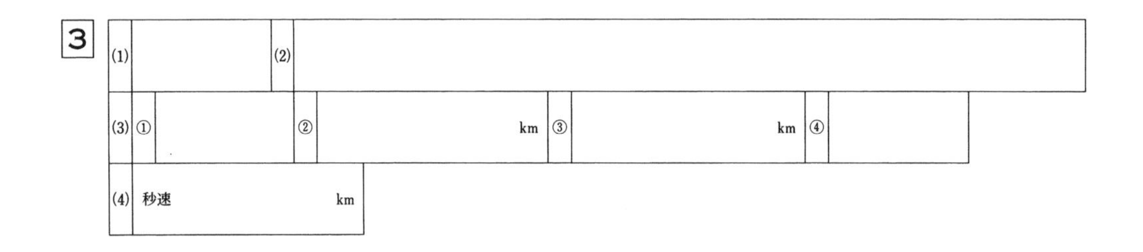

（注）この解答用紙は実物を縮小してあります。Ｂ５→Ａ３(163%)に拡大コピーすると、ほぼ実物大の解答欄になります。

〔理　科〕60点(推定配点)

1　I　各２点×６　II　(1)　２点　(2)　１点　(3)～(5)　各３点×３＜(3)は完答＞　2　(1)～(3)　各３点×３＜(1)，(2)は完答＞　(4)　４点＜完答＞　(5)　１つ目…２点，２つ目…３点　3　(1)，(2)　各２点×２　(3)　①　２点　②，③　各３点×２　④　２点　(4)　４点

二〇二二年度　品川女子学院中等部

国語解答用紙　第二回　No.1

番号

氏名

評点　/100

一

(1)

(2)

(3)

(4)

(5)

二

(1)

(2)

(3)

(4)

(5)

三

問1

問2　6

問3　実験と結果①　実験と結果②

問4　A　B　C　D

問5

問6　10　20　30　40　50　60

問7

問8　10　20　30　40　50　60　70　80

二〇二三年度　品川女子学院中等部

国語解答用紙　第二回　No. 2

四

問1	
問2	
問3	
問4	
問5	
問6	
問7	
問8	（10・20・30・35字目の目盛り付きマス目）
問9	

（注）この解答用紙は実物を縮小してあります。B５→B４（141%）に拡大コピーすると、ほぼ実物大の解答欄になります。

〔国　語〕100点(推定配点)

一, 二　各2点×10　三　問1, 問2　各4点×2　問3　7点＜完答＞　問4, 問5　各4点×2＜問4は完答＞　問6　6点　問7　4点　問8　7点　四　問1, 問2　各3点×2　問3　8点　問4, 問5　各3点×2　問6　8点　問7～問9　各4点×3

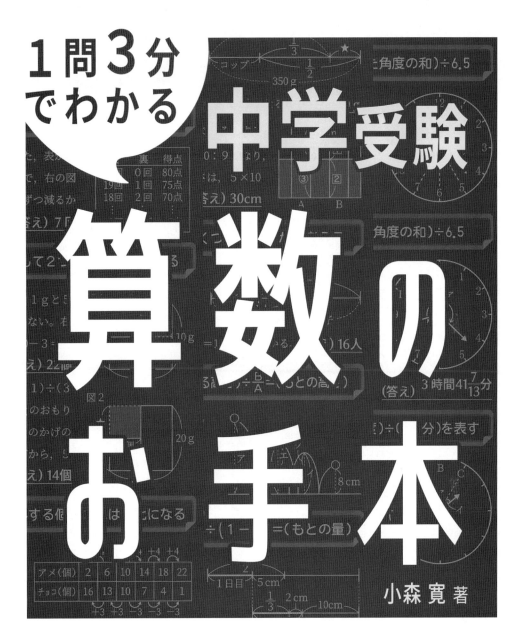